Hermann von Bertrab

Warum Religion?

Beiträge zur Religion in Geschichte und Gegenwart

Band 2

Hermann von Bertrab

Warum Religion?

Botschaft und Bedeutung der großen Religionen

Aus dem Spanischen übersetzt von Ana-Maria Jander

Centaurus Verlag & Media UG

Zum Autor
Hermann von Bertrab ist Theologe und Wirtschaftswissenschaftler. Er war lange Jahre in verschiedenen Positionen in der mexikanischen Wirtschaft aktiv, u.a. als Gründer und Generaldirektor des NAFTA-Büros der mexikanischen Regierung in Washington. Außerdem lehrte er als Professor für Wirtschaftswissenschaften an den Universitäten von Monterrey und Mexico City.

Das Buch erschien erstmals 2009 in Mexiko unter dem Titel „Y la religion ¿para que?"

Bibliografische Informationen der Deutschen Nationalbibliothek
Die Deutsche Nationalbibliothek verzeichnet diese Publikation in der Deutschen Nationalbibliografie; detaillierte bibliografische Daten sind im Internet über http://dnb.d-nb.de abrufbar.

ISBN 978-3-86226-060-7   ISBN 978-3-86226-841-2 (eBook)
DOI 10.1007/978-3-86226-841-2

ISSN 1616-4725

Gedruckt auf säurefreiem und chlorfrei gebleichtem Papier.

Alle Rechte, insbesondere das Recht der Vervielfältigung und Verbreitung sowie der Übersetzung, vorbehalten. Kein Teil des Werkes darf in irgendeiner Form (durch Fotokopie, Mikrofilm oder ein anderes Verfahren) ohne schriftliche Genehmigung des Verlages reproduziert oder unter Verwendung elektronischer Systeme verarbeitet, vervielfältigt oder verbreitet werden.

© *CENTAURUS Verlag & Media KG, Freiburg 2012*
www.centaurus-verlag.de

Umschlaggestaltung: Jasmin Morgenthaler, Visuelle Kommunikation
Umschlagabbildung: Luang Prabang, Laos. Fotograph: jonmullen.
www.istockphoto.com
Satz: Vorlage des Autors

DANKSAGUNGEN

Viele Menschen haben mich zur Übersetzung dieses Werkes ins Deutsche ermuntert und mich dabei unterstützt. Für mich persönlich ist es eine große Genugtuung, es wegen ihres großen Reichtums in deutscher Sprache vorstellen zu können, vor allem auch deshalb, weil sie die Ursprungssprache meiner Familie ist und weil dessen Inhalt insbesondere deutschsprachige Leser interessieren könnte.

Mein Dank richtet sich an viele Menschen.

Mein Sohn Alejandro von Bertrab mühte sich, mir dabei zu helfen, die beste Form für seine Veröffentlichung zu bestimmen.

Ganz besonderen Dank schulde ich Herrn Wolfgang Höbler, ein lieber Freund. Er ist wie nur wenige Kenner sowohl der deutschen Kultur, in der er aufgewachsen und ausgebildet worden ist, als auch der iberoamerikanischen Kulturen, in denen er sein berufliches Dasein mit überaus großen Erfolg entwickelt hat. Sein Stimulus und seine beständige Unterstützung bei der Durchsicht der Übersetzung haben die Veröffentlichung dieses Werkes ermöglicht.

Mein tiefer Dank gilt auch meinem langjährigen Freund Georg Albrechtskirchinger, der mich von Anfang an dazu anregte, ein reiches und interessantes Thema mit der größtmöglichen Reinheit und Klarheit weiter zu verfolgen.

Ana-Maria Jander hat ihre vorzügliche Kenntnis der beiden Sprachen – Spanisch und Deutsch – und ihr beständiges Bemühen beigetragen, um Konzepte von großem Reichtum und manchmal von „esoterischer" Natur zu übertragen, die gelegentlich Kulturen und Epochen widerspiegeln, die unserer Zeit fremd sind.

Frau Petra Sanft und Herr Jens Benicke vom Centaurus Verlag zeigten zu jeder Zeit ihr Interesse und mit Geduld und Verständnis stellten sie ihre professionelle Unterstützung bei diesem Prozess zur Verfügung.

Meine Frau Ibone de Belausteguigoitia stand immer an meiner Seite. Ich möchte eine der vielen Danksagungen aussprechen, die ich ihr im Verlauf meines Lebens schuldig bin.

DANKSAGUNGEN 5

ERSTER TEIL 11

EINFÜHRUNG 11
DAS FUNDAMENT DES RELIGIÖSEN 11

VORWORT 12
DER MENSCH UND DIE RELIGION 19

LOKALE MERKMALE 23

DIE PARADIGMEN IN DER RELIGION 25

DIE RELIGIÖSE DIMENSION 27

DIE STARKE WIRKUNG DES RELIGIÖSEN 35
DIE GROSSEN LEITLINIEN 36
KOSMISCHE GERECHTIGKEIT 37
DIE NICHT-RELIGIÖSE FUNKTION DES RELIGIÖSEN 40
DAS VERMÄCHTNIS DES RELIGIÖSEN 42
DIE ZYKLEN DES RELIGÖSEN 46
DAS TIEFSTE MYSTERIUM 48

ZWEITER TEIL 53

KAPITEL 1 53

DER HINDUISMUS 53
EINFÜHRUNG 53
DIE VEDEN 55

DIE MYTHOLOGIEN 60
DIE GÖTTER 60
DIE EPEN 68
DIE ESCHATOLOGIE 72
DIE BEFREIUNG 74

DIE KULTUR 80
DIE HEILIGEN ORTE 80
DIE METAPHYSISCHE BOA 83
DIE KULTUR UND DIE MODERNE 85
DIE ABWEICHUNGEN IM ALTERTUM 89
DER JAINISMUS 90
DIE SIKH-RELIGION 92
DIE MODERNEN MEISTER 94

KAPITEL 2 98

DER BUDDHISMUS 98
- DIE ZÜNDENDE INSPIRATION 98
- DIE UMWANDLUNG DES BUDDHISMUS 106
- DER CHINESISCHE BUDDHISMUS 112
- DER JAPANISCHE BUDDHISMUS 116
- TANTRA UND TIBETANISCHER BUDDHISMUS 123
- DIE PARADIGMEN DES BUDDHISMUS 125

KAPITEL 3 129

DER JUDAISMUS 129
- GRÖSSE UND WIDERSPRUCH 129
- DER URSPRUNG 130
- DIE ENTWICKLUNG 133
- DAS VERHEISSENE LAND 133
- DIE MONARCHIE 133
- DER AUFSTAND, DAS SCHISMA UND DIE TEILUNG 135
- ZERFALL, PROPHETISMUS, EXIL 136
- DIE ZEIT NACH DEM EXIL 140
- DIE THEOKRATIE 140
- DAS GESCHRIEBENE WORT UND DAS ENDE ISRAELS 143
- DIE DIASPORA 145
- DIE ORTHODOXIE VON MISCHNA UND TALMUD 146
- MYSTISCHE STRÖMUNGEN 149
- DIE VERFOLGUNGEN 151
- DIE SUCHE NACH EINER NEUEN IDENTITÄT UND DER ZIONISMUS 154

KAPITEL 4 159

DAS CHRISTENTUM 159
- DIE FROHE BOTSCHAFT 159
- DAS LEBEN JESU 160
- CHRISTOLOGIE 167
- DIE ERLÖSUNG 169
- DIE ENTWICKLUNG DES CHRISTENTUMS 170
- DIE CHRISTLICHE MORAL 173
- DIE PARADIGMEN 175
- DIE PHILOSOPHISCHE BETRACHTUNG 179
- DER HL. AUGUSTINUS UND DIE KATHOLISCHE KIRCHE 184
- DIE ENTWICKLUNG DER KIRCHE IM MITTELALTER 192
- DIE PROTESTANTISCHE REFORMATION 195
- HARTE UND MODERNISIERENDE REFORM 200
- DIE MORMONEN 204
- DER KATHOLIZISMUS OHNE ROM 206
- CHRISTENTUM UND AUFKLÄRUNG 208
- THEOLOGISCHER RATIONALISMUS 213
- GEGENWART UND ZUKUNFT 216

KAPITEL 5 219

DER ISLAM 219
EINE RELIGION DES „BUCHES" 219
DIE LEHRE 220
DIE SÄULEN 223
DAS LEBEN DES PROPHETEN 227
DIE ISLAMISCHE URGESELLSCHAFT 231
DIE VERBREITUNG DES ISLAM 236
FRÖMMIGKEIT IM LEBEN 238
DIE SEKTEN DES ISLAM 239
DIE PARADIGMEN DES ISLAM 244
DIE MODERNE PROBLEMATIK 247

KAPITEL 6 260

KONFUZIANISMUS UND TAOISMUS 260

DER TAOISMUS 265

DRITTER TEIL 269

KAPITEL 7 269

RELIGION UND MACHT 269
INSTRUMENT DER MACHT 269

CUIUS REGIO TALIS ET RELIGIO 273
DIE SPANNUNG ZWISCHEN DEN MÄCHTEN 274
IDENTIFIKATION ODER INSTRUMENTIRUNG 277
KONFRONTATION UND BÜNDNIS 279
DIE REICHSKIRCHE 281
DER KAMPF ZWISCHEN RELIGION UND STAAT 285
DER KEIM DER DEMOKRATIE 288
DIE HEILIGE KOMPLIZENSCHAFT 289
DIE RELIGION ALS INSTRUMENT DER HERRSCHAFT 292
DEMOKRATIE UND INTOLERANZ 293
RELIGION UND DEMOKRATIE 296

KAPITEL 8 299

PHILOSOPHEN GLAUBEN NICHT 299
VERNUNFT UND GEFÜHL 299
DER PROZESS DER VERNUNFT 300
WEISHEIT UND WAHRHEIT 304
DIE INDISCHE KULTUR 306
ISLAMISCHES DENKEN 309
DAS INTELLEKTUELLE ABENTEUER DES CHRISTENTUMS 313
DER „TRIUMPH" DER VERNUNFT 315

KAPITEL 9 321

FANATISMUS UND GRUPPENIDENTITÄT 321

DER ISLAM 323

HINDUISMUS, JAINISMUS, PARSIS, SIKH 326

DER BUDDHISMUS UND SEINE SELTSAME MISCHUNG 328

DAS ORTHODOXE CHRISTENTUM 329

DER KATHOLIZISMUS 333

KAPITEL 10 336

ENTWICKLUNG UND RELIGION 336
DER GEIST DES KAPITALISMUS 336

DER HINDUISMUS, EIN GEGENPOL ZUR JÜDISCH-CHRISTLICHEN PHILOSOPHIE 340

DIE WERTE DES BUDDHISMUS 343

KAPITALISMUS UND CHRISTENTUM 346

DIE VERSCHIEDENEN STILE 352

KREATIVER GEIST 354

THEOLOGIE DER BEFREIUNG 357

NACHWORT 364

ANMERKUNGEN 373

ERSTER TEIL

EINFÜHRUNG

DAS FUNDAMENT DES RELIGIÖSEN

> Glücklicherweise verstehe ich Gott nicht ... Das heißt,
> Ich verlange keinen Gott, den ich verstehe.
> Wenn das so wäre, müsste dieser Gott von
> Derselben Größe sein wie ich. Also wäre er nicht Gott.[1]
> JEAN BOTTÉRO

> Die Botschaft höre ich wohl, allein mir fehlt der Glaube.
> GOETHE. Faust, erster Teil

> In der Religion gibt es keinen dermaßen verwerflichen Fehler
> Als dass er nicht in einem Text gesegnet werden könnte,
> Der das Gröbste in bewundernswertem Glanz versteckt.
> Es gibt kein Laster, das oberflächlich nicht als
> Tugend dargestellt werden könnte.[2]
> Worte des Bassanio in SHAKESPEARES „Der Kaufmann von Venedig", 3. Akt, 2. Szene

> Alle Flüsse nähren den Ozean. Jeder Fluss fließt
> Durch unterschiedliche Territorien
> Gemäß des Ortes und der Menschen, die dort leben.
> Was allen gemeinsam ist, ist das Wasser.
> RAMAKRISHNA, 13. 212.

> Woran glaubt, wer nicht glaubt?
> CARLO MARIA MARTINI

---

[1] Heureusement que je ne comprends pas Dieu... je n'ai pas besoin d'un Dieu que je comprendrai. Si cela était, il serait à ma taille. Il ne serait plus
[2] In religion
What damned error, but some sober brow
Will bless it, and approve it with a text,
Hiding the grossness with fair ornament?
There is no vice so simple but assumes
Some mark of virtue in its outward parts

VORWORT

Wir wissen alle, dass wenn wir ein Beisammensein unter Freunden genießen wollen, bei dem Harmonie herrschen soll, man zwei Themen unbedingt vermeiden muss: Politik und Religion.

In gewissem Sinne verstößt vorliegendes Werk schlicht gegen diesen weisen Rat, insofern es genau davon handelt, von Religion und Politik; oder besser gesagt, von den Beziehungen, die es zwischen Religion und Gesellschaft gibt.

Religion und Gesellschaft: zwei Begriffe, mit denen wir es ständig zu tun haben. Zwei Konzepte, die vollständig die Menschheitsgeschichte beschreiben, Ihre Interaktion erklärt einen großen Teil der Entwicklung der Institutionen und des menschlichen Wissens. Diese Interaktion war zu gewissen Zeiten dramatisch zu anderen befruchtend gestalterisch. Die größten Grausamkeiten, die im Laufe der Geschichte begangen wurden, geschahen im Namen der Religion; dessen unbeachtet aber inspirierte sie den menschlichen Geist zu seinem höchsten Reinheit und Erhabenheit.

Der Mensch lebt in Gesellschaft und die Religion gibt dieser Gesellschaft den Zusammenhalt, da sie ihre Mitglieder miteinander eins werden lässt und ihnen somit das Zusammengehörigkeitsgefühl gibt. Die Teilnahme an heiligen Riten ermöglichte den Menschen, einer Gesellschaft anzugehören.

Innerhalb aller Gesellschaften haben sich im Laufe der Zeit Religionen verschiedensten Charakters herausgebildet. In nahezu allen antiken Religionen waren es Gottheiten, die das Universum beherrschten und die die Kräfte verkörperten, die über Pflanzen und Tiere bestimmten. Um diese zu verstehen, musste man in der Bewegung der Sonne – die Leben spendende – und allen anderen Himmelskörpern, die sie beobachten konnten, Sinn und Ordnung erkennen.

Gesellschaft und Religion entwickelten sich immer weiter und passten sich allmählich den neuen Voraussetzungen an, die sie durch die eigene Entwicklung hervorgerufen hatten. Während vieler Jahrhunderte koexistierten Religion und Gesellschaft in relativer Dynamik, die dem Wandel Festigkeit und Stabilität verlieh.

Mit der Zeit jedoch tauchten neue abweichende Tendenzen auf, die, gelegentlich, sogar widersprüchlich wurden. Für die einen hieß das, dass die Entwicklung der Gesellschaft zu einem Punkt gelangte, in dem sie nicht mit der Religion zu vereinbaren war, für andere sollte die Religion weiterhin über Sinn und Entwicklung der Gesellschaft bestimmen.

Vorliegendes Werk hat das ehrgeizige Ziel die Beziehung zwischen Gesellschaft und Religion zu analysieren. Insbesondere zielt es darauf ab, den Einfluss zu beleuchten, den die großen Religionen auf die Entwicklung der Völker hatten und auf welche Weise die gesellschaftlichen Veränderungen sich auf die religiösen Konzepte und Praktiken ausgewirkt haben

Die Motivation, dieses Werk zu schreiben, ist nicht eine rein intellektuelle. Und auch nicht die eines Proselytenmachers. Der Autor hatte im Laufe der Jahre eine existenzielle Nähe zu der Problematik einer modernen Welt in Bezug auf die gesellschaftliche Entwicklung und dem religiösen Handeln.

Viele Jahre lang war ich Mitglied einer der höchst angesehenen Glaubensgemeinschaften der katholischen Kirche, der Gesellschaft Jesu. Ich war ein Jesuit, der – mit all meiner menschlichen Begrenztheit – viele Jahre lang versucht hat, die christliche Botschaft gemäß den Vorgaben und andererseits Praktiken des Ordens zu leben.

Gleichzeitig, während ich mich weiterhin dem Weltlichen öffnete, was für die Gesellschaft Jesu gleichsam charakteristisch war, interessierte ich mich für die sozialen Aspekte und für die Entwicklung der Völker. Ich studierte Wirtschaft und promovierte in dem Fach. Mein Spezialgebiet war die nicht zu übersehende Problematik der wirtschaftlichen und gesellschaftlichen Entwicklung der Völker. Der Grundgedanke, von dem aus ich sie untersuchte war religiöser Natur. Die Religion hatte mit der Entwicklung der Welt zu tun, und ich musste das verstehen um in ihr präsent zu sein und an ihr teil zu haben Mein Interesse. die Entwicklung der Völker und die Rolle der Religionen in ihnen zu verstehen, hat sich auf mein gesamtes berufliches Dasein ausgewirkt, nicht nur im intellektuellen Sinne sondern auch existenziell. Beruflich gesehen war ich Lehrender an verschiedenen Universitäten, als Unternehmer damit beschäftigt Geschäfte zu fördern oder Produkte einzuführen und – zu einer höchst interessanten Zeit – Staatsbeamter mit der Aufgabe, Verhandlungen über Verträge für den freien Markt zu führen.

Indem ich die ursprünglichen Begrenzungen die mein Eintritt in den religiösen Orden mit sich brachten überwandt und dennoch weiterhin getragen war vom Drang herauszufinden, welche Wirkung die Religion auf die Gesellschaft hat. So habe ich in all diesen Jahren die Doktrin, das praktische Leben, die Riten, die politische Erfahrung und die der Machtverhältnisse sowie die Haltung gegenüber den Wissenschaften in den großen Religionen erforscht. Dieses Buch ist das Ergebnis eines persönlichen Interesses. Es enthält eigene Überlegungen, die auf aufrichtigen Untersuchungen der zahlreichen Facetten ihrer Verbindungen begründet sind, die zwischen Religion und Gesellschaft existieren. Es enthält also Erfahrungen von zahlreichen Reisen in Orte von großer religiöser Dichte und Tradition. Es ist nicht Ergebnis einer Untersuchung. Sein Inhalt ist sicherlich ehrgeizig aber es spiegelt ein intellektuelles und menschliches Abenteuer wider von jemandem, für den sowohl die Problematik der gesellschaftlichen Entwicklung als auch der Reichtum des religiösen Denkens an seiner intellektuellen Berufung und seinem praktischen Leben beteiligt sind.

Die Religion – keine einzige – ist je rein. Alle haben habe sich mit der einen oder anderen Form politischen Interesses kontaminiert. In unterschiedlichem Maße haben alle Religionen versucht, ihre Prinzipien einzuführen, indem sie sie der Gesellschaft aufgezwungen haben – zur Rettung derselben Gesellschaft – oder im Gegenteil haben sie sich von den tatsächlichen Machtinhabern in einer unheiligen Allianz benutzen lassen.

In unterschiedlichem Masse haben sie auch den Gebrauch der Vernunft stimuliert, um die Bedeutung ihrer eigenen Botschaft zu verstehen, auch wenn sie bei anderer Gelegenheit den Gebrauch der unabhängigen Vernunft abgelehnt haben, die Vernunft, die als Feind gesehen wurde, den man unschädlich machen musste, damit er nicht mehr die inhärente Gefahr sein konnte, die er darstellte. Auf diese Weise haben die Religionen den Menschen zum kreativen Handeln gegenüber der sie umgebenden Welt angetriebne und, bei anderer Gelegenheit, haben sie die alles beherrschen wollende Haltung als sündhaft betrachtet. Oder aber sie selbstlos vor der Verantwortung in Wirtschaft und gesellschaftlicher Entwicklung geflüchtet, um sich dem mystischen Kontakt zu Gott und dem Inneren jeden anderen Individuums widmen zu können.

In unterschiedlichem Grad und mit Sichtweisen, die sich gegenseitig ausschließen, haben die verschiedenen Religionen dem Menschen eine Vielfalt von Botschaften vermittelt, sowie deren Existenz einen Sinn verliehen.

Die Religion war immer ein wichtiger Teil des gesellschaftlichen Ganzen, und im selben Sinne war sie immer Teil der Konzeption, die jede Gesellschaft von sich selber hat; darüber hinaus hat sie sehr häufig die Prinzipien definiert, die über sie bestimmten. Aber der Fortschritt der Gesellschaften sowie die Entwicklung der Wissenschaft haben eine autonome Entwicklung generiert, die vom Religiösen unabhängig ist. Dennoch ist das Religiöse weiterhin in der Welt präsent, sei es als rituelles oder moralisches Handeln oder als nostalgisches Streben nach Sinnhaftigkeit. Es stellt sich als eine Reihe von Praktiken heraus, von Aberglauben belastet oder vielleicht auch von einem ungesunden Interesse der großen Religionen an verschwörerischen Geschichten, verschwörerisch dargestellt, um die Menschheit zu düpieren und somit ihre Macht zu erhalten.

Die Religionen haben sich über die Jahrhunderte erhalten, nicht weil sie sich aufdrängten, sondern weil ihre Botschaft inspirierend wirkt. Es ist wahr, dass sie gelegentlich aufgezwungen wurden, ihre Wirkung jedoch blieb getragen von ihrer eigenen Dynamik. Der Sinn ihrer Botschaft hat den Lebenssinn der Menschen genährt und aufgeklärt. Auf diese Art wurden sie akzeptiert, weil sie das gesellschaftliche Leben der Menschen bereichern.

Auch wenn die Religionen stimulierend auf die Menschen gewirkt haben, so haben sie sich nicht selten als Hindernis für eine harmonische Entwicklung des wirtschaftlichen Lebens und für den notwendigen Wandel der Institutionen herausgestellt, die die strukturelle und geordnete Funktion der Gesellschaft ermöglichen.

Gibbons, der große englische Historiker, schrieb mit spitzer Feder über den Verfall des bis dahin größten bekannten Imperiums, des Römischen, dessen Verfall, seiner Meinung nach, nicht nur dem Einfall der Barbaren zuzuschreiben ist, die schließlich gleich Mauerbrecher dieses grandiose Imperium zu Fall brachten, sondern in besonderem Maße der zersetzenden Wirkung der christlichen Religion, die die Prinzipien und die grundlegenden Mechanismen, die ihm Zusammenhalt und Stärke verlieh, nach und nach zerstörte.

Mit messerscharfen Wörtern schrieb dieser Autor: „Die Völker glauben, dass ihre Religion wahr ist, die Philosophen glauben, dass sie falsch sind, die Staatsmänner glauben, dass sie nützlich (zweckdienlich) sind" (51, Bd. I, S. 22). Ein brillant formulierter Satz, der in einem Federstrich die höchst tiefgreifende und destruktive Kritik gegenüber der Auswirkung der Religionen auf die menschliche Gesellschaft zusammenfasst, und der dennoch, wie manch anderes großes Zitat , eine dermaßen übertriebene Sichtweise einschließt, dass das Problem unverständlich und zu kurz gefasst erscheint.

Demgegenüber kann man sagen, dass die Völker die Religionen akzeptieren, entweder als Mechanismen der Sicherheit oder als Erinnerung an eine Tradition oder vielleicht auch als gesellschaftlicher Zwang. So kann man also sagen, dass Denker und Wissenschaftler davon ausgehen, dass sie über die Grenzen der Wissenschaft hinaus die äußerste Erklärung beinhalten, und dass die religiösen Autoritäten die Politiker für die Verbreitung ihrer Botschaft instrumentalisieren. Schließlich, in seiner Klarheit, ist der Satz von Gibbson gleichwohl ein unverständlicher Satz, der uns andererseits Gelegenheit gibt, die Beziehung zwischen Religion und Gesellschaft zu betrachten und aufzuklären.

Eine weitere große Kritik diesbezüglich wurde von Karl Marx in jenem scharfsinnigen Ausdruck gebündelt, als er versicherte, dass Religion „Opium für das Volk" sei. Das bedeutet, dass die Religionen wie Beruhigungsmittel auf ein unwissendes Volk wirken, und es in die Passivität versinken lässt, in der es seine Unterdrückung akzeptiert. Sie sind somit ein Hindernis für die Entwicklung der Gesellschaften, weswegen es notwendig ist, gegen die Strukturen zu rebellieren, die sie versklaven.

Auch dieser aufrührerische Satz enthält einige gültige Aspekte. Gleichzeitig aber verfälscht er erheblich den Impuls, der gelegentlich von den Religionen ausging, damit der Mensch aktiv und schöpferisch an der Entwicklung seiner Gesellschaft beteiligt sein konnte. Als Beispiel seien genannt die Jesuitenreduktionen der Guaraní in Paraguay, von denen wirtschaftlicher und gleichstellender Impuls für die Entwicklung der Guarani ausging, sowie die Theorie von Max Weber, die davon ausgeht, dass Kapitalismus religiösen Ursprungs ist.

In seiner Theorie geht Max Weber davon aus, dass der Kapitalismus, die große treibende Kraft der wirtschaftlichen und gesellschaftlichen Entwicklung des modernen Zeitalters, als Ergebnis des Vorhandenseins und Handelns einer christlich kalvinistischen Vision aufgekommen ist. Selbst der marxistische Sozialismus in seiner zukunftsweisenden Kraft gab vor, eine wissenschaftliche Vorgehensweise zu haben, hat sich jedoch in vielen weiteren Aspekten eher als Prophezeiung von religiösem Charakter erwiesen.

Dies ist die Thematik, die vorliegendes Werk inspiriert. Es enthält drei große Abschnitte, jeder enthält ein oder mehrere Kapitel.

An erster Stelle beschäftigen wir uns mit der Persistenz der Religion während der gesamten Menschheitsgeschichte, mit mehr oder weniger Wirkung und Präsenz in den verschiedenen Zeitabschnitten. Ihr Einfluss auf die Gesellschaften war unterschiedlich und die Vorhersagen ihres Aussterbens waren mindestens verfrüht, wenn nicht – sehr wahrscheinlich – unbegründet. Wir betrachten auch einige Elemente, die fast allen Religionen gemeinsam sind, soweit sie sowohl die objektiven Gegebenheiten ihrer eigenen Gesellschaft und der sie umgebenden Welt spiegeln, als auch was ihr nicht religiöser Beitrag, insbesondere zu ihrer künstlerischen Ausprägung.

Der zweite Abschnitt – der weitaus vollständigere – erklärt den wichtigsten Inhalt einer jeden der großen Religionen. Das heißt, er versucht dem Leser die Kraft und Güte ihrer Botschaft klar zu machen, die jede der großen Religionen mit sich bringt, dessentwegen sie akzeptiert wurde und bestehen konnte. Wenn ein Volk eine Religion als wahr akzeptiert, dann weil sie eine Frucht bringende Botschaft verkündet.

Der Hinduismus z.B. enthält einen immensen Reichtum an Bildern, Geschichten und Wissen, die das Vermächtnis der ältesten Religionen der Menschheit widerspiegeln. Der Buddhismus seinerseits ist auf das Individuum gerichtet und dessen Gelassenheit gegenüber seines eigenen Seins, auch wenn er zur gleichen Zeit, in offensichtlichem Widerspruch hierzu, das Individuum rettet, indem er eben seine Individualität opfert. Das Judentum basiert auf der Grundidee eines absoluten Wesens, das aus sich selbst heraus lebt und Schöpfer des Universums ist und zur selben Zeit Begleiter und Führer des Lebens in der menschlichen Gesellschaft, und speziell der Gesellschaft, mit dem es eine Allianz bildet, dem hebräischen Volk. Das Christentum, innerhalb einer streng monotheistischen Struktur jüdischer Inspiration, geht darüber hinaus und spricht von der persönlichen Gegenwart Gottes in der Welt, die von einem Individuum, Jesus von Nazareth, verwirklicht wurde, dessen Person und Wissen den Inhalt der Botschaft und der Rettung des Menschen darstellen. Als letztes und deshalb nicht weniger wichtig, gibt es den Islam, der die Nähe zu Gott, dem absoluten und grandiosen Herren des Universums herstellt, mit einem einfachen Dogma, das durch den Propheten Mohammed seinen Ausdruck findet, sowie auch mit vereinenden Elementen, die der Glaubensgemeinschaft Kraft und Zusammenhalt verleiht.

Jede einzelne dieser Religionen und andere wie der Konfuzianismus oder der Taoismus, haben im Laufe der Zeit Veränderungen erfahren, die essentiell durch den Einfluss entstanden sind, den die Entwicklung der unterschiedlichen Gesellschaften hatten, in die sie sich eingebracht hatten. Gleichwohl haben sie alle dazu beigetragen, der Existenz des Menschen und der Gesellschaft Sinn und Richtung zu geben.

Der dritte Abschnitt des Buches beinhaltet mehrere Kapitel. In einem jeden von ihnen wird ein Aspekt der Beziehung behandelt, die zwischen Religion und Gesellschaft existiert.

Das erste Kapitel dieses dritten Abschnittes beschäftigt mit dem Gebrauch des Verstandes fernab von dogmatischen Betrachtungsweisen. Einige Religionen haben in gewissem Maße den unabhängigen Gebrauch des Verstandes akzeptiert, sowie andere ihn verboten haben, oder ihn vielleicht dazu gezwungen, ihn ausschließlich innerhalb der jeweiligen Religion zu nutzen. Und so kommt es, dass die Aufgabe der Vernunft eine vielfältige ist. Auf der einen Seite hat sie unzählige Fundamente der Religion untergraben; auf der andere n hat sie dazu beigetragen, einige Religionen zu begründen und zu konsolidieren, zur gleichen Zeit hat sie zur Entwicklung der Wissenschaft begünstigt, die ihrerseits jederzeit neue Perspektiven eröffnet und enorme Möglichkeiten zur Beherrschung der Natur eröffnet hat, zum Nutzen der Menschheit, auch wenn, es muss gesagt werden, sie auch zu ihrem Schaden beigetragen hat.

Was Politik und Religion betrifft, muss gesagt werden, dass alle Religionen von denjenigen Instanzen als Machtinstrument benutzt worden sind, die eine wie auch immer geartete Autorität in den jeweiligen Gesellschaften inne hatten. Die religiösen Instanzen ihrerseits haben die nicht religiöse Macht für ihre eigenen Ziele benutzt, über die sie die Kontrolle hatten. Zusammengefasst kann man sagen, dass die Politiker sich der Religionen bedient haben und die Religionen sich ihrerseits der politischen Macht. Die Art und Weise, wie das geschah variierte entsprechend des grundlegenden Inhaltes und der Geschichte der jeweiligen Religion in der Gesellschaft, in der sie gerade groß werden konnten. Insbesondere wurzelt der Unterschied in der Form, die sich Religion und Gesellschaft in ihren Anfängen gegeben haben, als sie ihre Einheit bilden.

Bezüglich der wirtschaftlichen und gesellschaftlichen Entwicklung der Religion basierte die Entwicklung der Völker auf der positiven Einschätzung menschlicher Fähigkeit, die Umwelt zu verändern, was eine Art von weltlich geprägten Optimismus beinhaltet. Einige Religionen hatten eine ablehnende Haltung gegenüber weltlichen Aspekten, jenen, die diese Entwicklung begünstigt haben. Noch andere haben das Schöpferische in ihrem Umkreis gefördert und wirkten somit unterstützend für die Entwicklung.

Nun gut, bis zu welchem Punkt waren die Religionen ein Hindernis oder haben förderliche Rahmenbedingungen geschaffen, die die wirtschaftliche und gesellschaftliche Umformung der Nationen ermöglicht haben? Genau dies ist unsere große Fragenstellung.

Schließlich werden wir einige Schlussfolgerungen formulieren inwieweit die verschiedenen Religionen, gemessen an ihren Fähigkeiten perspektivisch für die Entfaltung der Gesellschaft etwas beizutragen.

Ein Buch von dieser Natur zu schreiben, bringt einige redaktionelle Probleme mit sich. Der Inhalt der Botschaft einer jeden Religion ist so reich und vielfältig, dass ihre Beschreibung notwendig durch die Sprache beeinträchtigt wird. Seine Färbung, Transparenz, Komplexität, Geheimnis, Poesie und Drama müssen in der benutzten Sprache ausgedrückt werden. Aus diesem Grund kann dieses Werk nicht linear gestaltet werden wie eine Erzählung oder die bloße Erklärung eines Themas. Es ähnelt eher einer byzantinischen Wandgestaltung, die aus Mosaiken aus polychromen Steinchen und Keramiken besteht, aus kleinen Kristallen und Plättchen aus Gold.

Darüber hinaus impliziert diese Thematik einige Wiederholungen, weil der Inhalt der religiösen Botschaft in einem Kapitel erklärt wird, man jedoch auf einige Punkte desselben Themas zurückkommen muss, wenn man in einem anderen Kapitel ihre Wirkung auf die Gesellschaft sowie ihre wirtschaftliche und politische Wirkung analysiert. In diesem Sinne kann dieses Buch hintereinander lesen, man kann es aber auch in anderer Reihenfolge betrachten, je nach Interesse des Lesers.

Bei der Niederlegung dieses Textes erscheinen drei Arten der Nummerierung. Die eine bezieht sich auf die Bibliographie. Wenn z.B. (71 S. 80-85) erscheint, so bezieht sich dies auf die so nummerierte Quelle in der Liste der Bibliographie am Ende zwischen den genannten Seitenangaben. In einigen Fällen erscheint eine andere, z.B. „Note 6". Dann muss man die Note 6 am Ende des Buches nach der Bibliographie aufsuchen. In weiteren Fällen ist mit der Ziffer eine Fußnote gemeint.

DER MENSCH UND DIE RELIGION

Die Religion, das Religiöse, ist in unserem Leben gegenwärtig und war es immer in der ganzen Menschheitsgeschichte. Wir können sie ignorieren. Wir können sogar versuchen, sie zu ignorieren. Dennoch ist sie da, wie ein Horizont, der so weit weg sein kann, aber dennoch bestimmt sie unseren unmittelbaren Lebensbezug, die Landschaft, in der wir uns bewegen.

Genau dieses ereignet sich insbesondere im Leben eines jeden Individuums. Es ist ebenfalls in der Wissenschaft und der Philosophie zu beobachten, ja sogar auch in der Technologie, die uns in Schöpfer von Welten und neuen Erwartungen verwandelt.

Auf der einen Seite entspricht das Religiöse einer inneren Haltung in den Menschen, auf der anderen Seite findet es eine Entsprechung in Institutionen, Doktrinen und Praktiken allerhöchst unterschiedlicher Natur. So gesehen scheint die Aufgabe unerfüllbar zu sein, das Religiöse in seinen unterschiedlichen Ausdrucksformen und Veränderungen im Laufe der Menschengeschichte erklären zu wollen.

Um der Absicht dieses Werkes gerecht zu werden, wird es in diesem ersten Teil genügen, den Sinn des Religiösen in groben Zügen vorzustellen. Der inhaltliche Beitrag der großen Religionen wird in den entsprechenden Kapiteln, die von ihnen handeln, nach und nach sichtbar werden.

Auch wenn es uns heute nicht möglich ist, die Gedanken und Emotionen der ersten Menschen zu kennen, so wissen wir doch, dass in einigen Religionen Überreste der ursprünglichen Eigenarten zu finden sind. Das ist der Fall bei einigen Völkern, die der gesellschaftlichen Entwicklung fern geblieben sind, wie zum Beispiel auf den Inseln Mikronesiens, wo man erste Strukturen und eine erste Institutionalisierung des religiösen Empfindens deutlich erkennen kann.

Den Urreligionen liegt der Animismus zugrunde. Für diese Völker besitzt jedes Dasein einen Geist – manchmal auch nicht Lebendes, wie die Berge oder das Meer. Eine Gottheit wird einem jedem Wesen zugerechnet. Und während die Menschen zwischen Bäumen, Blumen, dem Gras und den Tieren einher wandelten, befanden sie sich in einer mysteriösen Welt, die von geheimen Kräften gelenkt wurde. Diese konnten gutwillig oder auch böswillig sein.

Um sich gegen die bösen Geister zu verteidigen und den Schutz derer zu erhalten, die ihnen wohl gesonnen waren, begannen sie komplexe Rituale zu erfinden, die die Magie ausmachen. In diesem Zusammenhang erscheinen besondere Personen, Schamane etwa, die Kontakte zum mysteriösen Transzendenten aufnehmen, die Macht zu erhalten, um die Menschen zu heilen und die Zukunft voraus zu sagen. Mit dem vorher Gesagten werden die ersten zwei Probleme gelöst, vor denen die primitiven wie die modernen Menschen stehen: Die Gesundheit erhalten und wissen, was die Zukunft bereithält.

Mit der fortschreitenden Entwicklung der Religionen – dies ist ein Element das sehr klar in den Geboten des Hinduismus zu erkennen ist – beginnen die Kräfte der Natur zu Göttern zu werden: der Blitz und das Sonnenlicht, das Feuer und der Wind, der unendliche Sternenhimmel oder die Berge verwandelten sich in Personen.

Auf diese Weise entstand ein Polytheismus voller Farben aber ledig jeglicher Struktur. Dieser ist reich an Bildern und überbordend an Riten, der über Generationen, mit ihren immer neuen Geschichten, die von ihren Erfahrungen mit dem Übernatürlichen handeln, immer reicher wurde. Aber er ist auch veränderlich, so wie sich die Mode wandelt. Heutzutage treffen wir auf bedeutungsvolle Ausdrücke, die die Menschen in einigen Ländern weiterhin benutzen. So in Indien zum Beispiel: „In jener Zeit war der Gott Indra, der Gott des Sturmes und des Regens, in Mode".

Der hauptsächliche Grund, der zum Polytheismus führte, ist die Unfähigkeit des einfachen Geistes eines primitiven Volkes, in abstrakten und unpersönlichen Begriffen zu denken. Alles wird personifiziert, weil Personen viel leichter zu verstehen sind, oder zumindest viel leichter zu verstehen erscheinen, als die uns umgebenden Kräfte, in derselben Weise wie es einfacher ist, das Geheimnis der natürlichen Kräfte als bewusste Taten von Gottheiten anzusehen als diese als unpersönliche Gesetze der Natur zu verstehen.

Welche Form auch immer die ersten religiösen Äußerungen der Menschen im Animalismus oder im besser strukturierten Polytheismus gehabt haben mag, die Religion hat immer den Geist und das Herz der Menschen angesprochen, indem sie ihnen den grundlegenden Sinn sowie die Grundprinzipien erklärten, sowohl bezüglich ihres persönlichen Daseins als auch der Existenz des Universums, in dem sie leben. Die Religion verleiht dem menschlichen Wesen, wehrlos und schwach wie ein Grashalm im Wind, das Gefühl von Sicherheit im Leben, und diese Sicherheit vermindert Angst und Schrecken, die der Tod hervorruft.

Auch wenn der Tod in allen Religionen allgegenwärtig ist, so scheint er doch in der Religion des alten Ägypten, die mit den zahlreichen Göttern Amun, Osiris, Ra und so vielen anderen, besonders bedeutend und prägend zu sein. Ihre Relevanz variierte entsprechend dem Zeitgeist und den Pharaonen, die sich für Söhne der diversen Gottheiten ausgaben, oder glaubten, sie seien es wirklich

In all diesen Facetten, vom Alten bis zum Neuen Reich, hat sich der Tod zum zentralen Begriff in der Religion entwickelt, zum repräsentativen Objekt der religiösen Praktik. Tag für Tag starb die Sonne im Westen glanzvoll über der unendlichen Wüste, und am nächsten Morgen erstand sie im Osten wieder auf zu neuem Leben. In der Zwischenzeit, in der sie die Welt unter der der Lebenden durchwanderte, traf sie auf eine andere Welt, die der Toten, die sie erhellte. So musste das Leben der Menschen aussehen: Auch wenn sie nicht unsterblich waren und sterben mussten, so konnten sie doch eines Tages wieder auferstehen, wenn man Sorge trug, ihre Körper zu balsamieren und zu mumifizieren. Um zu der anderen Welt zu gelangen und dort ein neues Leben zu beginnen, zu dem dieselbe Sonne den Weg leuchten würde, war es notwendig ein Boot zu haben, mit dem man den großen Fluss überqueren könnte, eine Art Nil der anderen Welt. Deswegen sollten sie einige Haushaltgeräte und Nahrungsmittel dabei haben, die ihnen dabei helfen sollten, diesen mysteriösen Übergang zu bestehen.

In der ägyptischen Zivilisation spielt der Tod eine entscheidende Rolle. Daran erkennbar, dass fast alle großen pharaonischen Monumente, von den großen Pyramiden bis zu den Karnak-Tempeln und den Tälern der Könige und Königinnen nur einen Sinn durch die Gegenwart, man könnte fast sagen, lebendige Gegenwart des Todes erhalten.

Nicht in allen Religionen ist der Tod das Rückgrat ihrer Konzeption. Dennoch, auf gewisse Art orientieren sich alle an der Unerbittlichkeit des Todes als grundlegendes Element, um darauf aufbauend auf ein lichtvolleres Dasein zu hoffen. Auf diese Weise verwandelt sie Dunkelheit in Licht.

Eingebettet in die unumstößliche Existenz des Todes besteht das Grundsätzliche aller Religionen darin, dass sie den Menschen die Fähigkeit verleiht, das Universum zu verstehen sowie Sicherheit in ihrer Existenz zu erlangen. So ist es zu verstehen, dass die Religion die Gefühle der Menschen zutiefst berührt, sie formt und ihnen Orientierung gibt: mit einem Wort, sie gibt ihnen die Fähigkeit, viel tiefer gehende Konzepte zu entwickeln.

Die Gefühle, die von der Religion ausgelöst werden, prägen den Personen eine Kraft ein, die ihrem Innern Kohärenz und Konsistenz verleiht, dies auf individuelle Weise; auf allgemeiner Ebene bildet sie den Kitt für die gesamte Gesellschaft.

Aber nicht nur das, die Religion orientiert die Menschen auf geeignete Weise über die Verhaltensnormen, die für das Zusammenleben mit den anderen nötig ist, während sie gleichzeitig an ihren eigenen Lebenserfahrungen beteiligt ist, ihnen hilft, sich selbst und die Welt zu verstehen. Sie gibt dem jetzigen Leben Sicherheit und Hoffnung auf das andere. Mit Kraft bestärkt sie die Gefühle und das Verhalten der Menschen in allen Situationen des Lebens. Sie verleiht dem menschlichen Wesen einen zuverlässigen Zugehörigkeitssinn. Deswegen hat sie einen größeren Einfluss auf die Gesellschaft als die Naturwissenschaft oder sogar als die Philosophie.[3]

Heutzutage fällt es uns sehr schwer, die allgegenwärtige Macht zu verstehen, die die Religion ausübt. Die Menschen in den alten Zivilisationen, und fast bis zum modernen Zeitalter, fühlten sich fast ständig den Gefahren der Natur ausgesetzt, sie war gleichzeitig großzügig und feindselig: Lebensmittelknappheit infolge von Dürre oder Überschwemmung, die Hurrikane machten ihre Häuser zu Ruinen, Gewitter, die ihnen Schrecken einjagten, all dieses brachte die Menschen in direkten Kontakt mit dem Unheilvollen und Schrecklichen. Hinter all dem standen die Götter, manipulierend, einschüchternd, segnend, bedrohend oder vielleicht auch tröstend durch ihre Schönheit, liebevoll und schrecklich., und dennoch ganz nah am täglichen Leben des Menschen, die ihre Macht in jedem Winkel ihres Daseins spürten.

In der jetzigen Welt leben wir weit entfernt von den meisten dieser Risiken. Wir bewohnen feste Häuser, bewegen uns in schnellen und sicheren Fahrzeugen, unsere Umgebung bietet Ablenkung durch Radio und Fernsehen. Mit einem Wort: wir sind gefangen in unserer eigenen Welt, bis zu einem gewissen Punkt geschützt vor den Launen der Natur. Deswegen haben wir aufgehört, die alltägliche Präsenz des Göttlichen zu spüren, obwohl, bei bestimmten Gelegenheiten, ein schreckliches Seebeben oder ein Tsunami etwa, riesige Wellen erzeugen kann, die in einer Geschwindigkeit von Hunderten km/h blühende Gegenden und friedliche Städte vernichten. Wir wissen warum sie entstehen, ja, aber wir wissen nicht, wie wir sie kontrollieren können. Dann erfahren wir das wahre Größenordnung der Natur, in der man dann die Gegenwart des Göttlichen spürt. das Faszinierende und Furchterregende, das Gott ist.

Die Entwicklung der Religionen verläuft gleichzeitig mit der Entwicklung der Gesellschaften, deren integrierter Teil sie sind, gleichsam wie deren Seele, und auch wie die Kraft, die sie verbindet. Die Urgesellschaften, Nomaden- oder Bauernvölker, waren den unterschiedlichen Mächten der Natur unterworfen. Die Menschen versuchten ihre mysteriöse Macht zu besänftigen: Tlaloc, dem Gott des Re-

---

[3] Ihrerseits hat die Naturwissenschaft nicht versucht, unmittelbar die Notwendigkeit des Religiösen zu erklären. Vor kurzer Zeit jedoch wurden Untersuchungen durchgeführt, um herauszufinden, welche biochemischen Prozesse durch religiöse Gefühle ausgelöst werden. Man sucht nach der göttlichen Substanz, die den Menschen veranlasst , an Gott zu glauben. Bei einem Experiment mit dem europäischen Partikelbeschleuniger versucht man in der Schweiz mit diesem Mittel die Religion zu erklären. Andere Laborforschungen werden von Patrick McNamara und Nina Azari auf Hawaii sowie von Eic Biselar in Kanada geleitet. Letztendlich sind dies alles Versuche um herauszufinden, in welchem Teil unseres Gehirns die religiösen Gefühle entstehen, ebenso wie die ihnen zuzuordnenden Elemente, wie Gruppenzugehörigkeit und Moral (The Economist, März 22-28 2008, S. 89-90).

gens für die Nahuas, wurden Opfer gebracht, so auch zahlreichen anderen zu Göttern gewordenen Naturereignissen.

In dem Maße wie die Gesellschaft sich verändert und komplexer wird, verändert sich nicht nur die Natur der Götter sondern häufig entsteht auch eine definierte und strukturierte priesterliche Klasse, deren Aufgabe es ist, Traditionen und Riten zu erhalten, die jedoch gleichzeitig Unbeweglichkeit und fehlende Anpassungsfähigkeit an neue Gegebenheiten erzeugt.

Damit erfüllt die priesterliche Kaste ihre Aufgabe nicht mehr. Einige spalteten sich ab, und es kam zum Zerfall.

LOKALE MERKMALE

Häufig war die religiöse Doktrin Frucht einer Vorhersage eines Propheten dessen Leben und Lehren sich im Nebel ihrer uralten Geschichte verliert. n Die Merkmale jeder Religion tragen auch vielfach eindeutige Zeichen ihrer gesellschaftlichen und geografischen Voraussetzung, in denen sie ihre Entwicklung hatten, auch wenn der Inhalt der Doktrin fast immer Ergebnis der Voraussagen und Lehre einer inspirierten Persönlichkeit ist.

Zum Beispiel beerdigten die Ägypter ihre Toten in der Wüste. Die Leichen zerfielen nicht, weil es an Feuchtigkeit fehlte. Der Beweis dafür wird im Britischen Museum geführt: ein nicht balsamierter aber total trocken gelagerter Leichnam ist vollständig erhalten.

Das Balsamieren bedeutete nicht mehr als die unterstützende Wirkung der natürlichen Salze, die den Organismus austrocknen. In der ägyptischen Zivilisation jedoch wurde das Leben nach dem Tod als Überleben des Körpers verstanden. Um diesen Glauben zu stützen und zu vermitteln, balsamierten die Ägypter die Leichname ihrer großen Persönlichkeiten, und ganz speziell, ohne jeden Zweifel, die der Pharaonen. Im Laufe der Zeit entstanden die monotheistischen Religionen in wüstenartigen Gegenden. Die Völker vermuteten Götter in dem, was sie umgab: Tiere, Bäume und Berge.

In der Wüste aber gab es nichts, dem man eine Seele oder eine spezielle Gottheit zuordnen könnte. Dort konnte man nicht ohne Weiteres ein „Pantheon" errichten, die eine Vielzahl von Göttern bewohnt hätte. In gewisser Weise ist die Wüste absolut. Ihre klaren und festen Umrisse legen die Idee eines einzigen und absoluten Gottes nahe. Wenn der einzige und allmächtige Gott seine Existenz den Menschen offenbart, so sind es vor allem die Bewohner der Wüste, die besser in der Lage sind, dies zu akzeptieren. Nach ihren Erfahrungen liegt es nahe."Hier gibt es nichts, alles ist Allah", so ein Mann der Wüste zum Forscher aus dem 19. Jh., Richard Burton.

In das Nirwana zu kommen, die vollständige Gelassenheit einer Person, ist der Prozess des „Nichts-Tun", wie Buddhisten und Hinduisten es lehren. Das kann man sich nur in heißen Gegenden vorstellen, dort, wo die Menschen sich wünschen, zum friedvollen Nichtstun zu gelangen. Vollständige Passivität ist für sie eine Befreiung.

Man ist nicht in der Lage, sich vorzustellen, dass diese Konzept aufgeblüht wäre in einer skandinavischen Gesellschaft, das in langen Zeitabschnitten gegen die ständige Kälte und die deprimierende Dunkelheit zu kämpfen hat. Für diese nordischen Völker ist ein Heiliger der Tag für Tag auf dem selben Platz sitzt und sein Haar meterlang wachsen lässt, einfach unvorstellbar. Mit einem Wort, sich ein Nirwana vorzustellen, bedarf es eines warmen Klimas.

In gewissem Sinn begreifen die Menschen die Religion wie etwas ihnen Ähnliches oder zumindest integrieren sie nur die Elemente daraus, die aus ihrer eigenen Zivilisation und natürlichen Kondition heraus verständlich sind. So gesehen gibt es Kulturen, die der einen Religion näher stehen als der anderen. Lehre und Gewohnheiten, die einer bestimmten Religion entstammen, können in einen Typ Gesellschaft leicht integriert werden, in andere hingegen nicht.

Zum Beispiel wurde das Christentum von den Stämmen der Kerulen und Kaimanen, die in den Steppen von Zentralasien lebten, sehr leicht angenommen, auch wenn es später vollkommen verschwand als Konsequenz des Zerfalls des riesigen mongolischen Imperiums von Dschingis Kahn.

Das vorher Gesagte kann auf einfache Weise erklärt werden: die Person Christus faszinierte diese einfachen Menschen der Steppe, weil er Kranke gesund machte und den Tod besiegt hatte. Darüber hinaus waren besagte Stämme daran gewöhnt, Fleisch zu essen und Alkohol zu trinken, wodurch sie im Christentum eine Religion sahen, in der sie gut aufgenommen werden konnten ohne ihre Gewohnheiten aufzugeben, ganz im Gegensatz zum Buddhismus, der zu vegetarischer Kost rät und zum Islam, der Abstinenz fordert.

So ist es also zu verstehen, dass es diesen asiatischen Stämmen leichter fiel, den Inhalt und die Gewohnheiten der christlichen Botschaft anzunehmen als die der anderen Religionen (W1, S.29) . Auf dieselbe Art war ihnen das Konzept „Allianz" geläufig. Die „Alte Allianz" war eine Übereinkunft zwischen Gott und seinem auserwählten Volk mittels Moses, sowie die Neue Allianz, die zwischen Gott und den Menschen über Christus führte.

Diese Nomaden benutzten ein ähnliches Konzept, wenn sie mit anderen Stämmen Frieden schließen oder sich gegen einen gemeinsamen Feind verteidigen wollten. Die Vorgehensweise war, den anderen Stamm oder die andere Person als Bruder zu „adoptieren". Eine Allianz bedeutete für sie, einer Familie anzugehören (W1, S. 58).

Ihrerseits konvertierten die präkolumbianischen Zivilisationen, die über drei Jahrhunderte Neuspanien waren, zum Christentum, nicht durch die spanischen Schwerter, wenngleich diese ihre Machtstrukturen zerschlagen hatten, sondern durch die Vorhersagung der Missionäre, die einen Gott angekündigt hatten, der sich geopfert und sein Blut für die Menschheit vergossen hätte.

Sowohl die Azteken als auch die Mayas und Mixteken, sowie viele weitere Völker erkannten im Christentum viele ihrer eigenen Konzepte, hochgelobt jedoch, denn es befreite sie vom schrecklichen Fatalismus, in dem sie lebten. In vorspanischer Zeit mussten die Menschen ihr Blut hergeben als Opfer, damit die Götter leben konnten, denn auf diese Weise konnte das Leben dieser Welt erhalten werden. Die christliche Botschaft war eine gespiegelte Sicht, mit den gleichen Bildern in derselben Größe, nur umgekehrt, um 180° gedreht. Deshalb empfanden sie die Rettung, wie sie von den Missionaren vorgestellt wurde als verständlich und befreiend. Deshalb nahmen sie auch die Lehre der Herrscher mit Leichtigkeit an, auch wenn sie davon abgesehen „politisch korrekt" sein wollten. Die aufrichtige Gottesfurcht, die noch heute bei diesen Völkern vorherrscht, ist nicht der Erfolg des Schwertes, sondern des Kreuzes, das die Vorhersagen von Männern wie Motolinía und Juan de la Nada errichtete, und das tatsächlich eine Befreiung von der Tragödie bedeutete, die ihnen ihre Religion aufzwang, indem sie deren ureigensten und tiefsten Konzepte benutzten.

DIE PARADIGMEN IN DER RELIGION

Für die Urvölker war das Religiöse die Erklärung des Universums, und gab der Gesellschaft gleichzeitig ein Zusammengehörigkeitsgefühl. Mit der Zeitwerdung hat sich die Rolle des Religiösen gewandelt. Auch wenn es ursprüngliche Formen beibehält, hat es sich immer weiter an den Paradigmenwechsel der jeweiligen Weltanschauung angepasst.

Das Konzept des Paradigmas hat sich als tauglich erwiesen, um die Entwicklung der unterschiedlichen Konzepte sowohl wissenschaftlicher als auch religiöser Art zu verstehen. Ein Paradigma ist die Gesamtheit von allgemein anerkannten Vermutungen und Ideen, innerhalb derer die Wissenschaft operiert und sich entwickelt. Die Konzepte der ptolomäischen Weltsicht, die die Erde als Zentrum des Universums betrachtete, bilden ein solches Paradigma. Alle beobachteten Phänomene mussten diesem Paradigma entsprechend interpretiert werden. Allmählich, mit dem Fortschritt, der aus den Beobachtungen des Himmels resultierte, wurde es schließlich sehr schwierig, die Bewegungen einiger Himmelskörper zu erklären, da sie inkongruent erschienen. So waren die Astronomen gezwungen, zuweilen geradezu abenteuerliche Interpretationen ihres Laufes zu formulieren, nur um diesem Paradigma zu entsprechen.

Die Fülle an solchen wenig kongruenten Beobachtungen führte schließlich dazu, dass Kopernikus ein neues Paradigma vorschlug, das von Galileo angenommen wurde: die Erde war nicht das Zentrum des Universums sondern dreht sich selbst um die Sonne. Dies war die kopernikanische Revolution, die dies neue Paradigma schuf.

Später führte die Erklärung der universellen Gravitation von Newton zu einem weiteren Paradigma, innerhalb dessen sich die Wissenschaft in den folgenden Jahrhunderten bewegen sollte. Dieses war der Ausgangspunkt der klassischen Physik.

Aber es dauerte bis zum Anfang des 20. Jh. bis, durch die Entdeckung des Elektromagnetismus und anderen Phänomenen, die nicht einfach mit den klassischen Paradigmen zu verstehen waren, speziell mit dem der Relativitätstheorie von Einstein, sich schließlich ein weiteres Paradigma durchsetzte, das die vorigen weder negierte noch ihre Gültigkeit aufhob, sondern diese durchdrang. Die vorausgehenden Modelle wurden zu speziellen Fällen mit begrenztem Erklärungspotenzial, blieben jedoch innerhalb dieser Einschränkungen gültig.

Ähnliches geschieht im Allgemeinen mit dem religiösen Verhalten der Menschen, ganz speziell mit jeder einzelnen Religion. Innerhalb des die Magie erklärenden Paradigmas, in dem die geheimen Kräfte, die den Menschen bewegten, von denen Schamane, Magiere und Wahrsagerinnen abhängig sind. Diese haben die Macht erhalten, jene zu kontrollieren, der Einsatz von Verzauberung und rituellen Wiederholungen hatte sehr viel Sinn, um das Universum zu beeinflussen. In der Entwicklung von fast allen Religionen lebt dieses ursprüngliche magische Element fort, in Form von Aberglaube, von Mantren oder Praktiken, die nicht wegen ihres Inhalts sondern ihres Ergebnisses, die Erlösung Bedeutung hatten.[4]

Auf diese Weise ändert sich die Erklärungskompetenz des Religiösen. Die Entwicklung einer Religion ist umso erfolgreicher als sie eine passende Antwort auf kulturelle Paradigmen der Gesellschaft findet, in der sie wirkt.

---

[4] Zum Beispiel lässt man im Shintoismus Hölzer erklingn, damit sie den Göttern zu Gehör kommen; im Buddhismus wird ein Stöckchen gezogen, das die Zukunft eines jeden vorhersagt, und im Katholizismus geht man an neun ersten Freitagen im Monat zur Kommunion, um die ewige Erlösung zu erreichen.

DIE RELIGIÖSE DIMENSION

Uns wird immer bewusster, welchen Beitrag die Religionen zu den Bedingungen geleistet haben, die es schon immer gab. Heute jedoch erhalten sie ein klareres Profil und Relevanz. Malcolm Cowley, indem er sich auf Faulkners „Requiem for a Nun" bezieht, behauptet: „Faulkner transportiert die Vergangenheit in die Gegenwart und verleiht seiner Aktion einen historischen Sinn, so etwas wie eine Vierte Dimension".

Das kann man von der Religion sagen. Sie macht aus der Vergangenheit Gegenwart, und so gesehen fügt sie der menschlichen Existenz eine spezielle Dimension hinzu, ähnlich der vierten Dimension, der Ewigkeit: die Vergangenheit ist gegenwärtig und gibt so der Gegenwart Dimension und Sinn. Das hat sie schon immer getan. Allerdings sind wir heute, ausgehend von den Paradigmen unserer heutigen Kultur, besser für diesen Beitrag empfänglich.

Heutzutage werden wir alle von einer Fülle von Ereignissen überschüttet, sie passieren und uns überholen uns. Und wegen der Benommenheit, die durch den Lärm um uns herum erzeugt wird, gelingt es uns nicht, die Bedeutung der Dinge zu erkennen. Ereignisse, nochmals Ereignisse und wenig Bedeutung. Etwas Ähnliches, wie das, was T.S. Eliot in „The Family Reunion" Harry in den Mund legt.

AKT I; SZENE I :

„Aber wie soll ich es erklären, wie kann ich es ihnen erklären? Sie werden weniger verstehen, nachdem ich es erklärt habe. Das Einzige, das ich ihnen hoffentlich zu verstehen geben kann, sind Ereignisse aber nicht, was geschehen ist."[5]

In der heutigen Kultur, sind wir häufig nur in der Lage, die Ereignisse zu verstehen, das Äußere, und nicht die grundlegenden Aspekte, die diese Dinge bedeuten. Genau dies eben genannte kann die Religion versuchen.

Etwas weiter im genannten Werk behauptet derselbe Harry:

---

[5] But how can I explain, how can I explain to you?
You will understand less after I have explained it.
All that I could hope to make you understand
Is only events: not what has happened.

"Alles ist gegenwärtig. Der Abbau hat kein Anhalten. Und bezüglich dessen was geschieht, von der Vergangenheit können wir nichts weiter erkennen als die Vergangenheit, nicht was immer gegenwärtig ist."[6]

An einer anderen Stelle des Textes bemerkt Agatha:

„Wir verfügen nur über ein Fragment von der Erklärung. Nur weil du etwas nicht verstehst, musst du unbedingt betonen, was du verstehst."[7]

Weil es so viele Dinge in unserem Leben und im Universum gibt, die wir nicht verstehen, trotz des Fortschrittes der Wissenschaft und der Zivilisation, müssen wir lautstark betonen, wie wichtig alles ist, was wir besitzen und kennen. Wir betonen übertrieben den Wert dessen, was wir kennen, um uns unbewusst von dem Druck zu befreien, den unser Nichtwissen ausübt.

Die Entwicklung der exakten Wissenschaften haben Schritt für Schritt die Mysterien des Universums aufgeklärt. Die universelle Gravitation, der Elektromagnetismus, die Kraft, die die Atomteilchen zusammenhält, alles dies ist mit mathematischer und unumstößlicher Logik aufgeklärt, was vorher als persönliche und mysteriöse Kräfte erschien, die das nicht fassbare Dasein der Natur erklärten.

Die Mysterien wurden immer weiter aufgeklärt. Ironischerweise, und wir könnten fast sagen, absurderweise, bei jeder wunderbaren Entdeckung, bei jedem Schritt, die Gesetze der Natur zu verstehen, – Verständnis übrigens, das uns immer mehr zu Besitzern und Herren des Universums machen – offenbaren sich neue geheime Mysterien, die genau im Moment ihrer Aufklärung entstehen und weiter als diese reichen, ganz wie ein immer gesuchter und nie erreichter Horizont. Es handelt sich um eine Erkundung ohne Ende. „There is no end to exploration"[8], wie T.S. Eliot schreiben wird. Entdeckungen zu machen, erleuchtet uns und lässt uns vorher Verborgenes verstehen. Gleichzeitig entstehen in deren Fortschreiten neue, noch tiefere Mysterien, ganz wie große Höhlen, die beim Graben auftauchen, um das Fundament unserer Wissenschaft zu bauen.

---

[6] ...all past is present, all degradation
Is unredeemable. As for what happens
Of the past you can only see what is past
Nor what is always present.

[7] We only have a fragment of the explanation. It is only because of what you do not understand that you feel the need to declare what you do.

[8] Die Suche hat kein Ende.

Jede Wissenschaft versucht den Grund des Seins der Dinge zu entdecken. Wie der große Physiker John Wheeler bemerkte: „Es gibt nur eine Frage, die zählt: Wie ist alles entstanden, was existiert?" (B6, S. 45).

Wunderbar war die Entwicklung und die Fähigkeit der Erleuchtung, die uns die Wissenschaft bereit gehalten hat. Aber jedes Mal enthüllt das gerade Entdeckte ein noch viel größeres Mysterium als das alte.

Die Blumen zeigen ihre wunderschönen farbigen Blütenblätter nicht zufällig. Keine Margerite hat 4, 7 oder 12 Blütenblätter, weil jede bei der Bildung einer mysteriösen Serie von Zahlen folgt, genannt Fibonacci-Folge zu Ehren des Entdeckers, des großen Mathematiker aus Pisa im 13. Jh.[9]

Diese Folge erweist sich als mathematische Grundlage des Lebens. Nach der Regie dieser Folge wachsen die Blütenblätter, verteilen sich die Blätter an einem Zweig, baut sich das Schneckenhaus auf, richtet sich die Folge eines DNA Stranges und die Ordnung der Galaxien (B6, S. 22). Die große Frage lautet, warum dies alles so geschieht. Die großen Denker der Antike, so Aristoteles, behaupteten, dass das Universum keinen Anfang oder Ende hätte, das es schon immer existiert und für immer sein werde in der Ewigkeit. Ähnliche Gedanken wie die vorigen äußern auch viele der großen modernen Wissenschaftler. Ursprünglich dachte Einstein auch so und widersprach mit Vehemenz der Möglichkeit eines Universums mit einem bestimmten Anfang, indem er seine mathematischen Ausdrücke seiner Theorie forcierte, wie er später auch gestand,. Er selbst würde diese Haltung später „die größte Dummheit meines Lebens" nennen. (B6, S. 85)

Das Universum breitet sich aus, was durch den Dopplereffekt klar wird [10], wie auch in den Beobachtungen einiger amerikanischer Satelliten, insbesondere des so genannten WMAP. Die NASA publizierte im Februar 2003 die Daten von einigen Beobachtungen der Sonde: das Universum ist endlich und ist auch rund wie ein Ball, der sich ausdehnt. Daher muss es einen Anfang, einen Nullpunkt gegeben haben. Zu diesem Schluss ist man gekommen, nachdem man monatelang den von unserer Erde 13 000 Millionen Lichtjahre entfernten Horizont fotografiert hat. Dies hat uns tatsächlich zu einem Bild verholfen, vom Universum in seiner ganzen Ma-

---

[9] Die Fibonacci-Folge wird gebildet, indem man von der Zahl 1 ausgeht, bei der sich die jeweils folgende Zahl durch Addition ihrer beiden vorherigen Zahlen ergibt: 0+1=1; 1+1=2; 2+1=3; 3+2=5; 5+3=8. So entsteht die Folge:... 0, 1, 1, 2, 3, 5, 8, 13, 21. 34. 55. 89...usw., die anscheinend das Verhalten des sich entwickelnden Lebens bestimmt.

[10] Wenn wir uns an einer Straße befinden und Fahrzeuge vorbeifahren sehen, so hören wir, wie der Ton des Martinshorn sich verändert, die Frequenz entsprechen der Fortbewegung variiert, sich uns nähert und dann wieder entfernt. Wenn es sich entfernt, bewegen sich die Strahlen des Spektrums in Richtung rot. Genau das geschieht auch im Universum, Wenn zwei Fotos von der selben Galaxie zu verschiedenen Zeitpunkten aufgenommen wurden,, zeigt das Spektrum ebenfalls eine Verschiebung nach rot, was beweist, dass sie sich von uns entfernt.

jestät, blendend und erschreckend, von gerade 300 000 Millionen Jahren Existenz gerechnet seit die ersten Lichtblitze entstanden. Darüber hinaus, wenn das Universum keinen Anfang hätte, wenn es unendlich wäre im zeitlichen und räumlichen Sinne, so wären unsere Nächte hell wie der Tag, da ja alle Sterne und alle Galaxien schon seit aller Ewigkeit geleuchtet und somit den ganzen Raum ausgeleuchtet hätten, der uns von ihnen trennt. Ein Dichter war es, der ursprünglich diese Intuition hatte, die jetzt von den Wissenschaftlern bestätigt wurde. Es handelt sich um Edgar Allan Poe, der in seinem Werk „Eureka", verfasst in 1840, ausruft: „Wenn in unseren Nächten Dunkelheit herrscht, dann weil unser Universum endlich ist" (B6, S. 129).

Die Physiker begannen zu erkennen, dass das Universum ständig expandiert, dass die strahlenden Galaxien unendlich in einen unendlichen Raum hinein navigieren und sich dabei seit langer Zeit auseinander bewegen. Der russische Mathematiker Alexander Friedmann, begeistert vom Ausmaß des Universums, stieg mit einem Ballon auf eine seinerzeit nie erreichte Höhe von 8000 m, um meteorologische Beobachtungen anzustellen, berechnete gleichzeitig die Flugbahn von Geschossen und führte mathematische Schätzungen durch. Dies alles führte ihn 1922 zur Feststellung, dass „Im Anfang war das Universum auf einen Punkt Null reduziert, von wo aus es anfing sich auszubreiten (…) Wir könnten von der Erschaffung der Welt aus dem Nichts sprechen" (B6, S. 86-87).

Seinerseits hat der Astronom Hubble aus den USA 1929 berechnet, dass sich einige Galaxien sich in einer Geschwindigkeit von uns entfernen, die mit der Zeit immer größer wird, die er auf 1 100 km/h schätzt.

Der russische Physiker, der sich in den USA aufhält, George Gamow, stellt radikal fest, dass die gesamten Elemente des Universums in den drei ersten Minuten ihrer Existenz geformt wurden, in einer fantastischen Explosion (B6, S. 102).

1939 publizierte Oppenheimer, Professor an der Universität Berkeley, der mit großen deutschen Mathematikern und Physikern in Göttingen studiert hatte, eine Studie, in der er beschreibt, dass es Sterne gibt, die vergehen und dabei „schwarze Löcher" generieren. Der erste, der dies letztgenannte beobachtet hatte, war Schwarzschild, ein junger deutscher Astrophysiker, der diese bewundernswerte und verwirrende Theorie 1916 publizierte, während er als Soldat der deutschen Streitkräfte in Russland kämpfte. Monate danach würde er beim Gefecht sterben.

Auf der einen oder anderen Art scheint alles dies mit dem Tod und dem Krieg verbunden zu sein, denn derselbe Oppenheimer war Jahre später Leiter des Manhattanprojektes, das die Atombombe in Los Alamos entwickelte, und deren erste Zündung am 6. Juli 1945 in New Mexico stattfand. Jahre später hat Oppenheimer ausgerufen: „Die Menschheit wird Los Alamos verfluchen".

Wenn ein Stern beginnt zu erlöschen, dann zieht er sich zusammen und zerfällt sozusagen in sich selbst, wobei eine enorme Gravitationskraft entsteht, der nichts ausweichen kann, nicht einmal das Licht. Was übrig bleibt ist eine enorme Gravitationskraft, die Materie und Energie ins Nichts führt. Die Sterne können verschwinden. Was heißt das? Können sie einfach im Nichts verschwinden?

Hiermit haben wir zwei „Besonderheiten", zwei unerklärliche Ereignisse: der Anfang des Universums und das Verschwinden von Sternen in Schwarzen Löchern, deren Existenz weit hinter unserem Verständnishorizont liegt und die keinerlei wissenschaftliche Erklärung haben. Alle physikalischen Variablen – Temperatur, Dichte – werden unendlich in der Nähe dieses Punktes, an dem das Universum beginnt. Und noch mehr, nicht einmal die Mathematiker und Physiker mit all ihren wunderbaren Schemata können auch nur in die Nähe des Nullpunktes kommen. Die Planck'sche Mauer hindert sie daran: jenseits dieser Mauer können keine weiteren Erkenntnisse gewonnen werden. Dorthin scheinen alle physikalischen Regeln des Universums, Raum und Zeit, zu führen, in eine Art von chaotischem Wirbel, in dem nichts mehr Sinn hat, in dem eine Mikrosekunde einem flüchtigen Moment entspricht und die unmittelbar folgende Mikrosekunde sich in Jahrhunderten vorher oder nachher abspielt. Stunde Null und Unendlich verschmelzen miteinander.

Wir begegnen dem großen Mysterium, das uns die Erschaffung des Universums aufzeigt (Big Bang genannt – nach der Radioserie der BBC im Jahre 1951 in London) und seinem zerstörerischen Potenzial, das das Beispiel der Schwarzen Löcher zeigt. Das Universum erschafft und zerstört sich selbst.

Genauso unverständlich für unseren Geist und jenseits davon steht die Tatsache, dass wir auf diesem Planeten leben können, für den genaue Mengen der vier großen Kräfte, die ihn bestimmen, nötig sind: die universelle Gravitation, Elektromagnetismus, starke und schwache Nuklearkraft.

Die universelle Gravitationskraft ist die schwächste von den Vieren, auch wenn uns die Intuition etwa anderes sagt. Wenn sie ein wenig stärker wäre, so blieben wir auf der Erde kleben und könnten uns nicht bewegen. Wenn die Erde mit derselben Dichte noch kleiner wäre, dann käme der Moment in dem sie zum Schwarzen Loch würde und als Gravitationskrater würde sie alles verschlingen, was sich auf ihr befände. Sie brächte alles zur Zerstörung.

Die zweite universelle Kraft ist der Elektromagnetismus. Es ist nicht nur die Kraft, durch die wir, mittels riesiger, sich bewegender Magnete Elektrizität erzeugen, die unsere Zivilisation aufrecht hält, sondern sie ist ebenso die Kraft, die wir als „Festigkeit" der Dinge wahrnehmen. Dies erreicht sie durch die Bindung der Elektronen an den Atomkern. Angezogen vom Elektromagnetismus kreisen die Elektronen um den Kern. Wenn wir die Größe des einfachsten Elementes, dem

Wasserstoff, um das eine Billion fache vergrößerten, so wäre der Atomkern klein wie ein Sandkorn von 1 mm Durchmesser und das Elektron tausendfach kleiner, und kreise im Abstand von 100 m um das Sandkorn. Alles übrige ist leer. Das heißt, die „leere Menge" in all den Dingen die uns fest vorkommen, ist unendlich größer als die Substanz selbst. Wenn die elektromagnetische Kraft nur ein wenig größer wäre, so würden alle uns bekannten Substanzen, auch wir selbst zu mächtig festen Körpern. Wenn im Gegenteil diese Kraft ein wenig schwächer wäre, so würden wir alle zu Staub, den der Wind verweht.

Eine andere Kraft des Universums ist die „starke" Nuklearkraft, d. h. jene, die die Teilchen, aus denen der Atomkern besteht, zusammenhält. Diese ist hundertmal intensiver als die elektromagnetische Kraft. Es ist die, die die Atomfusion auslöst und damit erreicht, dass die Sonne strahlt. Wenn sie geringer wäre, so würde die Sonne weniger strahlen. Wenn sie zu Ende ginge, so würden alle Elemente des Universums zu schwarzen Löchern.

Die vierte Kraft schließlich, die das Universum zusammenhält, die die „schwache" Nuklearkraft genannt wird, ist hundertfach schwächer als die „starke". Sie verbindet das Innere des Atomkerns. Diese Kraft nutzen wir in der Nuklearmedizin, z. B. für die Strahlentherapie gegen Krebs. Ohne sie würden alle Objekte um uns herum sowie wir selbst uns auflösen, würden schmelzen wie Metall bei hohen Temperaturen in einem Schmelzofen.

Die Existenz selbst von Leben stellt sehr spezielle Anforderungen an die Atome von Kohlenstoff und Sauerstoff, die die Lebenssubstanz bilden, die wesentliche Unterscheidung von lebender und universeller Existenz. Das Universum bestand hauptsächlich aus Helium und Wasserstoff. Die Herausbildung von Kohlenstoff, Sauerstoff und Stickstoff, essenziell für das Leben, war nur unter einer unwahrscheinlichen Voraussetzung möglich, nämlich der Energie des Heliumatoms. Das lässt eher einen zufälligen Prozess vermuten. So verhält es sich auch mit den besonderen Eigenschaften des Wassers und der wunderbaren Fähigkeit der Wassermoleküle, übereinander dahinzugleiten, eine notwendige Voraussetzung für das Leben (H4, S. 203-223).

Jenseits der Faszination, diese enormen Kräfte sichtbar zu machen, die das Universum aufrechterhalten, steht das wundervolle Mysterium, dass jede Einzelne die enorme Stärke besitzt, und die vier eine Art von kosmischem Gleichgewicht für die Welt ermöglicht, die wir kennen und in der wir leben.

Bei ihrem mathematischen Abenteuer, den Beginn des Universums in den ersten Sekunden des Big Bang zu untersuchen, stehen die Gelehrten, wie wir schon sagten, vor einer unüberwindlichen Barriere, vor der Planckschen Mauer. Es ist nicht möglich, im Bruchteil einer Sekunde weiter einzudringen als in einen Abstand, den wir nach dem Dezimalpunkt 43 Nullen vor der Eins schreiben müssten, die eine Mikrosekunde misst.

Darüber hinaus, noch näher an der Null, endet alle Mathematik in der größten Konfusion. Es gab Versuche, mit äußerst komplizierten Algorithmen die Logik dieser ersten Mikrosekunden des Universums zu erahnen. Die Brüder Igor und Grichka Bogdanov (B6) haben ein System entwickelt, das übrigens sehr umstritten ist, um voll in jenen Zeitpunkt einzutauchen, von dem alles ausgeht. Dieser Ausgangspunkt wird genauso genannt, nämlich „einzigartig", weil unsere physikalischen Konzepte oder mathematische Logik nicht zu ihm passen.

Gott ist völlig anders. Sein direktes Handeln im Universum geht darüber hinaus, transzendiert unsere wissenschaftlichen Kenntnisse und die physikalischen Gesetze, die das Universum bestimmen. Wenn Gott der Schöpfer ist und als solcher die Basis der Gesetze geschaffen hat, die das Universum bestimmen, dann existiert er über den Naturgesetzen und kann nicht mit den Begriffen im Rahmen der Gesetze des Universums interpretiert und verstanden werden. Er ist im Jenseits. Er ist transzendent und somit unverständlich. Er ist, mathematisch ausgedrückt, die „Besonderheit". Die Kausalität der Welt, in der wir leben, ist immanent. Gott ist im Jenseits, er ist transzendent. Deshalb, wenn wir uns dem Anfang des Universums nähern, so nah wie möglich, also dem Big Bang, so stoßen wir auf die Plancksche Mauer in der letzten Minifraktion einer Sekunde, in der jede Mathematik ihren Sinn verliert. Das heißt, wir nähern uns dem Jenseits, wir nähern uns Gott, der sich jenseits des verständlichen Universums befindet, wie Karl Rahner mit seiner hervorragenden Tiefe und spitzer Feder erklärt (K1).

Deshalb sprechen wir tatsächlich in zwei unterschiedlichen Sprachen, wenn wir uns der Transzendenz nähern, in der unsere normale Sprache keinen Sinn mehr hat. Nach Hawking ist es deshalb so, dass „das Universum sich erschaffen kann und sich aus dem Nichts erschafft". Es hat begonnen in der „Singularität" des ersten Augenblicks, in dem die Mathematik ihren Sinn verliert und die Worte des Menschen auch (B1). Was hinter all dem steht, was es nach der enormen Explosion, die das Universum einläutete, ist für die Bogdanovs eine fantastische Formel, die alle Informationen für die Entwicklung des Universums enthält. Eine Art von Chip, der alle Hinweise dafür besitzt, wie sich das Universum zu entwickeln hat, das gerade geboren werden sollte. Das ahnt auch der geniale Stephen Hawkins, der Autor des Werkes „A brief history of time". Als er sagt, dass: „Das gesamte Universum ist auf glänzendem Weg aus einer einzigen Formel entstanden" (B6).

In der jetzigen Zeit haben wir gelernt, dass alles Information ist. Eine CD enthält, aufgenommen mittels einer Zahlenreihe, die gesamte Information eines großen, schönen und komplizierten Werkes; es ist eine digitale Information: die Neunte Sinfonie von Beethoven, verwandelt in Zahlen, so dass sie auch in der ganzen weiten Welt gehört werden kann.

Die Bogdanovs suggerieren, dass die gesamte kompakte Information, die für die Entwicklung des Universums notwendig ist, sich in einer Art von göttlicher CD befindet. Alle Buchtitel der Welt, alle Texte der Bücher könnten in eine großartige CD hineinpassen. Alle Informationen, die der Organismus eines Lebewesens benötigt, sind in den Genen eingeschlossen, in der DNA und ihrer Struktur der doppelten Helix.

Wenn das Universum ein Rätsel ist, das es zu entziffern gilt, so haben wir vielleicht, ganz zu Anfang, das Fragment eines Zauberbuches, in dem alle Geheimnisse der Welt aufgeschrieben sind. Können wir Gottes Gedanken erraten, wenn wir versuchen in den kosmischen Code einzudringen, in dem das Universum ruht? (B6). Diese Formel, diese Information, die am Anfang von allem steht, ist vielleicht die Intuition des Heiligen Johannes, die er in dem wunderschönen Satz ausdrückt: „Am Anfang war das Wort".

Die Religion benutzt nicht dieses erstaunliche Arsenal der Mathematik, noch verfügt sie über Satelliten und Observatorien, um die Frequenz des kosmischen Lichts zu messen. Sie hat die Intuition, eine Art von tiefer, nicht systematisierter Sicht. Diese ist wie die der Poeten, wie die von Poe, der die Endlichkeit des Universums wegen der Tatsache erahnt hat, dass die Nächte dunkel sind. Denn wenn das Universum unendlich wäre, wären unsere Nächte so hell wie der Tag. Die Intuition des mystischen Poeten, die uns zum Anfang führt, wo alles seine Dimension, seinen Sinn verliert und Ausdruck findet in so weit gehenden Sätzen, wie dem vom Heiligen Augustinus: „Die Erde wurde nicht in der Zeit geschaffen, sondern mit der Zeit [...] Was also ist Zeit? Wenn mich niemand fragt, so weiß ich es. Wenn ich sie jedoch erklären will, weiß ich es nicht." (A6, Buch XI).

In einem tief gehenden und mysteriösen Satz bekräftigt Jean Bottéro, französischer Religionshistoriker und Assyriologe: „Alle Religionen beginnen mit einer Vorahnung. Alle Menschen, zumindest in einem Moment ihres Lebens, haben die Vorahnung, dass es etwas gibt, das ihnen und allem, was sie kennen, überlegen ist. Diese Intuition wirkt anziehend oder abstoßend, führt zu Bewunderung oder Angst. Die Religionen kann man in zwei Kategorien aufteilen, die sich auf Liebe und die sich auf Angst gründen [...] der Mensch versucht zu verstehen, was sich hinter seiner Vorahnung verbirgt, von dort kommen die religiösen Doktrinen [...], um die Gefahren abzuwenden, die dem Religionsinhalt innewohnen [...], und daher stammt die ‚praktische' Seite der Religion, der Religionskult". (Le Figaro, 16 juillet 1998, S. B9)

DIE STARKE WIRKUNG DES RELIGIÖSEN

Für uns, die wir in der Gegenwart leben, gibt es viele Erfahrungen, die uns in unmittelbaren Kontakt mit dem Religiösen bringen. Man könnte sagen, dass wir das Religiöse mit den Händen fassen können.

Die uns umgebende Natur spricht mit großartiger Stimme, mit lärmender und ruhiger Stimme. Aber sie spricht auch in Abwesenheit einer Stimme, oder wenn sie unhörbar ist: sie spricht in der Stille. Es gibt Anlässe, bei denen der moderne Mensch der sublimen Majestät der Natur gegenübersteht, die ihn überwältigt und ihn eine unbeschreibliche Kraft spüren lässt, die sein ganzes Dasein durchdringt. Diese Erfahrung machen jene, die es wagen, sich in die Berge oder auf das Furcht auslösende Meer zu begeben, in die Wüste oder die Grotten, die die Erde durchlöchern.

Die diese Gegenwart gespürt haben, waren vielleicht die Abenteurer, die es sich zur Aufgabe gemacht haben, das eiskalte Land und Meer der Arktis und Antarktis zu entdecken. Einer von ihnen, Isaac Hayer, verloren zwischen Grönland und der Ellesmere-Insel, schrieb eines Tages im Januar, als er in der weiten Ferne die ersten blassen Lichtblitze nach monatelanger absoluter Dunkelheit entdecken konnte, die so mächtig war, dass sie wie der universelle Tod wirkte:

„Die schreckliche Einsamkeit, die das Verstehen unterdrückt und die Trostlosigkeit, die überall herrscht, übersteigt das Vorstellungsvermögen: die Stille, dunkel, beängstigend, tief, wird zum Terror [...]. Die Stille hat aufgehört negativ zu sein, sie ist nicht nur einfach Abwesenheit von Lauten. Wir können sie hören, sehen und fühlen [...], sie erfüllt den Geist mit dem Bewusstsein einer überwältigenden Macht. [...] Ich habe noch keine Äußerung der Natur erlebt, die so voller Schrecken wäre wie die Stille der arktischen Nacht" (B8 S. 359)

Aber es ist nicht nur das Schreckliche, das uns überwältigt und uns eine übergeordnete Kraft spüren lässt. Es ist auch die Schönheit. In lieblicherer Weise, mit der Sanftheit und Empfindsamkeit eines klaren Baches, der zwischen den Steinen plätschert oder die erhabene Form und Größe der Niagarafälle oder die grandiose Zerklüftung der Sierra Chipinque in Monterrey. Die Schönheit liegt sehr nahe am Schrecklichen und Großen. Wie Rilke es in seinen „Duineser Elegien" ausdrückt: Das Schöne ist nichts als des Schrecklichen Anfang, das wir noch gerade kaum ertragen, und es schont uns zu zerstören.

DIE GROSSEN LEITLINIEN

Wenn wir über die ursprünglichen Religionen mit ihren speziellen und lokalen Charakteristiken hinaus das Panorama der großen Religionen in Betracht ziehen wollen, könnten wir unterscheiden, einerseits zwischen den monotheistischen, die Religionen eines „Buches" wie Judaismus, Christentum und Islam und andererseits den großen asiatischen Religionen, die in erster Linie aus Indien und China stammen.

Die monotheistischen Religionen haben sozusagen einen „metaphysischen" Charakter, da sie eine objektive Wirklichkeit eines höher stehenden und personengebunden Wesens schaffen, das aber dennoch jenseits der physischen und messbaren Untersuchung steht, und mit dem die Menschen eine persönliche Beziehung haben können. Im Judentum zeigt sich der alleinige Gott, nach den Worten des heiligen Paulus, durch die „Zeichen"; d. h. durch die Offenbarung, dass Gott dem erwählten Volk beisteht. Für das Christentum ist die grundlegende Botschaft die der Liebe, die uns Gott zukommen lässt, indem er sich als Mensch zeigt und die Brüderlichkeit zwischen allen menschlichen Wesen verkündet. Für den Islam ist die Botschaft die des einzigen barmherzigen Gottes, Allah. Es ist die Basis des Lebens in der Gemeinschaft.

Die hinduistischen Religionen, in denen eine glänzende Vorstellungskraft die Mysterien mit vielfachen Verwandlungen der Gottheiten einhüllt, stellen die Existenz als eine dramatische und fatale Tragödie dar, mit ihren Zyklen der Reinkarnation, die die menschliche Existenz an ein ständiges ‚Wieder-geboren-Werden' anketten, von dem sich der Einzelne nur befreien kann, indem er sich selbst verliert, sich also entpersonalisiert, oder vielleicht auch mit Hilfe magischer und absurder Riten. Die wesentliche moralische Tugend für die Hindus besteht darin, die Fatalität und Rettung durch Vernichtung der Person zu akzeptieren.

Der Buddhismus, ebenfalls in Indien entstanden, ist im Prinzip nicht eine Religion, insofern er von einem Gotteskonzept absieht und als wichtigste Erfahrung das Mitleid für den Schmerz des menschlichen Lebens hat sowie die Art, sich dadurch von dessen Ausprägung zu befreien, den Zustand der Wunschlosigkeit zu erreichen.

Der Buddhismus hat sich zu einer Religion als solche gewandelt mit Riten und Zeremonien und fest etablierten Gottheiten in einigen seiner verschiedenen Varianten, gleichermaßen in anderen er die Fähigkeit eines symbiotischen Synkretismus speziell mit dem Taoismus und dem Konfuzianismus in China und dem Shintoismus in Japan entwickelt hat.

Die eigentlich chinesischen Religionen wie der Konfuzianismus und Taoismus haben eine hauptsächlich pragmatische Orientierung. Sie erzeugen keinerlei metaphysischen Fragen, die sie definieren würden, sondern sind auf dem Weg, die Form zu suchen, in der der Mensch ein ausgeglichenes und gesundes Leben leben kann, in der die Gesellschaft in Frieden mit sich selbst und dem unpersönlichen Geist (Tao) des Universums leben kann. Seine hauptsächliche „Tugend" ist sein Konzept der Menschheit, was das Sein und sich als Mensch zu entwickeln bedeutet.(das Yen)

Der Shintoismus besteht aus einer Reihe von schönen und eleganten Riten, die seine Vergangenheit im primitiven Animismus spiegeln; ihm fehlt die Botschaft und er hat kein Dogma. Er ist eher eine Mischung von Magie und höfischer Feinheit, die die wichtigsten Momente des Familienlebens begleiten: Geburt, Hochzeit [...]

KOSMISCHE GERECHTIGKEIT

Alle Religionen stoßen auf ein Problem von besonderer Bedeutung für alle Menschen zu allen Zeiten. Im Bewusstsein und der Weltanschauung der Personen gibt es ein Gefühl oder – um die Kant'sche Terminologie zu benutzen – ein „kategorischer Imperativ", ein Element, das vorbestimmt, programmiert ist und die Ungerechtigkeit unter den Menschen betrifft.

Verschiedene Personen interpretieren ihre eigenen Taten und die der anderen nach moralischen Gesichtspunkten. Die Moral ändert sich. Sie war in den verschiedenen Kulturen unterschiedlich aber in allen gibt es einen grundlegenden Kern, der in den Zehn Geboten Ausdruck finden könnte, die Moses im Namen von Jahwe dem jüdischen Volk übergab. Jedes der Völker kann mehr oder weniger auf das moralische Gewicht bestimmter Handlungen verweisen. Die Betonung ist unterschiedlich, jedoch haben alle ein Bewusstsein darüber, dass es schlechte und gute Taten gibt. Eine bestimmte Art von Taten ist moralisch verwerflich, jene, die dem anderen schaden, sind besonders schimpflich. So ist es eine gemeinsame Erfahrung der Menschheit, dass es Bösewichte, Mörder, Ausbeuter, Verleumder, Diebe gibt, die durch die Welt gegangen sind, ohne je für ihre Freveltaten bezahlt zu haben. Die Rechtsordnung eines jeden Volkes, ausgehend von den traditionellsten Formen, wie der Ausdruck gesellschaftlicher Gewohnheiten eines Stammes bis zu den weitest fortgeschrittenen Gesetzgebungen, hat sie nicht bestraft, weil sie in ihrer Schlechtigkeit das Gesetz zu umgehen wussten und sich über die bestehenden, von allen anerkannten moralischen Prinzipien lustig machten.

Die bösartigen Personen, die zeit ihres Lebens nicht dafür haben zahlen müssen, haben bei ihrem Tod soviel ungesühnte Schuld auf sich geladen. Sie sind straflos geblieben. Der grundlegende Sinn für Gerechtigkeit der Völker akzeptiert nicht, dass jemand verschwindet, ohne für seine Schuld bezahlt zu haben. Nach dem Tod müssen sie Strafe für ihre Taten erhalten. Das Gegenteil würde als schwerwiegenden Angriff auf den elementarsten Gerechtigkeitssinn erfahren. Man kann eine Welt nicht akzeptieren, in der es nicht schließlich eine kosmische Gerechtigkeit gäbe, die Bösen ihre Freveltaten nicht büßen müssten.

So ist es zu verstehen, dass fast alle religiösen Systeme einer Strafe nach dem Tod vorsehen. Ihre Natur ist unterschiedlich, und die schwere der „Sünden", die es zu bestrafen gilt, ist ebenfalls unterschiedlich. Aber letztendlich müssen die Bösen für ihre Missetaten büßen. Im Hinduismus und Buddhismus gibt es keinen höchsten Richter, der die Strafe bemisst, die Natur selbst bestimmt über die Reinkarnation aller Lebenden. Die Reinkarnation in niedere Lebewesen ist schließlich die gerechte Antwort auf die fehlende Tugend und die Bosheit desjenigen, der im Leben der verdienten Strafe ausweichen konnte. Im chinesischen Buddhismus, durch den Einfluss des Taoismus, gibt es ein Reich der Strafe und Sühne am Fuße des Berges Meru, wohin die Sünder 49 Tage nach ihrem Tod verjagt werden. Nach dem Abbüßen können sie als Lebewesen wieder geboren werden und ihre Seelenwanderung weiter fortführen.

In den monotheistischen Religionen beurteilt das höchste Wesen oder einige seiner Stellvertreter – die Engel – den moralischen Wert der Taten und schicken, die es verdienen, schließlich an den Ort der Strafe.

Das tiefe Empfinden der Menschen verlangt, dass es keine Ungestraftheit geben darf. Dieses imperative Konzept generiert in allen Religionen unterschiedliche Versionen der „Hölle".

In fast allen Religionen gibt es einen physischen Ort der Strafe, der in den am meisten „rationalisierten" als Zustand oder Rahmenbedingung gesehen werden. Bei den alten Griechen gab es den Hades, ein finsterer Ort in der Unterwelt, bewacht vom furchtbaren Höllenhund Cerberus oder den Tartarus, Ort in der tiefsten Unterwelt, in dem die Schuldigen unter unlöschbarem Durst leiden.

Die Existenz eines besonderen Ortes, wohin die Missetäter nach dem Letzten Gericht über ihr Leben geschickt werden, taucht bei Zarathustra auf, dem Begründer der alten iranischen Religion. Die Seele des Verstorbenen wartet drei Nächte lang. Danach muss er über eine Brücke gehen. Wenn seine schlechten Taten mehr wiegen als die guten, so stürzt die Brücke ein und lässt ihn in die Tiefe fallen, wo er unbeschreibliche Qualen erleidet.

Bei den Juden des Alten Testamentes erscheint die Figur der Gehenna, die in der Folge von den Christen übernommen wurde. Gehenna war ein Tal in der Nähe von Jerusalem, wo in Zeiten des Heidentums die Kinder verbrannt wurden als Opfer an den schrecklichen Gott Moloch. Daher leitet sich das Bild ab, dass die Missetäter an einen Ort des Feuers verbannt würden, an dem sie vom Feuer gefoltert werden. Im jüdischen Talmud erscheint es als ein Ort, wo die Schuld durch dieses Feuer gesühnt wird. Nach der verbüßten Sühne werden die Menschen befreit.

Der Islam kennt auch die Hölle (Jahannam), räumt aber ein, dass Gott dem Bösewicht, der Reue in dem Moment zeigt, in dem er in den Abgrund gestürzt wird, aus den dämonischen Händen entreißen wird, um ihn an seine Seite zu nehmen.

Das Christentum hat ebenfalls das jüdische Konzept, das eines Ortes der Feuerqualen. Dies erscheint in verschiedenen Aussagen von Jesus selbst und seinen Aposteln (Markus, 9, 48; Apokalypse 22,4; 2 Petrus, 2,4). Verschiedene Kirchenväter wie Origenes oder der hl. Gregor von Nyssa glaubten, dass die Verdammten nach einer Zeit der Sühne befreit würden. Jedoch sieht die formelle Doktrin der Kirche die ewige Qual vor. Einige christliche Sekten wie die Zeugen Jehovas, auch wenn sie die Existenz der Hölle einräumen, behaupten, dass nach der großen Schlacht von Harmagedon Christus das Übel besiegt und alle Menschen, ohne jede Ausnahme, zur ewigen Glückseligkeit führen wird.

Wie auch in den anderen theologischen Themen so sind auch in diesem die Aussagen der katholischen Kirche perfekt strukturiert gleich dem Pointillismus eines Puristen. Die verschiedenen Elemente werden definiert und der Wert eines jeden genau bestimmt. Die Hölle ist die Strafe für denjenigen Sünder, der seine Tat in der Todesstunde nicht bereut hat. Die Sünde als solche ist ein „Willensakt, dem die gebührende Ordination zum letzten Schluss fehlt". *(Actus voluntatis carens debita ordinatione ad finem ultimum)* (V4, Bd. IV. S. 857 ff).

Darüber hinaus muss es eine schwere Sünde sein, damit sie die Höllenqualen verdient. Als schwere Tat wird diejenige definiert, die den Menschen völlig von seiner letzten Bestimmung entfernt. Die Strafe muss ewig sein da sie sich von der strafenden Gerechtigkeit ableitet, um die kosmische Ordnung wieder herzustellen, die durch die Sünde verletzt wurde (V4, Bd. IV, S. 950 ff *De inferno*).

Die Definitionen sind so klar und strikt, dass man sich kaum vorstellen kann, dass es irgendeine menschliche Handlung gibt, die die Elemente der Definition erfüllen und die mit deren Worten beschrieben werden könnten. Aber tatsächlich wurde in der christlichen Gemeinschaft die Lehre von der Hölle immer weiter mit dramatischen Farben ausgeschmückt und wurde schließlich zum zentralen Element der Lebensführung und der Kunst. Es gibt unzählige Darstellungen des Jüngsten Gericht, wunderschön und gleichzeitig haarsträubend, in denen die Verdammten furchtbar gefoltert gezeigt werden, im Gegensatz zur lieblichen Harmonie der Geretteten. Diese Darstellungen findet man in Hunderten von Kirchen und ihren grandiosen Gewölben wie im Baptisterium von Florenz. Darüber hinaus, das größte literarische Werk, mit dem das Mittelalter – das Zeitalter des Glaubens – abschließt, ist *Die Göttliche Komödie* von Dante. Es ist ein erhabener Auszug aus der christlichen Lebensauffassung. Der Dichter, der in der Mitte des Lebens den rechten Weg verloren hat, wird durch einen Bogen zum Eingang der Hölle geführt, auf dem die schwerwiegenden Worte eingemeißelt sind: „Durch mich geht man in die leidende Stadt, durch mich geht man zur ewigen Qual" (*Per me se va nella cittadolente, per me se va ne eterno dolore*). Wenn man in sie eintritt muss man „jede Hoffnung verlieren".

Der Dichter beschreibt die Peinigungen, die die verschiedenen Sünder erleiden müssen. Neid, Wollust und Diebstahl werden mit spezieller Folter bestraft. Zeitgenossen erscheinen, erst kurz zuvor verstorbene, darunter auch Päpste und Pontifizes der katholischen Kirche.

Dessen ungeachtet beschreibt das Gedicht den Himmel, in wunderbarem und leuchtendem Gegensatz dazu, im letzten Vers als „Die Liebe, die die Sonne und die Sterne bewegt". (*L'amor qui muove il sol e l'altre stelle.*)

Das schreckliche Bild einer Hölle mit Feuer hatte darüber hinaus die wichtige und keineswegs lobenswerte Funktion, für alle jene als Machtinstrument zu dienen, die über die Kontrolle der Schlüssel zum Himmelreich verfügten.

DIE NICHT-RELIGIÖSE FUNKTION DES RELIGIÖSEN

Wir fragen uns, welche Rolle das Religiöse für den Menschen und die Gesellschaft spielt. Welche Bedeutung? Welche Funktion? Wem dient es, nicht im pragmatischen Sinn der bloßen Nützlichkeit, sondern im Sinne seines Beitrages im Leben des Individuums und der Gesellschaft?

Dies haben wir bereits in den wichtigsten Aspekten behandelt. Sein Auftrag ist es, die großen Fragen des Dasein zu beantworten und die grundlegende Lebensführung der Menschen zu bestimmen. In zweiter Linie haben sie einen Aspekt gesellschaftlicher Integration und emotiver Zufriedenheit in ihrer Frömmigkeit und ihren Riten.

Bei all der Großartigkeit ihres Beitrages für das menschliche Leben können sie wie wunderbare Märchen erscheinen, wie der Rattenfänger von Hameln, der die Kinder verführt und sie fröhlich in den Abgrund stürzen ließ. Wenn wir die kritischen Denker betrachten, die der Religion Unterdrückung und Versklavung des

Menschen zuschreiben, die nur denjenigen nutzen, die die Macht in einer jeden Religion innehaben, so kommen wir zu drei wichtigen Erkenntnissen.

Die erste ist die von Marx, die auf das religiöse Phänomen stieß, während er alle Anstrengungen unternahm, um Wege zu finden und die Entwicklung zu verkünden, die der Gesellschaft und Verbesserung der wirtschaftlichen Lage der mittellosen Klassen dienlich waren. Das führte zu einem Sozialismus, mit einem idealistischen Konzept, pragmatisch jedoch die Wege, die er für seine Verwirklichung empfiehlt. Für Marx, Vater des Kommunismus, wirkt die Religion insofern befriedend auf die Massen, als sie die Mühsal der Unterdrückten und Entfremdeten mindert und so verhindert, dass sie Entscheidungen treffen, um selbst ihre traurige Situation zu verbessern. Sie ist Opium für das Volk, das die höheren Klassen verteilen, um weiterhin selber die Vorherrschaft behalten zu können. Die Antwort darauf ist der Atheismus. Während der Herrschaft des Kommunismus in der Sowjetunion kam es häufig dazu, dass christliche Kirchen als Museen eben des Atheismus genutzt wurden.

Émile Durkheim seinerseits verstand die Religion als die Gesamtheit von Lehren und Praktiken, die uninteressant sind bezüglich ihrer Bedeutung und ihres inneren Wertes. Sie verbindet jedoch die von einander getrennten Individuen, und ermöglicht diesen Individuen ermöglicht, sich derart zu integrieren, dass eine gesellschaftliche Identität entsteht. Für solche Effekte ist jede Religion gut, und ihr Wert muss nur danach beurteilt werden, in welchem Maße sie zur gesellschaftlichen Integration beiträgt.

Siegmund Freud hatte wenig Respekt vor dem Rettungsanspruch der Religion. Aber er sprach ihr dieselbe und sehr wichtige Rolle zu, die er den Träumen und seiner diesbezüglichen Theorie gab. Der Glaube und die religiöse Praxis half den Personen dabei, sich von den eigenen Ängsten zu befreien, Ängste vor dem Unsozialen, in dem Sinne sie dazu beitrugen, dass sie den inneren Frieden fanden sowie die persönliche Integration in die Gesellschaft erreichten.

Carl Jung seinerseits, Schüler und Mitarbeiter von Freud, untersuchte die Spiritualität, die, seiner Meinung nach, nicht der Sublimierung unbewusster Wünsche entspringen konnte. Die menschlichen Wesen teilen ein „kollektives Unterbewusstsein", das Erinnerungen der Menschheitsgeschichte enthält. Die Elemente dieses Unterbewusstseins – die „Archetypen" – findet man symbolisch in den Legenden und Riten der Religionen. So z. B. widerspiegelt der Ödipus Mythos nicht das Unbewusste einer einzelnen Person sondern symbolisiert unbewusste und gemeinsame Phänomene.

Diese drei Sichtweisen akzeptieren die Religion, allerdings unter einander sehr fremden Betrachtungsweisen und darüber hinaus gegensätzlich zu ihrem eigenen

Anspruch. Ihr Inhalt ist unwichtig. Im Fall von Marx muss sie zerstört werden, in den beiden anderen muss sie erhalten bleiben, damit sie ihre definitiv nicht religiöse Rolle erfüllen können.

DAS VERMÄCHTNIS DES RELIGIÖSEN

Es gibt kein System von Konzepten, das so viel Einfluss auf das menschliche und gesellschaftliche Leben genommen hätte wie die Religion. Die Religion hat auf wichtige Weise die Struktur und die Funktion der Gesellschaft bestimmt. Das Gesellschaftskonzept und die unterschiedlichen Ausformungen, die es im Laufe der Zeit entwickelt hat, als das Religiöse wie eine kraftvolle Hefe auf die materiellen Bedingungen wirksam wurde, in denen sich die Menschen bewegten. Die Vorschriften, wie zu leben sei und wie zu handeln, gab die religiöse Autorität vor, auch die gesellschaftlichen Sanktionen, so auch der Anreiz zum guten Verhalten, die Verbindung zur Integration der Individuen, begründeten sich in der Religion. Die Menschheitsgeschichte ist die Geschichte der Religion.

Vielleicht ist das prächtigste Vermächtnis, das uns fast alle Religionen überlassen haben, die Schönheit, die sie generiert haben. Schönheit entsteht nicht an der Seite eines Geistes voller Terror, nicht unter dem Schwert, das nötigt und bedroht. Die Schönheit wurzelt im Innersten des Geistes, als Ausdruck von Freiheit und Harmonie des Lebens. Beim Betrachten der Schönheit, die die Religionen bei ihrer Reise durch die Welt verbreitet haben wie eine leuchtende Stele, bleibt nichts anderes übrig, als zu staunen und zu akzeptieren, dass sie der Menschheit etwas Großartiges und Schönes geschenkt haben, damit die Kunstwerke, die wir bewundern, entstehen konnten.

Deren wichtigste Ausdrucksform ist die Architektur: wir finden im Hinduismus Tempel von hervorragender Symmetrie und Noblesse, so in Angkor Wat in Kambodscha und Mamallapuram in Südindien, deren Reichtum an Reliefs den Felsen. in die sie eingemeißelt wurden, Leben zu verleihen scheint. Borobodur im heutigen Indonesien repräsentiert architektonisch gesehen die Perfektion, die der Buddhismus durch die Kontrolle der Wünsche und Leidenschaften anstrebt. Über Stufen geht die Person vom unteren Teil, wo die Reliefs Begierde, Stolz und Wollust darstellen, zu einem mittleren Ausprägung der Perfektion, um schließlich beim letzten Gewölbe der großen Pagode anzukommen, ein Fels, der wie eine ruhige Luftblase das gesamte Tal beherrscht.

Die Moscheen des Islam mit ihren grazilen Minaretten und ihren übergroßen Innenhöfen mit Orangenbäumen, in denen die Gläubigen zusammenkommen und

Waschungen vornehmen, um rein zu sein, bevor sie ihr gemeinsames Gebet in Richtung Mekka sprechen. Die Tempel der Tolteken und der Nahuas, die in der Bauform ihrer Pyramiden und den Bildern ihrer furchterregenden Götter, gierig auf menschliches Blut, die in ihren großen und symmetrischen Proportionen das majestätische Universum darstellen. So z. B. die große Stadt Teotihuacán, die suggestiv von den folgenden Generationen auch „die Stadt der Götter" genannt wird, eine Großartigkeit besitzt, die einzig von denselben Göttern errichtet werden konnte.

Das Christentum war tief verwurzelt in der prächtigen Kunst der romanischen, gotischen, barocken und byzantinischen Architektur. So z. B. die großartige Nüchternheit der romanischen Kirchen wie in Speyer mit ihren kaiserlichen Gräbern im Schatten eines Gekreuzigten, der sanftmütig für die Menschen stirbt. Die byzantinische Kunst, die mit ihren großartigen Mosaiken von goldenem Glanz die Tempel angefüllt haben, um Szenen aus dem Leben Christi lebendig darzustellen, so wie man sie in der Kathedrale von Monreale betrachten kann. Die Beispiele sind zahlreich. Es soll ausreichen, die Kathedrale von Chartres in Frankreich mit ihren ungleichen Türmen zu nennen, die die ganze flache Umgebung beherrschen. Die Pracht des versprochenen Himmels wird mit höfischem Glanz sichtbar, voller Licht und Raum in barocken Kirchen wie die Abtei von Sankt Gallen in der Schweiz oder der Wieskirche in der Nähe der bayrischen Alpen.

Vielleicht entsprechen all diese Darstellungen nur dem menschlichen Wunsch, Bedeutung für die Götter zu haben. Wie Hölderlin in seinem Gedicht „Brot und Wein" schrieb:

„Drum in der Gegenwart des Himmlischen würdig zu stehen
Richten in herrlichen Ordnungen Völker sich auf
Untereinander und baun die schönen Tempel und Städte."

Darüber hinaus jedoch, sind die Werke von religiöser Inspiration Ausdruck davon, was die menschliche Seele erzeugt, wenn sie mit dem Göttlichen in Kontakt tritt, gleich einer fruchtbaren Liebkosung, die sich zur Schönheit wandelt. Die griechischen Tempel mit ihren weißen dorischen Säulen und die Karyatiden, die so wundervoll die Dächer der Pavillons tragen, sind ganz einfach Ausdruck religiöser Freude, ganz wie der „Schöne Gott von Amiens", diese wunderschöne liebliche Christusstatue in der Kathedrale von Amiens oder der Jungfrau Maria mit ihrem heiteren und fröhlichen Antlitz in dem kleinen Ort Trevino in der Nähe von Burgos in Spanien.

Die Analyse des Einflusses der Religion auf die Kunst ist die Beschreibung der Kunstgeschichte, der universellen Kunstgeschichte, schlechthin. Vielleicht war ihr erster Ausdruck die Architektur, da es wesentlich war, eine würdevolle Bleibe für die Gottheiten und inspirierende Kultstätten für die Gläubigen zu bauen. Darauf folgte die Bildhauerkunst, die sich um sie herum bildete. Die gewaltige Kraft der Moses Statue von Michelangelo im Grab des Papstes Julius II. ist niemals übertroffen worden. Und dann die Malerei, die die großen Geschichten der Religionen, diesmal in Farbe und Zeichnung darstellt. Die brillanten Szenen des Neuen und Alten Testaments, ausgeführt in Mosaik, die das Innere der orthodoxen Kirchen vom Hymettos Berg in der Nähe Athens glanzvoll bedecken und die zerbrechliche Pietät in dem Werk von Fra Angelico, die die Ankündigung der Geburt Christi darstellt.

Auf dieselbe Weise entstand die große Musik innerhalb der Religion. Es gibt keine andere Kunst, die die Gefühle und Emotionen des Menschen klarer und unverfälschter ausdrückt als die Musik: die fröhliche Tanzmusik, einschließlich der zutiefst sentimentalen Volksmystik der Afroamerikaner, die diese in ihren Liedern ausdrücken.

Die tiefsten und beständigsten Gefühle der Menschheit waren immer mit der Religion verbunden. Deshalb gibt es eine wunderschöne und grandiose musikalische Tradition. Ausgehend vom gregorianischen Gesang mit seiner weichen Wellenbewegung, die der Seele Frieden bringt und sie für eine Glück bringende Begegnung mit dem Heiligen öffnet, so man wiederholen kann, was Fray Luis de León über die Musik schrieb:

Die Luft läutert sich
Und kleidet mit Schönheit und unverbrauchtem Licht
Die, wenn die Musik erklingt
Erklingt, erhöht durch eure wissende Hand geführt.[11]

Die Matthäuspassion von Bach ist unvergleichlich in ihrer kosmischen Größe, in ihrer Innigkeit und Verzweiflung, die die Erzählung von Petrus wiedergibt, nachdem er seinen Herrn Jesus verleumdet hatte. Es gibt vielleicht kein anderes kurzes Stück von größerer Ausdruckskraft und reizvollerer Inspiration als das „Ave Verum" von Mozart, auch wenn es bei beginnendem Freimaurertum nicht so katholisch ist, wie es sich die Kirche zu der Zeit gewünscht hätte.

---

[11] El aire se serena
 Y viste de hermosura y luz no usada,
 Cuando suena
 La música extremada
 Por vuestra sabio mano gobernada.

Die religiöse Musik kann nicht von der Art des Reggae, der Boleros und Walzer sein. Die religiöse Musik ist Quelle der Inspiration, die das Innerste der Menschen erhöht hat.

Und was hat man vom Beginn der Literatur zu sagen. Sie trat als ein religiöses Ereignis zu Tage, ausgehend vom monumentalen Dokument, das die Bibel ist, bis hin zu den Geschichten des Gottes Rama aus Indien. Man musste alle Gotteslegenden aus den Upanischaden erzählen und die anzestralen Fabeln des Mahabharata mit seinem epischen Charakter, achtmal so lang wie Ilias und Odyssee zusammen.

Gäbe es keine Religion, so wäre kein bekanntes Kunstwerk entstanden, kein einziges. Zu Beginn stand immer die religiöse Inspiration. Würden wir die Religion beseitigen, so müssten wir auch das ausmerzen, was die Menschheit in der Kunst geschaffen hat. Die Kunst würde als solche, wie der Mensch sie versteht, nämlich in erster Linie als getreues Abbild seiner Begegnung mit dem Göttlichen, nicht existieren.

Für all diejenigen, die nicht religiös sind, reicht die Präsenz der Religion in der Kunst aus, um sich verpflichtet zu fühlen, sie als Bereicherung für die menschlichen Gattung wertzuschätzen, wenn auch die Antworten – in all ihren Varianten – , die sie auf die großen Fragen zur menschlichen Existenz gibt, im Prinzip für sie nicht akzeptabel wären. Dass es die Schönen Künste gibt, beweist den Wert der Religion.

Die Wahrnehmung von Schönheit sowie deren Ausdruck in der Kunst sind wesentlich mit der religiösen Erfahrung und Argumentation verbunden. Das Vorhandensein und sicherlich auch die Wahrnehmung der Schönheit und der Größe der Natur verlangt die Präsenz eines menschlichen Wesens. Wenn alles existierte, was in seiner erhabenen Größe existiert, und es keine Wesen gäbe, die die Erhabenheit wahrnehmen, so wäre es wenn nicht absurd so doch eine Verschwendung, wäre völlig unnütz, ein Un-Sinn. Die menschliche Existenz und seine Fähigkeit zur Bewunderung sind notwendig, um dem Universum einen Sinn zu verleihen. Ohne das Bewusstsein des Menschen hätte das Universum keinen Sinn. Das ist es, was Gerard Manley Hopkins im erhabenen Satz ausdrückt:

„Der Sommer geht zu Ende. Mit fruchtbarer Schönheit ballen sich die Wolken zusammen, in ihrer seidenen Verpackung... Ich gehe, erhebe meine Augen und mein Herz zur Ehre des Himmels, um den Retter zu entdecken... Alles dies war schon da aber es fehlte der Betrachter... wenn sie sich träfen, so weitet der Bet-

rachter sein Herz mit tapferen Flügeln und schwingt sich in die Höhe, wirbelt mit dem Flügelschlag Staub auf." (1, Fußnote).[12]

Man könnte es kaum in griffigeren Worten ausdrücken: die Größe, die Majestät die Schönheit sind darin unverrückbar. Es verlangt den Betrachter, der sie bewundert. Nur so erhält das Wunderbare, das Universum, Sinn.

DIE ZYKLEN DES RELIGÖSEN

Im Verlauf der Geschichte hat es Zeiten größter Religiosität und solche großer Zweifel gegeben, von fehlendem Interesse oder von Gleichgültigkeit. Das vorher Gesagte heißt nicht einzig und allein, dass die Religion keine Antwort hätte auf das, was die Menschen suchen, wenn sie sich nach der Bedeutung des Lebens und der Existenz des Kosmos fragen. Zumindest im Sinne einer wissenschaftlichen Erklärung der natürlichen Phänomene von den Vulkanausbrüchen bis zu den Sonneneklipsen, hat die Religion nichts zu sagen, auch wenn vorher die genannten Phänomene nur religiös begründet werden konnten. Mit der Entwicklung der exakten Wissenschaften verlor die erklärende Funktion der Religion mehr und mehr an Bedeutung. Allerdings war dies nicht ein linearer Prozess. Im Abschnitt „Die Prävalenz des Religiösen" haben wir uns bereits auf diesen Prozess bezogen. Im 18. und 19. Jh., dem Zeitalter der Aufklärung, als die Französische Revolution die Vernunft zu einem Gott der Vernunft erhöhte, schien es, dass die Religion den Hungertod erleiden würde. Mit der Vorstellung, die man in der Aufklärung hatte, sagte die Religion weniger aus, was zur Erklärung des menschlichen Daseins hätte beitragen können. Sie war in der Defensive und verschanzte sich hinter Dogmen, die in der Mehrzahl der Fälle schlicht den wissenschaftlichen Fortschritt missbilligte, den die Menschheit erreicht hatte. Allmählich jedoch erahnte man, dass die Vernunft nicht göttlich war, jene, die eine Schlacht gewonnen hatte. Je zahlreicher die Triumphe der Wissenschaft waren umso häufiger trat das grundle-

---

[12] Sehr freie Übersetzung der herrlichen Verse von Hopkins „Hurrahing in Harvest", davon der Originaltext:
Summer ends now; now, barbarous in beauty, the stooks rise
Around; up above, what wind-walk, what lovely behaviour
Of silk-sack clouds...
These things, these things were here and but the beholder
Wanting; which two when they once meet,
The heart rears wings bold and bolder
And hurls for him, O half hurs earth for him off under his feet.

gend Unbekannte hervor. Je reicher unser Wissen, je größer unsere Bewunderung für die Ordnung des Universums wurde, umso rätselhafter wurde gleichzeitig dieses Universum für uns. Die kleine Welt des Atoms und Elektrons ist so grandios wie die der Galaxien. Man weiß nicht, welches von erhabenerer Größe ist, die der Nanowissenschaft – die Wissenschaft des unendlich Kleinen – oder die Wissenschaft der Ausbreitung des Universums. Die Vernunft bei all ihrem Triumph kann ihre Grenzen mit den Händen fassen. Ihre Fähigkeit, das Ganze zu erklären, ist weiterhin null und nichtig. Einstein war der große Kundschafter der neuen Wissenschaft, der große Entdecker. Aber er war ein Mensch, der dem Mysterium begegnete und es akzeptierte: „Gott würfelt nicht", meinte er bezüglich der willkürlichen Entwicklung der Welt und der Entstehung von Leben.

Seinerseits verband der geniale Engländer Stephen Hawking – den wir bereits zitiert haben – die Größe seines Denkens mit der Größe seines Lebens, das von Lähmung bestimmt ist, von der ALS, der Krankheit des motorischen Nervensystems, die ihn nach und nach physisch immer weiter behindert. Als Erbe des Lehrstuhls von Newton wird er nach Einstein für das größte mathematische Genie des 20. Jh. gehalten. Der Physiker, Astronom, Mathematiker, Denker, ein Mensch den jedwede Bewunderung nicht erreichen kann, beschrieb mit brillanten Worten die Größe und Grenzen der Wissenschaft: „Bis jetzt war die Mehrheit der Wissenschaftler zu sehr mit der Entwicklung neuer Theorien beschäftigt, die beschreiben, *wie* das Universum beschaffen ist, als nach dem *Warum* zu fragen." (H2, S. 223). Und weiter fügt er hinzu: „Wenn wir hierauf eine Antwort fänden, so wäre dies der endgültige Triumph der menschlichen Vernunft, denn dann erkennen wir die Gedanken Gottes" (H2, S. 224).

In dieser Weise entwickelte sich der Determinismus von Laplace. In Wirklichkeit verbannte und versteckte die Wissenschaft Gott in all die Wissensbereiche, die sie nicht verstand. Der Gottesbegriff geriet an den Rand, wodurch dieser allein und nur vorübergehend über die Probleme herrschen konnte, die von der Wissenschaft noch nicht beleuchtet worden waren. Mit viel größerem Hochmut hat sich die Wissenschaft gegenüber den Konzepten verächtlich gezeigt, die die Religion hervorbrachte. Sie waren angeblich hinterlistige Magie, obwohl es in ihnen Hinweise auf Tradition und Weisheit geben konnte, die die Menschen im Laufe der Jahrhunderte intuitiv entwickelt hatten.

Wenn die Wissenschaft irgendwann an diesem nicht greifbaren Punkt ankommen sollte, nämlich „die Gedanken Gottes zu verstehen", bliebe immer noch die Frage, warum Gott sich zu Erkennen gegeben und Botschaften nicht nur durch die Natur und ihre Gesetze gesendet hat, sondern durch direkten Kontakt des Menschen mit „dem Heiligen". Dies ist es, was die Religionen zu beantworten suchen, die sich auf die „Offenbarung" stützen, der direkten Kommunikation von Gott zu den Menschen durch die Propheten und der Heiligen.

DAS TIEFSTE MYSTERIUM

Es gibt ein grundsätzliches Problem, das die Wissenschaft nicht in der Lage war zu erahnen. Es handelt sich um das Bewusstsein des Menschen seiner selbst. Es handelt sich um die Wahrnehmung eines jeden von seinem eigenen Dasein. Etwas, was uns zu Menschen macht, ist die Fähigkeit, uns selbst zuzuwenden, über uns selbst im Spiegel unserer eigenen Wahrnehmung nachzudenken.[13]

Es gibt niemanden, der versucht hätte, dies tägliche und seltsamer Weise vom großen menschlichen Geist unbeachtete Phänomen zu erklären. Das geht über jegliche wissenschaftliche Erklärung hinaus. Und genau deswegen, weil der Mensch die unerhörte Möglichkeit hat, sich selbst zu betrachten, über sein Dasein nachzudenken, sich selbst im Spiegel der eigenen Existenz zu sehen, genau deswegen ist er fähig, sich nach dem Sinn zu fragen, den das Universum hat, von dem er nicht nur Teil ist sondern auch das Zentrum, sein ontologisches Zentrum, sein Zentrum in der Fülle des Seins.

Peter Russell hat mit brillanter Klarheit diese fundamentale Frage behandelt (R9). Der Mensch ist das einzige Lebewesen, das versucht hat, sich selbst und das Universum zu verstehen. Sein Dasein ist tiefgründiger und reicher als alle Galaxien, schwarzen Löcher und Sonnen zusammen.

Aber seine Existenz ist strittig. Im Gegensatz zu allen anderen Tieren, die seine Begleiter und Brüder sind, ist der Mensch als einziger sterblich. Er ist sterblich. Die übrigen sind es nicht, weil sie nicht wissen, dass sie es sind. Der Mensch ist das einzige Wesen des Universums, das sterblich ist, weil es weiß, dass es sterblich ist.

Und dennoch, das vorher Gesagte ist eine Tragödie. Es wäre besser, von den täglichen Freuden und Leiden nichts zu wissen, ohne also die schreckliche Last zu tragen, dass eines Tages alles vorbei ist und dass nach dem Tod alles keinen Sinn mehr hat. Zwischen den Tieren stellt sich die Sinnfrage nicht. Man ist. Man lebt, man hat Hunger oder Appetit auf Sex oder man flüchtet. Das ist alles.

---

[13] In einer wesentlich kleineren Dimension: wenn Tiere sich im Spiegel sehen, sind sie sich nicht darüber bewusst, dass sie es selbst sind. Es handelt sich für sie um ein anderes Tier. Nach einigen Untersuchungen ist der Elefant das einzige Tier, das sich selbst erkennt, wenn er sich im Spiegel sieht. Allerdings ist dies ein völlig anderer Sachverhalt als über sich selbst nachzudenken, was das Thema ist, das uns an dieser Stelle beschäftigt.

Dem Menschen, der sich seiner Sterblichkeit bewusst ist, der einzige Sterbliche von allen Lebewesen, der sich dessen bewusst ist, bleibt nichts anderes übrig, als nach einem Sinn seines Daseins zu suchen. Diesen Sinn findet er auf verschiedene Weise, jedoch überwiegend in der Religion. Diesen enormen Unterschied zwischen dem wunderbaren Unbewussten der Tiere und der Tragik der Menschen, das Mysterium des Lebens zu erkennen, tragisch und grandios zugleich, weil er die Fähigkeit besitzt, darüber nachzudenken, beschreibt Rainer Maria Rilke in der achten Duinesa Elegie wunderschön:

„Mit allen Augen sieht die Kreatur
Das Offene. Nur unsere Augen sind
wie umgekehrt und ganz um sie gestellt
als Fallen, rings um ihren freien Ausgang.
Was draußen ist, wir wissen es aus des Tieres
Antlitz allein; denn schon das frühe Kind
wenden wir um und zwingen es, dass es rückwärts
Gestaltung sehe, nicht das Offene, das
im Tiergesicht so tief ist. Frei von Tod."

Die Menschen sind sich dieser Problematik nicht immer bewusst, und auch wenn sie darum wissen, versuchen sie gelegentlich, sie zu ignorieren, sie versuchen, sich abzulenken. Sie interessieren sich für andere Dinge, die verständlich sind oder erleben noch andere, die Vergnügen bereiten sollen. In deren Leben gibt es Zeit für nichts weiter.

Dieses Phänomen ist heutzutage offensichtlich: das Fernsehen und die neuen elektronischen Apparate und die Spiele, die ‚social networks' wie facebook oder twitter, bei denen alle Welt passiv mitspielt und die Reisen in fremde Welten und Schauspiele, die verdummend wirken, die vielfach dazu führen, dass die Menschen kein selbstbestimmtes sondern nur ein ausgeliehenes Leben führen. Dies führt häufig zur tatsächlichen „Entfremdung", das zur Folge hat, dass der Mensch sich selbst verliert, das Bewusstsein seines Seins verliert. Alle wunderschönen Ablenkungen des modernen Lebens lassen den Menschen vergessen, sich über die großen Fragen, die ihn betreffen, Gedanken zu machen.

Dieses Phänomen gibt es nicht nur in der Gegenwart. In vergangenen Zeiten wurden die Menschen – außer im Schoße der religiösen Antworten – auch müde, nach dem zu fragen, was nicht zu beantworten war, und was sie darüber hinaus in vielen Aspekten unannehmbar fanden. Auch in anderen Zeiten gab es diese „Ablenkung", die das Religiöse undurchdringlich machen. Weil das Religiöse zu schwer ist. Ein Leben ohne die Religion ist zufriedenstellend, wenn auch nicht mit der Fülle, mit weniger Lebensqualität in tiefer gehendem Sinn des Wortes als es heute gebraucht wird.

Hölderlin drückte dies mit der starken und leuchtenden Schönheit seiner Worte aus: „Aber Freund, wir kommen zu spät. Zwar leben die Götter weiter, aber über unseren Köpfen, dort in einer anderen Welt. Weil unsere Schwachheit nicht immer ertragen kann, die Götter zu hören. Nur zu ausgewählten Zeiten erträgt göttliche Fülle der Mensch."

Die Götter leben allein, über uns, in ihrer Welt, so sagt der Dichter. Wir leben allein, nicht nur weil die Luminiszenz der Welt uns ablenkt, sondern vielleicht auch weil wir uns dem großen Problem nicht stellen wollen, das für uns die Gegenwart der Götter bedeutet. Das ist es, was das wunderschöne Gedicht Hölderlin aussagt: „nur in ausgewählten Zeiten erträgt göttliche Fülle der Mensch".

Die Religionslosigkeit in unseren Zeiten bedeutet Enttäuschung vom Religiösen. Und ist zur selben Zeit Ablenkung und Unfähigkeit, die Bedeutung der göttlichen Gegenwart in unserer Welt direkt gegenüberzutreten. Es gibt keinen Platz für Gott als Erscheinung, die unser Leben direkt beträfe.

Aber vielleicht liegt die höchste Relevanz in der Enttäuschung über das Religiöse, das in den formellen Religionen vorhanden ist. Die religiösen Strukturen konnten nicht auf der Höhe der Zeit sein. Sie sind dem ausgewichen. Sie sind ihren Weg weiter gegangen, manchmal auf sonderbare Weise, und die religiösen Gruppierungen haben an veralteten Gewohnheiten festgehalten. Sie verteidigten sich gegen die auf sie einstürzende Welt, indem sie sich an ihren fundamentalistischen Ideen festklammerten.

Sosehr das so ist, so gegenwärtig das unecht Religiöse im Leben einer Welt ist, die sich als religionslos bezeichnet, so sehr vermehren sich die Bücher, die versuchen, die Falschheit seines Anspruchs zu entlarven, so auch in esoterische Welten einzudringen, die weiterhin die Aufmerksamkeit der Menschen, vielleicht auf krankhafte Weise, auf sich ziehen. (Anmerkung 1, S. 323)

Dies alles sagt, dass das Interesse am Religiösen gegenwärtig in der Asche der erlöschenden großen Religionen sichtbar ist. Und dieses Interesse entspricht genau der Tiefgründigkeit des menschlichen Seins, dort wo sich das Religiöse befindet ohne vergehen zu können, da es zu der Problematik des menschlichen Lebens gehört. Es gibt Frustration, es gibt Enttäuschung, es gibt Rebellion, es gibt Ablenkung.

Das krankhafte Interesse, Konspirationen aufzudecken, die absichtlich die historische Falschheit verstecken, auf der die Autorität der katholische Kirche begründet sein soll, zeugt von der Bedeutung des Religiösen für den modernen Menschen. Ein Interesse, das darauf drängt, die Konspiration aufzudecken, kann man nicht ohne das Bestreben des Tiefsten verstehen, dem Unbewussten des Individuums, das sich religiös verwaist fühlt.

Die religiösen Institutionen haben zum großen Teil den modernen Menschen verlassen, nicht der Mensch die Religion.

ZWEITER TEIL

KAPITEL 1

DER HINDUISMUS

EINFÜHRUNG

Es handelt sich um ein Kaleidoskop. Die Farben von einer phantasmagorischen Vielfalt strahlen voller Leben und Feuer. Sie haben keine Struktur. Das Faszinierende liegt in der Unordnung, ein glänzendes Universum von vielfarbigen Funken, die bei der kleinsten Bewegung der Hand sprühen. Alles verändert sich, und bei der Veränderung verzaubert sie uns weiterhin mit ihrem strahlenden Reichtum. Es ist die Apotheose der Fantasie.

Das ist der Hinduismus. Eine unvergleichlich abwechslungsreiche und schöne Religion, die wir nicht in der Lage sind, zu strukturieren oder zu verstehen. Und in gewisser Weise verkörpert der Hinduismus genau die schöne Unverständlichkeit der Religion.

Das Erste, das man sich bezüglich einer Religion fragt, bezieht sich auf ihr Konzept und ihre Haltung gegenüber dem Göttlichen, auf die Anzahl und die Eigenschaften ihrer Götter. Im Hinduismus begegnen wir schon bei diesen ersten Schritten einer irritierenden Antwort. In den Upanischaden fragt der Schüler seinen Lehrer: „Wie viele Götter gibt es?", worauf der Lehrer antwortet: „So viele, wie in der „Hymne an alle Götter" genannt werden, nämlich Dreihundertdrei Tausend drei" Irritiert fragt der Schüler nochmals, wie viele Götter es tatsächlich gäbe. Der Lehrer antwortet: „dreiunddreißig". Unzufrieden fragt der Schüler noch einmal, um sich zu vergewissern richtig verstanden zu haben und der Lehrer antwortet: „Sechs". Und so antwortet er aufeinander folgend „Es sind zwei" [...], „Es sind eineinhalb" [...], „Es ein Einziger" [...], „Es sind so viele, wie du es gern hättest". (9, I, S. 413).

Die kaleidoskopische Phantasmagorie des Hinduismus reduziert sich nicht auf noch erschöpft sie sich in wechselnden wundervollen Geschichten. Diese gesamte Fantasie stützt sich auf den grundsätzlichen Glauben von schrecklicher Dramatik, dessen zentraler Dreh- und Angelpunkt in der Seelenwanderung der Lebewesen besteht.

Der tief gehende Inhalt seiner Lehren konzentriert sich auf drei Aussagen: alles was existiert ist das Eine in seinen verschiedenen Ausformungen. Das Leben ist unendlich durch die Reinkarnation, wodurch die Lebewesen sich in andere Lebewesen verwandeln. Die einzige Möglichkeit, diesen schrecklichen Zyklus der Verwandlungen hinter sich zu lassen, ist, nichts mehr zu begehren, zur inneren Gelassenheit und zum inneren Frieden zu gelangen. Das ist das Nirwana, in dem das Individuum seine Individualität verliert und in einem absoluten Kosmos versinkt, als Teil einer nicht unterscheidbaren Galaxis von Lebewesen.

Der Hinduismus hat zwei widersprüchliche Eigenarten. Eine unüberwindliche schreckliche Tragödie und einen riesigen Reichtum, ja fast Heiterkeit in seiner gesamten Kultur, die vor allem in der Architektur ihren Ausdruck findet. Die Architektur des Nordens und Südens Indiens hat unterschiedliche Merkmale, wie auch die hinduistischen Tempel, die auf anderenorts erbaut wurden, in Kambodscha etwa oder Indonesien. Jedoch spiegeln sie alle eine eindrucksvolle Großartigkeit und eine feine Achtsamkeit für das Detail wieder. Ob es sich um den Minakshi-Tempel in Tamil Nandu handelt oder denen von Orchha in Madhya Pradesh, dem Sonnentempel in Konak in Orissa gelegen, den goldenen Tempel in Ramitsar oder um die erotischen Figuren von Khajuraho Bildhauerkunst und Architektur bilden eine Einheit voller Leben. Alles ist bunt gestaltete Bewegung, übertrieben, eine Art Rokoko aus Stein.

Octavio Paz behauptet, dass die Legenden, Mythen und die Poesie des Hinduismus ihren Kristallisationspunkt in der Skulptur haben. „Man hat gesagt, dass die gotische Architektur steingewordene Musik ist; man kann sagen, dass die hinduistische Architektur in Stein gemeißelter Tanz ist." (87, S. 27)

Im Laufe der Geschichten seiner Mythologie, so wechselhaft wie endlos, erscheinen ganz allmählich göttliche Persönlichkeiten mit genauerem Profil, mit eigenen Zügen in Geschichten, die ebenfalls kein Ende nehmen. Sie sind wie Erzählungen, die viele Male erzählt wurden, die durch das Erzählen viele Male verändert wurden. So tauchten die drei großen Götter auf: Shiva, Vishnu und Brahma.

Man muss die Stetigkeit und Unstetigkeit betonen, die den Hinduismus kennzeichnen.

Die erste Etappe, die Jahrtausende vor der Geburt des Christentums liegt, geht zurück auf die Epoche der Veden, in der die Basis der „Doktrin" und des Verhaltens gelegt werden. Genau genommen muss der Name dieser Religion Brahmanismus, bezogen auf die geistlichen Kaste heißen, die an der Spitze der gesellschaftlichen Pyramide steht. Hinduismus ist ein eher geografischer Begriff, der auf die Region hinweist, in der die brahmanische Religion vorherrscht. Ihrerseits nennen die Gläubigen ihre Religion „Sanatana-Dharma", ewige Norm.

Unsere Wegstrecke durch die wunderbare Welt des Hinduismus führt uns durch sechs Abschnitte. An erster Stelle werden wir seinen Ursprung untersuchen, der in den Veden dargestellt ist. Danach sprechen wir von der Herausbildung seiner Mythologie, vom Universum seiner Gottheiten und von den Heldengedichten, die Grundstein seiner Struktur sind. Letzteres wird uns zum dritten Abschnitt führen, den seine Eschatologie vorschlägt, die grundlegende Doktrin, die so furchtbar in ihrer tragischen Kraft ist. An vierter Stelle stellen wir die unterschiedlichen Arten vor, die dort vorgeschlagen werden, um von diesem tragischen Schicksal befreit zu werden. An fünfter Stelle untersuchen wir die Antwort der Gläubigen in ihrem religiösen und moralischen Leben. In diesem Abschnitt betrachten wir zudem, auf welche Weise die gesamte hinduistische Gesellschaft in ihren Gewohnheit davon durchdrungen ist, in ihren Festen, ihrer Folklore. Durchdrungen von der großartigen Vorstellungskraft und den furchterregenden Wahrheiten, die das Wesentliche des Hinduismus ausmachen. Und schließlich, an sechster Stelle, stellen wir die bemerkenswertesten Ableitungen des Hinduismus vor, den Jainismus und die Sikhs, so wie einige seiner modernen „Sekten" und die großen Meister der Moderne.

DIE VEDEN

Die Veden sind die „Heilige Schrift" des Hinduismus. Sie sind in Sanskrit verfasst, die alte Sprache der arischen Völker, die in die Territorien eingedrungen sind, die heute Pakistan und der Norden Indiens bilden. Sie stammen aus der Zeit von 1800 bis 800 vor der christlichen Zeitrechnung.

Wir haben weder Informationen noch dokumentierte Geschichten oder archäologische Monumente, um die Art und Weise zu verstehen, wie sich das Leben in der Epoche abspielte. Und wir wissen auch nicht, wie die Religion der Veden im fernen Altertum ausgeübt wurde. All unser Wissen beschränkt sich auf die Veden, die wie der Gebrauch im Plural zeigt, aus einer Sammlung von Schriften besteht, eine Art Notizen über den Inhalt der Lehren und der rituellen Praktiken. Sie wurden von verschiedenen „Familien" von Priestern niedergeschrieben und benutzt. Sie stellen verschiedene Aspekte oder Gesichtspunkte dar, besitzen aber keine strukturierte Form. Sie sind eben Notizen, Anmerkungen, Glossen. Die Gesichtspunkte sind unterschiedlich aber sie beinhalten keine „theologischen" Gegensätze zueinander. Somit kann man sie als eine einzige Veda ansehen. Darüber hinaus, die Tatsache, dass es keine theologischen Divergenzen gibt, denen man besondere Bedeutung beimisst, zeigt bereits eine der Eigenarten des Hinduismus: das Fehlen eines dogmatischen Charakters.

Die Veden kann man in vier große Gruppen einteilen, von denen die ersten drei das ausmachen, was man „Dreifache Wissenschaft" der vedischen Religion nennt. Es handelt sich um das Rigveda, das religiöse Lobgesänge wie Psalmen und Gedichte enthält. Das Yajurveda beschreibt die liturgischen Aspekte des Kults, sowohl die rituellen Gesten als auch die heiligen Formeln. Das Samaveda präsentiert die melodischen Formen, in denen die Lobgesänge zu erklingen hatten. Das Vierte schließlich ist das Atharvaveda, das theologischer Natur ist.

Keine der vier Veden behandelt ausschließlich nur einen Aspekt; sie verflechten die verschiedenen Konzepte miteinander, so wie es auch in den vier Evangelien geschieht, die von verschiedenen Zeugen ausgehend die eine und einzige Geschichte Jesu darstellen.

Eine andere Klassifizierung des Inhalts der Veden bezieht sich auf ihre literarische Gattung. Die gebräuchlichste Klassifizierung ist die, die unterscheidet zwischen den poetischen Sammlungen (Samhitas), den Riten (Kalpa-Sutra), den Kommentaren zu den Riten wichtiger Zeremonien (Brahmanas) und den Kommentaren zu den minderen Riten (Aranyakas). Die bekanntesten sind die Upanischaden, die Prosatext und Verse enthalten, die sich mit theologischen Überlegungen befassen. (10, S. 581-588).

Die reichhaltigste poetische Sammlung ist im Rigveda enthalten und umfasst 10402 Strophen. Der allgemeine Ton ist der eines Lobgesangs auf die Gottheiten „in einer ähnlichen Form, in der ein Poet die Heldentaten seines Prinzen beschreiben würde" (10, S. 583). Jeder Poet erwählt eine von ihm bevorzugte Gottheit (Ishta-Deva), sein Lobgesang diese über die anderen Gottheiten stellt und der auch alle jene verwünscht, die die Größe des besungenen Gottes nicht anerkennen.

Auf der anderen Seite sind die Riten des Lalpa-Sutra nichts weiter als eine Serie von Ausdrücken als Mnemotechnik, um sich die verschiedenen Riten zu merken. In der Tat bedeutet das Wort „Sutra" „ununterbrochenes Band". Die Rituale benötigen Erklärungen, um verstanden zu werden. Diese werden in den Brahmanas gemacht und beziehen sich auf die kosmische Kräfte, die durch das Ausführen der Riten erneuert und gestärkt werden. Sie erklären uns nicht genau, wie das heilige Feuer zu entzünden ist. Die Erklärungen aus den Aranyakas über mindere Riten haben magischen und esoterischen Charakter. Es ist bemerkenswert, dass empfohlen wird, sie „im Wald" zu lernen, unter dem Einfluss des tiefen Mysteriums der umgebenden Einsamkeit.

Die bekanntesten Veden sind unter dem Titel „Upanischaden" zu finden. Es handelt sich um Erklärungen, deren Ziel es ist, eine Art Metaphysik aufzustellen, die sich auf Intuition gründet im Gegensatz zur rationalen griechischen Metaphysik. Es handelt sich um Aphorismen, die durch Annäherungen, Parabeln, Maximen,

Dialogen und Analogien zur letztendlichen Lehre führen und auf sie vorbereiten, die der Einheit der individuellen Seele (Atman) mit dem kosmischen Geist oder universellen Seele (Brahman).
Es handelt sich nicht um eindeutige Ausdrücke. Und doch, inmitten dieses dunklen Mysteriums versteckt sich die endgültige und unverständliche Klarheit, zu der alles strebt. Folgend ein paar Beispiele:

„In dunkler Blindheit sind jene, die die Unwissenheit anbeten. In noch größerer Dunkelheit sind jene, die sich im Wissen ausruhen. Wissen oder Nichtwissen: Der gleichzeitig beides hat, gelangt mit dem Nichtwissen über den Tod hinaus und mit dem Wissen gewinnt er die Unsterblichkeit." (16, S. 89)

Die Erklärung von der Erschaffung der Welt durch Brahma, dem allerhöchsten Wesen, liest sich so:

„Alles, was feucht ist, schuf er mit seinem Samen [...] tatsächlich handelt es sich um die ganze Welt, die ganz er ist, Nahrung und Verzehrer der Nahrung. Die höchste Schöpfung von Brahma war die, alle Götter zu schaffen, seine Oberhäupter. Er, der sterblich ist, schuf die Unsterblichen. Deshalb handelt es sich um eine höchste Schöpfung" (16, S. 91).

Und während er über die Seele spricht, die einen Traum ohne Traum sucht, sagt er.

„Dies ist wirklich die Art desjenigen, der jenseits alle Wünsche steht, jenseits vom Bösen und von der Angst. Wie der Mann, der seine geliebte Frau umarmt [...] so erkennt die Person nichts, wenn sie den allwissenden Geist umarmt (d. h. den universellen Geist), weder innen noch außen. In Wirklichkeit ist dies die wirkliche Art, in der der Wunsch befriedigt wird, in der der Geist (universell) Wunsch ist, und in der die Person ohne Wünsche und ohne Leid ist [...]. Der Vater verwandelt sich in den Nicht-Vater, die Mutter in die Nicht-Mutter, die Götter in Nicht-Götter, der Dieb in Nicht-Dieb." (16, S.95-96).

Bei der Betrachtung der fünf miteinander rivalisierenden Körperfunktionen, findet er, dass die Atmung die höchste Bedeutung hat.

„Ohne zu sehen, lebt man als Blinder, und atmet [...] ohne zu hören, lebt man als Tauber, und atmet, [...] ohne den Geist lebt man als Dummkopf und atmet [...]. Es gab eine Zeit, in der sich die Atmung zurückziehen, den menschlichen

Organismus verlassen wollte, da haben ihr die anderen Funktionen gesagt: Bleib, du bist uns höher gestellt, geh nicht fort." (16, S. 98)

Die mystischen Strukturen haben ihr Gegenstück in der gesellschaftlichen Struktur selbst. Die drei grundlegenden gesellschaftlichen Strukturen in einer jeden Kultur: spirituelle Autorität, temporäre Macht und Produktion von Gütern spiegeln sich in der Religion, finden Darstellung in den jeweiligen Göttern. Jede Gesellschaft ist eine getreue Kopie der göttlichen Beziehungen. Oder vielleicht könnten wir besser sagen: Alle gesellschaftlichen Beziehungen werden den göttlichen Beziehungen aufgedrückt. Diese Unterteilung der Funktionen findet man sehr definiert und klar in den indischen Kasten, die immer noch fortbestehen. Etwas Ähnliches gab es auch bei den urtümlichen Kelten und den Germanen.

Am Anfang gab es vier Varnas oder Hauptkasten. „Varna" bedeutet „Farbe", womit man auf die Vielfältigkeit der Farben in den gesellschaftlichen Gruppen hinwies. Die von hellster Farbe waren die Brahmanen. Gesellschaftlich bilden sie die höchste und priesterliche Kaste der Arier, die vom Norden her Indien erobert hatten. Diese bilden das zentrale Element ihrer Kultur und Religion.

Die Kshatriyas bildeten die zweite Kaste, der Krieger angehörten; wie fast in allen Urvölkern war die Funktion der Kriegführung und des Regierens eins. Ihrerseits übernahmen die Vaishyas wirtschaftliche Aufgaben des Handels und der Agrarwirtschaft, so wie die niedrigste Kaste die Shudras oder Dienenden ausmachte.

Mit der Zeit bildete sich eine fünfte Kaste heraus, die „Kastenlosen" oder „Unberührbaren", die zu den Ureinwohnern des Subkontinents gehörten, bevor die arischen Herrscher gekommen waren (38, S. 94-95). Darüber hinaus hat sich die hinduistische Gesellschaft in zahlreiche weitere Kasten gegliedert: die Banias, die Händler und Geschäftsleute sind; die Mallas sind Fischer, die Koiris sind Bauern, die Ahirs sind Kuhhirten, die Dhobis sind Wäscher, die Yatiks züchten Schweine, die Gawals sind Hirten, die Bhats sind Sänger und Tänzer, Nais Barbiere, die Dons Helfer bei der Feuerbestattung und die Gonds, die Nüsse und Erdnüsse rösten (21, S. 469).

Im Laufe der Zeit wandelte sich der Vedismus ganz allmählich zu dem, was wir Hinduismus nennen können. Seine Hauptgedanken wurden weitergegeben, wenn auch mit einigen Änderungen, andere gerieten in Vergessenheit. Die Mythologie ihrerseits wurde mit einigen Wandlungen angenommen, in denen die Hauptgötter ihre Hierarchie und ihren Rang ändern. So entstand ein mit seinen verschiedenen Aktivitäten nahezu lebendiges Pantheon, bewohnt von einer unzähligen Schar von Gottheiten verschiedener Kategorien.

Die hauptsächliche Wandlung des Vedismus zum Hinduismus kristallisiert sich im Dharma, das mit der Zeit das Konzept Reta ersetzte. Beide beziehen sich auf ein Gesetz, auf eine kosmische Ordnung, die das Universum bestimmt, und an der sich der Mensch ausrichten muss, um seinem Dasein Sinn zu geben.

Das Reta zeigt Merkmale von stärkerem magischen und rituellen Charakter. Die Gesellschaftsordnung muss den kosmischen Gesetzen entsprechen. Die Menschheitsordnung entsteht in Harmonie mit dem Göttlichen. Diese Ordnung hat rituellen und aufopfernde Charakter, impliziert Tieropfer und schließt menschliche Opfer nicht aus. Die Opfer müssen pünktlich ausgeführt werden und den Regeln folgen, die die ‚kosmische Ordnung' vorgab. Das Wesentliche, der Knotenpunkt des Ganzen, ist die Genauigkeit bei der Ausführung der Riten und Opfer. Der furchterregende dämonische Gott Varuna überwacht, dass alles mit Genauigkeit ausgeführt wird und straft die Zögerer mit seinem Zorn.

Das Dharma beinhaltet ebenfalls eine Norm, jedoch mit einer eher moralischen als rituellen Nuancierung. Wenn auch die Ausführung von Riten weiter gültig ist, so mit gewissen Verwandlungen, die den magischen Charakter abschwächen. Das menschliche Verhalten wird nicht nur nach rituellen Aspekten beurteilt, sondern in besonderem Maße nach seinem Verhalten im Laufe seines Lebens. Es gibt ein generelles Dharma, aber jede einzelne Person oder Gruppe hat ihr eigenes Dharma, das Swadharma, das mit sich bringt, dass jedweder sein Leben nach diesen Normen und den Verpflichtungen „de estado" ausrichtet, wie man früher in kastilisch sagte, und damit die Verpflichtungen meinte, die ein jeder in Bezug auf seine gesellschaftlichen Situation und Verantwortung hatte.

Das individuelle Dharma ist der Wegweiser für die Lebensführung und gibt allen Handlungen des Lebens Sinn – die Karmen – jedes Karma hat allerhöchste Bedeutung und hat in der Kette späterer Existenzen Gültigkeit, die der Mensch zu durchlaufen hat (Samsara). Die besonderen Dharma spiegeln sich in der Struktur der Gesellschaft. Man gehört zu einer im soziologischen und religiösem Sinne bestimmten Kaste und ist gezwungen, sein Leben nach den Vorgaben und Gewohnheiten auszurichten, die dieser zu eigen sind. Der Zustand „außerhalb der Kaste" zu sein oder zu handeln, bedeutet Unreinheit, weil man sich nicht an die Vorgaben der eigenen Kaste richtet, oder zu keiner Kaste zu gehören.

Wenn im Vedismus die genaue Ausführung der rituellen Handlungen Macht verleiht, so geht man im Hinduismus nicht davon aus, dass die Riten von den Göttern deswegen angenommen werden, weil deren Gesten und Worte genau ausgeführt werden, sondern weil die, die sie ausführen, es in reiner oder unreiner Weise tun. Die Reinheit gründet sich darin, entsprechend der Kaste zu handeln, zu der man gehört, und Unreinheit bedeutet in erster Linie, keiner Kaste anzugehören, keinen Platz in der sozioreligiösen Pyramide dieser Kaste zu haben.

Unrein wird man übrigens auch durch Ereignisse, die unabhängig von der Person sind, wie es der Fall eines soeben verstorbenen Familienmitglieds wäre oder selbst generiertes Verhalten, nämlich verbotene Lebensmittel zu essen und sich einer Frau während ihrer Menstruation zu nähern.

Auf dieselbe Weise erhält man die Reinheit durch Baden im Wasser oder in Asche, was nichts anderes ist, als das Ergebnis der Reinigung, die die Materie durch das Feuer erfährt.

Schließlich erreicht man die größte Reinigung, indem man sich an heiligen Orten badet, wie im Maha Kumbh Mela, wo die Flüsse Yamuna und Ganges zusammenfließen, nahe der Stadt Allahabad.

Auf der anderen Seite werden die Riten mehr und mehr zuhause abgehalten und bedeuten die Teilnahme der Familie, ganz im Gegensatz zu den altertümlichen gesellschaftlichen Ritualen, die von den örtlichen Fürsten und auch von anderen Autoritäten geleitet wurden.

DIE MYTHOLOGIEN

DIE GÖTTER

In den Veden erscheint die hinduistische Mythologie mit ihren unzähligen Göttern, die ihre hehre Widersprüchlichkeit spiegeln. Ihre Abenteuer sind bunte Erzählungen sprühender Fantasie, wobei sich deren Hierarchie je nach Zeit und Ort ändert. Die Geschichten, die die verschiedenen Mythen des Hinduismus enthalten, heißen „Puranas". Die Themen öffnen sich zu einem breiten Fächer, von der Schöpfung, der Zerstörung und den Wiederaufbau der Welt, die Genealogie der verschiedenen Götter und deren zahlreichen Abenteuer und Erscheinungsformen. In den Geschichten mit eingeflochten sind Konzepte theologischer, philosophischer, ritueller und astrologischer Art.

Die Puranas wurden, und werden immer noch, als Instrument eingesetzt, um die Religion in ihrem Reichtum auch den Frauen, Analphabeten und Angehörigen der unteren Schichten näher zu bringen, die keinen direkten Zugang zur vedischen Literatur haben. (60, S. 14).

Es existieren verschiedene sich abwechselnde Geschichten über die Erschaffung des Menschen und der anderen Lebewesen. In einer von ihnen fühlte sich ein nicht näher bestimmter Gott, traditionell könnte es sich um Agni, Soma, Indra oder Prajapati handeln, sehr allein, als er beschloss, sich in zwei zu teilen. Der andere Teil seiner selbst war eine Frau, die er begattete, um Kinder zu zeugen. Sie bekamen einen Jungen und ein Mädchen. Auch sie wollten Kinder zeugen, die Frau hatte jedoch viele Vorbehalte, da sie ja Geschwister waren. Dennoch konnte der Mann sie überzeugen, da es ja eine grandiose Geschichte war, auf diese Weise die Menschheit zu begründen, eine Vorstellung, die sie schließlich umstimmte. Die erste Frau ihrerseits, die aus der einen Hälfte des Gottes entstanden war, wollte keine sexuelle Beziehung mehr haben. Es erschien ihr unschicklich, da es sich um jemanden gleichen Fleisches handelte. Sie floh und verwandelte sich in eine Kuh, um sich zu verstecken. Als der Gott dies bemerkte, verwandelte er sich seinerseits in einen Stier, verfolgte die Kuh, kopulierte mit ihr, und so entstanden alle Rinderrassen. Auch die Kuh flüchtete und verwandelte sich in eine Stute, der Gott in ein Pferd [...], auf diese Weise entstanden nach und nach alle Lebewesen, einschließlich der Ameisen, durch Begattung der fliehenden Weibchen und dem Gott, der ihnen nachstellte.(9, I, S. 404 ff).

In dieser Geschichte findet man sicherlich den Keim für zwei große Themen des Hinduismus: der Pantheismus und die Seelenwanderung.

Mit seiner reichen Vorstellungskraft und seiner fehlenden Struktur hätte die hinduistische Religion keine Grundlage für den Aufbau einer rational verstandenen Welt sein können im, wie es die griechische Vorstellung war.

Die Mythologie, die in den Veden auftaucht, bildet die Basis für darauf folgende, die eigentlich hinduistische, wenngleich das in den Veden nicht immer erkennbar ist. Die Götter verwandeln sich, bekommen neue Namen und Hierarchien, ihre Merkmale und Geschichten jedoch bleiben grundsätzlich unverändert dieselben.

Die hinduistische Mythologie ist unbeschreiblich und konfus. Sie zeigt sich in großen Kunstwerken wie dem Tempel von Benteay Srei in Kambodscha, der in seiner schöpferischen Fantasie jene erfreut und verunsichert, der sie rationell verstehen will. Die indischen Götter und ihre Geschichten sind Produkt eines kollektiven Unterbewusstseins, das voll von Phantasmen, Bestrebungen und Ängsten ist. Die Götter bewegen und verändern wie Albträume. Aber sie haben auch eine Kraft, die das Wachsein durchdringt.

Die göttlichen Persönlichkeiten teilen sich in zwei Gruppen, Deva und Asura. Bei der vedischen Religion steht der Kult der Deva im Mittelpunkt, die die „tatsächlich guten Götter" sind. Dennoch existieren gleichzeitig die Asuras, deren Name „mächtig, kraftvoll" bedeutet. Sie sind übergeordnete, auch unsterbliche Wesen, die sich den Vedas widersetzen, ihre Rivalen sind. Es handelt sich also, um es in unserer Sprache auszudrücken, um Dämonen.

Der höchste der „Dämonen", von den Asuras, ist Varuna. Dennoch wird Varuna häufig Deva genannt und in einigen Hymnen lobpreist man ihn zusammen mit Indra, dem höchsten Oberhaupt aller Devas. Wir treffen hier auf ein typisches Beispiel von diesen ständigen „Widersprüchlichkeiten", die den gesamten Hinduismus durchdringen. Die werden aber nicht als solche wahrgenommen, weil wir es mit einer Religion mit einem suprarationalen Verständnis des Universums zu tun haben. Es handelt sich tatsächlich um einen religiösen Ausdruck des Irrationalen und Unverständnisses eines widersprüchlichen Universums.

In der Menge von Devas, die das hinduistische Pantheon bevölkern, bilden die Adityas eine spezielle Gruppe, die einen höheren Rang hat. Es handelt sich um sechs Persönlichkeiten, deren Namen man in anderen indogermanischen Mythologien wiederfindet. Die Mythologie des Vedismus ist mit der indogermanischen Mythologie verwandt, die sich in den Lehren der alten Griechen, Kelten und Germanen zeigt, und im Zarathustrismus im Iran von noch größerer Bedeutung ist. So ist der vedische Gott Mitra auch in Persien mit ähnlichem Namen zugegen: Mithra. Den vedischen Gott Dyos findet man in Griechenland als Zeus und auf Latein lautet der Name des großen und alleinigen Herrschers „Deus", also Gott.

Mithra und Ahriman findet man mit ähnlichen Namen im alten Persien. Bhaga ist bei den alten Slaven vorhanden, wurde im Russischen zu Blog, was in modernen Zeiten einfach „Gott" bedeutet. Der Begriff Bhaga hatte einen ganz besonderen Platz, da man begann, ihn als Anrede zu verwenden, als „Herr".

So nannte man Vishnu nach seiner Zeit auch Bhaga. Um die Verwechslung der hinduistischen Gottheiten komplett zu machen, gehört Varuna, der in einigen Darstellungen als böswillig Kraft, als Dämon, auftritt, auch zur Gruppe der Adityas.

Die Beziehung von Mithra und Varuna ist beunruhigend, weil man zu manchen Zeiten nicht weiß, auf welchen sich die Hymnen beziehen, die sich dem einen oder anderen widmen. Die beiden verkörpern sich ergänzende Aspekte der Autorität: der Wohlwollende, der die priesterliche Autorität widerspiegelt und von Mithra verkörpert wird, und der Harte und Starke – so gesehen auch dämonische –, der die imperiale und militärische Autorität darstellt und von Varuna verkörpert wird. Veruna war der Gott, der mit unerbittlicher Strenge forderte, dass die religiösen Riten genauestens eingehalten wurden. Wer sie nicht befolgte, war dem schrecklichen göttlichen Zorn ausgesetzt.

Den Adityas angegliedert existiert noch eine wichtige Gottheit in der vedischen Mythologie, die für die Sonne steht. Auch wenn die Tatsache, dass man viele Namen für sie kennt, nicht erlaubt, ihre genaue Rolle im Pantheon zu erkennen. Es ist der Gott, der Wärme und Leben erzeugt und somit die Menschen dazu bringt, mit Umsicht zu handeln und sich nicht in Leidenschaft zu ergehen. Die vorhersehbare

Regelmäßigkeit der Sonnenbahn definiert ihn als einen weisen und vertrauenswürdigen Gott.

Andere atmosphärische und himmlische Götter gehören ebenfalls zu der Vielzahl von Gottheiten. Die natürlichen Kräfte wie der Wind – Atmung der universellen Seele – und die Zwillinge, die im brennenden Wagen der Morgendämmerung vorausgehen, haben rituelle Bedeutung. Aber der größte aller Götter, der wie Zeus bei den Griechen den hervorragenden Ehrenplatz der Macht innehat, ist Indra.

Indra ist zur selben Zeit der Gott des Unwetters und des Krieges. Er hat ständig einen jungen siegreichen Krieger bei sich, der Marut heißt und dessen Gegenstück bei den Griechen Mars ist.

Von großer Bedeutung sind auch einige andere Gottheiten, die wir „handwerklich" nennen könnten. Das sind jene, die den Handwerksgremien nahe stehen, die nämlich die lebenswichtigen Produkte herstellen: Keramiken, Stöcke mit Eisenspitzen zum Sähen, Wäsche [...]. Die Handwerker benutzen das Feuer als wesentliche und notwendige Kraft. Deswegen war die Verehrung von Agni, dem Gott des Feuers, zur Erhaltung des menschlichen Daseins von eminent wichtiger Bedeutung. Die Wechselwirkung zwischen Sprache und Mythologie der Veden und anderer indogermanischen Völkern zeigt sich im lateinischen Wort „ignis", das genau „Feuer" bedeutet.

Dargestellt als Begleiter des Feuergottes treffen wir häufig auf Soma, den Gott der Lebenskraft, und übereinstimmend heißt das griechische Wort für Lebenskraft auch „Soma". Wir befinden uns auch hier wieder vor einer charakteristischen Wiederholung in diesem Pantheon, das uns die Götter paarweise darstellt. Es spiegelt somit die tatsächliche Bipolarität, die ständig im Universum auftritt und die man ganz eindeutig an der priesterlichen und kriegerischen Autorität des Königs erkennt. (10, S. 591-609).

In der großen Zahl von Göttern ist es angebracht die Apsaras zu erwähnen, junge, schöne Frauen, die durch das Universum wandern auf der Suche nach Begleitern für die sexuelle Wonne, und die gleichzeitig Tänzerinnen und Konkubinen der Götter sind. In den allermeisten hinduistischen Tempeln sehen wir Apsaras anmutig und sinnlich dargestellt. Zum Beispiel in Angkor Wat findet man sie zu Hunderten in den Basreliefs auf Säulen und Friesen des Hauptgebäudes.

Sehr oft wird in den späteren architektonischen Monumenten die Schlange Naga dargestellt. Es handelt sich um ein gütiges Wesen, das unterschiedliche Rollen in der Mythologie erfüllt, z. B. im Kampf um die Meeresmilch – das heißt um das wichtigste Lebensmittel. Die Schlange Naga erscheint häufig in den späteren religiösen Monumenten.

In der den Veden folgenden Veränderung der Götter erscheint schließlich der Brahmanismus oder Hinduismus, der, wie wir bereits erwähnten, ein Vedismus ist, der sich im Laufe der Jahrhunderte verändert hat.

Drei an der Zahl sind die großen Götter, die aus der Vielzahl ihrer unsterblichen Kollegen herausragen: Brahma, Vishnu und Shiva. Sie spiegeln die „Trimurti", die Dreieinigkeit wider, d. h. die drei wesentlichen Formen des göttlichen Prinzips. Ein jedes Mitglied der Dreieinigkeit hat seine eigenen Merkmale und erhält seinen eigenen Kult.

Stück für Stück, mit immer mehr Profil, mit eigenen Geschichten, mit unendlichen Geschichten zeichnen sich göttliche Persönlichkeiten ab. So treten die großen Götter in Erscheinung, Shiva, Vishnu und Brahma. Jeder von ihnen hat eine „anatomische Übertriebenheit"(9, I, S. 507), die ihre große Macht und ihr großes Wissen symbolisiert. Brahma hat vier Gesichter, Shiva hat drei Augen, von denen das mittlere das stärkste ist und dessen er sich bedient, um zu zerstören; Vishnu hat nur ein Gesicht und zwei Augen; alle haben vier Arme, Brahma ist der Schöpfergott, Vishnu der schützende, Shiva der Zerstörer.

Die Hauptgötter sind fünf, aber man zählt bis zu 30 Millionen Gottheiten im riesigen Paradies der Götter. Die einen ähneln den christlichen Engeln, andere den Dämonen, und noch andere verkörpern die Kräfte der Natur, die Sterne oder die Tiere, die auf der Erde die Runde machen.

Brahma ist die männliche Verkörperung des unpersönlichen Prinzips, Seele der Welt, die Brahman ist. Auch wenn man ihn für den Schöpfergott hält, so war er es im Auftrag von Vishnu, der mit Shiva das wichtigste Duett bildet, das von den Hindus verehrt wird.

Unzählig sind die Mythen, Geschichten und Legenden, in denen diese beiden vorkommen, die größten aller Götter. Sie verschmelzen in glänzender Phantasmagorie. Sie übernehmen je nach Situation verschiedene Rollen. Sie ändern ihre Namen und haben „Avatare", d. h. Reinkarnationen in verschiedenen Menschen oder Göttern, sodass es unmöglich ist, eine mystische „Biografie" von irgendeinem von ihnen zu erstellen.

Vishnu ist der gut meinende Gott, der größtenteils die Eigenheiten des vedischen Indra und des ursprünglichen Brahma des Hinduismus übernommen hat. Er ist der große Beschützer des Universums. Jedes Mal, wenn die kosmische Ordnung in Gefahr ist, nimmt er verschiedene Formen an, um sie wieder herzustellen. Diese aufeinander folgende Verkörperungen sind die Reinkarnationen, die die Ankunft des göttlichen Prinzips auf der Erde darstellen.

Zahlreich sind die fleischgewordenen Besuche Vishnu auf der Erde. Bei einem davon verwandelt er sich in einen Fisch, um in den Tiefen des Ozeans hinabzusteigen und die vedischen Bücher zurück zu holen, die Brahma von einem Dämon gestohlen wurden, als dieser schlief. In einer anderen Reinkarnation verwandelt er sich in eine Schildkröte und unterstützt die anderen Götter dabei, den Berg Mandara zu erheben, der ihnen Zuflucht bieten sollte, um die Lebewesen vor der universellen Sintflut zu retten, die niedergehen sollte. Bei anderer Gelegenheit taucht er auf den Meeresgrund ab, um die Erde zurückzuholen, die von den Dämonen in die Tiefe gestoßen worden war. Bei einem seiner zahlreichen Auftritte verwandelt er sich in einen Löwenmenschen und in dieser sehr starken Erscheinung tötet er einen Dämon, der einen seiner treuen Diener bedroht hatte.

Aber Vishnu nimmt nicht nur die Gestalt von Tieren an, sonder er besucht einige der Helden aus den legendenhaften Chroniken und wird eins mit ihnen. Insbesondere verwandelt er sich in den Prinzen Rama, dem großen Helden aus dem Epos Ramayana, um einen Dämon zu vernichten, der sich der Region bemächtigt hatte, die wir heute als Sri Lanka (Ceylon) kennen.

Vielleicht wurde die berühmteste Inkarnation Vishnu heutzutage sogar in der westlichen Welt sehr bekannt. Es handelt sich um die Inkarnation des Gottes in Krishna. Es gibt verschiedene Mythen, die den Grund und die Auswirkungen dieser sehr bekannten Inkarnation erzählen. Ein König wurde verraten und seine gesamte Familie niedergemetzelt. Dennoch konnten sich einige seiner kleinen Söhne retten, darunter Krishna, der eigentlich eine Inkarnation von Vishnu war. Diese wuchsen in einer ländlichen Umgebung mit Schafen und Hirten auf. Als Krishna das Mannesalter erreichte, lernte er die Liebe kennen und hatte mit einer Reihe von Hirtinnen Beziehungen, vor allem mit seiner bevorzugten Liebhaberin Rada. Die Geschichten haben kein Ende und man erzählt von einigen Kindern des inkarnierten Gottes, dass sie dem Beispiel ihres Vaters gefolgt seien und zahlreiche Liebesabenteuer hätten.

Und so kommt es, dass Vishnu-Krishna und die Apsaras erotischer Inhalt des Hinduismus sind, der in so zahlreichen Tempeln dargestellt wird. Die hinduistische religiöse Erotik kommt zu ihrer höchst bewundernswerten Blüte im Khajuraho Tempel in Südindien. Seine anmutigen und sinnlichen Skulpturen in seinen zahlreichen Türmen stellen die Libido als Weg zur Erkenntnis dar. Sie sind Teil der Strömung des Tantrismus in der Rajput Kultur, die noch Spuren von der alten Dravida Religion enthält, die angefüllt von Fruchtbarkeitsriten und sexuellem Kult ist.

Der Hinduismus ist eine vielseitige Religion, in der härteste Askese als Verzicht auf alles Weltliche gemischt ist mit der vedischen Verehrung für die bekanntesten Abenteuer des berühmtesten seiner Götter.

Vishnu ist wirklich eine Persönlichkeit, in der sich Legenden und Mythologien sehr unterschiedlicher Herkunft und Epochen kreuzen. Er ist ein Ort der Begegnung mit dem legendären mythologischen Reichtum.

Vishnu wird umgeben von anderen Persönlichkeiten, von Halbgöttern, ein glanzvolles Gefolge. So gibt es Garuda, der Vogel, der ihm als Fahrzeug dient, den König der Affen und Sesha, die große tausendköpfige Schlange.

Der andere große Gott diesen ursprünglichen Duos ist Shiva, der Merkmale besitzt, die aus den Geschichten vieler anderer Götter der hinduistischen Tradition stammen.

Wir begegnen hier wieder widersprüchlichen Eigenheiten in ein und derselben göttlichen Persönlichkeit. Auf der einen Seite ist es der Schreckliche, der Gott der Zerstörung, der mit einem Halsband aus Schädeln dargestellt wird, mit roten Augen, die von Schlangen umgeben sind, manchmal mit einem Auge auf der Stirn, das ihm ein haarsträubendes Aussehen verleiht. Aber derselbe Shiva trägt auch den Beinamen „gnädig", der die Menschheit bei der großen Schlacht im Milchmeer gerettet hat.

Die Kraft und der Reichtum, sowie auch die dem Pantheon inhärenten Widersprüchlichkeiten zeigen sich deutlich im Fall von Shiva, dem Zerstörer. In vielen Tempeln, so auch in dem von Pranbanan, steht Shiva an erster Stelle und ist der meist Geehrte. Deshalb steht sein Tempel im Zentrum umgeben von seinen beiden Gefährten in diesem göttlichen Triumvirat. Shiva verkörpert die zerstörerische Kraft des Kosmos, weil in der gesamten Natur, in allen Organismen und allen Arten, neben dem Leben die Zerstörung präsent ist. Die Zerstörung steht parallel zur Schöpfung. Der Schöpfergott Brahman und Shiva der Zerstörer, der eben gegen dessen Schöpfungswerk kämpft, gehen zusammen, dies alles im furchterregenden Lebenszyklus, in dem der Tod die Strafe für das Geborenwerden ist. Dennoch, zur selben Zeit verkörpert derselbe Gott die leidenschaftliche und unbändige Kraft der Menschheit, die den Tod überwindet und als Geschlecht weiterlebt. Daher wird er auch als Phallus, genannt Lingam, dargestellt, Symbol der männlichen Sexualität, dem man in einer großen Zahl von hinduistischen Tempeln begegnet. Manchmal ist es ein Phallus mit drei Ebenen, einer realistischen Darstellung des männlichen Phallus. Bei anderen Gelegenheiten erscheint er stilisiert als simpler Zylinder, der sich im architektonischen Mittelpunkt vieler heiligen Bauten befindet. Seine Frau, die Göttin Kali-Parvati ist gleichzeitig Göttin der Zerstörung und Göttin der Mutterschaft, die sowohl grausam streng als auch liebevoll lächelnd sein kann.

Dieser Zerstörer existiert an der Seite von Vishnu, der nicht nur der Beschützer, sondern auch der Gott der Liebe und der Menschheit ist, denn bei verschiedenen

Gelegenheiten verwandelt er sich in einen Menschen, um ihn von den zahlreichen bedrohlichen Gefahren zu befreien.

Der Elefant verwandelte sich in Gott, da er von Shiva als Sohn adoptiert wurde. Die Kobra, Naga ist eine Schlangengottheit, die in den Angkor-Tempeln prächtig dargestellt wird und die Krokodile, Tiger und Papageien. , die wie Gottheiten verehrt werden. Dennoch ist in der hinduistischen Auffassung die Kuh das heiligste aller Tiere. Ihre bevorzugte Stellung geht darauf zurück, dass Shiva, der wichtigste des Triumvirats, die Kuh als „Vehikel" benutzt, d. h., Shiva lässt sich von einer Kuh tragen, Vishnu von Garuba dem Adler und Brahma von einem Schwan.

Wie Octavio Paz in Bezug auf die Kultur Indiens bemerkt: „Das Thema, weil es so riesengroß ist und so verschiedenartige Dinge beinhaltet, lässt keinerlei Synthese zu. Die Religion ist angefüllt von Märchen, Schelmendichtung, voller Lehren und Zügellosigkeit". Es ist ein Wesenszug, der auch im Charakter des indischen Volkes erscheint: ein knöcherner Realismus gepaart mit einer unbändigen Fantasie, raffinierte Schlauheit mit unschuldiger Leichtgläubigkeit. Die Religion prägt das Volk und formt seine Kultur. Sinnliche Merkmale paaren sich mit Askese, Gier nach materiellen Gütern und gleichzeitig der Kult des Verzichts und der Armut. (87, S. 43)

Es ist schwierig die Struktur des hinduistischen Pantheons zu schematisieren und dies ist letztendlich geradezu unpassend, wenn man von der sich voluptuös verändernden Natur seine Religion ausgeht. Indem man die Hauptgötter nach den verschiedenen Epochen unterscheidet, gelingt dennoch eine Zusammenfassung. (22, S. 184):

1. *Die großen Götter aus der vedischen Zeit*
   AGNI. Die Lebenskraft der Natur. Gott des Feuers und der Opferung
   INDRA. Gott des Himmels und des Krieges
   VARUNA. Erhalter der kosmischen Ordnung, der die Macht hat zu bestrafen oder zu belohnen.

2. *Die großen Götter der hinduistischen Zeit, die noch immer verehrt werden.*
   BRAHMA. Der Schöpfer. Herr über alle Geschöpfe. Er befindet sich jenseits aller rituellen Verehrung. Es gibt wenige Tempel zu seinen Ehren. Seine Frau ist SARASVATI, Göttin der Weisheit und Gelehrsamkeit.
   VISHNU. Der alles Beschützende und das menschliche Schicksal Bestimmende. Er nähert sich dem Menschen in zehn verschiedenen Inkarnationen oder „Avatara". Seine Genossin ist LAKSHMI, Göttin des Glücks und der Schönheit. Die zehn „Avatara" des Gottes sind: MATSYA: der Fisch, der

vor der großen universellen Sintflut erschien, um die Menschen vor ihrer bevorstehenden Bedrohung zu warnen. KURMA: die Schildkröte, die den Schatz nach der Sintflut gerettet hat. VARAHA: der Eber, der die Erde nach der Sintflut erhob. NARA-SIMHA, der Löwenmensch, der die Dämonen vernichtete. PARUSHURAMA: Der Rama vernichtete mit der Axt einen Stamm, der die Welt beherrschen wollte. RAMACHANDRA: der Held aus dem Ramayana Epos. KRISHNA, der, außer Inkarnation von Vishnu zu sein, auch eine eigene Gottheit und wohl der bekannteste von allen Göttern ist. BUDDHA, der Erleuchtete, Prinz Gautama, Begründer des Buddhismus. KALKI, die zehnte Inkarnation, die noch kommen wird.

SHIVA ist der Zerstörer, Ursprung des Guten und des Bösen. Zerstörer des Lebens und somit auch Schöpfer neuen Lebens.

DIE EPEN

Wenn die Veden die „Heiligen Schriften" der Urzeit ausmachen, so sind die großen Epen „Mahabharata" und „Ramayana" die der späteren Zeiten, die des eigentlichen Hinduismus.

Es handelt sich um menschliche Geschichten, von Konflikten zwischen Personen, von Liebe und Hass, bei denen auch die Götter als Handelnde beteiligt sind. In diesen Aspekten sind sie der Ilias und Odyssee ähnlich, in denen die Götter an den zwischenmenschlichen Konflikten teilnehmen. Die konzeptuellen Unterschiede jedoch sind beachtenswert. Die griechische Variante ist eine Geschichte von Menschen, in denen die Götter eine eher dekorative und nebensächliche Rolle spielen. Den griechischen Epen würde nichts fehlen, nähme man ihnen die Einmischung der Götter. Sie würden weiterhin kraftvoll das menschliche Drama beschreiben, in dem wirkliche historische Persönlichkeiten auftreten wie Agamemnon. Menelaos, Hector oder Nestor. Diese Epen waren nicht der literarische Ursprung der Religion, sondern spiegelten einfach nur die mythischen Glaubensinhalte jener Zeit wider.

Im Gegensatz dazu sind bei den Hindus die eigentlichen Epen Teil, um es so auszudrücken, der „Heiligen Schriften". Die Handlung der Götter, die häufig menschliche Gestalt annehmen, bilden die Essenz selbst der Geschichte. Auch wenn die Götter nicht figürlich erscheinen, so sind sie in den magischen Abenteuern der Menschen anwesend.

Das „Mahabharata" ist lebendige Mythologie und beinhaltet in seinen Geschichten eine Menge von Erkenntnissen, die im Glauben, in den Gewohnheiten, Praktiken und Riten des Hinduismus enthalten sind. Ein in Bengalen, im Nordosten von

Indien sehr bekanntes Sprichwort besagt: „Was man in Mahabharata nicht findet, gibt es in Bharat (Indien) auch nicht". (16, S. 141)

Es handelt sich um ein episches Gedicht von annähernd 90000 Strophen, das die Schlachten zwischen den Kauravas und Pandavas erzählt, zwei Zweige der Nachkommenschaft der Person Bharat. Die Kaunavas sind hundert an der Zahl, die Pandavas nur fünf, die eine Gemahlin gemeinsam haben, Draupadi, eine der wichtigsten Persönlichkeiten des Epos. Aus blutigen Kämpfen gehen die Pandavias siegreich hervor trotz ihrer zahlenmäßigen Unterlegenheit, gleich wie alle „Guten" in allen Geschichten in jedwedem Winkel der Welt. Die gläubigen Hindus pilgern noch heute nach Kurukshetra, ein Ort, von dem die Überlieferung behauptet, dass eben dort diese große Schlacht zum Ende kam. Der Sieg jedoch würde sie zu ihrem eigenen Tod führen und durch ihn zur endgültigen Rettung. Die fünf Brüder und ihre gemeinsame Gemahlin, die das Reich Bharat erobert hatten, verzichten auf ihre königliche Würde und verlassen den Palast, während das gesamte Volk ihnen weinend folgt, und keiner es wagt, sie darum zu bitten, zurückzukommen.

Sie irren durch die Welt, in Richtung Osten, während sie fasten, sich von Herzen wünschen, mit dem Unendlichen vereint zu sein, dabei alles Weltliche verlassen zu können. Sie durchqueren viele Länder, viele Meere und viele Flüsse [...], hinter ihnen das einzige Lebewesen wandert, das ihre Pilgerschaft teilt, ein Hund [...], sie überwinden die mächtigen Berge des Himalaja [...] aber auf dem Weg, wenn ihre Seelen sich auch nach der Vereinigung mit dem Unsterblichen sehnen, verliert Draupadi ihre alles überragende Hoffnung und während sie schwankt. fällt sie in den Abgrund. (16, S. 144).

So fallen nach und nach vier der fünf Brüder, ein jeder Opfer seiner eigenen Ausschweifung. Einer von ihnen, der Weiseste, weil er dem Stolz verfallen war; ein anderer, der Hübscheste, der wegen des Vergehens der Eitelkeit [...], bleibt lediglich Yudhisthira mit seinem Hund. Schließlich erscheint ihm Gott Indra, der ihm sagt, dass er im Himmel angekommen sei. Er fragt nach seinen Brüdern. Darauf folgen noch weitere magische Abenteuer. Er besucht die Hölle, schließlich findet er doch seine Brüder und Draupadi, die in den Himmel aufgenommen worden waren, in den er jetzt selbst mit seinem Hund eintritt, dem Hund, der nichts anderes als die Verwandlung seines Vaters ist. Auf diese Weise, nach Schlachten und Verzicht, und trotz der persönlichen Unzulänglichkeiten, erreicht die Familie eine Glückseligkeit, die auf der Erde unerreichbar ist.

Im Laufe der langen Zeit verweben sich viele andere moralische und rituelle Lehren miteinander. Wichtig darunter ist die Einrichtung der vier Kasten, die die Gesellschaft Indiens bis in die heutige Zeit strukturiert hat: Die Brahmanen sind von weißer Hautfarbe; die Kshatriyas von roter, die Vaishyas von gelber und schließlich die Shudras, die schwarz sind. Ursprünglich wurden alle Menschen als Brahmanen erschaffen. Mit der Zeit jedoch wurden jene, die sich den sinnlichen Freuden widmeten und zornmütig waren, zu Kshatriyas. Jene, die ihren Verpflichtungen nicht nachkamen, wurden zu Vaishyas. Die Klatschmäuler und Lügner wandelten sich zu Shudras. Jede einzelne der Kasten hat eine gesellschaftliche Rolle zu erfüllen.

Die Brahmanen können den König stellen und sind diejenigen, die religiöse Beobachtungen anstellen und die Veden studieren. Die Kshatriyas widmen sich dem Ackerbau, die Shudras können alle Arten von Arbeit verrichten. Nachträglich kommen in der indischen Tradition noch die Unberührbaren hinzu, die die schmutzigsten und unbedeutendsten Arbeiten machen. Sie bilden keine hierarchische und religiöse Kaste im eigentlichen Sinn, sondern sie sind „rassisch" unrein. Das hier Beschriebene stützt sich auf das, was im epischen Gedicht ausgesagt wird. Allerdings wird in anderen Quellen den Kshatriyas der Gebrauch der Waffe zur Verteidigung der Autorität zugesprochen. Auf diese Weise findet man in einem Abenteuergedicht, verstreut und brillant dargestellt, die ganze Weltanschauung, die Grundlage der Gesellschaftsstruktur und den Trost durch die endgültige Erlösung.

Sehr wahrscheinlich handelt es sich um eine legendenhafte Form, die Rivalitäten zwischen den Volksstämmen des Norden und Nordosten Indiens – die Bevölkerung Bharat – darzustellen, die, in einer Mischung aus der farbenprächtigen hinduistischen Mythologie und deren dramatischen philosophischen Lebenskonzepten, uns dieses grandiose Epos erzählt.

Das andere große Epos, das weitaus bekannter ist, ist das Ramayana oder die Heldentaten des Rama, dessen zentrale Figur. Auch hier erscheinen die Götter. Rama gehört zum Geschlecht der Sonnengötter und stellt eine Inkarnation des Gottes Vishnu dar.

Das Ramayana ist beides, Märchensammlung und Liebesgedicht. Es beschreibt gleichzeitig die reichsten und verrücktesten Fantasien dar, die sonst nur in den Träumen vorkommen, und Erzählungen geografischer Natur: die Einsamkeit und Kühle der Wälder, die Großartigkeit des Ganges und seinem Zusammenfluss mit dem Yamuna, die Größe des Himalaja (17, S. 23-117).

Der König Dasharatha konnte keine männlichen Nachkommen bekommen. Um welche zu erhalten, machte er das größtmögliche Opfer, was das eines Pferdes ist. Die Götter, die Mitleid haben, erwägen, was sie tun können. Einer ihrer Größten, Vishnu, bietet sich an, Fleisch zu werden. Er steigt zum Feuer hinab, wo er dem König erscheint und ihm sagt, er solle seinen Frauen das zu essen geben, was gerade gekocht würde. Das tut der König und in der Folge dieser Mahlzeit werden die Frauen schwanger. Zwei seiner Frauen gebären jede einen Sohn, während die dritte zwei zur Welt bringt. Alle sind Inkarnationen von Vishnu. Der älteste bekommt den Namen Rama.

Der Dämon Ravana zerstört ein nahe gelegenes Königreich und Rama bietet sich an, ihn anzugreifen. Bei seiner Reise begegnet er dem dortigen König, der ihn dazu auffordert, einen Bogen zu spannen, den noch keiner hat spannen können. Rama lässt sich nicht abhalten, bietet sich an es zu tun, und mit großer Kraft knickt er den Bogen und zerbricht ihn. Wegen dieser bemerkenswerten Tat offeriert er Rama die Hand seiner Tochter Sita und seinen drei Brüdern, alle Inkarnationen von Vishnu, seine drei anderen Töchter.

Als der König ins Greisenalter gekommen war, beschloss er, Rama zu seinem Erben zu machen. Eine der Gemahlinnen des Königs jedoch, Mutter seines Bruders Bharat, war deshalb eifersüchtig und überredet ihn dazu, Rama für vierzehn Jahre ins Exil zu schicken und Bharat zu seinem Erben zu machen. Um ein einstiges Versprechen zu erfüllen, das er dieser Gemahlin gemacht hatte, entspricht der König zutiefst betrübt ihren Wünschen.

Begleitet von einem seiner drei Brüder geht Rama ins Exil. Sita begleitet ihn aus Liebe und die Drei kommen an den heiligen Ort, wo der Yamuna in den Ganges fließt. Ein Eremit zeigt ihnen den Weg, und schließlich lassen sie sich in einem Laubwald nieder.

Als der König stirbt, muss sein Sohn, der neue Kronprinz Bharat, den Thron besteigen. Aber er findet, dass er das wegen der Voraussetzungen für seine Ernennung nicht tun darf. Er geht auf die Suche von Rama, um ihn aufzufordern zurück zu kommen. Dieser weigert sich, denn er möchte sein Einsiedlerleben in der Einsamkeit im Wald weiter fortführen. Vor dieser Tatsache bittet Bharat ihn um seine Sandalen aus Gold. Diese nimmt er für Rama stellvertretend mit in die Stadt und legt die Sandalen in den Thron. Daraufhin zieht er sich in ein bescheidenes Haus zurück und handelt als Vertreter im Namen seines Bruders.

In der Zwischenzeit will der Dämon Ravana, König von Lanka, dem heutigen Sri Lanka oder Ceylon, an Rama, der ihn angegriffen hatte, Rache nehmen. Indem er ihn mit der Gestalt eines Hirsches ablenkt, dem Rama folgt und schließlich mit treffendem Pfeil erlegt, nähert er sich heimlich in der Gestalt eines Yogi – ein Yoga praktizierender Asket – und raubt Sita.

Rama verbündet sich daraufhin mit Sugriva, dem König der Affen und einem seiner Untertanen, ein durchtriebener Affe mit Namen Hanuman und beginnt mit der Suche nach Sita. Er findet sie schließlich in Lanka, das er in Brand steckt und befreit Sita. Sita kommt zu Rama zurück, der sie jedoch nicht akzeptiert, da er davon ausgeht, dass sie sicherlich von Ravana angefasst worden ist. Sie bekräftigt ihre Reinheit, und um dieses zu beweisen, unterwirft sie sich der Feuerprobe. Das

Feuer verbrennt sie nicht und die Götter flehen Rama an, sie wieder als seine Gemahlin anzunehmen.

Rama kehrt schließlich in sein Königreich Ayodhya zurück und regiert dort 10000 Jahre lang. Aber sein Unglück ist noch immer nicht beendet, weil er hört, dass die Leute darüber lästern, dass er Sita, seine Gemahlin empfangen hat, die sicherlich von Ravana befleckt worden war, weswegen sie selbst ebenfalls ihre Gemahlinnen wieder aufnehmen müssten, selbst wenn sie untreu gewesen wären.

Rama ist davon überzeugt, und er verbannt sie neuerlich. Aber schließlich, nach inständiger Bitte befiehlt er, sie zurückzuholen und vor der Wiederholung ihres Treuebeweises und vor der Wiederholung der Tatsache, dass er der Vater seiner Kinder ist, begnadigt er sie.

Sita wird von der Erde verschluckt und wird von der Schlange Naga auf den Grund des Ozeans gebracht. Rama ist zutiefst betrübt, als ihn der Yogi besucht und ihn darauf hinweist, dass, wenn er so entscheidet, der Zeitpunkt gekommen sei, zu seinem himmlischen Palast zurückzukehren. Rama akzeptiert es und wird inmitten von Blumen und mit einem angenehmen Luftzug zum Himmel getragen, in dem er Sita und seinen drei Brüdern begegnet, die sich bereits in den Gott Vishnu zurück verwandelt haben. Es selbst kommt zurück und tut es seinen Brüdern gleich, verwandelt sich in seine ursprüngliche Natur, die des Gottes Vishnu.

Das vorher Geschilderte ist eine lineare Erzählung des Ramayana. Dies Epos ist voll von parallelen Abenteuern, wie das von der Errichtung einer Brücke über den Ozean, dem Tod des Sohnes von Ravana und dem Triumph der Affen.

Das Gedicht endet mit einem für den Hinduismus bezeichnenden Postskriptum. Er sagt:

Derjenige, der keine Kinder hat, wird eines bekommen, wenn er nur einen einzigen Vers aus Ramas Leben liest, [...] jede Sünde desjenigen, der ihn liest oder lesen hört, wird getilgt. Wer Ramayana rezitiert, erhält reiche Schätze an Kühen und Gold. Ein langes Leben wird jener haben, der Ramayana liest, und wird mit seinen Kindern und Enkel geehrt werden auf dieser Welt und im Himmel (17, S. 117).

DIE ESCHATOLOGIE

In den Veden erscheinen die ersten Andeutungen darüber, was die hinduistische Doktrin über das menschliche Dasein nach dem Tod aussagt. Wenn ein Mensch im Leben durch sein Handeln Verdienste erworben hat, so wird er ins Paradies kommen, in dem goldene Paläste inmitten eines Gartens voller Köstlichkeiten stehen, die nur Genuss versprechen. Im gegenteiligen Fall wird er in einen finsteren und eiskalten Abgrund geschleppt, der die Hölle ist.

Parallel dazu – und in gewissem Sinne auch unverständlicherweise – kann die Person, die die von den Göttern verlangten Riten ausgeführt hat, auf zwei verschiedenen Wegen geführt werden. Einerseits, wenn er es verstanden hat, die Riten genau in der vorgeschriebenen Art auszuführen, wird er bei seinem Tod mit der universellen Energie Brahman eins werden, die kosmische Kraft, die größer ist als die aller anderen Götter. Wenn er dahingegen unwissend oder bei der Erfüllung seiner rituellen Verpflichtungen nachlässig war, wandelt er sich zum „Abklatsch", zu einem „Vorfahr" seiner selbst. Er wird zunächst als Larve zu leben haben, dann wird er in verschiedenen Tieren wiedergeboren, oder als ein Mensch geringeren Ranges, je nach den Verdiensten, die er in der jeweiligen Daseinsform errungen hat. Hier finden wir die Grundlage für die spätere hinduistischen Eschatologie, deren Hauptmerkmal die Seelenwanderung ist.

Als Fundament der gesamten hinduistischen Religionen, die mit vielfältigen und bunten Geschichten ihrer Götter ausgeschmückt sind, finden wir das tragischste aller Konzepte, das der Seelenwanderung, das alle Wesen verkettet und wovon sie sich nur befreien können, wenn sie ihre Individualität aufgeben. Bei den Upanischaden kommt man gegen Ende der vedischen Zeit zu einer Art von Gnostizismus, der das Verborgene mit einbezieht und den Menschen die Natur des Mysteriums des Jenseits offenbart. Das wesentliche Prinzip, das für jede spätere hinduistische Konzeption Grundlage ist: „Atman" (individuelle Seele) ist mit Brahman identisch, das die universelle Seele ist. Jede Seele ist mit dem ersten Prinzip allen Existierenden identisch. Deswegen sagt man: „Du bist jenes", du als individuelle Person bist Teil der universellen Seele. Die große Aufgabe im Leben eines Menschen ist es zu erreichen, diese zugrunde liegende und ursprüngliche Identität zu leben und sich dem unterzuordnen. Es ist eine Begegnung. Es ist eine Befreiung. (R7, S. 24).

Alle Menschen – und eine Vielzahl von Göttern ebenfalls – sind dem eisernen Gesetz des Samsara unterworfen, das den Zyklus der Lebenden in ihrer unbestimmten Seelenwanderung darstellt. Der nicht befreite Mensch ist dem Schicksal unterworfen, wieder geboren zu werden. Da die meisten menschlichen Taten einen bösen Bestandteil enthalten – und wenn es nur ein nicht kontrollierter Egoismus ist –, so ist die Wahrscheinlichkeit groß, dass das menschliche Wesen als niederes Tier, in einem furchtbaren Zyklus wiedergeboren wird, von dem der Tod ihn nicht nur nicht befreit, sondern ein Kettenglied ist, das ihn ewig festbindet. Auf der anderen Seite handelt es sich bei der Seelenwanderung nicht, wie wir es in der westlichen christlichen Tradition verstehen, um eine spirituelle Seele, sondern um einen Hauch, der den Beigeschmack von Materie trägt, so dass man sich in einigen Fällen an Ereignisse vorheriger Inkarnationen erinnern kann. Diese Doktrin erzeugt offensichtlich erstickenden Pessimismus, der zur verhängnisvollen Fatalität führt.

DIE BEFREIUNG

Von den Veden ausgehend beginnt sich ein Weg abzuzeichnen, der schließlich die Gläubigen von der schrecklichen Tragödie des Lebens befreit, die sich in der Seelenwanderung spiegelt. Das geschieht durch die Beherrschung der eigenen Instinkte und dadurch, dass man Wunschlosigkeit erreicht. Dies beinhaltet Askese, durch die die Seele vom Gefängnis des Körpers befreit wird. In den vedischen Schriften erscheint schon der Begriff „befreiendes Harnes" oder „Joch", der sich auf eine Gesamtheit von Praktiken zur persönlichen Kontrolle bezieht, die später zu „Yoga" wurden. Erst später, wenn der Vedismus sich zum eigentlichen Hinduismus entwickelt, wird dieses Konzept an Bedeutung gewinnen. Dennoch, seit Urzeiten begegnet man ihm schon, und man praktizierte ihn schon zu Zeiten, zu denen Gautama-Buddha, ungefähr im 6. Jh. vor Christus, Gelassenheit predigt, die man in erster Linie durch die körperliche und geistige Disziplin erreichen kann, durch Yoga eben. Der Buddhismus entstand aus dem Innersten und aus der Grundkonzeption des Hinduismus.

Schon in den Upanischaden geht es um die Suche nach Wegen der Befreiung von solch schrecklichem Schicksal. Für den normalen Sterblichen bedeutet das, gute Taten zu vollbringen, um die Wiedergeburt zu besseren Lebensbedingungen zu ermöglichen; zum Beispiel zu einem Brahmanen zu werden, wenn man ursprünglich zu einer niedrigeren Kaste gehörte. Idealerweise muss der Jugendliche in Keuschheit leben und die Veden studieren, bis er heiratet. Nachdem er Nachkommenschaft gezeugt hat und sie dazu erzogen hat, die Familie weiterzuführen und den Vorfahren Opfer zu bringen, kann er in den Wald zurückkehren und Eremit werden. Dies wäre das ideale Leben (P5, S. 1030-1039).

Es gibt dennoch eine andere Art der Befreiung, der Weg des Sannyasin – der Entsagung –, der sich von der Welt abkehrt, ganz wie Wandermönche oder Eremiten, um dem Weg zur Befreiung zu folgen.

Dem unerbittlichen Schicksal unterworfen zu sein, führt die Menschen dazu, nicht mehr aktiv zu handeln, auf die normale Teilnahme am gesellschaftlichen Leben zu verzichten. Der Gipfelpunkt des nicht Handelns macht genau den Weg des

Entsagenden aus. Das nicht Handeln kann sogar zum Widerspruch führen, nämlich noch nicht einmal etwas zu tun, um den Weg der Entsagung zu gehen.

Der Yoga enthält eine Reihe von psychomotorischen Techniken, die das Ausführen der Meditation ermöglichen. Er hat zwei Grundformen, wovon die eine aus Körperübungen besteht, während die andere, die höchste Form, hauptsächlich aus einem Bewusstwerdungsprozess besteht. Es gibt viele Methoden, unter denen die klassische – und die höchste – der Weg des Raja Yoga ist, wobei der Hatha Yoga der einfachste ist.

Um die angemessene Voraussetzung für die Meditation zu schaffen, muss man das Gleichgewicht zwischen dem Körper und seinen verschiedenen Energien herstellen. Das Raja-Yoga enthält acht Stufen, die man auch „Glieder" nennt, wie die des Körpers auch. Die ersten fünf beziehen sich auf die persönliche Vorbereitung und bestehen darin, eine innere Kontrolle auszuüben, die einige Elemente enthält: anderen Menschen nicht schaden; Körperhygiene ausüben; Haltungen einüben – so der berühmte Lotussitz –, die die Seele befrieden und sie auf die Meditation vorbereitet; den Atmungsprozess kontrollieren; von den Dingen, die unsere Sinne umgeben, Abstand nehmen.

Sobald die Person auf diese Weise durch diese ersten fünf Praktiken bereit ist, hat sie die Fähigkeit erlangt, in die nächsten drei einzutreten. Das sind diese: die Konzentration des Geistes auf einem einzigen Meditationspunkt zu halten, dann erzeugt man einen Bewusstheitsfluss auf diesen Punkt, was schließlich zum letzten Zustand führt, nämlich der Aufhebung der Unterscheidung zwischen dem eigenen Dasein und dem Meditationspunkt. Die Person identifiziert sich mit dem Meditationsobjekt. So erreicht man den höchsten Grad des reinen Bewusstseins, in dem sich das eigene Bewusstsein auflöst und man an einem unpersönlichen Bewusstsein teilhat, was die letztendliche Bestimmung aller Dinge ist. (D2, S. 72-93).

Die verschiedenen Praktiken des Yoga können – und müssen eigentlich – von ihren unterschiedlichen Gurus oder Meistern geprägt sein. Zum Beispiel führt der Laya Yoga zur vollständigen Aufnahme des Bewusstseins in das Göttliche. Das geschieht mit der Konzentration auf die Chakren oder spirituellen Energiezentren, die sich in den verschiedenen Körperregionen befinden, vor allem in der Wirbelsäule und in der Nähe des Herzens. Der Mantra Yoga, der in der rhythmischen Wiederholung von einigen Silben besteht, die die Macht haben, verschiedene Grade des Bewusstseins zu erzeugen. Normalerweise müssen sie die grundlegende Silbe „om" enthalten, die, nach den Verfechtern der Idee, einen geradezu magischen Charakter hat und in allen großen Religionen zu finden ist. Im Christentum zum Beispiel handelt es sich um das Wort „Amen". Verschiedene andere Formen des Yoga werden von den Gurus ausgeübt. Unter ihnen der Inana, Karma, Bhakti, Kundalini Yoga (D2, S. 88-89).

Eine verwunderliche Form ist der Tantra Yoga, bei dessen Ausführung man die Erleuchtung durch die Kontrolle der sexuellen Energie erreicht. Es handelt sich um einen gemeinschaftlichen Yoga. Die Individuen der Gruppe, die es unter der Leitung eines Gurus ausführen, wiederholen individuelle Mantren, und nachdem ein rituelles Aphrodisiakum getrunken wurde, wird mit der sexuellen Erregung einer jeden Person begonnen. Auf Zeichen des Guru nähert sich der Mann seiner Partnerin sexuell und kontrolliert sich in der Art, dass er nicht zum Orgasmus kommt. Damit entzündet sich eine enorme Energie, das Kundalini, die wie ein flüssiges Feuer bis zum Chakra hinaufsteigt und eine gewaltige Wonne und Glückseligkeit erzeugt. Dies alles hat eine tief gehende Bedeutung. Durch den sexuellen Akt ohne Orgasmus wiederholt man den ursprünglichen Akt der Erschaffung der Welt, die nach einer der Versionen des Hinduismus der sexuelle Akt des Gottes Shiva mit seiner Gemahlin Shakti ist (D2, S. 82-83).

Bhakti Yoga beinhaltet eine Praktik, die in einer Philosophie begründet ist, die weit von der Seelenwanderung und dem Einswerden des Individuums mit der universellen Seele entfernt ist. Man könnte sie mit einer spirituellen Praxis in einem katholischen Kloster vergleichen. Gott ist die Liebe. Die Menschen haben verschiedene Formen, um ihre egoistischen Emotionen zu kanalisieren und sie in Liebe zu verwandeln. Es handelt sich um eine Haltung des Herzens und des Geistes, die das Menschenleben ausfüllen soll. Das Betrachten der Blumen soll die Seele zu Gott führen und zur selben Zeit soll jede menschliche Handlung den anderen dienen. Gesänge, Sprechen von Gebeten, Hilfe für den Nächsten. Es geht darum, in sich selbst eine Haltung der Ergebenheit zu entwickeln, die dazu führt, dass beim Spaziergang durch die Straße, beim Betrachten eines Gartens oder beim Einkaufen, Geist und Herz sich solange üben, bis das intuitive und ständige Bewusstsein davon erreicht ist, dass das Göttliche allgegenwärtig ist.

Dieser Yoga ist in der hinduistischen Tradition keine gewöhnliche Praktik. Sie hat jedoch an Bedeutung gewonnen und hat das Wiederaufleben von einigen Merkmalen des heutigen Hinduismus, insbesondere für den Menschen des Westens beeinflusst. Es ist die Wiederbegegnung der alten Spiritualität seiner Kultur in ihrem prächtigen und exotischen Gewand, das sie schmückt (D2, S. 88-89).

Im Allgemeinen hat der Weg zur Befreiung mehrere Etappen. Die erste davon ist die Kontrolle der Atmung mit dem unmittelbaren Ziel, die Psyche auf ein bestimmtes Objekt zu fixieren, das schließlich mit dem Objekt der endgültigen Kontemplation verschmilzt, was die universelle Seele ist. Ein Teil der weiter oben dargestellten klassischen Form des Yoga hat sich als Methode durchgesetzt.

In gewisser Weise erzeugen all diese Körperstellungen und Fixierungen des Geistes im Körper eine quasi physische Haltung, die – außer im Bhakti Yoga – nichts mit „mystischen" Ereignissen oder dem Übernatürlichen zu tun hat. Wenn man zum Beispiel den Blick fest auf einen Punkt eines Wasserfalls fixiert, so hat man nach einigen Sekunden den Eindruck, dass die Höhe der Erdoberfläche steigt. Dies ist einfach nur eine Korrektur, ähnlich die einer optischen Täuschung. Das Wasser fällt. Die übrige Landschaft scheint sich nach oben zu bewegen, während sich das Wasser, das wir betrachten, an derselben Stelle unbeweglich zu bleiben scheint.

Andere Wege zur Befreiung haben auch ihre Entsprechung im Yoga, wie es schon weiter oben erwähnt wurde. Einer der Bemerkenswertesten und am meisten widersprochenen ist eine Version des Tantrismus, die einer Elite vorbehalten ist. Sie konzentriert sich auf die Betrachtung der kosmischen Energie, die sich in Gestalt einer Schlange entlang des Rückgrats bis zum Schädel ausbreitet. Dieser Weg hat zuweilen eindeutig erotische Züge, weil er die sinnliche Aktivität weckt und man unpassenderweise seine Wünsche kontrollieren kann, indem man sie erfüllt. Er hatte eine esoterische Variante in der Frömmigkeit Krishnas, der mit den zahlreichen Liebschaften und der von den dekadenten Dynastien verehrt wurde. Das waren die „Königssöhne", die „Rajputs", die Indien kurz vor der muslimischen Invasion zersplitterten. Sie haben uns in ihren Tempeln voller Erotismus grandiose Erinnerungen an ihre besondere Konzepte überlassen, ganz besonders in den Khajuraho Tempeln mit ihren unzähligen Reliefs mit Szenen von betonter und eleganter Sinnlichkeit. Die bildhauerische Ausschmückung ist bewundernswert und macht aus den Reliefs Teile der Architektur, die den Raum gestalten. Diese Art und Weise jedoch birgt die Gefahr in sich – nach dem klassischen Hinduismus –, den Weg zu verlieren und Sklave seiner Instinkte zu werden.

Wahrscheinlich war der Tantrismus das, worüber sich die Engländer am meisten entsetzen, als sie nach Indien kamen. Einige gehen davon aus, dass er aus den ursprünglichen Zirkeln des Buddhismus entstand und sich dann schnell im eigentlichen Hinduismus ausbreitete. In einigen der ersten Schriften zum Thema heißt es, dass, angesichts der Strenge und der in den Lehren Buddhas gepredigten Entsagung und in Anbetracht dessen, dass viele zu Mönchen geworden waren, die Götter sahen, dass sie einen anderen Weg der Erlösung aufzeigen mussten. Das war der Moment, in dem „der Herr Shiva dem Menschen den Weg gezeigt hat, wie sie beim Wein, dem Verzehr von Fleisch und beim Sex ihren Instinkten gegenüber nachsichtig sein sollten [...]. Jetzt sind es die Dummköpfe, die langes Haar tragen und sich mit Asche bedecken, die zu diesen Riten zugelassen werden können, bei denen berauschende Getränke heilig sind" (U1, S. 36).

Viele sind der Meinung, dass er mit seinen Orgien und mit seiner schrecklichen Göttin Kali eine Perversion des großartigen vedischen Hinduismus war. Die tantrischen Riten kann man in den fünf „M" zusammenfassen, dem ersten Buchstaben im Sanskrit für das, was man aß, zu sich nahm oder als zentrales Element des Ritus praktizierte. Diese waren das Fleisch, „masma", der Fisch, matsya", der Wein, „madhya", das geröstete Korn, „mudra" und der sexuelle Akt, „maithuna" (U1, S. 40-41).

Andererseits hatte die Göttin Kali ein schreckliches Aussehen mit vier Armen, ein Krummschwert in einer Hand, einen Totenkopf in der anderen. Sie wird mit wütendem Ausdruck auf dem Körper ihres Mannes stehend dargestellt. (U1, S. 77-78).

Offensichtlich verbreitete sich dieser Weg der Befreiung, den die Europäer derart abstoßend fanden, dass sie ihn nicht beschreiben wollten, bei den unteren Kasten Indiens. Aufgrund ihres geheimen und unmoralischen Charakters waren die tantrischen Treffen ein idealer Ort, damit in ihrer Umgebung subversive Gruppen gegen die englische Herrschaft entstehen konnten, vor allem in der Gegend von Bengalen. Für die Engländer war es die Wiege der Kriminalität. Anderes war von seiner Lasterhaftigkeit nicht zu erwarten. Für die Inder der höheren Kasten waren sie eine Perversion der hinduistischen Würde; für die Nonkonformisten waren sie der Nährboden der Rebellion.

Mithilfe eines jeden dieser Wege erreicht man schließlich die Glückseligkeit ohne Bewusstheit, in der die individuelle Seele in einen Traum ohne Träume eintaucht, in dem die Wünsche aufgehört haben zu sein.

Andere Wege zur Freiheit bieten die religiösen Riten, auch wenn man sie für nicht ausreichend hält, um die endgültige Befreiung zu erreichen. Sie wirken in diesem Prozess unterstützend.

In erster Linie geht es dabei um die Opfer. In alten Zeiten wurden Menschenopfer gebracht, in neueren Zeiten blieb das Witwenopfer übrig. Sie wurden dem Feuer des Scheiterhaufens übergeben, auf dem ihre Gatten verbrannt wurden. In einigen Milieus gibt es noch immer Tieropfer und die Opfergaben von Pflanzen.

Auf der anderen Seite gibt es Versöhnungsriten, die aus speziellen Gebeten, Wallfahrten und Reinigungen bestehen: reinigende Bäder. Als höchstes Maß von allen diesen gilt das Bad im Wasser des heiligen Ganges, ganz besonders an der Stelle, wo der Fluss Yamuna in ihn einmündet, und wo Rama mit seinem Bruder und seiner Frau Sita während seines Exils Asyl fand. Wer am Ufer des heiligen Flusses stirbt, hat das Versprechen, dass er augenblicklich vom höllischen Zyklus der Wiedergeburt befreit wird.

Viele dieser Riten leben noch immer in Indien fort (N3, S. 106-119). Alle zwölf Jahre werden die Gläubigen zum Fest des Maha Kumbh Mela gerufen. Diese finden im Januar und Februar in der unmittelbaren Umgebung der Stadt Allahabad statt, da wo die beiden erwähnten Flüsse zusammenfließen. Millionen Menschen kommen zusammen, nutzen alle möglichen Arten von Fahrzeugen, Kamele, Elefanten, Karren oder einfach zu Fuß. Es entstehen ganze Städte von Zelten. Asketen öffnen die Wege für die Pilger, die Dreizacken bei sich tragen, die Shiva symbolisieren, und andere Objekte im Andenken an ihre örtlichen oder bevorzugten Götter. Man bestimmt einen Tag als einen mit den besten Vorzeichen und Millionen steigen in den Fluss, um sich in seinem schmutzigen Wasser zu baden oder sie reiben sich mit Asche ein.

Im Laufe des ganzen Jahres gibt es einen unaufhörlichen Pilgerstrom, der sich in seinem Wasser badet. An seinen Ufern brennen unaufhörlich Scheiterhaufen, auf denen die sterblichen Reste der Gläubigen verkohlen. Ihre Asche wird in den Fluss gestreut, was das Versprechen der endgültigen Befreiung beinhaltet.

Der Hinduismus ist extrem tolerant. Mit Ausnahme der dramatischen Seelenwanderung der Lebewesen – die übrigens keine klaren Leitlinien besitzt –, gibt es kein bestimmtes Dogma. Mit all seinen nicht endenden Geschichten über Götter, deren Bedeutung und Rang sich im Laufe der Zeit veränderten, erlaubt er lokale Götter, die als wichtigste in der jeweiligen Region gelten. Seit der vedischen Zeit hat es immer einen Wetteifer zwischen den verschiedenen Verehrern gegeben, die die Größe ihres Gottes proklamierten und nicht selten die anderen rivalisierenden Götter oder Göttinnen erniedrigten.

In allen Gegenden, in denen der Hinduismus vorherrscht, also nicht nur in Indien, sondern auch in Sri Lanka, Nepal, in Teilen von Kambodscha und Bali in Indonesien, wird das Paradies von lokalen Gottheiten angereichert.

Der herausragende Gott in Nepal ist Pashupati, einer der zahlreichen Darstellungen von Shiva. In den Monaten Februar oder März versammeln sich Tausende von Gläubigen um ihn herum. Sie baden im Fluss Bagmati, einem Zufluss des Ganges, und bitten darum, der Fluss möge eines Tages seine Asche in seinem Wasser zum Ganges tragen, um die endgültige Befreiung zu erreichen. Der Gott Bhairava versammelt seine Anhänger zu fröhlichen Festen im April beim Festival von Bisket Yatra. Während des Monats Oktober muss man in Kathmandu der schrecklichen Göttin Durga, zur grausamen Kali verwandelt, Enten und Hühner opfern, weil sie es so verlangt.

In allen Hauptstraßen fließt Blut zwischen den Blütenblättern, die die Anhänger dort verstreuen. Dieselbe Göttin Durga wird besonders in Kalkutta verehrt. Ihr Festival, die Durga Puja, versammelt Tausende von Gläubigen: jedes Stadtviertel errichtet eine hohe Figur der Göttin – sie kann bis zu zehn Meter hoch sein – mit ihren zehn Armen, die mit dem Blut der Feinde rot angestrichenen sind. In einer Prozession werden sie bis zum Flussufer getragen, wo sie ins Wasser geworfen werden.

Trotz der Proliferation lokaler Götter werden die großen Götter wie Krishna – eine Inkarnation von Vishnu – und der Adler Garuda, sein Fahrzeug, weiter verehrt. (N2, S. 32-63).

DIE KULTUR

DIE HEILIGEN ORTE

In Indien gibt es eine Unzahl von Tempeln zu Ehren der verschiedenen Gottheiten, aber der vielleicht Wichtigste ist der in der Nähe von Agra zwischen Madura und Vrindavan, der Krishna geweiht ist. Es ist der Geburtsort von Krishna, Reinkarnation von Vishnu, wo der Gott vor vielen Jahrhunderten die Jahre seiner Kindheit und Jugend verbracht hatte. Als Kind hatte er einigen Unfug getrieben, wie zum Beispiel Butter zu stehlen, als Jugendlicher hatte er in den nahe gelegenen Wäldern Liebschaften mit unzähligen jungen Mädchen, die sich ihm leidenschaftlich zuwandten (N4, S. 137-139).

In seiner unmittelbaren Nähe und entsprechend der einladenden Kultur vieler Götter erhebt sich der herrliche Minakshi-Tempel, einer unter anderen zu Shivas Ehren, mit seinen vielen „gopuram" (Toren) und Tempeln, anmutig in die Höhe. Es ist wie eine Stickerei aus Stein, in der der schöne Glanz der indischen Kosmologie zutage tritt.

Der Ganges ist der heilige Fluss par excellence. Es ist der „Ganga Ma" oder die Mutter Ganges, wie ihn die Hindus nennen. Er ist das Herz Indiens und seiner bunten Religion. In Gangotri, die Quelle des Flusses im Himalaja, befindet sich der Tempel, der die Gestalt der Göttin Ganga behütet. Hierhin kommen die Gläubigen, um in seinem Wasser zu baden. Die gläubigen Frauen schreiben auf ihr ganzes Gesicht und ihre gesamte Kleidung das Wort „Rama" auf Sanskrit, zu Ehren des Helden und göttlichen Inkarnation, dessen Taten in der Ramayana gefeiert werden. Das Wasser des Ganges ist heilig, weil die Göttin Ganga, unterstützt durch das Eingreifen von Brahma, hinabgestiegen ist, um die 60000 Söhne des Königs Sagara zu befreien. Diese Unzahl von Söhnen machte sich auf, um ein Pferd wiederzufinden, und es als Opfer darzubieten. Sie fanden es angebunden an der Hütte eines heiligen Mannes. Als sie versuchten es loszubinden, wachte der Heilige auf und verwünschte sie, und mit einem furchtbaren Blick verkohlte er sie. Als der König dies erfuhr, ängstigte er sich um das letztendliche Schicksal seiner Söhne und bat die Göttin, ihnen die endgültige Befreiung zuzugestehen, was sie auch tat und somit für immer das Wasser ihres eigenen Flusses heiligte. (N4, S. 454-482).

Der Fluss, der aus den Bergen kommt, fließt als erstes durch die große Ebene der Stadt Haridwar. Dort erhebt sich ein sehr verehrter Tempel, der einen Fußabdruck von Vishnu schützt. An derselben Stelle erinnert man alle 12 Jahre an die Schlacht der Götter und Dämonen, die an diesem Ort um den Besitz des Nektars gekämpft haben, das unsterblich macht.

Varanasi (Benares), die hochheilige Stadt für das Leben und die Befreiung, ist der Ort, wo die Alten am Flussufer zu sterben hoffen. Die Leichname derjenigen Gläubigen, die gesegnet wurden, weil sie dort starben, werden eingeäschert und ihre Asche in den Fluss Ganges gestreut. Scheiterhaufen rauchen entlang des gesamten Flussufers. Dorthin gehen alte Frauen und Männer, in Vorbereitung auf ihren Tod, sie quartieren in kleinen und schmutzigen Gebäuden ein, steigen zum Bad in den Ganges und singen gemeinsam um Fürbitte: „Hare (Herr) Krishna, Hare Krishna, Hare Rama, Hare Rama".

Auf allen Wegen Indiens trifft man heilige Männer mit verschiedenen Eigenschaften: die Pandits (religiöse Führer), die Swami (weise Asketen), die Sadhus (Heilige), die Gurus (spirituelle Berater). Einige ziehen auf den Wegen umher und bitten mit einem kleinen Gefäß um Almosen, andere leben auf einer Bank und sitzen dort unbeweglich Tag für Tag, wieder andere leben in Grotten, einige lassen sich die Haare bis zu den Knöcheln wachsen. Sie alle sind Entsagende, die auf die eine oder andere Art danach streben, sich aller Wünsche zu entledigen und die Erleuchtung zu erreichen und endgültig vom furchtbaren Drama der nie endenden Seelenwanderung befreit zu werden.

Die Gläubigen selbst benutzen verschiedene Zeichen im Gesicht, die ihren Status im Leben oder die Zugehörigkeit zu einem der Götter bezeichnen. So tragen die Frauen auf der Stirn ein rotes Zeichen, das bedeutet, dass sie verheiratet sind. Die heiligen Männer, die Vishnu verehren, zeichnen sich drei vertikale Linien auf die Stirn, die Anhänger von Shiva hingegen tragen diese in horizontaler Anordnung.

Außerhalb des indischen Subkontinents hat sich der Hinduismus weiter nach Indochina und den Inseln Sri Lanka, Java und Bali (Indonesien) ausgebreitet. Bali lebt den Hinduismus auf seine Weise, wie auch die anderen Gegenden, in denen er vorherrscht. Bevorzugter Gott auf Bali ist Vishnu, der immer von Garuda begleitet wird, dem Adler, der ihn transportiert. In der großen Tempelanlage von Besakih am Abhang des Vulkans Agung dienen Feierlichkeiten dazu, ausgleichend auf die

Kräfte der Welt zu wirken, man zähmt die Dämonen und stärkt die gutmeinenden Götter.

In Uluwatu, dem Affentempel erinnert man an die Unterstützung, die der Affengott Rama gewährte, um seine Frau Sita zu befreien. Und um es ihm zu danken, schaukeln Hunderte von ihnen frei an allen Stellen, und, mit blitzartiger Bewegung entreißen sie den unachtsamen Besuchern Brillen und Schmuck. Genau dort tanzt man auch den Becak-Tanz, der auf schönste Weise das gesamte Leben Rama darstellt. Da es sich im Affentempel abspielt, erscheint es passend, dass die Affen, dargestellt von dunkelhäutigen Jungen mit bloßem Oberkörper die wesentliche Begleitung bilden, und die wie ein griechischer Chor an der dramatischen Geschichte teilnehmen, die Protagonisten beklagen oder aufmuntern und Ausrufe hervorbringen, die der Geschichte ein theatralisches Kolorit geben.

Auf Java bewahrt man schützend im Ort Prambanan Teile der riesigen religiösen Anlage von Lara Jongrang. Hier tritt ganz eindeutig die Hierarchie der drei großen Götter aus vorvedischer Zeit zutage. Jeder hat einen Turmtempel, jeder wird mit vier Armen dargestellt. Der größte, Shiva, hat drei Augen, wovon das, mit dem er das Böse vernichtet, in der Stirn sitzt. Ihm gegenübersteht der Tempel der Kuh, seinem Träger, das deswegen ein heiliges Tier ist. Der Tempel von Vishnu, der mit den zahlreichen Inkarnationen oder Avatare, befindet sich gegenüber seines Fahrzeuges „Garuda", dem Adler. Brahma schließlich hat vier Gesichter, eins in jeder Himmelsrichtung, und gegenüber seines Tempels steht der seines Fahrzeuges, das ein Schwan ist.

Dieselbe Hierarchie erscheint in dem großartigen Tempel von Angkor Wat in Kambodscha, in dem darüber hinaus bei der Anordnung sehr genau beachtet wird, welcher Platz für wen ist. Der größte und zentral gelegene Tempel der Anlage ist Shiva geweiht, dem Hauptgott. Und das, obwohl die Tradition besagt, dass das Konzept des gesamten Werkes von einem König stammt, der direkt vom Gott Vishnu inspiriert worden sei. Man räumt ihm also eine inspirierende Rolle ein, erteilt ihm jedoch nicht den wichtigsten Platz.

So ist der Hinduismus mit seiner Unzahl von Göttern, seinen fantasievollen und bunten Geschichten, in seinen Festen voller Tiefgründigkeit, Andacht und Freude, mit seinen Heiligen, seinen heiligen Kühen und deren Produkte, Milch, Butter, Urin und Mist, die miteinander durchknetet, denen Rettung verheißen, die ihren nackten Körper damit einreiben.

DIE METAPHYSISCHE BOA

Der Hinduismus ist eine sehr spezielle Religion, weil er Produkt einer viertausendjährigen Geschichte ist. Es gab keine Gründerpersönlichkeit, auf dessen Lehre man zurückgreifen könnte, um die ursprüngliche Reinheit wieder zu finden, die im Laufe der Jahrhunderte hätte abhanden kommen können. Auch gibt es weder Glaubensbekenntnis noch einen Klerus oder eine institutionelle Organisation. Wie ein ehemaliger Präsident Indiens sagte: „Der Hinduismus ist eher eine Kultur als ein Glaubensbekenntnis". Seine Emphase richtet sich mehr auf eine gewisse Art zu Leben, als auf eine gewisse Art zu denken. (E1, S. 170). Deshalb ist es nicht eine Religion, die sich an die verschiedenen Paradigmen hätte anpassen müssen, die in der Geschichte aufeinander gefolgt sind.

So ist der Hinduismus. Dem Menschen, der in der Unendlichkeit des Universums verloren ist, gibt er Sinn, indem er sich himmlische Figuren ausdenkt, Gottheiten erfindet, denen er Leben und Dramatik verleiht. Wie Octavio Paz in strahlender Weise bemerkt, verdaut die hinduistische Religion langsam und unerbittlich, wie eine „metaphysische Boa [...] Kulturen, Götter, Sprachen und fremden Glauben" (P3, S. 65).

Er ist eine widersprüchliche Religion. Er hat die ganze Kraft einer Religion, ist aber eher eine Lebensart, eine Kultur. Er ist eine offene Religion, sehr wahrscheinlich die universellste, die es gibt, eine die Götter und verschiedenste Kulturen in sich aufnimmt. Weil sie undogmatisch ist, ist sie höchst tolerant, aber da sie Kultur ist, ist sie gegenüber jeder fremden Handlungsweise intolerant.

Sie ist tolerant und gleichzeitig innerlich die rigideste von allen: das rituelle Leben ist bestimmt von Reinheit und Unreinheit, die eindeutig definiert sind im Begriff der Kasten und dem Begriff von Genauigkeit in der Ausführung der Zeremonien.

Sie wirkt einladend in ihren großen Prinzipien – man könnte sagen in ihren Makrokonzepten – aber ausschließend in ihrer Mikrodefinition.

Die Intoleranz ist dem Kastensystem inhärent und hat sich vor Kurzem im Distrikt Kandhamal in der Region Orissa gezeigt. Eine Gruppe von hinduistischen Fundamentalisten haben im Sommer 2008 Tausende von katholischen Christen angegriffen, die der unteren Kaste der Dalits entstammten, früher die „Unberührbaren" genannt. Deren Konversion war unakzeptabel und sie wollten sie zwingen, zu ihrer ursprüngliche Religion zurückzukehren. Es gab mehr als 100 Tote und 40 Kirchen wurden zerstört.

Einige meinen, der Hinduismus sei ein glanzvoller Ausdruck des kollektiven Unbewussten voll kreativer Vorstellungskraft. Der Maler Patrick Mimram hat vor Kurzem – im Juni 2004 – in Venedig eine Ausstellung gezeigt, die er „Brahmatik" nannte und gibt vor, die Quellen des Unterbewusstseins des Hinduismus darzustellen. Es gibt Szenen, in denen reale Objekte sich mit mysteriösen Zeichnungen zusammenschließen. Andere stellen astrale Gestaltungen dar, Totems, geometrische Zeichnungen und Augen, Hände, Lichter, stilisierte Figuren, Handwerkzeug. Es ist die phantasmagorische hinduistische Welt mit Schlangen, Pfauen, mit bunten und funkelnden Schmuckstücken, mit der hochgelobten Hypnotik. Es gibt Erscheinen und Verschwinden, Schöpfung und Vernichtung, schrille und ruhige Farben, die sich auflösen und eine konfuse Übertreibung der Kontraste zwischen den verschiedenen Projektionen provozieren. Es handelt sich praktisch darum, die Quelle darzustellen, aus der der hinduistische Gedanke sprudelt und es gelingt ihm ohne Worte.

Als Kultur-Religion hat sie viele Elemente der sie umgebenden Völker angenommen, die eine gemeinsame Grundlage hatten. Aber sie selbst, im Gegensatz zu den gefestigteren monotheistischen Religionen wie das Christentum oder der Islam, und dadurch, dass sie weder Gründer noch Dogma hat, besitzt sie im Inneren sich überlagernde Schichten, die im Laufe der Jahrhunderte dazukamen und sich anglichen, aber nicht die unteren Schichten schädigten. (D5 S. 17).

In einem wunderschönen gastronomischen Bild vergleicht Octavio Paz die hinduistische Kultur mit der des Okzidents. Im Okzident ist es Sitte, eine Folge von Gängen zu servieren. Ein jeder hat seinen eigene gastronomische Besonderheit, die jedoch zum vorigen und zum nachfolgenden Gang passt. Es ist eine Folge von kulinarischen Genüssen. In Indien kennt man nur einen einzigen Gang, eine Soße, das Curry, das jede erdenkliche Zutat enthalten kann. Alle Gänge sind in einem einzigen vereint. Curry nimmt alles an, beinhaltet alles, es ist potenziell ein universelles Gericht. Der Hinduismus ist das Curry aller Religionen (P3, S. 100).

Der Hinduismus hatte die Größe seines Denkens und den Höhepunkt und Schluss seiner künstlerischen Schönheit im 13. Jh. In der Zeit endete sein großes Denken und seine große Literatur. Seine letzten großen und prachtvollen Tempel wurden zu der Zeit erbaut. In der Folgezeit war es nichts weiter als ein Curry, das an seiner Seite alles sich zutragende Neue akzeptierte. Es hat sich angepasst, aber seinen Geschmack nicht verändert.

DIE KULTUR UND DIE MODERNE

Es ist eine Religion, der der Sinn für Wohltätigkeit fehlt. Jedes Subjekt, das sich auf der Suche nach der Befreiung befindet, konzentriert sich in höchstem Masse auf seine Individualität. Gleichzeitig und paradoxerweise schätzt er seine eigene Individualität nicht, da er sie schließlich aufgeben muss. Das Individuum ist Mitglied der Kaste, in die er hineingeboren wird und die ihn vollständig bestimmt. Zur selben Zeit gibt es eine „Entindividualisierung", weil es die höchste Vollkommenheit ist, als Individuum zu verschwinden. Wenn das Individuum keinen beständigen Wert hat, dann hat die Wohltätigkeit, die ja eine Art Beziehung zu den anderen Individuen ist, auch keinen Wert.

Ihre Größe besteht darin, dass sie Harmonie und Gleichgewicht anstrebt zwischen dem Kosmos, das von den Göttern repräsentiert wird, und der dramatischen Welt der menschlichen Existenz. Aber ihr grundlegendes Merkmal als Religion ist der Verzicht. (D5, S.19).

Wie Louis Renou notiert, einer der besten europäischen Kenner (D5, S. 55), erscheint der Hinduismus chaotisch in seinen zahlreichen Gottesbildern und seinen unterschiedlichen Wegen. Er erscheint irrational in seinen religiösen Praktiken und seinen ergiebigen Aberglauben, der von Magie und Geschwätzigkeit herabgewürdigt ist. Seine religiösen Verbote haben eine wirtschaftliche Dysfunktion nicht nur bei der Verehrung der Kuh, sondern auch bei der Einschränkung beruflicher Aktivität für bestimmte Kasten. Zur selben Zeit muss es etwas zutiefst Menschliches in dieser Religion geben, die mindestens zwei Jahrtausende fast ohne Veränderungen überdauert hat.

Brillant drückt Octavio Paz den Kern jeder hinduistischen Kultur und Religion aus. Es ist „Das Theater eines Dialogs zwischen Eins und Null, des Seins und der Leere. Dem Ja und dem Nein. Innerhalb jeden Systems, entspringt dem Denken [...] seine Negation [...]. In seiner äußersten Form bedingt die Negation den absoluten Bruch. Der Verzichtende verlässt seine Kaste und seine Familie [...], er ist ein asketischer „Vagabund" (P3, S. 10).

Darüber hinaus, Kultur und Religion zu sein, ist der Hinduismus eine überwältigende spirituelle Erfahrung, wie es kaum eine andere in der Menschheitsgeschichte gibt. Seine Philosophie ist nicht eine kalte objektive Analyse der äußeren Welt, sondern man erlebt ihn wie die Gegenwart des äußeren Universums im Geist des Betrachters.

Sein kultureller Anteil beherrscht das individuelle und gesellschaftliche Dasein der Personen. Die Beschränkungen, die sanft das persönliche Leben bestimmen, drücken den individuellen Handlungen ihre Bedeutung auf. Die Personen sind mehr als Individuen, sie sind Mitglieder einer Gruppe mit eigener Kultur.

Das Konzept der Kaste ist in erster Linie religiös und gleichzeitig begründet es eine strukturelle Basis und Verhaltensmuster in der Gesellschaft. Es geht eindeutig vom Gedanken des Karma aus. Das Karma besteht aus einer Kette von vorausgehenden Wiedergeburten, die das Individuum durchlaufen hat. Jede Person ist einfach nur das Resultat seines Karma und ist an sein Karma gefesselt. Seine Lebenssituation ist durch die Vorgeschichte des Individuums vorbestimmt. Die bisher nur wenige Wiedergeburten hatten und in jeder einzelnen im Prozess der Befreiung weiter aufgestiegen sind, bilden eine Gruppe, eine Kaste. Und alle Mitglieder einer Kaste sind aneinander gefesselt. So war das auch mit den politischen Gefangenen im sowjetischen Gulag. Sie waren in einer Reihe mit Handschellen aneinander gefesselt, einer hinter dem anderen in einer langen Kette, die von einem Hundeschlitten oder Traktor gezogen wurde und alle in dieselbe Richtung zerrte. Keiner konnte Widerstand leisten. Alle mussten im selben Schritt gehen. Wenn jemand starb, so wurde er losgebunden und verlassen, auf dass er unter einem Haufen Schnee verfaulen würde. So ist das mit den indischen Kasten. Es gibt keinen Ausweg aus dem Kastenleben außer durch den Tod.

„Neben dem Tod gibt es nur einen Ausweg aus der Kaste: der Verzicht auf diese Welt, also das religiöse Leben eines Eremiten und das eines Betrachtenden zu führen, der halb nackt Wege zurücklegt und nichts weiter besitzt als ein kleines Blechgefäß, um Almosen und Essen anzunehmen", wie Octavio Paz lebhaft beschreibt: das sind die Sadhus (P3, S. 71).

Die Kaste hat nichts mit den „Gesellschaftsklassen" der westlichen Welt zu tun, die eine hierarchische Ordnung je nach Größe des Reichtums oder der Macht widerspiegeln. Das Fundament einer Kaste ist nicht die Macht oder das Geld, sondern die Reinheit oder Unreinheit, die vom Karma kommen, ein wesentliches Element des Individuums bei seiner Geburt.

Für die Kaste ist der Hindu ein „Jati", was „Art" bedeutet, im Sinne des Begriffs, wie er auch für Tiere oder Pflanzen gebraucht wird. Es sind kleinere Einheiten als die „Varnas". Offensichtlich bestimmt die Geburt die Zugehörigkeit zur Kaste und somit auch über das tragische Karma. Aber ihre Merkmale sind sehr unterschiedlich: man wird in einem Gebiet geboren, in einer bestimmten Familie, mit jener Verwandtschaft, in jenem Beruf. Abhängig von all diesen Elementen wird man eine bestimmte Ernährung einhalten, ausgehend vom striktesten Vegetariertum bis hin zur Möglichkeit für die Unberührbaren, Rindfleisch zu essen. (P3, S. 68).

Das Leben eines jeden Individuums ist durch seine Kaste bestimmt. Damit ist ihm nicht mehr Freiheit erlaubt, als die, sich den gesellschaftlichen Voraussetzungen zu beugen, deren Ursprung die Tragödie des Karma ist.

Ein dramatischer Fall ist der Unterschied in der Rolle der Geschlechter. Die persönliche Kommunikation zwischen den Geschlechtern ist sehr dürftig. Wie ein bekannter Kommunist aus der Nähe von Benares es ausdrückte: seit einigen Jahren, als Ehemann einer Frau, mit der er vier gemeinsame Kinder hatte, wagte er es nicht, der Mutter seiner vier Kinder ins Gesicht zu schauen. Der sexuellen Beziehung fehlte es dermaßen an Natürlichkeit, dass sich die Ehemänner ihren Frauen nachts um 23 Uhr näherten und in ihr Bett zurückkehrte, ohne am frühen Morgen Lärm zu machen. Und da es in der Vergangenheit kein elektrisches Licht gab, sahen sie des Nachts die Gesichter ihrer Frauen nicht (D3, S. 20).

Ein Ehemann hat wenig Möglichkeiten, mit seiner eigenen Frau zu kommunizieren, wie es auch in den nächtlichen Besuchen nicht stattfindet. Er befürchtet, dass sie sich überheblich verhalten und seiner Mutter nicht gehorchen könnte, die diejenige ist, die die Aufgaben im großen Haushalt verteilt. So kommt es, dass die Heirat von den Eltern arrangiert werden. Derjenige, der es wagt, sich davon zu befreien und aus Liebe heiratet, zieht Schande auf seine Familie. Das führt dazu, dass seine Geschwister und insbesondere seine Schwestern, große Mühe haben werden, einen Ehevertrag abzuschließen, weil sie von der restlichen Gesellschaft verstoßen werden. (D3, S. 21-41).

In der Analyse des Anthropologen Schweder hat der westliche Mensch einen Kodex, der in erster Linie auf seinen Rechten als Individuum beruht. Dafür hat der Mensch eine Moral, die auf seiner gesellschaftlichen Verpflichtung beruht. In Indien ist es „die Ordnung der gesellschaftlichen Funktionen, die das Verhalten der Individuen bestimmt". Das Karma begründet die gesellschaftlichen Verpflichtungen, besteht aber nicht aus ihnen, sondern stammt aus einer übergeordneten, unabhängigen und objektiven Kraft, die mit der Unnachgiebigkeit der physikalischen Gesetze wirkt.(D3, S. 63).

Indien ist ein extrem armes Land trotz seines neuen wirtschaftlichen Wachstums, insbesondere was seinen Technologiesektor betrifft. Es ist nicht das einzige arme Land, aber es ist ein Land, in dem die Armut das gesamte Leben und die gesamte Gesellschaft einzunehmen scheint. Es stimmt, dass es einen fast grenzenlosen Reichtum gibt und immer gegeben hat. Das ist der der Maharadschas mit ihren Fürstenhöfen, der regionalen Stammeshäuptlingen, von einer Opulenz, die in europäischen Ländern ihresgleichen sucht. Heutzutage auch der von vielen Fachleuten, von Industriemagnaten der Stahl- und Autoindustrie und seit kürzerer Zeit aus der Informationstechnologie. Der größte Teil der Unternehmer in Indien gehören zu den Jainisten, einer Gruppe hinduistischer Herkunft, die sich paradoxerweise, wie wir noch sehen werden, von den aufgezwungenen Einschränkungen befreit hat, gerade weil sie sich ihnen radikal unterwerfen. Was Indiens Wesenszug, sein Kolorit ausmacht, ist das Elend, das auf dem Land und in der Stadt verbreitet ist, in jeder Richtung und auf jedem Weg. Es ist keine Armut, die man mit der fehlenden wirtschaftlichen Entwicklung erklären könnte, sondern mit den vorherrschenden Kastensystem. Es ist eine Armut, die die Entwicklung hemmt, die kein Ansporn für die Entwicklung ist.

Ein ganz einzigartiger und offensichtlich widersprüchlicher Aspekt dabei ist, dass es trotz des Elends in Indien kaum Raub gibt. Die Leute laufen nicht beobachtend herum, um zu sehen, wie sie einen Unachtsamen berauben können oder wie sie verlorene Gegenstände an sich nehmen könnten. Es ist das sicherste arme Land, was den Respekt vor fremden Eigentum betrifft. Dies ist auf der einen Seite sicherlich bewundernswert, es ist aber auch vollkommen verständlich innerhalb einer gesellschaftlichen Kultur, die die religiösen Prinzipien von Kasten hervorbringt. Die Personen akzeptieren nicht nur ihre soziale Lage, sondern auch, vielleicht durch eine Art von kultureller Osmose, ihre wirtschaftliche Lage innerhalb der Gesellschaft. Das ist etwas, was ihnen vorgegeben ist, wovon sie sich nur auf zweierlei Wegen befreien können: friedvoll ihre Wünsche zu verändern oder gewisse befreiende Riten zu erfüllen, wie z. B. am Ufer des Ganges in Benares (Vanarasi) zu sterben.

So haben wir hier ein chaotisches Volk, in dem der Schmutz nicht als Problem wahrgenommen wird und in dem der unaufhörliche Lärm jedem anderen den Frieden nehmen würde. Dennoch ist es ein grundlegend geordnetes Volk, zumindest was das fremde Eigentum betrifft, auch seitens derjenigen, die keinerlei Besitz haben. Sie bitten um Almosen aber sie entreißen es niemandem.

Dennoch, die grundlegenden Konzepte der Religion sind entsetzlich schwer, wie Steingut, das die Gesellschaft erdrückt und versklavt. Mehr noch: es ist schrecklich, wie es sich in einem kurzen Gebet offenbart, das von Tragödie und Resignation geprägt ist, in dem darum gebeten wird, „nicht noch einmal zu sterben" (D5, S. 17). Auf der anderen Seite ist die Exaltation vor dem Göttlichen wunderbar, wenn ein Mensch sagt: „Du bist Jenes", womit gemeint ist, du bist das ganze Universum (D5, S.25).

DIE ABWEICHUNGEN IM ALTERTUM

Von den sechs traditionellen Schulen des Hinduismus – die Darshanas – sind Samkhya und Vedanta diejenigen, die die größte Bedeutung hatten. Für die erste teilt sich die Welt in eine Vielheit von individuellen Seelen auf und darüber hinaus in eine einzige Substanz, Ursprung allen Existierenden, eine Art einzigen aber unpersönlichen Gottes. In der Schule Vedanta ist die individuelle und die universelle Seele nicht mehr als ein einziges Ding mit zwei verschieden Gesichtern. Diese Schule steht dem universellen Pantheismus näher, wohingegen die erste den kreationistischen Religionen den großen monotheistischen ähnlicher ist (P3, S. 103).

Die unterschiedlichen Systeme – die Darshanas – werden von den Hindus als verschiedene Wege zur Befreiung und zum mystischen Leben angesehen, obwohl sie mit gewissen Postulaten der Logik oder grundlegenden Leitsätzen beginnen, wie wir es im vorigen Kapitel gesehen haben. In Wirklichkeit greift jede Sekte einen Aspekt aus der reichen gemeinsamen Tradition heraus und macht ihn zum vorherrschenden Element. Es gibt eine allen zugrunde liegende Einheit. Eines dieser Systeme ist der Yoga, daher mit seinen zahlreichen Varianten, den Weg bestimmt, der es der Person ermöglicht, eine mystische Beherrschtheit zu verwirklichen und hiermit schließlich die Befreiung zu erreichen. Die verschiedenen Yoga-Arten können nicht wirklich Sekten genannt werden, eher einfach als Tendenzen oder verschiedene Wege innerhalb der gemeinsamen Philosophie.

Es gibt eine spezielle Art von hinduistischen „Sekten", die den Gruppen sehr ähnlich sind, die in der katholischen Kirche Anhänger eines bestimmten Heiligen sind. Ein jeder hat seine Funktion: der Heilige Antonius findet Ehemann für die Heiratswillige und hilft dabei, verlorene Dinge wiederzufinden. Die Götter des Hinduismus in ihrer funkelnden Vielfarbigkeit sind unbeschreiblich und eignen sich nicht dazu, kategorisiert zu werden. Von der unterschiedlichen Bedeutung, die man bestimmten Göttern oder bestimmten Eigenschaften eines jeden von ihnen zuspricht, haben sich die Sekten abgeleitet, die jede Kategorisierung ablehnen.

Einige von den Sekten, die sich als reife Frucht vom Hinduismus gelöst haben, haben mit der Zeit ihre eigene Persönlichkeit entwickelt. Es handelt sich insbesondere um den Buddhismus.

DER JAINISMUS

In einer Kategorie geringerer Relevanz findet man den Jainismus, dessen Merkmal es ist, die kraftvolle Klasse von Unternehmern und Kaufleuten Indiens hervorgebracht zu haben. Es ist ganz besonders interessant zu analysieren, wie eine Religion, die vom hinduistischen Fatalismus erfüllt ist, die Saat hat sein können, aus der der höchst bemerkenswerte Unternehmergeist Indiens hervorgegangen ist, also ausgerechnet von einem Leben ausgehend, das, wenn auch nicht verzichtend, so doch von extrem fordernder und harter Askese geprägt ist.

Dem Jainismus könnte man den Untertitel „Religion des Respekts vor dem Leben" geben. Es ist eine Sekte, aber gleichzeitig ist er vollständig und grundlegend hinduistisch. Er ist eine unterschiedliche Art, den Hinduismus zu verstehen und zu leben. (E1, S. 207). Die Jainisten sind die Anhänger von Vardhamana (Makavira), genannt „Jina", der Eroberer. Es handelt sich um die innere Überwindung seiner selbst. Die Überwindung der Leidenschaften und Emotionen, durch die man die Befreiung findet und die Perfektion erreicht. Es ist eine moralische Haltung dem Leben gegenüber, eher als eine Religion im Sinne einer Beziehung mit dem Göttlichen. Er fand im Indien des 6. Jh. vor Christus seinen Anfang, in einer Zeit der Turbulenzen, in der die Gesellschaft auseinanderfiel, ausgelöst von der Zerstrittenheit verschiedener Stämme, wodurch kleine regionale Königreiche entstanden. Dieses alles zerstörte ganz allmählich die Gruppenmerkmale kleiner Stämme, die alle dieselbe grundlegende Struktur beinhalteten, die des Vedismus.

In dieser Zeit kamen große Persönlichkeiten auf, die der Gesellschaft eine verworrene Orientierung gaben. Die beiden Wichtigsten waren genau der „Erleuchtete", Buddha – der Prinz Siddhartha Gautama – und der „Eroberer", der Meister der Geistes Vardhamana.

Der Jainismus ist eine gottlose Religion, insofern er, ohne die Existenz eine Gottes zu leugnen, nicht davon ausgeht, dass er Schöpfer des Universums sei.

Sein wichtigster Glaubenssatz besteht darin, zu behaupten, dass das Universum aus einer unendlichen Anzahl von „Seelen" besteht, d. h. von Wesen verschiedener Natur, die sich in sechs aufteilen: jene Wesen, die keinerlei Sinne haben, jene, die lediglich den Tastsinn haben, die dritten, die dazu noch den Geschmackssinn haben und die vierten, die zusätzlich den Geruchssinn besitzen; das darauf folgende Niveau hat auch das Sehen, und schließlich auf dem höchsten Niveau gibt es auch das Hören. Dies alles wird als objektiv angenommen, unabhängig von der eigenen Kenntnis. Alle Wesen müssen geachtet werden, insbesondere alle, die lebend sind oder zumindest eines der fünf Sinne besitzen.

Dieser Respekt vor allem Existierenden verbietet es ihnen Bauern zu sein, denn indem sie eine Hacke benutzen, könnten sie Insekten töten, die in der Erde leben. Zur selben Zeit verletzen sie die Erde selbst, die, wenn sie auch die fünf Sinne nicht besitzt, so doch respektiert werden muss. Auch können sie keine Handwerker irgendwelcher Art sein, denn wenn sie Metall bearbeiten, so leidet dieses. Die einzigen Berufe, die ihnen übrig bleiben, sind sehr „bürgerlich", nämlich Händler und mit Geld umzugehen.

So gesehen erzeugt diese Religion bei ihren Gläubigen Merkmale, die denen der Juden ähneln, auch wenn die historischen Gründe dafür vollständig andere sind. Davon ausgehend, dass es den Juden des mittelalterlichen Europa verboten war, handwerkliche Berufe auszuüben oder die Erde zu beackern, war der einzige freie Weg für sie, Händler zu sein und mit Geld umzugehen, Tätigkeiten die auf der anderen Seite bei den Christen nicht gut angesehen waren. Aus verschiedenerlei Gründen entwickelten sich hiermit zwei Menschengruppen, Juden und Jainisten, mit unternehmerischen Eigenschaften, die bis zum heutigen Tag ihren Stempel aufgedrückt haben.

Auf der anderen Seite verpflichtet der Jainismus seine Mitglieder zu einem Weg zur Befreiung, der ein „aktiverer" ist als der des klassischen verzichtenden Hindu. Es handelt sich um die eindringliche Betonung eines asketischen Lebens, sowohl für die, die das Klosterleben gewählt haben als auch für die Laien. Alle müssen sehr strikte Gelübde ablegen, nicht nur in puncto Gewaltverzicht, sondern auch wahrhaftig zu sein, nicht zu stehlen, jeden Tag 45 Minuten zu meditieren, nichts anderes als gekochte Pflanzen zu essen, bei einigen Gelegenheiten auf sexuellen Kontakt zu verzichten. Wahrscheinlich ist die schwierigste Verpflichtung diejenige, dass, wenn man ins Alter kommt und den Tod ahnt, man selbst den Beschluss fassen muss, sich nicht mehr zu ernähren und zu verhungern. (E1, S. 209-216).

Der Jainismus ist die Religion der „Gewaltlosigkeit" und Mahatma Ghandi – auch, wenn er selbst kein Jainist war – lebte in seiner Mitte und ließ sich weitgehend von seinen Ideen inspirieren.

Ein anderes Merkmal, das dem Hinduismus eine besondere Färbung gab, ist die Philosophie, die im „Gebet" begründet ist, mit dessen Hilfe Gelöbnisse an Jina, den „Eroberer" gerichtet werden, d. h. an jenen, der alle Leidenschaften beherrscht hat, Philosophien von denen Verdhamana die wichtigste ist. Man bittet ihn um nichts und erwartet auch keine Gnade von ihm. Das „Gebet", das „Puja" genannt wird, ist dennoch aktiv, denn bei seiner Durchführung werden in der Seele des Andächtigen genau die geforderten Qualitäten erzeugt, und zwar nicht als Geschenke, sondern als aktives Handeln. Indem man um etwas bittet, wird in derselben Person die Kreativität und der Dynamismus wach, die notwendig sind, um den Weg zur Befreiung weiter zu gehen. Somit handelt es sich um eine „Andacht", die zu Aktivität führt, zur persönlichen Übung mit eigener Anstrengung (C5, S. 32-33).

Die Funktion des „Puja" also besteht darin, in sich selbst das schädliche und negative Karma in ein positives Karma zu verwandeln, sodass der Weg der Befreiung weiter beschritten werden kann. In diesem Sinne gibt es eine interessante Ähnlichkeit mit dem Calvinismus, der für Max Weber die Quelle des kapitalistischen Geistes ist. Im Jainismus führt das Gebet den Menschen zur Verwirklichung dieses positiven Karmas, und zwar nicht als Gnade, sondern durch innere Veränderung. Im Calvinismus ist die persönliche Mühe, um wirtschaftlichen Erfolg zu erlangen, genau das Zeichen dafür, dass die Person für die Rettung vorgesehen war. Es ist also kein Wunder, auch hier eine Analogie zwischen der weltlichen Entwicklung dieser religiösen Gruppe und der des Calvinismus festzustellen: die erste erzeugte die größten Unternehmer Indiens, die zweite die ersten Kapitalisten in Europa.

DIE SIKH-RELIGION

Die Sikhs stellen eine besondere Sekte des Hinduismus dar. Ihre Mitglieder sehen sich nicht als Hindus, aber sie haben eine ähnliche Grundlage, nicht nur im historischen Sinne, dass sie vom Hinduismus stammen, sondern auch im Sinne einer Doktrin (wenn wir diesen etwas missbräuchlichen Ausdruck benutzen dürfen). Denn sie akzeptieren den Gedanken der unendlichen Wiedergeburten, solange bis man die „Sahay" oder die Vereinigung des Schülers mit Gott in Liebe erreicht, wodurch er von der ewigen Seelenwanderung befreit wird (E1. S. 204).

Trotzdem haben die Sikhs eine Religion mit eigener Identität. Sie ist einerseits eine ethnische Religion, die gesellschaftliche Gruppen, die aus Punjab, einer Region im Nordosten Indiens, stammen und dem heutigen Pakistan in sich vereint. Ihre Charakteristik ist der Gemeinschaftssinn, ihr kriegerischer Geist und ihre mystische Haltung. All diese Aspekte, die offensichtlich widersprüchlich sind, werden von historischen Prozessen ausgehend erzeugt, die ihr Leben gibt und aktiv und vibrierend erhält. Schließlich ist sie mit ihrem bezeichnend religiösen Merkmalen die Religion der Gurus, den Meistern und Wegweisern.

Ihre Entstehung datiert am Ende des 15. Jh., als eine Gruppe von Frommen in einer vom Hinduismus und dem Islam beherrschten Welt eine religiöse Richtung suchten und im ständigen Widerstreit miteinander genau in den Gegenden von Punjab lebten. Eine Gruppe von Jüngern folgte dem Guru Nanak (1469-1539), der ihnen den Weg zeigte, um Gott in ihrem Leben zu begegnen. Gott ist der „große Guru", der große Meister. Dieser hat aber durch die zehn Gurus zu ihnen gesprochen, von denen der erste und Begründer Nanak ist. Die darauf folgenden Gurus orientierten und konsolidierten die Sikh-Religion.

Die Eigenarten einiger Gurus prägte die Identität der Sikhs. Der zweite Guru, Angad, betonte die Körperertüchtigung und förderte Spiel und Sport. Ursprünglich waren sie nicht militärischer Natur, aber mit der Zeit und unter dem fünften Guru, Arjan, der die Verteidigung der Sikh-Gemeinschaft gegen die Muslime organisierte, erlangten sie den Ruhm einer großartigen kriegerischen Leistung, die sie bis zum heutigen Tag kennzeichnet. Die körperliche Ertüchtigung und der Sport, die sich bei ihnen ausgebreitet hatte, dienten als Basis, um einen gehärteten militärischen Geist zu erzeugen, der überdauern und dem britischen Imperium bei den Weltkriegen helfen sollte. Arjan starb als Märtyrer in den Händen der Muslime, aber er war nicht nur der große militärische Führer. Unter seiner Herrschaft wurde auch der große „Goldene Tempel" in Amritsar erbaut, der das Aushängeschild der Sikhs ist und eine Schmuckstück der indischen Architektur.

Der zehnte und letzte Guru, Gobind Singh (1666-1708) kämpfte darum, den religiösen und militärischen Geist zu stärken. Aber mit einer größeren Zukunftsperspektive begründete er ein neues System, das noch heute bei den Sikhs gültig ist. Von da an war der Guru nicht mehr eine bestimmte Person, denn er war der letzte. Jetzt wird es die Gemeinschaft sein. In ihr liegt die Weisheit des großen göttlichen Meisters, in ähnlich wie im Christentum, das die Gemeinschaft der Gläubigen, die Kirche, als Trägerin und Fortführerin der göttlichen Botschaft sah – und prinzipiell immer noch sieht. Darüber hinaus entstand das „Buch Guru", eine Sammlung von Hymnen und Gedichten ähnlich den Psalmen aus der Bibel, mit denen den Gläubigen der göttliche Geist vermittelt wird.

Die Sikhs haben also eine Religion mit einer bemerkenswerten eigenen Identität begründet, die ethnisch war und weiterhin ist. Die Gemeinschaft ist es, die als Guru in ihrem Inneren die Lehre und den Kontakt mit dem Göttlichen trägt.

Als hinduistisch in ihrem Ursprung und Fundament hat sie versucht, mit dem Geist der Kasten zu brechen, auch wenn er teilweise weiterhin in ihr gültig ist. Es ist eine gemeinschaftliche und fordernde Religion. Alle Sikhs sind verpflichtet, den fünf „K" zu folgen, dem Buchstaben, der in Hindi die Norm errichtet, der die männlichen Sikhs in ihrem Handeln zu folgen haben. Diese sind: das Haar nicht schneiden, sich in der Art zu kämmen, dass das Haar immer sauber ist, einen metallenen Armreifen tragen, ein Kleidungsstück zu benutzen, das über die Knie reicht und einen Dolch zu haben.

Diese Religion erzeugt bei ihren Gläubigen nicht nur eine bestimmte gruppenspezifische Identität, sondern hat auch eine Dimension von Gottesfurcht, die ihr

Leben gibt und ihre intensive Religiosität erhält. Die Hymne zu Beginn, die täglich rezitiert wird und im „heiligen Buch" – dem „Buch Guru" enthalten ist, bittet:

> *Es gibt nur einen Gott, den wahrhaftigen, der Schöpfer, frei von Angst und Hass, unsterblich, nicht erzeugt, er existiert von sich selbst aus, er ist groß und gnädig. Der Wahrhaftige existiert von Anfang an. Der Wahrhaftige existierte in der fernsten Vergangenheit. Der Wahrhaftige existiert in der Gegenwart [...], der Wahrhaftige wird in der Zukunft existieren (E1, S. 201).*

DIE MODERNEN MEISTER

Wenn auch der Hinduismus die älteste und ursprünglichste aller Religionen ist, so hat er nicht aufgehört, die Bedeutung seiner Botschaft spüren zu lassen, nicht nur in Indien, wo er praktisch eins ist mit der Kultur, sondern auch in der modernen Welt, in der einige Meister ihm Kraft gegeben haben.

Der bekannteste von allen ist Ramakrishna, der in einer Familie von Armen und Brahmanen geboren wurde, und der seit seinen jungen Jahren im Dienst des Tempels Dakshineshwar lebte, in dem der Göttin Kali gehuldigt wurde. Schon als Kind erlebte er Entzücken und Ekstase. Insbesondere eins bestimmte sein weiteres Leben, nämlich als er einen weißen Vogel aus einigen schweren und stürmischen Wolken hervortreten sah. In dem Moment verlor er das Bewusstsein und gab sich einer unbeschreiblichen Glückseligkeit hin. Und es ist genau dieses Bild des weißen Vogels eins der Symbole, das in den Upanischaden gebraucht wird, um die plötzliche Fülle der inneren Vision darzustellen. Der Vogel steht für die Seele und die sturmgeladene Wolke für die Existenz der Welt, von der es sich zu befreien gilt. Die Personen, die in seiner Nähe lebten, begannen diese Visionen einen besonderen Umstand zuzuordnen, dem des Samadhi, das in Sanskrit die höchste Ebene der Entwicklung und die Verwirklichung des spirituellen Fortschritts bedeutet (P9, S. 207-209).

Dieser mystische Junge war gleichzeitig Wächter in einem Kali-Tempel und entdeckte in der Bedeutung seiner Vision ein Prinzip, das Bestandteil des Tantrismus war. So kam er dazu, die Geheimnisse des „Shaktismus" zu entdecken, eine Doktrin, die behauptet, dass das gesamte Universum nichts weiter ist, als die Darstellung von Kali, der weiblichen Hauptgottheit, die Mutter des Universums. Sie ist die höchste Gottheit, denn jenseits davon gibt es nur noch das Absolute, unpersönlich und unerreichbar.

Von dort ging die Erarbeitung einer religiösen Doktrin aus, nach der das gesamte Universum aus trügerischen Phänomenen besteht, die keine andere Existenz haben, als die, die Erscheinungen der einzigen unerreichbaren Wirklichkeit zu sein, des Absoluten. Der Weg zur Erlösung des Menschen enthält zwei Elemente: die Kenntnis und Anerkennung der Welt als trügerische Erscheinung und der Geist religiöser Frömmigkeit (E1, S. 177). Die Berufung des Menschen ist es daher, allem zu entsagen, um genau diese Weisheit zu erlangen. Vom durchschnittlichen Menschen jedoch, der eventuell dazu nicht in der Lage ist, fordert man lediglich den frommen Geist und die Anerkennung, dass alle religiösen Wege gültig sind. Ramakrishna pflegte seinen Jüngern zu sagen: „Diskutiert nicht über Doktrinen und Religionen. Es gibt nicht mehr als eine. Alle Flüsse ergießen sich in den Ozean. Jeder Fluss fließt durch unterschiedliches Gebiet je nach Ort und den Menschen, die dort wohnen. Was allen Flüssen gemeinsam ist, ist das Wasser" (P9 S. 212).

Ein Jünger von Ramakrishna erfüllte dieselbe Funktion wie Sankt Paulus im Christentum, nämlich das Predigen und die Verbreitung des Glaubens über sein Ursprungsgebiet hinaus. Vivikananda, inspiriert von den Doktrinen und der Person seines Meisters, nahm am Weltkongress der Religionen 1893 in Chicago teil. Die positive Resonanz seiner Botschaft veranlasste ihn, den Ramakrishna Orden zu gründen. Unter seinem Einfluss entstanden Klöster mit einer kohärenten und strikten Organisation und einem Abt an der Spitze. Mit der Ramakrishna-Mission entwickelte er mit der Zeit eine weltweite Dynamik, die Einrichtungen in vielen verstreuten Ländern unterhält. (P9, 214).

Einer der anderen großen Meister, die mit Erfolg versucht haben, der modernen Welt die ewigen Lehren des Hinduismus darzulegen, war Sri Aurobindo. Nach einer hervorragenden Erziehung in England und den Weg des politischen Rebellen eingeschlagen zu haben, kam er zur Erkenntnis, dass die einzig mögliche Rettung die individuelle Rettung ist. Bezug nehmend auf die Lehren der Upanischaden behauptet er, dass die Natur drei Etappen durchlaufen hat, aber dass wir eine vierte, die noch nicht vollständig ist, als Auftrag vor uns haben. Die erste bedeutet die Existenz der Ursprungsmaterie. Die zweite beginnt mit der Entstehung des Lebens. Die dritte beinhaltet die Existenz des Menschen mit seiner geistigen Fähigkeit. Die vierte ist der Auftrag des heutigen Menschen und die Vision einer zukünftigen Zeit, die supramental sein wird, wodurch die Menschheit das Absolute erreichen kann. Es ist jedoch schon heute möglich, persönlich diese vierte Etappe zu erreichen, ein jeder durch seinen eigenen Einsatz mit dem „integralen Yoga". So kann man sich wirklich auf die Ankunft des Übermenschen vorbereiten.

Seine Lehre akzeptiert die Elemente aus den Hymnen und viele hinduistische Praktiken aus alter Zeit. Dennoch sind seine Vision und sein Stil anders, weil er lehrt, dass die Welt sich in einem Entwicklungsprozess zu höherer Daseinsebene befindet. Es ist eine positive Vision im Vergleich zum klassischen Hinduismus, für den sich das gesamte Universum im Prozess der Verkettung zum Verhängnis befindet, von dem sich der Einzelne nur befreien kann, wenn er seine Individualität verliert. Aurobindo zeigt uns einen positiven Hinduismus voller Hoffnung. Aber tatsächlich ist das kein Hinduismus, auch wenn er seine Wurzeln dort hat. (P9, S. 215).

Mahatma Ghandi ist im eigentlichen Sinne kein Guru oder religiöser Meister, aber sein politisches Handeln und seine Rolle bei der Unabhängigkeit Indiens hatten religiöse Relevanz. Sein politisches Handeln war vollständig vom Erhabensten der hinduistischen Tradition durchdrungen. Überaus bekannt ist seine gegensätzliche Haltung zur revolutionären Gewalt und dem Legalismus als Mittel zur Befreiung. Sein Leben ist von hinduistischen Vorschriften, wie Fastenbuße und die Opferung seiner selbst grundlegend inspiriert. Die Tausende von Entsagern, die Indien sah und die Gewaltlosigkeit, die auf dem grundsätzlichen Respekt vor jedem Leben beruht – ein besonders bemerkenswertes Element des Jainismus – haben den jungen Ghandi erfüllt (P9, S. 217).

Leben und Doktrin von Ghandi sind in vielerlei Hinsicht wesentlich hinduistisch. Als erstes der fast strukturlose Geist der Toleranz. Er selbst bekräftigt: „Alles, was ich behaupte, ist das Beste, was es im Islam, Christentum, Buddhismus und in der Lehre Zarathustras gibt.". Dennoch, die Kraft seiner Person und Botschaft fußten auf den drei Säulen des Hinduismus: die Verpflichtung (Dharma), die Disziplin des Handelns (Karma-Yoga) und die Suche nach der spirituellen Befreiung (Moksha). (E1, S. 178).

Der Hinduismus hatte eine sehr große Anziehungskraft für die europäischen und nordamerikanischen Denker vom 19. Jh. an. Viele von ihnen sahen in Indien einer Alternative zu Griechenland, das die Basis westlicher Kultur bildete. Sie betrachten Indien als ein Griechenland, das noch lebt, in dem die Weisheit noch intakt ist, geschmückt mit den reichen und fremden Ornamenten einer angesehenen Kultur. Vor allem waren es die Deutschen Herder und Hegel, die diese Sichtweise propagierten. Der bemerkenswerteste von allen war Schopenhauer, der große Pessimist, der die Vision der modernen, den Hinduismus und die indische Kultur verherrlichenden Gedanken beleuchtet und bündelt. Es handelt sich um eine Religion, sie ist die reichste und toleranteste. Schopenhauer schrieb: „die Gräueltaten des Fanatismus, die im Namen der Religion begangen wurden, sind den Anhängern monotheistischer Religionen zuzurechnen, dem Judentum, dem Christentum und dem Islam. Es gibt nichts Vergleichbares weder im Hinduismus noch im Buddhismus" (P9, S. 223).

Die westlichen Denkströme, die speziell vom Hinduismus beeinflusst wurden, sind zahlreich. Die bemerkenswerteste von allen war ohne Zweifel die Theosophische Gesellschaft, für die sich Annie Besant einsetzte. Sie plädierte dafür, zu den klassischen Texten zurückzukehren, da der Hinduismus, so wie er in Indien am Ende des 19. Jh. praktiziert wurde, nichts weiter als eine Entstellung war. Im selben Sinne entwickelten sich verschiedene Bewegungen von hinduistischer Inspiration, so wie die von Margaret Noblen, die, zum Hinduismus übergetreten, den Namen „Sor Nivedita" annahm und eine klösterliche Bewegung mit den großen Prinzipien des Hinduismus begann.

Kapitel 2

DER BUDDHISMUS

DIE ZÜNDENDE INSPIRATION

Der Buddhismus ist eine Emanation, eine Blüte des Hinduismus und als solcher hat er bezüglich seiner Entstehung dasselbe konzeptuelle Erbe. Man kann ihn nur über seine hinduistischen Wurzeln verstehen. Gleichzeitig ist er seine Umwandlung, die am Ende eine neue Ausrichtung bekommt, bestimmter, klarer und von einer eher universellen Transzendenz.

Davon ausgehend, dass er aus der hinduistischen Kultur und Religion heraus entstand, ist er vollkommen hinduistisch bezüglich seines Kerns, den wir „dogmatisch" nennen könnten. Zentraler Punkt ist das tragische Schicksal aller Lebenden – in manchen Fällen sogar auch der nicht Lebenden –, die dem fürchterlichen Zyklus der Wiedergeburt unterworfen sind. Dadurch ist es die Lebensaufgabe der Menschen danach zu trachten, diese fatale Kette zu vermeiden also die Erlösung im Nirwana durch den Verlust der eigenen Identität zu erreichen. Aber gleichzeitig hat er an der hinduistischen Tradition teil, nämlich sofern er für den Weg zur Freiheit ebenfalls die Lehren des Yoga für sich nutzt, denen er jedoch Kraft und Eleganz verleiht, die ihnen ursprünglich fehlten.

Auch wenn er historisch und kulturell aus dem Hinduismus entstanden ist, so hat er doch eine fast diametral konträre Haltung entwickelt. Denn im Gegensatz zu einer „polytheistischen" Religion wie der Hinduismus kann man ihn – auch wenn es noch so widersprüchlich klingt – als atheistisch einordnen (10, S. 1151). Obwohl der ursprüngliche Buddhismus die Existenz dieses Hofstaates des hinduistischen Himmels mit Tausenden von Göttern, die wie Sternschnuppen an ihrem Firmament blinken akzeptiert – oder zu mindest er sie nicht offen ablehnt – , gibt er ihm in seiner Lehre und religiösen Praktiken nicht weitere Bedeutung. Er lässt die Existenz eines Schöpfergottes, der über das Universum bestimmt, nicht zu. Gleichzeitig ist er extrem karg und schmucklos im Gegensatz zur komplizierten barocken Frömmigkeit des Hinduismus.

Wir besitzen nur wenige historische Dokumente über das Leben Buddhas, der Persönlichkeit, von der traditionell gesagt wird, er sei ein Prinz mit dem Namen Siddhartha Gautama, auch Shakyamuni genannt. Er lebte zwischen dem 5. und 6. Jh. vor Christus. Er begründete das, was später eine Religion sein würde, die sich von Indien aus nach Sri Lanka und Java ausbreitete (Teil der heutigen indonesischen Republik), sowie in Länder Indochinas und insbesondere nach Burma (Myanmar) und Thailand. Im Laufe der Jahrhunderte gelangt er bis nach China und Korea und schließlich nach Japan. Er ist die vorherrschende Religion in Nepal, wo sie sich erst spät verbreitete, nämlich als der Buddhismus in Indien bereits zu seinem Ende kam und kurze Zeit darauf aus diesem Land praktisch verschwinden sollte. Heutzutage hat er sich in Inden aufgelöst, dem Land, das ihm Ursprung und Inspiration gab.

In manchen Fällen gab es sowohl Synkretismus als auch Rivalität zwischen Hinduismus und Buddhismus. Diese Antinomie hat architektonische Spuren hinterlassen, wie man im Bayon-Tempel in Kambodscha sehen kann. Seine konzeptuelle Inspiration ist buddhistisch, seine ornamentalen Charakteristiken jedoch vollkommen hinduistisch. Selbst der Angkor-Wat, monumentaler Ausdruck des Hinduismus, wurde eine Zeit lang zum buddhistischen Tempel umgewandelt, wenn ein König auch schließlich veranlasste, Hunderte von Buddhastatuen zu beschädigen, ihnen den Kopf abzutrennen.

Eine Menge von Legenden schmücken die Geburt des historischen Buddha aus, des Prinzen Siddhartha. Seine Mutter Maya hatte einmal einen Traum, in dem ein weißer Elefant in den rechten Teil ihres Körpers eintrat. Ihr Mann, der König der Gegend, befragte die weisen Brahmanen. Diese deuteten den Traum dahin gehend, dass ein Sohn geboren werden würde, der dazu bestimmt war, ein bekannter Weiser oder machtvoller Eroberer zu sein.

Deshalb nannte der Vater ihn Siddhartha, was soviel heißt wie „vollkommene Verwirklichung" und erzog ihn im Palast dahin, dass er ein bedeutender Mann der Regierung werden sollte. Bei einer Gelegenheit, neugierig, die Welt zu entdecken, verließ der junge Prinz mit einem Diener den Palast. Auf dem Weg traf er einen kranken Mann. Danach sah er einen alten Mann und schließlich einen Leichnam. So lernte er, dass die ganze Welt voll von Leid und Schmerz ist, die in den drei großen Dramen des Lebens auftreten: Krankheit, Alter und Tod.

Auf seinem Rückweg traf er auf einen Asketen, der mit geschorenem Kopf und einem kleinen Blechgefäß für die Almosen umherpilgerte. Der Mann erklärte ihm, dass er der Welt entsagt hätte, um sich vom Leid des ganzen Daseins zu befreien. Bewegt kehrte der junge Prinz in den Palast zurück. Am nächsten Tag aber verließ er seine Frau und seinen Sohn und begann das Wanderleben eines Yogi. Er begann, große Buße zu tun und kasteite seinen Körper. Sechs Jahre lang fastete er in Begleitung von fünf jungen Yogis, seine ersten Gefährten und Rekruten, bis er verstand, dass den Körper zu erschöpfen und ihn leiden zu lassen nicht der Weg zur Befreiung sein kann.

Seine Gefährten verließen ihn, da sie der Meinung waren, dass er sich vom Weg zur Vollkommenheit verabschiedet hätte. Nachdem sein Körper wieder zu Kräften gekommen war, kam er nach Bodhgaya und setzte sich in den Schatten eines Baumes, wo er über einen langen Zeitraum meditierte. Er wurde vielen Versuchungen ausgesetzt. In einer von ihnen erschien ihm der Dämon Mara und bat ihn, er möge ihm die Zeichen seiner Verdienste zeigen. Auf dem Boden sitzend streckte Siddhartha seinen rechten Arm über seinem Bein aus und berührte den Boden. Dann hörte man die Stimme einer Göttin, die ausrief: „Ich bin Zeuge", und die Versuchung verschwand. In dem Augenblick, als er den Boden unter dem Baum berührte, den Egoismus und alle Wünsche überwunden hatte, erreichte er die Erleuchtung und wurde zu Buddha.

Er suchte seine einstigen Gefährten, die Yogis, die ihn verlassen hatten, um ihnen den richtigen Weg zur Befreiung zu zeigen. Er fand sie in einem Rotwildpark. Dort hielt er seine erste Predigt, die die Doktrin vom „Mittelweg" enthält. Darin erklärt er, dass man die Erleuchtung in der Mitte findet, zwischen dem sich den Genüssen hinzugeben und dem sich Schmerz zuzufügen.

Vor die Frage nach dem universellen Leid gestellt gibt Buddha zur Antwort, dass der Ursprung allen Leidens im Vorhandensein von Wünschen liegt. Diese führen zur Besorgnis beim Versuch, sie zu erfüllen oder zur Frustration, wenn dies nicht gelingt. Den Wünschen zu entsagen ist der Weg zur Befreiung. Die Abwesenheit von Wünschen erzeugt einen in sich ruhenden Frieden, der seinen Höhepunkt im Nirwana erreicht, das das Ende des Leidens ist.

Eine Person traf eines Tages den Herrn Buddha auf einem seiner ausgedehnten Wanderungen auf den Wegen Indiens und, angerührt von seiner gelassenen Ruhe und übermenschlichen Frieden, fragte er ihn:

- *Bist du vielleicht ein Gott?*

Vorauf Buddha antwortete:

- *Nein, bin ich nicht.*
- *Bist du denn ein Geist?*
- *Nein, bin ich nicht.*
- *Bist du ein Mensch?*
- *Nein, ich bin kein Mensch.*
- *Was bist du dann?*
- *Ich bin wach.*

Das heißt, er ist wach und ist sich der wahren Natur der Dinge bewusst, und indem er so handelt, befreit er sich vollständig vom Leid. Er ist der Mensch, der frei von Wünschen und deswegen vom Leid befreit ist. (P4, S. 8).

Alles ist einem ständigen Werden unterworfen; alles ändert sich, wächst und vergeht und ist vom „Karma" abhängig, das ein Gesetz des universellen Gleichgewichts und der Harmonie ist. Das Handeln der Personen findet in diesem Leben und in den aufeinanderfolgenden Wiedergeburten ihren Widerhall. Es handelt sich nicht um die Strafe, die ein höheres Wesen wegen schlechter Taten auferlegt. Auch ist es keine Belohnung für gute Taten. Es gibt keinen Gott, der urteilt, rettet oder verurteilt. Es gibt, das ja, Ursache und Wirkung, die dem Universum zueigen sind.

Nachdem er sich mit Jüngern umgeben hatte, die den mittleren Weg einschlugen, begann der Prinz, bereits zu Buddha geworden, durch alle Wege Indiens zu pilgern und das „Dharma", die Lehre, zu predigen. Er bildete somit die erste buddhistische Gemeinschaft. Somit wurden die Drei Juwelen herausgebildet: der Herr Buddha selbst, das Dharma bzw. der Inhalt seiner Predigten und Sangha bzw. die spirituelle Gemeinschaft, die sich in seiner Umgebung bildete.

Die drei Worte Buddha, Dharma und Sangha werden die Drei Juwelen oder Zufluchten genannt, die das gesamte religiöse System zusammenfassen. Das Wort Buddha kommt aus dem Sanskrit „bud", und bedeutet „erwachen". Das war der Titel, der dem Prinzen Siddhartha gegeben wurde, dem „Erwachten", der zur wahrhaften Wirklichkeit erwacht war. „Dharma" kommt auch aus dem Sanskrit und bedeutet Tugend, Disziplin und Wahrheit. Dies bezieht sich auf die Lehre Buddhas. Sangha ist ebenfalls ein Wort aus dem Sanskrit und sagt verbinden, vereinen aus. Man gebraucht es, um die Gemeinschaft der Anhänger Buddhas zu benennen, die seiner Lehre und seinem Weg zu folgen versuchen.

Das Herzstück des Dharma besteht aus den Vier Edlen Weisheiten. Die erste – genannt Dukkha – basiert auf der Tatsache, dass das Leben Leiden, Unzufriedenheit und Missmut mit sich bringt. Die Person spürt, dass irgendetwas im menschlichen Dasein nicht stimmt. Natürlicherweise müssten wir glücklich sein und sind es nicht. Die zweite Edle Wahrheit berichtet uns den Grund für diese Situation des Leidens. Der Grund dafür liegt an unseren Wünschen. Wir erzeugen Wünsche verschiedener Natur, körperliche Wünsche und solche nach Anerkennung wie zum Beispiel Streben nach Liebe und Macht, schließlich das Streben nach Glück, das ständig unerfüllt bleibt. Wenn der Grund für unsere Unzufriedenheit die unerfüllten Wünsche sind, so sagt uns die dritte Edle Wahrheit, dass sie ausgeschaltet werden müssen, um ein würdevolles Leben zu leben, das frei von ständigem Leiden aufgrund der vielfachen Frustrationen nicht erfüllter Wünsche. Das Ausschalten der Wünsche ist machbar. Darin besteht die vierte Wahrheit, der Edle Achtfache Pfad, der den Weg weist, um das Leid überwinden zu können. Inhalt seiner Predigten waren die „Acht Edlen Wahrheiten".

Es handelt sich um acht Handlungsweisen, mit denen der Mensch die Lebenssituationen zu bewältigen hat. Es handelt sich um die „rechte" Art zu verstehen, zu denken, zu sprechen, zu handeln, zu leben, sich zu bemühen, sich der Dinge bewusst zu sein und schließlich die rechte Art, den Geist zu konzentrieren.

Des rechte Verstehen heißt, anzuerkennen, dass das Leben im Fluss ist und von Leiden begleitet wird. Dieses Leid jedoch ist im Vorhandensein unserer unerfüllten Wünsche begründet. Es schließt auch mit ein, die Einheit aller Lebenden und das Karma anzuerkennen, das die Handlungen im Universum ausgleicht.

Das rechte Denken bedeutet, eine freundliche Haltung zu haben und alle Gefühle von Neid, Grausamkeit und Habsucht zu verbannen.

Das rechte Sprechen bedeutet, sich von Klatschsucht von leerem Geschwätz fernzuhalten, sowie grundsätzlich die Perversion der Rede, also die Lüge, zu unterlassen.

Das rechte Handeln beinhaltet, die Hauptgebote der buddhistischen Moral zu befolgen. Diese sind: auf jegliche Form von Gewalt zu verzichten; nicht stehlen, auch keine kleine oder wertlose Dinge; den Appetit zügeln, sowohl den der Schlemmerei als auch den der sexuellen Lust; wahrhaftig sprechen und nicht die Kontrolle seiner selbst durch den Genuss berauschender Getränke verlieren.

Ein rechtes Leben führen heißt, keiner Beschäftigung nachzugehen, die Gewalt oder Ungerechtigkeit nach sich zieht, z. B. kein Soldat zu sein, Waffen zu kaufen oder zu verkaufen, Jäger zu sein oder auch Fischer.

Die rechte Bemühung beinhaltet, all seine Aufmerksamkeit und Energie dahin zu lenken, in sich selbst die positiven Eigenschaften, die das buddhistische Schema vorgeben, zu entwickeln. Das bedeutet eine nicht nachlassende Eigendisziplin auszuüben, um sich ständig unter Kontrolle zu haben.

Das rechte Bewusstsein heißt, dass der Mensch in all seinen Handlungen sich darüber bewusst ist, was er gerade tut. Es soll nicht handeln, ohne zu denken und soll sich voll darüber bewusst sein, was er gerade tut.

Das rechte Einstellung bezieht sich darauf, dass wir es nicht zulassen, unseren Geist abschweift zu lassen, sondern dass er sich auf einen Punkt der Dinge konzentriert, die wir gerade ausführen. Es nützt nichts, von Zweig zu Zweig zu fliegen. Jede Handlung verlangt Konzentration (U1, S. 19-22).

Diese Schematisierung der Haltungen und Gebote, die einzuhalten sind, wurden auf diese Weise nicht vom Herrn Buddha selbst systematisiert. Von seinen Jüngern und Schulen wurden leicht verständliche Schemata ausgearbeitet, die seine Tradition jedoch bewahrten.

Der Prinz Siddhartha, der historische Buddha, der den uns heute bekannten Buddhismus geschaffen hat, ist nur einer von den Buddhas. Das Universum bewegt sich in Phasen des Entstehens und Vergehens und in einer jeden dieser Phasen taucht mindestens ein Buddha auf. Die Überlieferung spricht von „Tausenden von Buddhas" und sogar von den „Zehntausenden von Buddhas". Es gibt sie speziell in den großen Grotten verschiedener Regionen, sehr bemerkenswert in Myanmar, Laos und China, in denen die Gläubigen jeden Felsen mit zahllosen Bildern von dieser Gottheit übersät haben. Zwischen Stalaktiten und Stalagmiten findet man Hunderte von bunt gestalteten Figuren, kleine und große, rustikal und künstlerisch gestaltete. In Thailand gibt es Tempel und Pagoden mit Hunderten von schönen Buddhas in unterschiedlichen Positionen und verschiedenen Gesten; in einigen Fällen schemenhaft in der Weichheit des Bildes oder des Geschlechts einiger von ihnen. In der Ebene von Bagan am großen Fluss Irrawaddy gelegen, der, vom Himalajagebirge kommend, majestätisch ganz Myanmar durchfließt, erheben sich Tausende von Statuen und buddhistische Tempel, einige winzig klein andere groß wie eine Pyramide. In einigen von ihnen findet man Basreliefs auf den Mauern mit zahlreichen Buddhas. In anderen gibt es heitere und lächelnde Statuen, die den „Herrn" Buddha darstellen, den Prinz Siddhartha und zahlreiche Erleuchtete, die seiner Lehre gefolgt sind. Diese sind die Bodhisattvas, das heißt diejenigen, die in ihrem Sein die Essenz der Erleuchtung tragen. Viele haben die Fähigkeit ein Buddha zu sein.

Buddha wird häufig mit übergroßen Ohren dargestellt, die für die alten Griechen ästhetisch gesehen verabscheuungswürdig wären. Die buddhistische Kunst hat höchst symbolischen Charakter. Die großen Ohren stehen für Weisheit, Weisheit, die vom Hören und Verstehen kommt.

Die Darstellungen von Buddha, in ihrer zarten und weichen Monotonie, zeigen ihn sitzend, aufrecht in gehender Position oder auf der rechten Seite liegend, den Kopf auf seine rechte Hand gestützt. Die sitzenden Figuren weisen auf Ruhe und Meditation hin, die aufrecht Stehenden hingegen sind dynamisch und beinhalten die Pilgerschaft, um den Menschen die Lehren näher zu bringen. Der auf der Seite liegende Buddha stellt den Moment seiner vollständigen Befreiung dar, das „Parinirvana". Deshalb wird er mit offenen Augen und dem Gefühl ruhigen Glückes dargestellt. (P4, S. 21).

Den Herrn Buddha kennzeichnet eine gelassene Ruhe mit einem angedeuteten weichen Lächeln und mit Händen in verschiedenen Positionen, die spezielle Haltungen bedeuten. Die rechte Hand, die die Erde berührt, bedeutet Erleuchtung. Sie Stellung der Hände ist von klarer und starker Symbolik und übermittelt die Botschaft von Handlungsweisen, von denen der Buddhismus letztendlich handelt. Er ist keine Bewegung mit doktrinären Inhalten, sondern bezieht sich auf menschliches Handeln.

Die gehenden Buddhastatuen haben fast immer die rechte Handfläche als Zeichen des Vertrauens nach vorn gerichtet. Das Bild des stehenden Buddha hat nach der Überlieferung 19 verschiedene Bedeutungen, je nach der Position, die die Hände einnehmen. Z. B. mit den beiden Armen am Oberkörper und die Hände nach innen, heißt, dass er um Regen bittet, während mit den offenen Handflächen nach vorn zeigend heißt, dass er für die drei Welten offen ist: Gegenwart, Vergangenheit und Zukunft. Aufrecht stehend und mit auf der Brust gekreuzten Armen zeigt Nachdenken an, während in der Leistengegend zusammengelegte Hände Kontemplation bedeutet. Gehend und mit der rechten Handfläche nach vorn heißt, dass er predigt, während die gleiche Geste im Stehen bedeutet, dass er das Meer befrieden will. Es gibt 24 verschiedene sitzende Positionen von Buddha, bei denen die Stellung der Beine und die Gesten der Hände variieren. Z. B. auf dem Boden sitzend in der Stellung des Lotussitzes und die Hände über der Brust gekreuzt zeigt Beschaulichkeit; dieselbe Stellung jedoch die Hände im Schoß und den Handflächen nach oben signalisiert Meditation. Andere Gesten beziehen sich auf das Altern oder auf das Vertreiben der Dämonen [...]. (K2).

Andere symbolische Darstellungen sind Stupas oder kleine bzw. große Erdhügel, die an das Grab Buddhas erinnern und von denen man davon ausgeht, dass sie Reliquien von ihm enthalten, insbesondere eines seiner Haare. Häufig trifft man auf das Rad, das die Grundlehren enthält, das Dharma. Selbst in den Fußsohlen Buddhas sind in Kreisform das Dharma-Rad und die Drei Juwelen eingemeißelt; auf seinen Fingern erscheinen Bilder der Drei Juwelen und Swastikas, ein altes arisches Symbol, das „alles ist gut" bedeutet. Das Symbol, das die weitestgehende Konnotation hervorruft, ist die Lotusblume. Diese öffnet sich in der Sonne auf dem Wasser und ist von größter Reinheit, hat ihre Wurzeln jedoch im Schlamm, von dem sie sich ernährt. Die reine und ruhige Schönheit, die vom Schmutz der Welt zehrt, das ist die Lotusblume.

Den Symbolismus findet man verstreut in Kunst und Architektur buddhistischer Inspiration. Bewundernswerter Ausdruck hiervon ist die Tempelanlage Borobudur auf Java, in der von der ersten Stufe ausgehend, die das Leben mit seinen Verpflichtungen und seinem Leid darstellt, der Mensch immer weiter hinaufsteigt zu den höheren Stufen der Vollkommenheit, dargestellt von quadratisch und dreieckig perforierten Stupas. Die zentrale Stupa, wie eine Blase aus Stein von prachtvoller Ruhe und Harmonie, ist Spiegel der Perfektion. Ähnlich in der Konzeption ist die buddhistische Anlage Sanchi, das älteste buddhistische architektonische Andenken an Indien mit ihren drei großen Stupas in Eiform, die über der Landschaft in der

Umgebung zu schweben scheinen und die Gelassenheit des Herrn Buddha ausstrahlt.

Wie wir bereits sagten, ist der Buddhismus, wenn der ein wenig missbräuchliche Begriff erlaubt ist, eine atheistische Religion, insofern sie keinerlei Rolle in der Lebensphilosophie spielt, die er vorgibt, ohne Gott – oder die Götter – zu leugnen. Er hat viele in der Intention ähnliche Merkmale – wenn auch nicht in den Methoden – wie die therapeutische Psychoanalyse und anderen psychologischen Verfahren, die den Menschen helfen, in ihrem persönlichen Dasein Bedeutung und Frieden zu finden. Aber er ist nicht wirklich therapeutisch, sondern tief greifend moralisch. Er analysiert die Leidenschaften und Laster, die den Menschen an das tragische Zukunftsrad kettet. Die drei großen Wurzeln des Bösen sind die Lüsternheit, der Hass und die Verfehlung, wobei die nebensächlichen Laster unter anderen der Stolz, die Eifersucht und die Faulheit sind.

Es ist bemerkenswert, dass die zahlreichen gesellschaftlichen Erscheinungsformen des Buddhismus am selben Ort zu sehen sind. Es ist durchaus möglich, auf demselben Gelände eine Pagode mit einem beherrschenden Buddha, alles gleichzeitig anzutreffen: Familien, die ihre Nahrung bei einer Art von spirituellem Picknick einnehmen, in ihrer Nähe sitzen ganz ruhig Menschen im Lotussitz, in sich ruhend, ganz der Kontemplation hingegeben. Das ist der Buddhismus, die Doktrin, in der die Kunst nichts weiter ist als ein Aspekt, der im gesamten Leben eingebunden ist.

Nun gut, um den Weg der Befreiung zu gehen, muss man auf alles Weltliche verzichten, wie es die Mönche in einem idealen Leben tun, ohne nach etwas zu streben noch Besitztümer zu haben; ohne sexuelles Leben oder alkoholische Getränke. Darüber hinaus jedoch verlangt er einige Übungen auszuführen, die aus der hinduistischen Tradition stammen, speziell Yoga.[14] Diese Methoden haben zum Ziel, dem Geist Frieden zu verschaffen, indem insbesondere die Emotionen durch Konzentration auf einen bestimmten Punkt kontrolliert werden. Mit der auf diesem Wege erreichten Gelassenheit des Geistes ist die Person dazu bereit, über Buddhas Lehren zu meditieren und zunächst die aktiven Leidenschaften zu zerstören, die sie aktiv besetzt halten und danach alle jene, die inaktiv zu sein scheinen. Unterschiedliche Arten der Meditation leiten die Person immer weiter, um die buddhistische „Heiligkeit" zu erreichen. Mit ihrer Hilfe gibt sie das Urteilen und Nachdenken und sogar das innere Genießen auf, um sich in den Zustand der vollkommenen Achtsamkeit und Gelassenheit zu versetzen.

---

[14] Im Kapitel über den Hinduismus in diesem Buch gibt es einen Abschnitt, in dem die verschieden Yogaarten beschrieben werden.

Über diesen Weg gelangt man zur Befreiung, die vier Stufen hat. Die erste beinhaltet, dass die Person in ihrem Leben die Irrtümer in der Art überwunden hat, dass sie bei ihrem Tod nur noch sieben weitere Male wiedergeboren wird. Die zweite ist jene, in der die Person alle sinnlichen Wünsche zurück gelassen hat, wodurch sie nur noch ein weiteres Mal wiedergeboren wird. Die dritte Stufe der Vollkommenheit führt zu einer den ersten zwei übergeordneten Stufe. Dort erreicht man es, nicht mehr im Körper eines Menschen wiedergeboren zu werden, sondern als ein Gott. Die letzte Stufe, die man nur durch zahlreiche Wiedergeburten erreichen kann, führt zur vollständigen Auslöschung sämtlicher Wünsche und Leidenschaften. So erlangt man die vollständige Aufgabe seiner selbst, im „Parinirvana", in dem das Individuum vollständig verschwindet wie eine Flamme, die erlöscht. Das vollständige Erlöschen ist die höchste Befreiung. (P5, S. 1146-1165).

Der Buddhismus sucht weder nach Trost, die ein Gott spenden würde, noch die komfortable Sicherheit durch eine Gottheit. Im Buddhismus ist das Wesen allein, tragisch allein, ohne jemanden, auf den er zurückgreifen könnte, welcher weder über noch unter ihm steht. Es ist überflüssig, mit Fürbitten zu unnützen Göttern zu beten und leere und wertlose Dinge zu erbitten.

Wenn der Buddhismus keine Götter hat, so hat er auch keine Riten, keine Zeremonien oder Liturgien. Er stellt also eine sehr seltsame Religion dar, die ohne Elemente von Anbetung oder Ritual auskommt, die alle anderen Religionen kennzeichnen. Alles in allem handelt es sich mehr um eine Lebensphilosophie als um eine Religion (P5, S. 1152).

DIE UMWANDLUNG DES BUDDHISMUS

Wie jede wichtige Strömung menschlichen Denkens hat der Buddhismus sich in verschiedene Gebiete hineinentwickelt, und so begann man, die buddhistische Doktrin auf sehr unterschiedlicher Weise zu interpretieren. Auch wenn die logische Vernunft nach griechischer Art vermieden wird, so entsteht doch eine Metaphysik mit eigenen Zügen, deren Mittelpunkt es ist, dass alle Dinge von sich selbst entleert sind und keinen weiteren Wert haben als das Wort, das sie bezeichnet. Es handelt sich um einen extremen Nominalismus, der ähnliche Merkmale hat, wie der von Ockham im Mittelalter.[15]

---

[15] Er lehrte, dass abstrakte Konzepte lediglich Namen sind, Wörter, denen eine entsprechende konkrete Wirklichkeit fehlt. So gibt es keine Menschheit, sondern nur individuelle Personen.

Der Geist des Buddhismus ist sicherlich eine Religion – eine „atheistische" Religion – aber ihr Korpus ist die ganze Gesellschaft, die „Polis". Als Zivilisation besitzt er eine ganzheitliche Konzeption vom Universum sowie auch von dem Ort des Universums, in dem das menschliche Wesen seinen Platz hat. Der Gemeinschaft seiner Nachfolger bietet er eine kohärente und ganzheitliche Vision, die normalerweise als ethisch, politisch wirtschaftlich und legal konzeptualisiert wird. Deswegen hat E. F. Schumacher, der berühmte Autor von „Small is Beautiful", ein Kapitel in sein Werk eingefügt, das er „Buddhist Economics" nannte. (M4, Introducción S. X).

Einer der Aspekte, der in der intellektuellen Tradition des Buddhismus betrachtet und diskutiert wurde, ist die Natur des historischen Buddha. Für die einen, die traditionsbewussteren, war der Prinz Siddhartha der Erleuchtete, der erster und wichtigster aller Mönche, der die Perfektion durch seine vollständige Befreiung erreicht hatte. Je weiter jedoch sich der Buddhismus in die volkstümlicheren Klassen verbreitete, also aus dem Bereich der Mönche heraustrat, begann man mit Praktiken, z. B. dass die Gläubigen Opfer in den Stupas darboten, in denen Reliquien des historischen Buddha aufbewahrt wurden. Die Befürworter dieser Praktiken sahen Buddha als Übermenschen an. Die Opfer, die in seinem Andenken dargeboten wurden, hatten einen größeren Wert als die Almosen, die man den Mönchen bei ihrem morgendlichen Gang gab, wenn sie um Essen baten. Sie standen kurz davor, genau diesen Buddha zu vergöttlichen, ihn als makellos rein, ewig, und uneingeschränkter Herrschaft anzusehen. Zeugnis dieser neuen Vision von Buddha sind die übergroßen Buddhastatuen, die in den Felsen von Bamiyan in Afghanistan eingemeißelt waren und vor Kurzem von fanatischen Taliban zerstört wurden. Alle diese Entwicklungen spiegeln sich in verschiedenen Formen der unterschiedlichen Gruppen wider, die heute den Buddhismus ausmachen. Diese verschiedenen Konzeptionen von Buddha spiegelten sich ebenfalls in der Architektur und der bildenden Kunst wider. Einige Stupas wurden zu Tempeln und in ihrem Inneren erbaute man Pagoden, einen Raum für den Kultus, gekrönt von einer Art von Sonnenschirm, das Symbol der Oberhoheit. Schließlich kam man dazu, die Existenz eines Höchsten Buddha anzunehmen, von dem der historische Buddha, der Prinz Siddhartha, eine Emanation ist. Man stellte ihn mit einer Krone auf dem Kopf dar, mit barocker Ausschmückung, die an die Hochreliefs der hinduistischen Götter erinnert. (P4, S. 70)

Seit vielen Jahrhunderten ist der Buddhismus aus seinem Entstehungsort Indien verschwunden. Mit seiner Ausbreitung auf einen großen Teil Asiens erhielt er nach und nach besondere Färbungen, je nach den Zivilisationen, in denen er sich einbürgerte.

Von Indien ausgehend breitete er sich über drei Wege aus. In Richtung Süden und über eine Meeresenge hinweg kam er nach Sri Lanka. Nach Südosten Asiens, das der Raum ist, der von den einst Indochina genannten Ländern eingenommen wird: Myanmar (Burma), Thailand und Kambodscha, Laos und Vietnam. In Richtung Norden durch Zentralasien hindurch, der „Seidenstraße" folgend und nach China, von wo er schließlich nach Korea und Japan kam. In einer späteren weiteren Welle breitete er sich über das Himalajagebirge bis in den Tibet aus.

In jedem einzelnen der Länder und Kulturen, in denen er Fuß fasste, nahm er lokale Merkmale an, die über seine grundlegende Lebensphilosophie hinausgehen. Im Tibet behielt er die Magie der Lamas bei und übernahm sie, die mit Masken versehen gegen die Dämonen kämpfen. In Japan erblühte er in der Abgeklärtheit der Gärten, in denen der Sand mit reinen Wellen die Bewegung und Harmonie des Meeres widerspiegelt.

Mit der Entwicklung seiner Lehren im Laufe der Jahrhunderte und in den verschiedenen Völkern, in denen er sich festsetzte, bildeten sich verschiedenen Gruppen oder Sekten. Die erste davon war das „kleine Fahrzeug", vormals Hinayana heute Theravada genannt, das heißt „die Tradition der Alten". Die zweite ist die Schule des Mahayana auch „großes Fahrzeug" genannt; der dritte Sektor ist der magische Tantrismus Indiens, der insbesondere im Tibet und Nepal ausgeübt wird. Schließlich übernahm der Buddhismus Elemente aus dem Taoismus bei seiner Einführung in China und im Tibet und vom Shintoismus in Japan.

Eben weil er prinzipiell nicht dogmatisch ist, war der Buddhismus wie klares, transparentes und ruhiges Wasser, das die Form des Gefäßes annimmt, in das es gegossen wird. Es hat auch besondere Farben und Gerüche der verschiedenen Kulturen angenommen, die er in sich aufnimmt, die sich gegenseitig durchdrungen haben.

Das Segment, das in einer authentischeren Weise den Buddhismus verbreitet und reflektiert, ist der Theravada oder das „kleine Fahrzeug". Dieser ist es, der das kulturelle, politische und religiöse Leben in Sri Lanka und besonders in Myanmar bestimmt und eine lebendige Präsenz in Thailand und dem Rest des ehemaligen Indochina hat. Die Allgegenwärtigkeit der Mönche, die vollständig in der Gesellschaft integriert sind, ihre strenge Haltung, die Gelassenheit ihres Verhaltens sind lebendiges Spiegelbild des ursprünglichen Buddhismus. Genau aus diesem Grund jedoch sieht er sich großen Problemen der Anpassung an den Einfluss der modernen Welt gegenüber. Man hofft, dass praktisch alle männlichen Wesen in einem Moment des Lebens zu Mönchen werden. Das kann – auf einer eher formalen Weise – ein Kind sein, das sechs Monate lang „Mönch" ist und auch Erwachsene, die ihrer Berufung ein Leben lang folgen. Die Fusion des Religiösen und des Gesellschaftlichen kann man besonders in Myanmar bewundern, das ehemalige Birma, das in seiner politischen Isolierung den Geruch von Gelassenheit aufrechterhalten hat, den man allerorten wahrnehmen kann. Die zahlreichen Klöster beherbergen Mönche, deren Leben einer dürftigen von außen bestimmten Disziplin folgt. Sie ähneln in keiner Weise den christlichen Klöstern mit ihrem reglementierten Leben und ihren liturgischen Gottesdiensten. Man sieht Mönche in jedem Alter mit ihren safrangelben Tuniken, halb liegend und offensichtlich ohne etwas zu tun, in einer im Allgemeinen entspannten Haltung. Auf allen Wegen streifen sie paarweise und schweigend umher oder gehen fröhlich mit ihren Tassen umher, bereit ein Stück Brot als Almosen zu erhalten.

Vom Beginn unserer Zeitrechnung an und angesichts der Traditionen des „kleinen Fahrzeugs" entstand in Indien die Strömung des „großen Fahrzeugs" oder Mahayana. Diese sieht vor, sich von der „mönchischen" Haltung zu befreien, die man den „Weg der Hörenden" nennt, nämlich den der Mönche mit individualistischer Haltung. Man stellt diesem den „Weg der Bodhisattva" bzw. den Weg für die Menschen, die zur Erleuchtung berufen sind (P5, S. 1184-85). In der Tradition des „kleinen Fahrzeugs" ist das Ziel derjenigen, die sie ausüben, zu individueller Freiheit zu gelangen und somit das individuelle Leid zu überwinden. Wer das erreicht ist ein Arhat. Im Gegensatz dazu und obwohl in der Tradition Mahayana das letztendliche Ziel jeden menschlichen Lebens dasselbe ist, nämlich die Erleuchtung kann jede Person ihr Erreichtes auf die Gesellschaft übertragen. Dadurch ist es das persönliche Ziel, ein Bodhisattva zu sein, das heißt einer, der durch seine Art zu leben in den anderen Lebenden eine Motivation erzeugt, die sie der endgültigen Erleuchtung näher bringt.

Das Große Fahrzeug ist toleranter, was den Weg zur Befreiung betrifft, dafür umso strikter, was die metaphysische Doktrin angeht. Der traditionelle Buddhismus und folglich das Kleine Fahrzeug, das ihn in ursprünglicher Form verbreitet, lehrt, dass alle Dinge von sich selbst, ihrer Seele (atma) leer sind. Das Mahayana geht noch weiter und behauptet, dass alles Leben leer von eigenen Eigenschaften sei. Dies ist die metaphysische Quintessenz des Großen Fahrzeugs. Daraus folgert man, dass es eine Ähnlichkeit zwischen den Eigenschaften aller Dinge gibt. Diese Ähnlichkeit wirkt in jedem Buddha, genau deswegen, weil die eigentliche Essenz Buddhas nichts weiter als Leere ist. (P5, S. 1158).

Hieraus ergibt sich die Theorie von der kosmischen Illusion (Maya): Alle Erfahrungen und Wahrnehmungen sind Illusion und deswegen ist alles, was der normale Mensch als real ansieht, nichts weiter als die Flamme einer Lampe, ein Traum oder ein Blitz. Die Phantasmagorien der Magie haben dieselbe Realität wie die konkreten Dinge, Fantasie und Wirklichkeit verschmelzen miteinander, beide sind Illusion.

Die Leere in jedem Sein als solche ist ebenfalls leer von eigenen Merkmalen und ist darum unaussprechlich und nicht fassbar. Über diesen Weg gelangt man zu einer Art von Rokoko bei der Darstellung der Leere. Es gibt acht Negationen: Es gibt weder Beenden noch Herstellung noch das Nichts, es gibt weder Verzicht noch Ewigkeit, es gibt weder Einheit noch Vielheit, weder Eingang noch Ausgang (P5, S. 1193).

Der Weg eines Bodhisattva beginnt mit dem Schwur vor einem Buddha, dass er nicht zum endgültigen Frieden im Parinirwana kommen möchte, bevor nicht alle Wesen zur Befreiung gekommen wären. Das bedeutet Teilnahme an der Rettung aller Seienden. Daraus folgert man eine Art von Messianismus und ein Kult für spezielle Bodhisattvas, wie der von Maitreya oder Amitabha, oder für seinen Nachfolger Avalokitehvara, wobei letztere ein „Retter" par excellence ist. Wie es in anderen Religionen geschieht, wird die Härte gewisser Prinzipien menschlicher, indem sie sich zu Frömmigkeit verwandeln, die jeder haben kann. Einige Bodhisattvas haben diese Funktion. So besitzt z. B. Amitabha diese geradezu „erlösende" fromme Funktion. Denn es genügt, dass ein Gläubiger ein einziges Mal, und wenn auch nur kurz, an Amitabha denkt, um nicht mehr im Rad der verschiedenen Wiedergeburten sondern im Paradies wiedergeboren zu werden, im „Reinen Land" (Sukharvati), was eine Art von „erleichter Abkürzung" oder anderer Weg ist, der sich von der schrecklichen Leere des Nirwana abwendet. (P5, S, 1189-91). Auf diese Weise wandelt sich die dramatische Härte der buddhistischen – und hinduistischen – Konzeption zu einer sanften frommen Praxis, die im buddhistischen Asien sehr weit verbreitet ist. Es ist etwas Ähnliches, wie das, was in der katholischen Kirche mit der Andacht vor dem Hl. Herz Jesu passiert oder mit der Kommunion zu Seinen Ehren an sieben aufeinander folgenden ersten Freitagen im Monat, um sich so die Erlösung zu sichern. Der Unterschied besteht darin, dass der Katholizismus eine solide Struktur seiner Lehre besitzt, und diese „frommen Handlungen", auch wenn sie anerkannt sind, niemals in das Wesen der Doktrin eindringen werden. Dahingegen können im Buddhismus, dem ein solches Trennsystem fehlt, Veränderungen von diesen „frommen Handlungen" als integrierter und gleichzeitig auch inkongruenter Teil der Doktrin ausgehen.

Eine weitere Strömung des „Großen Fahrzeugs" bildet die Schule Vijnanavarda bzw. derjenigen, die die Methoden des Yoga ausüben. Es gibt eine Vielfalt von unterschiedlichem Yoga, wie wir es bei der Betrachtung des Hinduismus gesehen haben. Die Auswahl wird nach den Angaben des jeweiligen Meisters getroffen.

Der Buddhismus Indiens entwickelte im Kontakt mit dem Glauben und den verbreiteten Traditionen von magischem Charakter eine Tendenz, die den grundsätzlichen Konzepten des Buddhismus esoterische Praktiken hinzufügte. Das ist es, was man „Tantrismus" nennt, der auch bemerkenswerten Einfluss auf den Hinduismus hatte. Tantra hat vier Dimensionen, von denen die mystischen und magischen herausragen und die mystische als höchste Macht angesehen wird.

Für den Tantrismus existiert, wenn alles tatsächlich Leere ist, so hat nichts eigene Eigenschaften nichts weiter als das, was wir denken. Alle Dinge sind gleichwertig und die Vorstellungskraft ist das Einzige, das „reale" und unbegrenzte Macht besitzt. Die Doktrin von der universellen Identität innerhalb einer Welt von Illusionen, in der die Vorstellungskraft die einzige Macht ist, lässt jede Art von Riten und magischen Praktiken zu. Mehr noch, ihre extreme Perfektion stellt ein unvorstellbares Absurdum dar. Die Betrachtung ist höchst gewagt, dass die unvorstellbarsten Verbrechen die äußerste Perfektion darstellen. Die Tatsache selbst, die schlimmsten Verbrechen zu begehen, ist der Beweis dafür, dass der Täter, bei seiner Tat, jede Verhältnismäßigkeit der illusionären Dinge hinter sich gelassen hat. Somit ist er jenseits von Laster und Tugend; jenseits von aller Verhältnismäßigkeit, und bestätigt die höchste Behauptung, dass nichts irgendeinen Wert hat.

Dieses Konzept, einzigartig und extrem, ist anderen Religionen keinesfalls fremd. Es stellt jedoch keine Sekte oder Gruppe dar, sondern ist eher ein persönlicher Exzentrismus, der die Grenze anzeigt, bis wohin eine religiöse Position gehen kann, ohne integriertes Element des Denkens zu werden, wie es der Fall des Tantrismus ist.

Im Christentum haben wir das berühmte Beispiel von Rasputin, dem Starez, dem verrückten Mönch. Durch seinen Einfluss auf die letzten Zaren Nikolas II. und Alexandra spielte er eine entscheidende Rolle bei der Auflösung des russischen Imperiums. Er war der „heilige Sünder". Man kann die Vollkommenheit und das Erbarmen Gottes erlangen, wenn man aus dem Morast, aus der Sünde kommt. Man muss also sündigen, um Gott zu begegnen und von seiner Größe angenommen zu werden.[16]

Im Laufe der Zeit wandelte sich das rein Symbolische allmählich in reale Praxis. Die Verwirklichung der grundsätzlichen Einheit ist das Ergebnis des Zusammenschlusses der zusätzlichen Prinzipien, wie das der Leere und des Mitleidens, der Weisheit und der Kunst, dessen heftigste Ausformung die Sexualität ist. Von da

---

[16] Im Islam gibt es eine Bewegung von ähnlicher Denkart bei den Assassinen, einer Untersekte der Ismailiten, die unter Einfluss von Haschisch Nicht-Gläubige ermordeten, die für sie die Kraft des Bösen verkörperten. Sie waren die Vertreter des Nicht-Seienden und hatten insofern keine reale Existenz. Deswegen war es möglich, ihnen die sichtbare Existenz zu entreißen, da sie ja nicht Wirklichkeit waren. Sie waren nur Spiegelungen, die das Böse symbolisieren. Ihre furchtbare Tat hat uns das traurige Wort für Meuchelmord in den verschiedenen Sprachen hinterlassen: z. B. auf Englisch „to assassinate".

aus kommt man dazu, das Glück der Befreiung in der erotischen Sinnlichkeit zu sehen.

Ein weiterer Aspekt des Tantrismus ist der Gebrauch von verschiedenen Methoden des Handelns, der Wörter und Gesten, die zur Befreiung führen. Unter diesen sind die Mantren sehr bekannt oder die Beschwörungsformeln, durch die man eine magische Macht der Verzauberung über Dinge oder Menschen bekommt. Man wiederholt verschiedene Formeln bei verschiedenen Begebenheiten. Die berühmteste davon ist „om mani padme hum", die es dem Eingeweihten, der sie korrekt ausspricht, erlaubt, mit anderen von ihm erwählten Wesen direkt in Kommunikation zu treten und über sie Macht auszuüben (P6, S. 1205-11).

Die Gesten und Riten wie die, Blumen als Opfer darzubieten, Wohlgerüche zu verbreiten oder Kerzen anzuzünden haben eine spezielle Macht.

In dieser Weise begegnen wir einer Art von Degeneration der edlen Erhabenheit des Buddhismus. Die ursprünglich zu Ehren des historischen Buddha hervorgebrachten Loblieder verwandelten sich allmählich zuerst in einfache Frömmigkeit, danach in Anbetung, indem man ihn als Gottheit betrachtete, und schließlich in mystischer Vereinigung mit einem Buddha, der sich selbst zum kosmischen Buddha gewandelt hatte.

Das Panorama verkompliziert sich nochmals, weil eine Vervielfältigung des „kosmischen Buddha" beginnt. Man kennt speziell fünf bezogen auf die vier Himmelsrichtungen und den zentralen Punkt, wo alle Linien zusammentreffen. Der im Süden ist der Buddha der Großzügigkeit von gelber Farbe. Der Buddha im Osten, der durch einen Blitz symbolisiert wird, bedeutet Unerschütterlichkeit. Der Buddha im Zentrum wird als ein Rad dargestellt und bedeutet Erleuchtung. Der Buddha im Westen ist von roter Farbe. Sein Symbol ist die Lotusblume und bedeutet Meditation. Der Buddha im Norden ist grün und sein Auftreten bedeutet Furchtlosigkeit. Mit Hilfe von Praktiken und Riten von magischem Charakter können die Gläubigen mit den verschiedenen kosmischen Buddhas in Kommunikation treten und sich mit ihnen vereinigen. In Japan wird der Buddha im Zentrum als Buddha der Großen Sonne besonders verehrt (P4, S. 72-75).

DER CHINESISCHE BUDDHISMUS

Der Buddhismus verbreitete sich im Laufe der Jahrhunderte immer weiter in alle alte Kulturen in ganz Asien. Er prägte auf bedeutende Weise die Kultur Chinas, des Tibets und Japans. In jedem einzelnen Fall traf der ursprüngliche Buddhismus Indiens auf die Lebensweise, die von den bereits existierenden Religionen kam, und die er sich aneignete oder von denen er angeeignet wurde, je nach der Vorherrschaft einer jeden von ihnen. Der Buddhismus in Sri Lanka und Indochina hat sich reiner und mit den ursprünglichen Konzepten erhalten, mit denen er in Indien entstanden war.

Deshalb ist es angebracht, zunächst einen Blick auf den Taoismus, den Konfuzianismus und den Shintoismus zu werfen, die drei Kulturen[17] – die im strengen Sinn nicht „Religion" genannt werden können –, mit denen dieser Prozess der Wandlung und Aneignung erzeugt wurde.

Der Buddhismus kam über die Seidenstraße nach China, die den Wirtschaftsweg zwischen China und dem Ausland darstellte, der anfangs durch die Länder verlief, die später den zusammenfassenden Namen Indochina bekamen (heute sind das Vietnam, Kambodscha und Thailand). Die ersten Hinweise hierzu erscheinen in Dokumenten über Prinzen und große Feudalherren, die ihn annahmen. Der Buddhismus trat als fremdes Wesen ein in eine Kultur, die einerseits vom Konfuzianismus bestimmt war. Dessen Normen und Verhaltenskriterien für eine leichte Regierbarkeit waren deshalb besonders für die höheren Klassen interessant. Andererseits war sie vom Taoismus bestimmt, der mit seinen magischen Praktiken und seiner Suche nach Gesundheit und Unsterblichkeit volkstümlichere Kreise erreichte.

Der Buddhismus traf anfänglich auf Widerstand, insbesondere weil er für viele nicht nur eine „barbarische" Religion darstellte, sondern weil er die instinktive Gesinnung des chinesischen Volkes nicht teilt. Dennoch findet man schon am Ende des ersten Jh. nach Christus einen großen Tempel ähnlich den Stupas Indiens mit einer großen goldenen Buddhastatue, in deren Inneren, so sagt man, bis zu 3000 Personen passen könnten.

Verschiedene Edikte erlaubten, die buddhistischen Praktiken auszuüben und es entstand ein literarischer Korpus über die neue Religion. Zahlreich waren die chinesischen Mönche, die bis nach Indien reisten, um die grundlegenden Dokumente zu studieren und zur gleichen Zeit Übersetzungen von den buddhistischen Klassikern wie dem „Großen Fahrzeug" begonnen wurden.

Die Struktur des vom Konfuzianismus geprägten Staates begann sich vom 4. bis zum 6. Jh. aufzulösen. Die zentrale Macht verlor an Kraft. Die oberen Klassen suchten spirituelle Zuflucht bei Religionen, die das Mysterium Leben erklären könnten, weit entfernt vom vulgären, pöbelhaften Taoismus. Damit begann der Buddhismus tief einzudringen. Da entstand ein enger Austausch zwischen den buddhistischen Mönchen in den Klöstern, die nach und nach unter dem Schutz ei-

---

[17] Siehe auch die auf diese Konzepte bezogenen Kapitel in diesem Buch.

niger Aristokraten eingerichtet wurden und den Gruppen von aufgeklärten Mandarinen, die die Folgen der Desorientierung des Staates zu spüren bekamen.

Auf diese Weise gelangt der Buddhismus an die Schwelle des kaiserlichen Palastes. Der Kaiser Hiao Wou Ti nimmt ihn 373 als Religion an und richtet im selben Palast ein Kloster ein.

Die politische Vorherrschaft, die der Buddhismus gerade erreicht hatte, ruft eine oppositionelle Reaktion hervor, größtenteils seitens der Staatsbeamten, deren Gedanken und Lebensweise grundlegend konfuzianistisch waren. So entsteht ein Kampf zwischen einer Art von buddhistischer „Kirche" und einem laizistischen konfuzianistischen Staat, der viele Jahre andauert und der sich mit der religiösen Rivalität von Buddhismus und Taoismus mischt.

Der buddhistische Gedanke hat auch Wandlungen unter dem Einfluss des Taoismus erfahren. So zum Beispiel kam man dazu, die Leere und das Nichts des Taoismus mit seinen eigenen Konzepten zu vergleichen. Man sagte, dass alle Seienden sich zu einem Buddha wandeln könnten, auch die größten Sünder, die im klassischen Buddhismus für Kandidaten für eine entwürdigende Wiedergeburt gehalten wurden.

Ein weiterer Aspekt im Prozess der Anpassung an die Betrachtungsweisen und die Kultur Chinas war die Auseinandersetzung darüber, ob man die buddhistische Erleuchtung (bodhi) schrittweise mit der Anhäufung von Verdiensten erreichen konnte oder plötzlich wie durch eine alles zusammenfassende Intuition. In diesem Dilemma war die chinesische Tendenz die, die Schule der spontanen Intuition zu wählen. Diese stimmte mit der pragmatischen chinesischen Mentalität besser überein, die dem Wahren mehr zugeneigt und feindlich gegenüber der abstrakten Komplexität war, die der Gradualismus mit sich brachte.

Die Bedeutung des Buddhismus entwickelte sich parallel zu seiner Ausbreitung. Das Beamtentum der Mandarine in China ist seit Jahrhunderten von der Statistik erfasst worden. Somit verfügt man über interessante Daten. Am Anfang des 6. Jh. gab es bis zu 82000 Mönche und 1900 Klöster (P5, S.1267).

In diesen Jahrhunderten wurde der Norden Chinas von barbarischen Völkern erobert, die sich den Lehren des Buddhismus öffneten, vor allem was die Merkmale seiner Mantren und seiner Magie betrifft. Er wurde schließlich durch den Staat zu so etwas wie einer „offiziellen Kirche", was zu wiederkehrenden Konflikten sowohl mit dem Taoismus als auch dem Konfuzianismus vieler hoher Richter führte.

Die Lebensart der buddhistischen Mönche, die in ihren Klöstern lebten und des morgens mit einem Gefäß hinaus gingen, um in den Straßen um Essen zu bitten, den Rest der Zeit sich der Kontemplation widmeten, stieß auf Kritik seitens einer chinesischen eher praktischen Mentalität, die sie für Parasiten hielt. Eine weise

Lösung in den Zeitabständen buddhistischer Vorherrschaft war es, die Mönche als Staatsangestellte zu betrachten und sie dazu zu verpflichten, ihren jährlichen Anteil an der Ernte abzugeben. Zur selben Zeit übertrug man ihnen weise, die Arbeit der Gefangenen und der Sklaven zu überwachen, die auf den Feldern der Klöster arbeiten mussten. Dies bedeutete die Bürokratisierung der Religion, machte die Kontemplation zu einer praktischen Sache und generierte Einnahmen für den Staat. Dies führte dazu, dass viele Klöster zu Produktions- und Handelszentren wurden. Durch diese Maßnahmen zählte man am Ende des 6. Jh. 30000 buddhistische Klöster, in denen 2 Millionen Mönche und Nonnen lebten und arbeiteten. (P5, S. 1270).

Es ist interessant, die unterschiedliche Wandlung des Buddhismus im Norden und im Süden Chinas zu betrachten. Der Norden war über Jahrhunderte barbarischen Dynastien unterworfen und erfreute sich weniger an Kultur. Dort trat der Buddhismus durch die große Tür ein und die großen Lehren Indiens wurden mit geringen Variationen angenommen. Von dort würde mit der Zeit eine Art von Buddhismus ausgehen, der ein wenig unterschiedlich aber den ersten Konzeptionen sehr verbunden war, von denen der Buddhismus des Tibets hervorging.

Dementgegen war im Süden Chinas die Kultur vom ursprünglichen Buddhismus weiter entfernt. Eine chinesische Tradition ist das, was „Ehrlichkeit" oder „ch'eng" genannt wird, das etymologisch bedeutet „die gesprochenen Worte in die Tat umsetzen". Das heißt, dass die Dinge wörtlich genommen werden müssen, ohne metaphysische Aspekte mit einzubeziehen, sodass der Sinn verloren geht. So müssen die großen erlösenden Opfer der Helden, die in der Tradition des „großen Fahrzeugs" erscheinen, im „wörtlichen Sinne" umgesetzt werden. Daraus entstand im chinesischen Buddhismus die Selbstaufopferung für das Wohl der Gemeinschaft, die sich noch heutzutage in der Selbstaufopferung von Personen widerspiegelt, die sich selbst verbrennen. Diese aufwühlende Praxis hat sich in China und anderen angrenzenden Gegenden erhalten, die von seiner Kultur abhängig waren, insbesondere in Vietnam. Diese Tradition hatte schon im 6. Jh. begonnen, als erst ein Prinz und dann der Kaiser selbst sich den Klöstern als Geiseln auslieferten, damit der Staat denselben Klöstern Lösegeld bezahlen müsste, womit sie diesen helfen konnten.

Während der Tang Dynastie trafen die Blüte der chinesischen Kultur und die Überlegenheit des Buddhismus aufeinander. Der Kaiser, der diese Dynastie gründete, ließ sich zum buddhistischen Mönch ordinieren. Von da an entwickelten sich in bedeutsamer Weise die Kunst, die Poesie und das Theater, die sehr stark von den kultivierten Mönchen beeinflusst wurden, die Beziehungen zu hohen kultivierten Beamten hatten. Diese Spur des Buddhismus in der chinesischen Kultur hat sich bis zum heutigen Tag erhalten.

So blieb eine Version des Buddhismus als Teil der chinesischen Kultur erhalten. Als überlegene Religion jedoch erlitt er viele Rückschläge vom Anfang des Endes der Dynastie an. Insbesondere Wu, eine mächtige usurpatorische Kaiserin – die einzige Frau, die Kaiserin in China war –, die den Buddhismus bis zur Extravaganz unterstützte, wurde schließlich gestürzt. Somit verursachte sie die politische Niederlage des Buddhismus, der seitdem (seit 705) niemals mehr die vorherige Überlegenheit erreicht. Einer der bedeutendsten Versionen des chinesischen Buddhismus ist der Chan Buddhismus, bekannter als Zen Buddhismus, der einen Meditationsprozess beinhaltet, der das Aktive mit dem Passiven der traditionellen indischen Meditation verbindet. Es galt die Gesundheit zu erlangen, indem man die Natur des Buddha wahrnimmt, der in uns ist.

In den folgenden Jahrhunderten wurde der Buddhismus immer mehr in den Konfuzianismus der staatlichen Administration aufgenommen. Die Mönche waren praktisch bereits Staatsbeamte und die Klöster Produktions- und Handelszentren. Man begann, Erlaubnis zur „Amtsausübung" zu verlangen und dafür zahlen zu lassen.

Mit der Zeit jedoch verlor der Buddhismus immer mehr an Lebendigkeit und seine Geistlichkeit verlor in solcher Weise an Ansehen. So kam es dass die Jesuiten nach Pater Matteo Ricci an den Hof des chinesischen Kaisers kamen. Statt, wie sie es ursprünglich gemacht hatten, buddhistischen Mönchskutten zu tragen, kleideten sie sich wie Mandarine, um in die höheren Klassen Chinas eintreten zu können. Die buddhistischen Mönche, Bonzen genannt, erhielten wenig Respekt. Aus ihnen rekrutierte man Boxer und Menschen von der schlechtesten Sorte. Das war das Signal für den totalen Prestigeverlust des geistlichen Buddhismus.

Dennoch blieb der Buddhismus weiterhin wesentlich für die chinesische Kultur. Das betrifft vor allem die volkstümlichen Konzepte. Das originelle gleichmütige und lächelnde Bild Buddhas, mit dem anmutigen und eleganten Ausdruck seiner Hände, wandelte sich in einen sitzenden Mann mit einem dicken Bauch und einem süffisanten Lächeln, wie das eines erfolgreichen Geschäftsmannes und Jokers.

DER JAPANISCHE BUDDHISMUS

Als Teil eines immensen Sturzbaches überaus reicher chinesischer Kultur kam der Buddhismus aus China nach Japan, der im Laufe der Jahrhunderte eine mächtig Spur hinterließ. In Japan wurde diese Kultur in verschiedenen auch befremdlichen Formen aufgenommen. Zum Beispiel wurde die chinesische piktografische Schrift eingeführt, die sehr an eine monosyllabische Sprache angepasst ist, die reich an

Flexionen wie das Chinesische ist. Japanisch mit seinen polysyllabischen Wörtern und klaren und eindeutigem Klang ist ganz anderer Natur. Deshalb war es keinesfalls ein geeigneter Kandidat dafür, die chinesische Schrift zu benutzen.[18]

Diese tiefe Verwurzelung der chinesischen Schrift hat sich so in der Religion nicht wiederholt. Der Buddhismus hat sich so in Japan eingefügt, dass ein authentischer „japanischer Buddhismus" entstand, als ein neuer Spross aus der Mischung mit dem Shintoismus, der traditionellen Religion im Land der aufgehenden Sonne.

In einigen Fällen handelte es sich nicht um ein shintoistisches Eindringen im eigentlichen Sinne, sondern um ein Nebeneinander der beiden Religionen innerhalb derselben Kultur. In jedem traditionellen japanischen Haus gibt es ein Wandbrett, das als buddhistischer Altar dient, der Butsudan genannt wird, mit Erinnerungsstücken der Ahnen und zur gleichen Zeit findet man einen shintoistischen Altar, genannt „Kamidana". Insbesondere an öffentlichen Orten wie Restaurants und Büros findet man häufig diese shintoistischen Altäre.

Bemerkenswert ist der Synkretismus, der in den familiären Riten gelebt wird. Hochzeiten feiert man im shintoistischen Ritus mit seinen feinen und eleganten Formen und adretter Kleidung. Beerdigungen dahingegen haben normalerweise buddhistische Inspiration mit all seiner inneren Gelassenheit, die er mit sich bringt.

In der religiösen Architektur bestehen sie ebenfalls einander gleich gestellt aber bilden eine harmonische Einheit der eindeutig shintoistischen und buddhistischen Elemente. Nikko ist das schönste buddhistische Heiligtum Japans. Die Bewunderung, die es auslöst, findet sich im sehr treffenden japanischen Ausdruck wieder: "Sag nicht ‚keko', bevor du nicht Nikko gesehen hast"; wobei das Wort „keko" etwa mit „wunderschön" übersetzt werden kann. In diesem bewundernswerten buddhistischen Tempel tauchen shintoistische Elemente auf, von den Türwächtern ausgehend, der eine mit offenem Mund der andere mit geschlossenem Mund (was Himmel und Erde darstellt) bis zu den shintoistischen Spiegeln, in denen sich der

---

[18] Die „natürliche" Schrift wäre für das Japanische die alphabetische. Sie ist für Japanisch genauso passend wie für Spanisch oder Italienisch. Dieses bedeutete schon immer ein Problem für Studenten, die Tausende Zeichen der Kanji lernen müssen, die im Wesentlichen die Schriftzeichen des alten Chinesisch sind. Aufgrund dieser Schwierigkeit wurden neue sekundäre Schreibformen „erfunden". So entstanden die „Hiragana", die als Suffixe gebraucht werden, um auf einfache Weise die Bedeutung der Kanji als komplizierten Schriftzeichen zu vervollständigen. Außerdem wurde damit begonnen, vereinfachte Schriftzeichen zu verwenden, mit denen man Silben darstellen konnte. Wenn man Kanji nicht kennt, so kann man mit Hiragana schreiben. Die Kinder beginnen damit, Hiragana zu lernen, das aus Silben aus einem Konsonanten und einem Vokal besteht. „Katakana" wird dafür verwendet, ausländische Wörter und Namen mit Silben aus Vokal und Konsonante zu schreiben (35, S. 30-32).

Geist des Betrachters spiegelt. Die „koreanischen Hunde" sind auch eindeutig shintoistischer Herkunft.

Der Buddhismus erhielt während des 6. Jh. Zugang in den japanischen Kaiserhof. Aufgeklärte Mönche, die viele Elemente der chinesischen Kultur einbrachten – hauptsächlich die Schrift –, waren sehr angesehen und verschiedene Prinzen der regierenden Familie wandelten sich zu eifrigen Förderern des Buddhismus. Besonders hervorheben muss man Umako und Shotoku Taishi, der als „Vater des japanischen Buddhismus" bekannt ist, und ganz besonders die Kaiserin Suizo, die erste Frau, die tatsächlich mit eigener Autorität in Japan regierte.

Es wurden herrliche Tempel in der Nähe von Nara gebaut, der damaligen Hauptstadt, und speziell der von Horyu-ji und Todai-ji, die die weltgrößte Holzstruktur aufweisen und eine riesengroße Buddhastatue aus Bronze hat (Dainichi). Er war einer der wichtigsten von einer Reihe von staatlichen Tempeln (T2, S. 38). Heute noch immer sieht man in den Parkanlagen von Nara Rotwild frei herumlaufen. So bleibt die Erinnerung daran wach, dass Buddha, der Erleuchtete, nach der buddhistischen Überlieferung im Anschluss an seine Zeit strengster Genügsamkeit seine erste Predigt im Rotwildpark von Sarnath gehalten hatte.

Im 8. Jh. begann die höchst zentralistische Macht, ein chinesisches Erbe, unter dem Einfluss der großen aristokratischen Familien zu zerfallen. Die Hauptstadt wurde nach Kyoto verlegt. Der Buddhismus dauerte weiter an, es bildeten sich jedoch neue Varianten als Sekten, die der eigentlichen japanischen Kultur näher standen. Der Aufstieg einiger regionaler Familien löste die zentrale Macht noch weiter auf, wenn auch der Kaiser weiterhin verehrt wurde, der in Wirklichkeit bereits die Macht über das ganze Land verloren hatte. Während dieser Zeit vermehrten sich die Sekten von stärker japanischem Charakter. In einer wichtigen Epoche, die Kamakura heißt, entstand von einer kleinen Stadt ausgehend, die heute Vorort von Tokio ist, der Einfluss der Prinzenfamilie Ashikaga. In dieser Zeit war es, als die japanischste aller buddhistischen Varianten zur Blüte kam, der Zen-Buddhismus.

Der Prozess der Dezentralisation setzte sich fort bis zu dem Zeitpunkt, als vom 16. Jh. während der Tokugawa-Zeit, einem kriegerischen Feudalismus ähnlich wie im Europa des Mittelalters, der Buddhismus zur Staatsreligion erhoben wurde ausgehend von einer gewaltigen Unterdrückung des Christentums, das seinen Sitz im Süden, in der Stadt Nagasaki errichtet hatte. [19]

---

[19] Dies ist die Stadt, in der der erste mexikanische Heilige geopfert wurde, der Hl. Felipe de Jesus, ein Missionar, der, als er Neuspanien verlassen hatte auf dem Weg zu den Philippinen Schiffbruch erlitt und von den japanischen Behörden gefangen genommen wurde. Es war auch Nagasaki, auf die die zweite Atombombe im Zweiten Weltkrieg niederging, was das japanische Imperium schließlich zwang, sich zu ergeben.

Der Buddhismus führte sich in Japan mit seiner Version des philosophischen Fatalismus ein. Dieses ist ein Erbe ihres Vorgängers im Hinduismus, der die Notwendigkeit aufeinander folgenden Wiedergeburten vorgab, bis der Geist seine Wünsche beherrschen kann und ins Nirwana kommt, in dem er mit der unpersönlichen Seele des Universums verschmilzt. Diese Sichtweise prallte gegen das grundlegende Gefühl der japanischen Kultur, die jedoch die Kunst, die schönen Zeremonien und sogar die magischen Aspekte schätzte, mit denen sich der aus China importierte Buddhismus schmückte. (R5, S. 54-59).

Die buddhistischen Sekten, die verbreitet Fuß fassten, waren auf der einen Seite die Shingon Sekte von esoterischem und okkultem Charakter, die Verwünschungen und magische Formeln betonte. Sie nahm spätere Entwicklungen vorweg und betrachtete die alten Gottheiten des Shintoismus als Ausdruck der verschiedenen Buddhas, von denen einer „der" ursprüngliche Buddha war, der Prinz Siddhartha Gautama. Die Praktiken der Strenge von Shingon führten zu unvorstellbaren Extremen. In einem Kloster auf dem Gipfel des Yudono Berges, kann man noch immer das makaberste aller Schauspiele sehen. Die Strenge der Mönche war inspiriert von der Idee: „Ich leide, damit ihr leben könnt". Vielleicht war es die Kraft ihrer Überzeugung, die die Mönche dazu brachte, sich das Leben zu nehmen, indem sie das Gift eines Baumes einnahmen, der Lack produziert. Das Ergebnis war, dass der Organismus nach und nach bis zum Tod austrocknete und der Körper wie einbalsamiert wirkte (N5, S. 26).

Eine andere Sekte von vollkommen japanischer Färbung ist die Tendai Sekte, die sich von ihrem Sitz im großen Kloster Enryaku-ji ausbreitete und lehrte, dass die verschiedenen buddhistischen Sekten nichts weiter darstellten als die verschiedenen Stufen des Verständnisses der letztendlichen Wahrheit und dass alle akzeptabel seien, sofern sie sich dem Verstand des besonderen Individuums anpassten. Es zeichnet sich deutlich diese relativistische und nicht dogmatische Haltung ab, die die Richtschnur der religiösen Entwicklung in Japan sein sollte.

Zusammen mit den zwei vorigen hatte eine andere buddhistische Strömung große Verbreitung, deren Merkmale eher plebejisch waren, d. h. sie entsprang nicht den aristokratischen Kreisen. Das war die Sekte „Reines Land". Diese behauptet, dass der einzige Weg zur Rettung darin besteht, den Buddha Amida anzurufen, der die treuen Gläubigen zu einem Paradies führt, das dem christlichen sehr ähnlich ist. Verschiedene Ableitungen dieser Lehre tauchten im Laufe der Zeit auf. Eine davon, die Nichiren plebejischen Ursprungs, gegründet 1253, hat einen intoleranten Charakter, weil sie behauptet, dass der Buddhismus in Indien und China degeneriert seien und der Weg zur Rettung in Japan zu finden ist. Diese Tendenz blüht noch immer in den Sekten wie Soka Gakkai, von rigider und kämpferischer Tendenz mit nationalistischen Zügen.

Aber die japanischste aller Versionen des Buddhismus ist wahrscheinlich der Zen-Buddhismus, dessen Ursprung selbst in China unter dem Namen „cha'an" zu finden ist und der viele taoistische Elemente enthält. Er betont die Meditation als wichtigste Praktik des Buddhismus. Er begann kraftvoll im 12. Jh. und seine Gärten und Teezeremonien sind zum Ausdruck der sehr bemerkenswerten japanischen Ästhetik geworden.

Der Zen wurde von den Shogunen in der Epoche der Ashikagas bevorzugt, um die Herrschaft der bedeutenden Klöster der Kaiserzeit wie auch der vorherigen Sekten, nämlich der elf großen, die mehrheitlich in der Region von Kyoto agieren, ins politische Gleichgewicht zu bringen.

Die Mönche, die den Zen in Japan einführten und anpassten, waren sehr spezielle Leute. Sie begründeten ihren Einfluss im Handel mit China, der, nachdem er unterbrochen war, zu neuer Blüte während der chinesischen Song Dynastie (960-1279) gelangte. Der Cha'an Buddhismus, den sie einführten, kam als Mischung mit konfuzianistischem Beigeschmack daher. Sein zentrales Element war die Meditation, die einer strengen Disziplin unterworfen war, die weder Konzepte analysieren noch rettende Ideen finden wollte. Sie sollte lediglich als Technik ausgeübt werden, um die Gelassenheit zu erreichen. Mit dem Ziel, die Konzentration des Geistes zu finden, ohne dass er zu verschiedenen Ideen abschweift, nutzte man den Koan. Das sind Rätsel ohne Auflösung, die dafür da waren, die logische Denkweise der Praktizierenden zu verändern. So musste man z. B. auf die Frage, „Wie klingt Applaus mit einer Hand" antworten; wenn du auf der Straße jemanden triffst, der die Erleuchtung erreicht hat, kannst du mit ihm weder sprechen noch schweigend an ihm vorbeigehen, „was muss man tun?" (E1, S. 238).

Er konzentrierte sich auf die kleinen Dinge, verabscheute die großen und hatte großen Einfluss auf die japanische Ästhetik, die das Unregelmäßige und Kleine betont. Sie sucht das Wesentliche der Dinge, wie z. B. mit Schönheit und Einfachheit Blütenknospen anzuordnen, was sich bis heute erhalten hat oder die Gärten aus Sand mit weichen Wellenbewegungen, die die Bewegung der Wellen im Meer nachahmen.

Zen wird nicht gelehrt und kann auch nicht gelehrt werden. Er wird in Beispielen aus der Lebensweise veranschaulicht. Er wird mit Bildern und Anekdoten und einfachen Praktiken vermittelt. Es ist eine Disziplin, die vorgibt, zur Erleuchtung zu führen. Die Erleuchtung führt zur Emanzipation. Die Emanzipation zur Freiheit. Er ist im eigentliche Sinne nicht Gegner der Vernunft, sondern transzendiert sie. Die pädagogischen Anekdoten des Zen sind voll von Episoden, in denen die Fragen des Schülers nach dem Sinn von etwas der Meister mit einer anderen Frage oder unlogischen Behauptungen antwortet. So z. B. nimmt ein Meister seinen Stab und sagt: „Wenn du schon einen hast, gebe ich dir meinen. Wenn du keinen hast, werde ich ihn dir nehmen". (S10, S. 7).

Ein Dieb möchte seinem Sohn das Stehlen beibringen. Er nimmt ihn zu seinem ersten Einbruch mit zu einem Privathaus. Als er im Wäscheschrank herumwühlt, macht er schnell die Tür zu und lässt seinen Sohn drinnen. Er verriegelt den Schrank und geht fort. Beim Hinausgehen macht er absichtlich Lärm, damit die Bewohner merken, dass Diebe hereingekommen sind. Der junge Lehrling im Schrank hört, dass sie ihn suchen. Um zu fliehen, macht er selbst Geräusche wie eine Ratte im Schrank. Jemand nähert sich mit einer Kerze und öffnet den Schrank. Der Junge geht hinaus, bläst schnell die Kerze aus und rennt nach draußen. Man verfolgt ihn. Es gibt einen Brunnen, der Junge nimmt geschickt einen Stein auf und wirft ihn hinein. Die ihn verfolgen glauben, dass er in ihn gefallen ist und gehen zufrieden nach Hause. Als der Junge zu seinem Vater zurückkommt, sagt dieser ihm: jetzt weißt du, wie du ein guter Dieb sein wirst (S10, S. 10). Das ist die Lehrmethode des Zen.

Eine der geläuterten japanischen Zeremonien ist die Teezeremonie, die ein wesentlicher Ritus des Zen ist. Die Teezeremonie – man könnte fast Kult sagen – ist eine ästhetische Kunst von ursprünglicher Einfachheit. Man führt sie in einem kleinen Raum durch, der, wenn er Teil des Wohnhauses ist, vom Haupttrakt getrennt ist. Dort gibt es keinen Schmuck und nichts Unnötiges. Von großer Reinheit in ihren feinen, kargen und zarten Gesten. Die Tassen sind rustikal und die Atmosphäre von gelassener Ruhe. Es ist eine spirituelle Zeremonie. Ihr Geist, der ihre Seele ist, sucht nach Harmonie (wa), Hochachtung ((kei), Reinheit (sei) und Ruhe (jaku) (S10, S. 273). Im besonderen die Harmonie kann auch mit „Freundlichkeit des Geistes" (yawaragi) übersetzt werden, die die Haltung bezeichnet, mit der man diese Harmonie ausübt (S10, S. 274).

Im Laufe all dieser Veränderungen des Buddhismus hat diese Zeremonie in ihrem Geist genau die grundlegenden Eigenschaften des ursprünglichen Buddhismus aufrecht erhalten, dessen Ziel die spirituelle Gelassenheit ist. Die unterschiedlichen Positionen von Buddhas Händen sollen die Gelassenheit widerspiegeln, die mehr als eine Religion nämlich eine wunderbare Lebensphilosophie ist. Das Betrachten des unerschütterlichen Lächelns von Buddha und der Eleganz der Position seiner Hände, die Feinheit der Teezeremonie können zum Kensho führen. Das ist eine mystische Erfahrung, bei der ein innerer Sturm von der Person Besitz ergreift, die damit, ohne es beschreiben zu können, den Sinn des leichten Lächelns Buddhas versteht und in dem Moment die wirkliche eigene Natur entdeckt (H1).

Der japanische Buddhismus ist einer in vielerlei Sinn des Wortes, angefangen bei der Organisationsstruktur der Tempel und Klöster. In Japan gab es traditionell eine eindeutige hierarchische Ordnung, die sich in den religiösen Komplexen zeigt. Es gibt einen Tempel oder Hauptkloster, der auf dem Gelände verteilt „Söhne" hat. Die Mönche von den verschiedenen Hauptklöstern haben kaum Beziehungen zueinander. Dies ist eine sehr unterschiedliche Struktur verglichen mit der lockereren Art zu leben im „kleinen Fahrzeug" in Birma und mit der verschiedenen Form, mit der er im Tibet ausgeschmückt ist.

In einer ähnlichen Art, wie es in China geschah, entstand in Japan ebenfalls ein Paradies mit Dutzenden von „erleuchteten" Buddhas, die zu Göttern wurden. Die bekanntesten sind Shaka, welches der Name des historischen Buddha ist, des Prinzen Siddhartha Gautama, auf Japanisch Amida, der Buddha der Erlösung, der im Paradies herrscht; und Miroku, der Buddha der Zukunft. Einer von ihnen ist Kannon, von dem es dreiunddreißig verschiedene Versionen gibt, einschließlich die der Göttin des Erbarmens, die im Tempel Asakura verehrt wird, der eher shintoistische als buddhistische Elemente hat. Als das Christentum in Japan verboten wurde, hielt man es dennoch wie die Asche ihrer Erinnerung in einigen Gemeinden wach, die, um ihren Glauben zu verstecken, die Jungfrau Maria „Maria Kannon" nannten. (T2, S. 40).

Der Buddhismus in seinen Abwandlungen wurde in Japan offiziell bis zur Restauration Meiji des 19. Jh. (1868-1912) ausgeübt. Dieser Zeitabschnitt hatte interessante und widersprüchliche Merkmale. Auf der einen Seite öffnete sich Japan der westlichen Welt angesichts der Bedrohung einer Bombardierung durch den US-amerikanischen Komandanten Perry in der Bucht von Yokohama. Auf der anderen Seite wurde die rein japanische Tradition des shintoistischen Kultes betont. Dessen Hauptmerkmal ist zu behaupten, der Kaiser sei göttlicher Herkunft, und auch mit seinen familiären Riten und Aberglauben auf der Suche nach dem Glück.

Einer davon besteht darin, ein Glas mit mehreren Stäben, auf denen verschiedene Ziffern stehen, zu schwenken. Das Stöckchen, das man zufällig nimmt, sagt einem das Schicksal voraus. Andere shintoistische Praktiken benutzen mechanische Formen des Gebets, bei denen Stöcke aneinander geschlagen werden, um so ein Geräusch zu erzeugen, dass es von den Göttern gehört werden muss.

TANTRA UND TIBETANISCHER BUDDHISMUS

Die prächtige Abgelegenheit Tibets war die Bühne für eine der bekanntesten Formen des Buddhismus, wovon einer der Lamaismus ist, von dem einer der beiden Führer der allerhöchst bekannte Dalai Lama ist. Sein Titel bedeutet „so groß wie der Ozean".

Die älteste Form des tibetanischen Buddhismus ist der Vajrayana. Vajra ist die alte Bezeichnung für Donner, von dem man meinte, er sei aus einer speziellen Substanz hergestellt und so hart wie ein Diamant. Deshalb ist dieser Buddhismus, um ihn vom „kleinen" und vom „großen" Fahrzeug (die auch Theravada und Mahayana heißen) zu unterscheiden, auch als „Diamantenfahrzeug" bekannt.

Der tibetanische Buddhismus ist in der Tat eine Mischung aus dem Mahayana mit Elementen des originalen Theravada, gleichzeitig auch gemischt ist mit einer großen Menge von magischen Konzeptionen aus wahrscheinlich noch früherer Herkunft. Der Buddhismus kam im 8. Jh. direkt aus Indien in den Tibet und als solcher hat er verschiedene Aspekte der ursprünglichen hinduistischen Kultur.

Das Grundkonzept steht in Verbindung mit dem Wort „tantra", das so etwas bedeutet wie „Faden", mit dem man webt. Alle Dinge und insbesondere alle Lebewesen sind miteinander verbunden wie in einer Textur. Alles bestimmt alles, und alles hängt von allem ab. Der Respekt vor dem Leben vor allem geht soweit, dass man kein Tier töten darf, um es zu essen, man darf sogar nicht fischen, wie es der große Bergsteiger Heinrich Harrer bei seiner Reise durch den Tibet erlebte und wo er wegen der Konsequenzen des Zweiten Weltkrieges strandete. Dort wurde er zum Lehrer und Freund des Dalai Lama, der damals noch fast ein Kind war und der heute, im Exil, noch immer dem tibetanischen Buddhismus vorsteht.

Alle Seienden sind miteinander verflochten und somit gibt es eine Kontinuität, die mit dem Faden des Tantra verbunden gehalten wird. Die ganze Wahrheit, die innere und äußere, persönliche und kosmische bildet eine Einheit wie ein riesengroßes Tuch, das wie ein prächtiger persischer Teppich verschiedene Formen und Farben enthält, zusammengehalten vom tantrischen Faden, welcher aller Existenz Sinn verleiht.

Es gibt viele Handbücher, die den Praktizierenden über die unterschiedlichen Stufen führt, bis es ihm schließlich gelingt, die Erleuchtung zu erreichen. Diese Bücher heißen „Lamrin", die den zu verfolgenden Weg beschreiben sowie die verschiedenen auszuübenden Meditationen. So bedeutet „Tonglen" etwa den spirituellen Austausch mit anderen Seienden. Eine Person begibt sich in eine solche Lage, dass sie das Leid der anderen aufnehmen kann und diesen wiederum das eigene

Glück und die eigene Fähigkeit ins Nirvana zu kommen, zu übertragen. Die Probleme einer bestimmten Person – Hass, Habsucht und Zorn – sind wie dunkler Rauch, der sich auflöst und eingeatmet werden kann, damit sie im Herzen desjenigen wohnen können, der sie aufnimmt. Jedes Mal, wenn der Rauch in diese andere Person eingetreten ist, wandelt er sich in strahlendes Licht und haucht ihn aus, um denen Glück zu verschaffen, die von Problemen erdrückt werden, und letztendlich auch dem gesamten Universum.

Es bedarf einer Einführung, mittels derer der Praktizierende in die Lage kommt, die Geheimnisse zu entdecken. Es handelt sich nicht um Geheimnisse, die jedem mitgeteilt werden, sondern eher um Wahrheiten, die sich jedem mit Hilfe der Ausübung der Mantren erschließen oder auch durch die verschiedenen Stufen auf dem Weg zur Erleuchtung. Ein Reisender erzählte die folgende Geschichte: Er kommt an einen Ort, an dem viele Menschen sind, die mit großer Aufmerksamkeit und Stille einem Mönchen zuschauen, der auf einer hohen Plattform sitzt. Nach kurzer Zeit gehen die Anwesenden auseinander und lassen ihn in genau derselben Haltung zurück. Der Besucher fragt, warum sich jetzt alle zurückziehen. Man antwortet ihm, dass es deswegen sei, weil der Mönch bereits geschwebt habe und sie seinem Schweben schon beigewohnt hätten. Der Besucher bekräftigt, dass er keinerlei Schweben gesehen habe. Diesem entgegneten sie: „Das ist so, weil Sie vorher keine Einführung in die Zeremonie erhalten haben". Alles war im Geist des Betrachters (G1, S. 231)

Es handelt sich um eine esoterische Konzeption mit einer großen Anzahl von Elementen aus der tantrischen Philosophie, die aus dem Hinduismus stammen. Diese seltsame Version ist undurchdringlich genau wegen ihrer mysteriösen Natur, so dass es schwer fällt, sie zu definieren. Es handelt sich um einen Buddhismus, der von magischen Elementen überzogen ist, der versucht, in den grundlegenden Sinn der Dinge einzudringen, jenseits der Erscheinungen bis zur Leere zu kommen, zum Nichts, in dem der Gläubige eins wird mit dem Absoluten. Er hat wichtige magische Aspekte beim Gebrauch der Mantren oder von mysteriösen Sätzen, die eine Macht besitzen, die bis zur Grenze des Universums reicht.

Die magischen Riten trifft man überall an, sogar auf den Fahnen mit Inschriften, die im Wind wehen und ihren Atem ins Universum schicken, um es so auszudrücken: ihren spirituellen Duft. Auf ähnliche Weise ist es möglich, vertikale Räder zu sehen, die ständig in Bewegung sind und ein Knacken mit ihrem Antrieb verursachen. Dieses sanfte Geräusch stellt ein ständiges Gebet dar.

Der Avaya Buddhismus hat auch Merkmale authentischeren Ursprungs, wie es die Mudras sind. Dies sind Gesten, die tiefe Gedanken ausdrücken, speziell, was die Position der Hände betrifft, diese letztere folgt sehr genau dem Buddhismus des kleinen Fahrzeugs. Aber die hinduistischen Aspekte äußern sich hier ebenfalls mit stark erotischen Elementen, die zu orgastischen Zeremonien führen. Der Körper wird nicht als Quelle der Sünde gesehen, wie in der monotheistischen Tradition. Schließlich besteht ein Mandala aus einem „Meditationszirkel", das kosmische Beziehungen darstellt und deren Betrachtung dazu führt, dass die in besagten Zirkeln anwesenden Mächte zum Betrachter aufsteigen, der somit die Gegenwart des Göttlichen erfährt. So also konzentriert sich die religiöse Praxis auf drei Aspekte: die Wortwiederholung (Mantra), die passende Geste (Mudra), die geeignete Meditation, die von Bewegungen des Körpers im Yoga unterstützt werden kann oder die Betrachtung der Figur eines Mandalas.

Parallel zu diesen Praktiken, die am Ende zur Erleuchtung führen und die mit verschiedenen magischen Aspekten geschmückt sind, gibt es eine enorme Menge an Göttern und Genies mit allen möglichen Gesichtsausdrücken, wie die Göttin Jamadakini, die drei Köpfe und sechs Arme hat, und die immer mit acht sie umgebenden göttlichen Assistentinnen dargestellt wird. Es gibt grässliche Götter. Aber dies ist nicht anders als bildhaft zu verstehen und beinhaltet nicht etwa Bosheit. Sie mögen wie Menschenfresser aussehen und dennoch Götter sein, die nur die Unwissenheit oder Engherzigkeit zerstören.

Sicherlich ist die bekannteste der tibetanischen Schulen des Buddhismus die des Lamaismus, entstanden aus dem Zusammentreffen der buddhistischen Lehre mit der alten tibetanischen Religion, die Riten beinhaltete, die zahlreiche Götter und Dämonen anrief. Nach seinen Anfängen im 7. Jh. zerfiel sein Einfluss größtenteils wegen Vetternwirtschaft und Korruption. Erst im 14. Jh. ließ der große Reformator Tsongkhapa ihn wieder auferstehen und benannte als zwei grundlegende Säulen dafür seine beiden wichtigsten Schüler. Einer von ihnen war die Reinkarnation vom Buddha Bodhisattva Avalokiteshvara und der andere die vom Amita Buddha, Amitabha auf Tibetanisch. Von denen stammt der Dalai Lama, der die Macht hat, die Welt zu regieren, und auch der Panchen Lama oder „Juwel der Gelehrten", der der spirituelle Führer ist. Wenn einer von den beiden starb, so suchte man im ganzen Land nach einem Jungen, in dem die genannten Buddhas wiedergeboren wären, was sie automatisch zu Religionsführern machte und, wenn es diesen dann gab, dann wurde der neue Buddha zum tibetanischen Staatsoberhaupt (T2, S. 237)

DIE PARADIGMEN DES BUDDHISMUS

Der Buddhismus hatte im Laufe der Jahrhunderte eine Entwicklung und Verwandlung, die dazu geführt haben, dass sich sein Charakter veränderte und weiterhin einen wesentlichen Beitrag zum Denken und zur Lebenseinstellung leistete. In einer jeden dieser Etappen – historischer und geografischer Art – kann man gewisse grundlegende Elemente entdecken oder zumindest erahnen, die vom ursprünglichen Buddhismus des Prinzen Siddhartha stammen. Seine Ausformung im Theravada mit seiner Ausrichtung auf das Individuum und sein gesellschaftlicher Mittelpunkt als Wandermönch; seine Entwicklung zum Mahayana, in dem er sich zu einer strukturierten Religion, mit Zeremonien, Feierlichkeiten und Magie wandelt; seine Anpassung an andere Kulturen im Buddhismus von China, Japan und dem Tibet mit seinem toleranten spirituellen Zusammenleben mit anderen religiösen Sichtweisen, und die Aufnahme der eleganten Anmutigkeit des Zen in seinem großen Schoß, so wie zur gleichen Zeit auch die orgastische Ausübung des Tantrismus. Dies alles führt dazu, dass wir den Buddhismus als „Bewegung" ansehen, als eine lebendige Kraft, die dem tiefsten Pessimismus des menschlichen Wesens entspringt, der aber Hoffnungsstrahlen in seinen verschiedenen Ausprägungen aussendet.

In seinem Buch „Wirtschaft und Gesellschaft" erkennt Max Weber, dass der Buddhismus der reinste soteriologische Ausdruck ist, den die Welt gesehen hat. Das heißt, er ist in der Weise auf die Negation der Welt gerichtet, dass in seiner konservativsten Form, dem Theravada, er noch weniger mit „dieser" Welt verbunden ist, als irgendeine andere Religion. Letzteres bedeutet, dass diese Denkweise auf „weltliche" Elemente verzichtet. Praktisch alle anderen Religionen haben solche Elemente bezüglich der Lebensbedingungen, einschließlich Kalender der Festlichkeiten und der Riten, die auch magisch sein können.

Der Buddhismus nahm seinen Anfang in völlig reinen metaphysischen Betrachtungen des menschlichen Geistes, die tief greifende ethische Fragen über das menschliche Handeln reflektierten als Antwort auf die Frage, welchen Sinn man dem Leben geben könnte. Die Sinnsuche wird getragen von einer Art Zwang, schließlich eine befreiende Ordnung im Kosmos zu entdecken. Nach Weber erscheint diese Lehre wie eine Soteriologie, die nicht auf den Bedingungen einer bestimmten gesellschaftlichen Klasse basiert, ob es die Armen sind, die leiden und die Justiz ertragen oder die mächtigen Klassen, die ihre gesellschaftliche Kontrolle mit einem Kastensystem legitimieren, wie es im Hinduismus der Fall ist (W7, S. 89-91).

Die Verwandlung des Buddhismus des kleinen Fahrzeugs in den des großen Fahrzeugs hat praktisch die Natur der Religion in einem viel stärkeren Maße verändert, hat einen Riss hinterlassen, der tiefer geht als der zwischen Katholizismus und Protestantismus in ihren verschiedenen Ausprägungen. Stcherbatsky hat den

Unterschied und die Gegensätzlichkeit zwischen den beiden Buddhismus Formen beschrieben.

Wenn wir den Theravada betrachten, eine atheistische Philosophie, die einen Weg zur Befreiung für jedes Individuum zeigt und die in der vollständigen Vernichtung des persönlichen Lebens besteht; wenn wir sehen, dass diese Religion, deren Andacht lediglich die Verehrung der Figur ihres Gründers betrifft; wenn wir sehen, dass all dies sich zum Mahayana wandelt, als eine herrliche und prächtigen Kirche mit einem höchsten Gott und zahlreichen Heiligen, voller zeremoniellen und klerikalen Aspekte, die das Ideal der universellen Erlösung aller Lebewesen hoch hält, eine Erlösung, die von Gottes Gnaden durch die verschiedenen Buddhas und Bodhisattvas kommt, eine Erlösung, die nicht aus Vernichtung sondern aus dem ewigen Leben besteht; wenn wir all dieses sehen, begegnen wir einem wahrscheinlich in der Religionsgeschichte noch nie da gewesenen tiefen Bruch zwischen dem Alten und dem Neuen, dass es nach einem gemeinsamen Begründer ruft (W7, S. 46).

Der Buddhismus, Religion oder Lebensphilosophie ohne Gottesbezug änderte sich allmählich. Als er zu einer Volksreligion geworden war, wurde er zu einer auf das Karma basierende Religion der Erlösung. Diese verlangt nach dem Ausgleich für das Böse und ein Verhalten der Personen, auf der Grundlage der Hoffnung – ursprünglich wenig buddhistisch – , das weltliche Streben durch Techniken der Frömmigkeit sowie kultischen und fast sakramentalen Praktiken zu garantieren. Zur selben Zeit wandelte er sich zu einen Mechanismus, mit dem man Verdienste und Erlösung auf die Verstorbenen zu übertragen konnte (W7, S. 91).

Der Buddhismus hat jedoch in seinen verschiedenen Verwandlungen wesentliche Elemente seiner ursprünglichen Inspiration erhalten. Und bei allem gebotenen Respekt vor der Tiefe der Betrachtungen von Max Weber, kann man nicht ohne Weiteres sagen, wie er es in seinem Buch „Religion in Indien" (S. 255-289) tut, dass „Im Vergleich mit der intellektuellen Betrachtung des alten Buddhismus, der die höchste Erhabenheit erreicht hatte, sich die auf ihn folgende Religion des Mahayana in simplen Ritualismus und Magie wandelte" (39, S. 91).

Jede Kultur und jede Religion hat einen architektonischen Ausdruck, der die jeweilige grundlegende Botschaft verkündet. In diesem Sinne ist der Unterschied zwischen den religiösen Monumenten der beiden Ausprägungen des Buddhismus erheblich. Die des ersten, das Theravada, kennt keine Tempel im Sinn von Gebäuden, in denen sich die Leute versammeln, um zu beten und Zeremonien mit festen Riten zu begehen. Die ersten buddhistischen „Tempel" sind die Stupas, das sind monolithische Gedächtnisstätte, die man anschaut und bewundert, in die man jedoch nicht hineingeht, noch hält man in ihnen religiöse Zeremonien ab. Die Berechtigung vieler von ihnen sind die Reliquien, die dort angeblich aufbewahrt werden. Das kann zum Beispiel ein Haar von Buddha sein. Es sind Tausende von Buddhas Haaren, die nach der Überlieferung in Sri Lanka, Myanmar, Thailand und gewissen Gegenden Indonesiens aufbewahrt werden. Einige Tempel von großer Dimension und beeindruckender Architektur sind buddhistischer Ausdruck des großen Fahrzeuges.

In Myanmar gibt es eine Zone, die unglaublich in der Verschwendung buddhistischer Monumente ist. Es handelt sich um eine weite Ebene mit Tausenden von kleinen und großen Stupas und Hunderten von Tempeln. Die Stupas sind lediglich Monumente der Ehre und des Gedenkens. Die Tempel sind offene Stupas, in die man eintreten kann, um die unterschiedlichen Darstellungen von Buddha zu betrachten. Sie sind wahllos in der Ebene eingepflanzt. Die kleinen wurden von armen Familien gebaut. Die großen von bedeutenden Herren.

Aber es gibt viele Buddhas. In Thailand gibt es einige Orte, in denen man Dutzende von Buddhastatuen antrifft, aufgereiht wie Soldaten, eine jede in einer anderen Position, gleichzeitig stellen sie je eine andere Persönlichkeit dar. Alle strahlen Gelassenheit aus. Einige haben sanfte Linien mit femininem Ausdruck auf ihren Körpern. Andere zeigen festere Umrisse, aber niemals werden sie hart. Es sind viele Darstellungen entweder von derselben Persönlichkeit mit unterschiedlichem Ausdruck oder des Reichtums der verschiedenen Bodhisattvas.

Alle diese Monumente sind dafür da, den Frommen das Bild und die Person Buddhas ins Gedächtnis zu rufen. Das wiederholt sich hundertfach, in großen Nischen und in kleinen, vor denen jedes Individuum eine mystische Vereinigung mit dem Meister eingeht, der gelehrt hat, das Leid einzufordern. Dasselbe kann man von den Grotten sagen, in denen es Tausende von Buddhastatuen gibt, aber in denen kein Kult ausgeübt wird. Dieses können wir mit Tempeln, den eigentlichen und authentischen buddhistischen Tempeln des großen Fahrzeugs vergleichen.

Kapitel 3

DER JUDAISMUS

GRÖSSE UND WIDERSPRUCH

Der Judaismus ist eine außergewöhnliche Religion. Sie ist die älteste der Religionen, die im Laufe von so vielen Jahrtausenden eine solide und feste dogmatische Struktur und ihre rituellen Traditionen aufrechterhalten.

Sicherlich hat das Judentum im Laufe der Zeit Veränderungen erlitten, und zwar in dem Sinne, dass es seine Botschaft an die sich ändernden Bedingungen in den verschiedenen Epochen angepasst hat, die es durchlaufen hat. Es bleibt jedoch seine immerwährende Botschaft als eine grandiose und erhabene Kraft gleich einem Felsen, an den die turbulenten Meere der Zeit brandeten.

Seine Konzeption hat die klare Festigkeit einfacher Linien: Zwei bedeutende Behauptungen sind Fundament und Krönung und eine Konsequenz war – und ist weiterhin – das größte Problem seiner Geschichte.

Sein erstes grundsätzliches Prinzip ist die Einzigkeit Jahwes, der allmächtige und allwissende Gott. Das ist die bedeutende und erste Behauptung, die keine andere Religion mit solch messerscharfer Klarheit aufgestellt hat. Diese erhob sie über alle Religionen der Umgebung mit ihren lokalen Göttern, die auf verschiedene Aufgaben spezialisiert waren mit dem Ziel, die menschliche Rasse zu schützen. Jahwe ist der alleinige Gott des Universums.

Die zweite Behauptung ist von erstaunlichem Wagemut. Dieser Gott – und nicht irgendeiner von den zahlreichen lokalen Göttern, die ihre Völker schützten – hat einen Bund mit einem bestimmten Volk geschlossen. Dieses Volk hatte zu der Zeit keinerlei politische Macht und noch weniger kulturelle Bedeutung in dem Ort im Mittleren Orient, in dem seine Wiege stand, da, wo die Schrift, das Recht und das Rechnungswesen entstanden.

So stellt ein unbedeutendes Volk die bedeutendste Behauptung auf und versteht sich als privilegiertes Volk, unvergleichlich mit jedem anderen.

Aus diesen beiden Behauptungen entsteht ein drittes Element, das das Weiterbestehen seiner Größe ermöglicht hat und das gleichzeitig der Mühlstein ist, den das jüdische Volk besonders in der modernen Zeit zu tragen hat. Dies hat zu einem unbestreitbaren Problem in der Gegenwart geführt, das mit noch größerer Kraft sichtbar wird als in den vergangenen Zeiten: der Bund mit einem Volk. Das Volk ist eine Gesellschaft und deshalb ist die Gesellschaft als solche die direkte Erbin des Versprechens. Die jüdische Religion hat nicht die Aufgabe, der Welt ihre Lehre zu predigen und noch weniger, die übrigen Völker zu ihrer Lehre zu bekehren. Es geht nur darum, die Lehre zu erhalten. Es gibt eine vollständige Identifizierung zwischen Gesellschaft und religiöser Gemeinschaft wie auch zwischen der politischen und der religiösen Macht.

Dieses dritte Merkmal hat die verwirrende und dramatische Position erzeugt, die erhabene Botschaft von der Einheit des einzigen Schöpfergottes des Universums zu besitzen und gleichzeitig keine Mittel zur Verfügung zu haben, um den anderen diese Lehre zu predigen. Deshalb sind die politische Gesellschaft und die Botschaft der Erlösung miteinander zusammengeschweißt und verschmolzen. Hiermit findet das Judentum gleichzeitig die größte Stärke in seiner erhabenen Botschaft und die größte Schwäche bei ihrer Verbreitung bei den Menschen.

Ein viertes Element erscheint wie eine Arterie, die dem gesamten jüdischen Volk Leben verleiht: das Andenken an seine Befreiung. Nach der Überlieferung waren sie Sklaven der Ägypter. Der junge Joseph war von seinen Brüdern verkauft worden und wurde dahin gebracht, was damals das mächtigste Imperium war, nach Ägypten. Seine Brüder folgten ihm und jahrzehntelang und mit unterschiedlichem und wechselndem Vermögen wurden die Juden auf pharaonischem Boden ansässig. Es gab einen von Gott erleuchteten Menschen mit Namen Moses, der vom Allmächtigen den Auftrag bekam, sein auserwähltes Volk zu befreien. Es war die Nachkommenschaft von Abraham, der zu seiner Zeit Träger des Vertrags des unvergänglichen Bundes war. Jahwe, getreu seinen Worten, führte den Bund fort und befreite das jüdische Volk mit Hilfe von Moses. Darüber hinaus besiegelte Gott nochmals den Bund und erlegte damit den Flüchtenden die Grundprinzipien des Dienstes und der Verpflichtungen auf, die sie als Gegenleistung für ihre wunderbare Befreiung zu erfüllen hatten: die Gesetzestafeln mit den Zehn Geboten, die sie auf dem Berg Sinai bekamen.

Im jahrhundertealten und tiefen Bewusstsein des jüdischen Volkes ist der Bund mit Jahwe eingraviert, seine Vorlieben und Befreiung, gleichzeitig seine fortwährenden Übertretungen des Paktes wegen fehlenden Glaubens und gelegentlicher Verehrung des Goldenen Kalbes, die das Volk vom Dienst an Jahwe abhielten.

DER URSPRUNG

Abraham, ein reicher Mann aus der Stadt Ur in Mesopotamien (heute Irak, das Land zwischen Euphrat und Tigris) empfing das Wort von Jahwe, der ihm befahl, das Land seiner Ahnen zu verlassen und das in Besitz zu nehmen, das er ihm vererben würde, Kanaan (im heutigen Judäa). (Gen 12, 1-4). Abraham gehorchte Jahwe, der ihm mit der Zeit ein weiteres Mal erschien, um ihm zu sagen: „Ich bin der Allmächtige El Schaddai, geh mit mir und sei vollkommen. Ich schließe einen Bund zwischen uns beiden. Ich werde dich vermehren [...], du wirst Vater einer Vielzahl von Völkern sein [...]. Darüber hinaus schließe ich einen Bund zwischen uns beiden und mit deinen Nachkommen [...], ich werde dir das Land Kanaan zum immerwährenden Besitz geben" (Gen 17, 1-8).

Im Gegenzug musste Abraham vollkommen sein und sein Leben im ständigen Gedenken an die Gegenwart Jahwes führen. Als objektives Zeichen dieses Bundes müssten alle männlichen Wesen, Abraham selbst mit eingeschlossen, die Vorhaut beschnitten haben. Dies wäre seine Verpflichtung und das deutliche Zeichen, das die Zugehörigkeit einer Person zu diesem Bund beweist.

Jahwe verspricht Abraham, dass er trotz seines fortgeschrittenen Alters und den vielen Jahren seiner Frau Sara ein Kind bekommen würde. Das Kind, das geboren wird, erhält den Namen Isaak, der – als einziger legitimer Sohn Abrahams – Vater von allen Generationen wurde, die Jahwe versprochen hatte.

Der Bund von Jahwe ist eine Tatsache, die seinem eigenen Willen entspricht, der aber auch eine moralische Glaubenshaltung und Vertrauen verlangt, die auf die Probe gestellt wird. Er bittet Abraham, seinen einzigen Sohn Isaak ihm zu Ehren zu opfern, den Sohn also, der durch die Kraft des Wortes von Jahwe geboren wurde. In der großzügigsten und erhabensten Tat, die die Bibel erzählt, geht Abraham dazu über, seinen Sohn zu opfern, gegen jegliche Hoffnung glaubt er an Jahwe. In dem Moment, in dem er seine Hand mit dem Messer erhebt, um ihn zu opfern, sprach Jahwe zu ihm, um ihm zu bedeuten, dass er nicht fortfahren solle, er habe seine Treue bereits bewiesen. Er habe ihm seinen einzigen Sohn nicht verweigert. Jahwe überschüttete Abraham mit seinem Segen und vermehrte seine Nachkommenschaft erheblich (Gen. 22 15-17).

Jahwe ist bei seiner ersten Erscheinung ein „eifersüchtiger" Gott, der an seiner Seite keine weiteren Gottheiten erlaubt. Er wendet sich an eine traditionell polytheistische Gesellschaft, in der jede Gruppe von Menschen ihren eigenen Gott hat, der sie beschützt und verteidigt. Die Götter dieser Nomadenvölker in diesen dürren Gegenden – und in der Welt im Allgemeinen – waren ihren Völkern treu und verteidigten sie, aber sie waren nicht eifersüchtig. Sie akzeptierten, dass es in der Tat andere Götter gab, mit denen sie die Würde teilten aber gleichzeitig mit anderen Völkern in Verbindung standen. Jeder Gott hat die Verantwortung, sein Volk zu verteidigen, aber er leugnet deshalb nicht die Existenz anderer Gottheiten von anderen Völkern. Er betrachtet sie als Hauptmann des gegnerischen Heeres.

Der jüdische Gott, dieser „eifersüchtige" Gott, ist das erste Zeichen für einen Anspruch auf Einzigkeit, die nach und nach das grundlegende Konzept des Judentums wird. Jahwe ist der einzige Gott, er ist durch sich selbst.

Als er die Botschaft des Herrn erhält, fragt Moses ihn nach seinem Namen, um seinem Volk sagen zu können, wer ihn schickt. Darauf antwortete Gott ihm: „Sag ihnen, dass ich Jahwe bin", ein hebräischer Ausdruck, den man auf verschiedene Weise übersetzen kann: „Ich bin das, was ich bin" oder „Ich bin der, der ich bin", oder auch „Ich bin der, der er ist". Auf welche Weise auch immer man ihn übersetzt, man befindet sich mitten im Mysterium. Mit diesem nebulösen Ausdruck definiert Gott sich selbst mit seinem eigenen Sein. Deshalb kann man ihn als „Ich bin der, der er ist" oder „ich bin der Seiende" (K8, S. 67-68) übersetzen.

Die genannten Ausdrücke bestätigen die Einzigkeit der Natur des Gottes, der sein Volk führt, also des einzig Seienden, der mysteriös wegen seiner Natur und verschieden von allen Göttern ist, die von den umgebenden Völkern angebetet wurden.

An keiner Stelle wird ausdrücklich gesagt, dass Jahwe der einzige Gott ist. Das Thema der Natur des Herrn jedoch wird in vielen Teilen der Bibel behandelt, wenn von seiner Größe die Rede ist. Einer der strahlenden Ausdrücke über die Größe und Einzigkeit Jahwes findet man beim Propheten Jesaja, wenn er lobsingt: „Kann jemand die Wassermassen der Meere mit der hohlen Hand messen oder die Weite des Himmels mit der Handspanne bestimmen? [...] Und kann jemand die Berge wiegen und alle Hügel auf die Waagschale legen? Wer kann den Geist Jahwe fassen und wer war sein Lehrer, wer hat ihn beraten? [...] Hoch thront er über der Welt [...]. Er spannt den Himmel aus wie einen Schleier [...] Erhebt euren Blick nach oben und schaut den Himmel an: Wer hat all dieses geschaffen? Er ruft sie und sie kommen hervor, er ruft jeden Stern bei seinem Namen [...] (Jesaja, 40, 12-26).

Der Bund mit Abraham war nicht der einzige und auch nicht der erste. Schon früher, zur Zeit der Sintflut, hatte Jahwe einen Bund mit Noah geschlossen, der Vertreter nicht eines bestimmten Volkes war, sondern der Menschheit, die durch seine Fürbitte vor der Sintflut gerettet worden waren. Auf gewisse Weise vertrat Noah die gesamte Menschheit, die sich in der Arche mit allen Tieren und Lebewesen gerettet hatte. Gott sagt zu Noah: „Ich werde alles Fleisch unter dem Himmel verderben, in welchem ein Hauch des Lebens ist, alles, was auf der Erde ist, soll verscheiden [...] aber mit dir will ich meinen Bund schließen" (Gen. 6, 17-19).

So wird in der hebräischen Überlieferung ein allgemeiner Bund mit der Menschheit dargestellt. Abraham ist der Vater der Israeliten, Noah ist der Vater der Menschheit, die von der Katastrophe der universellen Sintflut gerettet worden war. Wir haben hier einen Funken von der Universalität, die auf gewisse Weise mit der

Besonderheit des Bundes von Jahwe kollidiert, den er ausschließlich mit seinem auserwählten Volk hat.

Diese Universalität scheint im Dekalog durch: in den Zehn Geboten des Gesetzes Gottes, die auf Stein gemeißelt Moses übergeben wurden, und die nicht „eine" dem von Jahwe erwählten Volk angepasste Moral aufstellen, sondern die eine universelle Konzeption beinhalten. Die gesamte Moral von allen Völkern ist in diesem Gesetzbuch brillant und prägnant dargestellt. Es ist das moralische Gesetzbuch der gesamten Menschheit.

DIE ENTWICKLUNG

DAS VERHEISSENE LAND

In der Zeit, in der das Abenteuer eines Nomadenvolkes beginnt – genauer gesagt ist es vielleicht ein Volksstamm –, das einen Dekalog mit universellen Werten bekommt, hatte dieses keine politische oder geografische Struktur. Dem Volk, mit dem Jahwe ein Bündnis geschlossen hat, gibt er eine Heimstatt, schreibt ihm eine Region zu, die auf ewig sein Zuhause sein wird, das Land von Kanaan, das auf Hebräisch mit „Eretz Israel" ausgedrückt wird. Die Geschichte der Besetzung und Eroberung des verheißenen Landes ist sehr schön im Buch Josua erzählt.

Es ist das Land, das „von der Wüste und dem Libanon bis (auf einer Seite im Osten) zum großen Fluss, dem Euphrat geht und bis zum großen Meer der untergehenden Sonne (das Mittelmeer)" (Josua 1.4.).

Viele Jahre muss das auserwählte Volk kämpfen, um das verheißene Land zu erobern. Denn wenn es auch verheißen war, so wurde es nicht als Geschenk übergeben. Es mussten einige Kriege geführt werden, damit das Volk sich in dem Land niederlassen konnte, das ihnen Jahwe versprochen hatte. Und als es dann in einem bestimmten Land niedergelassen war, wandelte es sich wirklich zu einem „Volk" mit einer gesellschaftlichen Struktur und einem geografischen Sitz.

DIE MONARCHIE

Als das auserwählte Volk sich im verheißenen Land festgesetzt hatte, musste der Zusammenhalt definiert werden, der ihm Konsistenz und die Fähigkeit zu überdauern verleihen würde. Die Persönlichkeit, der es gelang, das israelische Volk zu vereinen und ihm einen Staat zu verschaffen, war der König David ungefähr im Jahr 1000 vor Christus.

Die Geschichte von David ist bekannt. Es war der glanzvolle Junge, der, als er gegen den Riesen Goliath kämpfte, ihn mit einem Stein aus einer Schleuder so genau und heftig traf, dass er ihn zu Boden streckte. Es war der David, der im Laufe der Jahrhunderte der vollkommene, idealistische, geschickte, starke und schöne Jüngling blieb. Es ist der, von dem Jahrhunderte später Michelangelo eine Skulptur aus weißem Marmor schuf. Es ist der Mann, der als König, wie der Prophet Saul es gesagt hatte, historisch betrachtet das Volk von Israel zu einer deutlichen gesellschaftlichen Einheit mit einem Territorium und einem Staatsgefüge machte.

Der König David vereinte den Norden und den Süden Palästinas und regierte „dreiunddreißig Jahre über ganz Israel" (2 Sam. 5.5) mit viel Wagemut zwischen zwei großen Imperien, Ägypten und Mesopotamien. Um sein Königreich zu festigen, nahm er die Stadt Jerusalem, die dem Stamm der Jebusiter gehörte, und richtet sie als seine Hauptstadt ein, als die „Stadt Davids". Als er sie nicht nur zum politischen Machtzentrum, sondern auch zum jüdischen Religionszentrum machte, begründete er sie auch als Heilige Stadt.

Auf diese Weise stellte sich das Volk Israels als eine politische Einheit auf, die von gewaltiger Festigkeit war mit einer unbestrittenen Autorität, einem Heer, einer staatlichen Verwaltung und dem Sinn für nationale Identität, die die religiösgesellschaftliche Identität ihres Bundes mir Jahwe zementierte.

Nach der jüdischen Überlieferung, die auch vom Christentum angenommen wird, ist David ein Psalmist, der einen großen Teil der Psalmen gedichtet hat, diese herrlichen Gedichte, die gleichzeitig Gebet sind und die Liebesbeziehung der Menschen zu Gott darstellen.

David ist darüber hinaus der Prototyp eines religiösen Menschen von tief gehender Moral, wie man sie von einem politischen Menschen nicht erwartet, der er aber auch war. Es ist wahr, dass er einen General, dessen Frau er begehrte, in das Zentrum des Gefechts schickte. Der General starb und David konnte seine Leidenschaft vollenden. Er wurde jedoch auf seine Sünde aufmerksam und bereute sie wie irgendein anderer bescheidener Sünder.

Salomo, der Sohn Davids, ein Mann von großer Weisheit und Sinn für Gerechtigkeit erbaute den großen Tempel von Jerusalem. Damit wurde Jerusalem zur geheiligten Stadt. Man hatte in ihr eine Bleibe für Jahwe, dem Allmächtigen gebaut. Wie ein großer König hatte er einen großen Palast. Der (Ausdruck der Gegenwart von Jahwe) erfüllte das Haus von Jahwe (den Tempel). Dann sagte Salomo: Jahwe will in einer dichten Wolke leben. Ich wollte dir eine Bleibe errichten, einen Ort, in dem du immer leben kannst" (1 Kön 8.1-13).

Damit war der Ruhm des Königtums Davids besiegelt, sowie das Schicksal, das der Bund des Volkes mit seinem Gott verkündete. Dennoch zeigt sich hier eine tief gehende Ungereimtheit. Aufgrund seiner eigenen Natur ist Jahwe derjenige, der die Sterne und das ganze Universum erschaffen hat, die in seine hohle Hand passen. Genau dieser Jahwe ist es, dem ein Haus von eindrucksvoller Größe gebaut wurde, wie es sich für einen großen Herrn geziemt. Der Mensch macht Gott zu seinesgleichen. Er behandelt ihn wie einen großen König, der einen Palast verlangt, der seiner Größe und Erhabenheit entspricht. Das Haus Jahwes ist das ganze Universum. Und wenn ihm eine Bleibe gebaut wurde, ob sie noch so luxuriös gewesen wäre, so hieß das, den Herrn des Universums klein zu machen. Allerdings gab es dem Volk auch einen Raum, in dem es seinen Gott anbeten konnte.

Es war auch ein Symbol für die Theokratie, zu der das Königreich geworden war, in der die zivile und die religiös-moralische Autorität nicht mehr zu unterscheiden waren. Dieses Konzept überdauerte in verschiedenen Formen im Laufe der Geschichte des jüdischen Volkes und bleibt bis zum heutigen Tag ein Problem, das noch immer nicht gelöst werden konnte.

DER AUFSTAND, DAS SCHISMA UND DIE TEILUNG

Das hebräische Volk war über Salomo erzürnt, der sehr hart mit seinen Leuten umgegangen war, weil es für ihn nötig war, große Ressourcen für seine großen Werke zu nutzen: viele neue gefestigte Städte abgesehen von seinem großen Tempel. Deshalb, als der Monarch starb, kamen Vertreter des Volkes zu seinen Sohn und Erben Roboam, um ihm zu sagen: „Dein Vater hat unser Joch sehr schwer gemacht; erleichtere du jetzt die harte Knechtschaft und das schwere Joch, das dein Vater uns auferlegt hat, so werden wir dir dienen (1 Kön, 12.4-6)".

Roboam folgte dem Rat seiner Freunde und drohte dem Volk, noch härter als sein Vater zu werden, um sie zum Gehorsam zu bringen: „Mein Vater hat euch mit Peitschen geschlagen, ich werde euch mit Skorpionen schlagen" (1 Kön, 12.11).

So wurde das Schicksal besiegelt. Das Königreich teilte sich in zwei. Der Norden, genannt Königreich Israel, das das Joch des Geschlechts David nicht akzeptiert hatte, wurde das mächtigere und umfasste fast alle jüdischen Stämme. Nur der Stamm Juda blieb den Nachfolgern Davids treu und bildete ein viel ärmeres und kleineres Königreich mit der geheiligten Stadt Jerusalem als Zentrum. Das von David und Salomo übrig gebliebene Königreich trennte sich für immer von der Geschichte des Volkes von Israel und ist heute Teil von Syrien und Libanon.

Jeroboam, der König der Aufständischen, der das Königreich Israel errichtet hatte, wollte seine Macht festigen. Als er sah, dass seine Untergebenen weiterhin die Grenze zwischen den beiden Königreichen überquerten, um in Jerusalem im Tempel, den Salomo hatte errichten lassen, Opfer zu bringen, befürchtete er, dass sich neuerlich der Einfluss von Davids Nachkommen bemerkbar machen könnte. Deshalb wollte er eine neue Religion begründen. „Er errichtete zwei goldene Kälber und sagte zu seinem Volk, jetzt sei es an der Zeit, hinauf nach Jerusalem zu gehen". (1 Kön 12, 28). Er stellte sie wie Götter auf und ließ je einen Tempel bauen. Er befahl, Feste zu feiern und Opfer zu bringen. Er richtete eine neue hierarchische Ordnung der Geistlichkeit ein.

So endete für immer der Ruhm des Judaismus. Politisch zerrissen und religiös erloschen, wurde seine Wiederherstellung erst in der modernen Zeit versucht.

ZERFALL, PROPHETISMUS, EXIL

Das Königreich des Nordens, das Königreich Israel, dauerte nicht lange Zeit an. Es hatte sich von der offiziellen Beziehung zu Jahwe zu der Zeit entfernt, als es in zahlreiche Kriege mit den Nachbarn verwickelt worden war. Schließlich wurde es zu einer Provinz von Assyrien, die Provinz, die Samaria heißt. Ihr Volk – die Samaritaner – hatten die Offenbarung von Jahwe noch im Gedächtnis, dem einzigen Herrn des Universums, aber in einer Art von spiritueller Rassenkreuzung beteten sie auch andere, lokale Götter an.

Das Königreich von Juda fühlte sich immer als dasjenige, das die Tradition von Moses und David weiter führte, und vergaß nie, dass es „ein" Volk von Israel gab. Deswegen, als das Reich im Norden verschwand und zu einer assyrischen Provinz wurde, eigneten sich die aus Juda von Neuem den Namen Israel an und waren somit „das Volk von Israel". Nach und nach verlor das kleine Königreich im Süden an Kraft. Eingekapselt zwischen den beiden großen Imperien von Ägypten und Assyrien, wurde es praktisch zu einem Vasallenstaat von Assyrien.

Es dauerte bis zur Zeit von König Josias im 6. Jh. vor Christus. bis das Volk von Israel und sein kleines Königreich Juda wieder Bedeutung bekam, Der Glanz des Geschlechtes David blühte wieder auf. Der Tempel, das Haus von Jahwe, wurde wieder aufgebaut. Götzen anbetende Religionen, die aufgeblüht waren, wurden vernichtet, und die „Totenbeschwörer und Wahrsager, die Hausgötter und Idole und alle anderen Scheusale, die man in dem Land Juda sah" (2 Kön 23. 24).

Josias errichtete teilweise wieder das ehemalige Königreich David. Er besetzte einen Teil des Königreichs des Nordens, das zu einer ausländischen Provinz geworden war.

Der Ruhm und die Einheit des Volkes von Israel und Juda dauerten nicht lange an. Der Pharao von Ägypten ließ Josias verhaften und töten. Danach folgten einige bedeutungslose Königreiche der Nachkommen von Josias, die über lange Jahre unter der strengen Aufsicht von Ägypten standen. Jeder einzelne dieser Könige trug zum Untergang seines Volkes bei, weil jeder Einzelne während der jeweiligen Regierungszeit, wie die Bibel im Buch der Könige häufig wiederholt: „Er fügte den Augen Jahwe Schmerz zu" (2 Kön 24,9).

Die Geopolitik der Zeit veränderte das Kräfteverhältnis, als Ägypten seine Vorherrschaft in der Region nach und nach verlor und das Königreich Babylon (in der Nähe des heutigen Bagdad) Tag für Tag an Kraft gewann, bis zu dem Maß, dass Jerusalem belagert wurde, dem König Zidkija die Augen ausgestochen, nachdem er zusehen musste, wie alle seine Söhne abgeschlachtet wurden (2 Kön 25). Die Chaldäer plünderten Jerusalem aus „Sie zerstörten die Säulen aus Bronze, die es im Haus von Jahwe gab, und nahmen die Bronze nach Babylon [...]. Sie nahmen auch die Aschengruben, die Ofenschaufeln, die Messer und Löffel [...] und was es sonst aus Gold und Silber gab" (2 Kön, 25, 13-17).

Die gesamte obere Klasse Israels, die Geistlichen und die Regierenden wurden nach Babylon verschleppt. Auf diese Weise wurde die religiöse und politische Bedeutung jenes Volkes vernichtet. Allerdings konnte die Präsenz der besonderen Persönlichkeiten von spiritueller und religiöser Kraft nicht vollständig ausgelöscht werden: die der Propheten.

Es ist wahr, dass es in Israel seit alter Zeit immer Propheten gegeben hat, die von Gott inspiriert waren, um den Menschen die Wahrheit zu verkünden. Nachdrücklich drohten sie einem Volk, das Tendenz hatte – wie alle Völker – , den leichten Weg des Aberglaubens zu gehen, die einerseits die Riten ihrer Religion einfach ohne Andacht ausüben oder sich in ihrer Untreue an fremde Götter wenden, um bei denen Unterstützung zu suchen, die sie in ihrer Schwäche helfen sollen.

Isaias, Jeremias, Ezechiel und Malachias waren einige von diesen Propheten. Im Namen von Jahwe kritisierten sie die Geistlichkeit, die ihre ganze Glaubenskraft in die religiösen Praktiken steckte und dabei das starke und erlösende Wort Gottes vergaßen. Sie predigten gegen den Missbrauch seitens der führenden Klasse, die die Gesetze nicht achtete und das Volk ausbeutete. Sie flehten um göttliche Gerechtigkeit gegen die Ungerechtigkeit der Menschen. Die Propheten waren und blieben über viele Jahrhunderte die Träger einer intensiven Spiritualität, die die Geschichte des auserwählten Volkes durch so viele Zweideutigkeiten und Schwächen hindurch gelenkt hatte. Durch sie hat Jahwe den Bund weitergeführt, den er versprochen hatte.

Es waren die Propheten, die Kraft und Hoffnung aufrechterhielten. In Babylon war es vor allem Ezechiel der, als Prophet des Unglücks, der er war, weiterhin das exilierte Volk dazu antrieb, die Botschaft von Jahwe als einziger Gott und Herr des Universums nicht zu vergessen und im Bewusstsein wach zu halten. Der größte Teil des Volkes blieb ohne Führer und geistliche Kaste in Palästina wie Schafe ohne Hirten, so fand es im Propheten Jeremias eine Stimme, der sie mit seinen Klagen an ihre Geschichte und Mission erinnerte.

Während Ezechiel in Babylon in Verbannung war, hatte er eine glanzvolle und furchtbare Vision. „Ich hörte das Geräusch [...] von Flügeln, wie das Geräusch von Wassermassen, wie die Stimme von El Schaddai (Jahwe der Allmächtige) [...] das tosende Rauschen, der Lärm eines Heerlagers [...] es war so etwas wie der Ruhm von Jahwe. Als ich ihn sah, fiel ich mit dem Gesicht auf den Boden und hörte eine Stimme, die zu mir sprach" (Ezechiel 1, 24-28).

So schickte Jahwe Ezechiel, den Söhnen Israel zu predigen, die einen trotzigen Kopf und ein versteinertes Herz haben" (Ezechiel 2.4). Seine Botschaft, die in dramatischen Worten und strahlenden Bildern verpackt ist, ist schließlich sehr einfach. Ungeachtet ihrer Sünden, für die der Herr sie bestraft hat, hat er sie nicht vergessen und sagt ihnen, auch wenn er sie auf die verschiedenen Völker verteilt hat: „Ich werde euch aus der Mitte der Völker holen, werde euch aus den Ländern einsammeln, in denen ihr verstreut wart. Ich werde euch das Land Israel geben" (Ezechiel 11,17).

Es ist nicht das Volk als solches, das die moralische Verantwortung dafür trägt, dem Wort Jahwes zu genügen, sondern jeder einzelne seiner Söhne. Es wurde das Sprichwort wiederholt: Die Väter essen saure Trauben und den Söhnen werden die Zähne stumpf. Seine Antwort hierauf legt Jahwe seinem Propheten Ezechiel in den Mund: „Alle Menschenleben sind mein Eigentum, das Leben des Vaters ebenso wie das Leben des Sohnes [...]. Ist jemand gerecht, so handelt er nach Recht und Gerechtigkeit. Er blickt nicht zu den Götzen und erfüllt die Gebote, die Jahwe Moses gegeben hat. Ein Mensch, der gemäß der Wahrheit handelt, so ein Mensch ist gerecht und wird ohne Zweifel leben" (Ezechiel 18, 5-9).

Der Prophet Jeremias, der die letzten ruhmreichen Jahre und die Verschleppung nach Babylon mit Josias erlebt hatte, empfing das Wort Jahwes, der ihm „Autorität über die Leute und über die Königreiche, um auszureißen und niederzureißen, zugrunde zu richten und abzubrechen, um zu bauen und zu pflanzen" verlieh. (Jeremias , 1,10).

Jahwe beklagt sich über das Vergessen seines Volkes, das fremden Göttern aus Stein und Holz gefolgt ist und legt seinem Propheten in den Mund: „Ich gedenke der Treue deiner Jugend und der Liebe deiner Brautzeit, wie du mir folgtest in der Wüste, im Lande, da man nicht sät" (Jeremias, 2,2). Und er beklagt sich weiter über die Verlassenheit seines Volkes: „Man hat mich verlassen, den Quell des lebendigen Wassers, um sich Zisternen zu graben, Zisternen mit Rissen, die das Wasser nicht halten" (Jeremias 2, 13).

Er ist kein Rachegott. Er beschwert sich bei ihnen: „Mein Volk hat seine Götter gewechselt, dabei sind es gar keine Götter" (Jeremias 2, 11). Wenn er auch allmächtig ist (El Shaddai), ist die Liebe wichtig, die er seinem Volk entgegen bringt, das ihn verlassen hat. Er betrachtet es wie eine Frau, die ihren Mann verlassen hat: „Du hast mit vielen Partnern herumgehurt".

Die verschiedenen Invasionen haben Elend nach Juda gebracht. Das schlimmste Elend jedoch ist es, den materiellen Dingen zu vertrauen, dem Tempel – Haus – von Jahwe. „Ihr kommt und tretet vor mein Angesicht in diesem Haus, das mit meinem Namen genannt wird, und sagt: ‚Wir sind geborgen', um dann weiter alle jene Gräuel anzurichten" (Jeremias 7, 10). Sie haben den Tempel zu einer Räuberhöhle gemacht und benutzten viele Jahrhunderte früher ähnliche Worte wie die, die Jesus von Nazareth vor dem Tempel benutzen würde.

Jeremias greift auch den Gesichtspunkt und die Beschwerden gegenüber Jahwe auf und sagt: „Warum haben die Bösen Glück und sind die Treulosen glücklich?" (Jeremias 12, 1). Dies sind vielleicht die Entschuldigungen dafür, dem Herrn nicht angemessen zu dienen, der ihnen seinen Bund versprochen hatte. Am Ende wird Israel zerstört und seine Führer an die Ufer des Euphrats deportiert. „[…] meine Augen müssen Tränen vergießen, es werden dicke Tränen fließen, weil die israelische Herde gefangen ist" (Jeremias 13, 17).

Das Volk war im Exil und seine höheren Schichten wirklich allein, aber ihre Herzen waren weiterhin erfüllt von der Sehnsucht nach dem Heiligen Land, eine Sehnsucht, die über Tausende von Jahren bis zur heutigen Zeit andauert. „An den Ufern der Ströme bei Babylon saßen wir und weinten, wenn wir an Zion dachten. Wir hängten unsere Harfen auf […] Wenn ich dich je vergesse, Jerusalem, dann soll mir die rechte Hand verdorren, die Zunge soll mir am Gaumen kleben […] (Psalm 137, 1-4).

Dennoch war nicht alles nur Sehnsucht. In Babylon entstanden allmählich die ersten Thora Schulen und vielleicht auch die Synagogen. Das Volk hielt Vorschriften ein, die ihm Identität gaben: Die Beschneidung der Jungen, das Beachten des Sabbats als Tag des Herrn, und es bürgerte sich das koschere Essen ein (K8, 132-6).

Schließlich hatte sich trotz seiner Pflichtverletzungen die religiöse Identität des Volkes am Ende des Exils gefestigt. Sie mussten dann, nachdem die Monarchie zerstört war und sie das Wesentliche ihrer Tradition gerettet hatten, eine neue Form, ein neues Paradigma finden. Das würde ihnen schließlich erlauben, weiterhin den Bund mit Jahwe zu leben.

DIE ZEIT NACH DEM EXIL
DIE THEOKRATIE

Die Juden wurden nach dem Exil nicht befreit. Sie wurden dank der erstaunlich klaren Politik des neuen großen Eroberers des Orients, Kyros der Große, erlöst. Kyros war persischer Herkunft und war einer der größten Staatsmänner, die die lange Menschheitsgeschichte hervorgebracht hat. Er schuf das erste große Imperium der Welt. Er eroberte es mit der Kraft; mit Vorsicht und Respekt hielt er es zusammen.

Kyros war ein Krieger und Eroberer, aber er war vor allem ein weiser Herrscher. Er zeigte, vielleicht zum ersten Mal in der Geschichte, ein Gefühl für Toleranz gegenüber den religiösen Ideen der Völker, die er regierte. Er erdrückt nicht die Besiegten, sondern förderte deren kulturelles und religiöses Leben. Dieser erstaunlichen und weisen Politik folgend veröffentlichte er im Jahr 538 vor der christlichen Zeitrechnung ein Edikt, durch das er das Volk Israel befreite und ihm erlaubte, den bei der babylonischen Invasion zerstörten Tempel wieder aufzubauen.

Kyros bestimmte, „das Haus soll gebaut werden […], die Kosten werden vom Königshaus getragen […], die Gerätschaften aus Silber und Gold, die Nebukadnezar […] nach Babylon mitgenommen hat, werden zurückgegeben" (Esra 6, 3-5).

Damit kehrten die Exilierten zurück und es wurde der zweite Tempel oder Haus von Jahwe gebaut. Die Anstrengung war so groß wie der Jubel des Volkes, das seine Zerstörung erlitten hatte. Sie waren Jahwe untreu geworden, aber Jahwe hatte sich ihrer erinnert. Durch die Weisheit von Kyros hatte er ihnen das Land wieder gegeben, das er ihnen versprochen hatte.

Mit dem Bau des zweiten Tempels wurde zwölf Jahre nach dem Edikt von Kyros begonnen. Er entwickelte sich zu symbolischen und tatsächlichen Zentrum des Volkes. Aber die Könige fehlten, die den ersten Tempel erbaut hatten. Diese wurden durch eine wirkliche Theokratie ersetzt. Der Hohepriester, der an der Spitze der religiösen Rangliste der Vertreter Jahwes steht, ist gleichzeitig der Führer des Volkes.

Nehemia, ein Jude, der am Hof des Königs von Persien war, wurde damit beauftragt, das Volk in der zerstörten Stadt wieder zusammenzufügen und zu organisieren. Er veranlasste den Bau von Mauern. Er erlegte dem Volk Normen und Disziplin auf. Er verbot die Heirat mit anderen Rassen und Kulturen, weil dieses das starke Zugehörigkeitsgefühl des Volkes mit dem Bund Jahwe schwächte.

Mit all dem vorher Gesagten begann eine neue Daseinsform sichtbar zu werden. Genau so begann der Zusammenhalt Konturen zu bekommen, speziell durch den Gebrauch und die Anwendung des Gesetzes. Durch das Befolgen des Gesetzes würde das Volk die Erlösung finden. Dieses alles wird im Buch Levitikus beschrieben, das den Kodex bezüglich der Rituale und der Opfer enthält, die reinen und unreinen Dinge, die Natur der Sünde und die Art sich davon zu befreien und schließlich die Feste, die im Laufe des Jahres und in besonderen Jahren zu beachten sind.

Auch wenn die Paragrafen so beginnen: „Jahwe rief Mose und sprach so […]", ist die ganze Reglementierung in Wirklichkeit eine Beschreibung der nach dem Exil üblichen Praktiken, als sich eine Theokratie mit den Priestern im Mittelpunkt anbahnte.

Die Vorschriften sind zahlreich. Einige Beispiele sollen genügen: sie schreiben dem ausübenden Priester vor „wenn das Opfer ein Brandopfer von Großvieh ist, so soll ein männliches Tier ohne Makel geopfert werden […], wenn es Kleinvieh ist, Schafe oder Ziegen, so soll man ein makelloses männliches Tier opfern […] Man schlachte sie an der Südseite des Altars vor Jahwe […], wenn es eine Brandopfer von Flügeltieren ist, so sollen es Turteltauben oder junge Tauben sein […], deren Blut soll auf der Altarwand ausgepresst werden […]" (Lev. 1, 1-16).

Wenn ein Hoherpriester sündigt, auch wenn durch Unachtsamkeit „soll er […] ein Jungtier ohne Makel opfern […], er soll seine Hand auf den Kopf des Jungtieres legen und ihn vor Jahwe schlachten […], er soll seinen Finger in das Blut tauchen und siebenmal […] vor dem Schleier des Heiligtums mit dem Blut bespritzen (Lev. 4, 3-7).

Die Sünde verliert ihren moralischen Aspekt, denn es wird betont, dass „wenn jemand aus Unachtsamkeit gegen eines der Gebote verstößt, […] wenn die ganze Gemeinschaft aus Unachtsamkeit sündigt […] und sich damit schuldig macht, […] so wird die Versammlung ein Jungtier darbieten, […] die Dorfältesten werden die Hände auf den Kopf des Jungtieres legen […] um es zu opfern […], darauf nimmt der gesalbte Priester einen Teil des Blutes in den Hörnern in das Offenbarungszelt […] und verteilt den Rest des Blutes am Sockel des Altars […] (Lev. 4 1-21).

Es gibt besondere Taten, die auch Sünde sind, wie es im 5. Kapitel dargestellt wird. Wenn jemand ein unreines Ding wie einen toten Tierkörper anfasst, so wird er selbst auch unrein. Wenn er eine Pflicht verletzt, so wird er ohne Ermahnung einen Hammel aus der Herde [...] opfern, der in Silbersekel bewertet wurde. Wenn jemand seinen Nächsten bezüglich eines Geldbetrages oder eines gestohlenen Gutes übervorteilt, soll er das Gestohlene zurück- und ein Fünftel obendrein dazugeben.

Die Priester haben Anrechte auf die Opfergabe: „Sie gehört dem Priester, der damit die Sühne vollzieht [...] jedes Speiseopfer, das im Ofen gebacken oder in einem Kochtopf oder auf einer Ofenplatte zubereitet wurde, gehört dem Priester, der es darbringt [...] Lev. 7, 7-10).

Es gibt Regeln bezüglich Reinheit und Unreinheit. Rein sind wiederkäuende Tiere mit zweigespaltener Klaue. So wäre das Fleisch von Kamelen, von Hasen und vom Schwein unrein und dürfte nicht gegessen werden. Unter den menschlichen Krankheiten macht Lepra den betroffenen Menschen unrein. Der Priester ist es, der nach genau bestimmter Untersuchung den Menschen als rein oder unrein erklärt, d. h. als an Lepra erkrankt oder nicht.

Es werden Normen über die Priester aufgestellt, darüber, dass sie den Kopf nicht rasieren und die Ränder des Bartes nicht schneiden noch ihrem Körper Einschnitte machen sollen.

Die Normen gehen sehr weit, und nur die Priester konnten die Kontrolle über so viele Verbote ausüben.

In diesen Zeiten des zweiten Tempels nach dem Exil, wurden die Festlichkeiten festgelegt, die jedes Jahr zu beachten waren, wie es der Sabbat ist, Ostern und das Fest des Ungesäuerten Brotes, die erste Garbe, das Fest der Wochen, der erste Tag des siebten Monats, der Tag der Buße (Jom Kippur), das Laubhüttenfest. Es gibt während des Jahres nicht nur heilige Tage, sondern es gibt auch spezielle Jahre „sechs Jahre werdet ihr säen [...] aber im siebten soll die Erde ruhen" (3. Mose 25,3). Das 50. Jahr, ein Jahr nach dem 49., siebenmal sieben Jahre [...] ihr sollt die Freilassung im Lande ausrufen für alle, die darin wohnen. (Lev. 25, 8-10).

Viele der Reglementierungen enthalten wichtige symbolische Elemente wie die Tatsache, kein Blut essen zu dürfen, weil in dem Blut das Leben ist. Andere handeln von der Gerechtigkeit für die ganze Gesellschaft, wenn die Befreiung von allen Jahren im 50. Jahr ausgerufen wird. Noch andere haben mit der Erhaltung der Gesundheit zu tun, wie kein Schweinefleisch zu essen oder durch die Lepra unrein zu werden. Darüber hinaus sind sie dermaßen vielgestaltig und konfus, dass allein durch deren Existenz den Priestern die Kontrollmacht über das Volk gegeben ist. Es wird eine Art von religiöser Bürokratie erzeugt, die das Gesetz interpretieren und den zahlreichen gebrachten Opfern vorstehen muss. Aus diesem Grund ist es die Regentschaft einer Theokratie. Das Einhalten der Reglementierungen ist es, was den Menschen erlöst. Die Priester sind damit beauftragt, auf die Einhaltung dieser Normen zu achten.

DAS GESCHRIEBENE WORT UND DAS ENDE ISRAELS

Nach dem babylonischen Exil nahm eine weitere der wichtigsten Facetten des Judentums ihren Anfang, die ihm Identität verleihen und, wie in keiner anderen alten Religion, die Grundprinzipien seines Reichtums aufrechterhalten. Es handelt sich um die Entstehung und Festigung der schriftlichen Tradition. Viele der Bücher, die wir heute als Altes Testament kennen, wurden damals geschrieben oder fanden zu der Zeit zu ihrer letzten und definitiven Fassung. Hiemit wurde das Judentum nicht nur zu einer Religion von Vorschriften, sondern wurde auf noch bedeutendere Weise zu einer Religion des geschriebenen Wortes, einer Tradition des Buches. Des Buches par excellence, welches die Bibel ist, deren Bedeutung auf Griechisch genau „die Bücher" ist, die Bücher schlechthin.

Es etablierten sich deutlich die Bücher des Pentateuch, Thora genannt, der Genesis, Exodus, Levitikus, Numeri und Deuteronomium einschließt. Die Propheten – auf Hebräisch „Nebiim" – schließen die drei großen (Isaias, Jeremia uns Ezechiel) und die zwölf unbedeutenderen Propheten mit ein. Zum Schluss noch die übrigen geschriebenen Texte, die „Ketuvim" mit den Psalmen, das Lied der Lieder und das Buch Hiob.

Mit der Begründung dieser großen schriftlichen Überlieferung wurde der Judaismus nicht nur zu einer Religion der Riten und Opfer, wie es im Levitikus definiert war, sondern auch zu einer Religion, die der Erklärung der geschriebenen Überlieferung besondere Bedeutung beimaß. Letzteres wurde speziell in den Synagogen zu Ende gebracht, die sich im Verlauf der Zeit zu Zentren entwickelten, in denen die Schrift erklärt und in denen gebetet wurde. Und schließlich waren die Synagogen das Instrument, mit dessen Hilfe das Volk und die jüdische Religion ihr spirituelles und kulturelles Leben weiterführen konnten, durch die Zeit und der Diaspora hindurch, die später kommen sollte. Mit den Reglementierungen des Levitikus entstand die Gefahr, dass sich das Judentum zu einer streng an den Gesetzen und Riten ausgerichtete Religion wandelte, d. h. eine klerikale Religion. In gewisser Weise öffnete die Synagoge andere Wege. Sie wurde zu einem lebendigen Ort, in dem die Geisteskräfte, der Gemeinschaftssinn und das Gebet gefördert wurden, ohne die keine Religion überleben kann.

Mit der Zeit fiel Israel wie der übrige Mittlere Orient unter die Herrschaft des Römischen Imperiums. Es war ein „sanftes" Imperium wie das alte persische, das innerhalb seiner Grenzen unterschiedliche Kulturen und Religionen akzeptierte, vorausgesetzt, dass das Rechtssystem, die Soldaten – von immenser und offensichtlicher Wichtigkeit – angenommen wurde, man mit Steuern verschiedener Natur zum Unterhalt des Imperiums und dem guten Leben der Volkes in der Hauptstadt beitrug. Im jüdischen Volk bildeten sich drei verschiedene Gruppen mit abweichenden Haltungen gegenüber dem Imperium heraus. Auf der einen Seite repräsentierten die Sadduzäer den Teil des „Establishments" in Konfrontation mit den römischen Eroberern. Der Geist der legalistischen jüdischen, äußerst rechtschaffenen Tradition wurde von den Pharisäern repräsentiert, die jedoch an die Herrscher anpassungsfähig waren. Die Zeloten ihrerseits waren nicht einverstanden, sie waren die Guerilleros, die in ihrem „Eifer" für die Religion und die Traditionen bereit waren, die Herrscher auf irgendeiner Weise anzugreifen, auch blutig. Sie waren die „Terroristen" ihrer Zeit.(K8)

Einige Zeit nach Leben und Kreuzigung von Jesus von Nazareth, eröffnete sich dem Judentum eine neue Perspektive. Vom Gesichtspunkt der theokratischen Bürokratie könnten wir sie schismatisch nennen. Konkret kam es während der Jahre 50 bis 60 der christlichen Zeitrechnung zu einer Konfrontation des israelischen Volkes mit der Obrigkeit des Römischen Imperiums.

Die Unruhen begannen im Jahr 66 mit der Einnahme des Tempels und der Burg Antonia durch Eleasar, Sohn des Hohepriesters, als Antwort auf die unvorsichtigen Provokationen des Gessius Florus. Zurückeroberung und Befriedung setzten sich in der Zeit des Kaisers Nero fort. Bei dessen Tod belagerte der General Vespasian die Stadt Jerusalem. Nachdem er zum Kaiser ernannt worden war, überließ er diese Aufgabe seinem Sohn Titus, der später ebenso auch den Titel seines Vaters erbte. Dieser besetzt und zerstört im Jahre 70 die Stadt mit ihrem Tempel, der Kristallisationspunkt der Größe des Volkes und seiner Botschaft über die Einzigkeit Gottes war. Es blieben noch ein paar Zeloten übrig, die mit blindem Eifer entgegen jeder Hoffnung in der Festung Masada kämpften, die auf dem Berg errichtet war, nahe beim Toten Meer. Bevor die 960 Personen, die seine Garnison ausmachten, gefangen genommen würden, nahmen sie sich das Leben und stürzten sich in den Abgrund. Dies war die tapferste und ruhmreichste Tat am Ende des alten Israel. In diesem Krieg ist mehr als ein Viertel der Bevölkerung gestorben. (K8, S.164-165)

DIE DIASPORA

Die Juden waren schon immer ein unternehmerisches Volk und viele von ihnen suchten andere Breitengrade, wo sie als Kaufleute oder Menschen des Denkens Erfolg haben könnten. Josephus, der Historiker, der uns den letzten Krieg gegen die Römer erzählt, war genau einer von diesen emigrierten Juden, die Begünstigung und Ruhm in den höchsten römischen Kreisen errungen hatte.

Die Zerstörung des Tempels beschleunigte die Diaspora, und die Juden verbreiteten sich in der gesamten römischen Welt. Als erstes kamen sie nach Griechenland, dann nach Italien und Spanien und schließlich nach Deutschland, Polen und Russland. Dort ließ sich eine große Anzahl von Juden nieder, die einen Ort suchten, an dem sie leben konnten in Vereinigung mit dem einzigen Schöpfer des Universums und in dem Bewusstsein, dass sie das auserwählte Volk waren und als solches eine andere Berufung hatten als die Übrigen, um den Bund mit dem einzigen Herrn des Universums aufrecht halten zu können.

Es geht hier nicht darum, die Geschichte dieser Zersplitterung zu berichten, die gut eine derartige Fragmentierung hätte werden können, dass das Volk mit der Zeit seine Inspiration und den Reichtum seiner Tradition hätte verlieren können. Die Tatsache, dass es sich über die Jahrhunderte hat bewahren können, hatte zwei Gründe. Die wichtigste war die auf die Synagoge konzentrierte rabbinische Kultur. Ein weiterer wichtiger Grund war die Gegnerschaft der sie umgebenden christlichen Kultur, die die Juden der Untreue beschuldigte, weil sie den wirklichen Glauben nicht annehmen wollten und weil sie die unbußfertigen Nachkommen derer waren, die Jesus zu Tode gebracht hatten.

Die Pharisäer, Männer des Gesetzes, waren die Einzigen, die dem zerstreuten Volk die Mittel an die Hand geben konnten, um Identität und Glauben aufrecht zu erhalten. Sie wandelten sich zu Gesetzesgelehrten, zu Deutern der Schriften, zu Meistern und Führern des zersplitterten Volkes Israel. Auf gewisse Weise ersetzten sie die Priester, deren zentrale Legitimation vom Tempel ausging, der jetzt verschwunden war. Es würde keinen Tempel mehr geben, es würden jedoch weiterhin Lehre und Deutung geben. Diese Funktionen wurden – und werden immer noch – von den Rabbinern ausgeübt.

Auf der anderen Seite war es notwendig, über einen Ort des kulturellen und religiösen Zusammenlebens zu verfügen. Dies war die Synagoge, deren Wortsinn aus dem Griechischen kommt und heißt: Ort, an dem die Menschen zusammenkommen. Es hat dieselbe Bedeutung, wie das christliche Wort „Kirche", das „Versammlungsort der Gläubigen" bedeutet.

Der Zusammenhalt des jüdischen Volkes gab ihm eine Besonderheit. Es war das auserwählte Volk. Unterschiedlich. Besonders. Das erste jüdische „Getto" entstand formell als solches in Venedig. Das Wort „Ghetto" kommt aus dem alten Latein und bedeutete „hinauswerfen" oder „trennen", Wurzel, die man im modernen Französisch im Verb „jeter" wiederfindet.

Die Gettos wurden auf jüdische Entscheidung hin errichtet, um ihre Kultur zu schützen. Sie waren keine von den Christen erzwungene Abtrennung. Das Ergebnis von allem war der Erhalt einer Kultur, die weiterhin mit legalistischem Beigeschmack die Tradition der Schriften verfolgte, die in einer Atmosphäre sozialer Kälte, wenn nicht offener Feindseligkeit seitens der Nachbarn geschah.

Es wäre an dieser Stelle lang und weitschweifig, eine auch nur oberflächliche Aufzählung der Orte und Umstände aufzustellen, in denen die Juden in den christlichen Ländern Europas verfolgt wurden. Noch vor der von allen schlimmsten Vertreibungen geschah dies in England, von wo sie verjagt wurden. Das Spanien von 1492 versuchte, die zersplitterten Völker und Königreiche zu einem Spanien zu vereinigen. Es fand das geeignete politisches Mittel darin, die Juden als gemeinsamen Feind zu definieren, um der das Königreich vereinenden Macht Kraft zu geben, so auch dem Programm der Christianisierung durch die „katholischen Könige".

Sporadisch in einigen Städten, systematischer in anderen wurden die Juden mit wahnsinniger Grausamkeit der Pogrome verfolgt, die ihre höchste Virulenz in kleinen Orten Polens und Russlands hatten.

All dieses führte schließlich zum Holocaust durch die Nazis. Die Juden wurden ohne jeglichen Grund für die Probleme in Deutschland durch Demagogen wie Hitler verantwortlich gemacht. Die „Endlösung" der jüdischen Frage bestand darin, sie auszurotten.

Bevor wir jedoch das Endergebnis von allem betrachten, müssen wir die spezielle Kultur analysieren, die sich in den Gettos mit dem Einfluss der Rabbiner auf die Religionsgemeinschaft in der Synagoge herausbildete.

DIE ORTHODOXIE VON MISCHNA UND TALMUD

Wie wir bereits gesehen haben, bestand die Thora größtenteils aus den Büchern des Alten Testaments, wie man diesen Teil als den umfangreichsten der Bibel im Christentum kennt. Das jüdische Volk war das Volk der Thora, die die Grundlagen seiner Geschichte und Religion darstellt. Mit der Zeit jedoch wurde so etwas wie eine „verbale Thora" erzeugt, d. h. eine, die Erklärungen, literarische Fleißarbeit und Erweiterungen der Heiligen Schrift enthielt. Es war eine Folge von Kommentaren, die auch schriftlich zusammengestellt und ausgestaltet werden mussten.

Dieser Prozess hatte bereits vor der Zerstörung des zweiten Tempels begonnen, aber schon bei der Zerstreuung in der Diaspora begann man, sie zu einer gewissen Ordnung zusammenzufügen. Letzteres machte die „Mischna" aus, welches Wiederholung oder Lehre bedeutet. Sie wurde um das Jahr 200 geschrieben – wie man sagt – von 260 Meistern des Gesetzes, die versuchten, ein Gesetzbuch zu erstellen, das sowohl für die Rabbiner als auch für das Volk, das auf sie hörte, verbindlich sein sollte. Tatsächlich beinhaltet die Mischna die verbale Lehre der Rabbiner im Laufe der Zeit. Sie enthält ein wenig strukturiertes Mosaik, in dem sich Elemente des religiösen Rechts und des Zivilrechts vermischen. Im Levitikus findet man auch schon eine Mischung beider Rechtssysteme. Sie enthält 63 Traktate, die in sechs großen Kapiteln dargestellt werden: Staat. Festtage, Frauen, Rechtsfälle und Schadensersatz, heilige Gegenstände und rituelle Reinheit.

Im Verlauf der Jahre begannen sich Klarstellungen und Erklärungen eben aus der Mischna zu etablieren, die, wenn auch weniger wichtig, die Überlieferung wiedergaben und unter dem Namen Gemara (Erweiterung) bekannt waren. Diese Erweiterungen der Erklärungen der Mischna bildeten mit der Zeit ein weiteres Werk heraus, den „Talmud".

Den Inhalt sowohl des Mischna als auch des Talmud kann man in zwei Klassen einordnen, die so etwas wie zwei verschiedene Gesichtspunkte sind, von denen aus man die Lehre betrachten kann. Die eine davon ist die Halacha, die Elemente des Religionsrechtes enthält. Die andere ist die Haggada, die aus einer Reihe von Erzählungen besteht, von Legenden, Parabeln und aufbauenden Geschichten, die Teil der rabbinischen Tradition sind und gleichzeitig dazu dienen, der Frömmigkeit des Volkes Nahrung zu geben (K8, 176-180).

Diese ganze Sammlung von Schriften, Thora, Halacha und Talmud beinhalteten den Glauben des jüdischen Volkes. Sie reflektierten viel mehr das, was man eher „orthopraktisch" als „orthodox nennen könnte. Der dogmatische Inhalt des Judaismus ist sehr einfach. Er besteht in der Bekräftigung des einzigen Herrn des Universums, der einen Bund mit dem auserwählten Volk beschlossen hat. Alles Übrige sind Formen, Reglementierungen, Verpflichtungen und lehrreiche Geschichten, die dem Volk helfen, so zu handeln, wie es sich angesichts des Herrn geziemt. Im Gegensatz dazu hat das Christentum ein reiches und schweres dogmatisches Gepäck, das die Orthodoxie ausmacht.

Der Judaismus hat Parallelen zum Christentum und zum Islam bezüglich der Quellen der Offenbarung. Im Judaismus begründen sich diese Quellen in der Thora (Altes Testament) und in der Überlieferung des Gesetzes in der Mischna und wird schließlich im Talmud auf den Kristallisationspunkt gebracht. Der Talmud wiederum vereinigt die Halacha in sich, die aus der Mischna und der vorschreibenden Haggada besteht. Die Parallele im Christentum ist die Bibel mit dem Alten und Neuen Testament, die kirchliche Überlieferung und schließlich das kanonische Recht.

Im Islam gibt es auf der einen Seite den Koran als heilige Quelle, auf den die Sunna folgt, die die Überlieferung enthält und von der Scharia genau bestimmt ist, die das religiöse Recht und auch viele Aspekte des Zivilrechtes enthält.

Die Ausrichtung der Drei jedoch ist unterschiedlich. Der Judaismus betont die strenge Befolgung der religiösen Praktik; das Christentum betont den Glauben an die Dogmen, der Islam den einfachen Glauben an den absoluten Gott und das gemeinschaftliche Gebet.

Das rabbinische Judentum ist formalistisch und legalistisch. Es gibt gewisse Auslegungen des Gesetzes, die uns scheinheilig vorkommen könnten, die aber trotzdem ganz klar feststellen, dass das Wichtige sehr häufig das strikte Befolgen des Gesetzes ist und nicht dessen tieferer Sinn.

Nach der Zerstörung des zweiten Tempels begann man eine Art Jurisprudenz zu erarbeiten. Sie sollte festlegen, in welchen Fällen das Gesetz buchstabengetreu zu befolgen war und in welchen soviel Restriktionen nicht notwendig waren. Ein deutliches Beispiel hierfür ist die Einstellung zum Märtyrertum. Der Rabbi Ismael stellt fest: „Wenn in Zeiten der Verfolgung ein Israelit im Privaten aufgefordert wird, einen Götzen anzubeten oder sein Leben zu verlieren, so kann er den Götzen anbeten, weil das Gesetz (Levitikus 18,5) sagt „Halte meine Gebote ein [...], durch die der Mensch leben wird", es sagt nicht etwa „Halte meine Gebote ein, auch wenn du sterben musst". Wenn er dahingegen in der Öffentlichkeit bedroht wird, so muss er den Tod wählen, denn es steht geschrieben „Du sollst meinen Namen nicht schänden, damit er bei den Söhnen Israels geheiligt werde" (Levitikus 23.32) (H5, S. 93).

Ungeachtet des legalistischen Charakters gibt es im Judaismus gültige Deutungen, die eine Art von Untergrundleben beinhalten. Unterhalb des Gesetzes spielt sich das Leben ab. „Das Gesetz verbietet nicht, die Freuden des Lebens zu genießen [...], es reinigt und heiligt uns bis zu unseren niedrigsten Trieben [...]. Es erkennt an, dass diese Wünsche rein und menschlich sind und deren Erfüllung legitim ist [...]. Wogegen sich das Gesetz widersetzt, ist die Vergöttlichung des Reichtums und die Sinnesfreuden [...]" (H5, S. 95).

Auch wenn dies so ist, so beinhaltet der Judaismus dennoch eine ganze Portion von Reglementierungen, was sich auf die Praxis der Beschneidung der neugeborenen Jungen, der Bar Mitzwa oder Konfirmation im Alter von 12 oder 13 Jahren jeweils für Mädchen und Jungen.

Es gibt eindeutige Regeln bezüglich des Unterschieds der Geschlechter. Die Frau hat nicht das Anrecht darauf, bei der Rechtsprechung Zeuge zu sein. Der Mann hingegen hat Anrecht auf das Einkommen, das die Frau für ihre Arbeit bekommt, und auf ihre Aussteuer. Nur der Mann kann die Scheidung einreichen, niemals die Frau (H5, S. 116).

Der Mann hat das Eherecht […], wenn einer keine Arbeit hat, so hat er täglich recht darauf, wenn er angestellt ist, dann zweimal pro Woche; Eselstreiber, die Karawanen kurze Entfernungen führen, einmal pro Woche; Kamelreiter einmal alle dreißig Tage; Matrosen alle sechs Monate" (H5, S. 116).

Die Frauen können Verhütungsmittel aus drei Gründen einsetzen: wenn sie jünger als 12 Jahre sind, wenn sie schwanger sind und wenn sie stillen. Die Erlaubnis wurde während der Verfolgung durch die Nazis erweitert, da schwangere Frauen leichter getötet werden konnten (H5, S. 111).

Im Konfliktfall sind es letztendlich die rabbinischen Gerichte, die eingreifen, allerdings sind die vorigen Beispiele solche, die tief verankert sind und allgemein anerkannt werden.

Es gibt auch wie in allen anderen Religionen Vorschriften zu den Festtagen. Die Wichtigsten sind der Sabbat, an dem es verboten ist zu arbeiten, Passah, das an die Flucht aus Ägypten erinnert, Jom Kippur, der Tag des absoluten Fastens als Buße, dem neun Tage der Reue vorangehen. Andere Feste sind Schawuot und Sukkot. Vor einigen Jahren wurde ein Tag des Gedenkens an die Niederwerfung des jüdischen Aufstandes 1943 in Warschau und der Gründung des Staates Israel hinzugefügt.

MYSTISCHE STRÖMUNGEN

Als Reaktion gegen den Legalismus und der Trockenheit der rabbinischen Tradition entstand schon in den ersten Jahren nach der Zerstörung des zweiten Tempels eine Strömung, die sich Kabbala nannte, das „Offenbarung" bedeutet. Es handelt sich um eine Bewegung, die jenseits des Buchstabens und der Vorschriften der Thora seine tiefe religiöse Bedeutung im Sinn der Kenntnis der Mysterien Gottes sucht. Es geht um eine Art von jüdischer „Gnosis".

Zu Beginn des 2. Jh. der christlichen Zeitrechnung zeigten sich zwei Tendenzen, eine davon von moderater Ausprägung. Diese versucht, mittels des Studiums der Thora das Mysterium der Unendlichkeit zu erkennen, das von der ursprünglichen Thora ausgeht, die der geschriebenen Thora vorausgeht und dieser zugrunde liegt. Es handelt sich um esoterische Lehren. Der grenzenlose Gott befindet sich jenseits der Dinge, jenseits des Seienden und des Denkens. Um seine Existenz zu zeigen, erscheint er in den zehn Sephirot oder Sphären des Universums, die zehn Stufen göttlicher Emanationen sind. Darunter sind die Weisheit, der Verstand, die Gnade, die Stärke, die Schönheit [...]. Für einige wichtige christliche Denker der Epoche wie Pico della Mirandola könnte man dazu kommen, die Gottheit Jesus Christus darzustellen und dabei auf die Denkweise der Kabbala zurückgreifen (G4, S. 80-1).

Die andere radikalere Ausprägung sucht den Kontakt zur Gottheit, der sich in der Ekstase zeigt. Dafür benutzt man magische Worte, heilige Gesänge und die Wiederholung von Bezeichnungen, sowie auch Praktiken der Kontrolle und Führung der Atmung (K8, S. 223-6).

In Osteuropa entstand eine andere Schule mit ähnlichen Merkmalen, der Chassidismus, eine nicht elitäre Bewegung. wie es die Kabbala war. Somit war er für das gewöhnliche Volk leichter erreichbar. Er enthielt einen großen Anteil an Aberglauben und Glauben an Dämone als magische Folge der Wiederholung von einigen speziellen Geräuschen oder Übungen. Während des 16. Jh. entdeckte man in Palästina die Magie des gedruckten Wortes. Isaac Luria lehrte eine neue Methode der Meditation, die darin bestand, sich auf die Buchstaben und Silben der Thora zu konzentrieren, um die heilige Natur des Buches zu finden und so zur Vereinigung mit Gott zu gelangen.

Sein Höhepunkt und gleichzeitig seine Zerstörung kam von der Predigt Sabbatai Zwi (1626-1676), der behauptete, der versprochene Messias zu sein. Einflussreiche Rabbiner wie Nathan Aschkenasi unterstützten ihn. Die jüdischen Gemeinden zahlreicher europäischer Städte waren enthusiastisch, weil jetzt endlich der Erlöser gekommen war und mit ihm ihre mögliche Rückkehr ins verheißene Land. Die Gemeinschaft portugiesischer Juden in Hamburg schrieb: „Dank dem Gott des Universums für die Nachricht, die wir (von vielen Seiten) erhalten haben, dass Er (Gott) in seiner Gnade und Erbarmen uns einen Messias gegeben hat, der unser zum Gott gesalbter ist [...]" (G4, S. 93).

Mit der Gefolgschaft der aufgeregten, treuen Unwissenden machte sich Nathan Aschkenasi auf den Weg nach Konstantinopel mit dem Ziel, den Sultan zu stürzen und sich selbst die Krone aufzusetzen. Dies geschah im Jahr 1666, das als Jahr der Befreiung galt. Das osmanische Heer nahm keine Rücksicht auf die Gruppe von wehrlosen Exaltierten, die keinerlei Bedrohung für das Imperium darstellte. Sie nahmen Sabbatai Zwi fest und verurteilten ihm zum Tode, wenn er nicht abschwören und zum Islam konvertieren würde. Prompt stimmte er zu, um sein Leben zu retten. Somit schickte der Sultan ihn ins Exil in das heutige Albanien, wo er allein gelassen zehn Jahre später starb (G4, S.93-4).

Mit der Zeit löste sich die mystische Strömung allmählich auf, die allerdings große Bedeutung erlangt hatte, weil sie hinter der Trockenheit des rabbinischen Legalismus eine religiöse Öffnung zum Gebet und der Kontemplation suchte. Das Wort „Chassidim" heißt eben „die Frommen", die den entsetzlichen Verfolgungen der Juden speziell in Osteuropa ausgesetzt waren (K8, 223-9).

DIE VERFOLGUNGEN

Im Verlauf der Menschheitsgeschichte sind die Juden immer verfolgt worden. Man hat ihnen die schlimmsten Verbrechen unterstellt und ihren Einfluss und ihr Reichwerden gefürchtet.

Die Juden wurden in ganz Europa, im Mittleren Orient und in Afrika belästigt, d. h. in der ganzen Welt, wo sich ihre Gemeinden niederließen. Es handelte sich jedoch nicht um eine ständige Hetze. Es waren vielmehr Hassausbrüche, bei denen sie als Feinde betrachtet wurden, um sich als Volk von den Frustrationen zu befreien und den Machthunger der Regierenden zu stillen. In der Tat war die Hetze fast immer entweder eine politische Entscheidung, um die wirkliche Macht in einigen Ländern zu festigen oder das Ergebnis eines krankhaften Ausdrucks des Elends kleiner Leute, die sich an irgend jemandem für ihre Lage rächen wollten.

Die Juden erschienen aus mehreren Gründen als das zu opfernde Volk. Sein eigenes Einschließen in ihren Gettos und ihr rabbinisches System, durch das sie sich als besondere Menschen darstellten und agierten, wodurch sie unverständlich wurden, wie es häufig in der Welt der Fall mit anderen Minoritäten war. Auch weil es ein Volk war, das sich für „rein" hielt und Heiraten mit Mitgliedern anderer Religionen verbat, an Essen und Festlichkeiten nicht teilnehmen konnte, so konnte die Mehrheit, in deren Mitte sie lebten, nicht mit ihrer Sympathie rechnen. Die Macht, die sie eben durch die Diskriminierung durch die Christen allmählich erwarben, ließ für sie fast nur noch Handel und Finanzen als Broterwerb übrig, beide schlecht angesehene Berufe. Die Christen warfen ihnen vor, die Botschaft von Jesus von Nazareth, dem versprochenen Messias, nicht angenommen zu haben, und dass sie ihm mit der Hand der Römer den Tod gegeben hatten. Die prächtige Liturgie des Karsamstages, in ihrem herrlichen und poetischen heiligen Gedicht, bezieht sich ganz eindeutig auf die „niederträchtigen" Juden.

Dessen ungeachtet hatte der Judaismus auch ruhmreiche Zeiten in verschiedenen Ländern Europas. Speziell in Spanien während der Vorherrschaft des Islam erlebten die Juden eine Epoche wirtschaftlicher und kultureller Blüte. Deren hellster Stern war Maimonides, der immer noch als Autorität in der rabbinischen Konzeption gilt. Nicht nur in Spanien, sondern auch im Deutschen Reich, in Wien, in Erfurt, Marburg und Halle, in Oxford und im selben Rom hatten sie glanzvolle Zeiten während des Mittelalters.

Die katholische Kirche unter dem Papst Gregor dem VII. (1073-86) definierte die Juden als gottloses Volk, womit er verhinderte, dass sie irgend ein öffentliche Aufgabe übernahmen. Aber die christliche gegen die Juden gerichtete Haltung fand ihre berühmteste und Unheil verkündende Ausprägung mit dem Papst Innozenz III. und dem Vierten Laterankonzil (1215). Die Juden sollten in der Zukunft Diener der christlichen Fürsten sein und mussten spezielle Kleidung tragen, die sie als unterschiedliches Volk identifizieren sollte. Gleichzeitig wurde es den Christen verboten, für Geldanleihen Zinsen zu zahlen oder zu erhalten, womit man den Juden ein überaus reiches Monopol an die Hand gab. In demselben Konzil wurde es den Juden auch verboten, in der Wirtschaft tätig zu werden. Man erlaubte ihnen lediglich, das, was man für unmoralisch oder wertlos für die Christen hielt, so die Finanzen und den Handel (G4, S.40-1). Durch die Energie und Bestimmtheit eines Volkes mit einer starken Konzeption seiner selbst wurden diese Verbote zur Grundlage der Macht und der Besonderheit der Juden bis zum heutigen Tag. Sie waren immer die großen Finanziers auch dann, wenn man ihnen einen verbotenen Auftrag mit demselben Ruf eines Freudenhauses erteilte.

Daher stammen ihr Reichtum und ihre Macht. Daher der Hass, dem sie immer wieder ausgesetzt waren.

In England wurden alle Besitztümer der Juden beschlagnahmt und die es im Jahre 1290 ablehnten, zum Christentum überzutreten, wurden aus dem Königreich ausgewiesen. In Frankreich wurden sie auch durch spezielle Steuern verfolgt und dadurch, dass ihr Besitz aus unbedeutenden juristischen Gründen konfisziert wurde. Der bemerkenswerteste aller Fälle war der Spaniens am Ende des Mittelalters. Die katholischen Könige Fernando und Isabel zwangen sie, zum Katholizismus überzutreten oder aus dem Land gewiesen zu werden, nachdem man ihren Besitz konfisziert hätte. 1481 hatte man schon 400 Juden verbrannt, in Cadiz 200. In ganz Spanien würden es etwa 12000 Juden sein, die den Feuertod starben, weil sie nicht von ihrem Glauben abließen. 1492 schließlich dekretierte die katholischen Könige die Ausweisung aller Juden, die nicht konvertieren würden. An die 100000 Söhne Abrahams mussten aus dem spanischen Königreich fliehen, dem sie Reichtum und Weisheit gebracht hatten. Ihre Nachkommen mit denen aus Portugal, die dasselbe Schicksal hatten, verbreiteten sie sich in ganz Europa und bildeten die Gruppe der Sepharden, welches „die Spanier" bedeutet, wie es sie heute noch gibt. Männer von hohem Ansehen brachte diese Entwurzelung hervor, unter anderen de Philosophen Baruch Spinoza und den Ökonomen David Ricardo. Die übergetretenen Juden wurden verächtlich Marranen genannt. Eine große Anzahl von ihnen nahm an den ersten Entdeckungsreisen nach Amerika teil. Sie besaßen nichts. Sie hatten nichts zu befürchten. Deshalb konnten sie auch jedes Risiko auf sich nehmen.. (K8, S. 212-3).

Die Vertreibung der Juden – und auch der Muslime – aus Spanien per Dekret der katholischen Könige, war übrigens nicht auf einen religiösen Fanatismus seitens dieser Monarchen zurückzuführen sondern einfach nur eine politische Strategie. Die Königreiche Castilla-León und Aragón hatten sich per Heirat der jeweiligen Könige, Fernando und Isabel, vereinigt. Bis dahin hatte es noch keinen spanischen Staat im eigentlichen Sinne gegeben. Den hatte die königliche Heirat zur Folge. Die Zerstörung der letzten Spuren des Islam in Granada gab den Anstoß zu einer Konzeption der Vereinigung. Ein zersplittertes Land, wie es Spanien gewesen war, musste gesellschaftlichen Zusammenhalt dadurch finden, dass ein einziger Glaube eingeführt werden sollte. Die Kraft der Inquisition in Spanien war auch dieser Strategie zu verdanken. Es gab Päpste, die zeitweilig die Auswüchse der spanischen Inquisition verbaten. Jedoch verzichteten sie wegen des Druckes des neuen reichen Imperiums wieder darauf, dem Reich, in dem die Sonne nie unterging.

Das Europa des Mittelalters erlebte in den Jahren 1348-1350 die schlimmste Verfolgung der Juden. Im Elsass, dem Rhein, Thüringen, Bayern und in Österreich – in allen Gegenden von deutscher Kultur und Sprache – wurden ungefähr 300 jüdische Gemeinden vernichtet. Woher kam dieser plötzliche Hass? Von etwas furchtbar Einfachen. Es waren die Jahre, in denen die Schwarze Pest in Europa wütete, durch die ein Drittel der Bevölkerung unter entsetzlichen Bedingungen starb. Im Süden Frankreichs begann sich die Erklärung der Tragödie zu verbreiten, die Juden hätten die Brunnen vergiftet. Aus diesem Grund wurden sie auch 1394 aus Frankreich vertrieben (K8, S. 215-8).

Die Aschkenasi waren die Juden, die sich in vielen deutschsprachigen Städten und Fürstentümern in Zentraleuropa niederließen. Eingetaucht in dieser Kultur kamen sie dazu, als Ersatz für Hebräisch Jiddisch zu entwickeln, ein halb deutscher Dialekt, der anfangs eben Jüdisch Deutsch genannt wurde. Aus diesem Grund wurden sie „Aschkenasi" genannt, weil das hebräische „ashkenasien" Deutschland bedeutet.

Die Juden, die so verfolgt und zwischenzeitlich kaum toleriert wurden, begannen nach geeigneteren Gegenden Ausschau zu halten. So emigrierten sie in den Osten und wurden zu bedeutenden Teilen der Bevölkerung Polens und Litauens und auch von Russland. Dennoch nennt man die Juden aus Europa, außer den Sepharden aus Spanien, heute noch Aschkenasi.

153

DIE SUCHE NACH EINER NEUEN IDENTITÄT UND DER ZIONISMUS

Die Juden hatten keine zivilen Rechte wie die anderen Bürger der Länder, in denen sie lebten. Es war notwendig, dass die Prinzipien der Französischen Revolution „Freiheit, Gleichheit, Brüderlichkeit" als Leitspruch in die ganze Gesellschaft Einzug fand, damit sich die Bürgerrechte auch allmählich in den jüdischen Gemeinden ausbreiten würden. Die Waffen Napoleon waren es, die dies erreichten. 1806 berief der französische Kaiser eine Versammlung der bedeutendsten Mitglieder der jüdischen Gemeinden ein. Zwei Drittel der Teilnehmer waren Rabbiner. Das Hauptthema, das die Franzosen vorgegeben hatten, war die Trennung von Kirche und Gesellschaft und die Forderung, dass die Juden das Zivilrecht anerkennen, was schließlich zu ihrer Assimilation in der übrigen Gesellschaft führen sollte. Der Große Sanhedrin – das Tribunal jüdischen Rechts – akzeptierte, dass die religiösen Verpflichtungen den säkularen untergeordnet zu sein hatten. Im Besonderen ging es um die Möglichkeit, dass die Juden Personen anderer Religionszugehörigkeit heiraten konnten, was ihnen bis dahin verboten war (G4, S. 132-5).

In Deutschland kam es erst 1869 dazu, dass der Preußische König und zukünftiger Kaiser Wilhelm im Namen des Norddeutschen Bundes erklärte, dass alle Einschränkungen der Bürgerrechte aus religiösen Gründen verboten seien (G4, S. 230).

So bürgerte sich allmählich die Möglichkeit ein, dass sich die Juden als normale Bürger in den verschiedenen Ländern etablierten. Damit wurden die Gettomauern entfernt, was zur Blüte hervorragender jüdischer Persönlichkeiten führte, die angesichts der neuen Atmosphäre und der neuen Freiheiten in der Lage waren, der Welt ihre Kunst und ihre Ideen zu veranschaulichen.

Viele Juden häuften seit alten Zeiten großen Reichtum an. Parallel zu den Bewegungen, die ihnen letztlich die uneingeschränkte Anerkennung ihrer Bürgerrechte gab, standen als die ersten, die sich auszeichneten, die Finanziers wie die berühmten Rothschilds. Mayer Amschel, Angehöriger des Frankfurter Getto, kaufte Ende des 18. Jh. das Haus Nr. 148. Damit besaß er mit 100 m^2 das größte Haus des Gettos. Als Emblem benutzte er gegenüber seines Hauses ein rotes Schild. Dieser Name wurde, wie es zu jenen Zeiten üblich war, zum Hausnamen der Familie. Seine Beziehung zum Kurfürsten von Hessen, eine äußerst reiche Persönlichkeit, der einen Großteil seines Vermögens dadurch angesammelt hatte, dass er Söldnersoldaten für den englischen König George III. besorgt hatte, der dessen Großvater war, ermöglichte ihm, sich als Finanzier zu beweisen. Dieser Fürst stellte den Kontakt zur englischen Krone her. Seine fünf Söhne arbeiteten mit ihm. Amschel führte die Geschäfte in Frankfurt, Salomon war der Vertreter in Wien, James arbeitete in Paris, Kart in Neapel und Nathan in London. Vater und Söhne erhielten Adelstitel und bis zum heutigen Tag bilden sie die reichste, angesehenste und finanzkräftigste Familie, die die Welt je gekannt hat.

Die Rothschilds waren keine Ausnahme. Nicht nur in finanziellen Angelegenheiten, sondern bei vielen anderen Aktivitäten brachten Juden es zur Blüte. Durch ihren Erfolg begannen sie Teil der jeweiligen nationalen Gesellschaft zu werden, in der sie lebten, ohne dabei, zumindest anfänglich, aufzuhören, sich als Juden zu fühlen und auch so zu leben. Einer der bemerkenswertesten war Heinrich Heine, der geniale und fruchtbare deutsche Dichter von einfachen Versen, schöner Ironie in seinen Ausdrücken, dem traurigen Humor in der Musikalität seiner Worte, dem eleganten Sarkasmus und des entwurzelten Lebens in Paris. Sein Werk – und sein Leben – war Inspiration für viele. Musiker wie Schumann, Schubert, Wagner nutzten seine Verse in ihren Werken.

Er war stolz auf seine jüdische Herkunft, aber vielleicht war er viel tiefer deutsch in seiner Kultur und seinen Interessen. Zum Beispiel gibt es ein bekanntes Duett, das sagt: „Denke ich an Deutschland in der Nacht, dann bin ich um meinen Schlaf gebracht".

Er gehörte zu einer Familie von brillanten Persönlichkeiten. Sein Bruder Maximilian war Leibarzt des russischen Zaren. Sein Bruder Gustav war ein hoher Offizier im österreichischen Heer. Sein Onkel Salomon war ein reicher und großzügiger Bankier in Hamburg, der nicht nur seinen Neffen unterstützte, sondern auch ein großer Wohltäter für die armen Juden war.

Vielfach waren es Juden, die insbesondere die deutsche Kunst und Wissenschaft zum Leuchten brachten. Der große Musiker Felix Mendelssohn war Sohn eines großen Bankiers und Enkel von Moses, anerkannter Denker und Schriftsteller, der ein Gleichgewicht zwischen seiner rabbinischen Familie und der modernen deutschen Kultur zu finden suchte. Mendelssohn wurde der Junge getauft, und es gelang ihm, jüdische und deutsche Kultur in Einklang zu bringen. Er war der große Entdecker des Werkes von Johann Sebastian Bach, insbesondere einiger seiner Oratorien wie die Matthäuspassion.

Viele andere Namen leuchteten wie Sterne: in der Wissenschaft Albert Einstein, in der Philosophie Edmund Husserl, in der Psychologie Sigmund Freud, in der Industrie Walter Rathenau, in der politischen Agitation Karl Marx, in der öffentlichen Verwaltung Walter Rathenau, Sohn des Unternehmers. Die meisten von ihnen wurden getauft. Das war ein Symbol ihrer Integration in die Gesellschaft, in der sie lebten. Viele erlebten in ihrer eigenen Person das große Problem, dem der Judaismus in der modernen Gesellschaft ausgesetzt war: die Assimilation mit dem möglichen Verlust ihrer kulturellen Wurzeln oder das Zurückdrängen der eigenen Kultur zu einer defensiven Haltung, sodass sie die Mauern des Gettos festigten. (G4, S. 112-292).

Für viele von ihnen konnte die Schwierigkeit der Assimilation mit der Alternative des Zionismus gelöst werden.

Das Problem, mit dem viele illustre Juden konfrontiert waren, kam zu seinem eisigen Höhepunkt mit der Affäre Dreyfuss in Frankreich. Dieser war ein jüdischer Offizier in der französischen Armee. Er wurde fälschlich des Verrats angeklagt, weil er angeblich als Spion der deutschen Feinde im Krieg von 1870 agiert hätte. Entgegen aller Offensichtlichkeit wurde er verurteilt. Die öffentliche Meinung hatte geurteilt, weil es vollständig glaubhaft war, dass ein Jude ein Verräter war. Es konnte nicht anders sein. Das Urteil bewegte ganz Frankreich und erzeugte unter anderem das bedeutende Werk des Franzosen Emile Zola: „J'accuse".

Zu dieser Zeit lebte Herzl, ein deutschsprachiger Reporter, der für eine Wiener Zeitung arbeitete und mit Aufmerksamkeit den Prozess verfolgte. Sowohl seine Familie als auch er persönlich waren Juden, die die Assimilation an die sie umgebende Kultur akzeptiert hatten. Die Affäre Dreyfuss jedoch öffnete ihnen die Augen. Es gab im europäischen Volk eine derartige Gegnerschaft gegen die Juden, dass diese niemals als normale Bürger akzeptiert werden könnten. Noch mehr, wenn sie danach strebten, normale Bürger zu sein, müssten sie ihre Tradition vollständig vergessen und sogar verleugnen. Auch so würden sie nicht innerhalb der Gesellschaft akzeptiert. Da er selbst eine moderne Person war, wollte er auch nicht, dass die Juden ins Getto zurückkehrten und sich somit der modernen Welt verschlössen. Man musste nach einer Lösung aus dem Dilemma suchen, aus diesem schrecklichen Kreuzweg, der so viele illustre Juden quälte. Er fand die Lösung und stellte sie in seinem Buch „Der Judenstaat" dar.

Herzl wollte eine Wiederauferstehung des jüdischen Volkes als politische Einheit erzeugen. Die Juden waren in der Welt verstreut und überall stellten sie eine Minorität dar, die in verschieden Sprachen sprach – in der agglutinierenden und heiligen hebräischen Sprache, die in religiösen Zusammenhängen gesprochen wurde – und denen ein eigenes Land fehlte. Sie bildeten verschiedene Gruppen mit unterschiedlichen Ideen darüber, wie sie sich in der modernen Kultur einzufinden hätten – und wie es weiter zu leben galt und dabei die Traditionen ohne jegliche Integration aufrechtzuerhalten. Hier die Worte desselben Herzl: „ Das jüdische Problem gibt es […], es ist ein atavistisches Überbleibsel aus dem Mittelalter, das die zivilisierten Nationen bis heute nicht haben abschütteln können […]. Wir emigrieren an Orte, in denen wir verfolgt werden; unsere Präsenz erzeugt Verfolgung" (H6, S. 33).

Herzl fährt fort und sagt „an allen Orten haben wir aufrichtig versucht, uns in die uns umgebenden nationalen Gemeinschaften einzugliedern. Gleichzeitig haben wir versucht, den Glauben unserer Ältesten zu bewahren. Es ist uns nicht erlaubt worden, dies zu tun. Umsonst waren wir loyale Bürger [...], wir werden als Fremde in den Ländern angesehen, in denen unsere Vorfahren seit Jahrhunderten lebten [...], die Mehrheit ist es, die darüber befindet, wer ein Fremder ist" (H6, S. 34).

„Die Verfolgung hat nur dazu gedient, das zerstreute jüdische Volk zu einen. Wir sind stark genug, um einen Staat zu bilden, einen Modellstaat. Wir verfügen über alle menschlichen und materiellen Ressourcen dafür" (H6, S. 49).

Deshalb stellt er einen sehr einfachen Plan vor: „Wir müssen die Hoheit über den Teil der Erdoberfläche erlangen, der für unsere Bedürfnisse als Nation ausreicht. Alles andere werden wir selbst durch uns selbst regeln" (H6, S. 49).

Aus diesen Sätzen und dieser Analyse entstand eine mächtige Bewegung, der Zionismus. Er enthielt jedoch viele Probleme. Das erste und offensichtliche war, die Zustimmung der internationalen Gemeinschaft zu erhalten, die man sicherlich würde überzeugen können. Denn das würde das „jüdische Problem" beseitigen, das jeder Staat in verschiedener Weise hatte. Das wurde endlich als Frucht des entsetzlichen Holocaustes erreicht, bei dem Millionen Juden durch die Vernichtungskraft der Nazis ermordet wurden, die damit das Problem „lösen" wollten.

Aber es gab noch ein weiteres Problem: Welche Art von Staat müsste der von Israel sein, wenn dieser einmal gegründet werden würde? Zusammengefasst gab es zwei Tendenzen: Einen „jüdischen Staat" oder den „Staat der Juden" gründen. Im ersten Fall wäre der Staat in seiner Struktur und Funktion als religiöser Staat definiert, in dem die rabbinische Tradition Art und Vorgehensweisen der Institutionen bestimmen würde. Der zweite Vorschlag beinhaltete die Schaffung eines „säkularen" Staates, der allen Juden zugänglich wäre, in dem es Raum für die Traditionen der Vorfahren gäbe und der gleichzeitig ein moderner Staat sein könnte. Eine Modernität, die mit der Religion nicht zerstritten ist.

Herzl, der Anstifter und Förderer des Zionismus hatte vom vorgeschlagenen jüdischen Staat eine Konzeption, die wir „politisch" nennen könnten. Auf der anderen Seite entstand zur selben Zeit ein „kultureller" Zionismus, dem Achad Ha'am vorstand, ein russischer Jude, dessen ursprüngliche Name Ascher Ginsberg ist. Er stammt aus einer chassidischen Familie und wandelte sich zu einem bedeutenden Förderer der Ideen des Haskalah, einer hebräischen Strömung in Russland, die die zionistische Bewegung verteidigte. Aber er bestand darauf, die kulturelle Identität zu bewahren, die ihr selbst dazu verhelfen könnte, ihren Auftrag, das Licht der Nationen zu sein, zu Ende führen, weil es das von Gott erwählte Volk sei. 1897 schrieb er ein Buch mit dem Titel „Der jüdische Staat und das jüdische Problem", in dem er ausführt, dass es nicht dasselbe sei, einen Staat der Juden zu errichten, wie es Herzl vorhatte, oder einen „Jüdischen" Staat, wie es sein müsste, um den historischen Auftrag zu erfüllen (T3, S. 49-51).

Diese beiden Tendenzen waren Themen in den Diskussionen über den Zionismus und werden selbst heutzutage im Staat Israel fortgeführt, der es konkret noch nicht geschafft hat, deutlich der Anwendung der beiden Konzepte Kontur zu geben, Konzepte, die sich in einigen Aspekten gegenseitig ausschließen.

KAPITEL 4

DAS CHRISTENTUM

DIE FROHE BOTSCHAFT

Der Bischof Ignatius von Antiochien nutzte zum ersten Mal „Christentum". Ein Wort, das die Bezeichnung für eine religiöse Strömung werden würde. Damit bezog er sich auf eine Art zu leben und zu glauben, die von Jesus von Nazareth ausgeht, der als „Christus" angesehen wird, d. h. der Gesalbte, der Auserwählte, der Versprochene, der Messias. Christus ist der Name, der Titel, den seine Jünger einem jüdischen Propheten des 1. Jh. unserer Zeitrechnung gegeben haben. Sein Leben war sehr kurz. Alle großen Religionsgründer starben im fortgeschrittenen Alter umgeben von ihren Schülern und wegen ihrer Lehren verehrt. Das ist der Fall von Moses, von Buddha, Mohammed und Konfuzius. Jesus von Nazareth hingegen starb in jungen Jahren nach seiner kurzen Zeit als Wanderprediger in den Gebieten von Israel. Er hinterließ kein strukturiertes Werk mit dem Inhalt seiner Lehren wie die Übrigen. Er lebte nur und sein Leben inspirierte die Bewegung, die nach seinem Tod daraus hervorgegangen war.

Aber Jesus starb nicht nur jung und ohne das Vermächtnis eines Werkes, sondern er starb schmachvoll. Ungerecht abgeurteilt. Verlassen von seinen Jüngern, die ihm gefolgt waren. Fälschlich angeklagt wegen des Neides der Oberhäupter seines Volkes und verurteilt, weil es den römischen Herrschern politisch gelegen kam. Dennoch gab seine Persönlichkeit nicht nur einer Religion den Anfang – die Religion, die heute die meisten Anhänger in der Welt hat –, sondern deren Mittelpunkt sein eigenes Leben ist eher als eine Doktrin: das Leben von Jesus von Nazareth, genannt Christus.

Das Fundament dieser Religion ist einfach eine Erzählung. Eine Erzählung von den Ereignissen und von den vielfältigen Anmerkungen, die er seinen Jüngern, die ihm bei seiner Pilgerschaft folgten, über zahlreiche Aspekte machte. Man findet sie in den Schriften zusammengefasst in der „Frohen Botschaft" oder, auf Griechisch „Evangelium". Sein Leben ist die Botschaft.

Seine Tage verliefen mitten in einer sehr speziellen soziopolitischen Situation für das jüdische Volk. Es war von den Römern erobert worden, – nachdem es Jahrhunderte vorher das Exil in Babylon, dem heutigen Bagdad, erlitten hatte. Die Fähigkeit, sich als eigene politische Einheit zu definieren, war ihm abhanden gekommen. In moderner Sprache würden wir sagen, dass es seine „Souveränität" verloren hatte, ein Konzept allerdings, das ganz und gar nicht in jene Zeit passt. Kurz nach dem Tod von Jesus ergab sich ein neues Exil für das jüdische Volk. Die Römer zerstörten seine Institutionen und das Volk zersplitterte in eine Diaspora, die nach ganz Nordafrika emigrierte und schließlich auch nach Europa und den Rest der Welt.

Das Leben Jesu verlief in dieser Situation des Durcheinanders und der Orientierungslosigkeit des jüdischen Volkes. Unterschiedliche Gruppen versuchten, diesem Volk einen Sinn zu geben, diesem stolzen und gedemütigten Volk: das von Gott erwählte Volk als Träger seiner Botschaft. Auf der einen Seite standen die Sadduzäer, die das, um es so auszudrücken, traditionelle „Establishment" darstellten und eine provokative Haltung gegenüber den römischen Eroberern hatte. Neben ihnen stellten die Pharisäer eine bequeme Sekte dar, die formal die Vorschriften einhielten, sich jedoch wenig um die Inhalte kümmerte und in der Akzeptanz der Verpflichtungen gegenüber den Eroberern lebte. Auf der anderen Seite setzten sich die Zeloten – die Eiferer – aus radikalen und starken Männern zusammen, die Macht gegen Macht einsetzen wollten. Sie waren Prediger der „Revolution". Neben dem vorher genannten gab es eine Reihe von Gruppen, die sich, um die Prinzipien zu retten, dafür entschieden, sich von der Gesellschaft, in der sie lebten, abzuwenden. Sie emigrierten an einsame Orte, um ihr Leben ohne irgendwelche Hindernisse leben zu können. Damit erreichten sie tiefe Ebenen der Religiosität und des Mystizismus. Das sind die Qumranleute (K6, S. 60).

In diesem Zustand des Konfliktes zwischen Interessen und Meinungen, in einer unterwürfigen und zerstörten Gesellschaft lebte Jesus. Seine Predigten kann man mit der Liebe zusammenfassen: die Liebe Gottes für den Menschen, die Liebe Gottes als Vater und die Nächstenliebe als grundlegende Norm und Wert der Existenz. Jesus war kein Provokateur wie die Sadduzäer, noch Opportunist wie die Pharisäer; er war auch kein gewaltsamer Revolutionär wie die Zeloten noch ein Anachoret, der die Aszese übt, wie die Qumranleute.

DAS LEBEN JESU

Das Leben Jesu wird in den vier Evangelien von Markus, Matthäus, Lukas und Johannes erzählt. Auch gibt es ein paar Darstellungen davon in den Episteln des hl. Paulus an die entstehenden christlichen Gemeinden außerhalb von Judäa.

Markus, der erste Evangelist, schrieb etwa 40 Jahre nach dem Tod Christi. Eine Reihe von Behauptungen, die vorher nur mündlich von den ersten Anhängern seiner Botschaft überliefert worden waren, goss er in eine Form. Um den Reichtum zu würdigen, sammelte und systematisierte er sie, ohne dabei die historische Abfolge zu beachten und ordnete sie nach Themen. Nur die Passionsgeschichte wird chronologisch erzählt.

Markus und Lukas sind Evangelisten, die Synoptiker genannt werden, d. h. sie haben dieselbe Ausrichtung oder denselben Gesichtspunkt. Sie beziehen sich auf das von Markus gesammelte Material, dem sie allerdings Informationen insbesondere bezüglich der Worte Jesu hinzugefügt haben, die ihnen beiden gemeinsam sind. Wahrscheinlich stammen diese aus einer anderen früheren Sammlung, die man nicht kennt, die man aber „Q" nennt, aus dem deutschen Wort Quelle.

Matthäus und Lukas zeigen weitere ihnen jeweils eigene Quellen auf. Es handelt sich um die mündliche Überlieferung mit all ihren möglichen Veränderungen und Ausschmückungen (M12, S. 357-9).

Diese Evangelisten schrieben über das Leben Jesu mit dem Ziel, die ersten Gemeinden aufzuklären. Dies wird im Vorwort des hl. Lukas eindeutig klar, wenn er bekräftigt: „Schon viele haben es unternommen, einen Bericht über all das abzufassen, was sich unter uns ereignet und erfüllt hat. Dabei hielten sie sich an die Überlieferung derer, die von Anfang an Augenzeugen und Diener des Wortes waren. Nun habe auch ich mich entschlossen, allem von Grund auf sorgfältig nachzugehen, um es für dich, hochverehrter Theophilus, der Reihe nach aufzuschreiben. So kannst du dich von der Zuverlässigkeit der Lehre überzeugen, in der du unterwiesen wurdest.". (Lukas 1,1-4).

Die Evangelisten handhabten die Information bei ihrer Veröffentlichung, je nach dem Interesse, das sie hatten, bestimmte Aspekte der Botschaft hervorzuheben. Lukas betont die Rettung der Armen und seine Schriften enthalten eine größere soziale Problematik als die anderen. Matthäus ist der Denker, der die Beziehung zwischen der Botschaft Christi und des Judaismus zu verstehen sucht. Er schreibt für die Juden. Markus stellt Christus als Diener Gottes dar, der das Leiden auf sich nimmt. Niemand von ihnen versuchte, historische Biografien im modernen Sinne des Wortes zu schreiben. Vielmehr wollten sie die Größe eines Lebens von einem Blickwinkel aus betrachten, vom besonderen Gesichtspunkt eines jeden von ihnen beschreiben.

In allen Darstellungen des Lebens und der Botschaft Jesu gibt es eine erste Gruppe von authentischem Wortmaterial und direkten Erinnerungen (I). Genauso erscheint erklärendes Material als Frucht der ersten mündlichen Überlieferung (II) und schließlich die eigene persönliche Abfassung der Autoren, indem sie in all diese Informationen Ordnung bringen (III) (M12, S. 356-7).

Die Erzählung des Lebens Jesu nach dem heiligen Johannes hat einen anderen Charakter. Auch wenn sie einige faktische Informationen enthält, die die der anderen Evangelisten ergänzen, so scheint doch der größte Teil seines Werkes Frucht seiner eigenen Überlegungen zu sein, die des Evangelisten, der über die Bedeutung des Lebens und der Lehre Jesu nachdenkt. Sie enthält also eine erste Theologie, die ebenfalls in den Briefen des hl. Paulus erarbeitet wird (Anmerkung 2, S. 324).

Das Leben Jesu ist kurz und einfach. Er wurde in Bethlehem in einer armen Familie geboren. Seine Eltern mussten aus ihrem offiziellem Wohnort Nazareth dorthin umziehen, um sich bei der kaiserlichen Volkszählung in dem Ort einzuschreiben, wo seine Familie, Nachkommenschaft des Königs David, gebürtig war. Jesus war durch Gottes Werk direkt von Maria empfangen worden, ohne dass ein Mann beteiligt war, auch wenn der Ehemann seiner Mutter Maria sich immer als sein Vater „dem Fleische nach" darstellte.

Danach lebte er seine Jugend und erste Reife im kleinen Nazareth und verdiente sein Brot als Schreiner. Ungefähr mit dreißig ging er aus dem Haus, um die Predigten seines Vetters Johannes zu hören, der in ihm einen Menschen von göttlichem Geist sah.

Jesus wirkt inspirierend auf ein desorientiertes Volk. Fußend auf den alten jüdischen Lehren bezüglich Gott, dem einzigen Herrn des Universums, der eine besondere Nähe zum Volk von Israel hatte. Durch sein Handeln im Leben fügte er eine neue Dimension hinzu, und durch seine einfachen klaren Worte, seine Parabeln, die aus kleinen Geschichten bestanden, die die Lehre erklärten, die aber dennoch ein nebulöses Substrat an Mysterium übrig ließen. Aufgrund dessen mussten seine Jünger ihn dauernd befragen, damit er ihnen die Bedeutung der Geschichten erklärte, die er ihnen erzählte. Sie hatten eine didaktische Funktion, die Aufmerksamkeit auf sich zu ziehen. Sie waren so bedeutungsreich, dass man sie im Herzen bewahren musste, um über ihren Inhalt nachzudenken.

Sein Leben ist seine Botschaft: seine Handlungen, seine Beziehung zu den religiösen und zivilen Autoritäten, die Gespräche mit seinen Jüngern, die Worte, die das Volk aufklärten, das ihm zuhörte und ihm folgte. In seinem Leben nimmt seine wunderbare Fähigkeit inspirierend zu wirken einen so sehr großen Raum ein, dass er zum Wunderheiler wurde; seine Gegenwart und seine Worte hatten die Macht, seinen Anhängern Gesundheit und Leben wiederzugeben.

Die tragischen Ereignisse, die seinen Tod ausmachten, erhoben seine Lehren schließlich zum Erhabensten und Heroischsten. Er lehrte mit seinem Leben und bestätigte mit seinem Tod die ganze Gültigkeit der Botschaft. Seine Passion war der Stempel, der allen nachfolgenden Generationen aufgedrückt wurde, die Größe seines Lebens und seiner Lehre.

Der Inhalt seiner Lehre ist einfach in seiner transparenten Erhabenheit. Er richtet sich auf das Innerste des menschlichen Herzens, an die persönlichen Gefühle zu seinesgleichen. Mit seiner Lehre, Liebe für die Feinde zu empfinden und denen zu vergeben, die beleidigen, versetzte er dem Racheverhalten der semitischen Volksstämme einen direkten und erschütternden Schlag.. Seine Worte über den Großmut gegenüber den Elenden und Eingeschränkten und die Betonung, dass die Armen die Welt besitzen würden, strahlte er ein Licht der Hoffnung aus. Er beanspruchte nicht die Güter dieser Welt und sein Königreich. Er maß sich auch nicht an der Macht und dem Reichtum und der Nichtigkeit, mit der man die weltlichen Werte misst.

Die Evangelien stellen uns Jesus vor, wie er seinen Jüngern predigt. Von diesen wählt er zwölf aus, die Apostel genannt werden. Er wird dargestellt, wie er mit einer Frau an einem Brunnen, der frisches gibt, redet und ihr sagt, dass er frisches Wasser geben kann, das nicht aus einem Brunnen geschöpft werden muss. Man sieht, wie er eine Ehebrecherin verteidigt, die gesteinigt werden sollte, indem er die Umstehenden zurechtwies und ihnen sagt, dass derjenige, der keine Schuld auf sich geladen hätte, den ersten Stein werfen solle. Man hört ihn auch sagen, dass, wenn man seine Worte in die Tat umsetzt, es so ist, als baue man sein Haus auf Felsen und nicht auf Sand. Man bewundert ihn, weil er einem Besessenem den Dämon austreibt und einen reichen und verhassten Steuereintreiber besuchte.

Weise spricht er über politisch gefährliche Themen, wie das der Herrschaft der Römer. So sagt er, dass man Cäsar das gebe, was Cäsars ist und Gott, was Gottes ist, womit er ganz klar zwischen den säkularen und religiösen Aspekten des menschlichen Lebens unterschied. Er war somit ein ungerührt schlagfertiger Mann, womit er den Problemen entging, vor die ihn seine Gegner stellten. Als einige vor ihn traten und ihn fragten, mit welchem Recht er im Tempel lehrte, antwortete er ihnen: „Auch ich will euch eine Frage stellen. Sagt mir: „Stammte die Taufe des Johannes vom Himmel oder von den Menschen?" Da überlegten sie und sagten zueinander: wenn wir antworten: Vom Himmel, so wird er sagen: Warum habt ihr ihm dann nicht geglaubt? Wenn wir aber antworten: Von den Menschen, dann wird das ganze Volk uns steinigen. [...]. Darum antworteten sie, dass sie nicht wüssten. Jesus erwiderte: Dann sage auch ich euch nicht, mit welchem Recht ich das alles tue." (Lukas 20, 1-8).

Das Leben Christi war weder das eines Asketen noch das eines hinduistischen Heiligen mit einer langen Haartracht, der versucht, alle Wünsche loszuwerden, um die Gelassenheit zu erreichen. Er nahm an Festgelagen teil und verweigerte sich nicht, wenn bei einigen Gelegenheiten ihm Frauen reines und sehr kostbares Nardenöl auf den Kopf gossen (Markus 14, 1-5). Er bezieht sich auf sich selbst als der

„Menschensohn, der isst und trinkt" [...], von dem seine Feinde deshalb sagen, dass „er ein Vielfraß und ein betrunkener Freund der [...] Sünder sei" (Lukas 5, 33-35).

Zum Unterschied der meisten – und wahrscheinlich von allen – Religionsgründern spielt sich das Leben Jesu in der Normalität des täglichen Lebens ab. Und auch zum Unterschied der meisten anderen gibt es Frauen, die in seiner Geschichte eine wichtige Rolle ausfüllen. Sie begleiten ihn zusammen mit seinen Jüngern und unterstützen ihn finanziell. Es sind Maria, die Betrachterin von poetischem Geist, und Martha von praktischem und entschlossenem Charakter. Noch andere sind Maria vom Jakobsbrunnen und Johanna, und auch Maria Magdalena, die vormals wahrscheinlich ein ausschweifendes Leben führte. Seine Familie ist ihm nahe, nicht nur seine Mutter, sondern auch andere Verwandte.

Das ist der große Unterschied zu Mohammed, bei dem ebenfalls Frauen auftauchen. Sie sind aber ganz eindeutig dem Willen der Männer untergeordnet und insbesondere auch zahlreiche Ehefrauen oder Liebhaberinnen des Propheten.

Mehr noch, die Frauen spielen eine überaus große Rolle speziell bei der Auferstehung, die für die Christen der Schlüssel sein würde für den Zusammenhalt und die Entwicklung der ersten Schüler bis zur Bildung von Gruppen, die schließlich zur Kirche übertreten würden.

Unmittelbar nach seinem Tod wurde er vom Kreuz abgehängt und sein Leichnam in ein neues Grab gelegt, das in einen nahe gelegenen Fels gehauen war. Die Frauen, die mit Jesus aus Galiläa gekommen waren, [...] sahen zu, wie der Leichnam in das Grab gelegt wurde. Dann kehrten sie heim und bereiteten wohlriechende Öle und Salben zu. Am Sabbat aber hielten sie die vom Gesetz vorgeschriebene Ruhe ein." (Lukas 23 55-56).

„Am ersten Tag der Woche gingen die Frauen mit den wohlriechenden Salben, die sie zubereitet hatten, in aller Frühe zum Grab. Da sahen sie, dass der Stein vom Grab weggewälzt war; sie gingen hinein, aber den Leichnam Jesu, des Herrn, fanden sie nicht." (Lukas 24 1-3).

An anderer Stelle heißt es: „Als Jesus am frühen Morgen des ersten Wochentages auferstanden war, erschien er zuerst Maria aus Magdala, aus der er sieben Dämonen ausgetrieben hatte." (Markus 16 9).

Es sprach nicht gegen den Reichtum, sondern dagegen, seine Hoffnung auf ihn zu setzen. Seine Beispiele sind voll von Szenen des täglichen Lebens, seiner Teilnahme an Essen und Gelagen, vom Säen und Ernten auf dem Feld. Voll des Lobes spricht er vom reichen Samaritaner, der einem Armen half, der überfallen worden war, den er in eine Herberge brachte und sich dort um ihn kümmerte. Er durchzog die staubigen Wege und ermüdet setzte er sich an die Seite seiner Jünger.

Jesus lehrte einfach nur, dass Gott, der einzige Schöpfer des Universums, dem Menschen nah war, in liebender Nähe und dass man ihn deshalb „Vater" nennen konnte.

In fast allen Religionen sticht die Bedeutung hervor, das man den „Goldweg" des menschlichen Verhaltens nennt. In den Worten Jesu heißt das: „Tu den anderen nicht an, was du nicht möchtest, dass man es dir antut." Aber in keiner anderen Religion gibt es die unumstößliche Nächstenliebe als hauptsächliche Kraft, die das Leben des Menschen inspirieren soll.

Seine zentrale Lehre findet ihren bewundernswerten Kristallisationspunkt in der „Bergpredigt" (Matthäus Kap. 5). Als er die Menge sah, stieg er auf einen Hügel, um sie zu belehren, indem er ihnen sagte: Selig sind die Armen im Geiste; denn ihnen gehört das Himmelreich. Selig sind die Trauernden; denn sie werden getröstet werden. Selig sind die, die keine Gewalt anwenden; denn sie werden das Land erben. Selig sind die, die hungern und dürsten nach der Gerechtigkeit; denn sie werden satt werden. Selig sind die Barmherzigen; denn sie werden Erbarmen finden. Selig sind die, die ein reines Herz haben; denn sie werden Gott schauen. Selig sind die, die Frieden stiften; denn sie werden Söhne Gottes genannt werden. Selig sind die, die um der Gerechtigkeit willen verfolgt werden; denn ihnen gehört das Himmelreich […]" (Matthäus Kap. 5).

Diese Ausdrücke sind hart in ihrer sanften Süße. Sie sind über die Möglichkeiten menschlichen Handelns hinaus fordernd. Es sind aber keine eindeutig definierten „Gebote". Sie spiegeln Haltungen wider. Mit einem semitischen schneidenden Stil brechen sie mit der Art in der Gesellschaft zu handeln.

Als Christus selbst während seiner Passion geohrfeigt wurde, hielt er nicht die andere Wange hin, sondern verteidigte sich: „Wenn ich falsch gesprochen habe, so sag es mir, und wenn nicht, warum schlägst du mich?" Er fordert sein Recht, keine Niederträchtigkeit erleiden zu müssen, aber er macht es im Zusammenhang inneren Friedens, der keine Rache sucht.

Man kann die Seligsprechungen der Bergpredigt nicht leben. Aber sie können dem Sinn des menschlichen Lebens den Weg leuchten. Mit schüchternen Pinselstrichen zeichnen sie das Ideal, das existieren und Lebensnorm sein sollte. Sie sind unerreichbar, aber nicht zurückzuweisen. Sie sind Geist und Leitfaden. Wenn Gesellschaft, Politik und Wirtschaft nach diametral entgegengesetzten Kriterien handeln, so bleibt nur die Antwort von Kierkegaard: Sie sind ausgesprochen, damit wir über uns selbst als Gesellschaft lächeln können und dass wir uns schämen, wenn wir sehen, wie weit entfernt unsere Taten davon sind, frei und rein bei der Lebensführung zu sein.

Die Liebe ist der Eckstein. Der heilige Paulus drückt dies strahlend in seiner Hymne aus: „Das Größte von allem ist die Liebe", und Sankt Augustin bestätigt dies in einem Ausdruck so übertrieben wie bedeutungsvoll: „Liebe und tu, was du willst". Die Liebe ist eine in sich definierbare und eingrenzbare Tugend. Man kann nicht von liebvollem Handeln im christlichen Sinne reden, sondern von der Liebe als Bestandteil aller menschlichen Lebensführung. In antithetischer Ausdrucksweise hätte es vielleicht mehr Relevanz zu sagen:

Verpflichtung ohne Liebe ist verdrießlich; Verpflichtung mit Liebe ist fruchtbar und dauerhaft.
Verantwortung ohne Liebe ist rücksichtslos; Verantwortung mit Liebe sucht Gewinn.
Glaube ohne Liebe wird zu Fanatismus; Glaube mit Liebe ist einladend.
Macht ohne Liebe ist gewalttätig; Macht mit Liebe erzeugt Wohlbefinden.
Ehre ohne Liebe ist arrogant; Ehre mit Liebe ist bescheiden.
Aktionswille ohne Liebe ist Geiz; Aktionswille mit Liebe ist schöpferisch. (K6, S. 84-85).
Die höchsten Leitlinien des Christentums sind zusammengefasst in:
Der Glaube daran, dass Gott durch den gekreuzigten und wiederauferstandenen Christus gesprochen hat.
Der Glaube an den einzigen und allmächtigen Gott, den wir „Vater" nennen können.
Der Glaube an die Macht des Geistes Gottes, der sich in Christus gezeigt hat.

Jesus hat keinen Katechismus erarbeitet. Die großen Prinzipien gehen aus seinen kurzen Worten und seiner Haltung zum Leben hervor, auf die wir Bezug genommen haben. In seiner Lehre sind einige Doktrinen enthalten, wie die von Gott als höchsten Richter der Menschen und der Strafe für die, die Böses tun. Einige der Sakramente oder Riten des Christentums leiten sich unmittelbar vom Leben Christi ab, wie die Eucharistie, eine Wiederholung des letzten Abendmahls mit seinen Aposteln, bevor er seinen Feinden übergeben wurde und starb. In der traditionellen Überlegung über den großen Reichtum des Vermächtnisses Jesu versuchen die ersten christlichen Generationen – und auch die darauf folgenden – dies mit den philosophischen Konzepten der Zeit zu erklären. Es wird angenommen, dass der Inhalt dieser von Gott inspirierten Überlegungen ebenfalls dem Überlieferungsgut der christlichen Glaubenslehre zugehörig ist. Damit hat sich der konzeptuelle Reichtum des Christentums begründet.

Ein Großteil dessen, was wir christliche Doktrin nennen könnten und der besonders in den verschiedenen „Credos" zusammengefasst ist, speziell im Erlass des Konzils von Nicäa, leitet sich von den Betrachtungen ab, die spätere Generationen über die Bedeutung des Lebens Christi anstellten.

Die Phasen der späteren Erarbeitung des Christentums ausgehend vom Leben Christi spielten sich zunächst in der Praxis der ursprünglichen Christen jüdischer Herkunft ab. Danach in den Predigten des heiligen Paulus, dem das Entstehen und die Struktur der christlichen „Kirchen" zu verdanken sind. Die Begegnung mit der griechischen Philosophie erzeugt Fragen bezüglich des Sinnes der neuen Religion und der Bedeutung des Lebens und der Person Christi. Viele „Kirchenväter" erarbeiten sie in diesen Begriffen. Der Bedeutendste unter ihnen ist Origenes, der dem eine dauerhafte Wende gab. Später ragt Sankt Augustin heraus. Als im Laufe der Zeit, in der sich das Christentum als offizielle Religion des dekadenten römischen Imperiums etablierte, entwickelten sich weitere Merkmale. Diese festigten sich während der Zeit, in der mit der Zerstörung des Imperiums die Kirche zu einer großen Gestalterin dessen wurde, was wir heute westliche Zivilisation nennen.

CHRISTOLOGIE

Berührt von der Geschichte Jesu, seinen Worten und seinem Tod begannen die Urchristen, die Bedeutung seiner Person verstehen zu lernen. Jesus hatte sich nicht deutlich, sondern nur mit Hinweisen von ungenauem Inhalt wie „Menschensohn" definiert, die in hohem Masse seine Menschlichkeit hervorheben. Er präsentiert sich als Prophet, als Gottes Bote für das jüdische Volk (Lukas 13-33), aber er sagt nichts über seine persönliche Identität. Ungeachtet dessen ist seine eigene Person, um es so auszudrücken, Teil seiner Botschaft, wenn er sagt: „Wer mich empfängt, empfängt denjenigen, der mich gesandt hat" (Matthäus 10.40). Jesus sprach mit einer außerordentlichen aber bescheidenen Autorität, fern jeglicher Arroganz. Im Gegensatz zur Bergpredigt sagt er zu verschiedenen Anlässen ganz eindeutig (Matthäus 5, 21-48): „Ihr habt gehört, was euren Vorfahren gesagt wurde […], ich aber sage euch". Er bezieht sich nicht nur darauf, keinen Ehebruch zu begehen, sondern auch keine Frau anzuschauen und sie zu begehren, auf die Unart zu fluchen und auf die Justiz von der Art „Aug um Auge, Zahn um Zahn." .

Dies sind die historisch anerkannten Daten. Hiervon ausgehend fragen sich seine ersten Schüler und in vorherrschender Weise der hl. Paulus nach der Identität dieses Mannes. Hatte er doch eine derartige moralische Kraft ausgestrahlt, geführt ohne sich aufzudrängen, ihren Leben Sinn gegeben, ohne sich zu definieren. Die

Bezeichnungen „Gottes Sohn" in einigen Passagen der Evangelien spiegeln diese Überzeugung wider. (Markus 1,11), so auch der Ausdruck „Gott hat seinen Sohn geschickt, um zu tilgen […]" in einem Brief des hl. Paulus an die soeben gegründeten christlichen Kirchen (Gal. 4.4-5). [20]

Als sie diese Anstrengung fortführten, um den Sinn der Person Jesus zu verstehen, trafen die ersten Christen auf Konzepte der griechischen Philosophie über die „Weisheit" Gottes (Logos), die man am Anfang als Attribut der Gottheit verstand, so wie es auch sein Erbarmen und seine Gerechtigkeit sind. Philon von Alexandria (15 v. Chr. – 50 n. Chr.) ist ein Jude, der zur griechischen Philosophie Kontakt aufgenommen und die Schriften mit seinen Ausdrücken neu interpretiert hatte. Er unterscheidet auf der einen Seite zwischen der unendlichen Transzendenz Gottes als höchstes Wesen, auf der anderen Gott, der außerhalb seiner Selbst im Universum handelt. Dieses nennt er „Logos" (das Wort als Ausdruck dessen, der ihn äußert), das heißt Gott in Beziehung zur Schöpfung. Von da ausgehend hätte man begonnen, die Bezeichnung als Person zu verstehen, als etwas Persönliches in Gott, als eine Art von persönlicher Erscheinung desselben Gottes.

Die Christen begannen, als sie versuchten die Identität und die Person, das Leben und die Worte des außergewöhnlichen Propheten Jesus zu verstehen, diese dem Hellenismus entnommenen Ausdrücke zu benutzen. Jesus hatte alle Möglichkeit, sein Leben und seine Worte zu verstehen, hinter sich gelassen. Aber man musste versuchen zu verstehen, wer dieser große Meister war. Logos Gottes war ein zutreffender Ausdruck. Diese Interpretation begann sich beim hl. Paulus zu zeigen: „Er, der in göttlicher Gestalt war, beharrte nicht anspruchsvoll darauf, Gott gleich zu sein, sondern er entäußerte sich selbst und nahm Knechtsgestalt an" (Phil 2, 6-7) und eindeutig beim hl. Johannes, indem er den Ausdruck in die eigenen Worte Christi legt: „denn ich urteile nicht allein, sondern ich und der Vater, der mich gesandt hat. […]. Ich bin es, der über mich Zeugnis ablegt, und auch der Vater, der mich gesandt hat. (Joh 8, 16-18).

So vertieft sich der Gedanke mehr als in der Predigt vom hl. Paulus, der einfach feststellt: „Jesus Christus […], sein Sohn, der dem Fleisch nach geboren ist als Nachkomme Davids, der dem Geist der Heiligkeit nach eingesetzt ist als Sohn Gottes in Macht seit der Auferstehung von den Toten". (Röm 1, 3). Der hl. Ignatius von Antiochien behauptete schon vor dem Jahr 107 in seinem Brief an die Magne-

---

[20] Es ist faszinierend wie die Inspiration, die von der Person Jesus Christus ausging, sogar Personen erreichte und erhellte, die hinreichend als „weltlich" bekannt waren, wie Oscar Wilde und seinem Leben voller Eitelkeit und Tragödie. Wenige schrieben wie er in seinen Briefen– aus dem Gefängnis - über Christus mit solcher Freude und Größe. Er beschrieb ihn als den größten Poeten und als einem Kunstwerk. (W 5, S. 62-96)

sier, dass Jesus Christus „seit aller Ewigkeit mit dem Vater war und schließlich in der Zeit erschien" (E3, n. 44).

Jesus selbst, zum Skandal derer, die ihm zuhörten, behauptet: „Noch ehe Abraham wurde, bin ich. Da hoben sie Steine auf, um sie auf ihn zu werfen. Jesus aber verbarg sich und verließ den Tempel". (Joh. 8, 58-59). Diese 'Lesarten' und Interpretationen des Sinnes des Lebens Christi findet man bewundernswert dargestellt und erklärt in den ersten erhabenen Sätzen des Evangeliums des hl. Johannes: „Am Anfang war das Wort (Logos) und das Wort war bei Gott, und das Wort war Gott. [...] Und das Wort ist Fleisch geworden und hat unter uns gewohnt und wir haben seine Herrlichkeit gesehen, die Herrlichkeit des einzigen Sohnes vom Vater, voll Gnade und Wahrheit. [...] Denn das Gesetz wurde durch Mose gegeben, die Gnade und die Wahrheit kamen durch Jesus Christus. [...]" (Joh. 1, 1-18).

Über diese Worte, die eine vorherige Existenz und eine Einheit mit Gott ausdrücken, würden die Christen sich weiter Fragen stellen und schließlich dazu kommen, die ontologische Dreieinigkeit zu definieren.

DIE ERLÖSUNG

So wie sich die Urchristen nach der Bedeutung der Person Jesus fragten, so stellten sie sich auch die Frage nach der Bedeutung seines Todes, ein schmählicher Tod, den er angstvoll auf sich nahm und der im Widerspruch zu seiner Natur zu stehen scheint.

Erste Erklärungen finden wir in der Apostelgeschichte, die die Ereignisse in den ersten Jahren der Verbreitung der Doktrin erzählt, und auch in den Briefen des hl. Paulus an die Gemeinden, die sich nach und nach bildeten.

Die erste Betrachtung war einfach die, dass der Tod Christi die Ablehnung seiner Doktrin durch die Juden beinhaltete und folglich, dass diese neue Lehre universell und sicherlich nicht nur für die Juden war. (Apg., Kap. 3,3 und 10). Nach und nach fand man einen tieferen Sinn. Sein Blut war für viele vergossen worden. Wenn man das Letzte Abendmahl betrachtet, bei dem Jesus Brot und Wein zum Gedenken an sein Leben gelassen hatte, liest man: „Dann nahm er den Kelch, sprach das Dankgebet, reichte ihn den Jüngern und sie tranken alle daraus. Und er sagte zu ihnen: ‚Das ist mein Blut, das Blut des Bundes, das für viele vergossen wird'". (Markus 14, 22-24). Das heißt, dass sein Tod einen speziellen Sinn hatte, den man mit der Zeit als „Rechtfertigung", als Erlösung verstand. Dieser Gedanke wird eindeutig im Brief an die Römer geprägt, wenn es heißt: „[...]Alle haben gesündigt und die Herrlichkeit Gottes verloren. Ohne es verdient zu haben, werden sie gerecht, dank seiner Gnade durch die Erlösung in Christus Jesus. Ihn hat Gott dazu bestimmt, Sühne zu leisten mit seinem Blut. [...]" (Röm. 3, 23-25).

Hier haben wir bereits die Bedeutung des Blutes. Die Menschen waren Gott entfremdet. Das Blut Christi rechtfertigt und befreit sie und erzeugt Versöhnung. Rechtfertigung ist ein juristischer Ausdruck, der besagt, dass ein Richter etwas „rechtfertigt", d. h. er befindet, dass ein Angeklagter nicht schuldig ist, dass er kein Schuldiger sondern gerecht ist. Erlösung bedeutet also, die Freiheit von jemandem zu erkaufen, der sie verloren hatte. Ein Sklave wurde erlöst, wenn jemand eine Summe Geld bezahlte, um seine Freiheit zu erwirken. Der „erlöst", gibt die Freiheit.

Versöhnung bedeutet gütig, gnädig stimmen. Die Sünden eines jeden, die Sünden der Menschen haben die Beziehung zu Gott zerstört. Als Folge des Todes Christi wird diese Beziehung wieder hergestellt, und es wird von Gottes Seite gegenüber den Menschen ein guter Wille erzeugt. Gott wird gnädig.

So erhalten wir eine erste Deutung des Todes Christi, der diejenigen, die an ihn glauben, gerecht macht, ohne dass sie ihre schlechten Taten zu rechtfertigen hätten. Eine andere Art, dies auszudrücken, ist eben, dass er sie befreit, sie von der moralischen Sklaverei erlöst, an die sie gekettet waren. Die ganze Leidensgeschichte Jesu bewegt das Herz Gottes, und lässt ihn gnädig gegenüber den Menschen werden.

Der hl. Paulus ist der große Darsteller der Rettung, die wir in Christus finden. Er fasst zusammen, indem er sagt: „Wir, die wir an jenen glauben, der Jesus, unseren Herrn, von den Toten auferweckt hat. Wegen unserer Verfehlungen wurde er hingegeben, wegen unserer Rechtfertigung wurde er auferweckt." (Röm. 4, 24-25).

Alle anderen tief gehenden Gedanken des Christentums wurden ausgehend von den Prinzipien der Evangelien ausgearbeitet, allerdings in späteren Phasen. So die Dreieinigkeit, Jesus als Person zweifacher Natur, die Kirche als Inhaberin der Gnade [...]

DIE ENTWICKLUNG DES CHRISTENTUMS

Die ersten Anhänger der Lehre Christi versammelten sich um Petrus, nachdem die Erschrockenen während der Passion geflüchtet waren. Alle waren Juden der unteren Gesellschaftsklassen.

Schon in der Zeit begannen sich Unterschiede herauszubilden, die der Bewegung Richtung geben und sie zu einer „katholischen", d. h. universellen Religion machen sollten, jenseits ihrer jüdischen Wurzeln.

Die ersten „Christen" hatten zwei Ausprägungen, auch wenn alle Juden waren. Die einen waren weiterhin dem Judaismus und seinen Praktiken treu, wogegen andere, die in erster Linie ausgewanderte (Diaspora) Juden waren und normalerweise Griechisch sprachen, begannen sich von der strikten Praxis des Gesetzes Mose zu entfernen.

Die Lebendigkeit, die die Urchristen ausstrahlten war so, dass einige Heiden, d. h. nicht Juden, begannen, sich für den neuen Glauben zu interessieren. Es gab Widerstände, sie zu akzeptieren, weil sie die Vorgaben der Thora nicht einhielten, aber schließlich setzte sich Petrus durch, indem er betonte, dass die neuen Gläubigen sich den jüdischen Vorgaben wie die Art der reinen oder unreinen Nahrungsmittel nicht zu unterwerfen hatten, sondern an der neuen Gemeinschaft teilhaben konnten: „[...] Auch den Heiden hat Gott die Umkehr gegeben, die zum Leben führt" (Apg. 11, 18).

Von außerordentlicher Bedeutung für die erste Kirche war die Umkehr eines der grausamsten Christenverfolger, Saulus. Dieser war ein gewalttätiger und harter junger Jude, der in die Häuser der Gläubigen eindrang, die Leute herausholte und sie in das Gefängnis steckte. Er war es, der den ersten Märtyrer Stephanus steinigte und tötete.

Allerdings fiel er bei seiner Verfolgungsjagd, auf dem Weg nach Damaskus, von seinem Pferd und hörte eine Stimme, die ihm sagte: „Ich bin Jesus, den du verfolgst" (Ppg 9,5). Saulus zu Paulus bekehrt, begann zu predigen und christliche Gemeinden im gesamten Bereich des römischen Imperiums einzurichten.

Einige Gläubige hatten sich zerstreut, als Stephanus gestorben war. Sie waren nach Phönizien und sogar auf die Insel Zypern geflüchtet, von wo aus sie nach Antiochien (heutige Türkei) gingen. Dort trafen sie auf viele, die die frohe Botschaft mit Freuden aufnahmen. Sie riefen den gerade konvertieren Saulus, der – unterstützt von Barnabas – ein Jahr dort blieb und die erste „Kirche" gründete. Dort gab es noch immer eine Kontroverse darüber, was die neue Doktrin bedeutete, als sich einige, die aus Judäa kamen, sich der Gemeinde von Antiochien anschlossen. Aber man bedeutete ihnen, dass sie sich gemäß der Gepflogenheiten Mose beschneiden mussten, weil sie sonst nicht gerettet werden könnten. Die Unstimmigkeiten hatten ein solches Ausmaß, dass es zu dem kam, was man das erste „Konzil" der Kirche nennen könnte, es wurde in Jerusalem einberufen. Dort wurden die Unstimmigkeiten schließlich durch das Wort von Petrus beigelegt, der verneinte, dass man den neuen Christen, die vorher Heiden waren, Praktiken auferlegen müsste, „ein Joch, das weder eure Väter noch ihr selbst habt ertragen können" (Apg. 15, 10).

Auf diese Weise, befreit aus dem ursprünglich jüdischen Kokon, begründete sich die institutionalisierte christliche Kirche mit universeller Berufung.

Henri Bergson, der große französische Philosoph, behauptet in seiner klaren Analyse, dass Moral und Religion entweder von einer Stammesidentität getragen werden können oder von einer universellen Konzeption der Conditio humana. Das Alte Testament spiegelt den ersten Fall wider, eine geschlossene Gesellschaft; das Neue Testament den zweiten, eine offene Gesellschaft. Stammesverhalten ist geschlossen und ausschließend. Die offene Gesellschaft ist in dem Sinne einschließend, dass sie für andere als die Anhänger einer bestimmten Gruppe attraktiv ist. Das Christentum erkennt die Universalität der Conditio humana an und akzeptiert sie. Dies war der große Schritt, der vom Judentum ausgehend, gemacht wurde.

Nach und nach verbreitete sich die „Frohe Botschaft" im Mittleren Orient, der zu jener Zeit eine Gegend von griechischer Sprache und Kultur inmitten des Römischen Imperiums war.

Die ersten Gemeinden, die sich nach und nach gründeten, hatten eine sehr einfache und zwanglose Form. Was sie einigte, war der Glaube an Jesus, der die Rettung gepredigt hatte und hingerichtet worden, aber am dritten Tag wieder auferstanden war. Der Glaube an die Auferstehung war die Klammer, das Signal, das sie einte und ihnen Festigkeit und Wert verlieh. Ihre Praktiken waren einfach. Sie versammelten sich zum Gedenken an das Letzte Abendmahl ihres Meisters, bei dem er ihnen als Andenken Brot und Wein gegeben hatte, die seine Person darstellten. Sie versammelten sich also, um „das Brot zu brechen" und es unter den Anwesenden zu verteilen.

Es wurde eine Initiationszeremonie eingeführt, die die Taufe oder die symbolische Reinigung mit dem Wasser war. Mit der Zeit, aber durchaus noch in der Urkirche, kamen die Worte hinzu: „Im Namen des Vaters, des Sohnes und des Heiligen Geistes" (Matthäus 28, 19). Das bedeutet, dass schon am Anfang, als man über die Bedeutung der Person Jesus und der Aktion des Heiligen Geistes, der sich in den ersten Versammlungen nach seiner Auferstehung gezeigt hatte, begonnen hatte, das sich abzeichnende Konzept der Dreieinigkeit zu entwerfen. Diese gibt es noch nicht als eindeutiges ontologisches Konzept eines einzigen Gottes aus drei verschiedenen Personen, eine Überlegung, die in späteren Konzilen zum Dogma erhoben wurde. Es gibt jedoch eine „Dreifaltigkeit" in dem Sinne, in dem der erste Märtyrer Stephanus erfüllt vom „Heiligen Geist" Gott sah und zu seiner Rechten Jesus Christus (Ppg. 7, 55). In seinen Briefen grüßt der heilige Paulus häufig so: die Gnade Jesu Christi, des Herrn, die Liebe Gottes und die Gemeinschaft des Heiligen Geistes" (2 Kor. 13, 13).

Mit der Versammlung dieser Personen, die denselben Glauben hatten, entstanden die Gemeinden. Diese hatten keine weitere Struktur, sodass man begann, sie auf Griechisch „Ekklesia" zu nennen, das man mit „Versammlung" übersetzen kann. Der hl. Paulus benutzte dieses Wort sehr häufig, wenn er sich an die verschiedenen im Mittelmeerraum verstreuten Gemeinden richtete, so die Kirche von Ephesus, die von Korinth ...

Die Gemeinschaft der Gläubigen wurde von dem am meisten respektierten Teilnehmer geleitet, der sehr häufig der Älteste, der „Presbyter" war. Die Verantwortung, die verschiedenen Funktionen in der Gemeinschaft zu erfüllen, wurde symbolisch mit der „Handauflegung" übertragen.

Die unterschiedlichen Funktionen in der Gemeinschaft wurden entsprechend des „Charisma" oder auch der Geschicklichkeit oder des besonderen Talentes wegen erteilt, die ein jeder hatte. Das konnte Predigen, Verwalten, Missionieren sein. Dennoch war es so, dass es in diesen Urgemeinden einen demokratischen Geist mit geringen hierarchischen Strukturen gab. Die Stellungen des Bischofs oder des sakramentalen Priesters, dessen Funktion die Ausübung der sakramentalen Riten sein würde, waren noch nicht klar, sie zeichneten sich gerade mal ab. Im Brief des hl. Paulus an die Galater wird dieser gleichheitliche und demokratische Begriff klar mit den Worten beschrieben: „Denn ihr alle, die ihr auf Christus getauft seid, habt Christus (als Gewand) angelegt. Es gibt nicht mehr Juden und Griechen, nicht Sklaven und Freie, nicht Mann und Frau; denn ihr alle seid eins in Jesus Christus". (Gal. 3. 27-28).

DIE CHRISTLICHE MORAL

Die Tatsache, dass die Urchristen sich als Gruppe von Personen verstanden, die wegen ihres Glaubens und nicht wegen ihrer Herkunft und Gewohnheiten vereint war, führte dazu, dass die übrigen Menschen in den Gesellschaften, in denen sie florierten, sie nicht nur wegen ihres Glaubens sondern auch wegen ihres unterschiedlichen Verhalten als seltsame, isolierte Einheit wahrnahmen. Die Christen selbst waren sich dessen ebenfalls bewusst. Somit entstand die erste Religion, die die Grenzen der Herkunft und der Stammeszugehörigkeit überwand und die bewusst eine universelle Berufung annahm, das heißt eine „katholische", so der griechische Ausdruck.

Das Urchristentum orientierte sich nicht an einer gemeinschaftlichen Disziplin, deren Beachtung den Einzelnen zum guten Menschen machen würde, sondern appellierte – ein ungewöhnliches Vorgehen in der Religion – an das individuelle Gewissen. Man handelte nicht moralisch, weil man die Vorgaben erfüllt, sondern weil man ihre Geltung innerlich annimmt und innerlich beschließt, ihnen entsprechend zu handeln. Der Dekalog, das sind die Zehn Gebote, die Gott nach der jüdischen

Überlieferung Moses gegeben hatte, definierten die grundlegenden moralischen Prinzipien, die sich das Christentum zueigen machte. Du sollst die Frau deines Nächsten nicht „begehren" war eine moralische Verpflichtung, von deren Einhaltung keiner Zeugnis ablegen konnte.

In der Entwicklung des späteren Christentums ist die Begründung dieser Gewissensfrage eindeutig. Der Mensch ist durch seine Taten und durch sein Bewusstsein bei deren Ausführung schuldig. Die Taten zählen nicht, sondern das Bewusstsein um sie. Wenn also jemand, der Böses getan hat und um Vergebung bittet, wie es z. B. bei der „Ohrenbeichte" der Fall ist, d. h. bei einem Beichtvater, der dazu befugt ist. Nicht dadurch kann die Verantwortung für eine unmoralische Handlung gelöscht werden. Sie kann gelöscht werden, wenn man sie bereut. Die Beichte als solche ist wirkungslos ohne ein Mindestmaß an Reue auch Zerknirschung genannt, was Reue aus Furcht bedeutet, nicht aus Liebe, d. h. aus innerem Gewissen heraus. Im Übrigen ist dies eins der Aspekte, mit denen das Christentum auf die moderne demokratische Gesellschaft Einfluss genommen hat, nämlich mit der Betonung des Individuums und seiner Taten. Das Christentum als Religion nimmt unmissverständlich das individuelle Gewissen als Leitlinie der moralischen Handlung dazu.

Die Aspekte der christlichen Moral wurden in den ersten Jahrhunderten des Christentums sichtbar. Aristides, ein christlicher Apologet der ersten Jahrhunderte betont genau diese Aspekte als diejenigen, durch die sich die Christen unterscheiden.

„Diese begehen keinen Ehebruch, haben keinen unerlaubten Geschlechtsverkehr, legen kein falsches Zeugnis ab, begehren nicht die Güter der anderen, ehren ihre Väter und Mütter und lieben ihre Nachbarn. Sie sind bei ihren Entscheidungen gerecht. Was sie nicht wollen, dass es ihnen geschieht, tun sie den anderen nicht an, [...] wenn sie Sklaven haben, Männer, Frauen oder Kinder, so drängen sie sie dazu, sich zu Christen bekehren zu lassen [...] und wenn sie es tun, dann betrachten sie sie als Brüder. Sie sind nicht überheblich, sie sind freundlich und bescheiden und ehrlich und sie lieben einander [...]. Der reiche Christ teilt großzügig mit denen, die keine Reichtümer besitzen. Den Fremden nehmen sie in ihrem Haus wie Brüder auf [...], denn Brüder zu sein hat keine leibliche, sondern eine spirituelle Bedeutung" (W3, S. 8-9).

Dieser moralische Begriff hat sich im Christentum erhalten. Man könnte sagen, dass er Grenzen überschritten hat. Er überrollte das ganze Leben und in vielen Fällen die Predigt. Besonders im Katholizismus wurde in vielen Fällen eine nur noch moralisierende Predigt daraus.

DIE PARADIGMEN

Die christlich-jüdische Kirche gestaltete sich in der beschriebenen Weise. Ganz allmählich zeichnete sich ihr eigenes Profil ab, das das Fundament der „katholischen" Kirche sein würde. Wir können sie als griechische Version der Kirche sehen, da sie sich an die griechische Kultur anpasste und sich in die griechische Gesellschaft eingliederte. Dieser Prozess begann mit dem hl. Paulus.

Dementsprechend ließen sich christliche Gemeinden an der Mittelmeerküste entlang innerhalb des römischen Imperiums nieder. Dabei trafen sie allerdings auf das Problem der Akkulturation. Sie lebten in einer Gesellschaft, die sich, auch wenn sie viele regionale Unterschiede akzeptierte – das römische Imperium war immer tolerant – als eine Kultur definierte, die auf der griechischen Philosophie und Wissenschaft fußte, im legalen und administrativen Sinn jedoch auf die Römer bezog. Alle Götter waren lokale Götter, sodass sich eine Art Landkarte der Bürgerschaft ergab.

Die Begegnung mit dieser Gesellschaft hatte zwei verschiedene Tendenzen zu Folge. Die eine führte zur Christenverfolgung. Die andere suchte sich den Strömungen griechischen Denkens mit seinem altpersischen Einfluss anzupassen, was in seiner extremen Ausformung zum Gnostizismus führte.

Auf der einen Seite wurden die Christen als fremde Einheit gesehen, die sich an den religiösen Synkretismus des Imperiums nicht anpasste, wie es fast alle anderen Religionen, die aus den unterworfenen Völkern, mit Ausnahme des Judentums getan hatten. Dieses beschränkte sich weiterhin, auch in der Diaspora, auf die besondere Herkunft der Gläubigen. Es hatte kein Ansinnen darauf, die anderen „bekehren" zu wollen. So ließ man es als fremdes Element bestehen, da es keine religiösen Ambitionen außerhalb seiner Gemeinde hatte. Die Christen hingegen, die die Römer kaum von den eigentlichen Juden unterscheiden konnten, stellten eine kulturelle Bedrohung dar. Ihre Götter passten nicht in das römische Paradies, das alle Götter aufnahm, alle mit fabelhaften Geschichten sagenumwoben. Hier handelte es sich um eine Religion, die sich auf eine historische Person bezog, die darüber hinaus auch noch hingerichtet worden war. Diese Christen hielten sich auch von den vorherrschenden zügellosen Gewohnheiten fern. Ihre moralische Reinheit kennzeichnete sie als verschieden. Dadurch kam es zur ersten Christenverfolgung. Sie flüchteten in die Katakomben und die Menschheit wurde mit den heroischen Figuren ihrer Märtyrer versehen.[21]

---

[21] Zu diesem Thema siehe auch das Kapitel „Religion und Macht" in diesem Werk.

Andere „denkende" Christen öffneten sich den verschiedenen philosophischen Tendenzen, die vor allem im östlichen Teil des Imperiums verbreitet waren. Sie trafen auf die gnostische Denkströmung. Gnosis heißt Erkenntnis und machte eine außerordentlich bedeutende religiöse Tendenz aus. Sie wollten das Mysterium des menschlichen Lebens und die Notwendigkeit seiner Erlösung ergründen. Es handelte sich um eine Gesamtheit von Ideen, die über dem Zeitgeist schwebten, die im Prinzip jedoch ein Amalgam aus dem griechischen Neoplatonismus und dem persischen Denken von Hormuz und Ahriman.

Das gnostische Denken konzentrierte sich auf die Betrachtung, dass es in der Welt ein Prinzip des Bösen gab, ein physisch existierendes Wesen, das Ursprung des Bösen war, dem die Menschen in ihrem täglichen Leben begegneten. Es war die Antithese von Gott, dem Prinzip des Guten. Man nannte es mit unterschiedlichen Namen. Einer davon war „Demiurg", das Prinzip des Bösen, das die Welt und alles Materielle erschaffen hatte. Deshalb war die Erlösung, die Befreiung notwendig, was für viele einfach eine Vergeistigung bedeutete, die alle materiellen Aspekte – und sicherlich auch die sexuellen – im Leben des Menschen ablehnte.

Diese Strömung enthielt Vergleichbares im Christentum, das bereits mit dem hl. Paulus Christus als „Erlöser" konzipiert hatte. So begann man gnostische Gruppen zu bilden; das heißt Christen, die nicht von den ersten Gemeinden getrennt waren, sondern als Teil von ihnen die Botschaft bereichern wollten.

So entstanden Gemeinden mit starkem gnostischem Einfluss, über deren Glauben man in der Ortschaft Nag Hammadi in der Wüste Ägyptens Reste von Schriften in gnostischer Sprache gefunden hat (K6, S. 173-188). Vor Kurzem hat der Fund des so genannten „Judasevangelium" unsere Erkenntnis über den bedeutenden Einfluss des Gnostizismus als häretische Tendenz in den ersten Jahrhunderten bereichert. [22]

Sicherlich bedrohte diese gnostische Tendenz die Identität selbst des Christentums, weil sie eine Neigung zum Mystifizieren hatte, und das gegenüber einer Religion, die sich als historisch verstand. Der Gnostizismus neigte sehr zum Synkretismus und nahm einer Religion Wert und Kraft, die vorgab, die universelle Wahrheit zu besitzen und dabei war, Märtyrer hervorzubringen.

Irenäus und Origenes, Denker die großen Einfluss auf die Herausbildung des christlichen Gedankengutes haben mussten, äußerten sich kritisch gegenüber den gnostischen Tendenzen. Dennoch fanden sich einige Elemente des Gnostizismus

---

[22] Dieses „Evangelium" beschreibt, dass Judas kein Verräter war, sondern dass es, als er Jesus den Juden übergibt, eine Vereinbarung erfüllt, die er mit ihm getroffen hatte, die eine günstige Gelegenheit ergab, um sich durch den Tod von der Materie zu befreien. Dies hat eindeutig gnostische Züge.

insbesondere die Schlechtigkeit der Materie in späteren Häresien wie dem Manichäismus, so auch im Werk des hl. Augustinus wieder. Bis zum heutigen Tag hatten sie großen Einfluss auf das Christentum, insbesondere bezüglich der negativen moralischen Bewertung des menschlichen Körpers und der „beschämenden" Sexualität. Sie ist sehr verschieden von deren Verherrlichung in einigen Ablegern des Hinduismus.

Ausgerechnet dadurch, dass sich die christlichen Denker mit der gnostischen Erklärung ihres eigenen Glaubens konfrontiert sahen, mussten sie das Fundament und die Bedeutung ihres Glaubens erläutern. Von da leitet sich der „Kanon" ab (d. h. die Regel oder das Instrument, mit dem man misst), der die Schriften, von denen man annahm, dass sie authentisch die Lehren Jesu und die Entwicklung der ersten Kirchen darstellten, mit einbezieht.

Als er gegen die „Häretiker" der Zeit schrieb, also gegen die Gnostiker, schuf Irenäus zum ersten Mal etwas, was wir als „Credo" erkennen können, ähnlich dem Glaubensbekenntnis, das heute in den Kirchen gesprochen wird. Er schreibt es und bekräftigt, dass er lediglich die Meinungen der verschiedenen christlichen Kirchen ausdrückt. Dasselbe glauben „die Kirchen, die in Germanien gegründet wurden, die der Kelten, die des Orients, die von Ägypten, die von Libyen und die, die im Zentrum der Welt (d. h. Rom) entstanden sind" (E3, Anm. 191-4).

Die Gnostiker behaupteten, dass das Alte Testament, das die Ereignisse nach der Schöpfung berichtete, die Geschichte des bösen Gottes sei, d. h. die des Demiurgen, der die Welt und die Materie erschaffen hatte. Dagegen stellte das Neue Testament, das aus den vier Evangelien und den Briefen der verschiedenen Apostel sowie der Apokalypse bestand, die Taten des Gottes des Lichtes dar, des wahrhaftigen Gottes, der gekommen war, um die Menschen zu erlösen. Und so, mittels der Schriften einiger Väter der Urkirche und insbesondere des hl. Irenäus, etablierten sich die anerkannten Bücher, der Kanon der Heiligen Schrift, der die vom Judaismus geerbten Bücher, die des Alten Testamentes, mit einschloss. (U2, S. 80-81)

Ein weiterer Aspekt der Definition war das Episkopat als Kernfunktion der Kirche, das mit seiner Lehre die gesamte Doktrin, die Tradition und die Leitlinie aufrechterhält. Dies würde sich im Laufe der Zeit zum Konzept der apostolischen Folge verwandeln, d. h. dass die Bischöfe als Nachfolger der Apostel angesehen wurden, an deren oberster Stelle der Bischof von Rom steht, der Papst.

Es ist also interessant zu sehen, wie genau im Gegensatz zur ersten Spaltung innerhalb der Kirche sich die drei großen Prinzipien etablieren, die ihr Stärke und Einigkeit verleihen. Die Regel der Doktrin, die Regel der Heiligen Schrift und die Definition dessen, wer die Autorität besitzt, diese Regeln aufzustellen, die Bischöfe nämlich (K6, S. 187).

Auch wenn die Übertreibungen des christlichen Gnostizismus zu einer Abgrenzung führten, die dabei half, Voraussetzungen zu definieren die bis dahin vage und allgemein verstanden wurden, so trat die griechische Philosophie immer weiter in das christliche Denken ein und stellte Instrumente bereit, mit dem das Mysterium vom Leben und Sterben Jesu tiefer gehend verstanden werden konnte.

Schon beim hl. Johannes erscheint Jesus als im Logos, im Wort Gottes bereits Existierender. Mit seiner Fleischwerdung macht Gott sich gegenwärtig, leibhaftig gegenwärtig in der Welt.

Die Eingliederung der griechischen postplatonischen Philosophie in das Christentum dauert fort und verleiht ihm eine neue Dimension. Damit entsteht zum ersten Mal die große kosmische Vision vom Christentum. Als das geschieht, sieht man sie als eine neue Religion, die im Gegensatz zu vielen anderen (wir könnten fast behaupten von allen) solch Größe und Selbstsicherheit hat, dass sie andere Philosophien der Zeit in sich aufnimmt, die ihrerseits zu ihrer Bereicherung beitragen. Das bedeutet, dass, davon ausgehend, dass die neue Religion sich dem Gegensatz und der Befruchtung anderer Gedanken öffnet, sie sich als der Vernunft nicht feindlich etabliert und ihre Bedeutung durch die Problematik festigt, die die Welt ihrer Zeit erlebt.

Der große Denker, der mit Genie und Freiheit in die Bedeutung des Christentums durchdrang, indem er die Instrumente der griechischen Philosophie und Kultur nutzte, war Origenes (185-254) im 3. Jh. nach Christus. In seinem Buch „De principiis" (d. h. über die Prinzipien der christlichen Religion) behauptet er, dass das, was zu glauben ist, in der kirchlichen Predigt enthalten sein muss, die von den Aposteln kommt. Gleichzeitig aber bekräftigt er, dass es viele Dinge gibt, von denen „wir wissen, was sie sind, jedoch noch nicht einmal wissen, wie sie sind oder zu verstehen sind: *„quomodo autem aut und sint siluerunt"* [23] (E3, Anm. 444). Deswegen haben sie offen gelassen, woran die Interessierten ihren Geist üben könnten: *qui amatores essent sapientiae, exercitium habere possent, in quo ingenii sui fructum ostenderent* [24] (ibidem). In diesen grundlegenden Sätzen zeigt es sich, wie die christlichen Denker immer weiter Gebrauch von der Vernunft machten, um die Doktrin, die sie predigten, zu verstehen. Häufig bekundet Origenes, dass man über einige Punkte nichts sagen kann, wenn man auf die Schriften und die Überlieferung zurückgreift, weswegen wir Gebrauch von der Vernunft machen müssen. Um dies zu tun, benutzten sie, ein jeder zu seiner Zeit, die vorherrschende Philosophie. Hiermit erhält das Christentum eine Dimension von Rationalität, die in ande-

---

[23] Sie behielten Schweigen darüber, was sie sind und woher sie kommen.
[24] Damit die, die die Wissenschaft lieben, ihren Geist üben können und dessen Fruchte zeigen können.

ren Religionen wie dem Islam oder dem Judaismus nur gebraucht wird, um legalistisch die Tauglichkeit menschlichen Handelns zu definieren oder einfach die Angemessenheit der Rituale wie z. B. im Hinduismus zu definieren.

Die große Problematik des Guten und des Bösen hellte sich auf. Der Ursprung aller Dinge war Gott, der alles Existierende erschaffen hatte. Sein Schöpfungsakt war eine risikoreiche Entscheidung, weil er der erhabensten Kreatur, den Menschen, der eine Mischung aus Materie und Geist ist, die Fähigkeit gab, frei zu entscheiden. Durch die Sünde tritt das Böse in die Welt. Es handelte sich um das vorhandene Böse, das von allen Menschen in der Zeit erkennbar war und das sich schließlich in der gesamten menschlichen Problematik zeigte, in der Eifersucht, dem Neid, dem Hass und den Kriegen, die nichts weiter als die Folge des Bösen waren, diesem ersten Bösen, das im Willen des Menschen bestand, überheblich seine Freiheit zu leben, ohne sich dem Willen Gottes zu unterwerfen.

Indem er so in das Böse eingeführt wurde, nämlich als Frucht seiner eigenen Handlung, war der Mensch zu einer schrecklichen Situation verurteilt, aus der er nicht aus eigener Kraft herauskommen konnte. Im Gegenteil, wie in einem Sumpf versank er immer weiter darin. Darauf folgt die Rettungsaktion von Gott selbst, von seinem Wort, das schon vorher war wir er seit dem Beginn aller Zeiten. Mit einer Großzügigkeit, die man nur göttlich nennen kann, nimmt Logos die Form und die Wirklichkeit des Menschen in Jesus von Nazareth an. Gott macht sich zum Menschen. Er hätte den Menschen allein durch die erhabene Tatsache vom Bösen befreien können, mit ihm eins geworden zu sein. Aber er ging darüber hinaus. Sein Leben sollte durch das Opfer gekennzeichnet sein. Er nimmt seine Opferung an, um die Kleinheit des Menschen und die Größe Gottes zu bezeugen. Mit diesem Opfer, das er durch die Passion, die Kreuzigung und den Tod Jesu erbringt, erlöst und befreit Gott selbst den Menschen vom Bösen, dem er durch den falschen Gebrauch seiner Freiheit verfallen war.

DIE PHILOSOPHISCHE BETRACHTUNG

So blieb im Denken der Kirche das Konzept der Dreifaltigkeit erhalten, der Existenz eines einzigen Gottes, der jedoch aus drei unterschiedlichen Wesen bestand. Der Vater, der den Sohn mit der Mitwirkung des Heiligen Geistes in Jesus Fleisch werden lässt. So erscheint es bereits deutlich bei Origenes. Dennoch bleiben viele Fragen darüber offen, „wie" diese göttliche Beziehung und insbesondere wie die Gegenwart Gottes in einem Menschen zu verstehen ist.

Dies würde die Aufgabe der Denker und der späteren Konzile sein, die schließlich der Lehre eine vollständige Struktur verschafften, die eine bewundernswerte philosophische Kohärenz aufweist, die der Religion einen vielleicht übertriebenen rationalen Charakter verleiht. (U2, S. 73-98).

Die einfachste Erklärung, jedoch auch die für das Volk der Gläubigen am besten angepasste, war die des Adoptionismus, die einfach bekräftigte, dass Jesus vom Vater als Sohn adoptiert worden war und somit dessen Natur erhalten habe. Andere erklärten diese Beziehung, indem sie sagten, dass Christus eine Erscheinung des Vaters sei, ähnlich der Avatar der hinduistischen Götter. Diese primitiven Erklärungen hatten nie großen Bestand. Man erreichte keine definitive Erklärung, bis dass die Gedanken der großen Denker in Gegensatz zueinander traten, die sich der mysteriösen Wirklichkeit viel bewusster waren und der man eine konzeptuelle Interpretation geben musste.

In der Tat kam es zu einem tiefen Bruch, der die Kirche für viele Jahre teilte. Es kam zu einer Kontroverse, die die Einberufung der Ökumenischen Konzile notwendig machte. Ein bemerkenswerter Prediger fragte sich nach Jesus Christus, der Form seiner Präexistenz und seiner Beziehung zu Gottvater. Er hieß Arius, ein Mann, der zutiefst vom Monotheismus überzeugt war, d. h. von dem Glauben an die Existenz eines einzigen, transzendenten, allmächtigen, ewigen und unveränderlichen Gottes. Christus war sein Sohn, ein Sohn, der vor aller Zeit erschaffen worden war, noch vor der ganzen Schöpfung. Der Sohn war deswegen also eine Art von Zwischenglied zwischen dem einzigen und ewigen Gott und die übrige Schöpfung.

Der große Gegner Arius war Athanasius (295-373), späterer Bischof von Alexandrien. Athanasius akzeptierte nicht, dass der Mensch von einem Jesus Christus hätte erlöst werden können, der nicht tatsächlich Gott selbst gewesen wäre, sondern ein – wenn auch auserlesenes – Geschöpf. Damit die Erlösung überhaupt stattfinden könnte, hätte Christus wirklich Gott sein müssen, eins mit dem Vater. Er konnte nicht einfach ein „anderer" Gott sein. Deshalb bekräftigt er in seinem Brief an das Konzil von Nizäa, dass der Sohn im Vater ist, mit ihm eins ist (E3, Anm. 754).

Von Athanasius stammt auch der großartige Satz, der vielen christlichen Mystiker Anlass gab, Gott in sich selbst zu suchen und zu finden. Er behauptet: „Er ist Mensch geworden, damit wir zu Göttern werden" (*Ipse homo factus est, ut nos dii efficeremur*) (E3, Anm. 753).

Der Konflikt zwischen den beiden Auffassungen über die Dreifaltigkeit übertrat den Rahmen der Predigten an die Gläubigen und wandelte sich in ein politisches Problem. Es war genau in der Zeit, in der sich ein großer institutioneller Wandel des Christentums ereignete, als wegen der Konvertierung des Kaisers von Konstantinopel die Gläubigen sich von einer missachteten und verfolgten Minderheit zur einflussreichsten Gruppe des Imperiums gewandelt hatten. Im Jahre 313 erklärte der Kaiser die Glaubensfreiheit, womit er den Christen ein weites Betätigungsfeld überließ. Dennoch kam zur selben Zeit ein schwerer Konflikt auf, der in Arius und Athanasius personifiziert war. Die religiösen Rivalitäten schädigten die Einheit des Imperiums und insbesondere auch einige Gruppen wie die westgotischen Germanen, die den Arianismus angenommen hatten.

Vor diesen Bedrohungen war es der Kaiser selbst, der das erste Konzil der universellen Kirche zusammenrief, das in Nizäa, in einem Palast nahe dem eigentlichen kaiserlichen Palast in Nikomedia (heute Türkei) abgehalten wurde. Bei dem Konzil wurde festgestellt, dass Gott sich vollständig in Christus gezeigt hätte und dieser somit „von derselben Substanz sei wie der Vater, Gott von Gott, Licht von Licht, wahrhaftiger Gott aus wahrhaftigem Gott, nicht empfangen, nicht geschaffen sondern vom selben Wesen wie der Vater." (E4, Anm. 54). So lautet das „Glaubensbekenntnis von Nizäa, das, zusammen mit einer späteren Erweiterung des Konzils von Konstantinopel die grundlegende Formulierung des Glaubens des gesamten Christentums darstellt. Das Konzept von der „Wesensgleichheit mit dem Vater" wird im Griechischen mit dem Wort „homoousios" ausgedrückt, das über viele Jahre das grundlegende Wort war, das die Unterschiede mit den Häretikern der Zeit ausdrückte. Offensichtlich ergab das griechische Wort eine Anpassung philosophischer Ausdrücke an die Klärung des Mysteriums des Wesens Christi und der Erlösung. (U2, S. 59-61).

Im Kapitel „Religion und Macht" in diesem Werk erwähnen wir einen anderen Aspekt des Konzils von Nizäa, der quasi eine Symbiose zwischen dem Politischen und Religiösen darstellt und der sich in den folgenden Jahrhunderten durchsetzen würde.

Um das Konzept von Nizäa von der Dreifaltigkeit zu vervollständigen, fehlte ein wichtiges Element. Die Position und das Wesen des Heiligen Geistes, der schon in den Evangelien und den ersten Briefen der Apostel sehr häufig im Zusammenhang mit dem Vater und dem Sohn genannt wurde. Wie konnte dann die Identität des hl. Geistes erklärt werden?

Der neue Kaiser war es, der Spanier Theodosius, der im Jahre 381 das Konzil von Konstantinopel einberief, um Form und Inhalt zu diskutieren und zu entscheiden, die die Einbindung des Heiligen Geistes in der Dreifaltigkeit nehmen sollte. Dort setzte sich durch, dass „dieser der Herr ist und lebendig macht, der aus dem Vater hervorgeht, der mit dem Vater und dem Sohn angebetet und verherrlicht wird, der gesprochen hat durch die Propheten" (E3, Anm. 86).

Damit endete die philosophische Betrachtung darüber, was die Dreifaltigkeit bedeutete, und man setzte einen Schlusspunkt unter das große Problem, das der Glaube an einen einzigen Gott und Herrn innerhalb eines absoluten Monotheismus darstellte, wenn gleichzeitig die Existenz von „drei Göttern" bekräftigt wurde.

Hier zeigt sich jedoch das Problem, das jede Religion hat, wenn sie ihren Glaubensinhalt der rationalen Betrachtung öffnet und die in der Zeit üblichen Begriffe benutzt, die von der Philosophie der Epoche gefärbt sind. Im Konzil von Nizäa spricht man von einem Wesen in Gott, wogegen man in der Betrachtungsweise von Konstantinopel von der Dreifaltigkeit spricht, die aus drei Wesen besteht. Dieses terminologische Problem wurde von Gregor von Nazianz mit dem Ausdruck erklärt: ein Wesen in Gott (ousis oder physis auf griechisch) aber drei Personen (*Hypostasis*, Substanz, Wesen, *prospa* auf Griechisch). (U2, S. 90-91).

Darüber hinaus galt es noch einen anderen dunklen Punkt zu beleuchten. Dieses war, um es so auszudrücken, für die Christen von größerer Bedeutung als die Überlegungen über die die Dreifaltigkeit und bezog sich auf das Wesen von Jesus Christus. Es hatte sich bereits durchgesetzt, dass er Gottes Sohn und dem Vater und dem Heiligen Geist gleich war. Darüber hinaus jedoch, und trotz seines göttlichen Wesens war er ein Mensch, der sich mit den Sündern zum Essen setzte, durch die staubigen Wege von Galiläa zog und schließlich, ans Kreuz gehängt, einen Stoß mit der Lanze des römischen Soldaten erhielt, die die letzten Blutstropfen aus seinem Herzen fließen ließ. Wer oder Was war Jesus Christus endlich in seiner Beziehung zur Dreieinigkeit? Welche Verbundenheit konnte es zwischen seinem Wesen geben, das gleichzeitig göttlich und menschlich war? (U2, S. 82-85).

Die am meisten herausragenden Deutungen und in Prinzip gegensätzlichen waren die zwischen der Schule von Alexandrien mit dem Patriarchen Kyrill von Alexandrien und die von Nestorius, Patriarch von Konstantinopel. Die erste stellte eine vollständige Einheit des Göttlichen und der Person von Christus auf. Christus war eine göttliche Person, daher die Bezeichnung „monophysitisch", die man der Bewegung gab. Der Logos Gott hatte sich in Christus eine menschliche Natur gegeben aber seine Person war keine menschliche Person. Im Gegenteil, Nestorius und seine Anhänger vertraten einen Unterschied zwischen dem menschlichen und dem göttlichen Wesen Christi, davon ausgehend, dass Gott dennoch sein Menschsein erhalten wollte. Die Kontroverse konzentrierte sich eine Zeit lang auf die Begriffe „Muttergottes" oder „Mutter Christi", die die Jungfrau Maria bezeichneten. Das Konzil von Ephesus bestimmte, dass es der Begriff „Theotokos" zu sein hätte, d. h. Muttergottes (E4, Anm. 111). (U2, S. 85).

Das Problem war dennoch nicht gelöst. Die Kontroversen gingen weiter und davon ausgehend, dass das Christentum zur offiziellen Religion unter dem Kaiser

Theodosius geworden war, so hatten alle diese Zwiespältigkeiten gleichzeitig auch politischen Charakter. Die wichtigsten Vertreter der Kontroversen erfüllten die Funktion von politischen Führern mit Kyrill I. und Dioscorus, sein Nachfolger, als die hauptsächlichen Agitatoren. Aus diesem Grund wurde ein zweites Konzil von Ephesus abgehalten – im Nachhinein nie von der Kirche anerkannt –, bei dem die Dissidenz so groß und der Kampf um die Macht so dominierend waren, dass Papst Leo I. ausrief: „Es war kein Konzil, es war Betrug" (K6, S. 234).

Schließlich berief die Kaiserin Pulcheria und ihr Gatte Marciano mit dem Papst Leo 451 das Konzil von Chalcedon ein, das alle diese Debatten klären und beenden sollte. Es nahm Abstand von der ursprünglichen Kontroverse zwischen Monophysiten und Nestorianern und definierte schließlich, Christus sei „wahrhaftiger Gott und wahrhaftiger Mensch, aus Vernunftseele und Leib, wesensgleich dem Vater der Gottheit nach, wesensgleich uns der Menschheit nach" (E4, Anm. 148).

Damit wurde die große Kontroverse begründet, die die anfängliche Betrachtung der Evangelien und der ersten Apostel über den „Vater, den Sohn und den Heiligen Geist" mit einschlossen.

Mit diesen Konzilen endet eine zutiefst wichtige Epoche des Christentums. Die einfache Lehre Christi aus dem Neuen Testament, das ein Beispiel zeigt, das nachzuahmen, einen Weg, dem zu folgen ist, war komplizierter geworden. Im Verhältnis zu den Konzepten und der griechischen Sprache lässt sich diese Religion, die mehr als andere offen für rationale Erwägungen ist, darauf ein, die unerreichbaren Mysterien zu definieren, gerade weil sie auf Gott bezogen sind. Mit wunderbarem Wagemut steigt sie in die Höhen der rationalen Erwägungen hinauf, um ihren Glauben zu verstehen. Das Christentum zeigt und so den Reichtum seines Inhaltes und das Wagnis, sich der philosophischen Betrachtungen der ‚Zeit zu öffnen. Mit einer anderen Philosophie in anderen Zeiten wären das Mysterium der Dreifaltigkeit und das Wesen Christi sicherlich auf anderer Weise ausgedrückt worden. Es ist das Problem der nicht erfüllten Aufgabe, das zutiefst Unaussprechliche mit Worten auszudrücken, da es sich um ein unfassbares Mysterium handelt.

Diese Konzile sind die feste Grundlage der gesamten christlichen Doktrin und bilden somit die gemeinsame Basis für alle späteren Spaltungen der Kirche. Wie wir weiter sehen werden, war die Trennung der römisch katholischen Kirche von der byzantinischen orthodoxen – das Neue Rom – ein tragischer Bruch, ein eher politischer als religiöser Bruch. Es war der erste und bedeutendste vor den protestantischen Reformen des 16. Jh. Alle Gruppen mit christlichem Namen – von kleinen Gruppen wie die Kopten abgesehen – bekräftigen ihren Glauben und sind sich in der Deutung der ersten Konzile bis zu dem von Chalcedon einig.

Die ersten Konzile, angeführt von Nizäa, öffnen einer sehr starken Veränderung des Christentums die Tür. Und das nicht nur in Bezug auf die Klarstellung des Glauben an Jesus Christus und dessen Rolle bezüglich der Göttlichkeit, sondern auch auf die Einmischung der temporären Macht auf kirchliche Angelegenheiten. Nizäa war vom Kaiser von Konstantinopel einberufen worden, nicht vom Papst. Beim Konzil wurden nicht nur Angelegenheiten definiert, die im direkten Zusammenhang mit dem Glauben standen, sondern es entstand auch eine neue Organisation der Kirche im Einvernehmen mit der institutionellen Struktur des Imperiums. In jeder Provinz des Imperiums sollte es auch eine kirchliche Provinz geben, der jeweils ein großstädtischer Bischof vorstand und eine Kreissynode, die insbesondere damit beauftragt war, die Bischöfe des Bezirkes zu wählen. Mit dem Ziel, eindeutig die Hierarchie zu bestimmen, die in den großstädtischen Kirchen herrschen sollte, stellten sich die Hauptsitze als Patriarchate auf, an erster Stelle Rom gefolgt von Alexandrien, Antiochien und Jerusalem. Später würden sich einige dieser Patriarchate, die maßgeblich bei der Abspaltung der Kirche des Morgenlandes waren, ändern.[25]

DER HL. AUGUSTINUS UND DIE KATHOLISCHE KIRCHE

Der hl. Augustinus war ein außerordentlicher christlicher Denker, dessen langes Leben (354-430) genau mit dem Ende des weströmischen Imperiums und die Besetzung Roms durch den Barbaren Alarich zusammenfiel.

Augustinus lebte in einer Zeit von transzendentaler Bedeutung, einem wahrhaftigen geschichtlichen Wendepunkt der Kirche des Abendlandes. Er war es, der mit seinem tief greifenden und unerschöpflichen Denken und seiner fruchtbaren und eleganten Feder eine Bedeutung für seine Epoche fand und in großem Maß die Entwicklung des europäischen Christentums durch das, was man später Mittelalter nennen würde, hindurch bis zur protestantischen Reform.

Augustinus war in seiner ganzen Auffassung und Kultur ein authentischer Römer, auch wenn er in der Peripherie des Imperiums, in Hippo, einer kleinen Stadt im heutigen Algerien, geboren wurde und dort seine große intellektuelle Entwicklung hatte.

Sein Werk offenbarte den Einfluss der traditionell lateinischen Kultur und der Geschichte seiner Jugend. Als Sohn eines Beamten der römischen Regierung war

---

[25] Die Problematik der Einführung der christlichen Religion als offizielle des Imperiums und die sowohl religiösen als auch politischen Konsequenzen daraus werden im Kapitel „Religion und Macht" genauer dargestellt.

er vollständig von seiner Kultur geprägt. Er hatte kaum Zugang zum griechischen Denken im Gegensatz zu fast allen vorhergehenden Kirchenvätern, die mit der griechischen Sprache und dem griechischen Denken vertraut waren. Er war ein Römer mit dem römischen Konzept von Autorität, Organisation und Recht. Diese Merkmale bestimmten ihn bei seinen Betrachtungen über die Kirche. Er begriff sie als eine Antithese zum Imperium, gleichzeitig aber auch als Spiegel, als Abbild mit gegensätzlichem Sinngehalt, jedoch mit ähnlichem institutionellem Konzept. Was zählte, war das Imperium als Träger der Kultur; was wichtig war, war die katholische Kirche als Trägerin der Erlösung.

Sein ganzes Werk war gefärbt von seiner Erfahrung als Jugendlicher, als flüchtiger Manichäer und durch ein Leben, das er selbst später als zügellos ansah und durch das er einen Sohn bekam, den er anerkannte und immer begleitete.

Der Manichäismus war eine christliche Sekte mit gnostischen Elementen, die von dem Perser Mani 216-276) eingeführt wurde. Er brachte dem Christentum Konzeptionen, die sich vom Zoroastrismus ableiten (Zarathusthrismus, wie man es aus dem Werk Nietzsche kennt). Mani, der in eine christliche Kirche in Mesopotamien hineingeboren wurde, war sehr von der Lehre des uralten Propheten Zoroaster beeinflusst. Dieser lehrte, dass es zwei Prinzipien im Universum gibt, Hormuz, der strahlende Gott des Guten, der der Schöpfer der Welt ist, in der wir lebten, und Ahriman, der Geist des Bösen, der in permanenter Opposition zum guten Schöpfergott steht und versucht dessen Schöpfung zu zerstören. Alle Gewalt, Unordnung und Schlechtigkeit stammen von Ahriman.[26]

In einigen dieser Versionen wurde der gute Gott als der Schöpfer des Geistes angesehen, wobei der böse und zerstörerische Gott Schöpfer der Materie war. Materie und Geist stehen in ständigem Konflikt zueinander. Die Materie und insbesondere alles, welches bedeutet, sich ihrem Diktat zu unterwerfen, wie es der Geschlechtsakt ist, ist schlecht an sich und wegen ihrer Konsequenz, der Verbreitung von Materie in Form von neuen Personen, die aus dem Geschlechtsakt erzeugt werden. Mani behauptet, dass Christus auf die Welt gekommen sei, die Lichtfunken zu befreien, die in jedem Menschen versunken sind, deren Strahlung durch das Böse, das in seinem Körper aus Materie wurzelt, verdunkelt ist.

Dieser Manichäismus blieb in der ganzen Kirche bestehen, zwar nicht in seiner autonomen Form mit der ganzen belehrenden Bandbreite jedoch als moralische Haltung. Diese Strömung der Moralauffassung blieb hauptsächlich durch das Werk

---

[26] Der Zoroastrismus überlebt auch heute noch insbesondere bei den Parsen, einer kleinen und einflussreichen Gruppe in Indien.

des hl. Augustinus bestehen und fand ihren Höhepunkt in einigen Häresien des Mittelalters, insbesondere in der der Katharer.

Die Größe und sogar Erhabenheit des Denkens gaben uns an den größten christlichen Denker, der die Grundlagen errichtet hat, auf denen ein großer Teil der konzeptuellen und institutionellen Entwicklung der römisch katholischen Kirche beruht.

Sein Beitrag ist vielfältig, kann jedoch in fünf großen Kapiteln gefasst werden: die katholische Kirche und ihre Sakramente; die Trinität; die Erbsünde; Gnade und Ethik; die Philosophie der Geschichte aus religiöser Sicht, der Gottesstaat; die Prädestination.

In dem, was seine hohe Meinung von der Funktion der Kirche betrifft, erscheint sein Ausdruck – cum grano salis – skandalös: „Ich würde nicht an Christus glauben, wenn mich die Autorität der Kirche nicht davon überzeugen würde". Nicht Christus also, sein Leben und seine Lehre sind die reine Quelle, aus der die Erlösung kommt, sondern die Institution Kirche als Institution und Lieferantin jeglicher Gnade. Sicherlich ist sein Denken wesentlich nuancierter als es manchmal in bestimmten brillanten Ausdrücken erscheint. Zum Beispiel hinsichtlich des Glaubens an unsichtbare Dinge bezieht er sich darauf, wie unglaublich es wäre, dass von einem Gekreuzigten, der vor der gesamten Gesellschaft gescheitert sei, eine Lehre ausging, die die ganze menschliche Art hört und ersehnt. Dies ist das Wunder, das die Glaubwürdigkeit des Glaubens bezeugt *(miraculum divinum quod in nomine unius crucifixi universum genus currit humanum)* [27] (E3, Anm. 1614).

Sein Konzept von der Kirche zielte auf einige Elemente, die dieser eine feste Struktur verschaffen würde, den Mörtel, den Beton, der die verschiedenen Teile, aus der sie besteht, festigen würde. In seiner Heimat Afrika hatte sich die Sekte der Donatisten ausgebreitet, die – beeinflusst von einer Strenge und Frömmigkeit, die sich häufig im Christentum wiederholen würde – behaupteten, dass ein Sakrament wie die Taufe, die Beichte oder die Ordinierung nicht gültig seien, sofern sie von unwürdigen Bischöfen oder Priestern gespendet worden wären. Sie waren fundamentalistische Moralisten, wenn der Ausdruck angebracht ist. Dagegen behauptet Augustinus, dass die Einheit der Kirche und ihre Handlung, Gnade und Erlösung zu gewähren, nicht von der Qualität ihrer Minister abhängt, sondern vom Wesen derselben Institution. Es ist die Lehre, die „ex opere operato" genannt wird. Das bedeutet, dass alle Sakramente gültig und als Gnadenspender wirksam sind, sofern sie von jemandem gespendet werden, der die Autorität dazu hat, ohne sich um die Moral desjenigen zu kümmern. Mit klingendem Wort ruft Augustinus aus, dass „die Reinheit der Taufe nicht von der Reinheit oder dem Schmutz des Gewissens

---

[27] Es ist ein göttliches Wunder, dass die ganze menschliche Art dem Namen eines Gekreuzigten folgt.

dessen abhängt, der sie spendet oder sie erhält, sondern sie kommt aus einer anderen Quelle" (E3, Anm. 1645). Das Sakrament wirkt als Belohnung für die Guten und als Verdammnis für die Bösen, es hat aber die Kraft in sich (E 3, Anm. 1647).[28]

Hiermit wird die objektive Größe der Kirche begründet. Auf diesen Prinzipien entwickelt sie sich während des Mittelalters mit großen Heiligen und unredlichen Menschen, politische und kriegerischen Päpsten, denkenden Päpsten oder Mäzenen der Kunst, bescheidenen und gütigen Päpsten. Alle diese sind Träger der Größe der Kirche, sie definieren und bestimmen aber nicht deren Wesen mit ihrem Verhalten.

Augustinus betont, dass die Kirche Inhaberin und Verteilerin aller Gnade ist. Von dort folgt man der in den folgenden Jahrhunderten weitgehend wiederholten Lehre, dass es „außer der Kirche keine Erlösung gibt". Fast alle Dokumente zu diesem Thema, stützen sich auf das Johannesevangelium: „Wenn jemand nicht aus Wasser und Geist geboren wird, kann er nicht in das Reich Gottes kommen" (Joh. 5.3). Mit brillantem Wort, wie er es zu tun pflegt bekräftigt er, dass der Mensch Ehre hat, Halleluja singen, „Amen" antworten kann, er tun kann, was er will, die Erlösung jedoch kann er ausschließlich durch die katholische Kirche erlangen (E3, Anm. 1858).

Die zwei Aspekte der Kirche als Institution, deren Wirkung auf den Menschen objektiv ist und unabhängig von dem, der das Sakrament spendet und die darüber hinaus Trägerin der Gnade ist, ohne die niemand erlöst werden kann, sind die Elemente die Augustinus erarbeitet hat und auf deren Fundament die Struktur der mittelalterlichen Kirche steht. Bereits im Jahr 1143 bezieht man sich auf Augustinus als Autorität insbesondere in „Gottesstaat" (*De Civitate Dei"*).

Der Mensch wird durch die Gnade erlöst, die er durch die Kirche erhält, nicht wegen seiner eigenen Taten oder dem moralischen Handeln. Pelagius, ein schottischer Mönch, der in jenen Jahren in Rom lebte, zielte auf den Weg zur Erlösung Menschen und betonte die Ausübung des Willens und der Freiheit. Der Mensch ist frei und durch die Ausübung des Willens, mit dem er versucht, dem Beispiel des Lebens Christi zu folgen, erlangt er die Erlösung. Sicherlich behauptete er, dass er hierzu wegen seiner Schwäche die Hilfe Gottes benötigte. Schon der hl. Paulus (2 Kor. 3, 5) legte fest, dass der Verdienst, den der Mensch haben kann, von Gott kommt *(sufficientia nostra ex Deo est)*. Augustinus radikalisierte über diese und ähnliche Texte die Interpretation von Pelagius, was ihn in eine Sackgasse führte,

---

[28] Thomas von Aquin sagt es in seinem bekannten mittelalterlichen liturgischen Vers: *„Vita bonis, mors est malis [...] vide quam sit dispar exitus"*.

besser gesagt auf eine Straße mit einer einzigen schrecklichen Ausfahrt hinsichtlich der Güte Gottes und der Erlösung des Menschen.

Gegen einen offensichtlich so ausgeglichenen und besonnenen Ausdruck wie der von Pelagius läuft Augustinus mit einer starken und extremistischen Doktrin Sturm. Diese ungestüme Haltung gründet sich auf seine Erfahrung als Sünder, die er in seinen „Bekenntnissen" erzählt. Auf dem Weg zur Bekehrung hat er trotz aller Willensanstrengung der Fleischeslust nicht entsagen können. Der Wille des Mannes war schwach. Es bedurfte dazu Gottes Gnade. Die Gnade ist „gratis", sie ist eine unverdiente Gabe. Aber der Mensch benötigt diese Gabe, um sich vom Bösen zu befreien. Er kann es nicht auf seine eigene Kraft gestützt selbst erreichen, und wenn er einen noch so starken Willen hat. Alle „Bekenntnisse" sind durchtränkt von diesem Gefühl der menschlichen Unfähigkeit, das Gute zu tun, auch wenn alle Kraft auf Gott gerichtet ist, weil, wie Augustinus wunderbar tief greifend bekräftigt: „Du hast uns für Dich geschaffen, und unser Herz ist unruhig, bis es in Dir ruhen kann" (E3, Anm. 1591).

Gottes Gnade bewirkt nicht nur, dass wir das Richtige erkennen, sondern dass wir es auch tatsächlich tun. Das verwirklicht Gott mit innerer Kraft in uns selbst, die „verborgen, innerlich, bewundernswert und unaussprechlich ist". Ohne Ihn können wir nichts Gutes wollen oder tun (E3, Anm. 1853-4; Anm. 1936). Diese schönen, jedoch übertriebenen Gedanken führen Augustinus zu seiner sehr kontroversen Behauptung und seinem furchtbarsten Konzept, das der Prädestination.

Augustinus selbst bekräftigt, dass er, indem er das Territorium betritt, auf dem die göttliche Gnade und der freie menschliche Wille zusammenleben, sich auf einen schwierigen Weg begibt. Er bestätigt den freien menschlichen Willen zu handeln und gleichzeitig die Notwendigkeit der Gnade, um richtig zu handeln. Er selbst räumt ein, dass „dieses ein schwieriges Problem ist, weil es so scheint, dass, wenn wir den freien Willen akzeptieren, wir gleichzeitig Gottes Gnade abstreiten, und wenn wir Gottes Gnade bestätigen, wir den freien Willen leugnen" (E3, Anm. 1856).

Um das schreckliche Dilemma noch weiter zu verwirren, stoßen wir auf das Mysterium der Prädestination, wie es Augustinus deutet. Gott als allerhöchstes und allmächtiges Wesen kennt die Menschen und mit seinem göttlichen Wissen weiß er, wer gerettet und wer verdammt wird. „Die Prädestination ist die Vorbereitung der Gnade und die Gnade die Gewährung der Prädestination" (E3, Anm. 1985). Es scheint die Aktion eines despotischen und grausamen Gottes zu sein. Er könnte verhindern, denen Leben zu geben, von deren Verdammnis er weiß. Wie können wir die Güte Gottes behaupten, seine wirkende notwendige Gnade und die frei Willensausübung des Menschen? Dies löst Augustinus auf eine Weise, die wir „rechtsverdreherisch" nennen könnten. Gott ist gerecht und barmherzig. Wegen seines Sinnes für Gerechtigkeit entrüstet er sich darüber, dass der Mensch durch seinen freien Willen Böses tut. Deswegen muss er ihn mit Verdammnis bestrafen. Aber dieser selbe Gott verwandelt sein Entrüsten in Erbarmen und schenkt denjenigen Gnade, die erlöst werden (E3, Anm.1872). Gott ist somit gerecht, wenn er verdammt und barmherzig, wenn er erlöst. Damit kippt er die Lehren, die zu der Zeit von der Kirche akzeptiert wurden, insbesondere die von Origenes, der die letztendliche Erlösung aller lehrte (K6, S. 349). (U2 S. 139).

Eng verbunden mit diesem Konzept erarbeitet Augustinus eine besonders strenge und zutiefst dramatische Lehre über die Erbsünde. Diese Tat des Ungehorsam von Adam und Eva, die Frucht des Baumes der Erkenntnis über Gut und Böse zu probieren, versteht Augustinus nicht nur als einen Fehler, der korrigiert werden muss, den man aber bereuen kann, sondern als eine Unordnung von erheblicher Tragweite. Nicht nur ihre Nachkommen sind betroffen – sie sind durch die Sünde zum Tode verurteilt – sondern kennzeichnet sie mit einer Situation der Feindschaft zu Gott, die sie bis zum Ende ihrer Tage mitschleppen und darüber hinaus als schreckliches Erbe an ihre Nachkommenschaft weitergeben müssen. Davon können sie nur durch die Gnade Gottes gerettet werden. Hier stützt er sich wiederum auf die Heilige Schrift, interpretiert sie aber nach vielen Kennern des griechischen Originals missbräuchlich. So sagte der Brief an die Römer (Röm. 5,12), dass „in ihm – in Adam – sündigen wir alle". Allerdings ist „in ihm" die Übersetzung vom griechischen „en ho", das wohl eher „deswegen" bedeutet. Demzufolge der Satz so gelesen werden müsste „deswegen erreichte der Tod alle Menschen". Es ist die erste Sünde, die von den Menschen wiederholt wird, es war aber nicht die Sünde aller Menschen.

So wandelt Augustinus mit einer sehr persönlichen und dramatischen Interpretation die Sünde Adam nicht nur zum Sündenfall, der ersten Sünde der Menschheit, sondern zur Erbsünde, die alle „begehen". Durch sie sind alle durch die einzige Tatsache, geboren zu werden, verdammt, soweit nicht die völlig bedingungslose Gnade Gottes wirksam wird.

Diese Deutung hatte großen Einfluss in der Kirche insbesondere während des Mittelalters. Darüber hinaus und auch aufgrund der persönlichen Erfahrungen von Augustinus ist sie mit der Fleischeslust verbunden. Augustinus, der manichäische Sünder, der seine jugendliche Lüsternheit nicht zügeln konnte, kommt fast dazu, diese Erbsünde mit der Fleischeslust gleichzusetzen, die offensichtlich in allen Menschen wirkt. Dieses hatte eine große Wirkung auf die künftige Entwicklung der Sexualmoral in der Kirche. Das Gebot des Zölibats der Priester sowie die ermüdende Betonung der geschlechtlichen Reinheit haben ihre tiefen Wurzeln im

Manichäismus, der in der Kirche wirksam wurde und in den Konzepten spiritueller Höhe, die sie beherrschen, aber eine wichtige Grundlage in den Schriften des heiligen Augustinus hatte der Heilige Vater. In seinen Konzepten war die Entwicklung der katholischen Kirche in allen folgenden Jahrhunderten festgeschrieben.

Die Art, das Mysterium der Dreifaltigkeit zu interpretieren, hat bei Augustinus „psychologische" Merkmale. Die Dreifaltigkeit ist Ausdruck von Gott, wobei der Sohn durch den Gedanken des Vaters erzeugt wird. Er ist das Abbild des Vaters, sein Wort. Der Heilige Geist stammt vom Vater – der Liebende – und dem Sohn – der Geliebte – wie der erhabene Atem seines liebenden Willens. Der Geist ist somit die Personifizierung der Liebe zwischen dem Vater und dem Sohn. Ein Teil dieser „Erklärung" wurde dem Glaubensbekenntnis von Nizäa und Chalcedon mit dem Wort „Filioque" hinzugefügt, das die Bekräftigung dafür bedeutet, dass der Heilige Geist vom Vater und dem Sohn stammt. Dieser Ausdruck ist einer der wenigen Elemente des Lehrstreites zwischen der römisch katholischen und der orthodoxen Kirche des Orients, die ihr Zentrum in Byzanz hatte und die heute ihre mächtigste Vertretung im Patriarchat von Moskau hat.

Die achtungsgebietende Figur des hl. Augustinus, mit der Größe seines Denkens, der Widersprüchlichkeit vieler seiner Ausdrücke, die Betonung auf die objektive Institutionalität der Kirche als Quelle der Erlösung bestimmt das historische Schicksal der katholischen Kirche. Augustinus bekräftigte sicherlich, dass die Kirche ihre ganze Seinsberechtigung in Christus hatte, nicht in der Tatsache, dass sie eine Institution sei, die von Petrus ausging, dem ersten unter den Aposteln. Mit den Worten von Joseph Ratzinger, heute Papst Benedikt XVI., der als Theologieprofessor das Werk des hl. Augustinus analysiert hat: „Christus sagte zu Simon, du bist Petrus. Der Fels ist Christus" (K6, S. 370).

In derselben Zeit, in der Augustinus mit seiner Lehre die Institution Kirche festigte, zeichnete sich in der kirchlichen Praxis die Vorherrschaft ab, die der Sitz der Kirche in Rom allmählich über den Rest der Kirche des Abendlandes erlangte. Schon 343 hatte das Konzil von Serdica den Bischöfen erlaubt, die von ihren Vorgesetzten, den Patriarchen, abgesetzt wurden, sich in letzter Instanz an den Sitz in Rom zu wenden.

Eine wichtige Etappe war die des Papstes Damasus zwischen 366-384, d. h. während der Jugendzeit von Augustinus. Dieser Papst von moralisch wenig erbaulichen Gewohnheiten war der erste, der seine Autorität auf das Zitat von Matthäus gründete (Mt 16, 18-19): „Du bist Petrus und auf diesen Felsen werde ich meine Kirche bauen […]. Ich werde dir die Schlüssel des Himmelreichs geben; was du auf Erden binden wirst, das wird auch im Himmel gebunden sein, […]".

Er begann den Sitz des Bischofs von Rom „apostolischen Sitz" zu nennen und versuchte die Referenzen mit der Schrift zu vereinigen und beauftragte den hl. Hieronymus mit ihrer Übersetzung ins Lateinische. Sein Werk ist als „Vulgata" bekannt, das bis zur Reformation als Quelle der Referenzen galt.

Sein Nachfolger, der Papst Siricius war der erste, der die Administration des römischen Sitzes in ähnlicher Art organisierte, wie es das römische Imperium tat. Der Bischof von Rom ordnet Dekrete *(decreta)* an, die für die übrigen Bischöfe verbindlich sind. Von den Provinzen werden Zweifel aufgeworfen, die nach Rom geschickt werden, die dort mit einer für jeden Fall angemessenen „responsa" – einer Antwort – beantwortet werden. Damit wird die Zentralisierung der Autorität initiiert, die unter Papst Innozenz weiter fortgeführt wird. Dieser bestimmt, dass die Entscheidungen der Konzile in der Provinz sich zunächst der Zustimmung des Sitzes in Rom unterzuordnen hätten. Dieser Prozess geht unter seinem Nachfolger Papst Bonifatius weiter, der bestimmt, dass, wenn Rom einmal sein Urteil gesprochen hat, es keine Berufung mehr geben kann. Später wurde dies in dem lapidaren Satz zusammengefasst: *„Roma locuta; causa finita"* (Rom hat gesprochen, das Problem ist beendet).

Diese ganze Reihe von Entwicklungen, die zur Zentralisierung der kirchlichen Autorität auf den Sitz des Papstes führten zur Lebenszeit von Augustinus, der sicherlich von ihnen wusste und mit seiner Lehre ihnen ein Fundament bot.

Das Werk Augustinus unterstrich nicht nur einige Tendenzen, die in der Kirche des Abendlandes seiner Zeit bereits klar waren, sondern es hatte auch großen Einfluss genau auf die „Häretiker", die sich in der Reformation loslösten und die Autorität des apostolischen Sitzes in Rom ablehnten. So wurde das Problem der Gnade und der Sünde, die bei Augustinus so dramatisch sind, in der Person Martin Luthers wiederbelebt. Dieser gab zwar diesem Problem eine Interpretation, die insofern sie sich auf die Schriften bezog, korrekt war, aber schief in einem einzigen Sinn des Glaubens als Retter, was wir weiter vorn behandeln werden. Vom moralischen Skandal abgesehen, den er während seines Aufenthaltes im zügellosen Rom der Renaissance mit Päpsten, die eher wie große Fürsten handelten statt wie religiöse und fromme Männer zu leben, war es für ihn persönlich darüber hinaus die augustinische Drangsal nach Gnade, Sünde und Reue, die die seelische Energie erzeugten, die ihn zu seiner Rebellion führten. Luther gehörte darüber hinaus genau dem Orden des hl. Augustinus an, der vermutlich den Regeln folgte, die Augustinus selbst erarbeitet und in den Gemeinschaften der Geistlichkeit, die er unterstützte, in die Praxis umgesetzt worden waren.

Ein weiterer zu Zeiten der Reformation wichtiger Abweichler war Calvin, der in seinem religiösen Konzept im schrecklichsten Aspekt der Prädestination hundertprozentiger Augustiner ist und worüber er so wortreich und tragisch schrieb. Die Calvinisten waren ursprünglich in seinem Adoptivland konzentriert, in Genf, und sind Anhänger einer Facette augustinischen Denkens. Darüber hinaus war die Lehre Augustinus nach einigen Soziologen die Basis dessen, was später „der Geist des Kapitalismus" sein würde. Schließlich lieferten die „Verbürgerlichung" und die Säkularisierung seiner Lehre bezüglich der Gnade und der Prädestination eine Kraft, aus der mit der Zeit, so Max Weber, der Kapitalismus sprießen würde, der einen großen Teil der modernen Welt geformt hat. Vom Calvinismus in seinem augustinischen Zuschnitt gehen auch die Haltungen rassische Überheblichkeit hervor, die besonders in den Gegenden verbreitet sind, in denen die Calvinisten die Vorherrschaft erreichten, im Südafrika der Buren z. B. oder im Süden der Vereinigten Staaten mit den Baptisten.

Die Gedanken von Augustinus sind deswegen nicht eine unverständliche Relique der vergangenen Zeit, sondern ein Denken, das gut oder schlecht über die Jahrhunderte bis in unsere Zeit wirksam ist.

DIE ENTWICKLUNG DER KIRCHE IM MITTELALTER

Die Entwicklung der katholischen Kirche im Mittelalter war von zwei grundlegenden Elementen geprägt: die Theologie des hl. Augustinus, die sich zur klassischen Interpretation wandelte, die den Glauben und die Praxis des „Gottesstaates" bestimmte sowie die neue Rolle, die die Kirche mangels einer anderen Institution bei der Ordnung Europas übernahm, nachdem das römische Imperium zusammengebrochen war. Schließlich wurde sie zu einer politischen Macht, die häufig im Gegensatz zur weltlichen Macht der Könige und Fürsten stand. Über diese Rolle, die die Kirche allmählich in der fehlenden Ordnung übernahm, wuchs der Machtwille heran, der zu den Extremen der „Zweischwertertheorie" führte und die ausführlich im Kapitel über Religion und Macht behandelt wird.

Der Katholizismus wurde damit zu einer zentralisierenden Macht mit einer machtvollen kirchlichen Bürokratie und einem juristischen Zentralismus in der Stadt Rom. Die Ausübung der Religion entwickelte sich sehr legalistisch. Zusammen mit den Zehn Geboten des Gesetzes Gottes, das Moses übergeben wurde, etablierten sich die Gebote der Kirche bei einem der Laterankonzile. Es wurden Verpflichtungen eingeführt, zur Messe zu gehen, wenigstens einmal im Jahr zu Ostern zur Beichte und zur Kommunion zu gehen. Es wurde bestimmt, dass die Teilnahme an der Messe gültig war, wenn man vor dem Offertorium kam und erst nach der Kommunion ging. Es wurden die sieben Sakramente geklärt und ihnen ein genaues Ritual zugeordnet, von dem man nicht abweichen konnte, ohne dass der erwartete rettende Effekt ungültig würde. Für jedes einzelne Sakrament wurde seine „Essenz", die „Form", die „Materie", das „Ziel", die „Auswirkung" und der zuständige „Minister" um es auszuführen bestimmt. Im Fall der Priesterweihe zum Beispiel ist die Form die eingesetzten Worte, die Materie die Handauflegung, das Ziel der Erhalt der Regierung der Kirche, die Auswirkung die dem Empfänger erteilte Gnade. Der Minister ist der Bischof (E4, S. 49, Index Systematicus). Im Laterankonzil I 1123 wiederholt man mit der ganzen konziliaren Autorität, dass die Verpflichtung zum Zölibat für alle Priester aufrechtzuerhalten sei.

In den Aspekten der Ausübung der Frömmigkeit des Volkes vervielfachten sich die Geschichten von Heiligen, die Beispiel und Beschützer der Christen wären. Ein ganzer Bestand von Heiligen mit unterschiedlichen Eigenschaften wurde allmählich geschaffen, die als Mittler zwischen den Menschen und Gott angesehen wurden. In gewissem Sinne wandelte sich Gott zu einem großen absoluten Monarchen, zu dem man durch die Fürbitte der Einflussreichen am himmlischen Hof, den Heiligen, kommen könnte. Unendlich viele Reliquien von Heiligen, tatsächliche oder erfundene wurden zum Reichtum der Kirchen, in die die Gläubigen in frommen Pilgerschaften gingen. Der Apostel Santiago in Compostela, das Grab des hl. Petrus in Rom, das der Heiligen Drei Könige in Köln, Splitter des Kreuzes Christi, Kleiderfetzen zahlloser Heiliger, Knochen und Haare, Blut von einigen Märtyrern. Dieses waren die Juwelen der spirituellen Krone der christlichen Frömmigkeit. Bilder von wundertätigen Jungfrauen vermehrten sich, und man kultivierte die Andacht vor dem Blut des heiligen Januarius, das an bestimmten Tagen des Jahres kocht. Eine große Anzahl von Aberglauben unterschiedlichen Gepräges wurde mit Zustimmung der kirchliche Autorität Platz geboten.

Alle diese Praktiken standen in engster Beziehung zu der allgegenwärtigen Bedrohung durch das Höllenfeuer verbunden, dem all die bestimmt waren, die in der Sünde starben. Die großartigen Darstellungen als Mosaiken oder Fresken des Letzten Gerichtes in den Krypten oder Taufkapellen von vielen großen Kirchen mit ihren Szenen schrecklicher Marter und ewiger Verdammnis verbreiteten Panik. Die Gläubigen schafften es, sich des schrecklichen Schicksals mit einer Frömmigkeit zu erwehren, die sehr häufig mit Aberglauben gespickt war.

So wundert es nicht, dass das bedeutendste literarische Werk am Beginn des Renaissance kein geringeres als „Die Göttliche Komödie" war, in dem Dante Alighieri, geleitet von verschiedenen Persönlichkeiten, die verschiedenen Stufen der Hölle aufsucht, in dem die Verurteilten Strafen erhalten, die ihren Straftaten entsprechen. Dem augustinischen Prinzip von der Heiligkeit der Kirche trotz der Unwürdigkeit ihrer Mitglieder und Autoritäten folgend, treten verurteilte Päpste und Bischöfe namentlich zur gleichen Zeit auf wie Ehebrecher und Kriminelle.

Obwohl mit alledem das Christentum zu einer Religion wurde, die in der täglichen Praxis ihre zentrale Inspiration, das Leben Christi, aus dem Blick verlor, ist es bemerkenswert, dass sie ihre innige Verbindung zur Kunst in schöner, zarter und starker Weise behielt. Davon zeugen die Bilder des „Beau Dieu": Christus als guter Hirte mit einem Schaf im Arm; der Tod Jesu, mit einem blutüberströmten Körper in der Grabstätte dramatisch dargestellt; das Kreuz Christi als allgegenwärtiges Symbol der Erlösung der Menschheit; die großen Wandmalereien in den Kirchen mit Szenen aus dem Leben Christi gleich einer Art illustrierter Bibel.

Durch die Anerkennung des unabhängigen Denkens, das sich auf den Gebrauch der Vernunft stützt und die Errichtung der ersten Universitäten im 13. Jh. wurde gleichzeitig das Fundament für Forschung und Wissenschaft unterstützt, die später der modernen Welt Sinn und Form verliehen. Von dieser bemerkenswerten Entwicklung handelt das Kapitel „Philosophen glauben nicht" in diesem Buch.

Die zeitweilige Macht der Päpste, die wie Monarchen die Provinzen Mittelitaliens direkt beherrschten, ihre politischen Kämpfe gegen benachbarte Fürsten und gegen Könige, die die Kirche als Machtinstrument benutzen wollten; insbesondere im Fall der „Amtseinsetzungen", durch die man das Verleihen der Ernennungssymbole für die neuen Bischöfe an sich riss und somit die Möglichkeit sie zu beherrschen erhielt. Dieses alles erzeugte politische Interessen und Vorteilsgewährung einschließlich der Einflussnahme der Könige bei der Wahl des Papstes. Das letztendliche Ergebnis war, abgesehen vom skandalösen Handeln gegen den Geist Christi, dass es zuerst zur Emigration von einigen Päpsten kam, die Schutz beim französischen König suchten und ihren Sitz in Avignon einrichteten. Noch schwerwiegender war in den folgenden Jahren das Abendländische Schisma mit der Wahl von ursprünglich zwei und dann drei Päpsten, die von verschiedenen Gruppen von Kardinälen gewählt wurden, die ihrerseits von verschiedenen europäischen Ländern unterstützt wurden. Kastilien und Leon, Frankreich, Deutschland, England, die italienischen Länder, alle setzten sich für einen der verfeindeten Päpste ein. Mit dem Einfluss des deutschen Kaisers schließlich wurde das Konzil von Konstanz einberufen, bei dem ein Einheitspapst, Martin V., berufen wurde.

Viele Päpste und Kirchenfürsten in fast ganz Europa waren Schirmherren der Künste. Die Renaissance mit ihren bedeutenden Malern und Bildhauern wäre ohne ihre Unterstützung nicht möglich gewesen. Zur gleichen Zeit waren sie weltlich handelnde Männer. Trotz des vorgeschriebenen priesterlichen Zölibats hatten viele von ihnen illegitime Nachkommenschaft. Die finanziellen Erfordernisse, um den enormen Ausgaben ihres Hofstaates, ihrer großen Bautätigkeit und ihres Patronats zu entsprechen, wurden immer drückender. Die Kirche behauptete sich als Inhaberin des spirituellen Reichtums, der aus dem unerschöpflichen Verdienst Christi und der Heiligen stammte. Es war eine Art Tresor an Verdiensten, der den kirchlichen Autoritäten zur Verfügung stand, um unter den Gläubigen verteilt zu werden und so die wegen der begangenen Sünden verdienten Strafen zu mindern, insbesondere die Bußzeit im Fegefeuer zu verkürzen (48, Anm. 550-552). Die Existenz des Fegefeuers als solches war beim Konzil von Lyon 1245 eingeführt worden. Der gesamten Kirche wurde der in Deutschland so genannte Peters Pfennig aufgezwungen, um den Petersdom zu errichten. Dies war eines der Funken, die die protestantische Rebellion anfachten.

Viele Jahre lang hörte man in der Kirche ein Rumoren, dass die Kirche in Kopf und Gliedern zu reformieren sei. Viele Päpste waren Wortführer dieser Forderung. Die entstandenen Interessen jedoch, die politischen Intrigen, die Gefahren, die von einer solchen Gesundung für die eingesessenen Mächte ausgingen, führten dazu, dass diese brennende Notwendigkeit Jahr für Jahr, Jahrzehnt um Jahrzehnt bis zum Jahr 1521 verschoben wurde, als Martin Luther vor der Versammlung des deutschen Reiches sich weigerte, sich von seiner Kritik an Rom loszusagen, womit die Reformation und eine neue Epoche in der Geschichte des Christentums eingeläutet wurde.

DIE PROTESTANTISCHE REFORMATION

Sie wurde durch eine Person ausgelöst, hatte als Ursache und Erklärung jedoch die Situation einer Kirche, die offensichtlich ihre christlichen Botschaft vergessen hatte, zwischen Macht, Luxus, dem Legalismus und der blutigen Vernichtung der Abweichler pendelte.

Die protestantische Reformation war in ihren Anfängen zugleich zutiefst christlich und zutiefst persönlich und beruhte auf der Erfahrung eines feinen Bewusstseins, das sich wegen der Konzepte von Schuld und Erlösung quälte. Dass sich diese persönliche Suche in eine Rebellion gegen die etablierte Kirche wandeln würde, war der gesellschaftlichen Lage der Desorientierung der Kirche und dem teilweisen Verfall ihrer grundlegenden Prinzipien in der Renaissance zu verdanken, die nach ihrer höchsten Machtstellung im Mittelalter kam.

Martin Luther war ein deutscher augustinischer Mönch von großer religiöser Sensibilität und Intelligenz. Er war mit der Theologie des hl. Augustinus groß geworden, mit ihrer Überbetonung der göttlichen Gnade als einzige Kraft, die in der Lage wäre, den Menschen zu Handlungen zu veranlassen, die dem ewigen Leben würdig wären. Da er gleichzeitig ein feines und skrupulöses Gewissen hatte, fühlte es sich immerzu durch die Sünde geängstigt. Sein Ordensoberer und geistiger Führer veranlasste ihn, den Paragrafen aus dem Brief des hl. Paulus an die Römer in Betracht zu ziehen, in dem von der gnadenvollen Rechtfertigung die Rede ist, die Gott dem Sünder mit Hilfe des Glaubens zuteil werden lässt: „Das Evangelium ist eine Kraft Gottes zur Rettung all derer, die glauben [...], weil in ihm die (rettende) Gerechtigkeit Gottes von Glaube zu Glaube offenbar wird [...]" (Röm. 1, 17-8). In einer nahezu verzweifelten Situation angesichts der göttlichen Gerechtigkeit, in der er an den vorherigen Satz dachte hatte, er das „Turmerlebnis", das heißt die Erkenntnis von die Tiefe dieser Worte gerade in dem Moment, als er im Turm des Klosters in Gedanken versunken war, d. h. der Ort, in dem die Mönche ihren körperlichen Bedürfnissen zu befriedigen hatten.

Luther blieb in seinem religiösen Verständnis und in seiner Theologie weiterhin katholisch". In seinem Geist und seiner Ergebenheit an den gekreuzigten Christus, in seinem tief greifenden Erkenntnis von der Größe Gottes und der Kleinheit des Menschen, in seiner Problematik, die Gnade und das tugendhafte Handeln des Menschen in Einklang zu bringen war er nach der mittelalterlichen Tradition weiterhin katholisch. In ihm gibt es eine Kontinuität der Konzeption der Dreifaltigkeit und der Christologie. Seine eigene Konzeption der Gnade entsprach vollkommen der mittelalterlichen Denkströmung gegen den Pelagianismus. Das ist diejenige, die die Fähigkeit zu guten Taten ausschließlich der Wirkung der göttlichen Gnade zuschrieb und damit dem augustinischen Gedanken folgte. Innerhalb dieses Schemas nahm Luther eine extreme Stellung dadurch ein, dass er genau dem Glauben an die Rettung Vorrang gab.

Sein großer Beitrag oder besser gesagt seine große Vertiefung für die christlichen Theologie konzentriert sich auf die „Rechtfertigung". Der Mensch weiß sich nackt und sündig vor einem gerechten und gleichzeitig barmherzigen Gott. Es ist der Beschluss Gottes, dem Menschen schlechte Taten nicht zur Last zu legen, wie ein Vater, der verzeiht und die Übertretungen des Sohnes nicht berücksichtigt, um ihm das Erbe zu überlassen. Auf diese Weise wird der Mensch zum Gerechten, vor Gott trotz seiner eigenen Fehler durch den Glauben gerechtfertigt, der wiederum eine Gnade Gottes ist.

Die göttliche Gnade ist für Luther eine Art von „gutem Willen" Gottes in seiner Beziehung zum Menschen. Es handelt sich um einen wirklich guten Willen, der das Gute der menschlichen Taten beeinflusst und bestimmt.

Luther besteht auf der Erlösung ausschließlich durch den Glauben, „sola fide". Es handelt sich um einen Glauben, der nicht als intellektuelle Haltung desjenigen verstanden wird, der bestimmte vorgegebene Wahrheiten als sicher annimmt, die von der Vernunft nicht bewiesen werden können. Vielmehr handelt es sich um die vertrauensvolle Hingabe des Menschen an einen gütigen Gott. Dieser Glaube ist es, der erlösend wirkt und nicht die Vielzahl an guten Taten, die der Mensch verwirklichen kann.

Luther weicht manches Mal von der katholischen Überlieferung ab, mehr allerdings durch seine manchmal scharfen und einseitigen Formulierungen als vom eigentlichen Inhalt.

Worin bestand also die lutherische Rebellion?

Es war ein Aufstand, aber ein Aufstand, der sich grundlegend gegen die Institution der Kirche und die Anweisungen des Papstes richtete, insbesondere gegen die römischen Kurie soweit sie von der Korruption und der Vorherrschaft der kirchlichen geistlichen Macht über die politische Macht der irdischen Autoritäten betroffen war, und speziell über das Heilige Römische – germanische –Reich, das deutsche Kaiserreich. Wie jeder Aufständische ließ er sich von einer emotionalen Heftigkeit leiten. Er besaß nicht die geistige Klarheit und Mäßigung eines Denkers, der mit Klarheit seine Argumente vorzubringen versucht. Er war ein Kämpfer und als solcher anfällig für Übertreibungen und Konfrontation der Konfrontation willen.

Seine ersten drei Schriften, die die Grundlage der protestantische Reform ausmachen, sind symptomatisch. Seine erste Schrift „Die guten Werke" von 1520 erhebt den vertrauensvollen Glauben zur Grundlage des menschlichen Verdienstes vor Gott. Seine guten Werke können pharisäische Züge haben. Es handelt sich um eine Predigt auf Deutsch. Sein zweites im selben Jahr geschriebenes Werk ebenfalls auf Deutsch, richtet er „An den Adel Deutschlands". In diesem Werk wendet er sich bereits in aller Härte gegen das römische System und dessen Forderung nach der Vorherrschaft der geistigen über die zivile Macht, und nach einem Papst als einzigen, der ein Konzil einberufen kann. So entsteht mit 28 detaillierten Punkten ein Programm für die Reform der Kirche. Die dritte Schrift schließlich wurde in der gebildeten Sprache verfasst, auf Latein. Diese wendet sich nicht an das Volk oder die Adligen sondern an die Theologen und Denker. Für ihn befindet sich die Kirche in „babylonischer Gefangenschaft" und bezieht sich dabei auf die Zeit, in der das jüdische Volk aus seinem Land vertrieben und in Babylon, dem heutigen umstrittenen Bagdad gefangen wurde (84, S. 133-148). Sie untersucht in erster Linie das Kirchenrecht. Sein theologisches Hauptargument ist, dass es nicht sieben Sakramente seien, die als rituelle Handlungen von Jesus Christus als gnadenbringend eingeführt worden wären, sondern nur zwei oder vielleich auch drei. Die einzigen Sakramente die eindeutig von Jesus eingeführt wurden, waren die Taufe und die Eucharistie. Wahrscheinlich auch die Buße (Beichte). Er will nicht die vier anderen, die Konfirmation, die Ehe, die Priesterweihe und die Letzte Ölung beseitigen, sondern sie lediglich niedriger einstufen, sie der Kategorie der frommen Handlungen zuordnen.

Die lutherische Rebellion hatte somit zwei miteinander verbundene Ziele: die Rückkehr zu den Evangelien als Quelle der Inspiration, für das christliche Leben und Denken sowie eine grundlegende Reform der kirchlichen Institution, die durch die Bürokratie und Autorität des päpstlichen Rom korrumpiert war.

Wenn man den Vorrang der Schrift über die Vorrangstellung von Papsttums und Tradition. Entgegen der Vermehrung von Heiligen als Vermittler zwischen dem Menschen und Gott, wie es die katholische Frömmigkeit erlaubt hatte, gibt es nur einen Vermittler, und der ist Jesus, also Christus. Gegen alle kirchlichen Vorschriften über den zu zahlenden Zehnten, die Verpflichtung, an religiösen Zeremonien teilzunehmen und moralischen Leitlinien für die guten, von Gott akzeptierten Taten, konzentriert sie am Ende den gesamten Prozess auf den vertrauensvollen Glauben des Menschen an Gott. Sie schließt das Übrige nicht aus. Das Übrige hat jedoch nur Wert, wenn es sich im Rahmen diesen Glaubens befindet.

Wenn man den politischen Aspekt seiner Rebellion betrachtet, so wurde das Luthertum schließlich zum Fehlschlag und errichtete diesmal auf geschwächter Grundlage wieder die kirchliche Willkür Roms bei der Machtausübung. Als er der päpstlichen Autorität entgegentrat stellte er sich in gewisser Weise gegen das Autoritätskonzept im Allgemeinen. Das „Parlament" des Imperiums im Wormser Reichstag verurteilte ihn. Er wurde zu einer ständigen Bedrohung für die gesamte bestehende Autorität. Damit breitete sich das Feuer, das er entzündet hatte, auf ganz Deutschland aus, und das aus Gründen, die ursprünglich wenig mit dogmatischen Interpretationen oder kirchlicher Praxis zu tun hatten. Seine Rebellion breitete sich aus und erzeugte einen anarchischen Protest der deutschen Bauern. Deren Krieg, der Bauernkrieg, der von denjenigen, die das Land bearbeiteten, gegen die Ungerechtigkeiten, denen sie unterworfen waren geführt wurde. Anfangs fragte man sich, ob Luther diese Rebellion anführen würde, die aus seiner eigenen standfesten Überzeugung entstanden war. Aber es kam anders. Angesichts einer Gesellschaft, die dabei war, sich aufzulösen, ergriff Luther Partei für die Ordnung und unterstützte die Fürsten darin, gegenüber den Bauern standhaft zu bleiben. Indem er auf die temporär errichtete Macht zurückgriff, errichtete er schließlich eine Kirche, die der Autorität und den Interessen der Fürsten unterworfen war. In Anbetracht des gesellschaftlichen und religiösen Verfalls mit den zahlreichen Mönchen, die die Klöster verließen und Priestern, die heiraten und dass jeder seinen eigenen Weg ging, sah er sich gezwungen, eine Autorität aufzubauen, die Ordnung in die Kirche bringen würde. Ironischerweise übernahmen die Fürsten diese Autorität, die den Protestantismus angenommen hatten. Diese wurden zu „Notbischöfen", wie Luther selbst sie nannte (O4, S. 91).

Mit Sicherheit war für die Fürsten des Reiches die Verlockung groß, die Postulate der lutherischen Reform anzunehmen. Sie könnten sich die reichlichen Güter der Kirche, den riesigen Besitz der mächtigen Klöster, die ergiebigen Pachtzinsen der Bistümer aneignen. Das alles ohne aufzuhören Christ zu sein und dabei zu Führern ihrer lokalen Kirchen zu werden. Die Attraktivität war riesig. Als Hochmeister des Deutschen Ordens, diesem mächtigen Ritterorden, machte Hermann von Salza sich selbst zu einem bedeutenden Herrn und mit den Ländern, die sie in den vorigen Jahrhunderten christianisiert – und manchmal misshandelt – hatten, fügten si das zusammen, was mit der Zeit nichts Geringeres als Preußen sein würde, das Zentrum des Militarismus des zweiten und dritten deutschen Reiches (Anm. 3, S. 324).

Im Luthertum hat die Geistlichkeit keine besonders unterschiedliche Stellung als die übrigen Mitglieder der Kirche. Sie sind deren Vertreter bei der Ausübung der Gottesdienste und sind speziell mit der Predigt beauftragt. Dadurch, dass die kirchliche Hierarchie und insbesondere die Unterordnung unter das Papsttum abgeschafft wurde und dadurch, dass es dazu genötigt wurde, die Ordnung in einer neuen „Hierarchie" anzunehmen, eine, die von Fürsten und Königen aufgestellt worden war, die die Reform angenommen hatten, wurde das Luthertum zu einer Menge von unstrukturierten Kirchen. In dem Sinne scheiterte das Luthertum. Es zerstörte die allgemeine hierarchische Struktur der Kirche, die sie dem Machtmissbrauch auslieferte. Es ersetzte sie jedoch durch eine andere hierarchische Struktur, die ihrerseits auf die zeitweilige Macht kleiner und größerer Monarchen begründet war, die sich seiner Lehre anschlossen. Deswegen sah man schließlich das Luthertum in einigen Regionen Deutschlands eingesperrt, auch in den skandinavischen Ländern, deren Könige die protestantische Reform angenommen hatten.

Luther betonte, dass die Überlegenheit des Wortes Gottes um Neuen und Alten Testament der Tradition und der kirchlichen Lehre Bedeutung nahm. Aus diesem Grund übersetzte er das Neue Testament ins Deutsche, während er sich in der Wartburg versteckt hielt, wohin er als Junker Jörg verkleidet flüchtete. Entgegen der allgemeinen Sichtweise war die erste Übersetzung ins Deutsche nicht sein Werk, denn sie war bereits ein Jahrhundert früher 1430 auf Veranlassung des Herzogs Ludwig III. von Bayern Ingolstadt entstanden und später schönstens illustriert worden (Frankfurter Allgemeine Zeitung, 11. Juli 2008, Anm. 160, S. 33).

HARTE UND MODERNISIERENDE REFORM

Das Luthertum entwickelte sich zu einer Religion tiefen Glaubens und christlicher Frömmigkeit, die jedoch geografische begrenzt war. Sie entwickelte historisch gesehen aber nicht die Dynamik und Bedeutung, die der Protestantismus von Zwingli und vor allem von Calvin entwickelt hatte.

Zwingli (1484-1531) war ein Schweizer Pfarrer, der hauptsächlich in Zürich tätig war. Er war kein frommer und geplagter Mönch wie Luther. Er war ein religiöser „Unternehmer". Mit klarem Geist und starkem Willen führte er die protestantische Reform zu ihren logischen Folgerungen. Alles, was nicht in den Schriften steht, ist nicht annehmbar. Deshalb muss jede kirchliche Hierarchie vollständig verschwinden. Die Glaubensgemeinschaft konstituiert sich als Autorität. Sie veranlasst die radikalsten Maßnahmen: die Abschaffung der Messe und der Verbot des Orgelspiels, des Altars, des Singens und der Darstellung von Heiligen in der Kirche. Zwingli brachte die protestantische Reform in ihrer ganzen Härte zu ihrer letzten logischen Konsequenz. Er war konsequent. Er kämpfte als Soldat für seinen radikalen Glauben. Sein eigenes Werk wurde nach seinem Tod zerstört, als er bei einer Art religiöser Schlacht 1531 fiel. Sein Leichnam wurde von den siegreichen katholischen Militärs zerstückelt und verbrannt.

Die Saat, die er säte blieb lebendig und wurde die Basis einer viel wirkungsvolleren Reform, die von Johannes Calvin (1509-64) angeführt wurde, einem Rechtsgelehrten französischer Herkunft. Der führte sein Werk zu Ende führte und folgte dabei den Prinzipien Zwingli aus der französischen Schweiz.

Calvin war der konsequenteste von den Protestanten. Sein Widerstreit zu Rom und sein Wille, die Kirche grundsätzlich zu reformieren und sich dabei auf die Schriften und die „Väter" der Urkirche – die ersten großen Denker des Christentums in der Kirche – zu stützen, hatten eine Kraft und einen Impakt, die größer waren als die von allen anderen Reformatoren.

Seine Interpretation ließ keinerlei Konzession zu, weder in der Lehre noch in der Moral noch im gesellschaftlichen Verhalten. Seine Eigenschaft als Jurist ist in seinem gesamten Werk zu erkennen. Klarheit des Denkens, Logik in der Gliederung seiner Prinzipien, Radikalismus in der Deutung: was nicht im Gesetz steht, ist illegal und deshalb inakzeptabel.

Calvin akzeptierte keine Kompromisse beim Verhalten und bei der Disziplin in der Gemeinschaft. Wo der traditionelle Katholizismus immer die Schwäche des Menschen akzeptiert hatte und einen Gott entwarf, der immerzu bereit war, mittels einer Kirche zu verzeihen, die ja selbst Sünderin war und durch das Sakrament der

Buße – die Beichte –, da war Calvin unnachgiebig. Die Kirche sollte kein Katholizismus der Art eines Supermarkts von Riten und Vergebung sein. Für Calvin gab es keinen Anlass, die zur Anforderungen des Glaubens zu mindern.

Nachdem er wegen seiner anfänglich lutherischen Ideen aus Frankreich fliehen musste, flüchtete er sich nach Genf, wo die Reformideen von Zwingli vorherrschten. Er wurde dort zum Prediger und schließlich zum religiösen Diktator, der die Ausprägung des dort vorgefundenen Protestantismus zu seiner letztendlichen Konsequenz führte.

Die Kirche bestand aus der Gemeinschaft der Gläubigen, die die Seelsorger für die Predigt und die kirchliche Verwaltung ernannten, Doktoren für die Lehre, „Älteste", dir die moralischen Gewohnheiten der Gemeinschaft überwachten und Diakone, die die Armen versorgten. Die Moral war streng und strikt, Haubesuche waren möglich, um deren Einhaltung zu überprüfen.

Die Suche nach christlicher Vollkommenheit war nicht den Mönchen in den Klöstern vorbehalten. Die christliche Vollkommenheit war eine Verpflichtung für alle Mitglieder der Gemeinschaft in ihrem familiären und beruflichen Leben. Sie mussten arbeitsam, ehrlich, enthaltsam, gute Ehemänner und Familienväter sein. Christliche Vollkommenheit im täglichen Leben. Die ganze Energie in das Leben christlicher Vollkommenheit zu stecken war nicht nur ein persönlicher Aspekt des Einzelnen, sondern betraf die ganze Glaubensgemeinschaft. Deswegen war auch eine Art von „religiöser Polizei" möglich – ähnlich derjenigen, die es auch heutzutage noch die islamischen Gesellschaften in Saudi Arabien gibt –, die Hausbesuche machen konnte, um die Einhaltung moralischer Grundsätze zu überprüfen.

Diese moralische Strenge allerdings gründete sich auf tief gehende und dramatische Prinzipien. Ein Thema des augustinischen Denkens war das Problem der Prädestination. Gott ist allwissend und allmächtig. Er kennt Gegenwart und Zukunft und demzufolge weiß er, welche Menschen gerettet und welche verdammt werden. Davon ausgehend, dass er allmächtig ist, könnte er die Verdammnis der nicht Tugendhaften mittels seiner Gnade oder einzig und allein durch seinen Beschlusses verhindern, sie nicht ins Leben eintreten zu lassen. Wenn er es hätte verhindern können und es nicht tat, so hat Gott selbst beschlossen, dass einige verdammt werden sollen.

Auf diese Weise wurden einerseits die Theorie von der Gnade des hl. Augustinus auf der anderen das Konzept der Kirche als Verwalterin der Gnade schlechthin – „ohne Kirche gibt es keine Erlösung" – entsprechend der augustinischen Aussage, durch verschiedene gegensätzliche Strömungen des Christentums zu ihrer extremen Form geführt, die zur Größe der katholischen Reichskirche geführt hat, wie es I.B.B. Warfield so treffend beschreibt (W3).

Diese Gedanken, die eine philosophisch-theologische Spekulation sind, wurden von Calvin zu ihrer letzten Konsequenz geführt. Diese gründeten sich nicht auf abstrakte Betrachtungen, sondern eindeutig auf der Basis des Christentums, das die Heilige Schrift war. Im Brief des hl. Paulus an die Epheser heißt es:

„Gepriesen sei der Gott und Vater unseres Herrn Jesus Christus: Er hat uns mit allem Segen seines Geistes gesegnet durch unsere Gemeinschaft mit Christus im Himmel. Denn in ihm hat er uns erwählt vor der Erschaffung der Welt, damit wir heilig und untadelig leben vor Gott; er hat uns aus Liebe im Voraus dazu bestimmt, seine Söhne zu werden [...]" (Ephesus 1, 3-5).

Das war also eindeutig. Vor aller Ewigkeit waren einige prädestiniert worden. Die nicht dazu auserwählt waren, Adoptivsöhne zu sein, waren für die Verdammnis vorbestimmt. So untermauert erscheint das Denken ganz eindeutig in Calvins Werk. Die guten Taten sind somit nicht die Grundlage der Erlösung. Der Mensch wird nicht WEGEN seiner guten Taten gerettet, die nur durch die Gnade Gottes gut sind. Die guten Taten sind Zeichen dafür, dass der Mensch für die Erlösung auserwählt wurde. Mit den Worten Calvins aus seinem großen Werk *Institutio Religionis Christianae*: „Die Taten sind Zeuge dafür, dass Gott in uns wohnt und unser Leben leitet" (K6, S. 661). So also machen nicht die Taten, dass der Mensch erlöst wird, sondern sie zeigen nur, dass er tatsächlich für die Errettung auserwählt wurde.

Dieses Denken sollte seine große Kraft in der Gemeinschaft der Gläubigen beweisen. Das Zeichen dafür, dass ich gerettet bin, steckt in meinen Taten. Der normale Gläubige sagt sich im Grunde seiner Seele: ich selbst zeige durch meine Taten, dass ich gerettet bin. Einen stärkeren Anlass, ein moralisches Leben zu führen, gibt es nicht. Weit entfernt davon steht die willfährige Haltung des traditionellen Katholizismus, die sehr anfällig dafür ist, die Schwäche des menschlichen Verhaltens abzuwägen und ihm seine Übertretungen in Gottes Namen zu verzeihen.

Der Calvinismus war in seinen Anfängen unbarmherzig mit all jenen, die seine Deutung des Christentums nicht akzeptierten. Seine Härte war mindestens vergleichbar mit der katholischen Inquisition. Zu der Zeit Calvins zeigte sich diese zum Beispiel bei der Hinrichtung des Spaniers Miquel Sirvent, der die heilige Dreifaltigkeit leugnete und behauptete, dass Gott ein einziges Wesen sei und kein dreiköpfiges Monster.

Der Calvinismus verbreitete sich in vielen europäischen Städten, in denen die aristokratische Kultur nicht vorherrschte. Diese stand dem Katholizismus näher. Bis dahin war das Luthertum nicht vorgedrungen. Die verantwortungsbewussten und arbeitsamen Mittelschichten waren diejenigen, die die christliche Botschaft

Calvins aufnahmen. So geschah es speziell in den Niederlanden – dem heutigen Holland –, in Schottland und den Gruppierungen, die in England sowohl gegen den Katholizismus als auch gegen die „etablierte Kirche", dem Anglikanismus, waren.

Daraus entstanden vielfältige Gruppen, von denen viele in die Vereinigten Staaten und nach Südafrika auswanderten, um dort ihre religiöse Freiheit zu suchen. Ihre Nachkommen sind heute Methodisten, Baptisten und Puritaner, um nur die bemerkenswertesten zu nennen.

Der Calvinismus ist die protestantische Variante, die den größten Einfluss in der Welt hatte. Seine Vitalität ist gegenwärtig. Historisch gesehen schreibt man ihm den Keim des modernen Kapitalismus in sich zu tragen. Auf ähnliche Weise schuf er nach Meinung einiger mit seinem Gemeinschaftssinn die Grundlage der modernen Demokratie. Die Puritaner, eine calvinistische Gruppe, waren die ersten Immigranten, die das aufbauten, was mit der Zeit die Vereinigten Staaten werden sollten. Mit ihren Ideen und Werten prägten sie Verfassung sowie die Größe des Landes, das sie aufzubauen halfen. Gleichzeitig sind sie historisch gesehen die Wurzel von Verirrungen wie der Verbot alkoholischer Getränke, der fremdenfeindliche Rassismus, unter dem die Sklaven als Schwarze zu leiden hatten, die patriotistischen Behauptungen, die Nation der Zukunft zu sein, das auserwählte Land der Moderne, ganz wie das israelische Bewusstsein in der Vergangenheit gewesen war, dann die McCarthy-Ära in den Vereinigten Staaten, die danach trachtete, die Unreinen auszumerzen, die die Gesellschaft bedrohten und schließlich der Beschluss, an der mexikanischen Grenze eine Mauer zu bauen, die die Amerikaner vor der Lawine von diesen neuen nicht europäischen Immigranten schützen sollte, die es wagen, ihr Territorium zu betreten, um ihren Lebensunterhalt zu sichern. Der Calvinismus zeigt sich ebenfalls im Fundamentalismus derer, die keinerlei Deutung tolerieren, die von der Abstammung des Menschen vom Tier ausgeht, weil es so nicht in den Schriften steht. Nun, es ist die starke religiöse Bewegung ohne Nachsicht, die die reichste Gesellschaft des Planeten antreibt, ist in ihrer Grundlage und Motivation in erster Linie die calvinistische Ausprägung des Christentums.[29]

---

[29] Diese Aspekte werden in den Kapiteln „Religion und Macht" und „Unternehmensentwicklung und Religion", die sich auf das wirtschaftliche und Gesellschaftliche Leben beziehen, ausführlich behandelt. An dieser Stelle reicht es aus zu sagen, dass die calvinistische Ausprägung des Christentums in unseren Tagen vorherrschend ist und vielleicht eine größere Vitalität als die katholische Kirche zeigt.

DIE MORMONEN

Das Auftauchen und der Erfolg der Kirche der Mormonen oder der „Heiligen des Letzten Tages" in der Vereinigten Staaten steht für einige besonders bezeichnende Aspekte der misslungenen Härte des Calvinismus. Diese erzeugte das Bedürfnis für ein neues und optimistisches Christentum, das sich auf die besonderen Erkenntnisse gründet, die speziell für die Neue Welt der Hoffnung offenbart wurden. Das waren die entstehenden Regionen, in denen die amerikanische Union sich allmählich festigte. Es war ein neues Christentum, das behauptete, die Offenbarung von Jesus Christus selbst nach seiner Auferstehung zu sein, die sich direkt an die Völker Amerikas richtete Sie sei auf einigen Platten erhalten, deren Existenz Joseph Smith offenbart worden war (K5).

Eines nachts im Jahre 1823 erschien ein strahlender Engel in der Alkoven von Joseph Smith, einem Jugendlichen von 17 Jahren, und offenbarte ihm, dass sein Name Moroni sei und dass er von Gott geschickt war, um ihm zu offenbaren, dass er in einem nahe gelegenen Hügel den heiligen in Gold gravierten Text einiger Gesetzesplatten finden würde, die von Gott für die Bewohner der neuen amerikanischen Welt bestimmt waren und die bereits von 1400 Jahren für die Bewohner übergeben worden waren. Nach einigen Zwischenspielen grub Joseph in der Erde und fand die neuen Gesetzesplatten, die in einer modernen ägyptischen Sprache verfasst waren. Anfänglich mit Hilfe einer Zauberbrille und danach mit einem halb transparenten Wunderstein konnte er schließlich den Inhalt aufschreiben, was am Ende "Das Buch Mormon" sein würde, die Heilige Schrift der Mormonen.

Diese Offenbarung ist ähnlich gefasst wie die des Propheten Mohammed im Koran, dem die Gesetzestafeln von Gott selbst übergeben wurden, die er jedoch lesen und aufschreiben sollte, obwohl er Analphabet war, wobei ihm ein Engel helfen sollte, wie es in diesem Werk im Kapitel über den Islam ausgeführt wird. Das Mormonentum ist eine Religion, die grundlegend gemeinschaftlich und offenbar optimistisch ist, gleichzeitig jedoch von einem unbestreitbaren religiösen Autoritarismus, der in wenigen Religionen denselben Grad erreicht.

Joseph Smith selbst erklärte: „Wir sind ein Volk, das das Friedensevangelium predigt. Wenn man uns das jedoch untersagt, werden wir unsere Religion mit dem Schwert verteidigen müssen... Ich werde ein zweiter Mohammed sein, dessen Motto ‚Der Koran oder das Schwert' ist. Genauso wird es bei uns sein: Joseph Smith oder das Schwert". Dies erkannte der große englische Abenteurer Richard Burton ganz klar. Er war im 19. Jh. der erste Abendländer, der als Scheich verkleidet Mekka besucht hat und danach in Amerika, dem Land der Mormonen war und bekräftigte, dass „wie der Islam behaupteten die Mormonen, die Erneuerung der reinen originären Offenbarung zu besitzen" (K5, S. 102).

Nach den Worten von George Arbaugh ist das Mormonentum eine aggressive und theokratische Religion, deren Prinzipien wenn nötig mit Macht durchgesetzt werden müssen, wie im Islam". Gleichzeitig und in ähnlicher Weise wie der Islam handelt es sich um eine außerordentlich gemeinschaftliche Religion, die das sehr starke Gefühl von Zusammengehörigkeit ihrer Mitglieder erzeugt und dabei auch sehr einfach in ihren dogmatischen Aussagen ist, wie es auch der Islam ist im Gegensatz zum Christentum katholischer oder evangelischer Prägung.

Sicherlich mussten die Mormonen nach den manchmal gewalttätigen Zusammenstößen mit der Bundesregierung der Vereinigten Staaten, zumindest offiziell, ebenso wie die Polygamie die harschesten Aspekte ihrer Theokratie fallen lassen. Dennoch bleiben einige fundamentalistischen Gruppen übrig, denen die Worte Gottes, die direkt an die verschiedenen Propheten gerichtet waren, Vorrang vor jedwedes menschliches Gesetz haben.

DER KATHOLIZISMUS OHNE ROM

Der König Heinrich VIII. von England war ein überzeugter Katholik. Während der lutherischen Reform schrieb er – vermutlich mit der Hilfe eines Ghostwriters – ein apologetisches Werk gegen das höchst antirömische Werk Luthers, das er „Von der babylonischen Gefangenschaft der Kirche" nannte. Dies machte ihn würdig genug, um nichts geringeres als den Titel „Verteidiger des Glaubens" vom Papst Leo X. zuerkannt zu bekommen. 1531 jedoch, der Absage des neuen Papstes Clemens VII. gegenübergestellt, der Annullierung der Ehe mit Katharina von Aragon, Tante des Kaisers Karl V. zuzustimmen, erklärt es sich selbst zum katholischen Kirchenoberhaupt in England.[30] 1534 erkennt das Parlament ihn als Kirchenoberhaupt von England an und erlaubt ihm die Scheidung.

Als guter Politiker eignet der König sich den Besitz der Klöster an, worauf sich die Mönche auf ganz England verteilen. Anfangs gibt es keinen Protest gegen die römische Kirche, der mit der Virulenz und dem reformerischen Willen des Protestantismus auf dem europäischen Kontinent vergleichbar gewesen wäre. In England selbst gab es keine Korruption und keinen Machtmissbrauch durch die Kirche, die der antirömischen Leidenschaft Nahrung gegeben hätte. England lebte in Frieden mit Rom.

Erst während der Regentschaft seines Sohnes und Nachfolgers Eduard VI. begann man reformatorische Bewegungen innerhalb der Kirche auszumachen. Der Erzbischof von Cambridge, Thomas Cranmer hatte calvinistische Tendenzen und führte eine Reform zu Ende, behielt jedoch die bischöfliche Struktur und die Vormacht des Königs bei. Die Lithurgie wurde vereinfacht und man führte als Norm das *Book of Common Prayer* ein, das sie als gemäßigte Variante der katholischen Lithurgie definierte. Es blieb von da an bis zum 20. Jh. in der Anglikanischen Kirche gültig.

Es geht nicht darum, die politisch religiöse Entwicklung Gros Britanniens weiter zu verfolgen. Die Anglikanische Kirche hatte sich ohne weiteres Aufsehen getrennt, abgesehen von der Auflösung der Klöster, der Abdankung und des Todesurteils einiger Bischöfe und wichtiger Persönlichkeiten des Königreiches, wie das der

---

[30] Heinrich war der zweite Sohn des Königs. Arthur, sein älterer Bruder und Kronprinz, war mit Katharina von Aragon verheiratet, die aus der Königsfamilie Spaniens stammte. Aber der junge Mann starb mit 15 Jahren, wahrscheinlich ohne die Ehe vollzogen zu haben. Aus dynastischen Gründen, denn die königlichen Ehen waren Instrument hoher Politik, wollte man die Allianz erhalten, die die Ehe bedeutet hatte. Auf väterlichen Wunsch und mit Zustimmung des Papstes nahm der jüngere Bruder, der jetzt Kronprinz war, Katharina zur Ehefrau.

Kanzler (Premierminister) Thomas Morus. Dieser wurde zum Schafott verurteilt. In seinen letzten Worten drückte er mit großer Gelassenheit aus, dass er für die Einheit der Kirche stürbe und dass er ein getreuer Diener des Königs sei, dass Gott jedoch an erster Stelle stünde.

In Schottland im Norden ging die calvinistische Saat auf, die von John Knox gesät worden war, ein fordernder und harter Führer, dessen Einfluss auch in England deutlich in der Bewegung der Puritaner spürbar war.

Während sich innerhalb der religiösen Gemeinden diese Keime der Veränderung entwickelten, gab es in der Politik große Veränderungen. Nach dem Tod von Eduard bestieg die katholische Maria Tudor den Thron, die mit Philip II., dem König von Spanien verheiratet war. Auf wenig angemessener Weise versuchte sie, die Vorherrschaft des römischen Katholizismus erneut einzuführen und kam so zur Verfolgung und Hinrichtung der Abweichler. Als sie starb folgte ihr ihre Halbschwester Isabel I., die die vormals von ihrem Vater Heinrich VIII. eingerichtete Struktur wieder herstellte und ihrerseits die Katholiken verfolgte.

Während der Regentschaft von Isabel gewannen die verschiedenen calvinistischen Strömungen immer mehr an Bedeutung. Einer ihrer Anführer war John Wesley. Sie bildeten verschiedene Gemeinden, unter anderen die Methodisten, die gemeinsam mit den reinen, den Puritanern tief gehenden politischen Einfluss zu nehmen begannen. Sie wurden von der anglikanischen Kirche *(the established church)* toleriert im Gegensatz zu den Katholiken, die schlechterdings verfolgt wurden.

Nach der Regentschaft der schwachen Nachfolger von Isabel brach die Rebellion Cromwells aus. Als politischer, militärischer und religiöser Führer gelang es ihm, eine Republik der Heiligen zu errichten und folgte dabei der Stimme Gottes. Er nahm König Karl I. gefangen und ließ ihn erhängen. Seine Ausschreitungen führten dazu, dass seine Bewegung zerschlagen wurde, die somit ihren großen politisch religiösen Einfluss in England verlor. In den Vereinigten Staaten, an deren Küsten die Puritaner anlegten, kam der calvinistische Protestantismus zur Blüte, mit seinen Widersprüchen von Demokratie und Intoleranz, von Freiheit und Strenge, die zum großen Teil die Entwicklung und die Gegenwart der Vereinigten Staaten von Amerika bestimmt haben.[31]

---

[31] Im Kapitel „Religion und Macht" in diesem Buch wird der widersprüchliche Einfluss des puritanischen Calvinismus auf die politische und gesellschaftliche Entwicklung behandelt. Von einem strikten religiösen Standpunkt aus hat er sich äußerster Fundamentalismus dargestellt, der auf die Worte der Bibel schwört und keinerlei Interpretation zulässt.

CHRISTENTUM UND AUFKLÄRUNG

Das moderne Zeitalter brach in der Welt ein. Es ist schwierig, Ort oder Zeit auszumachen. Durch eine Reihe von Zeitabschnitten hindurch entstand eine Neuentdeckung des Menschen, eines Menschen, der sein Schicksal in eigenen Händen hält sowohl als Individuum als auch als Gesellschaft. Das zeichnete sich ganz allmählich ab. Da gab es als erstes die Renaissance und ihre Wiederbegegnung mit der griechisch-römischen Tradition und einer Explosion der Kunst, des Abenteuers und Denkens, die nach neuen Wegen suchten.

Mit Dante angefangen spiegeln die großen Literaten in ihren Konzepten noch immer das mittelalterliche Europa wider. Die großen Maler wie Giotto oder Fra Angelico stellen mit neuer Inspiration eine schöne Version dessen dar, was nach wie vor eine mittelalterliche Konzeption war. Nach und nach beginnen Kunst, Literatur, Bildhauerei, Architektur Wege zu suchen, die sie schließlich dazu führen, ihre Darstellungen immer unabhängiger von der Religion und insbesondere von ihrer katholischen Ausprägung zu machen.

Die großen Erkunder, ursprünglich Portugiesen und Spanier, globalisierten die Welt. Deren Konzeption jedoch war weiterhin mittelalterlich wie ein Kampf gegen den untreuen Sarazenen und die Ausbreitung des Reiches Gottes, das mit der Wiedereroberung des eigenen Reiches verbunden war. Die englischen und französischen Erkunder hatten unterschiedliche Beweggründe. Sie dachten eher kommerziell und nicht wie der Spanier, der darauf konzentriert war, viel Ehre – und Reichtum – dadurch zu erzielen, dass er das Reich Gottes erweiterte.

All diese Entwicklungen bewegten sich immer noch im Rahmen der verschiedenen Varianten des Christentums. Zur Emanzipation der Kunst und der Entdeckung der Welt kam das Abenteuer der Vernunft. Wissenschaftliche Entdeckungen, die im Prinzip vom Glauben losgelöst waren, erzeugten allmählich andere Paradigmen, in denen die Religion als Inspiration und Institution immer weniger Bedeutung hatte. Die großen Konzepte, die sich im neuen Bewusstsein der Menschheit im Sinne der vom Glauben unabhängigen Vernunft durchsetzten, waren die von Kopernikus und Galileo. Ihre Entdeckung war größer als die Entdecker der Meere und Kontinente, weil sie das Universum neu zentrierten. Dass die Erde nicht das Zentrum wäre, um das die Sonne kreist, hatte im Prinzip absolut nichts mit Religion und speziell mit der katholischen Kirche zu tun. Es berührte kein Dogma, kein Prinzip, keinen Wert, keine Praxis. Darüber hinaus waren die beiden nicht nur katholische Gläubige, sondern ganz eindeutig in der Institution der Kirche integriert. Kopernikus war ein polnischer Kanoniker mit deutscher Familie, der für die Bischofswürde vorgesehen war. Er wollte aus Respekt vor der Meinung der Kirche nicht, dass sein Werk vor seinem Lebensende veröffentlicht würde. Galileo, der den mathematischen Berechnungen von Kopernikus den Gebrauch von den ersten astronomischen Messinstrumenten hinzufügte, war immer ein gottesfürchtiger Christ. Als Freund der Päpste und von Kardinälen respektiert unterwarf er sich schließlich der Autorität der Kirche. Wahrscheinlich entwickelte sich in seinem Geist ein Widerstreit zwischen dem, was die Vernunft versicherte und dem, was die Kirche behauptete

Als er die Verurteilung der Kirche annahm sagte er sich sicherlich im Innersten seines Herzens: „Und sie bewegt sich doch". Den folgenden Satz sprach er weder öffentlich noch vor irgendeinem Kirchengericht je aus, wie die Legende es wissen will: „*Si non è vero, è ben trovato*".[32]

Fast alle großen Denker, die die konzeptuellen Grenzen der Welt geöffnet haben, waren überzeugte, praktizierende Christen. Das trifft für Newton und Descartes und sogar für Leibniz zu. Descartes war ein katholischer Christ, begann aber in der Philosophie eine Rebellion, die mit seinem „Methodischen Zweifel" weiter bestehen bleiben würde. Er will nicht an allem „zweifeln", insbesondere nicht an der Lehre der Religion. Der Zweifel ist eine Methode der Erkenntnis. Wenn man Dinge bezweifelt, so stellen sich weitere Fragen. Man führt seine Forschung durch Deduktion dessen weiter, was nicht bezweifelt werden kann, dem die Bedeutungsanalyse folgt. Es sind die ersten Schritte eines Geistes, der den Weg zu seiner Unabhängigkeit sucht. Kein Zweifel, er schlägt eine „Methode" des Philosophierens vor. Offensichtlich war dies eine Methode, deren Konsequenz sehr weit reichen konnte und die in ihrem Namen selbst (Zweifel) ein ungeheuer verdächtiges Element enthielt.

Das Christentum hätte einfach den Gebrauch des Intellektes akzeptieren können, der ja in seinen eigenen Reihen erzeugt wurde. Es hat es vorgezogen, sich zu versperren und zu verstecken. Im schlimmsten Fall hat es vorgezogen zu verurteilen. Der Sinn für Macht, der sich als Borniertheit zeigt, um das zuzulassen, das formal innerhalb der kirchlichen Bürokratie ihren Ursprung genommen hätte, führte dazu, dass die Emanzipation des Denkens nicht das Ergebnis eines Reifungsprozesses, der Eintritt in das Erwachsenenalters wurde, sondern eine Rebellion, eine Entfrem-

---

[32] Fontenelle trägt einer Marquise Kopernikus Theorie von der Lage der Erde vor, und sie antwortet, dass die Tatsache, sich nicht im Zentrum des Universums zu befinden entwürdigend sei, so entwürdigend wie es für eine wichtige Persönlichkeit sei, nicht am Kopfende des Tisches zu sitzen wie das menschliche Wesen im Universum. Schließlich aber, so sagt die Marquise, wenn es so ist, dann wird es so sein. Aber ich bedanke mich bei Kopernikus, dass er uns den Mond gelassen hat, der sich um die Erde dreht. Der Mond ist so schön und so romantisch (85, S. 23).

dung. Die moderne Wissenschaft fühlte sich – und war – fremd, sie zog sich zurück. Es musste nicht so sein, aber es war so. [33]

Derselbe Gebrauch des unabhängigen Verstandes führte die Menschen dazu, sich auch nach den Voraussetzungen fragen, die das Leben in der Gesellschaft voller, reicher und würdiger machen könnten. Hier zeigte sich noch mehr die Trennung der institutionellen Religion und des Abenteuers des menschlichen Geistes. Auch das musste nicht so sein, aber es war so.

Adam Smith war ein Universitätsprofessor für Moralphilosophie. Er fragte sich nach den Voraussetzungen, unter denen eine Gesellschaft den Reichtum für alle dauerhaft steigern konnte. Seine Antwort war die Einführung der Marktwirtschaft. Montesquieu fragte sich nach der Form, in die sich die Gesellschaft in ordentlicher Weise, ohne Anarchie und ohne absolute Macht, integrieren könnte. Seine Antwort war die Einführung der drei Gewalten, die ausführende, die gesetzgebende und die richterliche. Diese machen die konzeptuelle Struktur dessen aus, was die erste moderne Demokratie ausmachen sollte, die Vereinigten Staaten von Amerika.

Die Freiheit des Denkens war Leitspruch und Inspiration. Durch diesen Elan gediehen die Gedanken von Locke, Diderot, Condillac, den Aufklärern, Rousseau und dem Wissenschaftler Buffon. Durch seine Klarheit im Denken, seine sarkastischen Humor und seine Antipathie gegen die Kirche, die er zu zerstören aufrief: *Écrasez l'infâme* war Voltaire wahrscheinlich der bemerkenswerteste von allen. Derselbe Voltaire jedoch war auch ein religiöser Mensch. In seinem schönen „Gebet zu Gott", das sein Werk *Traktat über die Toleranz* beschließt, heißt es unter anderem:

„[...] wenn es erlaubt ist dich um etwas zu bitten, dich der uns alles gegeben hat [...], mach dass unsere Fehler nicht zur Kalamität werden [...], die kleinen Unterschiede, die uns von verschiedenen Menschen unterscheiden, nicht zu Hass und Verfolgung führen [...], dass jene, die weiße Kleidung tragen, den Menschen sagen, dass sie dich lieben müssen, jene, die das gleiche sagen, aber schwarze Kleider tragen, nicht verabscheuen [...], dass sich alle Menschen bewusst sind, dass sie Brüder sind [...] " (F1, S. 462).

---

[33] Die allmähliche Trennung der Kirche und des rationellen Denkens war Thema eines sanften Humors für viele Schriftsteller seit dem 17. Jh. Angefangen mit der Figur des Jesuiten Canaye, der in dem Werk von Saint-Évremont erscheint und ständig wiederholt: „Die wirkliche Religion ist alles. Nichts ist die Vernunft. Die Kinder, die keine Vernunft haben, werden das Himmelreich erben [...]" (F1, S. 37).

Alle diese Denker trugen zur Emanzipation des Menschen vom politischen und belehrenden Autoritarismus bei. Die Bewegung gab neues Leben und trat den Prinzipien der etablierten Gesellschaft entgegen. Schließlich kam sie bei der Französischen Revolution zum Durchbruch, die in all ihren Exzessen und ihrem letztendlichen Zerfall ein Erbe hinterlassen hat, das in der Welt noch immer wirksam ist. Dieses findet klaren Ausdruck in den einfachen, klaren und strahlenden Worten in der Erklärung der Menschenrechte, die ein Komitee von fünf Personen unter der Federführung des Comte Mirabeau formulierte. Siebzehn Artikel sind es. Das Wort – das Konzept –, das am häufigsten wiederholt wird, ist das Konzept der Freiheit. Schon im ersten Artikel und den ersten Worten heißt es: „Alle Menschen sind frei und gleich an Würde und Rechten geboren [...]". Im zweiten Artikel verkünden sie: „Die natürlichen und unantastbaren Rechte des Menschen sind Freiheit, Eigentum, Sicherheit und Widerstand gegen Unterdrückung". (F1, S. 637)

Vor dieser Flut von neuen Ideen, die dabei waren, die Welt zu verändern, stellte das Christentum in seiner katholischen, orthodoxen und lutherischen Version eine verschlossene und herausfordernde Haltung entgegen. Das calvinistische Christentum nahm teilweise an dieser Bewegung vor allem deswegen teil, weil es in den Vereinigten Staaten verbreitet war, die das erste Land waren, das sich im Geist der Aufklärung konstituierte, den die Ideen der Französischen Revolution vorbereitet hatte.

Die katholische Kirche, die sich von der Bewegung ferngehalten hatte, kam viele Jahr später unter dem Pontifikat von Pius IV. dazu, viele der Prinzipien als unannehmbar für die Gemeinschaft der Gläubigen zu erklären. Diese sind im „Syllabus" zusammengefasst, eine Art von Katalog moderner Irrtümer, die mehr mit der Autorität der Kirche in den neuen Gesellschaften zu tun hat als mit Aspekten der Lehre. Irrtum 39 behauptet: „Alle Autorität, Rechte zu bestimmen, gehen von der „Res publica" (heute würde man Staat sagen) ohne jegliche Begrenzung". Irrtum 3 verweist darauf, dass „die menschliche Vernunft ohne alle Rücksicht auf Gott der einzige Richter über wahr und falsch, gut und böse ist". Irrtum 55 beschreibt messerscharf einen Zustand, der sich damals entwickelte und der jetzt universell ist: „Staat und Kirche müssen getrennt sein". Konkreter deklariert er, dass es ein Irrtum sei (Irrtum 63), dass „man den rechtmäßigen Fürsten den Gehorsam versagen, ja sogar gegen sie aufstehen" kann. Irrtum 15 spricht von der religiösen Gleichgültigkeit und legt fest, dass es nicht zulässig sei, dass „es jedem Menschen frei stehe, jene Religion anzunehmen und zu bekennen, welche jemand durch das Licht der Vernunft für die wahre hält". Im Irrtum 80 schließlich begründet er, dass es ein Irrtum sei zu behaupten, dass der Römische Papst sich mit dem Liberalismus und mit den Ideen des Fortschritts versöhnen soll. (E4, S. 483-490).

Der Papst findet nicht nur Irrtümer im liberalen Geist. In dem, was den Sozialismus und Kommunismus betrifft, wird im „Syllabus" behauptet, dass „diese zum Himmel schreienden Doktrinen mit sehr ernst zu nehmenden Worten in mehreren Enzykliken widerlegt seien".

Auch wenn manche Ausdrucksweise, mit denen diese „Irrtümer" dargestellt werden, weitaus positiver interpretiert werden könnte und daraufhin gesagt werden könnte, dass der Inhalt in seiner Kernaussage für einen offenen Geist akzeptabel sein könnte, so ist es doch eindeutige, dass die Kirche mit diesen Verurteilungen sich allmählich von der bedeutenden Denkströmung abkehrte, die zur Basis der modernen Kultur wurde. Es gab keinen Grund, es so gemacht zu haben. Ein größeres Verständnis hätte es ermöglicht, dass sich sie institutionelle Religion gleich dem modernen Geist entwickelt hätte.

Die Schuldzuweisungen der Römischen Kirche muss man auch als wütende Reaktion auf die Ausschreitungen der Französischen Revolution verstehen. 1790 mussten die Geistlichen auf die „Bürgerliche Verfassung des Klerus" schwören, durch die die Bistümer abgeschafft wurden und die bestimmt, dass die Pfarrer vom Volk gewählt werden sollten. Sie beinhaltete auch, dem Papst die Autorität abzuerkennen. Die Bischöfe und eine Teil der Geistlichkeit widersetzten sich dem. Aus diesem Grund wurden 300 Priester exekutiert. 40000 Priester, die sich weigerten, den Schwur abzulegen, wurden aus Frankreich vertrieben und die religiöse Begehung des Sonntags verboten. Unter diesen Bedingungen sind solch radikale und verurteilende Ausdrücke der Päpste verständlich – wenn auch vielleicht nicht gerechtfertigt. 1791 verurteilte Papst Pius VI. die verwerfliche Philosophie der Menschenrechte, eingeschlossen die Religionsfreiheit, die Gewissensfreiheit und die Gleichheit aller Menschen (K6, S. 823). (Anm. 4, siehe S. 324)

Erst zu den Zeiten Leo XIII., nahm die Kirche das Ausmaß des Abgrundes wahr, der sie von der Welt trennte. Sie dachte über ihre eigenen Prinzipien nach, um den Werdegang der Welt zu erhellen Daraufhin entstand die „Soziallehre der Kirche". Diese Lehre öffnete nicht nur die Türen der Kirche für die sozioökonomische Problematik, sondern bereicherte ihre Betrachtungsweise um einen rein weltlichen Gesichtspunkt. Leo XIII. führte das Konzept der „Subsidiarität" ein, das darin besteht, dass eine höhere Autorität in der Gesellschaft nicht das übernimmt, was eine untergeordnete Einheit verwirklichen kann. Die ist danach ein Grundprinzip der Gesellschaftsordnung geworden, das die angemessensten Systeme für eine gesunde Demokratie entwirft. Papst Pius XI. betonte seinerseits in der Enzyklika *Quadragesimo Anno* das Konzept der „sozialen Gerechtigkeit" als unabdingbar für die Ordnung und den Frieden in der Gesellschaft. Zuletzt betonte der

Papst Johannes Paul II., dass der Mensch mit Gott mitverantwortlich für die Entwicklung der Welt ist und als solcher eine kreative Funktion hat.

Auf diese Weise hat das Christentum in seiner katholischen Variante Bedeutung in der Welt erhalten, die es allerdings vorher ignoriert hatte. Es gibt bestimmte Elemente von großer Bedeutung, denen die Autorität sich widersetzt, deren Ausführung und Gebrauch von der Mehrheit der Bevölkerung nicht nur akzeptiert, sondern für besonders sinnvoll gehalten werden, wie die Geburtenkontrolle. Dies ist ein Punkt, durch den die Borniertheit der päpstlichen Autorität in der Enzyklika *Donum Vitae* eine Mischung von Skandal, Rebellion und ironischem Lächeln in der Welt erzeugt hat. Wie Martin Sevegrand sagt, *Donum Vitae* hat den Prozess der Verweltlichung des sexuellen und moralischen Verhaltens der Menschen beschleunigt. Sie trug dazu bei, dass die Kirche als irrelevant empfunden wird (92, S. 8)

In diesem Prozess der Annäherung an die Bedürfnisse der Welt und der – um es so zu nennen – Wiederentdeckung der grundlegenden Werte des Christentums hat die erste Enzyklika des Papstes Benedikt XVI. über das Thema der Liebe in all ihren Aspekten, wie die Botschaft Jesu, einen Eckstein die Gewichtung gesetzt: Zur inspirierenden Kraft ihres Ursprungs zurückzukehren.

THEOLOGISCHER RATIONALISMUS

Der aufkommende Rationalismus begann sich auch für die Lebensgeschichte Jesus von Nazareth zu interessieren. Die ersten Historiker waren Männer des Glaubens und erforschten die historischen Bedingungen der Zeit Christi ohne seine Eigenschaft als Erlöser in Zweifel zu setzen. Diese waren unter anderen die Deutschen Jacobi und Herder. Rationalismus und Orthodoxie erscheinen hier wie zwei geologische Schichten, die ein und dieselbe Struktur bilden. Was sie erhellen wollen sind die historischen Begleitumstände des Lebens Jesu, um die Dokumente, die sie beschreiben, nämlich die Evangelien, und die offensichtlichen Ungereimtheiten vor allem in den Synoptischen Evangelien besser zu verstehen (S5, S. 27-37).

Eine weitere Angelegenheit, die einen sehr sensiblen Punkt der Kirche und ihrer Inspirationsquellen direkt traf, entstand Anfang des 19. Jh. mit dem Werk von David Friedrich Strauß und Ferdinand Christian Baur. Ersterer veröffentlichte „Das Leben Jesu" 1835. Darin bezieht er sich auf die drei ersten Evangelien, die synoptischen, und ihren historischen Bezug zueinander, da es Ungereimtheiten in der historischen Abfolge einiger Szenen gibt. Der zweite erforschte die Geschichte des christlichen Denkens im hegelianischen Sinn und initiierte, was später insbesondere bei Adolf von Harnack „*Die Dogmengeschichte*" heißen würde. (K6, S. 790-1).

Die beiden Ideen, nämlich die, die den Inhalt der Heiligen Schrift einer wissenschaftlich historischen Analyse zu unterziehen und die, die davon ausging, dass es vom Anfang an eine Entwicklung in den Lehrsätzen gegeben hätte, waren sehr gefährlich. Die Behauptung, dass einige Lehrsätze der Kirche durch das Nachdenken über den religiösen Inhalt der Heiligen Schrift und über deren Anwendung im Leben und der menschlichen Gesellschaft nach und nach „entdeckt" worden wären, war darüber hinaus subversiv. Im Übrigen waren die im Bewusstsein eingeprägten Lehrsätze in der Sprache einer bestimmten Zeit formuliert, die Ausdrücke benutzte, die innerhalb einer Kultur und Philosophie eine Bedeutung hatten, die „übersetzt" werden mussten, um in anderen Zeiten dieselbe Botschaft auszudrücken. So erforschte die Wissenschaft die Prinzipien der Religion. Das hieß in weit gefährlicherer Weise ins Herz treffen als die freiheitlichen Gedanken der Aufklärung.

Viele der Forscher, die dieses Werk weiter führten, wollten die Kraft der christlichen Religion mit den Daten aus der Geschichte Jesu als Person untermauern, der in Judäa gelebt hatte. In einigen Fällen kam es dazu, das Bild des Erlösers Jesus und seiner großen Worte, vor allem diejenigen, die die weltlichen Werte ablehnten, und fallen zu lassen versuchte, sie aus der Zeit der positiven Zustimmung der weltlichen Werte heraus zu interpretieren. Damit nahm man dem Leben Jesu die Energie, mit der er die religiöse Geschichte der Menschheit befruchtet hatte.

Im abendländischen Christentum wurden große Anstrengungen unternommen, um den Aufbau der Bibel und ihrer verschiedenen Elemente zu verstehen. Man hat den Ursprung der Bücher des Alten Testamentes erkundet und kam dabei dazu, einige noch ältere Dokumente zu „entdecken", die von einigen Evangelisten als Quellen genutzt worden waren. Man hat sich in den literarischen „Stil" der heiligen Schriften vertieft. Es gibt verschiedene Theorien wie die der „Formgeschichte" von Dibelius und Bultmann. Die verschiedenen Stilrichtungen jeden Buches wurden entsprechend der Ziele eines jeden Autors und der Leser analysiert. (R5, Vol. 1; S. 5-32)

Einige haben versucht, die Worte Jesu im Sinne der jüdischen Philosophie und Kultur der Zeit zu verstehen, um auf diese Weise zwischen jenen Ausdrücken zu unterscheiden, die lediglich aus der geschichtlichen Prägung der Epoche zu verstehen sind und denjenigen, die eine immerwährende Botschaft beinhalten. Damit, so die Worte von Albert Schweitzer, schwächt man die Botschaft Jesu ab. So wie man die Zeit in er lebte wieder erstehen lassen will, statt ihm mehr Leben zu geben zeigt sich uns ein lebloser Jesus, umgeben von viel Dokumentation jedoch unmaßgeblich als eine die Welt verwandelnde Kraft (S5, S. 635). „Die tiefste Erkenntnis kommt aus dem Willen" (S5, S. 636). Sie besteht aus der willentlichen Annahme der eschatologischen Botschaft Jesu, der das Ende der Welt und die Ankunft des Himmelreiches ankündigt, das dem Menschen ein tief gehendes Verständnis für den Sinn der Welt und seiner Geschichte verleiht.

Wie man vermuten konnte, antwortete die Autorität der Kirche, indem sie einige dieser Tendenzen als Irrtum abqualifizierte. Insbesondere verurteilte man, dass die heiligen Schriften auf diese Weise analysiert wurden und die Tatsache, dass gesagt worden sei, dass in den ersten drei Büchern der Genesis die Schöpfung nicht historisch richtig erzählt, sondern in Allegorien, Symbolen und Metaphern die objektiven Geschehnisse der Schöpfung erklärt wird. Noch im 20. Jh. bekräftigt der Papst Pius X. in einer Antwort der Bibelkommission vom 30. Juni 1909 (E4, S. 602-603), dass die Aussagen der Heiligen Schrift wortwörtlich zu nehmen seien. Auch wenn die Ausdrucksweise abgeschwächt wurde, herrscht hier derselbe fundamentalistische Geist, der sich in der heutigen Zeit besonders in den calvinistischen Sekten der Vereinigten Staaten bezüglich der Entwicklung des Menschen ausgebreitet hat.

Auch hier hat es eine Entwicklung des Denkens und der Praxis der Theologen insbesondere der Spezialisten der Heiligen Schrift gegeben. Das Konzept des literarischen „Stils" ist insofern wissenschaftlich, als es die verschiedenen Stilarten literarisch analysiert, die zur Darstellung von Tatsachen, Symbolen oder Legenden gebraucht werden. Geschichten, die erzählt werden, um vom einfachen Volk verstanden und angenommen zu werden, enthalten Elemente, die den Hauptinhalt der Lehre bereichern. Das ist der Fall bei der Erzählung der Schöpfung in der Genesis oder bei der Geschichte über die heiligen drei Könige in den Evangelien. Die „literarische Form", in der diese mit Rhythmus, Wiederholungen und in Strophen dargestellt werden ähneln den Merkmalen eines Gedichtes. Eine andere Art zu schreiben ist die einfache Darstellung der Geschehnisse, die wie Tatsachen erzählt werden und die mnemotechnische Ausdrucksform, die Werte der Transzendenz mit einschließen. Alles dieses ist durch die Ausdrucksweise der Zeiten definiert, in denen die Werke entstanden sind.

Das Problem, eine verständliche Ausdrucksweise für die Botschaft der Bibel für die moderne Kultur zu finden, hat dazu geführt, etwas zu unternehmen, das in der Vergangenheit „skandalös" gewesen wäre. Im Jahre 2008 ist in Rom eine Synode von Bischöfen und Theologen einberufen worden, die nach Ausdrucksweisen suchen, die dem Inhalt frische Farbe geben, die ihm gleichzeitig vom sklerotischen und harten Fundamentalismus befreit und die Botschaft nicht dadurch abwertet, dass ihre Kraft abgeschwächt und sie langweilig und unbedeutend wird (Newsletter von Radio Vatikan, Oktober 2008).

Die Entwicklung der Dogmen wurde von vielen modernen Theologen und insbesondere von Karl Rahner neu betrachtet (R1, S. 49-90).

Die Menschen und die Kirche als Gemeinschaft haben die Pflicht, über die wunderbaren Geschehnisse nachzudenken, die ihrem Glauben nach die Menschheit mit dem Besuch von Jesus von Nazareth erlebt hat. Karl Rahner erklärt dies in einer schönen Art, indem er sagt, dass es sich um etwas Ähnliches wie er Erfahrung der Jugend und des Verliebens handelt. Diese Erfahrung kann unwiederholbar, einzigartig und wunderschön sein. Das Verliebtsein endet, aber die Liebe endet damit nicht. Der Genuss, die Freude verliebt gewesen zu sein und die Liebe aufrecht zu halten hat ein Echo, das durch das ganze Leben hallt. Während seiner ganzen Existenz kann jeder Mensch den Nektar aufsaugen, Lebenskraft aus dieser Erfahrung schöpfen. Sie hat dauerhaft Bedeutung, immer gleich aber unterschiedlich in den jeweiligen Phasen der Existenz. Man kann die Erfahrung der großen Liebe mit unterschiedlichen Worten erklären. Man kann die einen oder die anderen Ausdrücke benutzen, wie es die Dichter tun. Aber es gibt kein Gedicht, das alles darüber hätte sagen können, was Liebe ist noch alles, was sie durch alle Etappen des Reifungsprozesses des Individuum hindurch bedeutet. Die Möglichkeiten sind so weit gefasst wie sein Leben und sein wechselndes Vermögen sich auszudrücken. Das geschieht in der Kirche, die sich weiterhin als bereits Erwachsene von dieser Verliebtheit nährt, die die junge Gruppe von Jüngern erlebte. Bei ihren Nachfolgern lebt sie als große gemeinschaftlich Erfahrung fort, von der sich Lehre und deren Ausführung ableiten. Um aus dieser offenbarenden Verliebtheit die angemessenen Folgen für die kommenden Etappen abzuleiten, werde zwei Dinge benötigt. Das ist auf der einen Seite die christliche Sensibilität, die das Instrument der Seele auf die Akkorde der Offenbarung einstimmt und auf der anderen das Verständnis dafür, dass sie sich müht, von dieser ersten Lehre Erkenntnisse zu ziehen, die für den Lebenszyklus bedeutend sind, in dem sich der Film der Menschheit befindet (R1, S. 75). Es ist keine Entwicklung des Dogmas, noch eine Änderung des Inhaltes der Botschaft, sondern eine Anwendung und eine Bereicherung der Botschaft für die neuen Voraussetzungen für die Kirche als Gesellschaft.

Mit allen Veränderungen wird die christliche Botschaft, die die Botschaft von Jesus ist, in der *Göttlichen Komödie* bewundernswert ausgedrückt: Gott ist die Liebe, die die Sonne und die Sterne bewegt (*l'amor che move il sole e la'altre stelle*).

GEGENWART UND ZUKUNFT

Das Christentum ist anders und überragt alle übrigen Religionen mit verschiedenen ihm ganz eigenen Aspekten, die ihm eine besondere Identität verleihen und es fähiger macht, mehr als jede andere, in einer Welt fortzubestehen, die sich bis zur Unkenntlichkeit verändert. Seine dogmatische Botschaft ist es schließlich, die darüber entscheidet, ob es bestehen bleibt oder sich im Laufe der Zeit zur Bedeutungslosigkeit entwickelt. Es gibt „erleichternde" Voraussetzungen, die so definiert in anderen Religionen nicht zu finden sind und die ihm eine enorme Fähigkeit des Überlebens geben und das unter wechselnden Begleitumständen, in denen sich die Beziehungen der Individuen zur Gesellschaft und die der Individuen zu einander verändern. Fünf Eigenschaften sorgen für das Überleben: seine „Katholizität" in dem Sinne, dass es nicht wie siamesische Zwillinge an ein bestimmtes Volk gebunden wäre. Deshalb trägt es universelle Merkmale; die Anerkennung einer anfänglichen „Säkularisation", wobei das politische System als unterschiedlich vom religiösen definiert wird: „Gebt dem Kaiser, was des Kaisers ist..."; seine Rationalität, die nicht unmittelbar aus dem Wesen der Religion kommt aber doch aus der Kultur, in der es entstand und von der es sich genährt hat, insbesondere von der griechischen Philosophie, die zumindest am kommunikativen Instrumentarium einen großen Anteil hatte; die Betonung der Eigenverantwortung des Individuums für seine Taten; dass es der Grundwert ist, aus dem die modernen Gesellschaften mit ihren demokratischen Konzepten und ihrem Rechtssystem schöpfen; seine Anpassungsfähigkeit, die aus dem vorigen Aspekten zu erklären ist, die darüber hinaus aber durch die Jahrhunderte hindurch praktiziert wurde und somit römische Staatsreligion werden konnte. Diese Fähigkeit war nicht immer flexibel genug und hat ihre dunklen Schattenseiten in der Beziehung zur empirischen Wissenschaft von Galileo. Sie sind noch wirkungsvoller in der Unfähigkeit, die Prinzipien der Aufklärung und der aufkommenden Demokratie zu verstehen und zu akzeptieren. Das Christentum hat aber auch seine Fähigkeit gezeigt, manchmal widerwillig, die wechselnden Paradigmen im Leben des Menschen und der Gesellschaft nicht nur zu akzeptieren, sondern auch zu bereichern.

Dennoch hängt sein Fortbestehen als universelle Religion grundlegend vom Reichtum seiner Botschaft ab, die eine Botschaft der Erlösung ist. Mit all seinem Fortschritt ist der Mensch eine Kreatur, die in ihrem Innern eine Lebensangst und Tendenzen zur persönlichen und gesellschaftlichen Unordnung trägt, die vom unverantwortlichen Egoismus stammen. Der christliche Mensch muss, wie der hl. Paulus sagt „seine Seele in eigenen Händen" halten. Dem Menschen entkommt die Seele häufig den Händen. Dieser innere Fehler generiert häufig Unordnung und Bitterkeit in der Gesellschaft. Er benötigt also die Erlösung, die nur von einem seinen menschlichen Fähigkeiten überlegenen Wesen kommen kann, also von Gott. Welch überaus wunderbare Botschaft, dass genau diese Erlösung in Gott ist, den man „Vater" nennen kann und muss.

Die Botschaft ist mächtig und lebendig. Sie verlangt jedoch, gehört und verstanden zu werden. Die moderne Gesellschaft muss sie als bedeutend erkennen. Sie bedeutend zu machen, hängt von der Fähigkeit der Kirche ab – von allen christlichen Kirchen – , die Werte einer neuen Welt zu verstehen und zu akzeptieren und die Sprache zu finden, ihre Botschaft zu verkünden.

Kapitel 5

DER ISLAM

EINE RELIGION DES „BUCHES"

Der Islam ist eine einfache und der Gleichheit verpflichtete Religion. Sie breitete sich rasch in der Dürrezone des Mittleren Ostens aus. In wenigen Jahren verbreitete sich der Islam in einem riesigen Raum auf dem Planeten; vom Persischen Golf bis zum Atlantik Fuß. Die Verbreitung der Religion stützte sich auf Waffen, jedoch waren es nicht die Waffen, dem er den Siegeszug zu verdanken hatte, sondern seiner reinen und klaren Botschaft.

Der Islam und das Christentum stammen aus derselben semitischen Tradition, die die heiligen Schriften des Alten und Neuen Testamentes inspirierte.

Innerhalb dieser Tradition hat der Islam seinen eigenen Stil. Es handelt sich um eine Religion, die ohne die komplizierten Lehren des Christentums auskommt, von denen er die göttliche Natur Christi anerkennt, sowie die Rolle der Jungfrau Maria, die Kirche und die Funktion der Hierarchie bei der Verleihung der sieben Sakramente, die Erbsünde und die Erlösung. Der Islam bietet einem einfachen Volk von rauen Gewohnheiten und festen Traditionen die Sicherheit auf dem Lebensweg und an seinem Ende die Rettung, ohne eine reiche und komplizierte Lehre zu verkünden und ohne die Vielfalt an Vorschriften und Erwägungen, die das Christentum schmücken.

Sein Konzept der Erschaffung des ersten Menschen ist fast eine Kopie des biblischen Inhaltes. Zum Unterschied jedoch zur christlichen Konzeption hat Adam, als er auf Anregung von Eva vom verbotenen Baum isst, einen Fehler begangen, keine Erbsünde, durch die er eine Strafe verdient hätte, die als Erbsünde von Generation zu Generation weitergetragen würde (Sure 7, 1-24). Wenn es keine Erbsünde gibt, so ist auch eine Erlösung durch Christus mit seiner Passion und seinem Tod nicht zwingend. Christus ist im Koran einer der wichtigsten Propheten, der durch das Werk Gottes von einer Jungfrau geboren wurde. Allerdings starb Christus nicht, noch wurde er tatsächlich gekreuzigt, sondern Allah nahm ihn mittels einer heiligen „List" für die Umgebenden, die ihn am Kreuz hängen sahen, direkt mit sich in den Himmel (Sure 4, 152-159).

Ohne die blühende und fantasievolle Vorstellungskraft und die große Komplexität des Hinduismus; ohne die ablehnende Haltung und den Persönlichkeitsverlust, die die Seele des Buddhismus ausmachen; ohne den ethischen, gesellschaftlichen und belehrenden Reichtum des Christentums bietet der Islam eine sehr weitgehende Konzeption davon, wie eine Religion zu sein hat. Er hat die Klarheit der Linien der Wüste und erreicht gleichzeitig das Innerste des mystischen Wesens der Menschen. Sein System des Beitritts und der Ausübung ist attraktiv einfach. Über die Stärke seiner religiösen Konzeption hinaus erzeugt er eine kraftvolle Energie zugunsten der Gemeinschaft und ruft zur selben Zeit zu Praktiken auf, die starke männliche Merkmale haben. Es handelt sich um eine Religion, die sich nicht verschließt, die fordernd und aggressiv ist. Mehr vielleicht als jede andere Religion gibt der starke Gemeinschaftssinn den Gläubigen ein Zugehörigkeitsgefühl, das seinen Bestand durch die Zeiten hindurch bewiesen hat.

DIE LEHRE

Der Ursprung der Glaubensinhalte des Islam ist in drei Quellen zu finden: der Koran, das Diktum und die Worte des Propheten, die Hadith genannt werden – von der Art der christlichen Bibel – und die authentische Interpretation, die versucht, die großen Lehren des Islam zu Bedingungen umzusetzen, die in früheren Quellen nicht veranschaulicht worden waren. Dies geschieht grundlegend analogisch. Die wichtigste Quelle ist ohne Zweifel der Koran, der gleichzeitig ein religiöses, ethisches, juristisches und gesellschaftliches Dokument und ein unfehlbarer Führer für das Verhalten der Gläubigen ist. Der Koran ist mit seinen 114 Suren – Abschnitte oder Kapitel von unterschiedlichem Ausmaß – ein literarisches Monument von poetischer Größe. Es handelt sich nicht um ein im konzeptuellen Sinn strukturiertes Werk, sondern vielmehr um eine Reihe von Gedichten, die von der Inspiration strahlen, mit der Allah Mohammed seine Einzigkeit, seine Barmherzigkeit, seine Forderung an das Leben eines jeden Menschen und der Gesellschaft offenbart, damit er seinem Auftrag Folge leistet und dafür die letztendliche Erlösung findet. Vor jeder einzelnen der Hundertvierzehn Suren oder Kapitel, die den Koran ausmachen, steht ein kraftvoller und bezwingender Satz, der im gewissen Sinne eine Zusammenfassung der Lehre des Korans ist: „Im Namen des barmherzigen Gottes, der voll Erbarmen ist". Er wirkt wie ein Trompetensignal, dem sich die Sinne nicht verschließen können und den Geist in Erwartung der Offenbarung öffnet, die in den folgenden Abschnitten langsam und mit wiederholender Kadenz vorgetragen wird. Es ist ein Werk von spiritueller Juwelierarbeit, in dem die Edelsteine sich launenhaft zu brillanten Bildern verbinden, die blenden und leuchten und vor allem die Herzen entflammen.

Die Niederschrift des Koran ist darüber hinaus versetzt mit fantasiereichen Geschichten. Demnach soll Mohammed mit vierzig Jahren begonnen haben, mystische Offenbarungen und Anwandlungen zu haben. Der Erzengel Gabriel beauftragte ihn mit einer prophetischen Mission und kurz nach dem Tod seiner ersten Frau Chadidscha (zu der Zeit war Mohammed 47 Jahre) wurde er auf dem Grautier Buraq, das weiße Flügel wie Pegasus hatte, nach Jerusalem gebracht. Von der Stelle der heutigen Omar Moschee in der heiligen Stadt aus wurde er in die Gegenwart Gottes gebracht und durchschritt dabei die sieben Himmel. Gott lehrt ihn den gesamten Inhalt des Koran und befahl ihm, ihn niederzuschreiben, sobald er zur Erde zurückgekehrt sei. Der Esel Pegasus nimmt ihn im Flug wieder mit zur Erde. Als er den befohlenen Text schreiben will, bemerkt er, dass er ihn vergessen hat. Der Erzengel Gabriel kommt ihm zu Hilfe und diktiert ihm Vers für Vers. Es gibt einen Moment, in dem Mohammed abgelenkt ist und der Teufel tritt an die Stelle des Erzengels und diktiert ihm die „satanischen Verse". Gabriel kommt zurück, verjagt den Dämon und diktiert weiter.

Der Glaube des Islam ist genau und reich an Dogmen. Er hat drei grundlegende Prinzipien. Die Existenz eines einzigen Gottes. Die Bekräftigung, dass Mohammed Gottes Prophet ist. Der Glaube an die Vier Letzten Dinge, das Vorhandensein eines Paradieses und einer Hölle, die das Ende des guten oder schlechten Leben jedes Menschen bedeuten. Diese drei Aussagen bilden die grundlegende Dogmatik. Aber dieser Glaube wirkt nicht wie im Luthertum aus sich selbst („der Glauben wird euch retten), sondern wirkt nur, sofern er in Taten umgesetzt wird, die im Koran genau definiert sind: „An Allah glauben heißt, […] den Nächsten, den Waisen, den Armen, dem Sohn des Weges, den Bettlern und für Sklaven vom Besitz hergeben, […] Versprechungen einhalten, geduldig bei Widrigkeiten und im Augenblick der Prüfungen sein […], das sind diejenigen, die wahrhaftig glauben und die wirklich Gottesfürchtigen" (Sure 2, 177).

Der erste und wichtigste Glauben ist der an Allah, dem einzigen gerechten und allmächtigen Gott. Es gibt 99 „schöne Namen" Allahs, wie sie im Koran und der gesamten muslimischen Überlieferung auftauchen. Der Hundertste ist Allah selbst, der in einem einzigen Wort seine ganze Größe zusammenfasst. Die wichtigsten Wahrheiten, die sich in diesen Namen vermitteln, kann man in einigen von ihnen schematisieren: „Er lebt und ist immer gegenwärtig" (W6, S. 41) im Leben des Menschen und des Universums; er „ist weise und mitfühlend"; er „ist stark und allmächtig"; er „ist sich selbst und seinen Geschöpfen treu. Da er „der Herrscher" des Universums ist, ist er auch „großmütig", immer „nachsichtig und verzeihend".

Der Gott des Islam ist faszinierend. Sein Vorgehen fasst man in wunderbaren und offensichtlich widersprüchlichen Epitheta zusammen, die unaufhörlich in der ganzen Länge des Koran wiederholt werden: Er ist „gerecht, huldvoll und großmütig". Auf diese Weise ist die unermessliche Transzendenz eines einzigen Herrn und Schöpfer, der kaum begreifbar ist, nicht ein wenig verängstigend und schrecklich sondern die eines barmherzigen und dem Menschen nahe stehenden Wesens.

Nur wenige Religionen sprechen in so schöner Weise von Gott. Dies ist die grundlegende Kraft des Islam, die sich im Geist der Gläubigen verankert und ihrem Leben das Gefühl von Erhabenheit verleiht. Gott ist in seiner Einzigkeit in jedem Menschen gegenwärtig, er ist dem Menschen näher als dessen eigene Haut (W6, S. 43).

Der zweite Glaubenssatz eines Muslims ist die Überzeugung, dass Gott durch seinen Propheten Mohammed zu uns gesprochen hat, dessen Auftrag universell ist und der der Predigt der vorhergehenden Propheten, eingeschlossen Abraham und Jesus, Fülle gibt.

Die dritte grundlegende Aussage ist der Glaube an die Vier Letzten Dinge. Die Taten eines jeden Menschen sind in zwei Büchern registriert, die von Munkar und Nakir ausgewertet werden, zwei Engel der Gerechtigkeit, die jede Person beurteilen und ihre Taten auf die Waage legen: die Guten nach rechts und die Schlechten nach links. Das Urteil wird streng aber gerecht sein. Die für gut Befundenen, für die die Fürbitten der großen Propheten der Vergangenheit erlaubt werden, werden Wasser aus einem heiligen See trinken, weißer als Milch und süßer als Honig, bevor sie in den Garten des Paradieses eintreten. Das im Koran beschriebene Paradies wäre insbesondere für die harten Männer der Wüste delikat und einladend. Es ist ein Garten, der jenseits des siebten Himmels gelegen ist, den ruhig fließende Flüsse durchqueren, in dem reichlich dicht belaubte Bäume stehen, die angenehme Früchte tragen. Die Geretteten stützen sich auf Seidenkissen und schmücken sich mit Edelsteinen. Bequem zurückgelehnt sehen sie sich von schönen jungen Frauen bedient. Jeder der Geretteten hat zweiundsiebzig Jungfrauen zur Verfügung, Frauen, die noch nie von irgendeinem Mann berührt wurden, schön wie eine Hyazinthe und wie die Koralle [...] mit großen Brüsten und bescheidenem Blick (Sure 78, 35; 56, 17; 77, 19).

Die Verdammten aber haben doch noch Hoffnung. Aus der Tiefe der Hölle werden die, die bekennen, dass Allah der alleinige Gott ist, aus ihr heraus kommen. Somit wird keiner weiter in der Hölle leiden, der noch den kleinsten Glaubensfunken in sich trägt.

Mithin handelt es sich in seinen drei grundlegenden Sätzen um einen wunderbaren und gefestigten Glauben, der voller Hoffnung steckt. (Anm. 5)

DIE SÄULEN

Die drei grundlegenden Dogmen werden speziell so in die Praxis umgesetzt, dass man den sechs Säulen des Islam folgt, die ihrerseits das religiöse und moralische Lebens des Gläubigen gestalten.
  Der Moslem muss die sechs Säulen des Islam beachten. Es gibt Zweifel darüber, ob die Sechste als unumgängliche „Säule" angesehen werden muss oder nicht. Sie hatte jedoch große Bedeutung bei der Entwicklung der islamischen Gesellschaft.
  Die erste Säule ist die *Shahada*, das Glaubensbekenntnis, das jeder so ablegen muss, dass er sich zu Gott als alleinigem Gott und seinen Propheten Mohammed bekennt. Dieses Glaubensbekenntnis wird in der Formel zusammengefasst: „Es gibt keinen anderen Gott als Allah und Mohammed ist sein Gesandter". Das Aussprechen dieses Satzes entspricht der Taufe im Christentum. Dies hat „sakramentalen" Charakter, und wer ihn ausspricht, wird dadurch zum Gläubigen.
  Die zweite Säule ist das rituelle Gebet, das die Reinigung der Seele bewirkt. Es handelt sich nicht um ein Gebet „um Gnade zu erbitten", wie es der traditionelle katholische Katechismus vorsieht. Es hat sich durch die Zeiten hindurch gewandelt, aber, um gültig zu sein, müssen einige vorbereitende Bedingungen eingehalten werden. An erster Stelle wir die Sauberkeit von Körper und Kleidung verlangt. Aus dem Grund müssen vor dem Gebet Waschungen vorgenommen werden. Es ist bemerkenswert, dass es in allen Moscheen im Eingangsbereich einen großen Innenhof mit einem Brunnen gibt, an dem die Gläubigen den Körper waschen. Bei einigen Festen muss es der ganze Körper einschließlich der intimsten Bereiche sein. Wenn nicht ausreichend Wasser zur Verfügung steht, kann das auch mit Sand oder Erde geschehen.
  Die Waschungen haben rituelle Aspekte. Sie müssen je nach Anlass von bestimmten Bewegungen begleitet werden, wie den Rumpf beugen und die Knie mit den Händen anfassen; auf dem Boden der Moschee knien und sich Richtung Mekka verbeugen; mit den Händen auf der Brust aufrecht stehen oder sie in die Höhe des Gesichtes mit den Handflächen zum Gesicht erheben.
  Es gibt fünf tägliche Gebete vom Tagesanbruch bis zur Abenddämmerung, zu denen die Gläubigen durch das Gebet des Muezzin aufgerufen werden. Sie werden von der Höhe der Minarette aus vorgetragen, den zierlichen Türmen, die alle Moscheen schmücken. Das gemeinschaftliche Gebet wird in den Moscheen von allen Männern gebetet, die in parallelen Linien aufgereiht sind, alle eindrucksvoll in Richtung Mekka verbeugt. Die Moscheen bestehen auch aus offenen Sälen, die

Iwan genannt werden, in denen sich die Gläubigen versammeln, um Gebete oder Ermahnungen ihrer spirituellen Führer zu hören. Es gibt viele verschiedene Gebete für die verschiedenen Feste des Jahres und die privat oder gemeinschaftlich gebetet werden; drei Menschen reichen aus, um ein Gemeinschaftsgebet zu sprechen, was ausdrücklich empfohlen wird. Die rituellen Aspekte sind unterschiedlich, auf jeden Fall jedoch ist die Andacht der Gläubigen immer bemerkenswert, wenn dieser Reinigungsprozess befolgt wird.

Die dritte Säule ist die Wallfahrt nach Mekka, *Hadsch* genannt, und der Besuch der heiligen Stätte, *Umrah*, die jeder Gläubige wenigstens einmal im Leben während der geheiligten Zeit zu machen hat. Beim Besuch der heiligen Stätte muss er ein geeignetes Verhalten zeigen und vorgegebene Riten befolgen.

Das Verhalten des Pilgers muss fromm sein und dabei Wut, Hass und weltliche Besorgnisse hinter sich lassen, sich sexueller Beziehungen enthalten und die spirituelle Gelassenheit suchen.

Pilgerfahrt und Besuch müssen in der heiligen Zeit absolviert werden, in der für den gesamten Islam die Kriege und Zwistigkeiten beendet sein müssen. Der heilige Ort wird von den Versammlungspunkten der Pilger bestimmt, die nach Mekka gehen. Sie treffen sich an verschiedenen nahe gelegenen Stellen je nach ihrer Herkunft. Die Pilgerzüge, die durch Medina führen, erhalten das Pilgerkleid in El-Zaribah, wohingegen die, die aus dem Norden kommen, es in Brig tun. Nachdem sie sich das Haar und die Nägel geschnitten, sich gebadet und parfümiert haben, hüllen sie sich in Pilgerkleidung, die aus zwei weißen Baumwolltüchern besteht.

Wenn sie so spirituell vorbereitet sind, beginnen sie den ersten Tag – „den Meditationstag" – mit Gebeten einige Kilometer von Mekka entfernt. An den folgenden Tagen sieht die Pilgerschaft Haltepunkte zum Gebet vor, die in der Nacht mit Fackeln ausgeleuchtet werden. Schließlich kommt der „Opfertag", der höchste Feiertag der muslimischen Welt, an dem jede Person sieben Steinchen hinauswirft und siebenmal in schnellem Schritt um die Kaaba läuft, ein schwarzes quadratisches Gebäude in der Mitte des Innenhofes der großen Moschee Bay Allah (Haus Allahs). Wenn dies und ein weiterer schneller Gang siebenmal um die großen Felsen in der Nähe von Kaaba beendet ist, ist der eigentlich heilige Teil zu Ende. Dann beginnen drei Tage mit Festlichkeiten in Mina, die ebenfalls solche barmherzige Taten beinhalten, wie das Verteilen von Nahrungsmitteln an die Armen.

Die Pilgerschaft nach Mekka enthält Riten, die nicht unmittelbar im Koran vorgesehen sind, sondern teilweise aus alten Traditionen – wenn auch heidnischen – der ersten Stämme abzuleiten sind, die die arabische Halbinsel bewohnten. Die Kaaba selbst bestand schon vor der Zeit Mohammeds und war für die früheren Einwohner ein heiliger Ort. Mohammed mit seinem politisch religiösen Genie, um sich bei ihnen beliebt zu machen, übernahm einen Teil ihrer Gewohnheiten und machte sie zu islamischen, indem er den Ort zum Höhepunkt der ganzen Pilgerschaft machte (B12, S. 337-400). [34]

In der Nähe von Mekka gibt es weitere heilige Orte, die traditionell auch besucht werden: der Ort, an dem Adam Eva fand, die er verloren hatte (Arafat); der Ort, an dem Abraham bereit war, seinen Sohn Isaac mit einem Stein zu opfern und auf den die Waffe fiel, die der Engel ihm entrissen hatte, damit er es nicht tat; das Grab Evas, der Mutter aller Menschen, in dem sie mit dem Gesicht nach Kaaba gerichtet liegt (B12, S. 468-9).

Die vierte Säule im Leben eines Moslems besteht aus dem Fasten im Ramadan. Es handelt sich um eine gemeinschaftliche Handlung, bei der einen Monat lang niemand während des Tages von Sonnenaufgang bis -untergang weder isst noch trinkt. Dabei kommt es in der Gesellschaft durch die fast vollständige Unterbrechung aller wirtschaftlichen Aktivität zu einem nahezu vollkommenen Stillstand. In der Nacht können die Menschen essen und trinken, aber die letzten zehn Nächten des Monats sind durch eine besondere Art der Verehrung gekennzeichnet. Eine davon ist die „Nacht des Schicksals", die man in der Moschee mit Beten und Kontemplation der Mysterien Allahs verbringt. Es handelt sich um eine asketische Übung, um zu verhindern, dass der Körper über die Kraft des Geistes herrscht. Damit soll ein Gleichgewicht zwischen Geist und Materie hergestellt werden.

Die fünfte Säule, die das Verhalten des Moslems regiert, ist das gesetzliche Almosen, die „Sakat". Jeder Gläubige ist dazu verpflichtet, den Teil beizusteuern, der übrig bleibt, wenn er dem Bedarf an Essen, Kleidung, Wohnung und Transport seiner Familie entsprochen hat. Dieser Teil kommt in eine Gemeinschaftskasse, aus der die Bedürftigsten unterstützt und der Bedarf der Gemeinschaft gedeckt werden. Sie wird auch genutzt für die Reisenden und für alle jene, die für die Verbreitung des Islam kämpfen.

Es gibt auch einige traditionelle Normen wie die Abgabe eines Rindes oder von fünf Kamellasten mit Früchten des Feldes. Es wird auch festgelegt, dass Feldfrüchte aus Dürregebieten 10 Prozent erbringen, die aus bewässerten Gebieten die Hälfte von 10 Prozent.

Über diese fünf Säulen hinaus und eine sechste von besonderer Art, die wir später behandeln, ist der Moslem gewissen anderen weniger wichtigen Vorschriften und Verboten unterworfen, die ihn nicht nur als Moslem kennzeichnen, sondern Teil seiner Existenz sind. Eine der Vorschriften ist es, entsprechend des Vermögens

---

[34] Richard Burton war der erste bekannte Europäer, der, indem er sich als afghanischer Prinz ausgab, im 19. Jh. nach Mekka pilgerte. Er schieb einen ausführlichen und farbenprächtigen Bericht. Er beschreibt die bedeutendsten Einzelheiten, die die Frische einer aktuellen Geschichte haben.

der Familie eine Hochzeitsfeier auszurichten, zu der man Reiche und Arme, Verwandte und Nachbarn einzuladen hat. Das bedeutet, dass die Hochzeitsfeier Merkmale einer gemeinschaftlichen Verbindung hat.

Die hauptsächlichen Verbote haben mit Getränken und Nahrungsmitteln zu tun. Man darf kein Fleisch von Tieren essen, die eines natürlichen Todes verendeten oder erwürgt wurden, durch Schläge verendeten, oder nach dem Schlag oder Sturz durch ein anderes Tier. Der Grund dafür ist, dass der Verzehr von Blut verboten ist. Deshalb müssen die essbaren Tiere so getötet werden, dass sie ihr ganzes Blut verlieren, bevor sie als Nahrungsmittel zubereitet werden können. Man führt rituelle Opferungen der Tiere durch, die darin bestehen, dass sie mit einem speziellen Gerät erhängt werden, das Arterien und Venen aufreißt und somit das Blut abfließen kann. Es gibt bestimmte Tiere, deren Fleisch zu essen nicht erlaubt ist, insbesondere das von Schwein, Hund und wilden Tieren.

Was die Getränke betrifft, so sind die *khamr* verboten. Das sind fermentierte Getränke aus dem Saft von Trauben, Datteln, Früchten oder Getreide. Dieses Verbot wurde allmählich eingeführt, als Mohammed sich des Schadens immer bewusster wurde, der durch den übermäßigen Alkoholgenuss seiner Männer entstand und das gesunde Leben in der Gemeinschaft störte.

Die sechste Säule des Moslems wird nicht von allen als solche anerkannt. Es handelt sich um den Heiligen Krieg, den Dschihad. Dies ist nicht ein Verpflichtung des Individuums, sondern die der Gemeinschaft. Er muss dann erklärt werden, wenn Frieden und Sicherheit der Gemeinschaft in Gefahr sind. Er beinhaltet nicht, Krieg zu führen, um die Ungläubigen zu bekehren. Es handelt sich um ein Solidaritätsprinzip zur Verteidigung der Gemeinschaft.

Einige muslimische Sekten, insbesondere die Schiiten, geben dem Dschihad einen besonderen Rang, da er als zentrales Element der Gemeinschaft angesehen wird. Es gibt den „großen Krieg", der gegen den inneren Feind geführt wird, insbesondere gegen persönliche Verhaltensweisen, die den Zusammenhalt der Gemeinschaft gefährden. Der „kleine Krieg" richtet sich gegen den äußeren Feind insbesondere gegen Gottlose und Ungläubige.

Mit der Zeit bekam der „Heilige Krieg", begünstigt durch die radikalen Interpretationen religiöser Studenten, eine immer größere Bedeutung („Taliban", ein Begriff, sich nicht auf diejenigen beschränkt, die sich Afghanistans bemächtigt haben). Die Madras, Schulen theologischer Studien, über die Jahrhunderte Brutstätte für die muslimische Kultur. Hier wurde ausgebildet, was man mit unpassendem Wort islamischen „Klerus" nennen könnte. Die Madras haben in den vergangenen Jahrzehnten einen frustrierenden Prozess durchgemacht. Die kulturelle Konfrontation mit einem mächtigen und sich ausbreitenden Abendland und seit einigen Jahren die

Feindschaft vor ihren Pforten eines harten sowjetischen Kommunismus haben Wut hervorgerufen. Die Desorientierung der muslimischen Theologiestudenten in einer Welt mit anderen und unverständlichen Parametern hat sie veranlasst, das Konzept des „Heiligen Krieges" in der heutigen Zeit zu unterstreichen und zu bekräftigen. Es ist eine Interpretation, die aus der Frustration entstand und wegen ihrer „dogmatische Übertreibung nichts an Realität einbüßt.

DAS LEBEN DES PROPHETEN

Mohammed wurde in Mekka geboren inmitten einer rohen Gesellschaft mit dem Prinzip der Blutrache zwischen den Stämmen. Mit diesem geschmeidigen Zynismus britischer Überlegenheit, der sensible Nerven trifft und überzeugende Wahrheiten ausspricht, behauptet ein englischer Autor, dass „die Irländer kämpfen wegen der Freude am Kämpfen, die Engländer wegen Gerechtigkeit, die Spanier wegen der Ehre, die Araber aus Rache". Mohammed war von den Seinigen verstoßen worden. Um sich durchzusetzen, musste er sich notfalls mit den Waffen verteidigen. Und so machte er es. Er bewaffnete seine Leute und bot seinen Feinden die Stirn. Sein erster militärischer Sieg war, als er in Badr die größte Karawane angriff, die auf dem Weg von Mekka nach Syrien über das Rote Meer war. Die Karawane aus Mekka bekam von einem Heer Rückendeckung, das ihr zu Hilfe kam, als die bevorstehende Aggression der Moslems bekannt wurde. Die Schlacht begann und, obwohl das Heer von Mohammed nur halb so groß wie das seiner Feinde war, trug es einen bedeutungsvollen Sieg davon. Mohammed zeigte zum ersten Mal sein Talent als militärischer Stratege. Er begann den Angriff mit einer geschlossenen Formation von Bogenschützen. Die letzte Schlacht wurde von Mann zu Mann, von Schwert zu Schwert ausgetragen. Sein eigenes Schwert schwingend sprach er mit den Gläubigen und gab Befehle. Von den Voraussetzungen des aufkommenden Islam ausgehend, war das Überleben nicht ohne den Einsatz von Menschen möglich, die bereit waren, zu töten oder zu sterben. Mohammed verhielt sich im Sieg großzügig. Die Gefangenen wurden von den Bewohnern von Medina gut behandelt und konnten mit einem Lösegeld befreit werden (Sure 8, 70). Wenn das ihnen nicht gelang, so konnten die Gefangenen arbeiten, um Geld zu verdienen für ihre eigene Befreiung (Sure 47:5; 24).

Die Geschichte von den ersten Jahren des Islam nach der erzwungenen Flucht aus Mekka bis Medina, wo er Zuflucht fand, ist eine Erzählung des „Wilden Westens" (A5, S. 164-211). Angriffe auf Händlerkarawanen. Scharmützel. Besetzung von Oasen in der Nähe von Medina und sofortige und spitzfindige Verhandlungen mit den Bewohnern, um sie zu Verbündeten gegen Mekka zu machen.

Die Bewohner von Medina, wo Mohammed lebte, erwarteten immer, dass die Bewohner von Mekka sie angreifen würden. Im März des Jahres 625 schließlich zeichnete sich ein großartiges Heer von 3000 Männern, 3000 Kamelen und 200 Pferden in der Wüste ab, das sich in Richtung Medina bewegte. Als er davon erfuhr, stieg Mohammed auf sein Pferd und begab sich an der Spitze von 1000 Männern – einem Drittel seiner Feinde – am 22. März nach Uhud, einer kleinen Oase 30 km von Medina. Er errang keinen überzeugenden Sieg, die Feinde jedoch zogen sich zurück.

Zwei Jahre später konnten die aus Mekka und ihre Verbündeten ein beeindruckendes Heer von 10 000 Männern zusammenziehen und begaben sich nach Medina, wo der Prophet nur mit 3000 verteidigen konnte. Der große militärische Stratege, der Mohammed war, ließ Schützengräben ausheben, um sich vor einer Belagerung durch den Feind zu schützen. Die Belagerer verbündeten sich mit dem jüdischen Stamm Quraiza, der sich notgedrungen – ohne große Überzeugung – mit Mohammed zusammengeschlossen hatte. Sie waren kurz davor, mithilfe der verräterischen Juden in Medina einzurücken. In den Wüsten Arabiens war es extrem schwer, eine lange Belagerung gegen eine gut befestigte Ortschaft aufrechtzuerhalten, die zum Überdauern ausgerüstet war. Wasser und Nahrungsmittel für die belagernden Menschen und Tiere mussten knapp werden. Schließlich zogen sich die Angreifer aus Mekka mit Schimpf und Schande zurück, besiegt vom Hunger und Durst in der Wüste. Es war ein gewaltiger Sieg, der schnell entlang des klaren Horizonts der arabischen Halbinsel bekannt wurde und viele an den göttlichen Auftrag von Mohammed glauben ließ.

Bevor er seinen Sieg feierte, zog Mohammed gegen die Ortschaft der Juden, die ihn verraten hatten, zu Felde, und nachdem sie sich ergeben hatten, enthaupte er 700 Männer und verkaufte Frauen und Kinder als Sklaven.

Damit erweiterte er seine Macht in Arabien. Er wurde als ein Mensch angesehen, der Gott an seiner Seite hatte, da er Siege gegen viel mächtigere Feinde errungen hatte. Er war großzügig gegenüber den Besiegten und gnadenlos gegen die, die ihn verraten hatten. 628 war er zum Oberhaupt einer Konföderation von Stämmen geworden. Die Beduinen von vielen Oasen wurden zu seinen Verbündeten. Das waren politische Maßnahmen. Er vergaß jedoch nicht den religiösen Auftrag, den er vertrat, und versuchte unverzüglich, die Besiegten zu veranlassen, sich zum einfachen Glauben dadurch zu bekennen, dass sie die Macht Allahs, dem einzigen Gott anerkennen sollten.

Er wagte es jedoch noch nicht, Mekka direkt anzugreifen. Sein klar definiertes Ziel war es, sich seiner Geburtsstadt zu bemächtigen, die ihn vertrieben hatte. Das erste, was er zu tun hatte, war, ihre wirtschaftliche Kraft zu schwächen, die im Monopol des Außenhandels Arabiens wurzelte. Aus diesem Grund griff er weiterhin ihre Karawanen an, bis es ihm gelang, Mekka wirtschaftlich zu bezwingen. (Anm. 5)

Mit dem geschwächten Mekka und ohne es zu wagen, sich auf seine Landsleute zu stürzen, gelang Mohammed eine geniale und unerwartete Wende, die das gesamte militärische und politische Schema Arabiens veränderte. Ohne Waffen und als Pilger gekleidet erklärte er, dass er nach Kaaba pilgern wolle, dem alten Gebetsort in der Nähe von Mekka, den er als eine Art Bindeglied zwischen den Muslims und den Besten des alten arabischen Heidentums akzeptiert hatte. Er hatte ein geschmücktes Kamel bei sich, um es zu opfern, wie es üblich war. Ihm folgten tausend Männer, die mit einem losen Gewand über den Schultern gleichfalls als Pilger gekleidet waren, so unternahm er seine Reise. Als er an einem Ort in der Nähe von Mekka ankam, in Hudaibiyah, machte er mit seiner wehrlosen Truppe Halt und wartete darauf, dass die Bewohner von Mekka Emissäre entsenden würden, um zu versuchen, die Pilgerreise nach Kaaba zu verhandeln. Die Stammesfürsten befanden sich in einer Zwickmühle: Sie konnten nicht erlauben, dass Mohammed in einzigartiger Herausforderung als Pilger hereinkommen und somit einen friedvollen Sieg erreichen würde; sie konnten aber auch nicht die absolute Gottlosigkeit begehen, einen Pilger auf heiligem Boden anzugreifen, was in ganz Arabien verdammt worden wäre. Die Verhandlungen begannen, und schließlich erreichte Mohammed eine Übereinkunft, die in den Augen seiner Anhänger äußerst erniedrigend war. Es wurde ein Waffenstillstand beschlossen. Er konnte seine Pilgerschaft in dem Jahr nicht weiter führen, könnte sie aber im folgenden Jahr in aller Ruhe machen. Im Gegenzug würden die Feindseligkeiten gegen die Karawanen der Kaufleute von Mekka zehn Jahre lang ausgesetzt. [35]

Bevor er seine Verhandlungen abschloss, verlangte Mohammed von jedem einzelnen seiner Männer den „Treueschwur", demnach sie ihm zu folgen hätten, was auch immer sein Entschluss wäre. Damit konnte er das Ressentiment seiner An-

---

[35] Kaaba war, wie wir bereits gesehen haben, eines der alten Heiligtümer der ersten Beduinen. Es liegt in der Nähe der heiligen Quelle Zamzam und enthielt einen verehrten schwarzen Felsen, der wahrscheinlich ein Meteorit war, der in Zeiten heruntergekommen war, an die sich die Menschen noch immer erinnerten. Kaaba ist von einem runden Raum umgeben mit 360 Götterbildern, die die Gläubigen - schon in den Zeiten vor Mohammed – siebenmal umrundeten. Mohammed akzeptierte die göttliche Gegenwart in diesem Heiligtum (2, S. 61) und stellte so auch politisch eine heilige Beziehung mit den alten heidnischen Traditionen her. Eine andere religiöse Überlieferung jüdischer Herkunft behauptete, dass Ismael, Sohn Abrahams, in die arabische Halbinsel emigriert sei und in der Nähe von Mekka gelebt habe. Sein Vater Abraham ging ihn besuchen, und Vater und Sohn erbauten Kaaba gemeinsam (A5, S. 162).

hänger abfedern, das sie zeigten, als sie ihren heroischen und heiligen Versuch vereitelt sahen.

Bei der Rückkehr mit seinen Männern ging Mohammed schweigend bis zu dem Moment. Dort erfuhr er eine Offenbarung, die sein Leben veränderte und ihn in Trance versetzte. Als die Inspiration vorbei war, ließ sie ihm die Botschaft zurück, normalerweise die Botschaft, die er hören wollte, und die sich wahrhaftig in seinem Unterbewusstsein festsetzte. Göttliche Inspirationen brachen häufig wie eine Lawine zu besonders schwierigen Zeiten über ihn ein. Die Botschaft, die er nach dem erniedrigenden „Waffenstillstand" mit der Obrigkeit Mekkas erhalten hatte, ist in der „Sure des Sieges" (Sure 48) enthalten:

> *„Allah hat den Geist der Ruhe in die Herzen der Gläubigen gesandt [...] und hat ihnen den großen Sieg gegeben. Allah hat sie seine Gegenwart in ihren Herzen spüren lassen" (Sakina) [...]*

Als Mohammed zurückkehrte, hatte er seine Niederlage, die er durch seine unschuldige und abwegige Haltung erlitten hatte, in einen friedvollen Sieg verwandelt, der schließlich trotz der anfänglichen Versuche zum Widerstand von einigen Gruppen dazu führte, dass sein Name in ganz Arabien berühmt wurde. Als großer Politiker wusste er jedoch, dass seine kriegstüchtigen Gläubigen sich getäuscht sahen. Deswegen erklärte er selbst den Ort, an dem er sich in dem Moment befand, zum Pilgerziel. Er verrichtete angemessene Rituale und opferte das geschmückte Kamel, das er dafür mitgebracht hatte. Als er nach Medina zurückkam, und da er Mekka wegen des geschlossenen Waffenstillstandes nicht mehr angreifen konnte, griff er die jüdische Bevölkerung von Jaibar an, die bei der Belagerung von Medina eine zweifelhafte Rolle gespielt hatte. Mit der so erzielten Beute belohnte er auch die unentlohnte Mühe seiner Männer. Gleichzeitig schloss er Bündnisse mit den jüdischen Stämmen des Nordens und griff weiterhin verstreute Karawanen von Beduinen an, die nicht zum Islam übergetreten waren.

So verging ein Jahr und schließlich unternahm Mohammed begleitet von mehr als 2000 Männern 629 erneut eine friedfertige Pilgerreise nach Kaaba. In aller Ruhe gelangten sie gekleidet in den losen Pilgerkleidern nach Mekka. Die Bewohner – wie es der Waffenstillstand vorgesehen hatte – verließen die Stadt und staunten, als sie von den nahe gelegenen Bergen aus Mohammed sahen, wie er vom Pferd stieg, den schwarzen Stein an der heiligen Quelle von Zamzam küssten und Kaaba siebenmal umrundeten, gefolgt von allen seinen frommen Anhängern.

Dies war auch ein politischer Sieg für Mohammed. Sein Name wurde in ganz Arabien als der eines religiösen Führers anerkannt, der vom allmächtigen und gütigen Allah direkt inspiriert war. Damit wurde Mekka geschwächt und es war eine Frage der Zeit, wann es untergehen würde.

Ein Jahr später beschloss Mohammed, den letzten Schritt zu tun. Mit einem Herr von 10000 Mann machte er sich auf den Weg nach Mekka, das in panischen Schrecken versetzt war. Abu Sufyan, einer der angesehenen Männer ging Mohammed entgegen und bot ihm eine Allianz unter bestimmten Bedingungen an. Sie würden das Heer Mohammeds ohne Widerstand hineinlassen. Sie mussten sich nicht offiziell ergeben, um so ihre Ehre zu retten, sondern würden seinen Anweisungen folgen, nachdem sie ihn zu ihrem Beschützer erklärt hätten. Danach würden sie in ihren Häusern bleiben, ohne weiter gestört zu werden. Einige wenige versuchten den Einmarsch des islamischen Heeres zu verhindern, mussten aber fliehen. Mohammed verhielt sich denen gegenüber großzügig, die später zurückkamen und um Vergebung baten.

Die heidnischen Völker im Süden Arabiens, die hauptsächlich in Taif lebten, ergaben sich schließlich und ein Heer von 3000 Mann brach in Richtung Norden auf, wo einige Stammeshäuptlinge am Rand des byzantinischen Imperiums (heute Israel und Jordanien) ihm ihre Treue erklärten. Damit war Mohammed als inspirierter Prophet etabliert, dem es zur selben Zeit gelungen war, die Stämme Arabiens unter einem Glauben zu vereinigen und ein geschickter Politiker und außergewöhnlicher Krieger zu sein. Als Gesetzgeber hatte er die Basis der islamischen Gesellschaft geschaffen und als Poet glänzte er mit der inspirierenden Großartigkeit des Korans.

DIE ISLAMISCHE URGESELLSCHAFT

Der Islam ist eine männliche Religion. Ihr Gesprächspartner ist der Mann. Ihre dogmatischen Leitlinien sind fest und definiert. Die öffentlichen Fürbitten werden von Männern ausgeführt. In der Moschee werden nur Männer zugelassen und nur gelegentlich gibt es einen untergeordneten Ort für Frauen. In einigen Orten gibt es eine Art Zwischengeschoss, von dem aus sie passiv teilnehmen und die rituellen Handlungen der Männer betrachten. Der sogenannte „Heilige Krieg" richtet sich sicherlich nur an Männer der Gesellschaft.

Auch wenn der Islam seit seinen Anfängen eine internationale Zielrichtung hat, die über die harten Linien des Wüstenhorizontes hinaus geht, so sind seine Sprache und Konzepte mit dem Mann des Stammes verbunden. Die Koreischiten, der Stamm Mohammeds mit Sitz in Mekka, hatte seine Botschaft abgelehnt. Mit seinen Genossen floh er nach Medina. Das Datum dieser Flucht bestimmt den Beginn der islamischen Zeitrechnung. Damit beginnt die eigentliche Geschichte des Islam.

Während seines Aufenthaltes in Medina zeigten sich die Merkmale, die aus Mohammed den Begründer einer großen Religion, einer großartigen politischen und gesellschaftlichen Kultur von universeller Transzendenz machen sollten. In Medina war er weiterhin inspirierter Botschafter der Einzigkeit und Güte Allahs. Aber er wandelte sich auch zu einem bedeutsamen Politiker, einem Herrscher und militärischen Führer. Als Politiker wusste er die Beziehungen mit den unterschiedlichen Nachbarstämmen – meistens arabisch, andere jüdisch – dadurch erfolgreich zu führen, dass er mit den einen Bündnisse schloss und die möglichen Widersacher so zu spalten so zu beherrschen. Er griff den jüdischen Stamm Qaynuqa von Medina an, weil er befürchtete, dass Qaynuqa sich mit seinen Feinden, mit seinem eigenen Stamm aus Mekka, verbünden würde (A5, Kap. 8). Die politischen Voraussetzungen in der Zeit, die den Islam entstehen sah, waren sehr verschieden von denen der Zeit Jesu. Wie es das römische Martyrologium poetisch ausdrückt, wenn es Weihnachten ankündigt, dass Jesus geboren wurde, als „die ganze Welt im Frieden war", der Frieden, den das römische Imperium im Laufe der Jahre weise eingeführt hatte. Dahingegen dauerte der Krieg zwischen den Stämmen der arabischen Halbinsel in der Zeit fast unaufhörlich an, in der Mohammeds Ankunft lag. Der religiöse Prophet sah sich also, um es so auszudrücken, gezwungen, zum politischen und religiösen Führer zu werden, und es wäre schwer gewesen, wie Jesus zu behaupten, dass sein Reich nicht von dieser Welt sei und dem Kaiser zu geben, was des Kaisers sei.

Mohammed war stark und entschlossen. Er gab den Auftrag, den Dichter Ka'ab zu töten, der ihn ursprünglich unterstützt hatte und, nachdem er aus Medina geflüchtet war, nach Mekka zurückkehrte und dort Gedichte geschrieben hatte, die ihm aufrührerisch erschienen. Die Dichter mit ihren feurigen Worten und deren rhythmische Schönheit hatten einen bedeutenden Einfluss auf die ungebildete Gesellschaft der Wüste. Unter seiner Herrschaft formte sich die Gesellschaft allmählich in unterschiedlichen Bereichen. Dies wandte man in den Besitzverhältnissen an, in den Bedingungen von Heirat und Scheidung, Aspekten der Kaufverträge und der Rechtsprechung.

Als Militärchef veranlasste er seine Gruppe den *Dschihad* zu schwören, der Heilige Krieg gegen die Gegner. Bei dieser Gelegenheit hatte er eine wichtige Eingebung von Allah, der ihm den Krieg erlaubte, ja sogar befahl:

„Den Kämpfern ist es erlaubt zu kämpfen, weil sie Ungerechtigkeit erlitten haben. Gott wird ihnen sicher dabei helfen. Sie sind ungerecht aus ihren Häusern vertrieben worden, weil sie bekräftigten: 'Gott ist unser Herr'" (Sure 22:40).

Dieser Heilige Krieg bedeutete nicht, wie seine Übersetzung vermuten lässt, Ungläubige mit der Hilfe des Schwertes zu bekehren. Am Anfang war es ein Verteidigungskrieg gegen seine Geburtsstadt Mekka, die ihn verfolgt hatte. Aber er verwandelte sich in einen Eroberungskrieg gegen alle Religionen in der Umgebung, bis die Beherrschung und Besetzung der eigenen Geburtsstadt erreicht war. Wie es vorher schon beschrieben wurde, war der generalisierte Einsatz des „Heiligen Krieges" die moderne Erfindung eines unter Druck geratenen Islam.

Nach und nach definierte Mohammed im Koran die wesentlichen Elemente der islamischen Gesellschaft unter Berücksichtigung der Umstände, die praktische, von Allah inspirierte Antworten verlangten. Der Koran ist weder ein Kodex noch hat er eine organische Struktur wie die einer Verfassung, sondern ist ein lebendiges und dynamisches Dokument. So starben zum Beispiel bei den Schlachten gegen seine Heimat Mekka in Ujud fünfundsiebzig Gläubige, die für den Glauben und den Propheten kämpften. Es waren junge Männer, die Witwen und Waisen hinterlassen hatten, um die man sich zu kümmern hatte. Bei dieser Gelegenheit hatte der Prophet eine Eingebung von Allah, der ihm sagte (Sure 4-3):

„Gib den Waisen ihren Besitz [...] und wenn du befürchtest, ihnen nicht gerecht werden zu können (um ihnen ein Heim zu geben), heirate zwei, drei oder höchstens vier Frauen, ihre Mütter. Wenn du meinst, dass du ihnen nicht gerecht werden kannst, dann heirate nur eine Frau."

In diesem Sinne war die Polygamie, die Mohammed predigte, nicht ein Tribut an die sexuelle Lust seiner starken Männer, sondern eine soziale Gesetzgebung, um allen Witwen und Waisen ein Heim zu geben, die der Krieg ohne jede Unterstützung für sie hinterließ (A5, S. 190).

In seinem Umgang mit den Frauen ist der Koran viel ausgeglichener und gerechter als man es heute vermuten könnte. Die Mitgift für die, die für die Ehe versprochen war, musste nicht den Eltern des Bräutigams gegeben werden, sondern der Braut selbst. Im Falle der Scheidung konnte der Mann sie nicht einfordern, und so wurde die Zukunft der Frau ausreichend gesichert.

Die Frauen wurden in den Beduinenstämmen, die durch die Wüsten Arabiens wanderten, wie Sklaven gehalten. Sie hatten keine Rechte. Sie konnten sich nicht scheiden lassen. Sie konnten sicherlich erben, die Männer jedoch, die sie heirateten, konnten sich ihren Besitztum aneignen. Die weiblichen Kinder waren entbehrlich und die rohe Geburtenkontrolle, sie zu verlassen, war allgemein gebräuchlich. Im Gegensatz dazu begann Allah durch Mohammed eine wahre „Befreiung der Frau" bei den Beduinen in der Wüste.

Die Beziehung Mohammeds zu den Frauen musste notwendigerweise von der Gesellschaft geprägt sein, in der er geboren wurde. Dennoch war sein persönlicher Umgang mit den Frauen seines Lebens, höchst aufgeklärt für seine Zeit. Diese Haltung entsprang einer großen sexuellen Neigung zum weiblichen Geschlecht. Er hatte viele Ehefrauen. Einige von ihnen waren außer Liebhaberinnen auch seine Freundinnen und hatten einen bedeutenden Einfluss auf sein Leben. Er benutzte die Heirat sicherlich auch als Möglichkeit gesellschaftlichen Aufstiegs und politischer Einflussnahme und Bündnisse. Seine erste Frau war eine reiche Witwe aus Mekka, die ihm viele Kinder und eine gute gesellschaftliche Stellung schenkte. Danach hatte er vier Ehefrauen und mehrere Konkubinen, die als solche im Harem akzeptiert waren. Er war ein Mann von starker sexueller Leidenschaft. Seine Vorliebe für seine sehr junge, schöne und intelligente Ehefrau Aischa ist bekannt, auch die für eine Sklavin.

Wie zu erwarten und zu befürchten war, begannen in seinem Harem sich Eifersucht wegen der unterschiedlichen Beachtung abzuzeichnen, die er jeder seiner Ehefrauen zukommen ließ. Denn es war menschlich unmöglich, jeder die gleiche Zeit zu widmen und seine Zuneigung vollkommen gleichmäßig zu verteilen. Jede Nacht wechselten sich seine Frauen ab, um mit ihm zu schlafen. Die Gruppen, die sich im Harem bildeten, hatten riesigen politischen Einfluss und waren ein wichtiger Faktor für die spätere Entwicklung des Islams und seiner Stellung in den verschieden Dynastien. Eine seiner Töchter, die durch ihre Mutter der Bewegung im Harem sehr verbunden war, heirate Ali, der erste Bruder des Propheten und jetzt, durch Heirat, Schwiegersohn. Ali und seine Nachkommenschaft wurden zu Kalifen und aus Erwägungen der Machtfolge im Islam erreichten sie eine außerordentliche Bedeutung. Denn sie waren der Ursprung der Schiiten, eine Minderheit in der islamischen Gemeinschaft, die jedoch heute große Kraft insbesondere im Iran, Irak und in Teilen des Libanon hat.

Die Einheit von religiöser und ziviler Gesellschaft bei den Muslims hat in Mohammed ihren Ursprung. Er war religiöser Führer aber auch Gesetzgeber nicht nur ausschließlich für die Religionsausübung, sondern auch für das zivile Leben und die ehelichen und wirtschaftlichen Beziehungen. In Sure 2 werden die großen Vorschriften – die Säulen – des Islam aufgestellt: das Fasten vorzugsweise im Monat des Ramadan, der derjenige war, in dem die göttlichen Eingebungen begannen, die den Koran ausmachen; der *Hadsch* oder die große Pilgerfahrt nach Mekka einmal im Leben; die *Umra* oder kleine Pilgerfahrt; Almosen geben, die durch Allahs Großzügigkeit doppelt entlohnt werden.

In dem, was die Vorschriften der gesellschaftlichen Ordnung angeht, zielen sie grundlegend auf die Rechte der Frauen; die Voraussetzungen für Heirat und Scheidung; die Regelung der Erbfolge.

Die Frauenrechte werden in der Sure 4 festgelegt, in der die Besitzrechte definiert sind, das Scheidungsrecht, ihre Treueverpflichtung (diejenige, die zur Ehebrecherin durch die Zeugenaussage von vier Männern erklärt wurde, konnte in einem Zimmer eingesperrt werden, bis Allah ihr das Leben nahm), der Wert ihrer Zeugenaussage bei Gericht (die Hälfte dessen, das den Wert des Mannes ausmachte), ihre Rechte bezüglich der Mitgift, derer sie nicht beraubt werden konnte. Bezüglich des Erbes von den Eltern „erhalten zwei Frauen so viel wie ein Mann".

In derselben Sure 4 des Koran wird bekräftigt, dass ein Mann „eine, zwei, drei oder vier Frauen" heiraten kann. „Wenn er jedoch befürchtet, sie nicht alle gleichbehandeln zu können, dann nur eine und so viele Sklavinnen, wie die rechte Hand Finger hat". Was das Erbe angeht, so erhält der Mann die Hälfte des Besitztums seiner Frau, wenn sie stirbt. Dagegen bekommt die Ehefrau nur ein Viertel des Besitztums ihres gestorbenen Mannes.

Jede Religion ist von der Persönlichkeit ihres Gründers geprägt. Wahrscheinlich hat kein anderer Religionsgründer eine so breite und zusammenführende Spur in der Gesellschaft hinterlassen. Mit der Zeit wurde dies zum Glanz und großen Problem des Islam bis zum heutigen Tag. In einer religiösen und zur selben Zeit verweltlichten Gesellschaft die verschiedenen Persönlichkeiten Mohammeds zu trennen, ist eine Aufgabe, die zu erfüllen der Islam nicht viel Erfolg hatte. In ein paar Jahren nach dem Tod Mohammed breitete sich der Islam im Mittleren Orient und in Nordafrika aus wie das Feuer in einer ausgetrockneten Prärie. Es handelte sich um einen Glauben, der von einem kriegerisch gestählten Volk vorwärts getrieben wurde, das vom Glauben und den Siegen Mohammeds inspiriert war. Dennoch gelangen die Eroberungen nicht grundsätzlich durch Waffengewalt, sondern durch die „Gute Nachricht", die diese Truppen zusammen mit ihren Pferden und Lanzen brachten. Schon seit der Zeit des Propheten in Medina und als er viel Verbindung zu den jüdischen Stämmen hatte, – von denen einige ihn verrieten – entstand die „Verfassung" von Medina, die bekräftigt: „den Juden ihren Glauben, den Muslims den ihren". Dieses Prinzip regierte bei fast allen ihren Eroberungen. Die Völker des „Buches", das heißt jene, deren Heilige Schrift die Bibel war, konnten Glauben und Gewohnheiten beibehalten, mussten jedoch den neuen Gesellschaften der muslimischen Eroberer einen Tribut zahlen.

Die neue Religion wurde von so vielen neuen Völkern angenommen, nicht alle arabisch, weil sie ihren spirituellen Bedürfnissen entsprach und bedeutungsvoll für Individuum und Gesellschaft war. Toufic Fahd (P9, S. 10) definiert es eindeutig:

„Die neue Religion bedeutete für die Menschen jener Zeit bis dahin unbekannte Vorteile: insbesondere beseitigte sie die Vermittler zwischen Gott und Mensch. Sie führte zwischen den Bekehrten eine Brüderlichkeit mit neuem Gepräge ein, beseitigte somit den Kastengeist und gab jedem Individuum seinen eigenen Platz in der Gesellschaft. Sie errichtete eine neue gesellschaftliche Ordnung, in der der Geist der Gleichheit in allen menschlichen Beziehungen herrschte. Sie gab dem Menschen die Möglichkeit, ihr eigener Richter bei der Deutung der göttlichen Botschaft zu sein, alles Vorteile, die die stark strukturierten und hierarchisierten Religionen ihren Gläubigen nicht gewähren konnten."

DIE VERBREITUNG DES ISLAM

Schon in den letzten Tagen Mohammeds hatte sich die muslimische Gesellschaft durch die Waffe nicht nur in der arabischen Halbinsel und in den Gegenden, des heutigen Jordanien und Israel ausgebreitet. Sie hatte auch Boten ins byzantinische Imperium entsandt, um die Menschen aufzufordern, die Botschaft anzunehmen, die sie im Namen Gottes brachten. Nachdem Mohammed gestorben war, übernahm Abu Bakr, der erste Kalif und Schwager Mohammeds, die Verbreitung des Islam. Das geschah in einem Zusammenhang, in dem die beiden nahe gelegenen Imperien, das byzantinische und das sassanidische Reich – heute hauptsächlich das Gebiet des Iran – politisch und wirtschaftlich wegen lang anhaltender Kriege und durch Epidemien geschwächt waren, sodass sie aggressiven Gruppen ausgeliefert waren, die bei ihnen ihren Willen durchsetzen wollten. Darüber hinaus waren die arabischen Moslems an Mühsal und Härte in ihren Ländern gewöhnt. Die Nutzung von Kamelen verschaffte ihnen Vorteile für Feldzüge über große Entfernungen in Länder, die einen lohnenswerten aber heruntergekommenen Reichtum zu bieten hatten. Die Mischung aus religiösem Eifer und Idealismus sowie die Aussicht auf Ruhm und Reichtum gab den jungen muslimischen Völkern eine Energie, vor der die hinfälligen politischen Strukturen, die sie auf ihrem Weg vorfanden, fast ohne Widerstand zusammenbrachen. So ging die Geschichte während der Herrschaft der ersten zwei Kalifen weiter, die auf Mohammed folgten. Die Dinge sollten sich ändern, als der dritte Kalif Uthman ermordet wurde. Dieses erzeugte sowohl Bürgerkriege als auch religiöse Brüche, die bis zum heutigen Tag wirksam sind.

Die Situation festigte sich mit dem Auftreten des fünften Kalifen Muawiya (661) – von einer wichtigen Minderheit nicht als Nachfolger des Propheten anerkannt –, der die Macht des neuen Imperiums konzentrierte, während es den Moslems gelang, die Gegenden zu erobern, die heute die Gebiete Pakistans im Osten und des Maghreb im Westen sind und die Wüstengebiete der Sahara umfassen. Schließlich gelang es, einen wichtigen Teil Spaniens (im Jahr 710) zu erobern. Nach und nach begann die Säkularisierung der Gewohnheiten der herrschenden Klasse und die Machtkämpfe intensivierten sich. Man begann Gebetshäuser zu bauen – die Moscheen. Grundstrukturen wurden eingeführt, die bis heute erhalten sind: Waschungen, um sich vor dem Gebet zu reinigen, ein Innenhof für das gemeinschaftliche, vom Imam geleitete Gebet, eine Gebetsnische *Mihrab* in der Wand, die die Ausrichtung nach Mekka zeigt, wohin sich alle Gläubigen ausrichten müssen. Seit der Zeit gibt es eine Kanzel *Minbar* für die Predigt während des Abendgebetes am Freitag und das zierliche Minarett, das auch heute noch die Moscheen schmückt und von wo aus der Muezzin die Gläubigen zum Gebet ruft.

Verwaltungstechnisch wurde das Imperium von seinem Sitz in Damaskus in Syrien aus gesteuert. Je weiter jedoch die Eroberungen fortschritten, umso entfernter und dezentralisierter wurde Damaskus im Verhältnis zu den neuen muslimischen Ländern. Mit der Zeit wurde Damaskus geschwächt und der politische Mittelpunkt des Imperiums verlagerte sich in der Zeit der Abbaside in den Irak. Das waren Kalifen, die von Abu l-Abbas abstammten, einem Onkel Mohammeds (749-54). Schließlich wurde Bagdad die neue Hauptstadt des Imperiums mit Harun al Raschid (786-809). Dort begann der Glanz des Hofes, der nur wenig mit den strengen Prinzipien des ursprünglichen Islam gemeinsam hatte. Es entstand eine Verwaltungsstruktur des Imperiums auf der Basis von „Diwanen", den Ministerien der Zentralregierung.

Die Abbasiden versuchten ihre Macht – der Lebensstil der Mandatsträger am Hof war weitgehend säkularisiert – mit islamischen Begriffen zu rechtfertigen. Der Kalif gab vor, entsprechend der Lehre des Korans und Mohammeds zu regieren und den grundlegenden Gewohnheiten und Traditionen, der Sunna, zu entsprechen. Dies führte mit der Zeit dazu, eine Lebensform im Islam zu entwickeln, die man als „Sunnismus" kennt und dessen religiöse Aspekte wir noch behandeln.

Zur selben Zeit war es bei der fortschreitenden Ausbreitung des Imperiums unvermeidlich, dass Dynastien entstanden, die die verschiedenen Gegenden zu kontrollieren begannen. Eine der schiitischen Varianten, die Fatimiden (nach dem Namen der Tochter Mohammeds und Ehefrau des ermordeten Kalifen Ali) herrschte einige Zeit lang in Ägypten. Die weiter entfernten Länder Marokko und Spanien konnten nur schwer kontrolliert werden, und die Militärs, die diese Regionen beherrschten, begannen sich unabhängig zu machen ohne dass die Hauptstadt (Damaskus und später Bagdad) besonders stark reagiert hätte. Ein Urenkel von Ali ging nach Marokko und gründete dort die Dynastie der Idrisiden, die es noch heute gibt. Nach Spanien hatte sich ein Mitglied der Dynastie der Umayyaden geflüchtet, die das Imperium von Damaskus aus kontrolliert hatten (661-750) und die den zu der Zeit regierenden Abbasiden vorausgegangen waren. Er gründete eine neue Dynastie, die während der drei folgenden Jahrhunderte praktisch unabhängig blieb und ihr politisches, religiöses und kulturelles Zentrum in der bewundernswert schönen Stadt Córdoba mit ihrer grandiosen Moschee hatte. Trotz der politischen Zersplitterung verschiedener Regionen des muslimischen Imperiums wurde eine politische, kulturelle und religiöse Einheit erhalten, die unter den verschiedenen muslimischen Sekten fortdauerte, denen es nicht gelang, den grundlegenden Geist des Islam zu zerstören. Die Sekten des Islam sind eher von politischem Charakter und berühren nicht die grundlegenden dogmatischen Glaubenssätze des Islam, die, davon abgesehen, sehr eindeutig und gut definiert sind. Trotz der Meinungsverschiedenheiten bezüglich der Nachkommenschaft des Propheten und einiger Fragen über die Ausübung der Religion in besonderen Situationen hatte der Islam, und hat immer noch, einen viel festeren Zusammenhalt als die, die ein ähnliches Phänomen in anderen Religionen, insbesondere im Christentum, bewirkt hätte. In diesem riesigen Gebiet, das von Indien bis Spanien reichte, entstand so eine Handelstätigkeit, die durch so zahlreiche kulturelle und sprachliche Gemeinsamkeiten miteinander vereinten Völker zu einem gemeinsamen Markt verknüpfte.

FRÖMMIGKEIT IM LEBEN

Der religiöse Geist durchdringt die Handlungen des frommen Moslems in solcher Weise, dass sein gesamtes Tun, auch das ganz normale wie trinken oder sich waschen, von einem religiösen Symbolismus durchdrungen ist, der sich durch die Geschichte hindurch immer weiter entwickelt hat. So z. B. erzählt Richard Burton (D5, S. 4) in seinem Bericht über seine Pilgerfahrt nach Mekka, wie ein gläubiger Moslem ein Glas Wasser trinkt: Er nimmt das Gefäß mit seiner ganzen Hand, „als ob es das Genick eines Feindes wäre, den er erhängen möchte". Danach ruft er ein Stoßgebet: „Im Namen Allahs, dem gnädigen und barmherzigen". Darauf befeuchtet er seine Lippen. Dann schluckt er den Inhalt ohne ihn in Ruhe im Mund zu behalten und beendet das mit einem Aufstoßen der Zufriedenheit. Im Nachhinein schickt er wiederum ein Stoßgebet: „Ehre sei Allah". Außerdem begeht er nie die Gottlosigkeit, im Stehen zu trinken. Die Frömmigkeit umfasst nicht nur die rituellen Gebete fünfmal am Tag und das tägliche Fasten von ungefähr 16 Stunden während des Ramadan, sondern auch spezielle Gebete zu bestimmten Gelegenheiten. Das Grab des Propheten befindet sich in Medina. Nach der Überlieferung liegt er am selben Ort, an dem er in der Nähe von den ersten Kalifen Abu Bakr und Omar und seiner Lieblingstochter Fatima begraben wurde. Wenn man sein Grab besucht, so spricht man mit erhobenen Händen und mit leiser Stimme ein Gebet zu Mohammed, das beginnt mit „Der Frieden sei mit dir, oh Apostel Allahs [...] oh Freund Allahs [...] oh Bester der Schöpfung [...] oh Größter aller Propheten [...] oh Siegel der Propheten [...] oh Fürst der Frommen [...] oh Verkünder guter Nachrichten [...] oh Träger der Bedrohungen [...] oh leuchtendes Licht [...] oh Apostel der Barmherzigkeit [...]" und so weiter mit anderen heiligen Namen, die die Erhabenheit Mohammeds über die gesamte Schöpfung beweisen (B12, S. 208). Ähnliche Fürbitten werden vor den anderen Gräbern angestimmt, die jedoch eine geringere Zahl an Lobesattributen entsprechend der zu lobenden Person enthalten.

Die Kraft, mit der die Frömmigkeit in die Seelen der Gläubigen eindringt und ihnen die edle und bescheidene Größe verleiht, zeigt sich in einer Anekdote, die Burton erzählt. Mit der Aufmachung eines Scheichs aus Afghanistan verkleidet ritt er auf einem Kamel durch die Wüste der arabischen Halbinsel, nur von einem Diener begleitet. In einem Moment, in dem sie von der ohnmächtigen und schweigenden Feierlichkeit des unendlichen Sandes umgeben waren, rief der Diener aus: „Hier gibt es nichts, überhaupt nichts [...] allein Allah".

Im Islam wie in allen anderen großen Religionen kommt die Vielfältigkeit des Dogmas, die in den Herzen der Gläubigen lebendig ist, im Leben und in den Werken voller Frömmigkeit zur Blüte. Dieses Leben blüht auch großartig dargestellt in den Künsten. Abgesehen von der Literatur ist der Koran sicherlich das größte literarische Werk des Islam. Die gesamte Seele der Religion zeigt sich in der Architektur. Ihre Gebäude haben nichts vom bildhauerischen Reichtum des Hinduismus, noch stellen sie die menschliche Figur dar, wie man sie so sehr schön und verschwenderisch in der christlichen Kultur findet. Aber, wie Octavio Paz sagt: „Die Einfachheit und Harmonie ihrer Formen befriedigen eines der tiefsten Bedürfnisse unseres Geistes, die Sehnsucht nach Ordnung, die Liebe zum Gleichmaß".

DIE SEKTEN DES ISLAM

Der Islam hat wie alle Religionen Spaltungen erfahren, die die allgemeine Einheit zersplittert haben. Dennoch bleiben seine wichtigsten religiösen Aspekte unversehrt. Die Abspaltungen ergaben sich eher aus politischen als aus doktrinären Gründen. Man kann sie letztendlich auf das Problem der legitimen Nachfolge des Propheten zurückführen. Für die Schiiten muss es Blutsverwandtschaft sein; für die Kharijiten war es die Heiligkeit der Person; für die Sunniten musste es der Prozess einer Wahl durch die islamische Gemeinschaft sein. Vom christlichen Standpunkt aus könnte man von verschiedenen schismatischen Strömungen sprechen, die die zentrale Autorität des römischen Papsttums nicht anerkennen im Gegensatz zu den „Häretikern", die einige gültige Dogmen nicht akzeptieren.

Der Islam hatte nie eine klerikale Bürokratie, die wie eine Maschinerie funktionierte, um die häretischen von den annehmbaren Vorschlägen zu unterscheiden. Somit sind die Sekten – meistens von politischen Charakter – eine Zersplitterung aber keine „Häresie".

Die Problematik entsteht mit dem Tod von Mohammed und residiert in der Nachfolge des Propheten und der Einschätzung der Besonderheiten seiner Macht über die Gemeinschaft. Kalif bedeutet „Nachfolger", Nachfolger des Propheten Mohammed. Die beiden ersten Kalifen Abu Bakr und Omar spielten in den ersten Jahren des Islam eine ähnliche Rolle wie der hl. Petrus und der hl. Paulus im Christentum. Sie waren intelligente und willensstarke Männer, die die Botschaft Mohammeds verstanden, aufrechterhielten und ausweiteten. Der erste Kalif Abu Bakr, sein Helfer bei der Verwaltung der Gemeinschaft, war mit dem Propheten verwandt.

Der zweite Kalif Omar wurde in einer Moschee von einem persischen Sklaven tödlich verwundet, der die Eroberung seines Volkes durch die Moslems im Jahre 644 rächen wollte. Die sechs angesehensten Gefährten des Propheten versammelten sich daraufhin, um einen Nachfolger zu wählen. Die zwei Kandidaten waren Ali, Cousin des Propheten und darüber hinaus mit einer seiner Töchter, Fatima, verheiratet und Uthman, auch Schwiegersohn des Propheten, wenn auch nicht direkt mit ihm verwandt. Die Wahl fiel auf Uthman, was großen Groll bei den Befürwortern Alis auslöste, der wegen seiner Person und seiner Nähe zum Propheten ihrer Meinung nach der Geeignete war. Das Problem wurde noch größer, da sich Uthman den Luxus erlaubte, seine eigene Familie vorzuziehen, zum großen Ärger der jungen islamischen Gemeinde. Und schließlich, in seinem zwölften Jahr als Kalif verlangte eine Gruppe von Rebellen seinen Rücktritt, und als er sich weigerte, drangen sie in den Palast ein, ermordeten ihn und übergaben 656 das Kalifat an Ali. Aus dieser Episode datieren die Uneinigkeit des Islam und die Herausbildung von verschiedenen Sekten, die bis heute bestehen. Ein guter Moslem konnte das ausschweifende Leben Uthman nicht akzeptieren, allerdings auch nicht seine Ermordung. Aischa, Mohammeds Witwe, und zwei der ersten Anhänger des Propheten klagten Ali an, an der Ermordung teilgenommen zu haben und rebellierten gegen ihn, obwohl er als frommer Mann bekannt war. Ali verlegte seine Operationsbasis in den heutigen Irak. Die Rebellen jedoch, die Kharijiten hießen oder Sezessionisten führten ihre Rebellion weiter. Ali bekämpfte sie, wurde jedoch 661 ermordet. Sein Sohn und Nachfolger wurde ebenfalls im Jahr 680 von einem sunnitischen Heer in Kerbela ermordet. Das sind diejenigen, die die Nachfolge durch traditionelle Wahlen und nicht unbedingt wegen der Blutsverwandtschaft zum Propheten akzeptierten. Seitdem ist Kerbela für die Schiiten ein heiliger Ort, der in blutigen Episoden eine Rolle gespielt hat, die mit der Eroberung des Iraks durch die Amerikaner zu tun haben.

Nach der Ermordung von Al-Hussein wurde ein weiterer Kalif gewählt, Muawiya, der eine neue Dynastie begründete, jedoch weder von den Sezessionisten (Kharijiten), die Ali ermordet hatten, anerkannt wurden, noch von den Anhängern Ali selbst, die sich Schiiten nannten. Das Wort „Schiit" leitet sich von einem arabischen Ausdruck ab *shi'at Ali*, der „Anhänger von Ali" bedeutet. Diese beiden Gruppen bildeten die beiden bedeutendsten Sekten des Islam im Gegensatz zu der größten Gruppe, den Sunniten, die der Tradition folgten.

Die Kharijiten waren eine fanatische Gruppe, die keine Kompromisse erlaubte und ein strenges System von Verboten einführte. Es stützte sich auf zwei große Prinzipien, die die darauf folgenden Spaltungen des Islam verursachten. Das erste Prinzip bedeutete, dass jeder kompetente Moslem von tadellosem Lebenswandel zum Kalif ernannt (Nachfolger Mohammeds) und jeder unwürdige Kalif abgesetzt werden kann. Das zweite Prinzip sagt, dass der Glaube über den Taten stehen muss. Deswegen ist jemand, der eine schwere Sünde begeht, untreu und kann als Abtrünniger betrachtet werden. Die Kharijiten vertreten damit eine diametral gegensätzliche Meinung zu der der Schiiten, was die Nachfolge des Propheten betrifft. Diese behaupten, dass sie von der Blutsverwandtschaft mit der Familie des Propheten abhängt. Die bedeutendere Strömung jedoch war die der Sunniten, die eine mittlere Position einnehmen. Sie stützen sich auf die islamische Tradition und erlauben die Folge der Kalifen, wie es in der Geschichte geschehen ist.

Die Problematik der Nachfolge wurde von den Schiiten mit der Einführung des „Imam" oder Vorbeter gelöst. Der Unterschied zu der mehrheitlichen Strömung der Sunniten ebenso wie die Unterschiede zu den Kharijiten liegen ursprünglich in einen politischen Aspekt. Die Schiiten fügten den drei grundlegenden Wahrheiten des Islam (Allah als einziger Gott; Mohammed sein Prophet; das Jüngste Gericht) eine vierte hinzu, die die Existenz des Imam war. Dieser ist von Gott auserwählt, um das Werk Mohammeds fortzuführen und muss zwischen den Nachfolgern Alis erwählt werden, ist also Blutsverwandter des Propheten.

Die Persönlichkeit des Imam wurde als Gesandter Allahs überhöht, als Führer der Gemeinschaft und als Besitzer sowohl der spirituellen als auch der zeitlichen Macht. Dennoch gab die Art den Imam aus der Reihe der Nachfolger Alis zu wählen Anlass zu zahlreichen Abspaltungen, die teilweise blutig ausgetragen wurden.

Mit der Zeit und der territorialen Ausbreitung wurden verschiedene Arten eingeführt, den Imam zu wählen. Dadurch, dass die verschiedenen Gruppen in verschiedenen Örtlichkeiten darauf bestanden, ihren eigenen Imam zu ernennen, wurden diese sehr zahlreich. Eine der Sekten, die von den ursprünglichen Schiiten stammte, kam dazu, eine Regel aufzustellen, nach der es nicht mehr als zwölf Imame gleichzeitig zu geben hatte.

Es gibt hauptsächlich vier Sekten, die sich von den Schiiten ableiteten: Kisaniten, Zaiditen, Ismailiten, Zwölfer-Schiiten oder Imamiten. Die Namen selbst dieser Fraktionen spiegeln ihre Geschichte wie Zweige wider, die vom selben Stamm Ali kommen. Die Zaiditen heißen so, weil sie ihren Ursprung bei einem Enkel von Hussein haben, der zudem im Jahr 739 ermordet wurde. Die „Zwölfer-Schiiten" sind die, die die größte Verbreitung und Hauptanteil an den Schiiten hatten. Für sie wird die authentische Linie der Imame mit dem Tod des zwölften Imam unterbrochen. Der verschwand und wurde von Allah in den Himmel aufgenommen. Davon ausgehend, dass er noch lebt, wenn auch nicht auf der Erde, so kann es keine weiteren Imame geben, sondern nur „Vertreter". Schließlich ersetzte eine kleine Gruppe von Oligarchen den Vertreter, verkörperte ihn als „verborgenen Imam". Diese Gruppe traf die Entscheidungen für die Gemeinschaft und erlangte die Vorherrschaft mit der Unterstützung der aufeinander folgenden Regierungen des Iran, an derer ersten Stelle die Safawiden standen. Mit der Zeit gelang es ihnen, die eine Hauptströmung der Schiiten waren, eine nahezu klerikale Ordnung aufzustellen, fast wie eine „Kirche", die darüber hinaus eine tatsächliche Steuer einführte. Im Allgemeinen wird festgelegt, das das Fünftel einer jeden Person der Geistlichkeit zusteht, insbesondere irgendeinem der Ayatollahs, den jede Gruppe als „Marja" wählt, als Quelle der Autorität. In der Gegenwart ist der wichtigste „Marja" der Großayatollah Ali al-Sistani, der bei den Umwälzungen des Irak nach der Invasion durch die Amerikaner eine große politische Rolle spielte. Dies hat eine wirtschaftlich mächtige Geistlichkeit gebildet, auch wenn sie auf verschiedene Führer aufgeteilt ist. Sie sind dazu gekommen, die Scharia so zu deuten, dass sie den modernen Gegebenheiten in Fragen des Erb- und der Eherechtes besser gerecht wird.

Die *Ismailiten* werden auch *Siebener-Schiiten* genannt. Sie sind ein Abzweig der Schiiten. Sie erkennen als Autorität die an, die mit Ismael ihren Ursprung hat, ältester Sohn des sechsten Imam und somit berechtigt, siebter Imam zu werden. Er wurde von seinem jüngeren Bruder verdrängt. Die Lehre der Ismaeliten bildet eine besondere Version des Islam, insofern sie griechische Einflüsse enthält, insbesondere gnostische und neoplatonische Tendenzen. Sie nahmen mit der Zeit großen Einfluss und gründete die Dynastie der Fatimiden, die kurze Zeit in Ägypten und lange Zeit in Tunesien regierten. Als Folge späterer Teilungen spalteten sich weitere Gebiete ab. Bemerkenswert waren die Nizariten, die mystische Erfahrungen mit Hilfe insbesondere von halluzinogenen Drogen machten. Einige von ihnen waren Verwender von Haschisch, und es wurde bekannt, dass sie im Zustand der Trance bereit waren, ihren Feinden das Leben zu nehmen. Die Gegner ihres Imams verkörperten die Kräfte der materiellen Welt des Nicht-Seins (das heißt des spirituellen Nicht-Seins). Deshalb hatten sie in „Wirklichkeit" (im tiefsten Sinne „spirituell") keine Existenz. So konnte man ihnen das nur vorgetäuschte Leben entreißen. Die Mitglieder dieser Sekte nannten sich Assassinen nach der Droge Haschisch, die sie benutzten. Das prägte den Begriff „to assassinate", italienisch „assassinare", französisch „assassiner", spanisch „asesinar", portugiesisch „assassinar", katalanisch „assessinar". (W6, S. 232).

Darüber hinaus ist die ganze Geschichte der Ismaeliten sehr reich an Farben. Sie versuchten eine wissenschaftliche Religion zu begründen, die viele Anhänger fand. In ihren esoterischen Konzepten mischten sie in den Koran die Betrachtung der mystischen Zahl 7 und die pythagoreischen Bewegungen der Himmelskreise. So behaupteten sie, dass die ersten Wörter des Koran „Im Namen Gottes, dem Barmherzigen voller Erbarmen". Im Namen Gottes schreibt man mit sieben Buchstaben (auf Arabisch), von denen man zwölf ableitet. Mit diesen bildet man den Ausdruck „der Barmherzige voller Erbarmen" (W6, S. 234).

Im Übrigen stehen die sieben Buchstaben für die Anzahl der großen Propheten und die Zwölf deuten darauf hin, dass jeder von ihnen zwölf Assistenten hat. Von diesen zwölf Buchstaben leiten sich weitere neunzehn ab und beziehen sich darauf, dass es sieben authentische Imame gibt und zwölf höhere Hierarchien des ismaelitischen Systems (W6, S. 235). Auch heute sind die Ismaeliten dafür sehr bekannt, dass der Schah von Persien während des 19. Jh. dem Sektenführer den Titel Agha Khan gab. Die Träger dieses Titels entwickelten sich zu Fürsten von gewaltiger Macht und enormen Reichtum, die von den Großen der Welt hofiert werden.

Die ismaelitische Sekte verarbeitet die Lehren des Islam zu theosophischen Allegorien. Das Gesetz und seine äußerliche Ausübung sind nichts weiter als eine äußere Form, die von all denen ausgeübt werden muss, die nicht von der Gnosis, die in ihrem Inneren gegenwärtig ist, aufgeklärt wurden.

Es gab eine „Sekte" mit sehr speziellen Merkmalen, der „Sufismus", der den individuellen und mystischen Aspekt des Islam widerspiegelt. Sie begann mit einer Gruppe von Moslems, die die Erfahrung eines direkten und individuellen Kontaktes zu Gott suchten. Im Gegensatz zur weit verbreiteten Haltung des legalistischen und rituellen Islam, trugen sie eine Tunika aus grober Wolle (*suf*). Sie breiteten sich im gesamten islamischen Imperium aus. Ihr Leben war somit ein Protest gegen die muslimischen, arabischen Eroberer, die sich weiter Landstriche bemächtigt hatten und in Glanz und Luxus lebten, die ihnen der erhobene Tribut erlaubte. Ihre Weltlichkeit spiegelte sich in ihren Palästen wider, die wir heute noch immer bewundern, die die Sufis jedoch als einen Verrat am Islam ansahen.

Die Sufis wandelten sich in einigen Gegenden zu *Clochard* Mönchen, die asketisch lebten und ihre Leidenschaften durch Sühne und hartes Leben kontrollierten. Es entstand eine Art Mönchsorden, dessen Mitglieder sich Derwische nannten, ein Begriff, der aus dem Persischen stammt und „arm" bedeutet und dem Ausdruck „Fakir" entspricht, der in Indien gebraucht wird. Es waren gleichzeitig Missionare, die den Islam nachhaltig bei den Türken in Kleinasien verbreiteten. Ihr Einfluss reichte bis zu den religiösen Grenzen von Indien, wo Buddhisten, nestorianische Christen und Hinduisten in deren Daseinsform sie Ähnlichkeiten mit ihren eigenen religiösen Praktiken und Konzepten ihrer Existenz fanden. Sie waren die Hauptüberbringer des Islam in den Gegenden, die das heutige Indonesien ausmachen.

Die Sufis waren nicht nur Asketen, sondern waren Mystiker, die die Gegenwart Gottes im Entzücken und der Ekstase fanden, die sie dahin brachten, was die Christen den „Weg der Erleuchtung" nennen würden. Viele erreichten eine dermaßen extreme Einheit mit Gott, dass sie ihre eigene Individualität verloren und in die Größe und Einzigkeit voller Licht eintauchten. Einige ihrer mystischen Darstellungen sind sehr bekannt, wie der Tanz einer Person, die lange Zeit in einer Art göttlicher Ekstase kreist. Hierin gab es auch Anknüpfungspunkte mit den Religionen des indischen Subkontinents.

Der Sufismus als bedeutende Bewegung innerhalb des Islam erlosch im 19. Jh. Aber es bleibt noch die Asche, die sich wieder zum Leben erheben könnte, damit der Islam den Weg zu einer modernen Gesellschaft finden könnte, in der die Religion tendenziell einen individuelleren Charakter hat.

Einen fundamentalistischen Teil von besonderer politischer Bedeutung bilden die Wahhabiten, die beherrschenden Einfluss auf die par excellence hochheilige Region haben, im Arabien von Mekka und Medina. Ihr Begründer Al-Wahab predigte im 18. Jh. einen „wortwörtlichen" Islam, einen fundamentalistischen Islam, in dem für Interpretationen des Wortlautes im Koran kein Platz war.

DIE PARADIGMEN DES ISLAM

In jeder Religion kann man zwischen der Grundsubstanz, dem wesentlichen Inhalt der Lehre, die im Laufe aller Zeiten identisch bleiben kann und ihren „Paradigmen" unterscheiden. Diese sind „die allgemeine Konstellation von Überzeugungen, Werten, Handlungsweisen, die den Gläubigen gemeinsam sind, die an einer Gemeinschaft teilhaben" (K7, S. 189). Diese Paradigmen können konzeptualisiert werden, sofern die historischen Gegebenheiten sich ändern, so wandeln sie sich und dabei beeinflussen sie die religiösen Gemeinden und setzen sie ständig den Herausforderungen durch die notwendige Anpassung aus. Nur auf diese Weise, das heißt nur mithilfe eines erfolgreichen Paradigmenwechsels können die Religionen erreichen, dass ihre grundlegende Botschaft erhalten bleibt. Auf andere Weise würden die historischen Ereignisse, die Veränderungen der gesellschaftlichen Konzeption und die wissenschaftliche Erkenntnis und die Änderungen der gesellschaftlichen Ordnung dazu führen, dass der grundlegende Inhalt der Lehre brüchig werden oder sich sogar auflösen würde, und vielleicht nur noch eine Reihe von bedeutungslosen und leblosen Konzepten übrig bliebe.

Hans Küng analysiert sechs große Etappen des Islam, in denen er sechs unterschiedliche Paradigmen entdeckt.

Das erste Paradigma bestand in der Festigung in den ersten Jahren des Islam, als der Prophet noch lebte, und die der ersten vier Kalifen bis zur Aufteilung in die wichtigsten Gruppen Schiiten, Kharijiten und Sunniten.

Ihre wesentlichen Merkmale sind die Ausschließlichkeit, die Theokratie, die Militanz.

Wenn auch am Anfang einige Juden und Christen auf irgendeine Weise mit den Moslems speziell in Medina zusammenlebten, so wurde im Laufe der Zeit und nach dem zweiten Kalifen die Zugehörigkeit zur islamischen Gesellschaft ausschließlich für Gruppen möglich, die individuell und gesellschaftlich die Botschaft Mohammeds angenommen hatten. Vorigem folgt die Identität von Staat und Religionsgemeinschaft, die sich besonders stark vom Urchristentum unterscheidet, das, bis zu Zeiten des hl. Augustinus, eine klare Trennung von Kirche und Staat definierte: der Staat der Menschen und der Staat Gottes. In seinen Wurzeln steckt auch die erklärte und starke Militanz. Der Krieg ist ein Instrument der Politik und der Verbreitung der Religion, auch wenn es zu den Konvertierungen nicht unbedingt und unmittelbar durch die Bedrohung mit dem Schwert kam.

Dieses erste Paradigma entsteht durch die Verquickung der Botschaft des Koran mit seiner Einführung in einer kriegerischen beduinischen Gesellschaft. Für viele ist es das Goldene Zeitalter des Islam (K7, S. 188-241).

Das zweite Paradigma beginnt mit dem Standortwechsel der Macht von Mekka nach Damaskus. Das Schicksal des Islam wird nun nicht mehr von den Gruppen gelenkt, die dem Propheten nahe stehen, sondern von einer opportunistischen Dynastie der Umayyaden. Deren Hauptziel war die politische und administrative Integration eines großflächigen Imperiums mit Sitz in Damaskus, das dem ständigen Einfluss des byzantinischen Nachbarimperiums ausgesetzt war und auch annahm.

Ihre Kriege sind schon keine arabische tribale Impulse der Ausbreitung mehr, sondern eine Strategie, um ein Imperium zu schaffen, das bis Spanien reicht. Zur gleichen Zeit sind es die traditionellen Sunniten, die von jetzt an die Last der Entwicklung eines traditionellen Islam tragen, der das Vorhandensein einer Opposition in einigen Minderheiten toleriert, insbesondere die schiitische.

Das dritte Paradigma könnte man das der Abbasiden nennen. Es handelt sich um eine Wendepunkt, der darin besteht, eine korrupte und kaum legitimierte Dynastie zu beseitigen und durch eine zu ersetzen, die ihren Ursprung in der Familie des Propheten hat. Al Abbas war sein Onkel väterlicherseits. Geografisch gesehen verlagert sich das Zentrum nach Bagdad. Die Grundkultur ist immer seltener arabisch und beginnt unmissverständlich verschiedene Völker Mesopotamiens mit einzubeziehen. Die Heere bestehen nicht mehr ausschließlich aus arabischen Stämmen und ihre administrative Sichtweise ist kosmopolitisch. Dennoch behält es Arabisch als einigende Sprache. Es werden die Grundlagen des Rechts *(fiqh)* und der vier Schulen geschaffen, die bis heute Gültigkeit haben. Von außerordentlicher Bedeutung für die Zukunft war die offizielle Anerkennung der Rolle des Religionsgelehrten („Ulema"), die die islamische Tradition deuten und daraufhin zum Rückgrat für deren Erhalt wurde.

Als sie die vorherige betrügerische Dynastie zurückgedrängt hatten, bauten die Abbasiden den abtrünnigen Schiiten eine Brücke. Die Religion ist schon nicht mehr die der arabischen Stämme, sondern erhält Merkmale einer universellen Religion. Der grundlegende Inhalt der Lehre des Koran besteht nicht nur weiter, sondern er glänzt unter dem neuen Licht noch mehr und schärft den religiösen Geist. Es ist auch die ruhmreiche Epoche der großen Kalifen wie Harun al Raschid, der großen Literatur beispielhaft in „Tausend und einer Nacht" und der Kreuzzüge zur Verteidigung gegen die Christen, die den Zugang zu ihren heiligen Orten sichern wollten.

Mit der Besetzung Bagdad durch die mongolischen Stämme im 13. Jh. zeichnet sich deutlich eine neue Episode in der Entwicklung des Islam ab, die man zu einem weiteren Paradigma zusammenfassen kann, dem vierten in unseren Ausführungen.

Das islamische Imperium zerfiel allmählich und konvertierte Eliten aus den neuen Nomadenvölkern festigen ihre Macht in verschiedenen Regionen. Von besonderer Bedeutung sind die Türken, ein ehemaliger Nomadenclan innerhalb Asiens wie auch die Mongolen, die einen großen Teil des früheren Zentrums des Imperiums kontrollieren. Die Notwendigkeit, Berufsheere zu halten, brachte die Kalifen dazu, auf Sklavengruppen zurückzugreifen. Die kamen in erster Linie aus dem Balkan und bildeten mit ihren kriegerischen Qualitäten eine eigentümliche

Kaste, die Mamelucken, eine Art militärischer Aristokratie, die am Ende fast zwei Jahrhunderte lang (13. bis 15. Jh.) Syrien und Ägypten beherrschten. Damit verlagert sich das Machtzentrum von Bagdad nach Kairo und Istanbul. Der Kalif als Nachfolger des Propheten und die Problematik, durch die der Islam in seiner ersten Zeit gespalten wurde, ließ ihn an Bedeutung verlieren. Es entstehen drei Kalifate und weitere kleinere regionale Machtzentren. Im ehemaligen Konstantinopel, das in Istanbul umbenannt wurde, geht die Macht des Kalifen als religiös administrativer Führer an den Sultan über, der ursprünglich so etwas wie ein Premierminister war und dann zum Landesfürsten wurde.

Von noch größerer Bedeutung: Sowie die Herrschaft des Kalifen schwand, so festigen sich zwei Institutionen, die mit der Zeit vorrangig über den Kurs bestimmten, den die islamische Welt einschlagen würde. Es handelt sich um die Religionsgelehrten, die „Ulema" und die Schulen, die sie ausbilden, die „Madrassen" sowie die Mönchsbewegung des „Sufis". Nur wegen seiner integrativen Kraft konnte es einen Islam ohne Kalifen geben. Illustrativ ist der Vergleich mit dem Judentum. Als die Diaspora begann bzw. die Zersplitterung des jüdischen Volkes nach der Zerstörung ihres Staates durch die Römer, verteilten sich die jüdischen Gemeinden auf ganz Europa, Nordafrika und den Mittleren Orient. Dabei hatten sie weder eine Regierung noch eine zentrale Autorität (wie der Papst), die sie vereinte. Die Rabbiner als Spezialisten der Traditionen, der Zeremonien und des Rechts (Talmud) waren es, die um die Synagogen herum die religiöse Einheit eines zerstreuten Volkes aufrechterhielten. Dasselbe interessante Phänomen war und ist im Islam zu beobachten. Dort wurden die Ulemas zum integrierenden religiösen und kulturellen Element des Islam, das zu bestimmten Gelegenheiten eine politische Färbung annimmt. Alle Madrassen oder Seminarschulen waren deren Zentrum, in dem sie ausgebildet wurden. Sie erhielten mit der Zeit außerordentliche Bedeutung.

Der Sufismus richtete Klöster ein, die großen Einfluss hatten und die vorgaben, die Gläubigen zur religiösen Praxis durch Meditation, Gesang und heiligen Tanz zu führen. Sie zielen nicht auf die Lehre und die gesetzmäßige Erklärung, wozu der Islam vielfach tendiert, sondern auf eine wirklich religiöse und persönliche Praxis (K7, S. 377-475).

DIE MODERNE PROBLEMATIK

Insbesondere hat die Scharia indirekt die Bildung von Wirtschaftsinstitutionen behindert, Institutionen, die im Westen die Entwicklung einer ausgedehnten und starken Wirtschaft begünstigt hat, die auf Aktiengesellschaften begründet ist, die es ihrerseits ermöglicht haben, große finanzielle Ressourcen zu generieren sowie die Transaktionen von großen Mengen an Produktionsgütern im internationalen Austausch und somit den Prozess der Globalisierung auslösten.

Dies geschah, obwohl der Islam in seinen Anfängen besonders geneigt war, die Entwicklung des Handels zu fördern. Mohammed selbst war ursprünglich ein Händler, der in den großen Karawanen tätig war, die zu seiner Zeit die internationalen Handelsstraßen durch die Wüste schufen. Mekka war ursprünglich selbst eine Handelsmesse und blieb es weiterhin, nachdem der Islam zur Vorherrschaft kam. Der Koran führt die Einheit von Religion und Handel ein, indem er sagt: „Allah möge deine Pilgerschaft annehmen, dir deine Sünden verzeihen und dir guten Gewinn für deine Produkte gewähren" (K9, Loc. 868).

Die muslimischen Händler, die – wenn man so sagen kann – vom Beispiel Mohammeds inspiriert waren, breiteten ihre Handelsnetze über weite Teile der alten Welt aus, bis nach Indien und China. Damit waren sie auch Instrument für das Bekanntmachen des Islam in weiten Regionen. Als Vasco da Gama Afrika umschiffte, traf er in den Regionen und auf den Inseln Ostafrikas auf eine meistens schwarze, muslimische Bevölkerung, wie sie auch heute noch anzutreffen ist. Es handelte sich um kleine Handelsgesellschaften von eher familiärem Charakter mit einem oder zwei Investoren, die die Geldmittel bereitstellten und einem oder zwei Händlern, die auf Reisen gingen und Transaktionen tätigten. So war es gewohnheitsgemäß und rechtlich vorgesehen. Mit der Zeit jedoch, gegen Ende des 15. Jh. begann der Handel des Abendlandes bedeutender zu werden und verlangte größere Institutionen, um den neuen Herausforderungen gerecht zu werden. Daraus entstand schließlich die „Aktiengesellschaft", eine entpersönlichte, also eine „anonyme" Gesellschaft, die jedoch eine eigene juristische Person war.

All dieses war in Ländern von muslimischer Kultur unmöglich, weil die Gesellschaften von persönlichem Charakter zu sein hatten. In der Tat, vom lobenswerten Geist der Gleichheit ausgehend, der im Koran und der Scharia vorherrscht, gab es Einschränkungen bezüglich des Testaments. Ein Teil des Besitzes des Erblassers, so schrieb es das Gesetz vor, wurde zu gleichen Teilen auf seine Frauen verteilt, der andere wurde ebenfalls zu gleichen Teilen auf seine Söhne verteilt. So wurde das Erbe schließlich in zehn, fünfzehn oder mehr Anteile geteilt. Es gab nicht das Erstgeborenenrecht oder Majoratserbe wie in Europa. Das bedeutete, dass es unmöglich war, so große Handelsinstitutionen zu bilden, wie es die moderne Welt verlangte. Wenn zum Beispiel in einer normalen Gesellschaft innerhalb der muslimischen Kultur, die zwei Investoren und zwei Händler zählt, einer der Teilnehmer starb, so waren alle seine Erben, die sehr zahlreich sein konnten, persönlich Gesellschafter der kleinen Firma. Dadurch konnte sie nicht mehr geleitet werden und es wurde unmöglich, die Art von großen „entpersönlichten" Wirtschaftsinstitutionen aufzubauen, die die Neuzeit verlangte.

Darüber hinaus hatte das europäische Rechtssystem zwei verschiedene Bereiche, das Zivilrecht, das verschiedene Varianten in den verschiedenen Regionen hatte, und das kanonische. Somit gab es viel Flexibilität im Wechsel und der Anpassung des Rechtssystems. Dagegen war im Islam das ganze Recht religiös definiert, die Scharia. Als solches war es sehr starr und unveränderbar, vergleichbar damit, wenn in Europa alle zivilen Verfahren vom kanonischen Recht bestimmt worden wären. Deshalb führte die Tatsache, dass das Recht eine religiöse Starre hatte, wie die ganze muslimische Gesellschaft, dazu, dass der notwendige Wandel erst im 20. Jh. mit Kemal Atatürk und anderen Erneuerern des Islam begonnen wurde. Dadurch ging auch die wirtschaftliche Überlegenheit der islamischen Händler allmählich verloren, was für die Europäer von großem Vorteil war.

Diese Starre der islamischen Kultur, die vom Einssein von Religion und Gesellschaft bestimmt ist, machte viele weitere Veränderungen unmöglich, die die Fortentwicklung der Geschäfte voraussetzte und forderte. Zum Beispiel wurde die doppelte Buchführung, ein wesentlicher Bestandteil für den Handel, von den islamischen Ländern nicht eingeführt (K9, Loc. 1874).

Die Verwandlung einer völlig religiös geprägten Gesellschaft in eine moderne Gesellschaft, wie wir sie heutzutage kennen, verlangt eine Reihe von Veränderungen der Grundhaltung der Gläubigen. Es geht nicht einfach darum, ein bestimmtes Dogma in eine unterschiedliche Matrix einzubauen. Es geht auch nicht darum, dass das Moderne wie eingepfropft wirkt, sodass dieselbe Frucht mit speziellen Merkmalen entsteht. Es geht auch nicht um die „Bekehrung" jeder einzelnen Person zu Einstellungen, die mit der modernen Gesellschaft vereinbar sind. Das heißt, es ist nicht ein Problem der Lehre, des Glaubens. Es ist das Problem der Haltung des Einzelnen bezüglich des Gebrauchs seines Glaubens und der Vernunft. Es ist ein Problem, das sich auf die Art bezieht, die Religion zu erleben, die im Falle des Islam höchst gemeinschaftlich ist und in höchstem Masse von der gemeinschaftlichen Religionsausübung abhängt.

Das Paradigma, das in der Vorherrschaft der Ulemas besteht, die das Überdauern des Islam in Zeiten der Verfalls des Imperiums sicherten, wurde nicht durch ein neues Schema ersetzt, das den modernen Zeiten eindeutig westlicher Art angepasst gewesen wäre. Der Islam stößt heute auf die Existenz einer modernen Gesellschaft mit ominösen Merkmalen und die teilweise völlig von den traditionellen Aspekten des Islam abweichen, ein neues Paradigma.

In den letzten Jahrhunderten wurde die Modernität von vier großen Bewegungen vorangetrieben, die allmählich in den westlichen Gesellschaften Fuß fassten. Als erstes kam es zu einer regelrechten Revolution der naturwissenschaftlichen und philosophischen Konzepte. In groben Zügen umschließt der Prozess zur Unabhängigkeit der Vernunft, die Arbeiten von Kopernikus und Galileo, die eindeutig von einer nicht religiösen Konzeption des Kosmos ausgehen. Der Prozess wird weiterhin gefördert über die Wahrheitssuche in den Schriften von Descartes und Kant und einer ganzen Plejade von damaligen, zeitgenössischen Denkern.

Eine gewisse Zeit lang war der Islam, wenn schon nicht ein schöpferisches Zentrum neuer Ideen, so doch zumindest ein Weg, über den sich die großen Werke des griechischen und persischen Denkens verbreiteten. Jedoch gab es wenig eigene Neuschöpfungen. Die Kultur war der kulturellen Vorherrschaft der Ulemas sowie dem Gesetz des religiösen Rechts, der Scharia, unterworfen, die von keiner Bewegung in Zweifel gesetzt wurde (K7, S 476-523).

Die zweite große Welle, die die islamische Kultur erschlug, war die Revolution der kulturellen und religiösen Konzepte. Im Islam hat es bis heute keinerlei Versuch gegeben, einen solchen Weg zu öffnen. Im abendländischen Christentum hat man große Anstrengungen unternommen, um die Zusammensetzung der Bibel und ihrer verschiedenen Elemente zu verstehen. Man hat den Ursprung der Bücher des Neuen Testamentes erforscht und dabei noch ältere Dokumente „entdeckt", die von einigen Evangelisten als Quelle benutzt worden sind. (I; S. 5-32). Man hat sich in den literarischen „Stil" der heiligen Schriften vertieft. Man hat die verschiedenen Stilrichtungen jeden Buches hinsichtlich des Ziels des Autors und der Leser untersucht. Im Islam hat man eine sehr begrenzte Erfahrung mit der Veröffentlichung von kritischen Werken, es gibt keine historische Analyse des Koran (K7, S. 502).

Die dritte große Revolution, die für die Modernisierung des Abendlandes bestimmend war, schließt den gesamten politischen Demokratisierungsprozess mit ein. Er beginnt im Mittelalter mit den Höfen, um die sich Landesfürsten kümmern mussten, um finanzielle Unterstützung zu bekommen. Von da die englische Magna Charta und der Schwur auf die Fueros in Spanien sowie auch die lapidaren Worte „Wir, die wir nicht geringer sind als Sie, nehmen sie an, die als unser König nicht größer sind als wir". Der bemerkenswerteste Prozess spielte sich in England ab und explodierte im Frankreich der Revolution mit ihren drei großen Leitsprüche Brüderlichkeit, Gleichheit, Freiheit. Sicherlich war es so, dass die Kirchen und insbesondere die katholische, diese Bewegungen mit großem Misstrauen betrachteten. Sie wurden aber letztendlich Teil der modernen Zivilisation und Religion und Staat wurden klar voneinander getrennt. Im Islam gab es keinerlei ähnlichen Prozess.

Die vierte große Welle, die die verkrustete islamische Struktur auszehrt, enthält das weitreichende Phänomen der technisch-industriellen Revolution, die ab dem 19. Jh. eindeutig den Weg der westlichen Gesellschaften bestimmt hat. Die wirtschaftliche Macht, die diese dem Westen gegeben hat und der daraus folgende Erfolg auf Weltniveau verletzen den Stolz und die Identität der muslimischen Länder.

Dieses war die sehr machtvolle Bewegung, vor der man die Augen nicht verschließen kann und die der Islam in irgendeiner Weise akzeptieren und sich zueigen machen muss. Es gibt in der Geschichte des Islam Elemente, die dorthin führen. Seine Wirtschaft war eher eine Wirtschaft auf Privatinitiative als staatlich gelenkt. Sie waren die ersten Verwender des Bienenhonigs und diejenigen, die in Europa Orangen einführten, Rohzucker und Baumwolle aus Indien. Sie waren bedeutende Händler und das islamische Imperium hielt sowohl durch seine Handelstätigkeit als auch durch seine Kultur und Religion zusammen. Der Staat war nur bei Schaffung der bedeutenden Bewässerungssysteme unter anderen der Flüsse Euphrat und Tigris wichtig (D5, Vol. 4, S. 206-7). So gesehen gibt es wichtige Elemente, mit denen sich dieser Geist erneuert und das Gegenstück zur technisch-industriellen Revolution erzeugt werden konnte, was aber bis zum heutigen Tag in weiter Ferne zu liegen scheint. Das Problem besteht darin, dass dieser Prozess mit vergleichbaren Faktoren der Demokratisierung und der Unabhängigkeit der kritischen Vernunft einhergehen müsste. Diese beiden Elemente zu entwickeln, scheint schwierig zu sein, wenn man die Eigenheiten der historischen Entwicklung des Islam berücksichtigt.

Das moderne Konzept vom Individuum im Westen kann man wie folgt zusammenfassen: die Freiheit der kritischen Vernunft; das Recht, eine eigene Meinung zu haben; die Freiheit im individuellen Verhalten; die Trennung von Politik und Religion; die Gleichheit von Rechten und Möglichkeiten; die Macht des Staates geht vom Volk aus; die Definition dessen, was gerecht und recht ist, erhält man durch das freie Handeln von Personen, die die anderen respektieren.

Dieses Konzept fehlt in der Entwicklung vollständig, die der Islam die Jahre hindurch gemacht hat. Man könnte es wiedergewinnen und dabei das Wesentliche des Islam bestehen lassen. Wie Abdennour Bidar (E7, S. 21) sagt: „Jeder Moslem hat sich zum Gefangenen eines absurden Labyrinthes gemacht und inmitten der Verworrenheit der Verpflichtungen [...] wird der geringste Imam zur höchsten Autorität [...] bei der der Gottesdienst nichts weiter als ein Vorwand ist, den Willen zur Macht und zur Vorherrschaft des Imam über seine Anhänger zu belegen, des Mannes über seine Ehefrau, des Vaters über seine Tochter, des Bruders über seine Schwester".

Eine Schweizer Schwägerin des furchtbar berühmten Osama Bin Laden erzählt über die Erfahrungen eine abendländischen Frau die fürchterlich strengen Gewohnheiten in Saudi Arabien annehmen zu muss. Als mehrere Frauen zum Einkaufen gingen, konnte sie unter dem schwarzen Schleier, die alle zu tragen hatten, nicht einmal das Gesicht ihrer eigenen Schwestern erkennen (B4, S. 41).

Dieses Gruppengefühl, das im Namen der Religion für die Entwicklung sklerotisch wirkt und eine Öffnung der Gesellschaft lähmt, kann man auch in anderen Völkern erkennen. Sie wurden von Politikern manipuliert, und machen so die Religion zum nützlichen Machtinstrument.

Es handelt sich um eine Religion, die sich nicht isoliert, die fordernd und aggressiv ist. Schon im Koran wird diese Beharrlichkeit eingeführt: „Allah ist bei denen, die fest entschlossen sind" (Sure 2-152). Mehr vielleicht als in jeder anderen Religion gibt dieser feste Gemeinschaftssinn den Gläubigen ein Zugehörigkeitsgefühl, das seine Beständigkeit durch die Jahre hindurch bewiesen hat.

Diese Willenskraft, die der muslimischen Konzeption innewohnt, fließt leicht in den Krieg ein, wie man es an der bisherigen Geschichte gesehen hat und die Unheil verkündend in den Anfängen des 21. Jh. präsent ist. Die Beduinen der arabischen Halbinsel als Ursprung und Wurzel des arabischen Volkes haben sich durch ihr hartes Leben und die Unsicherheit ihrer Existenz daran gewöhnt, dem Tod direkt gegenüberzutreten, und dass er durch den Tod aus Motiven der Macht zum Helden wird (D5, S. 344). Diese Grunderfahrung seit der Entstehung des Islam ist auf gewisser Weise auch heute noch gegenwärtig und stehen dem im Weg, was der missbräuchliche Konfrontationsversuch des Westens wäre, ihre Gesellschaften zu verändern. Die verschiedenen Antifadas und die Selbstmordattentate mit Bomben sind nichts weiter als Ausdruck dieses Geistes. Die Hoffnungslosigkeit einer bedrohten Welt, die sich im Zerstörungsprozess befindet, erzeugt Hoffnungslosigkeit und Fanatismus, die machtvolle Motoren sind, um einen heroischen Ausgang zu suchen. Darüber hinaus gibt es historische Elemente in der muslimischen Kultur, die in diese Richtung weisen.

Die Problematik, auf die die Entwicklung des Islam zu einer modernen Gesellschaft im westlichen Sinne stößt, wird durch die Geschichte der heutigen muslimischer Länder genau aufgrund ihrer Beziehung zum Westen verschärft, in dem sich die modernen Gesellschaften als Vergleich eingerichtet haben. Die Konfrontation der beiden Kulturen ist tausendjährig und hat tiefe Wunden hinterlassen.

Sicherlich sind die Kreuzzüge – anders als die unkritischen und die unwissende Meinung – keine Reihe von Eroberungskriege mit dem Willen, den Islam zu zerstören. Das christliche Europa kam aus der chaotischen Dunkelheit des anfänglichen Feudalismus. Man begann, es als eine große kulturelle Einheit anzuerkennen, die spirituell von höchsten Pontifex in Rom regiert wurde. Dieses Europa wurde mit der politisch-religiösen Wirklichkeit konfrontiert, die die Belagerung der heiligen Stätte durch islamische Heere war. Die Länder, in denen sich Leben und Tod Jesu abgespielt hatten, waren unter der Herrschaft des christlichen byzantinischen Imperiums mit Sitz in Konstantinopel. Vor der Schwäche des byzantinischen Kaisers hatten sich die Moslems schließlich Jerusalems bemächtigt, das an erster Stelle der heiligen Orte der Christen stand. Es war auch, wenn auch nur zweitrangig, ein heiliger Ort für den Islam, da es die Stadt Christi war und da der Prophet Mohammed bei einer Gelegenheit auf wundersame Weise dorthin gebracht worden war, daher der Felsendom, ein Ort, der noch heute heilig ist.

Die eigentlichen Kreuzzüge waren zahlreich. An der Küste Syriens und dem heutigen Palästina bildete sich im 11. Jh. ein christliches Reich. Seitens des christlichen Europa nahmen zahlreiche Könige und wichtige Herren, Ritter und gewöhnliche Leute daran teil. Bis zu einer Königin, Eleonore von Aquitanien, die nacheinander Königin von Frankreich und von England wurde, die das Kreuz nahm und dem Heer ihres Mannes folgte. Große Heilige wie Bernhard von Clairvaux und wichtige Päpste predigten die Kreuzzüge. Sultan Saladin, ein Moslem von sunnitischer Ausrichtung und kurdischer Herkunft mit Sitz in Ägypten, konnte schließlich mit der inbrünstigen Unterstützung der Moslems aus Syrien und Ägypten die Christen besiegen. Bis auf einige Besitztümer auf Zypern und Rhodos konnte er sie für viele Jahrhunderte aus dem Heiligen Land verbannen. Es gab noch einige misslungene Versuche seitens der Christen, aber im Sinne der großen historischen Strömungen waren die Kreuzzüge im Orient beendet.

Ein weiterer Kreuzzug von unterschiedlicher Natur war die Reconquista in Spanien. Diese begann in der Zeit des Königs Pelayo in Covadonga im Norden und die Schlachten von Las Navas de Tolosa im Zentrum und die Wiedereroberung von Sevilla und Córdoba, dem Zentrum des Kalifat und der islamischen Macht in Spanien. 1492 schließlich fiel die letzte Bastion der politischen Macht des Islam auf der Iberischen Halbinsel, das Reich von Granada.

Mit alledem und bei der sehr klaren Rechtfertigung dieses Kreuzzuges der Rückeroberung, der Verlust des überaus strahlenden kulturellen Zeugnisses des Islam in Spanien, schlug eine Wunde, die historisch gesehen noch immer schmerzt.

Das islamische Imperium, das sich in drei großen Kalifaten konzentriert hatte, dem von Bagdad, von Kairo und Córdoba löste sich allmählich auf. Auf seine Zersplitterung baute eine neue Rasse auf, die der Türken. Sie bildete, einmal zum Islam übergetreten, das Osmanische Reich und auf eine nicht immer sichere Weise gestaltete es jahrhundertelang die manchmal zerstückelten Reste des vergangenen Ruhmes des Islam zu einer politischen Einheit. Zwei weitere Reiche von islamischer Inspiration schlugen kräftige Wurzeln in Indien mit der Moguldynastie, die eine unvergängliche künstlerische Spur wie das Taj Mahal hinterlassen hat so auch in Persien (dem heutigen Iran), das sich als erster Staat der schiitischen Inspiration zuwandte. Allerdings hatten diese beiden Tendenzen nur marginale Kontakte mit dem Abendland jener Zeit.

Über Jahrhunderte dauerte die Konfrontation des christlichen Europa mit dem Islam. Das gerade zurückeroberte Spanien übernahm die Führung. Piraten überfielen das Mittelmeer. Osmanische Schiffe eroberten italienische Häfen. Sie nahmen Gefangene und verlangten Lösegeld vom reichen Europa, mit dem sie ihre Kriege finanzieren konnten. Einer von ihnen war Miguel de Cervantes, der geniale Autor des Don Quijote, der einen Arm bei der grandiosen Schlacht von Lepanto verloren hatte, bei der Don Juan de Austria mit seinen venezianischen Alliierten die muslimische Flotte geschlagen hatte.

Die Kriege wurden seltener. Man schloss Handelsbündnisse zwischen dem Osmanischen Reich und der Republik von Venedig. Im Grunde aber gingen die Konfrontationen zwischen dem, was später als Westen bekannt wurde und den islamischen Kräften des Mittleren Orients weiter.

Mit der Schwächung des Osmanischen Reiches und des Engagements der europäischen Länder, insbesondere von England und Frankreich, in den arabischen Ländern seit der zweiten Hälfte des 19. Jh., entwickelte sich ein nationalistisches Gefühl, das die islamischen Wurzeln in der ganzen Region nicht leugnete aber doch ein neues Element erzeugte. Marokko und Algerien wurden von Frankreich und in geringerem Masse von Spanien beherrscht; Ägypten befand sich abwechselnd unter französischer und englischer Macht; im Irak herrschte der englische Einfluss vor; Syrien spürte die anhaltende Präsenz der französischen Kultur.

Dieser Prozess wurde durch den Niedergang des Osmanischen Reichs am Ende des Ersten Weltkrieges verstärkt. Mit der Einführung der Republik in der Türkei wurde der letzte Sultan abgesetzt und mit ihm die Reliquien, die er noch immer vom traditionellen Kalifat besaß (die „monarchische Nachfolge" des Propheten). Schließlich kam es nach dem Zweiten Weltkrieg zur Unabhängigkeit für fast alle diese Länder. In diesen Nationen – als solche jung – brauchte man starke, in manchen Fällen sogar diktatorische Regierungen, die den Regionen Einheit geben sollten, die in vielen Fällen künstliche Grenzen hatten, die nach den Bedürfnissen der europäischen Politik gezogen worden waren. Das 21. Jh. hat eine neuerliche Verstärkung des Antagonismus zwischen dem Islam und dem Westen erlebt. Dies spiegelt sich im Begriff „Kreuzzug" wider, den Berlusconi, Premierminister von Italien, leichtfertig benutzt hat.

In allen neuen islamischen Ländern wurden autoritäre Systeme eingeführt. Sie unterscheiden sich nicht von denen der Vergangenheit, insofern sie die Konzentration der Autorität in wenigen Händen bedeutet. Die hatten jetzt aber eine größere Daseinsberechtigung, die Bildung einer neuen Nation und eine wirtschaftliche Entwicklung einzuleiten. Die demokratische Wahl als System war nirgendwo vorgesehen, außer in der Türkei, eine islamisch nicht arabische Republik. Die Engländer hatten in vieler ihren ehemaligen Kolonien demokratische Institutionen als Erbe hinterlassen, die immer noch bestanden. Nicht so in Irak und Ägypten, die dem britischen Imperium unterworfen waren. Es ist bemerkenswert, dass es im Jahr 2006 keinerlei Tendenzen zur Demokratisierung gibt – ausgenommen die, die mit bescheidenen Erfolgsaussichten von den Vereinigten Staaten auferlegten –, und dass die 22 Länder der Arabischen Liga allesamt von Oligarchien beherrscht werden, die unterschiedlicher Natur sind, einige von religiöser, andere von weltlich nationalistischer. Keine der arabischen Regierungen wurde seit dem Zweiten Weltkrieg auf friedliche Weise ersetzt.

Fast alle diese Staaten mussten sich dem Problem des nationalen „Erwachsenwerdens" stellen, als sie versuchten, als neue unabhängige Staaten innerhalb einer islamischen Welt eine nationale Identität zu entwickeln und sich in ihren Beziehungen zum Ausland zu behaupten. Außerhalb der Türkei, die das große Erbe von Atatürk angetreten hatte, konnte man einen Demokratisierungsprozess nur erahnen.

Und zuletzt ist der Dschihad, der Heilige Krieg, ein großes Hindernis, um die muslimischen Länder zu einer Veränderung zu führen, die sie als bedrohlich für ihre Religion und Institutionen auffassen könnten. Der Dschihad ist eine Verpflichtung, die der Gemeinschaft als solcher zukommt und nicht jedem einzelnen Individuum. Er wird immer dann ausgerufen, wenn Frieden und Sicherheit einer Gemeinschaft bedroht sind. Er kräftigt somit noch die überaus starke Verbundenheit der islamischen Gemeinden mit dem Konzept einer machtvollen Bindung von ziviler und religiöser Gesellschaft.

Davon ausgehend, dass es sich um eine gemeinschaftliche Angelegenheit handelt, muss der Heilige Krieg nicht von den Autoritäten erklärt werden, sondern von den religiösen Experten, die in besonderen Fällen die Verpflichtungen aus der Ausübung des Islam ableiten. Die „Muftis" waren die Rechtsgelehrten, die Meinungen über verschiedene unklare Punkte der Rechtsausübung abgaben. Die Meinungen der Muftis werden als Fatwa definiert, die auch den Aufruf zum Heiligen Krieg enthalten kann. Auf der anderen Seite ist der Imam der Führer des gläubigen Volkes und bestimmt die Richtung, in die seine Anstrengungen zu gehen haben.

Angefacht durch die frustrierenden Bedingungen, denen ein Großteil des Islam ausgesetzt ist, erlebte das Konzept des Dschihad eine moderne Wiedergeburt. In den Madrassen, die weiterhin Zentren der Inspiration und Brutstatten für die Ausbildung ihrer Führer, der Studentengruppen sind („Taliban" ist der allgemeine Begriff für religiöse Studierende), wurde das Konzept radikalisiert. Als die politische und wirtschaftliche Schwäche des Islam im Vergleich zu den äußeren Kräften spürbar wurde, trat die legalistische Lehre zugunsten des Aufrufs zum praktischen Handelns in den Hintergrund, die sich in einer Strömung sammelte, die den „Heiligen Krieg" weiter entwickelte. Der Feuereifer einer frustrierten Jugend, die jedoch mit der Mannhaftigkeit und der Kraft des Islam ausgestattet ist, stützt sich auf ihn und erzeugt so „terroristische" Bewegungen, die die Welt verwüsten.

Die Festigkeit, die der Mörtel des islamischen Gedankens der Gesellschaft verleiht, ist jedoch nicht unveränderlich. Diesbezüglich ist die Veränderung der Situation der Frau in islamischen Ländern (E6) ein wichtiger Aspekt. Ohne eine grundlegende Änderung ihrer Rolle in Gesellschaft und Familie können die islamischen Gesellschaften nicht in die Zukunft blicken. Die Aufgabe ist gewaltig, weil sie mit der Kraft einer männlichen Würde und Macht konfrontiert wird, die unangefochtene Autorität in der Familie besitzt und jeder Veränderung widersteht. Auf der anderen Seite steht der morastige Kräfteverfall eines großen Teils der Frauen, die diesen Sachverhalt als etwas Normales zulassen, das ihr Leben klar definiert, ohne ihnen gefährliche Wege zu eröffnen, auf die sie die Befreiung führen würde. Dennoch werden insbesondere im Iran die feministischen Bewegungen immer zahlreicher. Es ist ihnen gelungen, dem Parlament neue Statuten für die Frauen vorzuschlagen. Die sind abgelehnt worden aber die Tatsache selbst, dass sie vorgestellt und diskutiert wurden, bedeuten einen großen Fortschritt.

Die allmählichen Veränderungen in der Kultur zeigen sich unmissverständlich bei den öffentlichen Vorführungen von iranischen Filmen, die „Ehrenmorde" zum Thema haben. Das sind diejenigen, in denen die Väter und Brüder, die Frau oder Liebhaberin töten, um ihre befleckte Ehre zu retten. Das sind sehr häufige Verbrechen, die von der Gesellschaft als zum System zugehörig akzeptiert werden. Sie hatten dennoch großen Erfolg – und haben eine weitgehende Kontorverse ausgelöst –, Filme, die Familiendramen tragisch behandeln, die aus diesen Verbrechen entstehen. Allein die Tatsache, dass sie gedreht und mit dieser Thematik vorgeführt wurden, ist Zeichen einer Veränderung, die langsam den Weg ebnet.

Das einzige islamische Land, das erreicht hat, einige Schritte auf dem steinigen Weg zur Demokratie zu gehen, war die Türkei. Dessen ungeachtet verschwanden die Hindernisse durch die Allgegenwart der Religion in der islamischen Gesellschaft nicht, auch nicht nach fast einem Jahrhundert des Versuchs Atatürks, eine weltliche Gesellschaft zu gründen, die sicherlich auch die islamische Religion respektierte. Dieser schwierige Übergang wurde von innen heraus durch eine allmähliche Verweltlichung inländischen Ursprungs vorgenommen. Dieser wurde nicht von außen aufgezwungen. Er befindet sich derzeit vor einem entscheidenden Wendepunkt für die Zukunft im Inneren und ihre Beziehung zum Rest der Welt. Die Veränderungen in der Gesellschaft waren nach dem Urteil des Europarates ausreichend bedeutend, weswegen man ihren Antrag angenommen hat, die Möglichkeit zu prüfen, ob sie zu einem Mitglied der Europäischen Union werden kann. Sicherlich werden die Verhandlungen mühsam sein, da es in vielen europäischen Ländern Widerstand gibt, da es darum geht, ein Land zu akzeptieren, das an der christlichen Kultur nicht teilhatte, die die Basis für die Bildung und Festigung Europas war. Die derzeitige Regierung der Türkei, die von Erdogan mit tiefen islamischen Wurzeln geführt wird, hat dennoch das Land auf Wege der Demokratisierung geführt, die sehr zweifelhaft ist. So z. B. die Tatsache, wie schwer es war, den Ehebruch nicht mehr als Verbrechen zu sehen, und dass es den religiösen Studierenden der Madrassen ermöglicht wird, in weltlichen Universitäten aufgenommen zu werden.

Es ist fragwürdig, ob dem Modernisierungsprozess der muslimischen Länder mit dem Krieg, bei dem die Vereinigten Staaten das Regime von Saddam Hussein niedergemacht haben, geschadet oder genützt wurde. Diese kriegerische Konfrontation könnte eher die nationalistischen und antiwestlichen Gefühle ausgeprägt haben.

Die Entwicklung der irakischen Gesellschaft, als Beispiel, dem man folgen oder das man meiden muss für alle Länder, für die der Islam die Grundlage ihrer Kultur ist, wird ausschlaggebend sein. Die nächste Zukunft höchst konservativer Monarchien wie Saudi Arabien werden in jedem Fall für die Welt und die Entwicklung der Religion von großer Bedeutung sein. Hierzu zählen auch Marokko mit eindeutig demokratischen Tendenzen; Pakistan, das autoritär unter demokratischem Anschein ist; Syrien und Libyen, die autoritär sind; theokratisch wie der Iran; modernisierend wie die Türkei; auf der Suche nach nationaler Identität wie Indonesien.

Zunächst musste in der Verfassung die wichtige integrierende Macht des Islam akzeptiert werden, als verkündet wurde „die Religion soll die Hauptquelle sein, die die Rechsprechung definiert" („Constitution Panel Proposes Some Limits on the Role of Clergy" in *The New York Times,* 4. August 2005, S. 11).

Zusammenfassend heißt das, dass die Entwicklung des Islam zu einer Gesellschaft mit weltlichem und modernem Charakter durch die Religion selbst mit ihrer Härte und ihrem Gruppengeist behindert wird, durch die Geschichte der Konfrontation mit dem Westen und durch die neuerlichen Ereignisse, die noch mehr Unfrieden, Gefühl von Demütigung und Rache auslösen können.

Manchmal ist es jedoch nicht der Islam mit seiner dogmatischen und moralischen Lehre selbst, der die Entwicklung der Völker behindert, sondern der pervertierte Gebrauch der Religion mit dem Ziel politischer Herrschaft von der Gruppe eines Stammes oder einer Fraktion, die zu unterdrücken und zu kontrollieren sucht. Der bemerkenswerteste Fall ist Arabien, genannt Saudi nach dem Namen der Familie, die seit den 1930er Jahren eine absolute Monarchie eingerichtet hat. Seltsamerweise ist es das einzige Land, das in seinem offiziellen Namen den eigenen Namen der Familie trägt, die es kontrolliert.

Eben weil es das Land des Propheten ist und in ihm die meist verehrten Orte liegen, erklärt sich Saudi Arabien sich stolz zum Beschützer der heiligen Stätte Mekka und Medina. Es wird von der saudischen Dynastie kontrolliert. Die fundamentalistische Sekte der Wahhabiten hält die islamischen Gewohnheiten in ihrer strengsten Form aufrecht, deren Einhaltung Pflicht ist und von der „religiösen Polizei" überwacht wird, die Mutawa. Die achtet darauf, dass die Vorschrift, fünfmal am Tag zu beten öffentlich eingehalten wird und deshalb die Geschäfte zu bestimmten Zeiten schließen, dass kein Alkohol getrunken wird oder dass Frauen auf der Straße ihr Gesicht unverschleiert zeigen oder ein Mann dabei gesehen wird, wie er einer Frau hilft. Carmen Bin Laden erzählt das Ereignis, bei dem in ihrem Beisein ein Mitglied der Mutawa einen Mann daran hinderte, seiner schwangeren Frau zu helfen, die ohnmächtig geworden war. Nicht einmal der Ehemann kann seine Frau in der Öffentlichkeit in den Armen halten (B4, S. 120-1). Ähnliche und noch tragischere Episoden ereigneten sich im März 2002, als in einer Schule für Mädchen an einem sehr heiligen Ort, in Mekka, ein Feuer ausbrach. Aufgrund der strengen und absurden Interpretation des ebenfalls absurden Brauches starben 15 Mädchen den Feuertod, weil kein Mann ihnen helfen konnte. Während ihre kleinen Körper verbrannten, diskutierten die Männer und die religiöse Polizei über ihre jeweilige Verantwortung. In der Zwischenzeit begannen die Passanten – Männer – schnellstens, Eimer voller Wasser zu bringen. Die religiöse Polizei jedoch hinderte sie daran, sie auf das Feuer zu gießen, weil es unter ihnen keinen Mann gab, der Bruder oder Vater der Opfer wäre. Die Mädchen, denen es gelang, aus dem Feuer zu fliehen, wurden von der religiösen Polizei gezwungen ins brennende Gebäude zurückzukehren, weil sie nicht vorschriftsgemäß bedeckt waren (B7, S. 200 und *The Economist* 7. Januar 2006, „A Long Way – A Survey of Saudi Arabia" S. 8). Es ist wahr, dass dieses strenge Konzept zu einigen Veränderungen wie die der Amtsniederlegung der Schulverwalterin führte.

Die Sache ist die, dass viele dieser Bedingungen von der Kultur und nicht vom Islam geschaffen werden. Etwas zutiefst Krankhaftes gibt es in einigen dieser Kulturen, wenn es um die Ehre geht. Die Frauengesichter dürfen nicht von anderen Männern gesehen werden, die nicht zu ihrer Familie gehören. Alles hat mit der Ehre zu tun. Es ist eine Ehrlosigkeit, weil wahrscheinlich jeder männliche Beduine bei seinen nomadischen Raubzügen sich in seiner Ehre bedroht sah, wenn während seiner Abwesenheit seine Frau von anderen Männern gesehen und wahrscheinlich begehrt würde. Wenn er Nachkommen hatte, hätte er nicht behaupten können, dass sie seines Fleisches sind. John Bradley hat objektiv und deutlich die Lage der Frau dargestellt und zur gleichen Zeit auch ihre Anstrengungen, sich aus diesem Gefängnis zu befreien (B7, S. 153ö189).

Man gibt vor, diese Verbote seien in den strikten Normen des Islam begründet. Fast das Gegenteil jedoch ist der Fall. Wie wir weiter oben gesehen haben, war Mohammed im Koran eher ein Befreier der Frauen und erweiterte ihre wenigen Rechte, die sie in der beduinischen Kultur hatten.

Kapitel 6

KONFUZIANISMUS UND TAOISMUS

Vom Gesichtspunkt der chinesischen Kultur aus gesehen ist es sehr schwierig zu definieren, was man „Konfuzianismus" nennen könnte. Der Begriff „Konfuzianismus" wurde von Fremden geprägt, von den Missionaren der Jesuiten, die im 16. und 17. Jh. viel Erfolg am Hof des Kaisers von China hatten. Der Konfuzianismus begründete sich ursprünglich auf der Lehre von K'ung Ch'iu, der im 6. Jh. vor Christus lebte und einen Weg ging, der Platon – fast ein Zeitgenosse – ähnlicher war, als der eines Religionsgründers wie Moses oder Mohammed. Sein Denken veränderte sich mit der Zeit unter dem Einfluss von späteren Denkern wie Mencius und Mo-tsu und wurde mit Zusätzen religiöser Art erweitert, anfänglich mit taoistischen, später buddhistischen Aspekten. Das nennt man „Neokonfuzianismus". Der Jesuit Matteo Ricci und seine Gefährten verstanden den Unterschied zwischen der zeitgenössischen Ausführung dieses „Konfuzianismus", der nichts weiter als ein Name war, und der authentischen Lehre des eigentlichen Konfuzius, die sie studierten und bewunderten (C6, S. 258, 260).

Konfuzius kam in einer Familie zur Welt, die man zum niederen Adel gehörig nennen könnte. In der Zeit wurde das riesige Gebiet China über lange Jahre hinweg von inneren Kriegen zwischen den verschiedenen Königreichen und Domänen erschüttert, in die das noch nicht vereinigte Reich aufgeteilt war. Die wichtigsten Domänen waren die von Chi'in, Chin, Yen, Ch'u und Wu. Unter ihnen gab es kleinere Fürstentümer, die immer wieder als Schlachtfeld für die fünf großen dienten und die ihre Bündnisse nach der jeweiligen Windrichtung auszurichten hatten. In einem dieser kleineren Fürstentümer, in Lu, wurde Konfuzius geboren. Ein Großteil seines Werkes hat eben mit seiner Rolle in den turbulenten Zeiten zu tun, in denen er lebte. Wie W.E.H. Lecky sagt:

„Von Zeit zu Zeit erscheinen Männer von sehr hohem moralischen Anspruch, die mit ihresgleichen eine ebenbürtige Beziehung von großartigen Menschen von Genie für das intellektuelle Leben haben und Moralkriterien und Konzepte für eine uneigennützige Tugend aufstellen [...], die nichts mit den Gebräuchen ihrer Zeit zu tun haben." (C6, S. 6).

Konfuzius war vor allem ein Lehrmeister und Philosoph des Lebens und der Gesellschaft. Als Lehrmeister unterrichtete er die Jugend der höheren Klassen in privaten Sitzungen. Das Ziel war, das Regieren zu lehren. Wie kann jemand regieren, der sich nicht selbst führen kann? Die hohen Beamten müssen tugendhafte Beispiele abgeben, denen das Volk nacheifern muss. Ein vollständiger Mensch ist der, der weise ist, sich von jeder Begierde befreit hat, er ist mutig und gut ausgebildet, ist gleichzeitig höflich im Umgang mit den anderen, weiß, wie man gesellschaftliche und regierungsfreundliche Feiern ausrichtet, wertschätzt und kennt die Musik. Das ist ein perfekter Mensch (25, S. 76-82).

Abgesehen von der zentralen Überlegenheit des Li, von dem noch die Rede sein wird, lehrte Konfuzius, dass man immer dem „Weg" zu folgen habe (Tao in seiner linguistischen Bedeutung im Unterschied zum religiösen Konzept „taoistisch"). Der Weg zeigt an, in welcher Weise sich die Individuen und Gesellschaften zu verhalten haben. Der Weg begründet sich auf ein grundlegendes Prinzip, das die Vision einer partnerschaftlichen Welt enthält. Das tiefste Interesse des Menschen besteht nicht am Antagonismus, am Verdacht oder Verrat. Diese sind die Väter von Streit und Krieg, die schließlich dem Sieger wie dem Besiegten gleichermaßen schaden (C6, S. 123). Die Lehre von Konfuzius bezieht sich auf das menschliche Verhalten in der Gesellschaft. Sie bezieht sich nicht auf religiöse Praktiken oder Gottheiten, die auf die eine oder andere Weise angebetet werden müssen. Er kennt das Gebet nicht. Er leugnete das mögliche Leben des Menschen nach dem Tod nicht, wenn man ihn aber fragte, was er über den Tod sagen könne, so antwortete er, dass er kaum das Leben verstehen könne, umso weniger den Tod. Man könnte ihn nach unseren Kriterien als Agnostiker verstehen (C3.XI.12). Erst nach seinem Leben und Lehren wurde seine eigentliche religiöse Seite sichtbar.

Moralisch zu handeln, ist für Konfuzius die wichtigste aller Eigenschaften, die der Mensch haben muss, um dem Weg folgen zu können. Sein Moralkonzept ist besonders interessant, nicht etwa wegen seines Inhaltes, da es anderen Moralkonzepten gleicht, sondern weil er ihm absolute Erhabenheit und Großartigkeit zuspricht. Man muss moralisch handeln, nicht etwa, weil es eine Belohnung nach dem Tod gibt. Man sucht auch nicht nach einer Belohnung durch den Erfolg auf Erden. Die Moral hat damit ein bewundernswertes Konzept: die Moral der Moral willen, nicht als Instrument, um etwas zu bekommen. Es ist der erhabenste Ausdruck moralischen Handelns (C3.XIV.38; XVII.7).

Die Moral nimmt viele Modalitäten an. Das Ideal konzentriert sich auf den Ehrenmann, auf den Junzi. Seine wichtigste moralische Eigenschaft ist das Wohlwollen. Er darf sein Wohlwollen nicht vergessen, weder beim Essen noch bei seiner Eile, wegen Zeitmangels schnell auf die Straße zu laufen. Das konfuzianische

Wohlwollen wird in der Antwort deutlich, die er auf die Frage von Cheng-Kung gibt: „Zwinge niemanden zu etwas, was du nicht für dich willst" (C4, S. 15). Dies ist eine der Eigenschaften, die denen im Christentum ähnlich und die „goldene Regel" für viele Religionen sind. Im Konfuzianismus hat sie zwei Aspekte. Der Erste ist die Fähigkeit, die Lage des anderen wahrzunehmen. Er heißt „Shuh". Dem muss jedoch das „Chung" hinzugefügt werden. Dieses besagt, dass das Beste getan werden muss, um diesem Aspekt gerecht werden zu können. (C4.XII.2).

Das Konzept einer partnerschaftlichen Welt gründet sich auf das Gleichgewicht, das in der ersten aller Gemeinschaften zu herrschen hat, in der Familie. Sie bildet die Grundlage der Gesellschaft. Von ihrem Gleichgewicht hängt das der Gesellschaft ab, deren wesentliche Zelle sie bildet. Dort entsteht das Beziehungsmuster von grundlegender Ordnung, das Verhaltensmuster für die Unterordnung, die von der Autorität verlangt wird. Gleichzeitig sollte es einen großen Gleichheitssinn und Respekt unter allen Familienmitgliedern geben. Alle Kinder der Familie sollten in der Familie angehört werden, auch jedes Mitglied, das sich ungerecht behandelt fühlt, sollte angehört werden. Die konfuzianische Familie – traditionell die chinesische Familie – war monarchisch in der Theorie aber in höchster Linie demokratisch in der Praxis (C6, S. 127-8). Vielleicht könnte man besser von einer „feudalen" Natur sprechen, bei der der Autorität gehorcht werden muss, diese aber auch Verpflichtungen zum Schutz ihrer Untergebenen hat. Man muss seine Eltern lieben und ihnen gehorchen und gleichzeitig seinen älteren Bruder achten. Ein guter Sohn wird eine guter Untergebener sein. Ein guter Vater wird seine Autorität in der Gesellschaft gut ausüben. Die Verpflichtungen innerhalb der Familie werden in geringerem Vollkommenheitsgrad nach außen übertragen. Außerhalb der Familie sind unsere Verpflichtungen gegenüber den anderen Mitgliedern der Gesellschaft entsprechend den Vorteilen, die wir von ihnen erhalten haben (C3.I.2). Dies steht auch sehr mit Aspekten in Verbindung, die deutlich religiös wie der Ahnenkult sind.

Eines der Grundaspekte menschlichen Verhaltens, die von Konfuzius gelehrt werden, fasst man im alten chinesischen Ausdruck zusammen, „Li", den man mit „angemessene Zeremonie" übersetzen kann, mit "was sein muss" auf Deutsch oder mit dem sehr gebräuchlichen französischen Ausdruck „comme il faut". Im Chinesischen versteht man den tiefen Sinn einiger Worte, wenn man die Merkmale seines Ideogramms betrachtet. Die Art zu schreiben ist wirklich eine Erklärung oder Beschreibung der Idee. In diesem Fall wird „Li" geschrieben – oder besser beschrieben – wie ein kleines Behältnis, in das man wertvolle Gegenstände legt, um sie so den Geistern zu opfern (C6, S. 82). In der Praxis von Konfuzius bedeutet „Li" eine Haltung gegenüber den anderen, die von der inneren Gnade kommt. Die Referenz, die man den anderen erweist, muss aus der Referenz des Herzens kommen. Ausdruck dieses Verhaltens ist das „Li". Li heißt so etwas wie der Ausdruck guter Gewohnheiten und die Referenz den anderen gegenüber, die aus einer Herzenshaltung kommt, es bedeutet ein allgemeines Gleichgewicht des Verhaltens. Konfuzius selbst hat es auf folgende Weise ausgedrückt: „Die Höflichkeit ohne Li ist nur ein Artefakt; Vorsicht ohne „Li" ist nur Schüchternheit; Mut ohne „Li" ist nicht mehr als fehlende Disziplin; Offenheit ohne „Li" ist einfach nur Unverschämtheit" (C6, S. 86). Dies schließt eine Art von Gleichgewicht und innerer Harmonie mit ein, die alle menschlichen Taten im sozialen Leben leiten und die vom Gleichgewicht seiner Gefühle und seines Herzens abhängen (C3.XII.I); V.8; VII.7 ...).

Außer dem Wohlwollen gibt es noch andere Tugenden, die ein Ehrenmann besitzen muss. Die wichtigsten sind Weisheit und Tapferkeit, der Mut. Der weise Mensch lässt sich vom Schein nicht trügen und ist ein guter Richter des menschlichen Verhaltens, ein guter Menschenkenner. Der erste Schritt, um diese Weisheit zu erlangen, ist Ehrlichkeit sich selbst gegenüber. Tapferkeit besteht darin, sich nicht geängstigt zu fühlen, das zu tun, von dem man weiß, dass es richtig ist (C4, S. 22-25).

Zwei weitere für Konfuzius wichtige Tugenden sind *Hsin* und *Ching*. Hsin ist eine zuverlässige Person, eine Person, die ihr Wort zu halten versteht. Ching ist von höchster Wichtigkeit. Man kann es mit „Referenz" übersetzen, welches die Fähigkeit meint, die Lage anderer zu berücksichtigen. Insbesondere ist es eine große Tugend, die des Herrschenden, sich darüber bewusst zu sein, wie immens seine Verantwortung für das Wohlergehen *(Min)* der Gesellschaft ist. Die Konsequenz der Handlungen muss das gesellschaftliche Wohlergehen sein, auch wenn die Haltung des Regierenden eine andere ist. Wichtig ist das Ergebnis dieser Handlung, auch wenn die Haltung nicht dem Adel der Handlung entspricht (C4, S. 26-27). Diese „Referenz" muss besonders stark und aktiv bei einer Person von höchster Autorität sein. Der Kaiser regiert zum Wohl der Gemeinschaft. Sofern er das vergisst und sein Handeln entsprechend seiner Verpflichtung zur „Referenz", die er seinem Volk schuldet, gegensätzlich ist, so verliert er seine Autorität, in diesem Fall die moralische, auch wenn er physisch die Macht noch behält (C3.XVI.8; XII.6).

Der größte der Nachfolger von Konfuzius war wahrscheinlich Mengzi, der ungefähr ein Jahrhundert nach dem Tod von Konfuzius geboren wurde, führte seine Lehre fort, gab ihr Kraft und wandte sie insbesondere auf das Regieren an (C6, S. 189-94). Er verfolgte die Richtschnur von Konfuzius. Mengzi lehrte, dass der Monarch nur dann das Recht zu regieren hat, wenn er das Wohlergehen des Volkes verbessert und wenn das nicht so ist, dann ist es die Pflicht des Volkes, zu rebellieren und ihn zu ersetzen. Er lehrte bei vielen Jugendlichen der Aristokratie, verbündete sich mit vielen großen Familien. Deshalb war er bezüglich seiner Ideen in der Praxis nicht besonders konsequent. Offenkundig unterstützte er den vorherrschenden Feudalismus.

Ein anderer Aspekt, den Mengzi im Konfuzianismus bis zur Grenze des eigentlich Religiösen entwickelte, war die Annäherung an den Taoismus. Seine mystischen Tendenzen zeigen sich in Ausdrücken wie „alle Dinge ruhen sich in einem selbst" (C6, S. 194). Der Taoismus als Lehre nimmt zu Zeiten Mengzi in zwei Büchern Gestalt an, deren Autoren sich im Nebel der Vergangenheit verlieren. Es war eine relativistische Lehre. Es gibt nicht eine Wahrheit, sondern alles hängt von besonderen Erwägungen ab. Was für den Feudalherren richtig ist, ist es nicht für den ausgebeuteten Untergebenen. Tao ist das Grundprinzip des Universums, unpersönlich, wunschlos und lebt ein Leben befriedigt und zufrieden. Bei ihrer Entwicklung entfernen sich die Menschen von diesem Prinzip und kommen dazu, Regierungen zu bilden, die die Gesellschaft lenken sollen. Jede Regierung ist ein künstliches und schlechtes Ganzes. Es handelt sich um ein System, in dem die kleinen Diebe im Gefängnis landen und die großen Diebe an die Macht kommen. Der Taoismus erreicht das Extreme des Individualismus, ist fast schon anarchisch in seinen Prinzipien. Wenn man ohne egoistische Erwägungen lebt, so wird die Welt gut regiert, sie braucht keine Regierung. Es ist eine anarchische Lehre.

Zur taoistischen Erleuchtung gelangt man ohne große Studien und ohne die Welt erkunden zu wollen. „Ohne aus dem Fenster zu schauen, kann man den Weg zum Himmel sehen. Der Weise reist nicht, er erkennt, er sieht die Dinge nicht, kann sie aber beim Namen nennen, er verwirklicht Dinge ohne zu arbeiten.".

Es gibt eine große Schlichtheit für das Verständnis der Dinge. Besonders bemerkenswert ist die Existenz von zwei Prinzipien, dem Jin und dem Jang, die das Positive und das Negative darstellen, das Männliche und das Weibliche, die Nacht und den Tag, den Himmel und die Erde.

Der Taoismus brachte auch eine Reihe von Aberglauben und esoterischen Praktiken mit sich, die wahrscheinlich in jedem Volk gegeben sind, im Taoismus jedoch waren sie verankert. Es erscheinen Drachen im Feuer und Tiger im Wind und Wahrsager mit ihren hellseherischen Instrumenten wie Knochen mit Einschnitten werden aufgesucht, um dem menschlichen Handeln Orientierung zu geben.

Im Prinzip sind Konfuzianismus und Taoismus gegensätzlicher Natur und Konzeption. Konfuzianismus sucht nach der Vollkommenheit im Leben des Menschen und der Gesellschaft; das Weltliche verwandelt sich, um es so auszudrücken, in das Geheiligte. Der Taoismus gibt der Gesellschaft ein Rückgrat, beobachtet die Natur und versucht, den Menschen an das unsterbliche Prinzip der Leere heranzuführen.

Alle diese Einflüsse hefteten sich an den ursprünglichen Konfuzianismus und erzeugte schließlich eine Menge an Gedanken und Haltungen. Die waren zum großen Teil inkohärent und trugen gleichzeitig dazu bei, die Prinzipien der aristokratischen Regierung zu festigen und eine anarchisch individualistische Haltung sowie einen fast kompletten Relativismus zu fördern. Es geht darum, das Verständliche im Leben mit Hilfe von großen so allgemeinen wie formlosen Prinzipien zu verstehen. Andere Denker folgten der konfuzianischen Schule aber verdunkelten sie gleichzeitig mit fast vollständig gegensätzlichen Gedanken. Bemerkenswert war Hsün-Tzu, der, im Gegensatz zu Konfuzius, der an das natürlich Gute im Menschen glaubte. Er behauptete die grundlegende Verdorbenheit der Menschen, die nur durch das ernsthafte Studium, mit der Hilfe eines Weisen und einer starken Regierung zum Guten finden können, die sie motivieren und sogar dazu zwingen (D6, S. 209-10).

Im Laufe der Jahrhunderte hatte der Konfuzianismus eine kulturelle und religiöse Anhängerschaft, die ihm einen großen Reichtum verlieh und gleichzeitig eine logische Inkonsistenz. Er ist zum Teil eine Philosophie des Lebens und des menschlichen Verhaltens und zum Teil eine Religion, die an der Angemessenheit der Riten interessiert ist, insbesondere der Familienriten des Totenkultes. Die chinesischen Wörter *Xia* – Philosophie – *und Xiao* – religiöses Ritual spiegeln in ihrer Ähnlichkeit die verschiedenen, miteinander verwobenen Aspekte wider (E1, S. 247-8).

DER TAOISMUS

Wir haben den Taoismus in seiner Beziehung zum Konfuzianismus behandelt, den er beeinflusst hat, und mit dem er wesentlicher Teil der chinesischen Kultur ist.

Die Bedeutung von „Tao" ist „Weg". Gewöhnlich werden zwei Varianten unterschieden: der Taoismus als Religion (tao-xiao) und der Taoismus als philosophischer Gedanke (tao-xia) (P5, S. 1216-1248).

Die philosophischen Aspekte, auf die sich der Taoismus gründet und ihn gliedern, haben mystische Bestandteile. Im Prinzip stehen sie dem ursprünglichen Konfuzianismus mit seiner offenkundigen Unterstützung des Feudalismus entgegen. Es gibt eine natürliche Ordnung des Himmels, die sich im Universum zeigt. Sie bringt von Natur aus das Himmelsgewölbe in Bewegung und erzeugt den Wechsel der Jahreszeiten, erzeugt Tag und Nacht und alle antithetischen Prinzipien des Yin und des Yang.

Ein anderes zentrales Thema des Taoismus ist die Leere. Tao, der Anfang und Weg der Dinge ist, hat kein Gefühl und ist in dem Sinne „leer". So ist es zu verstehen, dass der Geist des Taoisten frei von jeder Leidenschaft und jeglicher besonderer Ausrichtung zu sein hat. Der Taoismus ist infolge dessen jedem Versuch gegenüber feindlich, eine rationale Wissenschaft zu begründen (P5, S. 1220). Die einzige Wahrheit findet man in der Betrachtung des Ganzen, nicht im Detail. Diese Ganzheit ist mystischer Natur, und man kann sie durch die innere Ruhe und der Harmonie zwischen dem Physischen und dem Psychischen verstehen. Für Laotse bestand Meditation darin, die Ganzheit der Dinge wahrzunehmen, fast zu berühren.

Mit dieser Harmonie und Beschaulichkeit kann der Mensch zum Supermenschen werden und ein langes Leben leben, das sich in der Ferne mit der Unsterblichkeit vermischt. Die Menschen konnten auf verschiedene Weise unsterblich werden. Sie konnten in leuchtender Apotheose in den Himmel aufsteigen oder in den Bergen über Jahrhunderte alt werden und dabei gesund bleiben.

Diese mystische Konzeption wurde, um es so zu nennen, kommerzialisiert und stellte den Menschen mit geringem spirituellen Gepäck „Rezepte für die Unsterblichkeit" zur Verfügung. Es handelte sich um einen populären Taoismus.

Spezialisten der okkulten Wissenschaften hatten ihre Anhänger, denen sie Elixiere für das lange Leben anboten. Das enthielt Merkmale der Alchemie, denn man lehrte, dass man mit gewissen geheimen Methoden ein spezielles Gold in den Öfen produzieren könnte. Damit könne man Gefäße herstellen, um daraus zu trinken und somit die Unsterblichkeit erreichen.

Der Taoismus herrschte häufig in den kaiserlichen Höfen vor, aber nicht immer war er erfolgreich. Fünf Kaiser starben im 7. Jh. nacheinander, weil sie eine übertriebene Dosis vom Zinnober der Unsterblichkeit genommen hatten, eine Mischung aus Schwefel und Quecksilber, aus der man den Spiegelbelag macht.

Die Magier *(fang che)* erhielten eine solche Macht über das Bewusstsein des ungebildeten Volkes, dass sie mit ihren Talismanen Revolten auslösten, die sich bis zur Hauptstadt ausbreiteten. Dieser Aspekt des Gemeinsinns brachte insbesondere zwei unterschiedliche Bewegungen hervor, die der „gelben Turbane" und die der „fünf Bündel". Die Bezeichnung der Turbane ist wegen der Kleidung, die sie trugen, offenkundig. Die fünf Bündel bezogen sich auf die Praxis, fünf Zweigbündel Reis zu schenken, bevor man als Mitglied in der Gemeinde aufgenommen wurde.

Mit diesen zwei Sekten kommt der gemeinschaftliche Taoismus zur Blüte und inspirierte zu Bewegungen in der Gesellschaft. Bei Gelegenheit demonstrierten von den Magiern angestiftete Haufen von Pöbel gewalttätig bis zur Hauptstadt.

Zusammen mit dem populären Taoismus lebte der individualistische und mystische Taoismus fort, der einen aristokratischen Anstrich erhielt. Beide hatten ähnliche Merkmale bei der Suche nach Gesundheit und Unsterblichkeit; beide misstrauten der Vernunft und dem „wissenschaftlichen" Verständnis. Der populäre Taoismus betonte die magischen Aspekte der Verzauberung und Getränke; der individualistische die Kontemplation des ganzen Seins.

Der Buddhismus war im 1. Jh. nach Christus in China eingeführt worden. Eine Zeit lang wurde er als eine Version des Taoismus für die Unkultivierten, der chinesischen Kultur Fremden angesehen. Darüber hinaus betrachtete man Buddha als eine Version von Laotse, die für die wenig kultivierten Bewohner außerhalb des Reiches der Mitte annehmbar war. Mit der Zeit wurden die unterschiedlichen Merkmale sichtbar. Damit begannen die Rivalitäten zwischen den beiden Konzeptionen – Buddhismus und Taoismus –, um die Gunst des kaiserlichen Hofes zu werben und sich in der ganzen Bevölkerung zu verbreiten.

Im Jahr 425 wurde Laotse als Gottheit anerkannt. Man baute ihm einen grandiosen Altar im Palast des Kaisers und nebenbei wurde durch ein kaiserliches Edikt die Ausbreitung des Buddhismus verboten.

Mehrere Zyklen des Vorranges der einen oder anderen der beiden Religionen folgten einander. Der Buddhismus wurde mehrfach rehabilitiert, um danach wieder verboten zu werden. Im Jahr 845 wurden durch kaiserliches Edikt 40000 buddhistische Tempel geschlossen und 260000 Priester und Nonnen säkularisiert. Erwägungen über den menschlichen Körper waren offensichtlich wichtig bei der Suche nach Gesundheit und Unsterblichkeit. So teilte man den Körper in drei Teile auf, oberer, mittlerer, unterer. Man unterschied fünf Eingeweide und drei Kanäle. Jede der Eingeweide war mit einem natürlichen Element verbunden: die Lunge mit dem Metall, das Herz mit dem Feuer, der Bauch mit der Erde, die Leber mit dem Holz und die Nieren mit dem Wasser. Der Schädel bestand aus neun Palästen, die jeweils von einem göttlichen Genie bewohnt wurden, nebenbei hatten auch bösartige Geister ihren Wohnort in anderen Körperteilen. Die Kunst, ein langes Leben zu haben, bestand aus drei verschiedene Methoden: der äußere Zinnober, der innere Zinnober und das *Fang chon* oder die Theorie der Alkoven.

Das äußere Zinnober oder *Nei tan* umfasste alles, was die Methoden der Atmung, der Massage und die Gymnastik betraf. Die Methoden brachten die Menschen in Kontakt mit der Energie des Universums. So mussten sie z. B. im Frühling die Ausströmungen der Morgenröte beim Sonnenaufgang einatmen. Im Herbst hingegen war es wichtig, den flüchtigen Schatten nach Sonnenuntergang einzuatmen. Wenn man die Essenz des Vollmondes einatmete, so würden die weißen Haare wieder schwarz. Bevor man diese Atemübungen ausführte, musste man fünf Keime von verschiedener Farbe verschlingen.

Das innere Zinnober oder *Wai tan* betonte den Gebrauch von Drogen für die Unsterblichkeit, insbesondere das Quecksilbersulfid. Wer das einnähme, würde nach dreijährigem Gebrauch die Unsterblichkeit erlangen; wer es hingegen nach zwei Veränderungen nimmt, wird nach einer Frist von zwei Jahren unsterblich.

Die Theorie der Alkoven oder Fang chon richtete sich darauf, wie die Sexualität zu leben sei. Man ging davon aus, dass der Samen die Essenz war, um das Gehirn und die vitalen Kräfte zu reparieren. Deshalb riet man dazu, sexuelle Beziehungen ohne Orgasmus zu haben, damit die kostbare Essenz nicht verloren ginge. Die Praxis in den Alkoven legte nahe, sexuelle Lust zu genießen, ohne dabei die wertvolle Essenz zu verlieren, die im Samen enthalten ist.

Der gemeinschaftliche Taoismus führte rituelle Zeremonien und eine Moral ein. Diese konzentrierte sich auf neun Prinzipien, von denen die herausragt, die „die weiche und weibliche Natur des Handelns erhalten, die Bescheidenheit, die Kunst nachzugeben und die Praxis der ‚Wunschlosigkeit'". Gleichzeitig musste Disziplin eingehalten werden, wie die Abstinenz des Fleisches, nicht zu stehlen, keinen außerehelichen Geschlechtsverkehr zu haben. Diejenigen, die lediglich Talismane und Magie benutzen, konnten die Unsterblichkeit nicht erlangen, wenn sie nicht von tugendhaften Handeln begleitet waren.

Die kulturellen und moralischen Prinzipien des Taoismus haben sich bis zum heutigen Tag erhalten und bilden, zusammen mit dem Buddhismus, auf den er großen Einfluss hatte, einen Teil der Basis der chinesischen Kultur.

DRITTER TEIL

KAPITEL 7

RELIGION UND MACHT

INSTRUMENT DER MACHT

Die Religionen sind häufig von Staatsmännern benutzt worden, um ihre Macht zu begründen und zu legitimieren. In manchen Fällen haben sie ein bestehendes System missbraucht und stellen ihre Macht einfach als Abkömmling der religiösen Lehre dar. Das ist die Geschichte von der „heiligen Macht", auf die die Könige die Legitimität des Thrones über viele Jahrhunderte gründeten, bis die Zeit der Aufklärung kam. Dieser Anspruch basierte nicht wirklich auf einer Lehre der christlichen Tradition. Sie wurde jedoch zu einer zurechtgestutzten und interessierten Interpretation, die durch wiederkehrende Wiederholung schließlich vom Volk akzeptiert wurde.

Das soeben Gesagte spiegelt etwas wider, welches wir eine sanfte Variante der Nutzung der Religion, zur Festigung Macht nennen könnten. In anderen Fällen verstand sich die Religion selbst als Instrument für den Machterhalt einer gesellschaftlichen Klasse und drängte sich als solches auf. Das bemerkenswerteste Beispiel hiervon findet man in der Geschichte Indiens.

Louis Dumont bekräftigt in seiner Analyse des Hinduismus auf brillante Weise, dass „die Religion der Götter zweitrangig und von der Religion der Kasten abhängig ist" (W8, S. 11). Die Ideen, die in einer Gesellschaft mächtig werden, werden von den Eliten vorangetrieben. Sie betrachten sie implizit oder explizit als ein Mittel, mit dem sie ihre privilegierte Machtstellung halten und das gemeine Volk davon überzeugen können, dass ihr Regierungsanspruch gerechtfertigt ist. Dies ist eine zentrale These des großen Soziologen und Politologen Max Weber, die in besonderer Weise auf die hinduistischen Religionen des indischen Subkontinents zutrifft (W8, S. 11).

Im alten Indien gab es keinen Gesetzeskodex als solchen. Diese Funktion erfüllte eine Reihe von metrischen Texten Dharma Shastra, in denen die Rechte und Pflichten des gesamten Volkes aufgestellt sind. Der wichtigste Text ist das Gesetzbuch des Manu, ein mythischer Vorgänger eines Stammes der Brahmanen, der in 2685 Versen die Verhaltensrichtlinien der Brahmanen sowie aller anderen Kasten definiert, die mit ihnen in Verbindung stehen (D5, I, S. 484).

Das Wort „Kaste" ist eine abendländische Übersetzung des alten indischen Begriffes *Varna*, der „Farbe" bedeutet. Die Unterscheidung der Kasten hing früher von der Hautfarbe der Mitglieder ab. Später hieß das *Jati*, Geburt, und man begann diesen Ausdruck in Zeiten zu gebrauchen, in denen das Prinzip der Unterscheidung der gesellschaftlichen Gruppen bereits rassisch bestimmt war.

Der Ursprung des Konzeptes ist mit der Geschichte des Subkontinentes Indien verbunden. Die Arier, denen es gelang, Indien zu beherrschen. Sie waren einerseits nahe Verwandte der Perser und andererseits der Germanen, kamen vom Kaspischen Meer und hatten eine hellere Haut als die Dravidianer, die Ureinwohner des Landes. Mit der Zeit nannten sie sich „Brahmanen". Sie unterwarfen einfach die dort lebenden Völker, ohne scheinheilig vorzugeben, ihnen beim wirtschaftlichen, gesellschaftlichen oder moralischen Aufstieg helfen zu wollen, wie es die Engländer viele Jahrhunderte später – mit interessierter Überzeugung – getan haben.

Um ihre Identität auf fremdem Territorium beizubehalten, erzeugten sie eine Reihe von Tabus, die sich anfänglich nur auf die Ehe und die sexuellen Beziehungen im Allgemeinen bezogen. Wie in vielen Völkern waren das die Prinzipien von Endogamie und Exogamie. Man konnte keine Mitglieder anderer Stämme heiraten, um zu verhindern, sich in verschiedenen und zahlreicheren Völker bis zur Unkenntlichkeit zu vermischen. Sie durften auch nicht Mitglieder der eigenen Gruppe heiraten, um somit eine Schwächung der Familie zu verhindern, eine Schwächung, die nach ihren Erfahrungen durch die Heirat naher Verwandter entstand.

Aber als erobernde Rasse wollten sie sich nicht nur unterscheiden – wie später die englischen „Sahib" –, sondern mit unerschütterlichen Regeln ihre gesellschaftliche Vorherrschaft errichten. Unter den Brahmanen – Kaste, die schließlich zur Priesterlichen wurde und somit die Vortrefflichkeit und Würde erlangte, in der Nähe der Götter zu sein – waren zunächst die Kshatriya, die kriegerische Kaste, denen die Vaishya oder höhere Kaufleute folgten. Dann kamen die Shudras oder Arbeiter, die den größten Teil der Bevölkerung ausmachten und schließlich die Chandalas, die mit der Zeit die „Unberührbaren" genannt wurden, die die niedrigsten menschlichen Tätigkeiten zu verrichten hatten – und noch haben – wie Müll einsammeln und Rohre reinigen.

Die politische und gesellschaftliche Instabilität Indiens die Jahrhunderte hindurch erhöhte die Bedeutung der Kasten als Sperre und als Quelle der Stabilität für die gesamten Gesellschaft. Ein jeder musste dem „Karma" folgen, das heißt der

Verpflichtung, die jeder Mensch aufgrund dessen hat, dass er in einer bestimmten Kaste geboren wurde.

Diese halblegalen Verhaltensvorschriften gaben der Kaste der Brahmanen eine besondere Bedeutung und Kraft. Der König konnte dieser priesterlichen Kaste nichts aufzwingen, andernfalls er mit Verwünschungen verflucht werden konnte, die zu seinem Untergang führen würden. In allen Anbetungsriten für die Götter wurde als wichtiges Element verlangt, der priesterlichen Kaste, einen Almosen zu geben.

Ihre Macht stützten sie auf ihr Wissensmonopol insbesondere der Inspiration gebenden Texte, den Veden.

Wenn ein Shudra versuchte, einen Brahman zu schlagen, würde er die Strafe von 100 Jahren in der Hölle erleiden; wenn er ihn wirklich verletzt, so erhöhte sich die Strafe auf 1000 Jahre. Wenn ein Shudra einen anderen Shudra tötete, so musste er einem Brahman 10 Rinder geben; wenn er einen Vaishya tötete, so musste er ihm 100 Rinder geben; wenn er einen Brahman tötete, musste er sterben.

Die Privilegien der Brahmanen waren riesig, wurden aber mit strengen Verpflichtungen verbunden. Ihre Ernährung war beschränkt. Sie konnten kein Nahrungsmittel essen, das von Tieren stammte, nicht einmal Eier. Sie durften Zwiebel, Knoblauch oder Pilze nicht berühren. Wenn ein Brahman einen Unberührbaren oder Fremden anfasste, musste er sich mit rituellen Waschungen reinigen. Die Brahmanen durften kein lebendes Wesen verletzen und mussten in ihren Gewohnheiten so rein sein, dass, wenn einer stahl, er vierundsechzig Mal den Wert des Gestohlenen ersetzen musste. Wobei ein Shudra den nur achtfachen Wert des Gestohlenen ersetzen musste.

Die Vorherrschaft der priesterlichen Kaste wirkte wie ein Rückgrat der sozialen Ordnung Indiens, bestimmte die Lebensumstände und Verpflichtungen der anderen Kasten. Der Mörtel, der die Gesellschaft zusammenhielt, war so stark, dass sie sich unbestreitbar 2500 Jahre als Aristokratie hielt und schlug so alle bekannten zeitlichen Rekorde der Vorherrschaft.

Offensichtlich war ihr Anspruch auf die Vorherrschaft aufgrund ihrer Funktion als Vermittlerin zwischen den Göttern und dem Menschen in der Religion begründet. Darüber hinaus aber wurde die Brahmanen wegen ihres Entstehungsmythos verherrlicht: Sie waren direkt aus Brahman entstanden, dem vorrangigen und unpersönlichen Gott, dem Geist des Universums.

Die zahlreichen Kasten Indiens – man vermutet, dass es mehr als 30000 sind – sind in der gesamten Gesellschaft in einem stabilen und gefestigten System eingebunden. Jedes Individuum besitzt nicht wirklich Individualität im Sinne der Möglichkeit, frei über seine Zukunft zu entscheiden. Sein Beruf, die Familien, in die er einheiraten kann, die Art, sich zu ernähren, die Menschen, mit denen er gesellschaftliche und freundschaftliche Beziehungen haben kann, alles ist vorherbestimmt. Damit entsteht eine geordnete Gesellschaft. Es ist eine Ordnung, die insbesondere der Macht der höheren Klassen nützt, zu deren Gunsten diese ganze Kastenstruktur errichtet wurde. Es ist der Missbrauch der Religion zum geordneten und nicht widersprochenen Machtausübung.

Der Fortbestand der Kasten verhindert die politische und wirtschaftliche Entwicklung des Landes. Formal ist eine Demokratie und sei es auch nur eine eingeschränkte, in der es zumindest die Möglichkeit gibt, dass die Bevölkerung ihre Regierenden wählt. Aber die Machtausübung wird auch heute noch von der Existenz der Kasten reglementiert. In dem Staat Uttar Pradesh, einem der ärmsten, gibt es zwei politische Hauptparteien. Die Samajwadi Party wirkt lediglich als Schutzmechanismus für eine der unteren Kasten, die Yadav. Die andere wichtige Partei ist die Bahujan Samaj Party, die die ehemals „Unberührbaren", heute „Dalits", repräsentiert und unterstützt. Auf der anderen Seite repräsentiert die Baratilla Janata Party von höchst nationalistischer, hinduistischer Tendenz die höheren Klassen. Ihrerseits ist die Kongresspartei von weltlicher und unabhängiger Tradition Nehrus auch vertreten. Keine hat die Mehrheit und der gesamte politische Prozess ist in den widersprüchlichen Ausrichtungen verstrickt. Auf ähnliche Weise wiederholt sich dies Phänomen in den restlichen Staaten Indiens. Das bedeutet, dass die Vorherrschaft der Kasten, das vormals ein Machtsystem war, das durch die Religion legitimiert war, auch weiterhin die Basis zur Machtausübung ausmacht und in einigen Fällen eine gesunde politische und wirtschaftlich Entwicklung verhindert.

Die Politiker erlauben normalerweise nicht, dass ihr Beruf von der Religion bestimmt wird oder dass die Religion die Politiker für ihr Machtinteresse benutzten. Das sind aber nur Worte. Der Fall, der von höchstem Zynismus zeugt, ist der von Uma Bharti, einer Führerin der hinduistischen Partei BjP von Indien. Sie wurde strafrechtlich angeklagt wegen ihrer Rolle bei der Zerstörung der Moschee, ein islamischer Tempel, von Babri in Ayodhya (Uttar Pradesh), durch hinduistische Fanatiker. Denn es ist vermutlich der Geburtsort von Rama, Avatar oder Reinkarnation des Gottes Vishnu, der Hauptprotagonist des Heldenepos des Ramayana. Sie hat sich mit Haut und Haaren der Politik verschrieben und ist deshalb auch unverheiratet geblieben. In ihrem Wahlkampf 2003 um Premierministerin von Madhya Pradesh zu werden, behauptete sie, dass die Zerstörung der Moschee in Ayodhya nicht mit der Religion zu tun hätte, sondern dass es ein Problem nationaler Achtung und Identität sei.

Von dieser Situation stammt die Kraft des Hindutva – das man „Hinduisierung" nennen könnte –, ein nationalistisches Konzept einer Lehre, die die Inder veranlassen soll, stolz auf ihre Traditionen zu sein und die ihre muslimischen Landsleute zurückzuweisen (die heute 12 % der Bevölkerung des Landes ausmachen). Ihre „Plattform" schließt das Verbot, Kühe zu töten, mit ein sowie das, einem einheitlichen Bürgerlichen Gesetzbuch zuzustimmen, das alle Bürger als gleich betrachtet und somit auch die Moslems die gleichen Rechte hätten wie die Hindus. Damit, so die Führer des Hindutva, würde man fremde Traditionen mit der Begründung akzeptieren, dass Indien ein säkulärer Staat sei. Das Problem ist, dass in diesem Konzept „säkulär" bedeutet, dass Indien ein kulturell hinduistischer Staat zu sein hat.

Den bemerkenswertesten Fall des Gebrauches der Religion als Basis für die Machtausübung findet man vielleicht bei den ägyptischen Pharaonen. Die Geschichte von Hatschepsut beleuchtet das mit glänzendem Licht. Als Tochter und Ehefrau von Pharaonen hatte sie keinen Sohn, der ihrem Mann auf dem Thron hätte folgen können. Deshalb wurde sie beim Tod des Pharao Regentin und wartete auf die Volljährigkeit ihres Adoptivsohnes (Sohn ihres Mannes), Thutmosis. In der Zwischenzeit genoss sie die Attraktivität der Macht, und als sie sie drei Jahre als Regentin ausgeübt hatte, wollte sie sie als ihre eigene beanspruchen. So ließ sie sich zur direkten Tochter des Gottes Amun-Ra ernennen, wodurch sie zu einer Göttin wurde und sich zur Herrscherin im eigenen Namen erklärte. Sie regierte weitere zwölf Jahre, bis ihr Adoptivsohn rebellierte und versuchte, das von der Pharaonin geschaffene Werk zu zerstören, das im Übrigen grandios war.

Überaus viele Regierende oder solche, die in irgendeiner Weise Verantwortung über die Geschicke eines Volkes hatten, benutzten die Religion als Mittel, die Gesellschaft miteinander zu verschmelzen, sie zu kontrollieren und sie für ihre eigenen Zielen einzusetzen. Die Religion hatte im Übrigen immer die sehr bedeutende Fähigkeit, eine Gruppenidentität herzustellen oder zumindest entscheidend zu ihr beizutragen. Davon wird im entsprechenden Kapitel dieses Buches die Rede sein.

CUIUS REGIO TALIS ET RELIGIO

Die Religion war ein Instrument, um die Macht von Gruppen oder Personen zu rechtfertigen. Im Gegenzug hat die Macht die Religion bestimmt, die anzunehmen und zu praktizieren sei.

Im Fall – erstaunlich zynisch und erstaunlich rein – des Gebrauchs der Religion ausschließlich für Machtinteressen ergab sich beim Westfälischen Friedensvertrag. Protestanten und Katholiken Deutschlands standen sich in einem Bürgerkrieg gegenüber, der anfänglich ein religiöser war. Jeder stützte sich auf Verbündete in anderen europäischen Ländern. Das Heer und vor allem die Bevölkerung waren erschöpft von dreißig Jahren Krieg, und so kam man dazu, den Westfälischen Frieden zu besiegeln. Katholiken und Protestanten setzten sich aber nicht an denselben Verhandlungstisch. Dritte hatten als Vermittler ihren Sitz im Rathaus der Stadt Münster. Boten kamen und gingen zwischen den verfeindeten Lagern, um Botschaften zu bringen und zu vermitteln. Schließlich kam es zu einer Abmachung, einem Schmuckstück der Diplomatie. Viele deutsche Fürsten – die einen Protestanten, andere Katholiken – kämpften für ihre jeweilige Religion und ihre jeweiligen Herrschaftsbereich. Es war schwierig, die Motivationen auseinanderzuhalten. Der Frieden bestand darin, dass sich alle an das Prinzip zu halten hätten, das darin aufgestellt wurde: *cuius regio talis et religio*. Das heißt, in jedem Gebiet sollte die Religion des regierenden Fürsten ausgeübt werden. Ein protestantischer Fürst würde in seinem Bereich seine Religion aufoktroyieren. Ein katholischer Fürst täte desgleichen. Dieser Fall ist nicht interessant, um die ambivalente Beziehung von Religion und Macht zu verstehen. Er war vielmehr ein Meisterstück der raffiniertesten Diplomatie, das nach einer Lösung suchte, mit der alle Erschöpften leben konnten. Er bedeutete das Ende des letzten religiösen Krieges des Abendlandes. Von diesem Prinzip leiteten sich Konsequenzen ab, die noch heute gültig sind. Im Bereich deutscher Kultur – eingeschlossen Österreich – herrscht im Süden und Westen die katholische Tradition vor, wogegen der Protestantismus sich im Norden und Osten gefestigt hat.

DIE SPANNUNG ZWISCHEN DEN MÄCHTEN

Die politischen Machtinhaber haben immer sowohl den Ausdruck freien Denkens als auch das Vorhandensein anderer Machtgruppen mit Argwohn betrachtet, auch wenn diese keine politische Tendenz beanspruchten. Sokrates musste für seine Gedankenfreiheit den Schierlingsbecher trinken. Der Jugend diese Freiheit zu lehren, wurde von den herrschenden Mächten als Bedrohung angesehen. Auf ähnliche Weise war die Beziehung zur großen gesellschaftlichen Macht, die historisch größer und länger fortdauernd war, fast immer gespannt oder ambivalent, nämlich zur Religion.[36]

---

[36] Es hat einige bemerkenswerte Ausnahmen wir das Mongolenreich gegeben. Geografisch gesehen war es das ausgedehnteste Reich, das die Welt je gesehen hat. Es gründete sich auf die kriegerische Geschicklichkeit seiner Reiter, die zu Kriegern geworden waren und auf den allumfassenden Handel, den es erlaubte und förderte. In religiösen Dingen war es tolerant wie es kein anderes Reich je war. Seine ursprünglichen Religionen koexistierten mit dem Buddhismus, dem Islam und dem Christentum. Das Reich ernährte sich hauptsächlich von der bezahlten Steuer und vom blühenden Handel. Es war gegenüber den großen Religionen tolerant. Viele seiner Minister wa-

Die Beziehung von Macht und Religion war immer schwierig. Sie trägt besondere Merkmale je nach den Grundkonzepten, die die jeweilige Religion von der Macht, hat. Es gib theoretisch klare Linien wie im Islam und dem Christentum, wenn auch in den beiden Fällen im jeweils umgekehrten Sinne, wie wir noch sehen werden. Andere Religionen wir der Buddhismus sind prinzipiell neutral, was ihre Beziehung zur Macht betrifft. In anderen Fällen ist die Verstrickung der Mächte so groß, dass sie Teil einer selben Suppe sind, die die unterschiedlichsten Zutaten an Visionen und gesellschaftlichen Interessen enthält. So liegt der Fall des Hinduismus.

Die Macht hat Religionen aufgezwungen und die Religion hat ihre Macht aufgezwungen. Es gibt einige klar definierte Fälle, in denen die Machtinhaber definierten – oder zumindest versuchten zu definieren –, welche die „offizielle" Religion sein sollte, die alle Bewohner auszuüben hatten. Ein Fall von grausamen und unchristlichem Zwang ergab sich genau in derselben Stadt Münster, in der der Westfälische Friedensvertrag unterzeichnet wurde, einige Jahre davor mit den Wiedertäufern, die lehrten, dass die Menschen nicht getauft werden sollten. Ihre Führer wurden geköpft. Ihre Köpfe wurden in kleine Käfige gesperrt und im Turm einer Kirche ausgestellt zum Grauen und zur Mahnung derjenigen, die es wagen könnten, mit ähnlichen Gedanken zu prahlen.

Andere bemerkenswerte Fälle waren die verschiedenen religiösen Zwänge im chinesischen Reich, das dem Konkurrenzkampf zwischen Taoismus und Buddhismus ausgesetzt war. Es gab Kaiser, die den Taoismus zur Religion des Kaiserreiches erhoben, Klöster schlossen und starke Beschränkungen gegen den Buddhismus einführten, und die folgenden Kaiser daraufhin genau das Gegenteil dekretierten. Klar, dass die Vertreter der beiden Religionen in Wettstreit um das wohlwollende Ohr des kaiserlichen Hofes traten.

In Japan wiederholte sich das Phänomen bei verschiedenen Gelegenheiten. Vom 17. Jh. an, in dem die Existenz und die Ausübung des Christentums verboten wurden – das in diesem Fall katholischen Ursprungs war – bis zur Restauration des Kaiserreiches unter der Meiji Dynastie, bei der der Shintoismus zur offiziellen Religion erklärt und der Buddhismus bei offiziellen Zeremonien verboten wurde. Die

---

ren Christen und bemerkenswert war die Bewunderung des Botschafters des Großkhan Rabban Bar Sauma, selbst auch Christ, als er bei seiner Mission das Monopol des Papstes und der europäischen Könige sah, das sie in seiner eigenen Religion ausübten (W1, S. 219, S. 234). In dem Sinne war es das modernste aller Reiche, das sich auf die Globalisierung der Kultur und des Handels stützte. Nach der Schwarzen Pest beschlossen verschiedene Zweige der kaiserlichen Nachfolgefamilien des Dschingis Khan, verschiedene Religionen anzunehmen. So wurden die einen zu Christen, die anderen zu Moslems und noch andere zu Buddhisten. Das geschah, als das Reich zerfiel (W1, S. 248).

beiden Religionen hatten über viele Jahrhunderte tolerant nebeneinander existiert und taten es wieder, nachdem das unwirksame Verbot schließlich erlosch.

Ein Land, in dem es bis zur jüngsten Vergangenheit eine vollständige Einheit von religiöser und weltlicher Macht gab, ist Tibet. Bis zur Usurpation seitens China hatte die höchste Macht der Dalai Lama, den man für eine Reinkarnation von Amitabha hält, einer in seiner Tradition am meisten anerkannter Buddha. Die Äbte der großen Klöster hatten eine soziale Position auf derselben Höhe wie die großen Familien des alten Adels. Die vier Minister des Kabinetts hatten als Gegenstimme einen Mönchsrat. Die religiösen Praktiken hatten einen zivilen Auftrag und so wurde wegen des großen Respekts vor dem Leben des tibetanischen Buddhismus verboten, irgendein Tier zu töten und man kam aus demselben Grund zu dem Extrem, die Fischerei zu verbieten.

Der bemerkenswerteste – und kreativste – Fall, dass die zivile Macht eine Religion mit dem Ziel einführt, das Reich zu einigen, war die von Akbar, Mogulkaiser von Indien. Davon ausgehend, dass es in seinem Reich eine große Vielfalt von Religionen gab – die unterschiedlichen Versionen des Hinduismus und Buddhismus – war der Mohammedanismus mit großer Kraft hinzugekommen und vor kürzerer Zeit das Christentum der europäischen Missionare. Der Jesuit Bartola erzählt, wie der Kaiser einen Großen Rat aller Religionen einberief und ihnen sagte: „Ein Imperium muss von einem Haupt geleitet werden, und es ist schlecht, wenn es in der Bevölkerung Spaltungen gibt. Deshalb muss es eine Religion für alle geben, die das Gute einer jeden bewahrt und sich so das Beste einer jeden durchsetzt. Auf diese Weise wird Gott geehrt, wird es Frieden in der Bevölkerung und Sicherheit seiner Einwohner geben" (D5, I 470).

Natürlich hatte Akbar viel weniger die Ehre Gottes als die Sicherheit seines Reiches im Sinn. Er erließ ein Dekret, in dem er sich selbst zum unfehlbaren Haupt der neuen Kirche erklärte, die er gerade aufbaute. Schließlich entstand ein System aus verschiedenen Stücken insbesondere aus dem Hinduismus und dem Mohammedanismus. Wie man erwarten konnte, hatte dieser Mischmasch keinerlei Erfolg und nach dem Tod Akbars zerfiel es wieder in seine Bestandteile.

Das modernste und gleichzeitig traditionellste der muslimischen Länder ist Saudi Arabien, das eben auch die Heiligen Stätte Mekka und Medina beschützt. Es wird von der Dynastie der Saud und der fundamentalistischen Sekte der Wahhabiten kontrolliert und hält die islamischen Gewohnheiten in ihrer strengsten Form aufrecht, deren Einhaltung von einer „religiösen Polizei" überwacht wird. Diese achtet darauf, dass die Vorschrift, fünfmal am Tag zu beten, öffentlich eingehalten wird und deshalb alle Geschäfte zu bestimmten Zeiten geschlossen sind, dass kein Alkohol getrunken wird und dass die Frauen ihre Gesichter auf der Straße verhüllen. Zur selben Zeit ist es das modernste Land, weil es auf der Grundlage des immensen Flusses von Dollars, der es überflutet hat, weil es die größten Erdölvorräte der Welt besitzt, kann es sich den Luxus erlauben, luxuriöse und moderne Paläste zu errichten, sich zahlreiche Privatjets zu leisten. Die fünftausend Prinzen und Prinzessinnen der Königsfamilie erhalten äußerst ergiebige Renten aus der Staatskasse und führen außerhalb der Grenzen von Arabien das Luxusleben der Reichsten, das wenig mit den strengen Gewohnheiten zu tun hat, besitzen Villen in Europa und den Vereinigten Staaten. Gleichzeitig erzwingen sie als Familie in ihrem Land die strengste und härteste aller Varianten des Islam. Sie befreien sich draußen, verlangen sie aber innen vom Volk im Namen der Religion.

In modernen Zeiten ist es wahrscheinlich der bemerkenswerteste Fall des politischen Gebrauchs der Religion zugunsten einer Kaste, die in der Lage ist, die öffentlichen Angelegenheiten vollständig zu kontrollieren und gleichzeitig ein Amalgam mit den Interpreten ihrer Lehre bildet.

IDENTIFIKATION ODER INSTRUMENTIRUNG

Es stimmt, dass jede Religion aufgrund ihrer integrativen Eigenschaften in der Gesellschaft immer eine grundlegende Beziehung zur Macht oder zum Gebrauch der Macht hatte. Man muss jedoch die religiösen Wurzeln unterscheiden, die jedem Fall zugrunde liegen und über die sich die besonderen Bestimmungen von Religion und Macht legen.

Es gibt Religionen, das sind wahrscheinlich die großen, im historischen Sinne primitiven, die sich über der grundlegenden Beziehung zur Macht strukturieren und somit die Art bestimmen, wie die Macht in der Gesellschaft auszuüben ist. Der bemerkenswerteste Fall davon ist der Hinduismus, dessen Konzept von der Rechtfertigung der Kastenstruktur bestimmt ist, wie es weiter vorne ausgeführt wurde.

In anderen primitiven Religionen haben die, die das Wissen über die Bedeutung des Universums haben, gerade aus diesem Grund einen weitgehenden Einfluss auf die Schicksalsbestimmung der Gesellschaften. Ihre Erkenntnis ist meistens mit ihrer Fähigkeit gepaart, mit Magie in ihren zahlreichen Ausformungen, Riten, mantrischen Ausdrücken, befreienden Gesten die Zukunft zu beeinflussen.

Deshalb sind sie ein grundlegender Faktor der Macht in der Gesellschaft. Diese Funktion haben die Schamanen und die Priester des Voodoo und – eher auf formeller Weise als tatsächlich – die shintoistischen „Bonzen".

Andere Religionen haben die Macht als wesentliches Element in ihrer Botschaft. Das ist der Fall des Islam. Die religiöse Macht, die die Lehre von Allah, dem allmächtigen und barmherzigen Gott, verbreitet, ist gleichzeitig die politische Macht, die die Richtung für die Gesellschaft vorgibt. Mohammed ist in erster Linie ein religiöser Führer, ist aber gleichzeitig innerhalb der bestehenden Kontroversen und Interessen der Stämme in Arabien in dieser Zeit deren politischer Führer. Die Nachfolge des Propheten gestaltet sich entsprechend der beiden Merkmale des Religionsführers und des Gesellschaftsführers. Genau diese Nachfolge mit der doppelten Eigenschaft war die zentrale Achse, über der sich die ganze Geschichte des Islam entwickelt hat, auch seine Aufsplitterung in schiitische und sunnitische Gruppen unter anderen. Der Islam entstand mit einer politisch religiösen Identität. Dazu kamen die höchst gemeinschaftlich geprägten Merkmale der Religionsausübung. Das Fasten, das tägliche Gebet, die Pilgerschaft nach Mekka wurden nicht als individuelle Frömmigkeit verstanden. Sie werden gemeinschaftlich ausgeübt. Die Religion, die Gemeinschaft und die Macht werden, ohne dasselbe zu sein, als einheitliches Amalgam von großer Kraft und Festigkeit verstanden, deren Ausformung uns heute offenkundig wird.

Im Christentum jedoch waren „der Staat Gottes und der Staat des Menschen", wie es der hl. Augustinus nannte, von Anfang an klar voneinander unterschieden, auch wenn es zahlreiche Beispiele der Verwirrung und gegenseitiger Manipulation gab. Jesus predigte die Lehre der Erlösung und wollte nicht der befreiende Messias sein, den sich viele Juden wünschten und in erster Linie auch seine eigenen Jünger. Als Vorgeschichte zu seiner Predigt zog er sich in die Wüste zurück, um sich mit Fasten und Gebet darauf vorzubereiten. Dort erlebte er die ersten großen Versuchungen. Die Dritte war die größte und subtilste von allen. Die ersten waren grob, wie die, den Steinen zu befehlen zu Brot zu werden, um seinen Hunger zu stillen. Die wichtigste von ihnen, die immer die Hauptversuchung eines jeden religiösen Führers ist, war der Stolz der Macht: „Der Teufel brachte ihn zu einem sehr hohen Berg und zeigte ihm von dort aus alle Königreiche der Welt in ihrer ganzen Herrlichkeit und sagte zu ihm: ‚Alles dieses werde ich dir geben, wenn du dich niederwirfst und mich anbetest'" (Matthäus 4, 8-9), und führte seiner Fantasie wunderschöne Szenen vor. Das ist die große Versuchung, der viele religiöse Führer erlegen sind. Sein „Reich" jedoch sollte nicht „von dieser Welt" sein und Jesus verhindert es, der Schmeichelei der Macht zu erliegen.

Diese vorrangige Haltung, mit der die Vorführung des Botschaft Jesu eröffnet wird, kann nichts weiter als ein symbolischer Akt gewesen sein, war aber vom Inhalt und der Ausstrahlung seiner Lehre her sehr tief. Die Schüler, die er um sich sammelte und die ihn bei seiner Pilgerschaft begleiteten und sich dabei zum Sprachrohr der jüdischen Überlieferung machten, die einen befreienden Führer erwarteten, wünschten den Moment herbei, in dem er sich schließlich als solcher zeigen würde. Die Römer beherrschten Israel. Es war der passende Moment, sich von ihnen zu befreien und sich als ein bedeutendes Volk gegenüber allen Nachbarn darzustellen. Es musste keinen tapferen und blutigen Kampf der Makkabäer geben, denn Jesus hielt die Fähigkeit zu handeln und sich durchzusetzen in seinen Händen. Man folgte ihm scharenweise und bejubelte ihn. An dem Tag, als er annähernd fünftausend Menschen – ohne Frauen und Kinder mitzuzählen, wie es im Evangelium steht (Mat. 14, 21) – hätte es auf dem Gelände nahe am See genügt, den Weg nach Jerusalem einzuschlagen. Als sie sein Zögern sahen, sie dabei dachten, er würde lediglich den passenden Moment abwarten, fragten ihn die nächsten seiner Jünger mehrmals, ob er „jetzt doch" das Königreich begründen wollte. Seine Eigenschaft als König war dermaßen in den Köpfen aller seiner Landsleute eingraviert, dass Pilatus teils aus Spott teils aus Mitleid die Überschrift an dem Kreuz, an dem er starb, anbringen ließ: „Jesus von Nazareth, König der Juden".

Die bekannte Antwort, die Jesus den Pharisäern gab, als sie ihm eine politische Falle stellen wollten, damit er sich gegen die römische Herrschaft erklären sollte, ihn fragten, ob den Eroberern Tribut zu zahlen sei, die dem jüdischen Volk der Unabhängigkeit und seiner Freiheiten beraubt hatten. Er nahm ein Geldstück mit dem Bild des Kaisers und sagte: „Gebt dem Kaiser, was des Kaisers ist und Gott, was Gottes ist" (Markus 12, 14-17).

KONFRONTATION UND BÜNDNIS

Die ersten Christen, die der moralischen Lehre Jesu folgten, übten eine Religion von Klarheit und Großmut aus, von enthaltsamem Lebensstil und einer persönlichen Beziehung, die von einer Art Naivität gegenüber der Schlechtigkeit der Welt durchdrungen war, die der Ausdruck Jesu, der Aggression „die andere Wange hinhalten" widerspiegelt. Sie wurden jahrhundertelang von den Autoritäten Roms gewaltsam verfolgt. Sicherlich bedeuteten sie keine Bedrohung für den römischen Staat. Sie wollten keine politische Macht. Im Übrigen war das Imperium mit all den Völkern, die ihm unterworfen waren, vollkommen offen für die Annahme von neuen Göttern mit polytheistischer Toleranz. Neue Riten und neue Gottheiten der verschiedenen Völker wurden akzeptiert, an die diese seit Urzeiten glaubten.

Die Christen brachen mit all diesen Konzepten. Sie verkündeten „die Wahrheit", nicht lediglich „ihre" Wahrheit. Die Moral, die von ihrer Religion ausging, kollidierte mit den üblichen Gewohnheiten. So passte sie nicht und konnte von der religiösen Kultur des Imperiums nicht verstanden werden. Sie war keine unmittelbare

Bedrohung, weil sie keinen Machtanspruch besaß. Sie war eine Bedrohung, weil sie die Grundprinzipien seiner Kultur untergrub. (G3, Vol. II. S. 401-07).

Darüber hinaus wurde ihre Haltung für „intolerant" gehalten. Ein Ägypter oder Syrer sah in Rom kein Hindernis, an den Festlichkeiten lokaler Götter teilzunehmen. Nicht so die Christen. Wie es Plinius der Jüngere eindeutlich beschrieb, der in der Zeit des Kaisers Trajan Prokonsul war: „Wie auch immer sie sich verhalten mögen, die unbeugsame Hartnäckigkeit der Christen verdient Bestrafung" (G3, Vol II, S. 407).

Dies war die erste Konfrontation zwischen Religion und Macht in der Geschichte des Christentums und der Menschheit. Das hing mit der Natur der Religion zusammen und nicht, dass diese irgendeine Art weltlicher Macht beansprucht hätte.

In keiner anderen großen Religion findet man eine so scharfe und saubere, überaus noble Trennung. Das Religiöse hat sein eigenes Reich und hat keinen irdischen Herrschaftsanspruch.

Deswegen ist es offensichtlich unverständlich und skandalös, dass diese Religion, deren Begründer so sehr die Macht abgelehnt hat und deren erste Anhänger nicht aus Gründen der Macht verfolgt wurden, in ihrer Ausformung als Katholische Kirche zu einer Institution geworden ist, die wahrscheinlich die meiste Macht in der ganzen Weltgeschichte ausgeübt hat. Ohne jeden Zweifel erlagen Geistliche, deren Auftrag es war, weiterhin die Botschaft Jesu zu predigen, wiederholt der Versuchung, der der Begründer widerstanden hatte. Mit der Zeit kamen die Päpste dazu, eigene Staaten zu bilden, gegründet auf unrechtmäßige – in allen Fällen grundlegend irrelevante – „Zuwendungen" in Form von großen Territorien der italienischen Halbinsel, die der Kaiser Konstantin machte.

Das Problem wurzelt in der Konvertierung dieses Kaisers zum Christentum. Als soeben Bekehrter war er an der Gesundheit der Kirche interessiert und gleichzeitig bestürzt über die Diskrepanzen, die es bei seinen Denkern gab bezüglich ein wenig dunklerer Aspekte der christlichen Mysterien, insbesondere was die Beziehung Christi zu Gott angeht. In den Evangelien und den Apostelbriefen ist die Rede von Christus als Sohn Gottes, als Logos – das Wort Gottes – und vom Heiligen Geist, der mit den beiden anderen eine Dreifaltigkeit bildet, die die christlichen Theologen versuchten, sich mit den Begriffen der Philosophie der Zeit zu erklären. Insbesondere Arius, ein Denker von großem Einfluss, ging davon aus, dass es diese drei göttlichen Äußerungen gibt, der Vater, der Sohn und der Heilige Geist, versuchte aber, einen strikten Monotheismus zu bewahren, den er bedroht sah. So lehrte er, dass Gottvater der einzige Gott sei und dass der Sohn, als Jesus von Nazareth verkörpert, eine Art Halbgott sei.

Er nahm an der Göttlichkeit des Vaters teil, war dessen ungeachtet als Erster aller Kreaturen vor aller Zeit erschaffen worden, existierte aber nicht seit aller Ewigkeit wie der Vater, der alleinige Gott.

Die Kontroverse nahm gewalttätige Formen an und drohte die Christenheit zu zerreißen. Sie hatte auch politische Wirkungen, weil einige Gruppen, insbesondere einige deutsche, die die Interpretation von Arius angenommen hatten. Der Kaiser beschloss, eine Einigkeit bei der Interpretation zu erzwingen und berief ein Konzil ein – das Erste ökumenische, das heißt universelle Konzil der Kirche – bei dem bestimmt werden sollte, welche der miteinander streitenden Interpretationen von der gesamten Kirche akzeptiert werden musste. Ihre Vertreter handelten als „Sekretäre" bei den Debatten, bei denen die Natur Christi so definiert wurde, wie es heute noch im Credo von Nizäa heißt, in dem bekräftigt wird, dass Christus „Gott von Gott, Licht von Licht, wahrer Gott vom wahren Gott" ist.

Daselbst entstand eine neue Organisation der Kirche. Sie folgte der institutionellen Struktur des Imperiums in Hauptstadtprovinzen mit ihren Bischöfen und regionaler Synoden, die die Bischöfe wählen sollten.

Der Kaiser hatte 313 in Mailand die uneingeschränkte Religionsfreiheit im Imperium ausgerufen, und bezog insbesondere die Freiheit des Christentums mit ein. Es war nicht offizielle Religion aber lag nahe am Herzen und den Interessen des Kaisers Konstantin.

Erst einige Jahre später unter dem spanischen Kaiser Theodosius wurde das Christentum zur offiziellen Religion des Imperiums erklärt. Dies geschah am Ende seiner Herrschaft im Jahre 392, als die Riten und die Darstellungen von Göttern verboten wurden. Dem römischen Senat wurde die Statue der Göttin Victoria Adveniens genommen. Es waren Verbote eingeführt, andere Religionen auszuüben. So kam es zum ersten Mal dazu, dass die Christen, ehemals Verfolgte jetzt selbst zu Verfolgern wurden und sich dabei auf die politische Legitimität stützten, die das Imperium ihnen verliehen hatte. Schon 385 wurde der spanische Häretiker Priscillian mit sechs seiner Gefährten in Trier zum Tode verurteilt.

DIE REICHSKIRCHE

Dennoch war es eine historischer Unfall, dass dem Christentum eine dermaßen verlockende Versuchung zur Macht angetragen wurde. Sie entstand nicht aus ihrer Lehre, sondern aus dem Machtvacuum, das in fast ganz Europa durch den Verfall des Römischen Reiches entstanden war. In der Tat, unter den Angriffen der germanischen, barbarischen Vandalen, Langobarden und Goten zerfiel die gesamte gesellschaftliche Struktur des Imperiums. Nach dem Tod des Kaisers Theodorius, der ein Friedensabkommen mit den Barbaren unterzeichnet hatte, folgte sein Sohn Honorius, der wenig erfahren und willens war, die Waffen zu gebrauchen. Die Goten, angeführt von Alarich und anfänglich an der Donau zurückgehalten, fielen im Imperium ein wie eine nicht aufzuhaltende Flut. Im 5. Jh. schließlich eroberten die Goten Rom. Die Hunnen besetzten ganz Europa. Eins der bedeutendsten Merkmale des römischen Imperiums war die Einführung von Rechtsprinzipien, die uns heute noch leiten. Das römische Recht, das *ius gentium*, war auf alle Völker innerhalb der Grenzen des Imperiums anzuwenden. Es gab ihm Stabilität und Gesittung, während die Soldaten Schutz gewährten und die Verwaltung den Tribut verlangte, um das Imperium funktionsfähig zu erhalten.

Als der abendländische Teil mit dem Gravitationszentrum Rom zerfiel, blieb ganz Europa im Zustand totaler Anarchie übrig. Die Barbaren hatten kein weiters Rechtsempfinden als das, welches sich als zufälliges Ergebnis nach einer entsetzlichen Proben zeigte. So wurde zum Beispiel ein Mann, der wegen eines Verbrechens angeklagt war, der Wasserprobe unterzogen. Er musste seine Hand in ein Gefäß mit kochendem Wasser eintauchen und vom Boden einen Stein herausholen. Danach wurde ihm die Hand verbunden. Nach drei Tagen wurde der Verband abgenommen, und wenn die Wunde im Heilungsprozess war, wurde angenommen, dass er unschuldig war, weil es so die Götter durch die Natur proklamiert hatten (W7, S. 11).

Die Kirche und ihre Institutionen bildeten eine einzige schwache Struktur, um Ordnung ins Chaos zu bringen, in die brudermörderischen Kämpfe derer, die wir heute „Häuptlinge" nennen würden und die mit der Zeit zu Feudalherrschern wurden. Hierbei hatte die Kirche eine Doppelfunktion: Zunächst das Vacuum mit Ordnung, Gesetzen und kulturellen Institutionen füllen; zum Anderen ihre Grundaufgabe erfüllen, nämlich die Lehre des Evangeliums und der Bergpredigt bei den Völkern einzuführen, die, wie Christopher Dawson sagt „das Töten für die ehrenhafteste Beschäftigung und Rache für das Synonym von Gerechtigkeit hält" (W7, S. 11).

Dies groben und starken Männer bekehrten sich nach und nach zum Christentum. Wie es mit allen Völkern geschah, nahmen sie anfänglich die neuen Konzepte in ihre alten Kategorien auf, bis sie so heranreiften, dass sie ihren ursprünglichen religiösen Sinn erhielten. So ist es z. B. bemerkenswert, wie bei den barbarischen Völkern die ersten Christusfiguren mit dem Kriegsbeil *(scaramax)* der Franken und mit Lanze und Schwert gestaltet wurden. Er zeigt seine Männlichkeit mit einem großen Phallus, der zwischen seinen Beinen hängt. Das ist Jesus in seiner Version als Krieger, wie er unter anderen Orten auf einem christlichen Grab in Grésin (Frankreich) zu sehen ist (M10, S. 88).

Die großen Benediktinerklöster, die auf einen großen Teil des Imperiums angesiedelt waren, wurden ab dem 5. Jh. zu Zentren der Zivilisation und Kultur. Auf deutschem Territorium leuchteten mit starkem Licht und errichteten unter anderen die großen Klöster von Sankt Gallen (heute in der Schweiz), von Reichenau und Tegernsee. In Irland waren die Klöster Wiege der Missionierung der barbarischen Völker. Der irländische Mönch Columbanus ging auf den Kontinent und gründete bemerkenswerte Klöster. Um einige von diesen herum entstanden Städte, die heute noch mit ihren alten Namen existieren: Auxerre, Lüttich, Regensburg, Salzburg und Wien. Ein weiterer unter den großen Irländern, die auf dem europäischen Kontinent die heidnischen Horden missionierten und Grundlagen schafften, auf denen ihr Werk weitergeführt werden konnte, war Bonifatius. In Deutschland bekehrte er viele „Stammesführer". Seitdem wird er als „Apostel Deutschlands" bekannt gemacht. Sein Aktionszentrum lag in Fulda, wo er ein mächtiges Kloster gründete. Der Einfluss dieser Institution war im vollständigen Vacuum einer zivilen Ordnung so groß, dass die Äbte des Klosters nicht mehr nur Klostervorsteher waren, sondern weltliche Fürsten. Aus diesem Grund treffen wir auf Titel, die heute unpassend erscheinen, die aber über viele Jahre die Wirklichkeit abbildeten: der Fürst, Abt von Fulda, den es bis zum 19. Jh. gab, als der Besitz der Kirche zur Zeit Napoleons säkularisiert wurde. Deswegen begegnen wir den Fürsten, den Erzbischöfen von Mainz, ebenfalls von Bonifatius gegründet, von Trier und von Köln.

Der deutsche Kaiser Otto III. beschwor Gerbert, einen bekannten Mönch jener Zeit – der spätere Papst Sylvester II. (999-1003) – er möge ihm beim Regieren helfen und sagte: „Ich bin sehr unwissend und meine Erziehung war nicht gut. Kommen sie und helfen sie mir. Korrigieren sie, was ich falsch gemacht habe und machen sie mich darauf aufmerksam, wie ich das Reich gut regieren kann" (W7, S. 23). Von diesem Bedürfnis der Regierenden und der Fähigkeit der Kirche kam es dazu, dass diese de facto immer mehr Macht ausübte, wenn auch am Anfang nicht die gesetzliche.

Das Eingreifen der Päpste bei der Ernennung des Kaiser fand manch dramatisches und sogar makabres Ende. Der Papst Formosus (891-896) hatte dem Herzog Wido von Spoleto die Kaiserkrone aufgesetzt, in einem Ort in der Nähe von Rom. Davon angespornt begannen dessen Anhänger, ihre Macht in Rom auf eine solche Weise zu missbrauchen, dass der Papst ihn wieder absetzte und an seiner Stelle den König Arnulf aus karolingischer Familie einsetzte. Kurze Zeit darauf starb der Papst. Sein Nachfolger Stephan VI. wurde unter dem Einfluss und der Bedrohung durch das Hause Spoleto gewählt. Der neue Papst gab den Auftrag, den Leichnam seines Vorgängers zu exhumieren. Er ließ den Leichnam in der Basilika vom Hl. Johannes von Letran auf den Papstthron setzen, vor allen Kardinälen und dem Geschrei der Anhänger von Spoleto, entriss ihm das Papstgewand und erlaubte der Menge, ihn auf dem Boden gegenüber des Hauptaltars liegend zu zertreten. Von dort nahmen sie den Leichnam und warfen ihn in den Tiber. Diese war wahrscheinlich die unglücklichste Episode, an der man die Päpste beteiligt gesehen hat. Nach der Chronik der Zeit war dies der barbarischste Akt, den sich je jemand vorstellen konnte. Es handelte sich um Kämpfe um die irdische Macht inmitten einer spröden und rohen Kultur, die weit entfernt von der Lehre war, die die Kirche zu predigen vorgab (G2, S. 19).

Viel Päpste, viele Kardinäle und noch mehr Bischöfe erlagen der Versuchung der Macht, der zu widerstehen das Beispiel Christi hätte helfen können. Bonifaz VIII. war edel in seinem fast unverschämten und unchristlichen Aufruf, dass die Könige regieren sollten *ad nutum et patientiam sacerdotis*, ein Ausdruck, den man übersetzen kann mit „die Könige regieren mit dem Wohlwollen und der Tolerierung des Priesters". Dies war keine hochmütige, kirchliche Anwandlung, sondern diese Worte befinden sich in der bekannten Bulle „Unam Sanctam" vom 18. November 1302. Mehr noch, dieser Ausdruck stammt aus dem Korollarium der These von den zwei Schwertern: „Es gibt zwei Schwerter, das spirituelle und das zeitliche [...] beide sind der Befugnis der Kirche unterworfen [...] das materielle Schwert muss zugunsten der Kirche eingesetzt werden, das spirituelle Schwert wird unmittelbar von der Kirche genutzt (E4, S. 219). Sicherlich wurde dieser Bulle für die genannte Theorie ein Zitat des hl. Paulus im Korintherbrief zugrunde gelegt, in dem er von der Weisheit spricht, die der Mensch vom Geist Gottes erhält und sagt: „Der spirituelle Mensch kann alles selbst beurteilen, und er selbst ist dem Urteil von niemandem unterworfen" (1 Kor. 2. 15). Es ist eindeutig, dass die Stützung auf dieses Zitat missbräuchlich ist, denn es spricht nicht vom Apostel des spirituellen Menschen, insofern er Mitglied des Klerus ist, sondern vom Menschen, der angefüllt von göttlicher Weisheit ist.

Es ist außergewöhnlich, dass, obwohl die Kirchenführer oft der Verführung der Macht erlagen und sich diese durch eine unkorrekte Interpretation der Schrift aneigneten, für den Corpus der Kirche bestehend aus allen Gläubigen und natürlich auch aus den Regierenden feststand, dass dies ein rein politisches Ansinnen war, das keinesfalls das Fundament des religiösen Glaubens beeinflusste. Ein genau umgekehrter Fall war der Papst Bonifaz VIII. selbst, der Verkünder der Theorie der „Zwei Schwerter". Dieser erhielt, und man weiß nicht, ob tatsächlich oder symbolisch, eine Ohrfeige vom französischen König Philipp I., genannt der Schöne, als er sich in seiner Residenz in Anagni in der Nähe von Rom aufhielt. Der König schickte dem Papst eine Botschaft, in der er ihn als korrupte Person beschimpfte. Die Anweisung war, den Papst mit einem beleidigenden Schlag ins Gesicht öffentlich vorzuführen. Der König schrieb einen offenen Brief an den Papst, in dem er schreibt: „Philipp an Bonifaz [...] ich will dich nicht grüßen [...] deine Dummheit müsste verstehen, dass ich irdischen Fragen niemandem unterworfen bin [...] die anderes denken, sind dumm" (G2, S. 106).

DER KAMPF ZWISCHEN RELIGION UND STAAT

In keiner Religion außer dem Christentum ist es möglich, das Problem eines Machtkampfes zwischen dem Religiösen und dem Staatlichen zu begreifen. Machtkämpfe hat es immer gegeben und wird es weiterhin geben. Machtkämpfe jedoch zwischen den beiden Schwertern, um den Ausdruck von Bonifaz VIII. zu benutzen, kann es nur in einer Religion geben, in der unter den beiden Gewalten klar unterschieden wird, auch wenn eine der beiden Gewalten in einer Zeit der Überlegenheit gewann und nicht immer von der gesamten Anhängerschaft akzeptiert wurde. Diese Religion ist das Christentum. Paradoxerweise sind es gerade diese Kämpfe im Innern der christlichen Konzeption, die von einer Spiritualität kunden, die unabhängig von der Welt ist und nichts weiter will, als die Erlösung zu verkünden.

Wegen des Machtvakuums, das nach dem Zerfall des römischen Imperiums entstanden war, erfüllte die Kirche viele nicht religiöse Funktionen. So kamen die Bischöfe und Äbte zu einer Machtfülle, ohne dass sie sie den vorherigen Machtinhabern zum eigenen Vorteil hätten entreißen müssen.

Auf diese Weise richtete die Kirche weltliche Institutionen in Europa ein, und es entstand eine Art Symbiose. An einigen Orten schlug das Pendel zur entgegengesetzten Seite aus. Die weltlichen fest installierten Mächte begannen, ihre Macht zu benutzen, um Bischöfe und Äbte zu ernennen oder zumindest bei ihrer Ernennung ein Veto einzulegen. Im Gegensatz zur verbreiteten Meinung ging der Machtkampf zwischen der Kirche und der weltlichen Macht im Europa des Mittelalters nicht von der Kirche aus. Die Kirche wandelte sich im Laufe mehrerer Jahrhunderte zur tatsächlichen Macht in der ursprünglichen mittelalterlichen Gesellschaft. In dem Masse jedoch, in dem die Regime der Könige und großer Herren heranreiften, begannen viele, die Oberhand über die spirituelle Macht zu wollen. Bemerkenswert war der Fall des Frankenkönigs Karls des Großen. In einem Brief an den Papst Leo III. (795-816) erklärte er ganz eindeutig seine Theorie: „Unsere Aufgabe ist es, die heilige Kirche gegen die äußere Bedrohung durch die Häretiker und Heiden zu verteidigen, und innerlich ist es unsere Verpflichtung, die Bevölkerung im wahren Glauben zu festigen. Dagegen ist es Eure Verantwortung, Heiliger Vater, Eure Arme zum Himmel zu erheben wie Moses, um Gott um den Sieg zu bitten [...] und dass der Name von Jesus Christus, unserem Herrn, in der ganzen Welt verherrlicht werde" (G2, S. 51-52). Das heißt, dass Karl der Große beide Mächte an sich riss, die zeitliche und die spirituelle und dem Papst die Aufgabe des Betens überließ. Zu Weihnachten des Jahres 800 krönte der Papst in Rom Karl den Großen zum Kaiser des „neuen" Römischen Reiches.

Es waren die weltlichen Mächte, die versuchten, Einfluss auf die kirchlichen Autoritäten zu nehmen insbesondere im Investiturstreit. In einigen Fällen wie dem Englands führte diese königliche Einflussnahme auf kirchliche Angelegenheiten zu einem juristischen Begriff im Clarendon-Code. Die Weigerung, ihm zu folgen, war der Grund für die Ermordung von Thomas Becket, dem früheren Freund des Königs, Kanzler des Königreiches und schließlich Erzbischof von Canterbury, Primas von England.

Die Situation verschlimmerte sich in einigen Fällen sehr. 1046 berief Heinrich III. auf dem Weg nach Rom zu seiner Krönung das Konzil von Sutri ein, die auf seinen Wunsch den Papst Gregor VI. wegen Korruption absetzte. An seiner Stelle setzte er einen deutschen Bischof als neuen Papst ein – den „Gegenpapst" in den Annalen der Kirche – der den Namen Klemens II. annahm (1046-47). Die Kontroversen gingen weiter und nahmen teilweise gewalttätige Formen an. Die dramatischste Episode in diesem Kampf war die Konfrontation des Papstes Gregor VII. (1073-85) mit dem Kaiser Heinrich IV.. Der Papst Gregor hatte einen Reformprozess der Kirche initiiert und eine gewisse Ordnung im Leben erzwungen, das beim Klerus häufig undiszipliniert verlief. Er verbot die Simonie, die darin bestand, kirchliche Ehre gegen Geldzahlungen zu erwerben, er stützte das priesterliche Zölibat und verminderte die Kompetenzen der säkulären Macht. Der Reformprozess steigerte sich in Mailand bis zur Gewalttätigkeit, bei der die Gruppe der Patarener in Konnivenz mit den politischen Mächten sich entschieden gegen den etablierten Klerus stellte. Der Fall stieg hoch und 1076 verweigerten die deutschen Bischöfe, vom Kaiser angestiftet, dem Papst den Gehorsam. Dieser antwortete in voller Härte und exkommunizierte den Kaiser selbst als Anstifter des Ungehorsams. Dieser musste schließlich nachgeben und als demütiger Christ außerhalb der Festung von Canossa warten, wo sich der Papst aufhielt, um sich zu unterwerfen und um Vergebung zu bitten. Dies war nicht das Ende der Uneinigkeit, denn der Papst setzte Heinrich ab und ernannte den Herzog Rudolf von Schwaben an seiner Stelle zum Kaiser. Seinerseits schritt der abgesetzte Kaiser zum Gegenangriff und setzte den Papst ab, um ihn durch den Erzbischof Wibert von Ravenna zu ersetzen.

Das sehr facettenreiche Problem kristallisierte zu einem grundlegenden Aspekt, die Investituren. Kaiser und Könige hatten die Macht, Bischöfe zu ernennen und übergaben ihnen Bischofsstab und Mitra, Insignien ihres Amtes. Die Päpste forderten dieses Recht für die kirchliche Autorität. Erst 1122 wurde unter Papst Paschalis II. das Wormser Konkordat besiegelt, durch das die Kaiser auf ihr Recht verzichten mussten, den Bischöfen die Macht zu übertragen, auch wenn sie gleichzeitig geringere Rechte auf den Besitz der Kirche erhielten (M10, S. 199-203).

Die unsanften Kontroversen zwischen Päpsten und Kaisern waren von einem solchen Ausmaß, dass es noch 50 Jahre nach der Regentschaft Gregors VII. Gegenpäpste gab, die durch den Einfluss der irdischen Macht ernannt wurden.

Die Reformen dieser Zeit bezogen sich nicht nur auf die Beziehung mit der säkulären Macht, die so vom ersten Laterankonzil 1123 eingerichtet worden war, das jeden kirchlichen Würdenträger seines Amtes enthob, der nicht legal von der kirchlichen Autorität eingesetzt worden wäre, sondern es ging manchem Übel innerhalb der Kirche an die Wurzel. In demselben Jahr 1123 zwang man alle Priester, Diakone und Subdiakone zum Zölibat und mit harten Strafen versuchte man, die Kirche von der Korruption der Simonie zu reinigen. Damit gelang es, die Position der kirchlichen Hierarchie zu, insbesondere die von Rom zu festigen nach fast einem Jahrhundert ausgiebiger Kontroversen, die drohten, ihre Einheit zu zerstören (E4, S. 175).

Die problematische Beziehung der beiden Mächte hatte damit kein Ende. Zu Zeiten Friedrich Barbarossas (1152-1190) bedrohte das Deutsche Kaiserreich den Heiligen Stuhl und kräftigte die kaiserlichen Rechte über die deutsche Kirche. Sein Nachfolger, der Kaiser Heinrich VI. vereinigte Sizilien mit dem Reich und bekam damit großen Einfluss auf viele italienische Städte, wodurch die politische Macht der Päpste zu strangulieren drohte und auf diese Weise die Kontrolle über die Kirche im ganzen Imperium wieder zu erlangen. Seinem Tod folgte eine frische und kraftvolle Reaktion der Kirche in der Person des neuen Papstes, der mit dem Namen Innozenz III. gewählt wurde (M10, S. 206-10).

Innozenz III. (1198-1216) verkörpert den Gipfel der Macht und die Brillanz der Kirche im Mittelalter. Er klärte und regelte einen Großteil der religiösen Praxis der Riten und der Sakramente der Kirche. Er war der wahre Schöpfer der Kirchenstaaten, die fast unverändert bis zum 19. Jh. andauerten. Er festigte die Position des Papstes als obersten Lehnsherrn, als dieser die Unterordnung des englischen Königs 1214 erreichte. Auf diese Weise etablierte sich der Heilige Stuhl als Bestandteil des feudalen Systems, das die Macht des mittelalterlichen Europa strukturierte. Der Papst wurde nicht selbst zum Lehnsherrn aller Könige, jedoch von einigen, und war damit Bestandteil des politischen Systems. Allerdings hatte er auch die

Unterstützung der Bettlerorden der Franziskaner und Dominikaner, die zu der Zeit gegründet wurden. In dem Sinne festigte er die tief religiösen Eigenschaften der Kirche und förderte eine Bewegung der Menschlichkeit und Gläubigkeit, die einen so sehr großen Einfluss in der Zukunft haben sollte. Das Bild, das Giotto malte, ist wunderschön und höchst symbolisch, das man in der Basilika von Assisi findet. Dort sieht man Franz, den *poverello*, wie er Innozenz um die Bestätigung seines Ordens bittet. Der Schandfleck seines Pontifikats muss man jedoch vor allem in der Einrichtung der Inquisition sehen, die eine Antwort auf die Häresie der Katharer im Süden Frankreichs war.

DER KEIM DER DEMOKRATIE

Bei diesem Prozess entstand die Basis für das Wechselspiel der Macht, das der Demokratie zum Ursprung verhalf.

Die Geschichte von den Guelfen und Ghibellinen, Anhänger jeweils der Päpste und Kaiser veranschaulicht die Tatsache, dass auf christlicher Seite, die Unterscheidung von religiöser und politischer Macht trotz der Bestrebung, die irdische Macht zu unterwerfen, unmissverständlich beibehalten wurde. Darüber hinaus war der Anspruch, Inhaberin der ganzen Macht zu sein, der Faktor, der eine sehr interessante Dynamik im mittelalterlichen Europa erzeugte und wie ein Labor wirkte, in dem die Elemente entstanden, die zur Demokratie führen sollten. Die Dynamik bestand im zyklisch wiederkehrenden des Konfrontationskampfes zwischen dem Papst und dem Kaiser des Heiligen Römischen Reiches Deutscher Nation, der von Weihnachten des Jahres 800 an mit seiner Krönung als säkulärer Führer der Christenheit anerkannt wurde.

In diesem Zusammenhang erschien Dantes Geschichte und die der *Göttlichen Komödie* interessant. Dante selbst war ein wichtiger Protagonist im Kampf zwischen den beiden Mächten, die die Rivalitäten zwischen den italienischen Städten wie Florenz, Pisa, Siena und Lucca beeinflussten. Dante wurde zum Tode verurteilt und von Florenz verstoßen starb er allein gelassen in der Stadt Ravenna, die bis heute seine sterblichen Überreste nicht an seine Geburtsstadt Florenz übergeben wollte. In seiner *Göttlichen Komödie,* ein literarisches Meisterwerk, das schon die Renaissance beleuchtete, und das das grandiose Monument des christlichen Denkens im Mittelalter darstellt, verdammt Dante selbst in beispielloser Weise verschiedene Päpste zu Feuerqualen der Hölle. Es wäre heute undenkbar, dass ein Christ es wagen würde, einen Papst zur Hölle zu verdammen. Im grandiosen Epos des mittelalterlichen Christentums und zu Zeiten größten Ruhmes des Papsttums schickt Dante verschiedene Päpste im 19. Gesang zur Hölle. Bonifaz VIII – grober und autoritärer Theokrat – verurteilte er zu der Qual, dass ihm ewig die Füße brennen sollten. Ähnlich mit Nikolaus III. (1277-1280) und mit Clemens V. (1305-1314) wegen Simonie und Vetternwirtschaft. Dies ist ein klarer Beweis dafür, dass trotz der Aneignung der politischen Macht durch viele Kirchenfürsten, dies nie als Teil der christlichen Botschaft anerkannt wurde. In der ganzen Turbulenz des Kampfes um die Macht blieb die Botschaft Christi, dem Kaiser was des Kaisers und Gott was Gottes zu geben, wenn nicht makellos so doch wenigstens eindeutig. Die Päpste hatten sich teilweise zu kleinen Cäsaren der Kirchenstaaten gewandelt. Als solche musste man sie mit den gleichen Kriterien und Paradigmen ansehen, wie die übrigen Fürsten dieser Welt. Wer in der Praxis diese Unterscheidung machen kann, erhält die Leuchtkraft der wesentlichen Botschaft aufrecht, dass die irdische Macht eine Versuchung ist, vom Standpunkt desjenigen, der eine spirituelle Botschaft der Erlösung anbietet. Es war auch Dante, der als politischer Schriftsteller in seinem Werk „De Monarchia" klar die Unterscheidung zwischen den beiden Mächten macht, der zeitlichen und spirituellen, die voneinander unabhängig sind. Damit folgte er der Lehre von vielen Denkern, nicht aber der Praxis von vielen Päpsten und Königen.

Darüber hinaus hatte diese Dynamik die äußerst bedeutende und wunderbare Konsequenz, die Grundlage für das Entstehen einer Demokratie zu legen. Niemals konnte eine gesellschaftliche und politische Demokratie innerhalb einer Struktur absoluter Macht aufgebaut werden, sei es von strikt politischem oder religiösem Charakter.

DIE HEILIGE KOMPLIZENSCHAFT

Die Geschichte der Katharer ist ein weiterer Schandfleck für die Kirche wegen der Art, wie man versucht hat, diese Häresie zu beseitigen. Wahrscheinlich ist dies der sehr typische und bemerkenswerteste Fall eines Politikers, der die Religion als hilfreiches Instrument benutzt.

Die Katharerbewegung hatte viele Facetten. Auf der einen Seite war sie der Aufruf, die Kirche zu reinigen, die ihrer Meinung nach die bescheidene Botschaft Christi verlassen und sich zu einer reichen und hochmütigen Institution gewandelt hatte. Viele andere sagten dasselbe, wenn auch nicht auf so schrille Art. Insbesondere verkündeten die Franziskaner eine ähnliche Botschaft innerhalb der Kirche selbst. Außer diesem Aufruf schufen die Katharer eine Lehre, die die kirchliche Autorität zurecht als Häresie verurteilen konnte. In der Tat behaupteten sie anknüpfend an den früheren Gnostizismus und Manichäismus, dass alles Materielle und Körperliche vom Prinzip des Bösen stamme und das einzig Annehmbare das Spirituelle sei. Aus diesem Grund erhielten sie ihren Namen, „katharós" das griechische Wort für „rein" oder „sauber". Es war pervers zu heiraten und Kinder zu haben, da dieses bedeutete, Materie zu schaffen, die per definitionem schlecht war. Da aber die Fortdauer der Bewegung praktisch unmöglich war, wenn ihre Mitglieder sich von der Fortpflanzung enthielten, konnten ihre Anhänger eine Familie gründen. Wenn der Moment gekommen war, in dem jemand dachte, das sein Lebensende nahte, erhielt er eine Art von „Taufe", die ihn reinigte und für die Erlösung würdig machte. Es gab eine Gruppe von Führern, den „perfekten", die sich von Anfang an „rein" von jedweder sexuellen Aktivität hielten. Mittels einer Handauflegung während einer Zeremonie des *consolamentum* konnte man nach der Vorbereitung von vielen Jahren der Entsagung den Grad des „Perfekten" erlangen.

Die Katharer wurden aus dem angeworben, was wir heute den mittelalterlichen Mittelstand nennen würden. Dieser bestand aus Handwerkern und Ärzten und hatten somit einerseits eine höhere Bildung als der Rest der Gesellschaft und andererseits eine Haltung, die wir professionell und verantwortungsbewusst bei der Arbeit nennen könnten. Aus diesem Grund verkörperten sie eine einflussreiche und bedeutende Gruppe in der Gesellschaft. Im Inneren folgten sie egalitären Tugenden, ein Verhalten, das wir heutzutage „demokratisch" nennen könnten.

Ein anderer wichtiger Aspekt war, dass diese Bewegung in Albi ihren Anfang nahm, weswegen sie auch „Albigenser" genannt wurde. Albi in der Nähe von Carcassonne hing von der Grafschaft Toulouse ab und gehörte nicht zum Königreich Frankreich. Der König war bereit, jede Gelegenheit zu nutzen, um seinen Herrschaftsbereich zu vergrößern. Die Grafschaft Toulouse umfasste große Teile dessen, was wir heutzutage das Languedoc nennen, d. h. die Region, in der die „Langue d'Oc" gesprochen wird, eine Variante des Französischen, die dem Katalanischen ähnelt und die eine sehr attraktive Frucht für einen König war, der seinen Herrschaftsbereich erweitern wollte. Und das machte er.

Um die Häresie zu beenden, ernannte der Papst Innozenz III. im Jahr 1208 einen päpstlichen Legaten, der mit dem Herzog von Toulouse, Raimund VI. verhandeln sollte, damit er die Unterstützung der Katharer beendete. Am Tag nach einer harten Auseinandersetzung zwischen dem päpstlichen Legaten und dem Grafen, die mit dessen Unterwerfung unter das Diktat des Papstes endete, wurde der Legat von einem mysteriösen Reiter ermordet, der flüchtete. Dies war der Grund, der den Papst veranlasste, einen Kreuzzug gegen die Albigenser Häretiker auszurufen, der zur großen Gelegenheit für den französischen König wurde, seinen Herrschaftsbereich auszuweiten.

Die Katharer hatten weitgehende Unterstützung von vielen Fürsten des Languedoc und speziell vom Herzog von Toulouse und des Vicomte von Carcassonne erhalten. Fürsten vieler Schlösser boten den Häretikern Unterschlupf.

Der Kreuzzug, bei dem sich die Armeen des französischen Königs in bedeutender Weise einmischten, begann mit der blutigen Besetzung der Festung von Béziers. Als die Kreuzfahrer ankamen, gab es dort eine große Menschenmenge, die dorthin geflüchtet war, unter denen nicht nur Katharer waren, sondern auch andere Christen und Juden. Es wurde der Befehl gegeben, sie zu exterminieren. Einer der Offiziere erklärte den Führern, dass nicht alle Katharer waren. Der Befehlshaber befahl: „Tötet alle, Gott möge die Guten retten".

Der Graf von Toulouse wurde abgesetzt, und es musste sein Nachfolger bestimmt werden. Man fand ihn in der Person von Simon de Montfort, ein großer franko-englischer Adeliger, der ein Verbündeter der französischen Königs war. Der neue Graf erwies dem König seine Referenz, und damit wurde die Provence im feudalen Sinn Teil des französischen Königreiches.

Die Katharer wurden aus allen ihren Städten verdrängt. Sie suchten jedes Mal Zuflucht in unzugänglichen Festungen und Burgen. Die letzten vier, von denen aus sie sich in den Ausläufern der Pyrenäen verteidigten, waren Festungen, die praktisch uneinnehmbar waren. Auch heute noch erheben sich die Ruinen der Burg von Peyrepertuse auf riesigen Felswänden, als wenn sie Teil davon wären. Eine jede der Burgen wurde zerstört und erobert. Der letzte Zufluchtsort der Katharer war die Burg Montségur, die einen hohen Berg krönt. Bis dahin kamen die Kreuzfahrer und metzelten die restlichen Häretiker nieder. Um die Wurzel der hartnäckigen Häresie auszureißen, wurde zum ersten Mal die Inquisition als ein Gericht eingesetzt, um über die Reinheit des Glaubens der Angeklagten zu befinden, die sich ihr zu stellen hatten. Die ersten Urteile wurden in der eroberten Stadt Carcassonne gesprochen. Die Dominikaner selbst waren, unter dem Kommando ihres Gründers, des hl. Dominikus, die Richter über die Reinheit des Glaubens. Dieser Orden sollte für viele Jahrhunderte Autorität über die Inquisition besitzen, zu der auch die des grausam berühmten Torquemada gehört.

So war die Geschichte der Katharer. Die katholische Kirche zeigte ein Höchstmaß an Intoleranz während der mächtigsten Regentschaft aller Päpste der Geschichte, Papst Innozenz III. Der König von Frankreich benutzte die Religion als ein nützliches Instrument, nach dem Satz von Gibbon, um seinen feudalen Herrschaftsbereich zu erweitern. (S6, passim).

DIE RELIGION ALS INSTRUMENT DER HERRSCHAFT

Die gesellschaftliche Kraft der Religion ist so stark – welche es auch immer sei –, dass sich häufig ein fühlbarer und zynischer Gebrauch zeigt, um Gewohnheiten zu erzwingen oder zu erhalten, die nicht aus der Lehre einer bestimmten Religion kommen, sondern aus der Kultur, in die sie sich niedergelassen hat.

Ein sehr klarer Fall ist die eiserne Disziplin der Trennung der Geschlechter, die in muslimischen Ländern üblich ist, insbesondere in Saudi Arabien. Dieses Land ist der Hüter und Bewacher der heiligsten Orte des Islam und der Wiege des Propheten. Zur selben Zeit wurde es beherrscht durch das Bündnis der Dynastie Al Saud und deren fundamentalistischen Version des Islam, den Wahhabiten. In ihrer strikt islamischen Disziplin gehen sie weit über die grundlegenden Prinzipien und Werte hinaus, die man im Koran und im Leben des Propheten findet. Vielmehr versuchen sie, die beduinischen Gewohnheiten zu bewahren, was die angebliche Ehre der Männer betrifft, ihre Frauen unbeschädigt und von anderen Männern nicht begehrt zu erhalten.

Die strikte Trennung der Geschlechter ist nicht religiös. Der Islam ist viel großzügiger im Umgang mit den Frauen. Die heutige Interpretation aber bringt eine regelrechte gesellschaftliche Sklaverei der Frau mit sich, die vor kurzer Zeit so eben das Recht erworben hat, ihre eigene persönliche Identität haben zu können. Sie kann sich in Situationen des gesellschaftlichen Zusammenlebens unter keinen Umständen mit Männern zusammen sein, die nicht zu ihrer Familie gehören.

Praktisch in keinem strikt muslimischen Land leben die Geschlechter zusammen. Die Cafés sind für Männer und Frauen kommen verschleiert dazu und getrennt von ihnen halten sie sich in anderen Räumen auf. In Abwesenheit der Frauen sind sie anfällig für eine einfache Homosexualität, die der Gefangenen oder Matrosen, die sich lange Zeit weiblicher Gegenwart beraubt sehen. Überall sieht man Männer, die sich an der Hand halten, wie man es in anderen Kulturen bei den jungen Leuten sieht, wenn beide Geschlechter sich verbinden.

Die Religion wird in einem missbräuchlichen Sinn interpretiert, um die Frau uralten Gewohnheiten zu unterwerfen. Es ist interessant, dass kürzlich Frauengruppen in einigen islamischen Ländern versucht haben, ihren Befreiungsprozess in keinerlei Modernität zu begründen, die aus dem Westen kommt, sondern aus den Prinzipien des Islam selbst und der Lehre des Propheten, der den Frauen viel mehr Rechte bezüglich des Erbrechtes und ihres eigenen Besitzes zugestand als traditionell üblich (B7, S. 178-9).[37]

---

[37] Dieses Thema ist im Kapitel über den Islam in diesem Werk nachzulesen.

Man benutzt also die Religion als Machtinstrument über die Gesellschaft und insbesondere als ein spezielles Schema für die gesellschaftliche Organisation. Die religiöse Polizei in Saudi Arabien ist nichts weiter als ein ungeheuerlicher Fall von Pervertiertheit. Vielleicht ereignete sich der perverseste Fall im Jahr 2002 in der sakrosankten Stadt Mekka, als eine der wenigen Mädchenschulen in Flammen stand. Die vorbeigehenden Nachbarn versuchte auf der Stelle, bei der Feuerlöschung zu helfen und brachten Eimer mit Wasser und bildeten eine Kette, um dies zu tun. Auch die Feuerwehr kam. Sie versuchte, in das Gebäude einzudringen. Als sie dabei waren, schaltete sich die religiöse Polizei ein und verbat jegliche Hilfe, weil Männer nicht in ein Gebäude eintreten konnten, das von Frauen bewohnt war. Auf diese unerhört dumme Art starben 15 Mädchen aus den besten Familien Arabiens in den Flammen.

DEMOKRATIE UND INTOLERANZ

Ein der religiösen Polizei sehr ähnliches Phänomen gab es im Christentum bei den Calvinisten von Genf. Wie man in diesem Werk nachlesen kann, als von der protestantischen Reformation in ihrer härtesten – und erfolgreichsten – Version, dem Calvinismus, die Rede war, war die moralische Rechtschaffenheit bei den Mitgliedern der Gemeinschaft so fordernd, dass die älteren Bürger, die für die guten Sitten zuständig waren, Hausbesuche machen konnten, um zu kontrollieren, ob das ganze Leben sich nach den vorgegeben Regeln abspielte.

Der Calvinismus hatte in seinem Dogmas eine ungeheure Neigung, für die Gemeinschaft annehmbare Verhaltensweisen zu erzwingen. Die moralische Lebensweise war für den Calvinismus keineswegs persönlicher Verdienst – sicherlich von der Gnade Gottes unterstützt –, durch den er schließlich die Belohnung des Himmels verdient hätte. Das moralische Verhalten war das Zeichen, dass sie von Gott noch vor der Schöpfung der Welten auserwählt worden waren, um erlöst zu werden.

Der Calvinismus erzeugte darüber hinaus eine Organisationsstruktur, die das hierarchische System des Katholizismus, der Orthodoxen Kirche und des Anglikanismus und bis zu einem gewissen Grad auch des Luthertums ablehnte. Die Gemeinschaft der Gläubigen bestand aus denen, die für die Erlösung vorgesehen waren. Jedes abweichende Verhalten seiner Mitglieder bedeutete daher eine Bedrohung für alle Auserwählten. Als ob es notwendig gewesen wäre, ein noch forderndes System einzurichten als das, was die römische Inquisition ausmachte. Man konnte keinen moralischen Fehler erlauben, ohne die Erlösung der ganzen Gemeinschaft der Auserwählten zu riskieren.

Während der Regentschaft der Königin Elizabeth festigte sich der Anglikanismus. Die abtrünnige religiöse Bewegung calvinistischer Inspiration jedoch vergrößerte auch ihren Einfluss. Diese wurde von den Puritanern gebildet, die ihren Ursprung in Schottland hatten. „Englischere" Zweige waren die „Kongregationalisten" und die „Methodisten", die als „demokratische Kirchen" am Rand der anglikanischen Bewegung standen, die ihre bischöfliche Hierarchie und ihre fast katholische Liturgie beibehielten. John Wesley war der hauptsächliche Förderer des Methodismus, der von seinen Kritikern so genannt wurde, weil sie so methodisch ein enthaltsames Leben führten, das vom Calvinismus beeinflusst wurde.

Diese religiösen Tendenzen, die einen republikanischen Keim in sich trugen, unterstützten die Rebellion von Oliver Cromwell (1599-1658), ein glaubensfanatischer General, der ein Heer von treuen Gläubigen organisierte, König Karl I. 1649 fesselte und schließlich köpfen ließ. Seine Regentschaft war ein Terrorregime. Er vernahm Gottes Wort in seinem Gewissen und war ein republikanischer Diktator, der mehr Macht als jeder andere König besaß. Er wollte die Eigenheiten des englischen Parlamentes ändern und ernannte selbst ein neues „Parlament der Heiligen", das jedoch unwirksam war. Das war das letzte Mal, dass unter dem Deckmantel eines reformierten Calvinismus in Europa versucht wurde, ein staatliches System zu errichten, das absolut von religiösen Erwägungen bestimmt war. Der Staat war nichts mehr als der Diener der Religion. Außer den „demokratischen" Experimenten einer calvinistischen Elite in Genf und einigen anderen europäischen Städten war niemals ein konfessionell bestimmter Staat aufgestellt worden. Auch bei seiner größten Machtfülle und seinen Konfrontationen mit Kaisern oder Fürsten hat der Papst niemals gewagt, eine eisernes, intolerantes System aufzubauen, wie es Cromwell aufgezwungen hatte. Seine Exzesse zerstörten ihn schließlich. Mit der Wiedereinführung der Monarchie 1660 konnte die anglikanische Kirche wieder in ihrer Definition „katholisch ohne Rom" stark werden, die in zahlreichen Formen bis heute in England und den Vereinigten Staaten unter dem Namen „Episcopal Church" weiter bestehen.

Die radikale Reform, die in ihren verschiedenen Ausformungen immer unter dem Zeichen des Calvinismus stand, hatte ihre bedeutendste Entwicklung und ihren größten Einfluss in den englischen Kolonien, die später die Vereinigten Staaten von Amerika bilden sollten. Eine Gruppe von Puritanern in der „Mayflower" war es, die in Cape Cod an der Küste von Massachusetts anlegte und die erste Kolonie gründete. Andere Gruppen folgten und bildeten in dreizehn Regionen Kolonien, die sich etwas mehr als ein Jahrhundert später als unabhängig von England erklärten. 85 % der ersten Siedler waren von puritanischer Tradition, was der amerikanischen Nation einen unverwechselbaren eigenen Stempel aufdrückte.

Der Puritanismus, insbesondere in seiner nordamerikanischen Prägung, war im politischen und wirtschaftlichen Sinne außerordentlich erfolgreich. Er war auch erschreckend widersprüchlich, eine Widersprüchlichkeit, die größtenteils aus seinem religiösen Erbe zu verstehen war. Zweifelsohne trägt er ein demokratisches Element in sich und spiegelt die Struktur einer der calvinistischen Kirchengemeinen wider. Sie erkannten keine bischöfliche, päpstliche oder monarchische Autorität an. Sie waren vielmehr durch eine Generalsynode strukturiert, die von engagierten Gläubigen gebildet wurde, die aber kein Klerus waren. General- und Provinzialsynoden wählten ihre Pastoren – diese waren eher Prediger *(preachers)*, denn die Liturgie im alten katholischen Sinne gab es nicht mehr – ernannten ihre Lehrmeister und einen Ältestenrat, wie auch die Diakone, die sich um die Gottesdienste kümmerten. Ihre Struktur war so gesehen gemeinschaftlich und kam einer demokratischen Konzeption sehr nahe. Die spätere amerikanische Demokratie entwickelte sich nicht nur als Ergebnis dieses gemeinschaftlich orientierten Calvinismus, sondern wurde von der französischen und englischen Aufklärung befruchtet. Die großen Denker des 18. Jh. insbesondere Montesquieu definierten in ihren Werken die Grundlagen des modernen Staates.

Der Calvinismus unterstützt auf der einen Seite die Demokratie, auf der anderen erzeugt er Verhaltensweisen, die ihr diametral entgegengesetzt sind. Gott offenbarte seine Gnade und deshalb auch die Vorbestimmung des Einzelnen. Diese zeigt sich nicht nur im korrekten moralischen Verhalten und im erfolgreichen Leben, eindeutige wenn auch ungebührliche Zeichen des göttlichen Segens. Das hat etwas mit der „Rasse" zu tun. Wenn Gott einige Menschen mit schwarzer Hautfarbe gemacht hat, so zeigt er damit, dass sie, wenn auch nicht zur ewigen Verdammnis bestimmt so doch von „niedriger Rasse" sind. Die Hautfarbe ist ein Zeichen göttlichen Segens. Selbstverständlich tragen die Weißen, die *lilly white* – weiß wie die Lilie – damit ein Zeichen des göttlichen Wohlgefallens. Die Tatsache, schwarz zu sein, bedeutet zumindest einen ernsten Zweifel darüber, ob sie für das ewige Heil vorbestimmt sein können.

Es ist bemerkenswert, dass die größte rassistische Diskriminierung genau in den Völkern wirksam wurde, die vom calvinistischen Protestantismus erfüllt waren, insbesondere in Südafrika und den Südstaaten der Vereinigten Staaten. Im ersten Land, das von holländischen Calvinisten – den Buren – gebildet wurde, wurde das System der Apartheid eingeführt. Die Schwarzen lebten in derselben Gegend, mussten aber abseits leben, die einen von den anderen getrennt.

Der Puritanismus lieferte eine Basis, auf der die Demokratie wuchs. Ihre Entwicklung aber ist auch widersprüchlich, weil er als Erbe eine strenge und intolerante Haltung gegenüber jeglicher Abweichung hinterlassen hat. Das ist eine seltsame

Demokratie, die, um ihre Bürger vor ihren Lastern zu schützen, in den 1920er Jahren ein Gesetz erließ, demnach das Trinken irgendeines alkoholischen Getränkes bestraft wurde. Das war unnütz, weil dadurch das Entstehen der Mafia begünstigt wurde. Das wiederum ist eine Konsequenz, die zur calvinistischen Tradition passt. Das gleiche kann man vom McCarthyismus der 1950er Jahre sagen, als jeder, der verdächtigt wurde, mit dem Kommunismus zu sympathisieren, gebrandmarkt wurde. Die Verdächtigungen waren in vielen Fällen grundlos. Genau dieser Geist der Ausgrenzung und Intoleranz erscheint in der Rede von George Bush anlässlich der Attentate auf die Türme des World Trade Center in New York. Er bekräftigte vor dem Plenum des Congresses: „Wer uns nicht zustimmt, ist gegen uns". Dieses Echo kommt von Calvin, Zwingli, John Knox und John Wesley. Die Tatsache, jemanden, der sich illegal an einem Ort aufhält, als Straftäter bezeichnet, der die Gefängnisstrafe verdient, hat den Beigeschmack calvinistischer Intoleranz. Darüber hinaus prallt dies direkt auf die Werte der Freiheit der Vereinigten Staaten, die das Land sind, in dem Millionen von europäischen Immigranten neue Chancen und eine neue Heimat fanden.

RELIGION UND DEMOKRATIE

In gewissem Sinne kann man feststellen, dass die moderne Demokratie innerhalb der calvinistischen Gemeinden entstand, die, wie wir gesehen haben, andererseits die undemokratischsten von allen waren. Es gibt sicherlich zumindest einen historischen Zufall in dem Sinne, dass die moderne Demokratie in den Gesellschaften florierte, die vom calvinistischen Geist erfüllt waren.

Die Tatsache, dass der Calvinismus in Gemeinden ohne hierarchische Merkmale lebte, in denen die Gläubigen die Möglichkeit hatten, in die Leitung der Gemeinde einzugreifen, zeigt, dass es einen demokratischen Keim bei der Verwaltung des internen Lebens der Gemeinden gab. Es gab sicher keinen hierarchischen Geist und aristokratische Neigungen, wie sie im Katholizismus verbreitet waren.

Den Ursprung der modernen Demokratie jedoch muss man einerseits eher bei der klaren Trennung von Kirche und Staat suchen, die im Prinzip im Christentum gegeben ist, und wie sie im Mittelalter an den Kämpfen des Papsttums und des Imperiums zu erkennen ist, und andererseits in den Schriften der großen Denker der Aufklärung nachlesen kann, die sich die Gründer der Vereinigten Staaten erfolgreich aneigneten.

Die Modernität ist im Abendland der Sieg der individuellen Freiheit, des unabhängigen Denkens, der Souveränität eines Staates, der seine Wurzeln in einem

Volk hat, das denkt und seine eigenen Entscheidungen im Rahmen einer institutionellen Struktur trifft, die eine geordnete Entscheidungsfindung und deren Umsetzung ermöglicht.

Im Laufe der Zeit splitterte sich das Römische Imperium auf und ging unter den Schlägen der Barbaren aus dem Norden zugrunde. Die katholische Kirche war es, die die Staffel übernahm, und sicherte damit das Fortbestehen der alten griechisch-römischen Kultur. Die Scholastik des Thomas von Aquin ist gleichzeitig ein grandioses Werk der mittelalterlichen Rationalität und eine Verzahnung mit dem Denken der Vergangenheit. In dieser Tradition war die Wiedergeburt von allem Alten außerdem eine Wiederbegegnung mit dem Menschen als Individuum. Die Reformation hat zwar die katholische Einheit gebrochen, gab aber der europäischen Kultur eine Vielfalt, die das Wachsen und die Entwicklung neuer Ideen in der Philosophie und neuer wissenschaftlicher Methoden und die Entwicklung der experimentellen Wissenschaft ermöglichte. Das christliche Abendland war der große Förderer der Entdeckung des Planeten, die mit den Erkundungen durch Abenteurer und Missionare möglich wurde. Aus diesem brodelnden menschlichen Tatendrang entstand die Aufklärung mit den Menschen, die die Elemente der Modernität aufbauten: die Möglichkeit einer Demokratie, die sich auf geeignete Institutionen stützt; die Entwicklung einer freien Wissenschaft, die versucht, die Gesetze des Universums zu verstehen und sie zum Nutzen der Gesellschaft zu verwenden. So gab es im Abendland eine religiöse Brücke zwischen der alten Kultur und der Modernität. Es war aber nicht eine religiöse Brücke, die – abgesehen von den unvermeidlichen Reibereien bei einem Prozess solchen Ausmaßes –, die Entwicklung der Modernität auf der Basis der ehemaligen Traditionen und des Denkens nicht blockiert, sondern erst ermöglicht.

In Indien hingegen war der Einigungsprozess der verschiedenen Völker, die Indiens unterschiedliche und bunte Welt ausmachte, das Ergebnis der Verbreitung des Hinduismus und später des Buddhismus als ein Zweig seines eigenen Ausdrucks. Es gab somit keinen Staat, der das Ganze vereinigte, sondern eine bestimmte Kultur, die in erster Linie von einer Religion geeint war (P3, S. 109-110).

Wie Octavio Paz sagt: „Die Entwicklung der Zivilisation in Indien kann man als ein Fall von umgekehrter Symmetrie zu der des Abendlandes sehen" (P3, S. 109).

Mit den Worten von Paz, weder die hinduistische noch die islamische Kultur kannten Bewegungen der Umwälzungen wie die Renaissance oder die Reformation, weil sie ihr intellektuelles Wachsen nicht mit der Vergangenheit verknüpfen konnten. Die heutige moderne Welt gründet sich auf das griechisch-römische Denken. Im Hinduismus und Islam gibt es keine säkuläre Verknüpfung mit dem Denken der Vergangenheit. Deswegen konnte in ihnen die Modernität nicht zur Blüte kommen. Denn die Religion in ihnen herrscht und bestimmt und hat nicht wie das Christentum eine friedliche Koexistenz eines unabhängigen und säkulären Geistes mit dem Religiösen zugelassen (P3, S. 114).

Kapitel 8

PHILOSOPHEN GLAUBEN NICHT

VERNUNFT UND GEFÜHL

Die Religionen versuchen, den Menschen dazu zu bringen, Gott zu erkennen und sich mit ihm zu verbinden. Es gibt zweideutige Bereiche. Der Buddhismus nannte sich atheistisch, weil es ihm egal ist – in seiner ersten Version wurde er, wie es den Anschein hat vom „Herrn Buddha" so gepredigt – und einige andere so genannte Religionen wie der Konfuzianismus, sind eher eine Lebensphilosophie oder Lehrmethode, um ein angemessenes Verhalten zu lehren mit dem Ziel des sozialen Friedens.

Die Grundlinie ist die, dass der Lehrinhalt der Religion niemals argumentativ bewiesen werden kann, wie man den Satz des Pythagoras oder die universelle Gravitation von Newton beweisen kann.

Die Religionen, auch die, welche für den Gebrauch der Vernunft offen und in der Lage sind, die Ergebnisse in ihre Lehre aufzunehmen – bemerkenswert im Christentum – haben sich selbst nie für das Ergebnis der menschlichen Vernunft gehalten, sondern für das Produkt einer „Offenbarung". Diese enthält das Mysterium, das sich in den Wahrheiten der Religion versteckt. Es wird Menschen zuteil, durch das direkte Einwirken Gottes oder indirekt durch einen Heiligen oder Propheten oder durch die Inspiration, die der Schreiber erhält, der die Botschaft für die Nachkommenschaft niederschreibt. Dieses Element ist fast allen Religionen gemeinsam. Es kristallisiert sich im Ausdruck „Offenbarung".

Alle Religionen waren sich darüber bewusst, dass die erteilte Lehre keine zweifelsfreie Gültigkeit für alle Menschen in allen Zeiten hat. Im Hinduismus unterscheidet man zwischen *shruti*, das die ursprüngliche Botschaft der Götter ist (das Wort bedeutet „das Gehörte") und *smirti*, das die Beifügungen von den Menschen bedeutet. Da diese Beifügungen nicht unabhängig von dem sein können, das von Gott gehört wurde, erhalten sie die Bezeichnung „das Erinnerte". In der ersten Gattung stehen die Veden und in der zweiten die reichhaltige Literatur, die im Laufe der Jahrhunderte entstanden ist und die unter anderen die *Kamasutra* und das *Ramayana* einschließt.

Im Islam gibt es ähnliche Konzepte. Die ursprüngliche Botschaft, die im Koran und in den Worten des Propheten enthalten ist, wurden durch das Zeugnis seiner Schüler im „Hadith" zusammengetragen. Und schließlich die Überlieferung, die die ersten Anpassungen der islamischen Lehre, die „Orthodoxie", für ihre Nachfolger bestimmt. Es ist der sunnitische Islam. Der größte Teil der Moslems folgt dieser Strömung. Dennoch gibt es eine bedeutende Minderheit, die Schiiten, die von dieser Tradition abweichen, insbesondere in der Frage der Nachfolge des Propheten.

Im Christentum gibt es die heiligen Schriften der Bibel, speziell die, die das Neue Testament ausmachen. Die religiösen Wahrheiten jedoch werden in den Bestimmungen der Konzile fortgesetzt. Diese zeugen vom Bewusstsein der vom Heiligen Geist erleuchteten Kirche und von der schriftlichen Überlieferung der Kirchengelehrten, insbesondere der der ersten „Heiligen Väter" wie der hl. Cyprianus oder Augustinus.

Auch wenn keine Religion vorgab, mit der Vernunft, sei es die Grundlage ihrer Prinzipien, sei es die Argumentation ihrer Wahrheiten zu beweisen, so hat sich das Christentum weiter hinausgewagt. Dieser Gebrauch der Vernunft nennt sich „Fundamentaltheologie". Sie will nicht die Grundlagen der Religion legen, aber doch die Diskussion dieser Grundlagen. Davon ausgehend haben die christlichen Denker die philosophische Tradition fortgeführt, die Existenz Gottes zu beweisen, Dreh- und Angelpunkt fast aller Religionen.

DER PROZESS DER VERNUNFT

Seit Beginn des menschlichen Zeitalters haben die Menschen versucht, sich den Existenzgrund der Welt zu erklären, die sie umgibt. Die zentrale Frage war natürlich die des Lebens als solchem. Aber sehr bald begannen die Fragen über die Naturphänomene, in die sie eingetaucht und deren Gefangene sie waren. Die ersten Antworten kamen aus den verschiedenen Mythen, die an Vorstellungskraft und Emotionen appellierten. Die Blitze kamen von Zeus oder von Thor. Der Regen von Tlaloc.

Das magische Denken ist eine erste Antwort, nicht nur, um sich das Mysterium der Natur zu erklären, sondern um über sie mit Hilfe von bedeutungsvollen Praktiken und Gesten zu verfügen, mit dem Ziel das Schlechte abzuwenden oder erwünschte Ziele zu erreichen. Die magischen Konzepte und Praktiken gehen auf eine prähistorische Vergangenheit zurück, auf gewisse Weise jedoch leben sie in den verschiedenen Kulturen in Form von Aberglauben fort.

Das magische Denken dauert an. Ein britisches Flugzeug stürzte bei der Landung in Iramsha in Indien ab. Ein Lokalheiliger sagte, dass er dies verursacht habe, und dass er machen könne, dass alle britischen Flugzeuge abstürzten, wie er es mit diesem veranlasst hatte (33, S. 475). Auch in Indien sagten Mitglieder des Samdan Stammes, dass sie, wenn sie eine Art von Hut trügen, der dem von Gandhi ähnelte, so wären sie gegen die Kugeln der Polizei immun. Gandhi selbst verbot Impfungen gegen Pocken, da es ein englisches System sei, um die indische Bevölkerung auszumerzen. Bei den Unruhen in Äquatorialafrika, als das ehemalige Belgisch Kongo (heute Republik Kongo) zu zerfallen drohte, wollte sich einer der Rebellen die Kupferminen aneignen. Er rief aus, dass die feindlichen Kugeln sich in Wasser verwandeln würden, wenn sie auf seinen Körper stießen und dass das mit allen geschähe, die sich ihm anschließen würden.[38]

Interessant ist die Einschätzung von Kapuscinski über das magische Denken im heutigen Afrika. Der große polnische Schriftsteller sagt, dass in primitiven Gesellschaften drei verschiedene Arten von Menschen koexistieren, die unaufhörlich interagieren. Die Gesellschaft kann nicht verstanden werden, ohne die ununterbrochene Teilnahme der drei verschiedenen, koexistierenden Welten zu begreifen: die der Lebenden, die der Vorfahren und die der Geister.

Mit der Zeit begann das Denken sich zu emanzipieren und suchte nach Erklärungen, die nicht vollständig von der Subjektivität der Mythen belastet wären, sondern davon unabhängig festgestellt werden könnten, nur durch den einfachen und transparenten Gebrauch der Intelligenz.

In der taoistischen Religion – die Teil der primitiven Kultur Chinas war – ist die Geschichte des Philosophen bekannt, der seinen Schülern sagte: „Heute Nacht habe ich geträumt, ich sei ein Papagei. Heute Morgen bin ich ein Mann. Was bin ich?" Und er erzählte ihnen folgende Geschichte: „Chung Chou träumte, er sei ein Schmetterling, der es genoss, fröhlich in der Umgebung umherzufliegen. Er wusste nicht, dass er in Wirklichkeit Chou war. Plötzlich wurde er wach und wurde wieder

---

[38] Der Sinn für Magie dauert in unseren Tagen an, auch in technologisch hoch fortgeschrittenen Gesellschaften und erlebt eine schnelle Entwicklung. China ist heute das Land mit einem höchst außergewöhnlichen wirtschaftlichen Wachstum. Der Index seiner Börse zeigt dies an. In den letzten Jahren wuchs sie um 250 %. Dies erzeugt die Nervosität eines verrückt gewordenen Marktes. Aber die Furcht, dass er sich dem magischen Wert von 4444 nähern könnte, ist noch viel größer. Dies ist eine schicksalhafte Zahl, weil sie die vierfache Wiederholung der Zahl vier ist, die Unglück bedeutet. Sie repräsentiert das Maximum an Unglück. Die finanzielle Kalkulation wird dabei sekundär. Ohne auf die anspruchsvollen Höhen zu steigen, in denen sich das Modernste mit atavistischen Gefühlen vermischt, reicht es aus, das Allgegenwärtig zu betrachten, den Aberglauben aller Art in der ganzen Gesellschaft. Die Zahl 13: dreizehn Personen dürfen sich nicht an einen Tisch setzen und das dreizehnte Stockwerk wird in vielen Gebäuden ausgelassen, vorsichtshalber geht man „magisch" vom 12. zum 14. Stockwerk.

er selbst. Jetzt aber weiß er nicht, ob er Chou ist, der geträumt hat, dass er ein Schmetterling ist oder ob es vielmehr ein Schmetterling ist, der träumt, Chou zu sein" (25, S. 195). Beide Erfahrungen sind zweifellos wahr, so klar und fest, dass ich wahrscheinlich zwei verschiedene Wesen bin.

Das war die erste Aufgabe. Nämlich zwischen den verschiedenen Wirklichkeiten von Traum und Wachsein zu unterscheiden. Die tatsächliche Vielfalt der Wesen anzunehmen und zu prüfen, ist das Präludium, um die Gesetze analysieren und abwägen zu können, denen ein jeder unterworfen ist. Zu unterscheiden zwischen den verschiedenen Erklärungen des Religiösen, was nicht zu beweisen ist, und denen eines emanzipierten Denkens, das sich auf seine eigene Kraft und seine eigenes Licht verlässt.

Die Ersten, die es wagten, die mysteriösen Tiefen des Universums zu erforschen, waren die „Vorsokratiker". Sie waren die ersten „Liebhaber des Wissens" (Philosophen), die begannen, einen Überblick über die Themen zu schaffen, die sie schließlich dazu führten – mit Sokrates –, ein objektives und nachprüfbares Wissensschema aufzustellen.

In fast allen alten Kulturen waren die Astronomie und teilweise die Mathematik die ersten Themen des Denkens, die nicht religiös waren. Die Bewegung der Sterne und der Wechsel der Jahreszeiten wurden untersucht. Es wurden primitive Observatorien eingerichtet und sehr genaue Beobachtungen gemacht. So wurden Kalender hergestellt, die den mysteriösen Verlauf der Sterne auf die Organisation des menschlichen Lebens übertrugen. Sie nutzten ihre Kenntnisse für ihre Bautätigkeit. So sind die monolithischen Monumente von Stonehenge so angeordnet, dass die Strahlen der aufgehenden Sonne am Tag der Sommersonnenwende direkt auf den Hauptaltar treffen. Auf ähnliche Weise erhellen in Ägypten die ersten Sonnenstrahlen des Geburtstages Ramses II. das Innere des Tempels, wo sein Bildnis stand. In diesem Sinne ist das Observatorium in Xochicalco (Mexiko) bemerkenswert. Neuere Beobachtungen entdeckten, dass hier zwei bestehende Kalender koordiniert waren. Aber die Beobachtung der Sterne selbst und die Genauigkeit bei der Bestimmung ihrer Bewegungen hatten eine religiöse Grundlage. Sie enthielt eine objektive Analyse, die jedoch im Schatten und unter der Obhut der großen theologischen Fragen blieb und Teil des religiösen Erbes der Gesellschaften.

Der große Gedankensprung, die Emanzipation des menschlichen Geistes, die optimistische und positive Haltung mit den Geisteskräften kreativ zu werden, ergaben sich vorwiegend in Griechenland. Die Grundlage war, die Natur als eine überall gleiche Einheit anzusehen, die denselben Prinzipien folgt. Man konnte sie nicht als unterschiedlich an verschiedenen Orten oder als Frucht der Launen der Götter verstehen. Mehr noch, die so verstandene Natur musste eine innere Ordnung haben, eine Organisation, die sie vom unverständlichen Chaos unterschied. Deshalb wurde das Universum „Kosmos" genannt, das Rationale und bestens Geordnete. Nur von dieser Basis aus konnte man das Verständnis dafür verwenden, die Gesetze aufzuspüren, die ihn leiten. Aus diesem Konzept entstand die Wissenschaft und öffnete eine fruchtbares Feld für den Gebrauch der Vernunft.

Diese logische Kenntnis nutzte die Mathematik als Werkzeug. Die Geometrie umfasste die Analyse der physikalischen Beziehungen der verschiedenen Objekte zueinander, die in abstrakten Zeichnungen mit den Grundlinien dargestellt wurden. Man begann, sie für praktische Ziele zu verwenden, und man kam zu Schlüssen von einer Reinheit und Kraft, die wir noch immer bewundern. Man begann Experimente durchzuführen wie dieses wunderbare, das zum „Heureka" des Archimedes Anlass gab. Als er untersuchen wollte, ob die Krone des Königs von Syrakus aus reinem Gold war, entdeckte er, dass ein eingetauchter Gegenstand die Menge Wasser verdrängt, die seinem Volumen entspricht. Das Gewicht des verdrängten Wassers kann größer oder kleiner sein, als das des eingetauchten Gegenstandes. Wenn es geringer ist, wird der Gegenstand versinken, wenn es größer ist, dann steigt er nach oben. Er entdeckte gleichfalls die Formeln, um Fläche und Volumen von Kreisen und Kugeln zu errechnen.

Pythagoras analysierte die geometrischen Beziehungen der Objekte zueinander und stellte gleichzeitig religiöse Theorien vor, die nahe bei den neoplatonischen Mysterien lagen. Er sprach in einer seltsamen und faszinierenden Mischung aus Religion, Astronomie und Kunst von der musikalischen Harmonie der Sphären, der Sterne.

Der vielleicht bemerkenswerteste Fall des Gebrauchs der unabhängigen, der sauberen und reinen Vernunft mit dem Mindestmaß an Instrumenten war die Vermessung der Erdoberfläche, die, im Auftrag der Bibliothek von Alexandrien, der Grieche Eratosthenes (276-194 vor Chr.) lange vor unserer Zeitrechnung vornahm. Das war ein wahres Bravourstück. Es ist vielleicht die bedeutendste aller wissenschaftlichen Entdeckungen der Menschheit, nur mit der Hilfe der reinen Vernunft, geleitet von den beeindruckenden Fortschritten der angewandten Geometrie. Er berechnete, dass der Erdumfang 40000 km misst.[39] Es war der größte und ruhmreichste Triumph, den die Menschheit je kannte (95, S. 14-16).

---

[39] Er wusste mit den Gelehrten seiner Zeit, dass die Erde rund war. Unter anderem hatte sie die Beobachtung der Mondfinsternisse, bei denen das Bild der Erde auf dem Mond abgebildet wurde, zu dieser Erkenntnis gebracht. Er maß den Winkel, den die Schatten von zwei senkrecht stehenden Stäben zur selben Zeit an zwei geografisch verschiedenen Orten warfen (Alexandrien und die Umgebung von Abu Simbel in Ägypten). Die Verlängerung der vertikalen Linien der Stäbe würden sich in der Erdmitte schneiden. Mit der Messung des Winkels, den der Schatten der beiden Stäbe warf, konnte er einen Winkel von 7 Grad veranschlagen, der an der Schnittstelle im

Im Fall des Abendlandes hatte der Beginn des unabhängigen Gebrauchs der Vernunft natürlich seine eigenen Beschränkungen durch eine Tradition, die sich auf Konzepte gründete, die aus der Philosophie stammten und nicht aus der naturwissenschaftlichen Beobachtung. So begann man zum Beispiel, die „Qualität" der Dinge zu betrachten. Die Erfahrung der Menschen war, dass Höhlen gewöhnlich im Sommer warm und im Winter kalt waren. Tendenziell blieb die Temperatur gleich in den Höhlen, da sie nicht der umgebenden Temperatur ausgesetzt waren. Deshalb erschienen sie frisch in der Hitze des Sommers und warm in der Kälte des Winters. Die Höhlen hatten somit diese „Qualität", nicht als magischer Geist, sondern lediglich benennend: der „Geist" der Höhle, *spiritus cavae*. Nach und nach wurden die Gegenstände der umgebenden Wirklichkeit mit größerer Genauigkeit untersucht. Die verschiedenen „Qualitäten" der Dinge waren nicht ihnen zueigen, sondern die Folge der Wechselwirkung in ihnen mit den allgemeinen Gesetzen. Die Tatsache, dass, wenn man einen Stein wirft, dieser eine Parabel beschreibt, erklärte man sich als eine „Qualität", die von der Existenz von etwas Materiellem (Äther) kam, das sie erzwang. Dies beschreibt Newton selbst in seinem *Principia Matematica* als Vorspann zu seiner Grunderklärung von der universellen Gravitation, die zusammen mit der Reibung der Luft die Parabel des Steines erklärt.

WEISHEIT UND WAHRHEIT

Wenn ursprünglich jede Erklärung des Universums und des menschlichen Lebens sich vom religiösen Glauben ableitete, so ermöglichte die freie Vernunft allmählich, nicht nur eine außerordentliche Kenntnis des Universums zu entwickeln, sondern auch ungeahnte Macht darüber zu erhalten und die Gesetze der Natur zum Vorteil des Menschen zu nutzen. Diese Fähigkeit machte sie zur Gewinnerin.

Es gibt dennoch Sphären der Erkenntnis, die außerhalb des Betätigungsfeldes liegen. Mehr noch, der Fortschritt der Wissenschaft entdeckt in der Tiefe seiner Kenntnis neue Mysterien, die zu erkunden sind und die offensichtlich nicht mit dem Geist erfasst werden können. Eines davon ist die Heisenbergsche Unschärferelation, die der wissenschaftlichen Tätigkeit eine Art Grenze setzt. Die Tatsache, dass wir die Position eines Elektrons bestimmen, generiert eine Energie, die auf

---

Erdinnern gebildet wurde. Vom Abstand der beiden Stäbe ausgehend (800 km zwischen Alexandrien und Syene) konnte er den Umfang der Erde von 40000 km errechnen. Erstaunlich. Er ermittelte den Umfang der Erde mit nur einem Instrument in Form von zwei Stäben und der Messung von Winkeln, die die Schatten der Sonne bildeten. Der größte Triumph der reinen und klaren Vernunft.

beobachtete Elektronen selbst einwirkt und damit seine Position verändert. Eine weitere dieser Grenzen der Erkenntnis, an der die Fähigkeit zur Beobachtung und zum Verständnis verloren geht, ist die Planck'sche Wand: Es gibt eine extrem kleine Distanz – man könnte sagen „unendlich" – jenseits derer alle mathematischen Konzepte und alle Operationen in eine Art Wirbel geraten, in dem man unfähig ist, irgendein Maß zu bestimmen. Gegenwart und Zukunft mischen sich. Die größten und kleinsten vorstellbaren Dimensionen koexistieren.

Die Grenzen des Gebrauchs der nach der Wahrheit suchenden Vernunft sind außerhalb der Naturwissenschaften deutlicher. Man wollte auch die „Wahrheit" herausfinden, welches das angemessene ethische Verhalten des Menschen betrifft, die besten Voraussetzungen für das gesellschaftliche Zusammenleben, die Prinzipien, die helfen würden, seine wirtschaftlichen Aufgaben besser zu lösen, die großen Entscheidungen politischer Natur zu treffen. In diesen Fällen ist die Wirklichkeit durch die Komplexität des individuellen und kollektiven Lebens selbst sozusagen verunreinigt. Wir könnten alle diese Anstrengungen der menschlichen Vernunft eher eine Suche nach Weisheit als nach der „Wahrheit" nennen.

Die Religionen wollen keine rationale Übung sein, sondern schlagen eine ganzheitliche Betrachtung des Sinnes des menschlichen Lebens und des Universums vor. Sie befinden sich jenseits der Vernunft. Ihre Antwort steht der Ebene der Weisheit näher. Sie konzentrieren sich auf das „Warum und wofür sind wir hier", welches die großartige und bedeutende Frage jeder Religion ist. Diese Antworten gründen sich auf eine „Offenbarung", einer Darstellung, die aus der Überlieferung oder der Botschaft und den Worten eines Propheten oder eines erleuchteten großen Meister kommt. Man wird niemals die Wahrheit oder Unwahrheit irgendeiner Antwort der Religion beweisen können. Sie befinden sich jenseits der Überprüfbarkeit durch die Vernunft. Sie bieten den Glauben als Inhalt. Jeder unterschiedliche Glaube bietet eine Antwort auf die Besorgnisse des Menschen. Sie sind nicht empfänglich für eine rationale Bewertung ihres Inhaltes, hingegen können Unstimmigkeiten ihrer Botschaft mit der Vernunft ausgemacht werden.

Eine der Eigenschaften, die zu berücksichtigen wichtig in jeder Religion ist, ist ihre Öffnung zur unabhängigen Vernunft. Keine hat ihr einen eigenen, autonomen und unbegrenzten Raum gelassen. Alle haben den Gebrauch der Vernunft lenken wollen. Der Grad an Toleranz gegenüber ihrem unabhängigen Handeln war verschieden entwickelt. Die Religionen, die sich toleranter gezeigt haben, konnten an der Entwicklung der Wissenschaft teilhaben, oder sie zumindest nicht verhindern. Die diesbezüglich härteren Religionen, sei es in ihren wegweisenden Prinzipien, sei es in der Haltung ihrer Autoritäten, haben die Entwicklung der Gesellschaften gebremst, in denen sie einen wesentlichen Teil ausmachten.

Das Christentum war seit seinen Anfängen offen für die Betrachtungen der Philosophieschulen seiner Zeit. Darüber hinaus artikulieren sich viele seiner Glaubenssätze in Bezug auf die vorherrschenden Philosophien des Hellenismus der Epoche. Der Islam war auch offen für einen Teil der griechischen und persischen Kultur, benutzte sie aber, um seine eigenen Konzepte und Verpflichtungen zu festigen und nicht so sehr, um sie zu bereichern. Für den Buddhismus gab es keine Probleme. Er verwehrte dem Gebrauch der unabhängigen Vernunft nicht den Raum, es gab aber auch keinerlei Vernunft, die ihn angetrieben hätte. Mit Ausnahme jenes Teiles der Erkenntnis, den wir zusammenfassend „Weisheit" nennen können, war er irrelevant. Dasselbe kann vom Hinduismus gesagt werden. Eui-Chai Tjeng, ein auf orientalische Philosophien spezialisierter, koreanischer Autor behauptet, dass „die orientalischen Philosophien nicht unabhängig von den Religionen betrachtet werden können [...]. Man kann sagen, dass die orientalischen in den Religionen eingebettet sind oder dass die Religionen Quelle dieser Philosophien ist" (90, S. 365).

DIE INDISCHE KULTUR

Die Hindu-Mythologie spiegelt eine kosmische Unordnung wider. Die Götter sind so widersprüchlich wie die Welt. Welchen Sinn können die Dinge haben, wenn sowohl die Geschichten der Götter als auch die Tragödie, der sich der Mensch ausgeliefert sieht, sinnlose Ereignisse sind. So gesehen ist der Gebrauch der logischen Vernunft, wie die Griechen sie gebrauchten, ein völlig fremdes Konzept.

Gesellschaften, die von solch einer Art von Religiosität durchdrungen sind, gering schätzen den Gebrauch der Vernunft. In den Upanischaden Indiens wird mit wiederholter Behauptung betont, dass die Weisheit darin besteht, dem Intellekt zu misstrauen. Dies hat eine praktische und sekundäre Funktion, die uns dazu führt, die Beziehung zwischen den Objekten zu verstehen, die keinen wirklichen Wert haben. Was doch wertvoll ist, ist die Erkenntnis, die der Mensch erwirbt, wenn er seine Verbindung nach außen unterbricht und so seine Sinne für die innere Kontemplation öffnet. Darin schreitet er solange fort, bis er die Fülle der inneren Wahrheit wahrnimmt, die rein und ein Meer des Friedens ist. Dort verliert das Individuum seine Individualität, im *Atman*. Dies ist die Seele allen Seienden und ist immateriell, formlos, mit dem Verstand nicht zu begreifen. Man erspürt es und kommt dazu, dass der Geist einer jeden Person schwimmt, sodass jeder Einzelne den Zustand erreicht, sich selbst zu vergessen und so den Frieden findet.

Eine Wirklichkeit, die unabhängig von den verschiedenen Wesen wäre, ist für einen Großteil des alten Denkens eine Illusion. Die Ablehnung der Vielfältigkeit zieht sich wie ein Faden durch die gesamte indische Literatur. In den „Puranas" erscheinen ganz klar die alten Geschichten und Parabeln, in denen in einfachen Worten die komplexe Mythologie und Lehre der *Veden* erklärt werden. So wird in der Vishnu Purana die Szene des Königs erzählt, der stolz seinen Elefanten besteigt und der Meister, sein "Guru", sich fragt, wer oben und wer unten ist und in welcher Weise man wissen könnte, wer von beiden der König und wer der Elefant ist. Von dort geht er tiefer, und der Meister fragt: „Wer von uns beiden bist du und wer bin ich?" Der Meister selbst angesichts des Erstaunens seines Schüler sagt ihm: „Dies ist die größte Lehre, die ich dir geben muss, die vollständige Nicht-Individualität, die ‚Advaita', die besagt, dass jede Unterscheidung der Wesen, dass jede Vielfältigkeit illusorisch ist, denn es gibt nur eine vollkommene Einheit allen Seins, die die Substanz aller Realität ist" (102, Bd. I, S.513 u. 549).

Eine Religion mit dieser Haltung gegenüber der Rationalität war selbstverständlich unfähig, Rahmenbedingungen zu schaffen, in denen die Kultur durchdrungen von der objektiven Kenntnis des Universums sein könnte sowie von dem Verständnis der Beziehungen zwischen den Objekten und dabei die Grundlage dessen zu schaffen, welches man Wissenschaft nennen könnte.

Bei all dem ist es bemerkenswert, dass genau im Herzen der indischen Kultur zum ersten Mal die Möglichkeit auftauchte, abstrakte Einheiten darzustellen sowie die Fähigkeit, sich ihrer zu bedienen und Operationen mit ihnen durchzuführen. Das Fundament von alledem ist die Addition. Die Zahlen, wie wir sie heute schreiben, sind indischer Herkunft mit Ausnahme der Ziffer 5. Wir nennen sie „arabische" Ziffern, weil sie über die Araber zu uns kamen. Ihr Ursprung liegt im Subkontinent Indien. Das früheste Dokument, das wir darüber haben, findet man im Codex Vigilanus, der von einem Mönch des Klosters Sankt Martin von Albada in Spanien zwischen 974 und 976 geschrieben worden war. Bemerkenswert ist nicht nur die Darstellung der Ziffern, sondern auch die Einschätzung des Mönchen von ihrem Ursprung, wenn er behauptet, dass „es nötig ist zu wissen, dass die Inder eine außerordentlich scharfsinnige Intelligenz besitzen und dass [...] ihnen in dem den Vortritt gewährt werden muss, was die Arithmetik, Geometrie und die übrigen liberalen Disziplinen angeht [...]. Dieses stellt sich in neun Ziffern dar, mit denen sie jeden Grad irgendeiner Stufe ausdrücken und das in den Formen 9, 8, 7, 6, (Zeichen für die fünf wird schon nicht mehr gebraucht), 4, 3, 2, 1 [...]"[40]

---

[40] Es ist interessant zu sehen, wie die Eingeborenen Indiens in jüngster Zeit haben zeigen können, wie reichlich sie mit mathematischen Talent versorgt sind und seinem Gebrauch von der Physik bis hin zur Wirtschaft und Programmierung. Dies kann man in vielen Universitäten mit Weltni-

Dieser Mönch, der im „dunklen" Zeitalter des mittelalterlichen Europa verloren war, wusste den Wert dieses großen Schrittes zu schätzen, der der Entwicklung der Naturwissenschaften enorm helfen sollte. Aber es war nicht in Indien, dem Sitz seiner Kultur und Religion, wo sie zur Errichtung eines mathematischen Instrumentariums eingesetzt wurden, sondern in Europa. Niemand Geringeres als der Papst Sylvester II., der als Mönch Gerbert von Aurillac eine Kopie dieses Dokumentes in dem für uns wichtigen Kloster San Millán de Cogolla[41] zur Kenntnis genommen hatte.

Etwas anderes geschah innerhalb einiger Religionen, die sich vom Hinduismus ableiten aber dennoch zu seiner großen und bunten Familie gehören. Seit dem Altertum beginnen sich einige Geisteshaltungen auf der Suche danach zu entwickeln, was wir „objektiv" nennen könnten. Physische Dinge haben außerhalb des Geistes eine Wirklichkeit an sich, man jedoch die Vernunft einsetzen muss, um sie zu verstehen. Dies ist im Jainismus gut zu sehen (21, S. 212). Bekannt ist seine Parabel vom Elefanten und den sechs Blinden. Ein jeder fasst einen Teil des Elefanten an. Einer meint, dass es sich um eine Kordel handelt (der Schwanz), ein anderer, dass es eine Riesenschlange ist (der Rüssel), noch ein anderer, dass es um ein Rückgrat geht (das Bein). Der Elefant hat eine objektive Existenz, wir müssen jedoch seine Wirklichkeit analysieren. Alles ändert sich je nach Gesichtspunkt. Auch wenn vom Gesichtspunkt des Universums aus alles zur Katastrophe wird, so kann jeder vom Gesichtspunkt eines Individuums aus die Erlösung finden. Der Jainismus gibt der Vernunft einen bedeutenden Platz bei der Suche nach der „objektiven" Wirklichkeit außerhalb der individuellen Wahrnehmung der Welt. Das Naya-Vada besteht aus einem analytischen Prozess. Es betrachtet ein äußeres Objekt nicht in seiner Ganzheit, sondern nur einige Aspekte unter Ausschluss der anderen. Es sind sieben Gesichtspunkte, von denen aus man die Objekte analysiert. Dabei werden deren generische und spezielle Qualitäten bestimmt, vorhandene oder nicht vorhandene, durch den Nutzen definiert, den man ihnen gibt und die Etymologie des Wortes, mit dem man sie benennt, mit einbezogen. Der Jainismus nimmt die Existenz einer „Substanz" an, die Trägerin der Grundqualitäten eines jeden Dinges ist und sich in verschiedenen transitorischen Modalitäten zeigt. Hier haben wir den ersten Versuch eines analytischen Gebrauchs des Geistes, der dem aristotelischen Konzept sehr ähnlich ist (12, S.1127-27). Es ist nicht verwunderlich, dass die Jainisten, die

---

veau ermessen, die diese „außerordentlich scharfsinnige Intelligenz" widerspiegeln, von der der spanische Mönch sprach.

[41] In diesem Kloster der Region Rioja in Nordspanien findet man das erste historische Dokument, das in der Sprache verfasst ist, die wir schon „Spanisch" nennen könnten. Es gibt auch ein erstes Dokument auf Baskisch oder Euskera.

sich auf einige Regionen Indiens verteilen und speziell auf Mumbai, mit dieser offenen Geisteshaltung heute eine Gruppe bilden, aus der die erfolgreichsten Unternehmer und Gelehrte stammen, auch wenn sich das dadurch erklärt, dass sie sich durch ihre eigene Religion zu Berufen gezwungen sahen, die nichts mit lebenden Objekten zu tun haben, wie z. B. die Landwirtschaft, ihnen aber den Handel in all seinen Abweichungen ließ.[42]

ISLAMISCHES DENKEN

Im Islam gibt es am Anfang kein Wort, das wir mit „Theologie" übersetzen könnten, eine Wissenschaft von den göttlichen Dingen, für deren besseres Verständnis man die menschliche Vernunft gebrauchen könnte. Sowohl das Gesetz als auch das theologische Wissen wurden mit dem Begriff *fig* (Einblick) ausgedrückt, der sowohl das korrekte Leben als auch das korrekte Denken beinhaltet. Mit der Zeit wurden passendere Begriffe benutzt, die die Konzepte klar voneinander unterschieden. Die Theologie hieß dann *Kalam* und das Gesetz *Scharia*.

Die Entwicklung einer Kultur im Islam, die sich auf der Vernunft gründete, lief parallel zur politischen Entwicklung. Das Gravitationszentrum der Macht verlagerte sich zunächst von Mekka und Medina nach Damaskus und später, noch bedeutender, in den Irak, einen Ort, an dem sich jüdische und christliche Kulturen und Elemente der alten persischen Religionen konzentrierten. In der irakischen Epoche unter der Dynastie der Abbasiden, die in Bagdad konzentriert waren, entstand das Goldene Zeitalter des islamischen Denkens.

Dieses konzentrierte sich auf die Betrachtung zweier großer Probleme: erstens die Natur der Offenbarung, die im Koran enthalten ist, und zweitens die Anwendung der religiösen Prinzipien des Islam auf eine wechselnde Gesellschaft dadurch, dass er in anderen Völkern Fuß fasste und die sich die Voraussetzungen der eigenen Gesellschaft ebenfalls veränderten. Der erste gab der islamischen Theologie ihren Ursprung, der zweite der Scharia bzw. einem gesetzgebenden Organ, das die Beziehungen innerhalb der Gesellschaft zu leiten hatte. Der *Kalam* oder die islamische Theologie stand den zwei großen Problemen gegenüber, wie jeder andere Monotheismus auch. Von welcher Natur ist Gott? In welchem Sinne können wir von einem Wesen sprechen, das jenseits unserer Wahrnehmung ist und das unendlich mächtig und gerecht ist. Das zweite Problem hat mit der Eigenheit der Offenbarung zu tun. Gott kennt man durch die Offenbarung. Im Islam ist die gesamte

---

[42] Über dieses Thema siehe das Kapitel „Entwicklung und Religion" in diesem Werk.

Offenbarung in einem Buch enthalten, im Koran. Es sind nicht die Worte des Propheten Mohammed, sondern das Wort Gottes, das Mohammed direkt übermittelt und in einem Buch niedergeschrieben wurde. Im Christentum ist das Problem ähnlich. Bei ihm ist die Offenbarung aber kein Buch, es sind nicht die Evangelien, die lediglich von einem Leben berichten. Die Offenbarung ist eine Person, es ist Jesus, der Christus. In dem einen Fall ist die Offenbarung der Mysterien Gottes in einem Buch enthalten, in dem anderen ist sie in einer Person enthalten. Wie wir im Kapitel über das Christentum gesehen haben, das Hauptproblem, das die ersten christlichen Konzile zu klären hatten, war eben die Natur der „Offenbarung", d. h. die Natur der Person Jesus.

In dem, was das erste große Problem angeht, so maß der Islam der Betrachtung der „Qualitäten" Gottes besondere Bedeutung zu. In welchem Sinn kann man sagen, dass Gott zu uns durch ein Buch „gesprochen" hat? Gott spricht, noch hört, noch sieht nicht wie die Menschen. Dieses Problem gibt es als solches bei der Entwicklung des christlichen Denkens nicht. Dennoch sind den beiden Religionen das Problem der Gerechtigkeit und der Allmacht Gottes gemeinsam. Wenn Gott allmächtig ist, wie kann der Mensch dann frei und verantwortlich für seine Taten sein? Wenn Gott barmherzig ist, wie kann der Mensch dann wegen seines Verhaltens verurteilt werden? Es waren hauptsächlich zwei Schulen, die diese weiteren Aspekte betrachtet haben. Eine war die Schule der Mu'tazila („die sich fernhalten"), die andere bildete sich um das Denken von Ahmad ibn Hanbal (780-855).

Die Lehre der Mu'tazila glaubte, dass man die Wahrheit von den Behauptungen des Koran ausgehend von der Vernunft entdecken könnte. Ebenso bekräftigte sie, dass Gott eins ist und keine weiteren Merkmale hat, als dass er Alles und Absolut ist. Vermutlich hat er keine Eigenschaften, die mit denen der Menschen zu vergleichen wären, er hat keine Stimme, und deshalb kann der Koran auch nicht vom Alleinigen Gott diktiert sein.

Hingegen war die andere Schule skeptischer bezüglich der Möglichkeit, die Wahrheit mithilfe der Vernunft herauszufinden und befürchtete die unendlichen Streitigkeiten, zu denen unterschiedliche Interpretationen führen könnten. Das brächte das Risiko mit sich, die Gemeinschaft zu teilen. Deshalb musste man einfach nur den Koran und die sich daraus ergebenden Bräuche akzeptieren, die sich auf Mohammed selbst und seine Gefährten beziehen, die *Sunna*. Nach dieser Schule hat Gott Eigenschaften, die jedoch nicht mit den menschlichen vergleichbar sind und können daher nicht durch rationales menschliches Denken in Betracht gezogen werden. Die göttliche Gerechtigkeit ist unverständlich und mit der menschlichen nicht zu vergleichen. Diese Schule, deren Befürworter und Denker Ahmad ibn

Hanbal war, steht für den Ursprung der sunnitischen Fraktion in der muslimischen Welt.

Die „Rationalisten" Mu'tazilisten fühlten sich von den Resten angezogen, die zu der Zeit noch vom philosophischen Denken der Griechen im Vorderen Orient übrig waren. Sie verloren jedoch allmählich wegen ihrer „fideistischen" Haltung an Bedeutung. Sie hielten jedoch eine gewisse Beziehung zur schiitischen Strömung aufrecht (4, S. 59-65).

Innerhalb der „fideistischen" Schule entstand auch ein begrenzter Rationalismus (als eine Tendenz im „Kalam"), deren Hauptvertreter Al-Ashari (gestorben 935) war. Er befand, dass die Lehren des Koran bis zu einem gewissen Grad von der Vernunft nachgewiesen werden könnten. Jenseits davon steht das Mysterium, das man einfach anerkennen muss, auch wenn man es nicht verstehen kann. Gott ist der Schöpfer des ganzen Universums, des Guten und des Bösen, auch wenn er das Böse nicht will und die Menschen auffordert, gut zu handeln.

Diese Strömung versuchte, Streitereien zu vermeiden, die von den verschieden Argumenten kommen, und man musste die Deutungen und Regeln annehmen, die der Imam (Führer des gemeinsamen Gebets) oder der Kalif gab.

Eine weitere Schule, die in den ersten Jahrhunderten florierte, war die von Al-Matarudi, die sehr stark vom griechischen Denken und insbesondere vom Neoplatonismus und den Denkern des Urchristentums beeinflusst war. Ihr Grundschema konzentrierte sich auf die Antwort auf ein ernstes Problem: Wenn Gott gerecht ist, so verlangt dies, dass der Mensch frei und zu moralischen Taten fähig ist. Wenn Gott im Gegensatz dazu einige Menschen verurteilt, so würde er gegen jede Gerechtigkeit handeln. Seine Gegner, die sich dem Gebrauch der Vernunft in theologischen Fragen widersetzten, antworteten darauf, dass der Versuch, die Taten Gottes in menschliche Kategorien zu stecken Blasphemie sei und dass das göttliche Prinzip nicht den schwachen Ideen des Menschen entspräche.

In dem, was den Gebrauch der Vernunft in strikt religiösen Aspekten betrifft, lag für den Islam der Schwerpunkt auf dem Problem der Autorität in der islamischen Gesellschaft. Denn weder im Koran noch in den Worten des Propheten war je ein Hinweis darauf auszumachen, wie sie von der einen zur nächsten Generation zu übertragen sei. Und wenn die Autorität auf der einen oder anderen Art übertragen war, welche Konsequenzen hätte das? Um welche Art von Autorität ginge es dann? Es handelte sich also um eine politische Angelegenheit, die für alle islamischen Denker die wichtigste war. Das zu beantworten, hatten sie keinen weiteren Führer als ihre eigene Vernunft und die Interpretation, die sie für das Leben des Propheten und das Wort Gottes im Koran hatten.

Aus der unterschiedlichen Deutung, die man für den Ursprung der Autorität hatte, entstand die Zersplitterung des Islam, die bis heute anhält. Sunniten, Schiiten, Ismaeliten. Hiervon handelt das Kapitel bezüglich des Islam im eigentlichen Sinn. Dies war aber das erste Problem, dessen sich der Gebrauch der unabhängigen Vernunft annehmen musste.

Was auf der anderen Seite die Art betrifft, wie die Gesellschaft, die die Religion Mohammeds für sich beansprucht, zu funktionieren hat, formuliert der Koran den Willen Gottes nur allgemein. Die Überlegungen über die praktische und gesellschaftliche Bedeutung der Offenbarung im Koran wurden von Anfang an in den „Säulen" des Islam angestellt. Sie wurden im Kapitel bezüglich des Islam beschrieben, es war aber die erste Aufgabe, die von den Denkern erledigt wurde, die die in der Offenbarung aufgestellten Prinzipien für die Gesellschaft konkretisieren mussten. Im Laufe der Zeit wurde diese Aufgabe mit der Aufstellung der Gesellschaftsnormen in der Scharia weiter fortgeführt. Es gab eine Zeit, in der die Scharia ausschließlich war und für alle Bereich des sozialen Lebens angewendet wurde. Es gab jedoch keine Gesetzestexte im eigentlichen Sinn, wie im Rechtssystem des Abendlandes. Mit der Zeit richtete sich die Scharia immer mehr auf rein familiäre Angelegenheiten, wenn auch ihre Anwendung sehr vom jeweiligen muslimischen Land abhängt.

Wenn der Islam auch – mit Vorsicht – die Vernunft in dem Sinne brauchte, seine religiösen Grundlagen zu erklären, so war er weniger in der Lage, den unabhängigen Einsatz der Vernunft in anderen Aspekten zu fördern. Die Moslems eroberten eine Welt, in der eine Tradition der wissenschaftlichen Suche, der Unabhängigkeit der Erkenntnis und philosophischen Verhaltens vorhanden war, die von den Persern und insbesondere den Griechen kam. Der Islam hat alles das in sich aufgenommen, welches die Religion nicht direkt berührte und nicht die unabhängige Suche nach der Wahrheit als Erkenntnis des Mysterium des Universums bedeutete. Dafür hatte man bereits eine klare und kategorische Antwort im Islam.

Die praktischen Wissenschaften wie die Medizin und die mathematischen und astronomischen Kenntnisse wurden sicherlich akzeptiert und gefördert. Sie alle standen dem Islam nicht entgegen. Aber bei der Gestaltung der Wissenschaften entwickelten die Moslems, insbesondere die muslimischen Araber, weder große Mühen noch wichtige Beiträge für die Menschheit. Die heute benutzten Ziffern sind „arabische" Ziffern – d. h. sie stammen aus Arabien – sind nicht arabischen Ursprungs, sondern kommen aus Indien. Dennoch kamen sie durch arabische Mathematiker zu uns, insbesondere durch Al-Chwarizmi (800-847) und wurden von einem Mönch des spanischen Mittelalters – wie wir es in diesem selben Kapitel erwähnen – weitergegeben.

Es gab sicherlich Denker, die innerhalb der muslimischen Tradition blieben, sich aber bis an die Grenzen dessen heranwagten, welches man Heterodoxie hätte nennen können. Al-Farabi (gestorben 950) war der Bemerkenswerteste. In seiner Vision konnte der Philosoph zur Kenntnis der Wahrheit gelangen durch den unabhängigen Einsatz seines eigenen Intellekts. Der religiöse Mensch, der Prophet, gelangte zu denselben Konzepten, hatte aber eine Inspiration und goss die in Symbole, in Bilder und Allegorien, mit deren Hilfe er die großen Ideen der Verständnisfähigkeit des Volkes anpassen konnte.

Der erleuchtete Mensch, der fähig war einen intellektuellen Weg zu gehen und bis zur Entdeckung der Wahrheit gelangt war, kann leben, ohne die islamische Ordnung zu verletzen, hat aber eine Position größerer persönlicher Freiheit und ist den Riten und Reglementierungen der Scharia nicht untergeordnet.

DAS INTELLEKTUELLE ABENTEUER DES CHRISTENTUMS

Der Gebrauch der Vernunft als methodisches und beständiges Element ist außerordentlich wichtig für die christliche Reflexion über seinen eigenen Inhalt, der als „offenbart" angesehen wird. Die christlichen Dogmen wurden der Gemeinschaft „gegeben", sie wurden nicht durch wissenschaftliche Forschung als wissenschaftliche Wahrheiten erzielt.

Das Christentum behauptet, dass die Offenbarung in der Person Christus selbst und in seiner Lehre besteht. Im Verlauf der ersten Jahrhunderte begannen die christlichen Denker, über Bedeutung und Inhalt dieser Offenbarung Fragen zu stellen. Einige der erhabensten Geister der Kirche widmeten sich dieser Aufgabe. Das waren insbesondere die ersten vier Konzile, die ökumenisch oder universell genannt werden – im Gegensatz zu den regionalen Versammlungen verschiedener lokaler Kirchen –, ausgehend von dem von Nizäa (im Jahr 325) bis zu dem von Calcedonien (451). Bei ihnen wurde über die tief gehenden Probleme der christlichen Offenbarung diskutiert. Schließlich wurden dort Dogmen von den wichtigsten Aspekten wie die Dreifaltigkeit und die Einheit Gottes oder die Natur Christi definiert. Diese gehören zum Besitzstand des christlichen Denkens nicht nur in der katholischen Kirche, sondern praktisch in allen, die den christlichen Namen führen. Es handelte sich um eine Reflexion auf der Grundlage der zeitgenössischen Philosophie, die die hellenistische Philosophie war.

Damit stellt sich das Problem der Entwicklung des Dogmas innerhalb des Christentums. Schließlich begründet es sich in der späteren Reflexion über den Inhalt der Glaubenssätze. Dies bedeutet Vertrauen gegenüber dem Gebrauch der Vernunft, die angewandt werden kann, ohne die Bedeutung des Dogmas zu entkräften (77, S. 49-90).

Jeder Glaube und jede Lehre wird notwendigerweise in den Worten ausgedrückt, die der Zeit entsprechen, in der sie übermittelt werden. Vor allem, wenn die Worte sich auf Dinge beziehen, die im Prinzip jenseits des Verständnisses des menschlichen Geistes liegen, sind sie mit Inhalt beladen, der aus der Kultur und Philosophie seiner Zeit stammt. Dasselbe kann mit anderen Konzepten ausgedrückt werden, ohne die Bedeutung zu entkräften. Im Fall der katholischen Eucharistie zum Beispiel wird mit den Worten „dies ist mein Leib" ausgesprochen, dass das geweihte Brot kein Brot mehr ist, sondern sich in die „Substanz" gewandelt hat, die Christus ist, auch wenn die Wahrnehmung davon dieselbe geblieben ist. Das Äußere, das man sehen kann, ist Brot. Es sind die „Verständnisunfälle". Diese Ausdrücke sind der aristotelisch-thomistischen Philosophie entnommen und haben innerhalb des sprachlichen und gedanklichen Universums Bedeutung. In modernen Sinn besagt „Substanz" etwas völlig anderes und bezieht sich auf die chemisch-physikalische Struktur eines Objektes. Es geht also darum, dieselben Konzepte neu auszudrücken und dabei Ausdrücke zu benutzen, die für den Menschen verständlich sind. Der Begriff Substanz hat also bei seinem dogmatischen Gebrauch einen ganz anderen Inhalt und ist wahrscheinlich in unserer heutigen Kultur nicht zu verstehen. Man müsste also dieselben Konzepte mit anderen Worten neu ausdrücken. Das ergäbe eine „Entwicklung" des Dogmas bezüglich seiner Darstellung mit verständlichen Ausdrücken.

Es kann auch eine andere Entwicklung nehmen, die darin besteht, tiefer in eine Lehre einzudringen, um ihre Relevanz und – noch einmal – ihren Inhalt für eine bestimmte Kultur zu verstehen suchen. Das ist der Prozess, der sich bei den ersten Konzilen ergeben hat, als versucht wurde zu klären, was die Person Christus bedeutete, der einerseits ein wirklicher Mensch war, der auf den Wegen Galiäas gewandelt ist, sich andererseits als Gottes „Sohn" zeigte, als ein in gewisser Weise göttliches Wesen und der die Lehre seines Vaters brachte, also Gottes Lehre. Gäbe es in ihm also zwei verschiedene Wesen, das menschliche und das göttliche oder nur die zum göttlichen transzendierte menschliche? Handelte es sich um eine einzige Person mit zwei Wesen oder waren es zwei Personen, die mit derselben Zunge sprachen? In welchem Sinn konnte man sagen, dass er „wirklicher Gott und wirklicher Mensch" war? So kam man in den ersten Konzilen dazu, Begriffe zu definieren wie „Homoousios" (Wesensgleichheit), „Hypostase" (Person) und Substanz, Begriffe, die zur Erklärung verwendet wurden, dass trotz der Bestätigung von Christus als Gottessohn und dem Heiligen Geist als eine unterschiedliche Person es sich nicht um einen Polytheismus handelte, sondern um einen Monotheismus, in dem es drei verschiedene Personen mit besonderen Eigenschaften gibt, was ihre Aktion im Universum betrifft sie aber am selben göttlichen Wesen teilhaben.[43]

Ohne in dogmatische Definitionen abzuschweifen, die Vernunft hat viele Aspekte der Lehre erahnt. Der hl. Augustinus hat eine Analogie zwischen der Dreifaltigkeit in Gott und den menschlichen Fähigkeiten hergestellt. Gott ist ein einziger, der in drei verschiedenen Personen handelt, die bei der Schöpfung unterschiedliche „Funktionen" haben, in vergleichbarer Weise, wie der Mensch ein einziger ist, der mit seinen Fähigkeiten des Gedächtnisses, des Verständnisses und des Willens handelt.

Im Prinzip ist das menschliche Wort ungeeignet, um das Mysterium aufzuhellen, zu klären und ihm Sinn zu geben, das Grundlage des Lehrinhaltes ist. Deshalb kann man es mit neuen Wörtern und mit Begriffen der neuen Philosophien erklären, die jedoch auch ungeeignet sind. Es gibt also die Möglichkeit und die Notwendigkeit, es neu auszudrücken, ohne dabei den grundlegenden Lehrinhalt zu verändern. Auch wenn es um Mysterien geht, muss die Sprache verständlich sein und der Inhalt von Bedeutung. Deshalb gibt es eine „Entwicklung der Dogmen", das heißt eine dahin gehende Entwicklung, dass der Lehrinhalt der Religion verstanden und ausgedrückt werden kann.

Das Christentum hat sich immer als „universelle" – dies ist die Übersetzung der Bezeichnung „katholisch" – Religion verstanden, d. h., die Universalität ihrer Prinzipien sollte von jedweder Kultur akzeptiert werden können. Es handelt sich somit um eine Lehre, die für sich beansprucht, nicht zeitlich begrenzt, sondern ewig und „bis zum Ende aller Zeiten" von Bedeutung zu sein. Sie versteht sich also als universell gültig in ihren Prinzipien, als universelle Berufung in ihrer Umgebung und als dauerhaft gültig durch die Geschichte hindurch. Aus diesem Grund ist der Gebrauch der Vernunft diesem ganzen Prozess zugehörig und ohne sie kann diese Religion die Funktion nicht erfüllen, die sie sich über alle Zeiten zugeschrieben hat.

DER „TRIUMPH" DER VERNUNFT

Das Christentum ist wahrscheinlich die Religion, die dem Gebrauch der Vernunft den weitesten Raum gegeben hat, nicht nur, um sich zu erklären, bis wohin die in ihrer Lehre inhärenten Mysterien gehen können, wie es die ersten Kirchenväter gemacht haben. Anfänglich akzeptierte es insbesonders platonische Konzepte und die des Hellenismus und später das Denkschema von Aristoteles.

---

[43] Dieser Aspekt wird detaillierter im Kapitel über das Christentum in diesem Werk ausgeführt.

An dieser Stelle strahlt die, sagen wir, Verwegenheit des Christentums am meisten, wenn es nicht nur Konzepte benutzt, sondern auch der Vernunft als Instrument des vom Glauben unabhängigen Verstehens Raum gibt. Der Gipfel hiervon ist das Werk des hl. Thomas von Aquin und der Begründung dessen, welches man später die Scholastik nennen wird. Die Vernunft hat ihre eigenen Gesetze und ihre eigenen andersartigen Herangehensweisen zur Erkenntnis des Glaubensinhaltes. Aber sie konvergiert schließlich mit ihm.

Für Thomas ist der Gebrauch der Vernunft durch die Ordnung in der Natur begründet, nicht durch die Erlaubnis von der Kirche. Gott hat dem Menschen den Verstand gegeben und ist der Herr über die Wissenschaft *(Deus Scientiarum Dominus)*. Darauf gestützt befreit er das Verständnis vom rein Religiösen und öffnet es für die Empirik und die rationale Analyse und daher der wissenschaftlichen Entdeckung der Natur.

Es gibt somit zwei Perspektiven des Verstandes und zwei Ebenen des Verständnisses. Sie sind unterschiedlich, nicht gegensätzlich. Sie widerstreiten nicht, sie ergänzen sich. Die Verwegenheit geht so weit, dass sie der unabhängigen Vernunft freien Lauf gibt, damit sie die Mysterien Gottes und des Lebens ergründet, etwas, welches noch nie in irgendeiner Religion geschehen war. Die Moral ist nicht nur eine Vorschrift religiösen Ursprungs, sondern gründet sich auch auf ein „natürliches Recht", d. h. auf das Verständnis der Beziehungen zwischen den Individuen und innerhalb der Gesellschaft, die vom menschlichen Geist geschätzt und bewertet werden können. Die Gebote des Gesetzes Gottes sind weiterhin gültig. Es gibt aber darüber hinaus einige „Gebote", die das Verhalten bestimmen, die über die objektive Natur der Dinge hinausgehen. Die Moralprinzipien sind Prinzipien, die für die Vernunft einsehbar sind.

Die beiden wichtigsten Werke aus seiner Hand sind deshalb genau derart, dass das eine den Weg zeigt, den die Vernunft vorzugsweise geht, *Summa Contra Gentiles,* und das andere den Glaubensinhalt erklärt, *Summa Theologica*. Das erste Werk richtet sich theoretisch „gegen" die Heiden, d. h. gegen die Nicht-Christen, obwohl in Wirklichkeit seine Zuhörer Christen sind, denen er die Größe einer Religion zu vermitteln versucht, von der einige Grundprinzipien allein mit der Vernunft entdeckt werden können. Deshalb richtet es sich an Nicht-Christen, um ihnen, um es so auszudrücken, das „Vernunftsmäßige" des Christentums zu beweisen, d. h. die Tatsache, dass seine Größe allein mit der Vernunft eingeschätzt werden kann. Es ist nicht nötig, sich ausschließlich auf Betrachtungen zu stützen, die aus dem Glauben kommen. Das zweite Werk hingegen will mit dem Gebrauch der Vernunft die christliche Lehre erklären, und wie sie sich von den Schriften und der Lehre der ersten christlichen Denker unterscheidet. Thomas bevorzugt den Gebrauch der

Vernunft nicht nur im Inhalt seiner Rede, sondern in seiner ganzen Art, die Probleme anzugehen. Dabei benutzt er eine Methode von transparenter, rationaler Klarheit. Die Methode seiner Argumentation kommt von Aristoteles, speziell von dessen *Metaphysik*. Aber Thomas führt sie zur unvergleichlichen, logischen Klarheit.

Jeder Paragraf besteht aus vier Teilen. Im ersten wird das zu besprechende Problem kurz und präzise dargestellt, z. B.: „Kann man die Existenz Gottes beweisen?" Der zweite Teil erläutert die Argumente in den einem und dem anderen Sinn, d. h. indem der ursprüngliche Vorschlag bestätigt oder verneint wird. Der dritte Teil stellt die Lösung vor, die Thomas für die auf die Frage passendste hält. Der vierte Teil erklärt und beantwortet die zum angenommenen Vorschlag gegenteiligen Argumente.

Sein logisches Denken ist überzeugend. Schauen wir uns beispielsweise an, wie er argumentiert, dass die Wahrheit existiert, d. h., dass wir die Wahrheit erkennen können. „Es ist offensichtlich, dass die Wahrheit existiert, denn wer ihre Existenz negiert gibt zu, dass sie existiert, denn, würde die Wahrheit nicht existieren, wäre es wahr, dass die Wahrheit nicht existiert, und es ist klar, dass, wenn etwas wirklich ist, existiert notwendig auch die Wahrheit" (79. Bd. I, Frage 2, Art. 1, S. 315).

Vom Gesichtspunkt einer Religion aus gesehen ist es unerhört und von großer Kühnheit, der Vernunft zu erlauben, nicht nur die Natur zu erkunden, sondern auch Gott selbst. Man kann mit der Vernunft die Existenz Gottes beweisen sowie die Notwendigkeit selbst seiner Existenz. Man kann mit der Vernunft dazu kommen, einige Merkmale des Göttlichen zu finden: allwissend und allmächtig zu sein, Schöpfer des Universums zu sein. Das alles entwickelt Thomas und stellt fünf Beweise für die Existenz Gottes auf. Diese Beweise wurden nicht universell anerkannt, nicht einmal von den christlichen Denkern, sie unterstreichen aber das Vertrauen auf die menschliche Logik, um die Mysterien der Existenz zu entdecken.

Im Paragraf 3 der Frage 2 wird gefragt, ob Gott existiert. Erst einmal antwortet er, dass er nicht existiert unter anderen Gründen deshalb nicht, weil, wenn Gott existierte, müsste er unendlich sein (und unendlich gut), und deshalb könnte das Böse nicht sein. „Weil es aber das Böse in der Welt gibt, existiert Gott nicht" (79, S. 320). Dies ist vermutlich das zutiefst menschliche Argument, um sich gegen Gottes Existenz aufzulehnen. Das führte viele große moderne Schriftsteller dazu, Gott zu negieren. Das veranlasste Albert Camus zu existenziellen Pessimismus, den er in *Der Fremde* ganz klar darstellt. Diese moderne Haltung hatte Thomas von Aquin im 13. Jh. bereits veranschaulicht – und auf seine Weise bestritten.

Es geht hier nicht darum die fünf Argumente, die Thomas anführt, um die Existenz Gottes zu beweisen, zu wiederholen oder zu erklären. Es soll genügen, sie zu nennen, um die Größe und Tiefe seines Denkens zu ermessen und die Kühnheit einer Religion, die sich für den Gebrauch der Vernunft bis zu dem Punkt öffnet, die Grundlagen ihrer eigenen Existenz zu definieren. Der „erste Weg", wie er es nennt, beweist die Existenz Gottes damit, dass er der erste Beweger ist; der zweite, weil er die Wirkursache ist; der dritte wegen der Existenz möglicher Wesen, d. h. derer – das ganze Universum –, die sein oder nicht sein könnten; der vierte aufgrund der Vollkommenheitsstufe der Kreaturen, die ein hohes Maß an all dem erbringen, welches Gott ist; den fünften nennt er: „die Weltregierung", d. h., wenn das gesamte Universum von Gesetzen geleitet wird, so musste es jemanden geben, der diese Gesetze gemacht hat.

Das Werk des hl. Thomas entstand nicht durch eine Urzeugung. Er war vielleicht der Größte in einer langen Reihe von Geistlichen und anderen Denkern, die die akademische Kultur förderten, die zur Grundlage allen Denkens im Abendland wurde. Und mit der Renaissance und der Epoche der Aufklärung der modernen Kultur Form verleihen sollte.

Der heilige Thomas war erst durch die Gründung der Universitäten möglich, ein einzigartiges Phänomen in der Welt, das im Jahr 1150 begann und seinen ersten Glanz bereits im Jahr 1250 erlebte, genau in der Zeit, als Thomas in Paris lehrte. Die Universitäten nahmen allmählich als eine Weiterentwicklung der Domschulen Gestalt an und die in den wichtigsten Kirchenzentren gebildet wurden. Sie entstanden dank einer Diversifizierung der europäischen Gesellschaft. Zu den Mönchen und Feudalherren kamen die Ritter – Adelige von zweitem Rang – und die Bürger aus den Großstädten sowie die Handwerker mit ihren Zünften, die darüber bestimmten, wie die verschiedenen Gegenstände herzustellen seien und über die Voraussetzungen, um als Mitglied anerkannt zu werden. Der Reichtum der Gesellschaft vergrößerte sich und damit wurde ein Überschuss erzeugt, der finanzielle Mittel zu Verfügung stellte, um die Arbeit der Denker und eine Öffnung zu unterstützen, die nicht nur die Unterrichtung des Glaubens im eigentlichen Sinne erlaubte, wie es in den islamischen Schulen derselben Zeit üblich war. Die Universitäten richteten sich anfänglich in Handelszentren ein, in denen der Reichtum angehäuft war, und in Verwaltungszentren, die Talente verlangten, die die Verantwortung des Regierens auf sich nehmen konnten.

Die mittelalterliche Lehre bestand aus dem *Trivium*, das heißt aus drei Fächern, die, die den Studenten den Gebrauch der Logik und der schönen Sprache (Grammatik, Logik und Rhetorik) lehrte und das *Quadrivium*, das der eigentliche wissenschaftliche Aspekt war und Arithmetik, Geometrie, Astronomie und Musik enthielt. *Universitas* bezog sich ursprünglich auf die Gemeinschaft der Studenten und Professoren und nicht auf die „Universalität" des Wissens, das dort vermittelt wurde. Diese Bedeutung sollte sich erst später entwickeln.

Es ist nicht uninteressant zu sehen, wie die Zahlen in das mittelalterliche Schulsystem eingeführt wurden, deren Nutzung zur Grundsubstanz der modernen Mathematik und Buchführung wurde, die die Basis unserer Zivilisation sind. Wie wir es in den vorigen Paragrafen gesehen haben, die sich auf den indischen Ursprung unserer „arabischen" Ziffern beziehen, befindet sich das erste Dokument, das dies bezeugt, in einem Kloster in Spanien. Ein außerordentlich wacher Wandermönch sah und kopierte sie. Mit der Zeit wurde aus ihm der Papst Sylvester II., der den Gebrauch dieser Ziffern anstieß, um die grundlegendsten mathematischen Operationen zu ermöglichen. Es ist also einem Papst zu verdanken, dass die Ziffern, die wir heute gebrauchen, verbreitet wurden. Diese Ziffern wurden anfänglich vor allem von Händlern gebraucht, um die Kontrolle über ihre Operationen auszuüben. Schließlich wurden sie von einem weiteren Mönch systematisiert. Fra Luca Paciolo schrieb 1494 das erste didaktische Buch über Arithmetik und lehrt darin Techniken des Addierens, Multiplizierens, Brüche zu behandeln [...] und schaffte die Grundlagen für die doppelte Buchführung, die auch heute noch die Basis für die Buchführung und die Finanzen sind.[44]

Vom Jahr 1290 an reifte das Konzept der Universität als ein Ort des offenen und freien Denkens heran, des nach der Wirklichkeit forschenden Denkens. Man begann auch, sie *Studium Generale* zu nennen und bezeichnete damit die Universalität des Wissens, das dort vermittelt wurde und nicht die Gemeinschaft von Personen. Sie schlossen die vier wichtigen Fakultäten mit ein, die Theologie, Philosophie, Jurisprudenz und Medizin. Die neuen Universitäten, die für jede Darstellung des Wissens offen waren, erhielten ihre Kategorie durch päpstliche Bullen. Sie hatten eine große Autonomie bei der Auswahl der Meinungen, die gelehrt wurden (80, S. 390-399).

In der Einführung des vorliegenden Werkes wird der Sieg der Vernunft und der Wissenschaft speziell im 17. und 19. Jh. detaillierter behandelt. Im Allgemeinen stellte sich das Christentum an den Rand dieser Entwicklung, die in seiner Geschichte ihren Ursprung hatte. Kopernikus war ein Geistlicher, der Bischof werden sollte, Galileo ein treuer Gläubiger wie Descartes auch. Aber man brach mit der Tradition. Wie Capella sagt: „Es ist eine Tatsache, dass der Katholizismus traditionell die Forschung auf der Suche nach der Wahrheit mit Hilfe der Vernunft gefördert hat; seine dogmatischen Erzeugnisse und seine intellektuelle Tradition sind nicht verständlich ohne die Bezugnahme auf die Ausübung der philosophischen Vernunft" (90, S. 101)

---

[44] Alles dies wurde in der Ausstellung „Das Leben der Zahlen" in der Nationalbibliothek Spaniens anlässlich des Internationalen Mathematikerkongresses erklärt. Madrid, 8. Juni bis 10. September 2006.

Vor Kurzem ist man zu einer Art von Verbrüderung des Religiösen, das immer eine ganzheitliche Sicht des Seins hatte, mit der modernen Wissenschaft zurückgekehrt, die in ihrer Herrlichkeit die vollständige Erklärung des Seins und des Geschehens für sich beanspruchte. Beide haben die Notwendigkeit gesehen, sich zurückzunehmen und andere Wege zu suchen, um die Rauheit der Vergangenheit zu glätten. Beide, der Glaube und die Wissenschaft, sehen sich mit der grundsätzlichen Lage der Menschen konfrontiert, sich der Endlichkeit und der Allgegenwart eines Mysterium zu stellen, das nicht vergeht.

Seitens der katholischen Kirche hat es eine Annäherung in der Enzyklika „Fides et Ratio" des Papstes Johannes Paul II. gegeben. Darin werden dem Glauben und der Vernunft drei Aufgaben zugewiesen, nach dem Sinn der Dinge zu suchen; die Erkenntnis der objektiven Wahrheit zu erlangen und von der Betrachtung des Phänomens des Wahrnehmens, zu seinen Grundlagen zu kommen (90, S. 102-3).

Papst Benedikt XVI. hielt eine Rede, in der er meisterhaft die Beziehung zwischen Religion und Vernunft analysierte.[45] Das geschah in der Universität Regensburg, wo er vormals Professor war. Er erzeugte einen Sturm der Entrüstung, als er an einige Worte eines byzantinischen Kaisers erinnerte, mit denen dieser die irrationale Intoleranz des Islam missbilligte. Der Papst hätte vielleicht nuanciertere Worte verwenden sollen, um keine so heftigen Reaktionen hervorzurufen. Aber er beharrte auf dem grundlegenden Punkt, dass die Vernunft und der Glaube nicht getrennter Wege gehen dürfen. Das ist christliche Tradition.

---

[45] Es handelte sich um eine Vorlesung, die an der Universität Regensburg gehalten wurde und die eine riesige Resonanz bekam, weil sie auch Aspekte der Gewaltanwendung zur Verbreitung und dem Erhalt der Religion behandelte.

Kapitel 9

FANATISMUS UND GRUPPENIDENTITÄT

Die integrative Kraft der Religion zeigt sich nicht nur beim Individuum, dem sie Konzepte und Werte anbietet, die sein Leben orientieren und seiner Existenz Sinn verleihen. Ihre ureigene Macht ist dermaßen groß und reicht so tief an die Wurzeln des menschlichen Wesens, dass sie häufig zum Identitätsfaktor der Gruppe wird, in der sich das Individuum bewegt und wird zum wesentlichen Teil der gesellschaftlichen Identität.

Diese integrative Kraft hat mit einer Tendenz zum Fanatismus und dem Aufzwingen moralischer Ansichten zu tun, ein Phänomen, das praktisch in allen Religionen auftritt. John Stuart Mill (M13, Kap. I), sagt, wenn er von der Spaltung des Christentums in Europa spricht: „Der *Odium theologicum* eines ehrlich Glaubenden gibt uns ein unmissverständliches Beispiel für die moralische Empfindung des Einzelnen. Die ersten Menschen, die das Joch dessen brachen, welches man ‚universelle Kirche' nannte, waren kaum bereit, in ihrer Mitte unterschiedliche religiöse Meinungen anzunehmen, ganz wie die Kirche selbst. Aber als die Hitze des Gefechts ohne den kompletten Sieg für irgendeine Gruppe vorbei war, sah sich jede Sekte oder Gruppe auf das beschränkt, was sie erreicht hatte, sie waren Minderheiten. Im Bewusstsein, dass sie nicht zur Mehrheit werden konnten, sahen sie sich genötigt, von denen, die sie nicht bekehren konnten, die Erlaubnis zu erhalten, unterschiedliche Meinungen zu haben". Das bedeutet, dass die Minderheiten für die Verteidigung ihrer Freiheit kämpften, verschiedenen Meinungen haben und praktizieren können. Der freiheitliche Geist kommt aus den Gruppen, die keine Möglichkeit mehr haben, ihre eigenen Überzeugungen durchzusetzen.

Soweit wir verstehen können, haben alle Religionen – mit Ausnahme einiger asiatischer Religionen – in ihrem Inneren eine starke Tendenz zur Intoleranz. Dieses kommt vom Geist selbst der Religionen, wie er von den Gläubigen wahrgenommen wird und im Allgemeinen vom Klerus auch gefördert wird. Die Religion gibt dem Menschen Sinn und Grund für seine Existenz. Bei der Religionsausübung erhält das Leben des Menschen einen Sinn. Eine persönliche Anekdote kann diesen Aspekt illustrieren. Als ich vor Jahren mit einem guten amerikanischen Freund durch die Berge wanderte, fand ich ihn beim Gespräch besonders abwesend. Als ich ihn nach dem Grund fragte, sagte er mir, dass er soeben einen Brief von seiner Mutter erhalten habe, in dem stand, dass sein Bruder den christlichen Glauben und die katholische Kirche verlassen hatte. Mein Freund, ein zutiefst gläubiger Mann, sagte: „Wenn ich den Glauben verlöre, so würde ich Selbstmord begehen". Der Glaube ist wichtiger als das Leben. Er war die Grundlage seiner Existenz. Ohne ihn gäbe es keinen Grund zu leben. Diese Haltung trägt den Keim der Intoleranz in sich. Zu akzeptieren, dass andere unterschiedliche Ideen haben, bezeugt die fehlende Festigkeit der eigenen Überzeugungen. Die fehlende Festigkeit ist der schwankende Boden, auf dem der Zweifel groß werden kann. Die Toleranz anderen gegenüber würde einen über den Sinn der eigenen Existenz zweifeln lassen. Deshalb kann sie nicht erlaubt werden.

Die Religion gibt dem Menschen eine Orientierung dafür, wie er sich auf allen Ebenen zu verhalten hat, und zwar vom persönlich Intimsten innerhalb seiner Familie bis zum Gesellschaftlichen. Die Religion gibt dem menschlichen Wesen Stärke, um dem Bösen und den Problemen entgegenzutreten, mit denen jeder im Lauf seines Daseins zu tun bekommt. Sie gibt ihm Geduld und Gelassenheit, das anzunehmen, welches er nicht verhindern kann. Die Religion lehrt ihn den Sinn dessen, welches das schlimmste aller Ereignisse für den Menschen ist: der Tod.

Insofern ist die Religion „ganzheitlich". Sie umfasst das ganze Leben des Individuums und der Gesellschaft. Die Tatsache, andere Erklärungen zu erlauben, die genauso „ganzheitlich" sind, setzt sie dem Zweifel aus. Deshalb ist die Toleranz im Prinzip ein außerordentlich erschreckendes Element. Die gesamte Konzeption des Gläubigen steht und fällt mit der Erklärung, welchen Sinn seine Existenz und seine Aufgabe haben. Nur mit großer Furcht können andere Konzeptionen zugelassen werden, deren bloßes Vorhandensein bereits bedrohlich ist. Es handelt sich um eine Bedrohung, schlimmer als Krieg oder Pest, sie ist schlimmer als der Tod. Sie gibt dem Leben Sinn. Im Prinzip gibt es keine Macht, die diese absolute noch überschreiten könnte.

Vor einer dermaßen schlimmen persönlichen und gesellschaftlichen Bedrohung tragen die Religionen den Samen der Intoleranz in sich. Die Intoleranz bekräftigt die Tiefe und den Reichtum der Botschaft für jeden. Man kann nicht anzweifeln, was der eigenen Existenz Sinn gibt. Wenn man den anderen die Freiheit zubilligt, anders zu denken, schließt das den Zweifel über die eigenen Konzeptionen mit ein, die der Mörtel für die eigene Existenz sind. So kommt es, dass die Toleranz, wie es John Stuart Mill passend ausgedrückt hat, nur von einer Religion akzeptiert wird, die eine Minderheit ist oder geworden ist und genau deshalb zur Toleranz anderen Meinungen gegenüber aufruft, um ihren eigenen Fortbestand zu verteidigen. Ich toleriere dich, damit du mich tolerierst.

Aus diesem selben Grund tendieren die Religionen normalerweise dazu, ihre Kraft zu konkretisieren und zu verdichten, wenn sie von der gesamten Gesellschaft anerkannt sind. Das gibt ihnen Festigkeit. Diese Festigkeit ist außerordentlich befriedigend für die Anhänger, die deswegen keinem existenziellen Zweifel mehr unterworfen sind.

Ein Beispiel hierfür ist das Kriegsgeschrei der Engländer und Franzosen während des Hundertjährigen Krieges. Sie alle waren Mitglieder derselben Heiligen Katholischen Kirche und alle waren Anhänger der großen Glaubenssätze und Prinzipien des Christentums. Als sie mit ihren Lanzen, Bögen und Hellebarden in die Schlacht gingen, stimulierten sie die Schlacht und erbaten gleichzeitig und in unpassender Weise die Fürbitte eines Heiligen. Die Engländer riefen „für den hl. Georg", die Franzosen „für den hl. Denis" und die einen stürmten auf die anderen ein, genauso wie die Spanier mit ihrem Schlachtruf „Santiago y cierra, Espana" *(Jacob und schließ zu, Spanien)*. Sicherlich hatten die Heiligen im Himmel schwerwiegende Probleme damit, von dort für den einen oder den anderen seiner im Krieg befindlichen menschlichen Kunden Partei zu ergreifen.

Deswegen sind alle Religionen Gruppenreligionen und haben Riten, die bei ihrer Ausübung die Mitglieder vereinen und in die Gesellschaft integrieren. Die ganze Gemeinschaft führt die rituellen Gesten aus, die sie Gott oder den Göttern näher bringen. Ihre Natur kann unterschiedlich sein. Im Christentum und speziell in seiner katholischen Version handelt es sich hierbei um die Sakramente, durch die die göttliche Gnade kommt. Sie tröstet und stärkt durch die Geste, die das Sakrament spendet, „ex opere operato". Im Islam ist es das gemeinsame Gebet, im Hinduismus die religiösen Feste, die dem Volk das Gefühl von Einigkeit geben. Im japanischen Shintoismus ist es die perfekte Ausführung schöner Riten, die mit Staunen von den umstehenden Gläubigen betrachtet werden.

DER ISLAM

Im Islam gibt es keinen Klerus, der sakramentaler Mittler zwischen Gott und Mensch wäre. Der individuelle Mensch findet in seinem Gebet Zugang zu Gott. Das Gebet aber ist außerordentlich gemeinschaftlich: fünfmal am Tag mit den Männern, die nach Mekka gerichtet sind und eine Heerschar bilden, in Reih und Glied von imponierender Kraft. Das Fasten im Monat Ramadan ist auch gemeinschaftlich, wenn das Leben der ganzen Gesellschaft seinen Rhythmus ändert und sich verwandelt. Es ist bemerkenswert zu sehen, wie Männer in muslimischen Dörfern zahlreicher Länder hinausgehen, um Fahrzeuge und Passanten beim Untergang der Sonne anzuhalten, um sie einzuladen, mit der ganzen Gemeinschaft das Ende des Fastentages zu feiern. Man lädt alle ein, weil alle, Fremde wie Nachbarn, zum

Islam gehören. Sie werden gerufen, um nach dem opfervollen Fasten die Freude an einer gemeinsamen Mahlzeit zu teilen. Der Islam ist außerordentlich gruppenorientiert. Er festigt die Gruppe und ist deshalb im Prinzip außerordentlich intolerant. Die Gruppenpraktiken sichern die Festigkeit des Glaubens in den Gläubigen auf sakrale Weise, ähnlich wie das Singen von Nationalhymnen während die Fahnen wehen. Kollektive Emotionen geben der religiösen Gruppe das Gefühl von Einheit oder, wie in diesem Beispiel, einer Gruppe von Bürgern eines Landes.

Daher stammt wohl die Tendenz, das Gesellschaftliche mit dem Religiösen zu vermischen. Die Verwirrung ist total, wenn die Gesellschaft ausschließlich von ihren politischen und administrativen Aspekten her verstanden wird – Kontrolle, Definition der Richtung, Verwaltung.

Der Moslem, der seinen Glauben individuell im Innern seines Heimes und im Heiligtum seines Bewusstseins ausübt, wird sich schutzlos fühlen und die Einsamkeit wird es ihm schwer machen, seinen Glauben beizubehalten. Wichtige Bestandteile des Islam sind das Gebet, das Fasten, die Beziehung zwischen den Geschlechtern, die alle von Gemeinschaftlichkeit gekennzeichnet sind. Wenn diesen Praktiken der Boden entzogen wird, der dem individuellen Glauben Konsistenz und Kraft gibt, so wäre der Moslem dem Risiko ausgesetzt, die Festigkeit seines Glaubens zu verlieren.

Er müsste auf das weiche und tiefe Gruppengefühl verzichten, wenn man den Ausrufer hört, wenn er vom Minarett aus die Gläubigen aufruft, seine Beschäftigung fünfmal täglich zu unterbrechen, um sich gemeinschaftlich in Richtung Mekka aufzustellen.

Der eindeutigste Fall von Vermischung von Gesellschaft und Religion ergibt sich im Islam. Deshalb ist sie die intoleranteste aller Religionen.

Deshalb ist die Möglichkeit quasi undenkbar, dass man zu einer Gesellschaft kommen könnte, in der die gläubigen Moslems ihre Religion als wesentlich individuelle Erfahrung leben könnten, als ein Phänomen des privaten Lebens. Die gemeinschaftliche Praxis verstärken und sie gleichzeitig vom Rest des gesellschaftlichen Lebens abzukoppeln, wäre eine schwierige Aufgabe. Das steht dem islamischen Wesen und der Tradition entgegen; dem Islam, dessen Ideal immer – vom religiösen Gesichtspunkt aus – der Gottesstaat war und ein Gesetz, das ohne Unterscheidung die verschiedenen Aspekte des menschlichen und kollektiven Lebens vorschreibt, die *Scharia. Uma* – die islamische Gemeinschaft – ist ein dermaßen wichtiger Begriff, dass sie ein wesentlicher konstituierender Teil der Religion zu sein scheint. Der Moslem erhält seine Glaubenskraft genau aus der kollektiven und teilhabenden Eigenschaft der religiösen Praktiken (P9, S. 19).

Gleichwohl ist der Islam einer der tolerantesten Religionen. Der Koran selbst schießt das Prinzip mit ein, dass niemand in religiösen Dingen zu nötigen sei. Bei seiner Ausbreitung war der Islam gegenüber den Religionen des „Buches" Christentum und Judentum tolerant, weil sie zumindest teilweise wie der Islam die Heiligen Schriften verehrten, die der Islam auch als seine ansah. Das war also eine Toleranz, die sich auf die gemeinsame Lehre der drei Religionen gründete. Der Islam war einfach der Höhepunkt der jüdischen und christlichen Tradition, betrachtete sie am Anfang aber nicht als Feinde. Bei der ersten Verbreitung des Islam wurden diejenigen, die sich weigerten die muslimische Praxis zu übernehmen, einfach verpflichtet, einen speziellen Tribut zu bezahlen, konnten aber weiterhin ihre Religion ausüben, ohne dabei gestört zu werden. Allerdings standen ihnen die Türen für ehrenvolle Karrieren und speziell für die Führung öffentlicher Angelegenheiten nicht offen.

Ein wesentlicher Teil seiner Kraft stützt sich auch auf säkuläre Traditionen, die über die religiösen Praktiken hinaus gehen. Der bemerkenswerteste Fall ist vermutlich der von Saudi Arabien, wo die Strenge seines Integrismus in den alten beduinischen Gebräuchen bezüglich der Ehre verankert ist. Diese gehen weiter als die Scharia. Ein beispielhafter Fall ereignete sich 1978, als an einer Haltestelle in Dschidda die Prinzessin Mescal durch einen Schuss ermordet wurde. Sie war die Nichte und Enkelin des Königs Khalid. Seine Familie hatte die Jugendliche mit einem viel älteren Mann verheiraten wollen. Vor dieser Bedrohung versuchte sie, mit ihrem Liebhaber ins Ausland zu flüchten, wurde aber am Flughafen aufgegriffen. Der König wollte einen diplomatischen Weg finden und sie des Landes verweisen, ohne sie der öffentlichen Demütigung eines Richterspruches der Scharia auszusetzen. Der Großvater der Prinzessin, Bruder des Königs, widersetzte sich dem und um die Ehre seiner Familie zu retten, ließ er seine Enkelin kaltblütig ermorden.

Es fehlt an Barmherzigkeit in der Wüste. Härte wird verlangt. Das Wichtigste ist die Ehre. Diese besteht im unerbittlichen Besitz der Frau. In der beduinischen Gemeinschaft der Wüste hat die Frau keinerlei Rechte wie etwa das Bürgerrecht. Sie ist immer weit geringeren Alters. Die langen Abwesenheiten der Ehemänner eröffneten die Möglichkeit zur Untreue, die, koste was es wolle, vermieden werden musste. Ihr Vater, Ehemann oder Sohn sind die, die für sie entscheiden müssen (B4, S. 101-103). Es gibt zahlreiche Fälle von westlichen Frauen, die Moslems heiraten und dann in deren Ländern leben. Wenn sie sich nicht wehren, so müssen sie ihren ausländischen Pass abgeben und verlieren damit jeden Schutz und jede Möglichkeit, eigene Entscheidungen zu treffen. Die Gruppe absorbiert sie und tilgt ihre Individualität. Der Koran und das Leben Mohammeds stellten eine Vermenschlichung des furchtbaren Stolzes der Wüste dar.

HINDUISMUS, JAINISMUS, PARSIS, SIKH

Der Hinduismus als formende und integrierende Religion Indiens ist ein bemerkenswerter Fall. Uma Bharti, Führerin der hinduistischen Partei BJP behauptete, dass die Zerstörung der muslimischen Moschee in Ayodha durch hinduistische Fanatiker nichts mit der Religion zu tun hätte, sondern ein Problem nationalen Respekts und Identität sei.

Von dieser Haltung schöpft sich die Kraft des Hindutva, ein System von nationalistischen Lehren, die die Inder dazu aufrufen, stolz auf ihre Traditionen zu sein und die ihrer muslimischen Landsmänner abzulehnen (die 12 % der indischen Bevölkerung ausmachen). Ihre „Plattform" enthält das Verbot, Rinder zu töten sowie das Verbot der Verpflichtung, einem einheitlichen Bürgerlichen Gesetzbuch zu folgen. Das bedeutet, dass die muslimischen Bräuche nicht akzeptiert werden. Wörtlich verleugnet es nicht, dass Indien ein säkulärer Staat ist. In der Praxis aber handelt es sich um die Vereinigung von Religion und Gesellschaft. Religion nicht in ihren dogmatischen Aspekten betrachtet, sondern in der Gesamtheit ihrer religiösen Praktiken, die der Gesellschaft Identität geben.

Sir Mark Tully hat 2003 im Fernsehen der BBC ein Programm über Indien als „Hinduistische Nation" gestaltet, in dem argumentiert wird, dass Religion und Spiritualität in Indien ein dermaßen wesentlicher Faktor seien, dass, sie aus der Politik auszuschließen, zu einer schweren Schieflage führen würde.

Die religiösen Überzeugungen, die ihre Stärke durch das Gruppenverhalten in Indien erhielten, werden sehr deutlich bei der bekannten Rebellion des Heeres in den Jahren 1857-1858 gegen die Engländer. Die *Sepoys* oder die indischen Soldaten, die im englischen Heer dienten, meuterten und die Rebellion brach aus. Als Folge einer der vielen kleinen Kriege mit Fürsten (Maharadschas) und wegen der Absetzung des mächtigsten von ihnen, Awadh, wurde in Bengalen eine große Not ausgelöst. Der Hof des Fürsten wurde aufgelöst sowie auch sein Heer. Die Arbeitslosen bevölkerten alle Wege. Um die Menschen zu beruhigen, begannen die Engländer Brot zu verteilen. Diese weise und humanitäre Entscheidung wurde im Sinn der indischen religiösen Kultur interpretiert. Die Engländer geben allen das Gleiche zu essen, womit klar ist, dass sie das Kastensystem abschaffen wollen, das die Struktur Indiens ausmacht. „Alle essen gemeinsam, und das englische Brot wird an alle verteilt" (V3, S. 235). Dazu kam, dass die Engländer soeben das Gesetz geändert hatten, das den Witwen jetzt erlaubte, neu zu heiraten. Das Salz und der Zucker, die sie den Soldaten gaben, waren sicherlich mit Knochen von Schweinen und Rindern verschmutzt. Als Gipfel begannen die Soldaten ein neues Gewehr zu benutzen, das Enfield, das mit einer Mischung von Schweine- und Rinderfett geschmiert werden musste und von dessen Patronen sie den oberen Teil abbeißen mussten, bevor sie losgeschossen wurden. Dieses alles ließ das Gefäß der Toleranz überlaufen, Toleranz, die die Sepoys gegenüber ihren ausländischen Führern bis dahin gezeigt hatten.

In ihrer Wahrnehmung wollten sie mit der Religion, die in allen kulturellen Elementen präsent war, ein Ende machen. Dies konnte nicht angerührt werden, und so begann die Rebellion. Ein einziger indischer Soldat, Pande genannt, begann die Aufruhr und schrie, dass, wer in diese neuen Patronen beißen würde, zum Ungläubigen würde. Die Rebellion breitete sich aus, und ihr wurde nach vielen Schlachten mit Mühe Einhalt geboten. Schließlich siegten die Europäer über die Meuterer. (J1, S. 66-81).

Die Kultur Indiens ist ihre Religion. Eine Religion ohne Glaubensbekenntnis und ohne Institutionen, die aber in das ganze Leben einer immensen Gesellschaft eingedrungen ist.

Es wurde gesagt, dass der Hinduismus nicht wirklich eine Religion sei, sondern eine Kultur, darüber hinaus eine Kultur, die auf den indischen Subkontinent geografisch begrenzt ist. In dem Sinne sind Religion und Gesellschaft nicht nur dasselbe, sondern die Religion ist Daseinsgrund und Quelle der gesellschaftlichen Identität (N4).

In einigen Gruppen wie die Jainisten, Sikhs und Parsen, die von der Hauptströmung des Hinduismus getrennt sind, von der sie aber einige Eigenschaften beibehalten haben, gibt es vielleicht eine größere Einheit von Gesellschaft und Religion. Sie sind den anderen gegenüber tolerant, wenn wir dem Argument von Stuart Mill folgen. Genau diese Gruppen haben erfolgreiche Minderheiten in Indien gestellt. Aber alle kennzeichnet ein wichtiger Aspekt: sie waren Minderheiten in einem riesigen Land und mussten sich durchsetzen, um ihre Identität zu erhalten. Die Parsen bilden das große unternehmerische und kaufmännische Bürgertum insbesondere in Bombay. Die Jainisten haben eine wichtige Rolle bei den Berufstätigen und Geschäftsleuten Indiens gespielt. Die Sikhs haben sich als starke Soldaten etabliert und deren Image wurde in der ganzen Welt bekannt.

DER BUDDHISMUS UND SEINE SELTSAME MISCHUNG

Der Buddhismus mit seiner reichen und seltsamen Mischung von Psychologie, Philosophie des Lebens und Religion bildet mehr als alles andere eine Zivilisation. Im Buddhismus ist die Tatsache besonders bemerkenswert, dass der Herr Buddha seine Anhänger mit einer allgemeinen Sicht des Universums versorgt und der Rolle, die ihnen als Mensch zugeteilt ist. Im Buddhismus verschwimmen die verschiedenen Sektoren, in die wir die Betrachtung der gesellschaftlichen Phänomene unterteilen. Ethik, Politik, Wirtschaft vermischen sich zu einer allgemeinen Konzeption, die einen entscheidenden Einfluss auf alle Aufgaben der Gesellschaft hat (M4, Einführung S. X). Dies ist besonders bemerkenswert im Theravada Buddhismus in Sri Lanka, Myanmar und in Teilen von Thailand und Kambodscha, wo er das gesellschaftliche Leben in all seinen Aspekten bestimmt. Alle Männer müssen eine gewisse Zeit lang in ihrem Leben Mönch gewesen sein. Der Mönch ist Teil der Gesellschaft. Das ganze Dorf ohne Ausnahme, Reiche und Arme eingeschlossen, geht morgens auf die Straße, um den Mönchen, die auf den Gehwegen vorbeiziehen, die tägliche Nahrung zu geben, die sie in ein kleines Gefäß legen, das jeder von ihnen bei sich trägt. Grenzen zwischen der Gesellschaft und den Religionsmännern gibt es nicht. Sie sind Teil der Gesellschaft. Ohne sie kann man die buddhistische Gesellschaft des Kleinen Fahrzeugs nicht verstehen. Der Geist des Buddhismus ist bei jeder gesellschaftlichen Tätigkeit zu spüren, angefangen bei der Art, wie die Menschen miteinander kommunizieren bis zu der, wie sie leben und arbeiten. Es handelt sich nicht etwa um einen Buddhismus in seiner Perfektion, sondern darum, dass die Aufgabenerfüllung durchtränkt, gesättigt ist von der buddhistischen Lebenshaltung. Die Gesellschaft ist buddhistisch.

Der Buddhismus und speziell der Theravada oder das „Kleines Fahrzeug" ist dennoch wahrscheinlich die, die am wenigsten gruppenorientiert von allen Religionen ist. Er ist beschuldigt worden, extrem individualistisch zu sein, dass seine Klöster keine Gemeinschaftsdisziplin üben und dass seine Anhänger den Weg zur Freiheit durch die Unterdrückung ihrer Wünsche verfolgten. Deswegen war er die toleranteste der großen Religionen. Unter Voraussetzungen jedoch, die als bedrohlich für die Gemeinschaft wahrgenommen werden, hält der Buddhismus Merkmale der Intoleranz bei, die nicht in Verbindung zum religiösen Dogma stehen. So erscheint die Haltung völlig unverständlich, dass nationalistische Buddhisten in Sri Lanka darauf bestehen, die Konvertierung zum Christentum für illegal zu erklären. Und es handelt sich nicht um den Druck im juristischen Sinne, sondern man ist zu einer repressiven Praxis übergegangen, die seinem theoretischen Grundprinzip entgegensteht. Im Jahr 2003 gab es 91 massive Angriffe gegen christliche Gemeinden oder Kirchen und 41 Angriffe in den ersten vier Monaten in 2004. In den Jahren mussten 164 christliche Kirchen schließen, damit ihre Gläubigen der unpassenden buddhistischen Wut nicht weiter ausgesetzt waren (M3).

DAS ORTHODOXE CHRISTENTUM

Im Jahr 2004, das Jahr der Olympischen Spiele in Athen, stellte der orthodoxe Erzbischof Christodoulos einige extrem beleidigende Behauptungen bezüglich der anderen christlichen Bekenntnisse auf. Ohne den Wert der christlichen Religion als solche zu betrachten, behauptete er, dass die religiöse Globalisierung verderblich sei, insbesondere der Vorrang, den Vatikans bei den Christen, und dass in Griechenland nur die orthodoxe Kirche und einige „alten Religionen" des Landes erlaubt seien. Das ist zweifelsfrei eine Auffassung von der Kirche als Identität einer ethnischen und kulturellen Gruppe, ohne in irgendeiner Weise die religiöse Botschaft mit einzubeziehen (Newsletter von Radio Vatikan 13.04.04).

Der Fall der orthodoxen Kirche Russlands ist, innerhalb der christlichen Strömung, die bemerkenswerteste Symbiose von Religion und konstitutiver Seele eines Volkes. Über viele Jahre konnte man den russischen slawischen Geist nicht definieren, ohne dabei die orthodoxe Religion zu berücksichtigen. Es handelt sich um ein ethnozentrisches Christentum.

200 km südlich von Moskau hat sich das spirituelle Zentrum im Optina-Pustyn-Kloster herausgebildet, das mit seinen blauen Kuppeln und den weißen Mauern im Wald glänzt. Dorthin kamen die großen russischen Denker des 19. Jh., um unter den Einsiedlern einen Funken der russischen Seele zu finden. (F3, S. 292-353). Sie suchten die ursprüngliche Authentizität des Christentums der Klöster, die die Basis ihrer Kultur war. Auf Russland konnte man wahrscheinlich den Begriff anwenden, den man für Frankreich hatte: „die erstgeborene Tochter der Kirche", indem man „erstgeboren" gegen „privilegiert und bevorzugt" austauscht. Russland selbst hat sich historisch „Heiliges Russland" genannt.

Da die verschiedenen Kirchen des Orients über keine Figur verfügten, die von allen Gemeinschaften anerkannt wurde, sahen sie sich immer mehr in den Sphären politischer Macht verwickelt. Das Byzantinische Imperium wurde auf diese Weise eine Theokratie mit einer Mischung aus irdischer und spiritueller Macht. Der prächtige Kult in wunderbaren Kirchen mit dem Gold, das die Wände bedeckt, mit kleinen Mosaiken, die Szenen aus dem Evangelium darstellen. Auch heute noch bewundern wir die byzantinische Kirchenkunst in den Beispielen, die uns in Ravenna, Athen oder Palermo bleiben.

Die Legende erzählt, dass die Fürsten vom Kiewer Rus[46] in die verschiedenen Regionen Botschaften schickten, um zu erkunden, welches die wahrhaftige Religion sei. Sie gingen hinaus und besuchten Moslems, die am Ufer der Wolga lebten, und sie erschienen ihnen als ein Volk ohne Inspiration und religiöser Schönheit. Sie besuchten Kirchen in Deutschland und Italien, sie fanden dort Schönheit, aber erst als sie Konstantinopel mit seinen glorreichen Kirchen besucht hatten, kehrten sie wieder um und sagten, dass sie nicht gewusst hätten, ob sie im Himmel oder auf Erden seien, es könne solch einen Glanz und Schönheit nirgends auf der Welt geben. Legenden können historisch unkorrekt sein, aber sie zeichnen doch klar die Eindrücke jener Zeit ab.

So also konvertierten die Fürsten von Kiew und mit ihnen das ganze Volk. Der goldene Glanz der byzantinischen Kunst emigrierte mit den liturgischen Feiern nach Russland, die in ihrer Kadenz ein tiefes Mysterium offenbaren. Die Riten der Priester, die aus dem Altarraum schritten, ihre Weihrauchgefäße schwenkten und dabei mit tiefer und monotoner Stimme sangen, erzeugten bei den Gläubigen eine einzigartige Frömmigkeit. Das hat die russische Seele geschaffen. Daher stammt die ekstatische Frömmigkeit der russischen *Mamuschkas* vor den Ikonen, die sie mit intensivem Blick betrachten, als ob es wirkliche Menschen wären.

Die Einheit von Kirche und Staat und die Kraft der religiösen Inspiration bei der Herausbildung der russischen Seele kommen aus dem Ursprung selbst ihres Christentums. Wie weiter oben dargestellt, wurde Russland von Byzanz aus christianisiert – dem heutigen Istanbul – das zum Zentrum des römischen Imperiums geworden war, als die Barbaren in Europa einfielen. Es war das „zweite Rom". Der Papst an der Spitze der Kirche war in Rom geblieben, von wo aus er außerordentlich zur Entstehung der mittelalterlichen Kultur beitrug, die schließlich in der europäischen Kultur zur Blüte kam. Byzanz betrachtet sich unter anderem als Nachfolgerin des Imperiums und der römischen Kirche.

Als Byzanz in den Machtbereich der Türken fiel, verlagerte sich der Zentrum des orthodoxem Christentums. Moskau erklärte sich zum „dritten Rom", wohin sich schließlich das authentische Wesen des Christentum geflüchtet hatte. Um dieses Erbe zu besiegeln, heiratete der Zar Iwan III. 1472 – kurz nach dem Fall von Byzanz – Sofia Palaiologan, Nichte Konstantins, des letzten Kaisers des Orients.

---

[46] Es ist ein interessantes Phänomen, dass die Geschichte des russischen Volkes ihren Anfang in der Umgebung der Stadt Kiew nahm, die jedoch heute die Hauptstadt der Ukrainischen Republik ist. Die Bezeichnung „Russisch" stammt vom Namen der Fürsten der Dynastie, deren Machtzentrum die heutige Ukraine war. Noch heute wird die Stadt ‚die erste aller russischen Städte' genannt.

Russland mit seinem jetzigen Zentrum Moskau wandelte sich zum Erben dieser Theokratie, und erlaubte in ihm dennoch die Entwicklung eines spirituellen und tief gehenden Christentums, das in seinen Riten und Ikonen eine bedeutsame Entsprechung findet, und die zur Seele des Volkes wurden. Diese schöne emotionale und rituelle Religion wurde zu einer, über die sich ein Volk identifiziert. Die orthodoxen Kirchen – weil ihnen das Papsttum fehlte, das ihnen Zusammenhalt und Einheit gegeben hätte – wurden zu unabhängigen Kirchen mit nationaler Identität. „Russe" zu sein bedeutete dasselbe, wie „orthodox" sein. Die spirituelle Kraft lieferten die Mönche, insbesondere die Eremiten und die *Starzen*, die – ähnlich wie viele Jahre später Rasputin – in Gottes Welt schlecht gekleidet umherstreiften und mit ihrem Beispiel die Frohe Botschaft Christi verkündeten. Die Mönche waren es, die der russischen Gesellschaft den mystischen Stempel aufdrückten. Mehr als in jeder anderen christlichen Kirche wurde die Demut und die Loslösung von der Welt voller Eitelkeit gepredigt. Zur wichtigsten Tugend wurde die Geduld, das passive Ertragen des Leidens, das aus Liebe zu Gott erduldet wird. Das erhielt mystischen Trost bei der Zelebrierung der wunderschönen Riten und der Kontemplation der Ikonen. Im Gegensatz zur katholischen Kirche, in der die Riten vom ganzen Volk mit Disziplin ausgeführt werden, gleichen die orthodoxen Riten speziellen spirituellen Märkten oder Basaren. Dabei bekreuzigen sich die Leute zahlreiche Male, werfen sich nieder und gehen wieder zur Kirche hinaus, während ein Strom von Menschen in stiller Bewegung hineingehen. Währenddessen führt der Priester den Gottesdienst weiter, teilweise vor den Augen des frommen Publikums hinter Wandschirmen versteckt, die den Heiligen vor den Heiligen schützt.

Da aber die Kirche das Treibmittel war, die die Bildung der russischen Nation vorantrieb, gelang es ihrer Hierarchie eine mit den Fürsten von Kiew vergleichbare Macht zu entwickeln anschließend der der großen Herzöge von Moskau und schließlich der der Zaren. 1326 verlegte der Patriarch seinen Sitz nach Moskau und stärkte damit die Macht der Großherzöge. Moskau wurde zum Zentrum von Russland. Mit seinen mehr als 200 Kirchen und ihren Kuppeln und Türmen in Zwiebelform beeindruckte Moskau, unter anderen, Napoleon bei der Eroberung sehr, bevor es von russischen Patrioten in Brand gesetzt wurde.

Die besondere Eigenschaft dieses Christentums war die Vorherrschaft der Eremitenmönche. Gottes Gnade wird allen Menschen gewährt, allein weil sie erschaffen wurden. Es ist die Bestimmung des Menschen, den Weg zu Gott durch die Gnade zu finden, die jedem durch das einsame Gebet und die Kontemplation zuteil wird. Durch die Art zu leben und manchmal auch in ihren Worten prangerten die Mönche die irdische Macht und den Luxus ihrer Führer an, ähnlich wie die Propheten des Alten Testamentes.

Der russische Staat versuchte in einem langen Prozess, die Patriarchen zu kontrollieren, um somit mehr Machtfülle zu bekommen. Es gab keinerlei Papsttum, dem die religiösen Autoritäten untergeordnet gewesen wären, die ihnen dabei dienlich waren, dem Ansinnen des Staates zu widerstehen. So kam es, dass der Staat schließlich die Kirche bezwang. Dazu dienten die „Spirituellen Vorschriften" im Jahr 1721, in denen in der Tat eine Art neuer Verfassung der Kirche aufgestellt wurde, die damit dem Staat vollständig untergeordnet wurde. Die Patriarchen wurden durch die „Heiligen Synode" ersetzt, die aus Laien und Geistlichen bestand, die allesamt vom Zar ernannt wurden. Wie es die Vorschriften vorsahen, bestand ein wichtiger Teil der Verpflichtungen der Geistlichkeit darin, die Autorität des Zaren im ganzen Land zu unterstützen und zu fördern. Die offiziellen Dekrete mussten von den Kanzeln aus gelesen werden, und der Klerus musste eine Reihe von öffentlichen Funktionen im Namen des Staates erfüllen. Eremiten und Wandermönche, die die spirituelle Basis der Klöster bildeten und die Macht der Hierarchie und des Staates bedrohten, wurden verboten. Dies erzeugte einen allgemeinen Niedergang des Klerus, und viele Gläubige holten sich ihre religiöse Praxis bei den „alten Gläubigen" zurück.

Das Problem der „alten Gläubigen" lässt die rituellen und wenig rational theologischen Eigenschaften des russischen orthodoxen Christentum in den Vordergrund treten. Im Jahr 1650 wurden liturgische Reformen durchgeführt, um die russische Praxis besser mit denen in Übereinstimmung zu bringen, die im Allgemeinen in den orthodoxen Kirchen des Orients beobachtet wurden. So wurde angeordnet, dass die Gläubigen, wenn sie sich bekreuzigten, das Kreuzzeichen mit drei Fingern über ihre Brust machten, und zwar erst vertikal von der Stirn zur Brust und dann horizontal von rechts nach links. Traditionell wurde das Kreuzzeichen mit zwei Fingern ausgeführt und der horizontale Strich von links nach rechts, wie man es in der katholischen Kirche macht. Es ist bezeichnend, dass der Widerstand absolut nicht aus der Lehre entstand, sondern nur rituell war. Dennoch war die Rebellion so, dass sie sich „alte Gläubige" nannten, als ob es sich tatsächlich um dogmatische Behauptungen gehandelt hätte.

Die alten Gläubigen waren die Brutstätte für viele Anhänger der Protestbewegungen des 18. und 19. Jahrhunderts. Von den Kosaken, die mit Stenka Rasin in der Wolgaregion rebellierten und die einen anarchischen Gleichheitssinn hatten bis zu den slawenfreundlichen, die nicht nach europäischer Art modernisiert werden, sondern mit den Gebräuchen der Heiligen Mutter Russland weitermachen wollten. Viele revolutionäre Sozialisten entsprangen auch diesen Gruppen, von denen einige behaupteten: „Wenn Christus heute geboren würde, wäre er Sozialist". Selbst die Bolschewiken versuchten die mystischen Kräfte des Volkes zu nutzen, da sie nach einer religiösen Resonanz für ihre Sache suchten. Strumlin, einer der ersten bolschewikischen Schriftsteller, verglich den Sozialismus mit dem Werk Christi und behauptete, dass er „das irdische Königreich der Bürgerlichkeit, der Gleichheit und der Freiheit vertrete" (F3, S. 343).

Viele große russische Schriftsteller beziehen sich auf die mystische Verbindung zwischen dem russischen Volk und seinen orthodoxen Glaubenssätze und auf bedeutende Weise auf die rituellen Praktiken. Gogol, Tschechow und Dostojewski, Turgenjew sowie Tolstoi suchten in verschiedenen Werken die russische Seele in Bezug auf die orthodoxen Lehren auszukundschaften. Es gab einige, die es vorzogen zu denken, dass die rituellen Praktiken nichts weiter als eine äußerer Anstrich sei, der dem vormals eigentlich heidnischen Wesen aufgesetzt worden war. Turgenjew schreibt über die stille Akzeptanz, mit der der russische Bauer den Tod empfängt: „Er stirbt kühl und rein als wenn er einen Ritus ausführte" (F3, S. 350).

Der Fall Dostojewskis, der selbst eine Zeit lang in Sibirien im Exil war, fand bei den russischen Sträflingen eine große, fast ans Wunder grenzende Güte, und das unter den furchtbaren Voraussetzungen dieser Lager. Diese Menschen waren für ihn der beste Beweis dafür, dass Christus im „Heiligen Russland" lebte. Und das heilige Russland lebt noch weiter, nach über 70 Jahren marxistischer Diktatur, dessen ausgesprochenes Ziel es war, die Kirche auszurotten und den Atheismus zu verkünden, sind in letzter Zeit wieder viele Kirchen offen. Die Gläubigen strömen dorthin und küssen in tiefer Frömmigkeit die zahlreichen, schönen Ikonen vor allem in der Ikonostasis.

Heute, in der Ära Putin, ist eine Annäherung zwischen Kirche und Staat zu beobachten, um die Einheit des Volkes in schwierigen Zeiten zu fördern. Hier ist die Bereitschaft der Politiker zu erkennen, die Religion als Instrument der Integration einzusetzen, wie Gibbons es beschreibt.

DER KATHOLIZISMUS

Der Begriff „katholisch" schließt mit ein, dass das Christentum, das in der Kirche praktiziert wird, diesen makellosen Gruppencharakter nicht hat, der ihn dazu brächte, sich im Volk zu verlieren, wie es der Fall der orthodoxen Kirche in den slawischen Ländern ist. In der Tat, katholisch heißt „universell". Damit wird eine globalisierende Berufung ausgedrückt und knüpft nicht an die Gebräuche eines bestimmten Volkes an. Deswegen breitete sich das katholische Christentum im Vorderen Orient und im ganzen Mittelmeerraum bis nach Nordeuropa aus und vereinigte die Völker, ohne ihnen den tiefen, nationalistischen Stempel aufzudrücken. Die Autorität eines supranationalen Papsttums half dabei, ihm eine Festigkeit zu verleihen, die über die kulturellen Grenzen hinausgingen.

Es gibt jedoch zwei Länder, in denen die katholische Religion dazu kam, sich mit dem Wesen der Nation zu identifizieren. Das ist in Spanien und Polen der Fall. In beiden Ländern gibt es konkrete historische Gründe, die diese Tatsache gefördert haben. In Spanien handelt es sich um ein geteiltes Land. In Polen um eine Identität stiftende Kraft und um den Widerstand gegen mächtige und bedrohliche Nachbarn.

Spanien wurde von den muslimischen Berbern im 7. Jh. erobert, wenige Jahre nach dem Tod des Propheten Mohammed. Die schwache Regierung des Westgoten Roderich brach innerhalb einiger Jahre unter dem heftigen Schlag durch die Söhne des Propheten zusammen. Praktisch die ganze Iberische Halbinsel wurde von ihnen beherrscht. Nur im äußersten Norden leistete ihnen Pelayo in Covadonga, in den Bergen Asturiens Widerstand. Die Basken, geschützt von den Bergen, behielten auch ihre Freiheit. Die Region Katalonien wurde kurze Zeit nach der Niederlage der Araber in Poitiers (Frankreich) zurückerobert.

Die Herrschaft der Araber war besonders aufgeklärt. Sie erlaubten die Weiterführung der religiösen Praktiken der Christen, die sie *Dhimmis* nannten – Geschützte – weil der muslimische Staat tatsächlich ihren Schutz sicherte gegen eine Steuer, die *Dschidda* genannt wurde. Im Schatten dieser freizügigen und intelligenten Politik kamen die Künste und Wissenschaften insbesondere in Córdoba zur Blüte, die größte europäische Stadt dieser Zeit, in Sevilla, Toledo und Granada.

Die Geschichte der spanischen Könige in den folgenden sieben Jahrhunderten war nichts mehr als eine lange und oft auch blutige Zurückeroberung der Territorien, die heute Spanien und Portugal ausmachen. Es war ein Kreuzzug im symbolischen und auch wirklichen Sinne: das Kreuz des Christentums war der Schlachtruf. Die Spur des Islam und des Judentums, die in weiten Regionen von Kastilien und Andalusien erblüht waren, war weiterhin zu sehen. Die verschiedenen christlichen Königreiche vereinigten sich nach und nach durch Ehebündnisse, die in der Hochzeit zwischen Ferdinand, König von Argon, und Isabella, Königin von Kastilien und Leon gipfelte. Es war eine zerbrechliche Vereinigung. Die Welt strömte immer noch den Geruch der islamischen Kultur aus. Das war der Grund, warum sofort nach dem endgültigen Sieg 1492, die Vertreibung aller Moslems und Juden angeordnet wurde, die nicht bereit waren, den katholischen Glauben anzunehmen. Es war nicht der Fall eines *Odium theologicum*, von dem Stuart Mill gesprochen hatte, es war kein religiöser Fanatismus, sondern schlicht und einfach „Realpolitik", ein politischer Vorgang. Der Islam hatte einen starken Abdruck hinterlassen, den es auszumerzen galt. Nur wenn man ihre Spur auslöschen würde, konnte man die

Einheit der soeben vereinigten christlichen Königreiche aufrechterhalten. Das war die Meinung der „katholischen" Könige Ferdinand und Isabella. Die Morisken wurden erst im 17. Jh. während der Regentschaft Philipp III. vollständig ausgerottet.

Die „heilige" Inquisition, die Jahrhunderte zuvor in Frankreich gegen die Albigenser eingeführt worden war, bekam neue Kraft als staatliches Instrument, um alle religiösen Unterschiede auszumerzen und sich der zweifelhaften Orthodoxie der Marranen und der jüdischen Conversos zu versichern. Verschiedene Päpste signalisierten den spanischen Königen die Übertreibungen der Inquisition.

Im Falle Polens bildete die katholische Religion so etwas wie das Rückgrat, das die gesellschaftlich Identität eine Volkes aufrechterhielt, das sich gegen die Angriffe seiner machtvollen Nachbarn wehren musste, insbesondere gegen Russland und Preußen. Der andere Nachbar, der sich zu den beiden ersten gesellte, um das polnische Königreich zu zerstückeln und aufzuteilen, war Österreich, das eine sanftere Herrschaft durchsetzte und mit seiner eigenen religiösen Tradition harmonisierend wirkte.

Die Festigkeit seines katholischen Glaubens gab dem Volk die Kraft, um seine eigene Kultur in fast vollständiger Verschmelzung mit dem Katholizismus beizubehalten. Ein Beispiel dieses lebendigen Glaubens war der polnische Papst Johannes Paul II., der, von dieser Kraft genährt, zum reisenden Papst und bedeutenden Praktizierenden der Öffentlichkeitsarbeit wurde und wahrscheinlich die wichtigste Person war, die zur Auflösung der Sowjetunion beigetragen hat. In ihm trafen der polnische Nationalismus und der Führer der universellen Kirche zusammen. Das Ergebnis war die Befreiung Polens und der Zusammenbruch der Institutionen des sowjetischen Marxismus.

Kapitel 10

ENTWICKLUNG UND RELIGION
DER GEIST DES KAPITALISMUS

Max Weber geht in seinem berühmten Werk über den Protestantismus und den Geist des Kapitalismus (W2) von der Frage aus, wie dieser kapitalistische Geist initiiert wurde, der eine rationale Haltung bezüglich des Gebrauchs des materiellen Besitzes beinhaltet, die Sicht von einer Zukunft, die durch den Einsatz des Menschen gestaltet werden kann und den Willen, die Befriedigung der Bedürfnisse oder der gegenwärtigen Wünsche auf eine bessere aber unvorhersehbare Zukunft zu verlegen. Weber glaubte, dass in allen Gesellschaften, so durchdrungen von den Religionen sie waren und von deren Werten und Gebräuchen bestimmt, die neue „kapitalistische" Haltung nur entstehen und andauern konnte, wenn man zumindest taktisch eine Religion akzeptierte, die diese Haltung ermöglichte. (W8, S. 24).

Die Völker haben sich wirtschaftlich über Jahrhunderte, durch die Kulturen und die verschiedenen Religionen entwickelt. Jedoch war der „Kapitalismus"[47] in seinen verschiedenen Varianten das erfolgreichste Wirtschaftssystem in dem Sinne, dass er in der Lage war, Reichtum und materielles Wohlergehen zu erzeugen. An der Basis des Kapitalismus und als Quelle und Motor seiner Energie steht der Unternehmergeist, der ihm Schubkraft und Richtung gab. Der Begriff „Kapitalismus" ist von verdächtiger Prägung. Man weiß, wer ihn zum ersten Mal benutzte, um eine wirtschaftliche Strömung zu bezeichnen, die sich nach der Industriellen Revolution in Europa und Nordamerika ausbreitete. Sein ursprünglicher Gebrauch war nicht schmeichelhaft. Karl Marx, nichts weniger als dessen Todfeind, benutzte diesen Ausdruck und machte ihn populär. Dieses Wort hatte den Beigeschmack der Verunglimpfung: was in diesem System wichtig war, war nicht der Mensch, sondern das Kapital, das Finanzkapital, das am Ende in Maschinen und Gebäuden eine neue Form annahm, die die Produktion erhöhten, indem sie dem Arbeiter den Wert seiner Arbeit entrissen zum Gewinn der Besitzer dieses Kapitals.

---

[47] Für das Anliegen dieses Buches können wir den Begriff „Liberalismus" als Synonym für „Kapitalismus" verwenden. Gegenwärtig benutzt man gewöhnlich „Neoliberalismus", um eine moderne Variante des Kapitalismus und der westlichen Demokratie zu bezeichnen. Es gibt so viele Bedeutungen von Neoliberalismus wie es Autoren gibt, die sie verwenden. Für unser Ziel wird man nicht in diese Argumentation einsteigen müssen.

Die finanziellen Ressourcen – das Geld – waren über viele Jahrhunderte ein für den Austausch von Gütern notwendiges Instrument. Die primitiven Gesellschaften tauschten ein Gut gegen ein anderes – Tauschhandel –, welches ein sehr ineffizientes System war. Je vielfältiger die Güter in einer Gesellschaft wurden und umso umfangreicher der Tauschhandel, umso mehr wurde ein gemeinsames Element nötig – eines Zahlungsmittel –, das als allgemeines Instrument gelten könnte, um einen wirtschaftlichen Wert zu bestimmen und so den Austausch der unterschiedlichsten Waren zu ermöglichen. Verschiedene Gesellschaften versuchten es mit Produkten, die als solche einen Wert besaßen. Die alten Nahuas benutzten Kakaobohnen; in vielen anderen Gegenden benutzte man wertvolle Metalle insbesondere Gold und Silber. So kam das Geld auf, das dazu diente, den Wert der Dinge zu bemessen und dabei ihren Austausch zu erleichtern. Mit der Zeit wurde es zu „finanziellen Ressourcen". Die zu besitzen ergab ein „Kapital". Der von Marx benutzte Ausdruck beinhaltete, dass dieses Tauschinstrument widernatürlich zum Zentrum der ganzen Wirtschaft wurde.

Das Geld diente ursprünglich nur zu Transaktionen. Das Wichtigste war der Handel, den es ermöglichte und es erlaubte den Leuten, immer mehr und immer verschiedenartigere Produkte zu bekommen. Aber – so Marx – diese Logik ging verloren. Das Wichtige war die Anhäufung von Kapital, die Ergebnis der Transaktionen ist. Das Kapital begann zu herrschen. Das Instrument wurde zum Zweck.

Im Mittelalter betrachteten die christlichen Denker das wirtschaftliche Leben nicht als unabhängig von der Moral, der Justiz und der Wohltätigkeit, die in der Gesellschaft zu herrschen hatten. Die Preise hatten nicht von der Konkurrenz abhängig zu sein. Es mussten „gerechte Preise" sein, die die Kosten für die Produktion decken und einen gebührenden Überschuss (Nutzen) erzielen sollten. Der hl. Bernhardin von Siena fügt hinzu, dass auf die Kosten einer Ware das Produktionsrisiko und die Verkaufsunsicherheit hinzugerechnet werden müsse.

Die Globalisierung der Welt nach der Renaissance, als die großen spanischen, portugiesischen, englischen und französischen Forschungsreisenden neue Welten erschlossen, führte zu einer Zunahme der Transaktionen. Sie zog eine Zunahme der „Zahlungsmittel", also des Geldes nach sich, das die Entwicklung des Handels erst ermöglichte, den die Globalisierung jener Zeit mit sich brachte. Geld war sehr knapp. Nach dem Wert des Dollars in den 1950er Jahren waren das 1492 im Abendland etwa 200000 Golddollar, die als Geld benutzt wurden. 1600 waren es 1.600 Millionen, 1700 4.800 Millionen und 1800 waren es 9.400 Millionen (B9). Es war Metallgeld, das aus den europäischen Kolonien speziell aus Mexiko und Peru kam. Dieses Metall kam nach Spanien, um dessen Kriege und luxuriösen Höfe zu bezahlen. Über die Piraten kam es auch zu den Feinden des spanischen Imperiums. Drake brachte als Ergebnis seiner Piraterie genügend Geld nach England, um die gesamten Schulden der englischen Regierung zu bezahlen und die „East India Company" zu finanzieren, die den englischen Handel auf die ganze Welt ausweitete und ihrerseits die finanzielle Unterstützung der Wirtschaftsentwicklung des Landes lieferte (B9). Die späteren Mengen, die dem Sieg des Kapitalismus im Abendlande zuzuschreiben sind, überschreiten das Vorstellungsvermögen. Sie bestanden schon nicht mehr aus Metall, sondern aus dem neuen „treuhänderischen" Papiergeld.

Dieses Kapital, das das Wirtschaftswachstum bis zu Zeiten von Marx vorantrieb, wurde – so Marx – zum Mittelpunkt wirtschaftlicher Tätigkeit. Es ging schon nicht mehr um ein Mittel, das Transaktionen ermöglichte, sondern es musste angehäuft werden. Damit hatte man die Möglichkeit, ein industrielles Produktionssystem zu errichten, mit dem der „Kapitalist" den Arbeiter ausbeutet, ihm den Wert seiner Arbeit mit dem Ziel nimmt, immer mehr Kapital anzuhäufen, es neu zu investieren und somit den Arbeiter weiter auszubeuten.

Dieser „Kapitalismus" aber entstand aus einer neuen Arbeitsweise in einer neuen globalisierten Welt nach der Renaissance. Sie verlangte einen kapitalistischen „Geist", von dem Max Weber spricht, und dessen Ursprung in einem Segment des Protestantismus des 16. Jh. angenommen wird. Diese werden wir im kommenden Abschnitt „Kapitalismus und Christentum" betrachten.

Der Kapitalismus ist ein wirtschaftliches und gesellschaftliches System, das eine besondere Organisation mithilfe von Institutionen einschließt, die es funktionsfähig machen, eine sich rasch entwickelnde Technokratie und eine optimistische und kreative Haltung, die gleichzeitig nach Gewinn aus der Wirtschaftswelt strebt. Diese Haltung gründet sich auf die freie Willensausübung, auf die Verantwortung für Unternehmungen und auf das eigene Interesse als Leitschnur für Entscheidungen.

Als der „Geist des Kapitalismus" erst einmal entstanden war, von den religiösen Werten gezeugt, die ihn ermöglichten, kommt es zu einer Eigendynamik, die sich unter Voraussetzungen weiter entwickelt, die sich von den ursprünglichen unterscheiden, die sein Entstehen erst möglich machten. Aber das ist nicht immer so. Es hängt davon ab, dass die Eigenschaften der jeweiligen Kultur nicht verhindern, dass dieser Geist Fuß fassen und zur Blüte kommen kann. Im Katholizismus z. B. gibt es Elemente wie die individuelle Verantwortung, die ein Keimen in ihm möglich machen. Es ist nicht nötig, so Weber, dass in einer Kultur alle Voraussetzungen gegeben sind, damit der Kapitalismus sich von sich aus entfaltet. Wenn er einmal vorhanden ist, vermag sein Geist sich anzupassen und zu blühen, wo immer die kulturellen und religiösen Voraussetzungen dies nicht verhindern.

Kapitalismus hat bei Weber drei verschiedene Bedeutungen. Auf der einen Seite geht es um wirtschaftlich finanzielle Berechnung des Geldertrags aus einem Projekt, der sich sowohl bei der vorbereitenden Phase als auch bei seiner Entwicklung ergibt. Damit kann der künftige Nutzen eingeschätzt werden und rationell die beste Verwendung des Kapitals entschieden, sowie die Ergebnisse jedes Projekts „auditiert" werden. Diese Art von Kapitalismus hat es praktisch in allen Epochen gegeben, auch wenn die Instrumente buchhalterisch rudimentär gewesen sein können. Die zweite Ausführung ist das System, in dem es die Freiheit der Berufswahl und vornehmlich einen Markt gibt, auf dem die wirtschaftlichen Einheiten unabhängig vom privaten Haushalt agieren. Im dritten Sinne bezieht sich der Kapitalismus auf ein Gesellschaftssystem, das sich auf den persönlichen Besitz der Kapitalressourcen, die die Industrielle Revolution in Europa erzeugt hat, bezieht und schließlich „Kapitalismus" von Marx „getauft" wurde (W8, S. 25).

Viele Religionen verfügen nicht nur über keinen fruchtbaren Boden, auf dem der kaufkräftige Geist des Kapitalismus durch „Spontanmutation" hätte keimen können, sondern sie haben Eigenschaften, die die Entwicklung jeglicher egoistischer Haltung finanzieller Berechnung im Keim ersticken würde. Der Hinduismus scheint keinen solch fruchtbaren Boden dafür zu bieten, wogegen der Buddhismus-Shintoismus in Japan diesen doch hatte. Die Tradition des Buddhismus-Konfuzianismus in China scheint auch ein fruchtbarer Boden zu sein, nachdem es sich vom Joch des Kolonialismus und den starren Auflagen durch den Kommunismus von Mao Zedong befreit hat.

Die dem Kapitalismus eigene Dynamik erzeugte in der Vergangenheit wiederholte Ungleichgewichte. Zyklen des Wohlstandes zerplatzten wie Seifenblasen und riefen Rezessionen und Depressionen hervor, deren teilweise verheerenden Konsequenzen primär von den unteren Bevölkerungsschichten getragen wurden.

Die ungezügelte Gier einiger Kreise der Finanzwirtschaft, die Schaffung von mathematisch spitzfindigen und nicht mehr verständlichen Finanzprodukten, die ein international angesehener Finanzfachmann als ‚Waffen der Massenvernichtung' bezeichnete, gepaart mit einer unvorstellbar erweiterten Kapazität der Informationstechnologie, die unzureichende behördliche Kontrolle, führten zu einem trügerischen Umfeld, in dem eine sich schnell verbreitende Habgier das Internationale Finanzsystem an den Rand des Abgrundes brachte.

Ein Kapitalismus ohne die moralische Grundlage, die die Religion vermittelt, erlaubt zerstörerische Auswüchse, die nahezu unkontrollierbar sind.

DER HINDUISMUS, EIN GEGENPOL ZUR JÜDISCH-CHRISTLICHEN PHILOSOPHIE

Nach Weber stellt der Hinduismus den Gegenpol zur jüdisch-christlichen Philosophie dar, in dem was seine Beziehung zur Welt und speziell ihre Erschaffung betrifft. In seiner Analyse akzeptiert der Hinduismus einen immanenten Gott gegen den transzendenten Gott des Christentums. Der Mensch kommt durch eine „Vergöttlichung" zur Erfüllung, wogegen es sich beim Christentum um eine Suche nach persönlicher und ethischer Vollkommenheit handelt. Die hinduistische Soteriologie ist elitär und ist den Menschen ihrer Position den Kasten entsprechend vorbehalten. Im Christentum dagegen sind alle Gläubigen bezüglich ihrer Möglichkeit, erlöst zu werden, gleich; die hinduistische Religion führt zu einem die Welt verweigernden Mystizismus, wogegen das Christentum in seinen verschiedenen Ausformungen in der Welt in einer „Askese" gipfelt, die die Menschen dazu bringt, ihre Leidenschaften und die Welt zu kontrollieren (W7, S. 89).

Der Fatalismus der hinduistischen Religion setzt die persönliche Aktivität jedes Gläubigen herab. Im gesellschaftlichen Leben ist jeder in den Verpflichtungen durch seine Kaste gefangen. Der Unternehmergeist ist eine Antithese dazu: er setzt die persönliche Freiheit voraus, etwas zu unternehmen und damit die eigenen wirtschaftlichen und gesellschaftlichen Voraussetzungen zu bestimmen. Dadurch, dass die Entsagung der Weg zur Befreiung ist und dass es das Ziel ist, die eigene Persönlichkeit im absolut Unpersönlichen zu verlieren, wird es unmöglich, eine kreative Tätigkeit im wirtschaftlichen Bereich auszuüben und sich zu der verachtenswerten Haltung verführen zu lassen, das Nützliche anzustreben. Daraus können keine Unternehmer entspringen, die der Motor sind, der das wirtschaftliche Wachstum fast aller Länder des Westens angetrieben hat. Der Grund für den neuerlichen rasanten Aufschwung Indiens wird woanders zu suchen sein, und wahrscheinlich findet er trotz der Hindernisse statt, die die Kultur des *Hindutva* (hinduistisch) ihm in den Weg stellt.

Die hinduistische Kultur macht das Funktionieren eines freien und leistungsfähigen Marktes im Prinzip unmöglich. In der Analyse von Adam Smith ist die grundlegende Motivation des rationalen, wirtschaftlichen Wesens das eigene Interesse. Die wirtschaftliche Rationalität und das eigene Interesse sind Konzepte, die ihr fremd sind. Unter den Parametern des freien Wettbewerbs und der umfassenden Information sind es genau diese, die den Märkten Kraft und Dynamismus geben. Die hinduistische Religion ist kein Nährboden für den Unternehmergeist. Darüber hinaus setzen die vielen anderen Tabus bezüglich des effizienten Gebrauchs der

Ressourcen – wie der Respekt vor dem Rind – ihn außerstande, ein nachhaltiges wirtschaftliches Wachstum für die elenden Massen zu erzeugen.

Es ist gesagt worden, dass das „Genie" – das heißt die grundlegenden Eigenschaften – Indiens in erster Linie tiefe Religiosität ist. Aus seiner Mitte entstanden zwei der großen Religionen der Menschheit, der Hinduismus und der Buddhismus. Nehru, der Vater der Unabhängigkeit Indiens, sagte, dass die Religion ein Joch für die Menschen sei und die ganze Originalität des Denkens unterdrückt, ja sogar getötet habe. Sie ist Ballast. Sicherlich hat das Britische Reich weise Anweisungen hinterlassen, wie die der Demokratie und des öffentlichen Dienstes in einer relativ effizienten Regierung, die Indien befähigt haben, sich zu entwickeln (L4).

Indien war in der letzten Zeit Schauplatz von Fanatismus und religiöser Gewalt, die es zu undenkbaren Extremen gebracht haben. 2002 haben Hindus in Gujarat ein furchtbares Töten von Moslems angezettelt. 1984 griffen Regierungstruppen in Amritsar den Goldenen Tempel an, das höchste Heiligtum der Sikhs. Die haben dann später die Premierministerin Indira Ghandi ermordet.

Der Unternehmergeist fehlte jedoch nicht gänzlich. Es gibt glänzende Ausnahmen wie die der Jainisten, die eine erstaunliche Anzahl von erfolgreichen Unternehmern hervorgebracht haben. Nicht im selben Maße aber immerhin bemerkenswert ist die wirtschaftliche Tätigkeit der Sikhs und Parsen.

Dies ist nicht der Ort, um das Außergewöhnliche dieser beiden religiösen Strömungen zu erläutern. Man kann sie in diesem Werk im Kapitel über den Hinduismus nachlesen. Es soll nur einfach angemerkt werden, dass in seiner religiösen Konzeption, aus Respekt vor allen lebenden oder nicht lebenden Wesen, den Jainisten solch normale Berufe wie die der Agrikultur und des Handwerks versperrt waren. Denn bei ihrer Arbeit könnten sie Lebewesen töten oder dem Metall, dem Holz oder den Steinen Leid zufügen. Deswegen war ihnen nur der Weg des Handels und der Finanzen offen. Ähnlich wie die Juden im Mittelalter wurden sie in diesen einzigen ihnen offenstehenden Berufen unschlagbar.

Für die Jainisten enthielt die Religion darüber hinaus ein sehr wichtiges Element, nämlich den Glauben, dass sie erreichen können, was sie sich vorstellen. Man musste nicht beten, um die Gunst aus dem Jenseits zu erbitten, sondern man konnte das durch die eigene Anstrengung bekommen, was andere als Gnade erwarteten. So etwas wie ein in der Seele vollständig erfüllter Wunsch, und zwar allein dadurch, dass er ganz fest ausgesprochen wurde. Darin gibt es auch eine Ähnlichkeit mit dem calvinistischen Geist, der nach Max Weber das Samenkorn war, aus dem die ersten Kapitalisten entstanden.

Die harte Askese der Jainisten schließlich, die aus Taten bestand und nicht nur aus der Entsagung, machte die Gläubigen fähig, aktive Disziplin zu üben, und den

Anstrengungen gewachsen zu sein, die für das wirtschaftliche Unternehmen nötig war.

Dennoch entstand der „Geist des Kapitalismus" nicht im Innern des Jainismus, der Geist, der in Europa bei der Industrialisierung herrschte und die Grundlagen für deren Entwicklung schuf. Die Jainisten waren Bankkaufleute und häuften großen Reichtum an, waren aber keine Brutstätte für die industrielle Revolution. Eines der größten Hindernisse dafür war die Unmöglichkeit, ein effizientes Arbeitssystem zu erzeugen, da alle Bewohner Indiens in einem Kastensystem eingetaucht sind (Anm. 6).

Unter den erfolgreichsten Gruppen in Indien befinden sich die Parsen und die Sikhs. Die Sikhs haben in der Geschichte Indiens eine wichtige Rolle gespielt. Sie waren kriegerische und disziplinierte Soldaten und waren dem britischen Imperium eine große Hilfe. Konzeptuell vertrauen sie viel mehr der Fähigkeit der Vernunft, um Gott zu finden. Gott hat die Welt erschaffen aber seinen Geschöpfen die Fähigkeit gegeben, einige nähere Aspekte seiner Größe mithilfe der göttlichen Gnade zu verstehen. (N4, S. 197).

Die Parsen stellen einen anderen Fall dar, in dem die religiöse Ideologie nur wenig mit ihrem wirtschaftlichen Erfolg zu tun hat. Es handelt sich um eine Gruppe von Persern (daher der Name „Parsen"), die vor der Verfolgung in ihrem Land floh und in Indien in der Region Gujarat Zuflucht suchte. Dort sprachen ihnen einige bedeutende Fürsten das Recht zu, zu leben und Land zu besitzen, sofern sie aus ihrer hinduistischen Kultur einige Elemente wie das Hochzeitsritual übernähmen. Man zwang sie allerdings nicht, zum Hinduismus zu konvertieren und so behielten sie ihre alten zoroastrischen Lehren.

Als die britische Herrschaft in Indien begann und als Bombay in eine Situation von besonderer Bedeutung kam, hatten die Parsen dort eine große Chance und trugen gleichzeitig zur Bereicherung der Stadt bei. Da ihre Bräuche sie nicht bei der Entwicklung neuer Tätigkeitsfelder behinderte, widmeten sie sich mit ganzer Energie der Wirtschaftstätigkeit. Mit der Zeit wurden sie dann in der Mitte des 19. Jh. Eigentümer der halben Insel Bombay. Auch wenn heute in geringerem Masse, so haben sie immer noch wirtschaftlichen Einfluss und Macht, die viel höher sind als ihr Anteil an der Bevölkerung (E1, S. 217-221).

Max Weber hat ein Buch geschrieben *Die Religion in Indien*, in dem er die Gründe dafür analysiert, warum der Kapitalismus sich in Indien nicht entwickelt hat und schreibt dies hauptsächlich den religiösen Voraussetzungen zu. Die Religion in Indien ist von Grund auf magisch für die untere Bevölkerungsschicht. Die Erlösung kann man durch Riten und Matras erlangen, durch die man die Götter zu zwingen versucht, ihr Wohlwollen zu zeigen. Dieses beinhaltet eine völlige Irrationalität des Verhaltens, die den Entwicklungsprozess des wirtschaftlichen Lebens beeinflusst (W8, S. 39).

Es gibt Religionen, die nicht nur die Entstehung des Unternehmergeistes nicht fördern, sondern sie bewusst erstickt. Das System der hinduistischen Religion gründet sich vollständig auf die Kastenstruktur. Jeder wird in einer der zahlreichen Kasten hineingeboren. Er wird nicht per Zufall, sondern aus der kosmischen Notwendigkeit heraus geboren. Er wird auf diese Weise und in dieser Kaste geboren, weil er vorher eine oder mehrere Inkarnationen hatte. Von denen hängt seine heutige Position ab. Sein einziges Ziel ist es, in einer höheren Kaste wiedergeboren zu werden und schließlich die Leere in der unpersönlichen Fülle des Nirwanas zu erreichen. Zu jeder Kaste gehören alle diejenigen, die ein ähnliches Karma der Wiedergeburten hat. Alle haben ein ähnliches Schicksal. Wie Octavio Paz sagt: „Die Kasten wurden nicht zur Veränderung erfunden, sondern um fortzubestehen. […] Es ist ein gesellschaftliches Organisationsmodell für eine statische Gesellschaft. Die gesellschaftlichen Veränderungen denaturieren sie. Die Kaste ist ahistorisch: ihre Funktion besteht darin, der Geschichte und den Veränderungen eine unwandelbare Wirklichkeit entgegenzustellen" (P3, S. 72).

Die Kaste ist also das bemerkensverteste Beispiel für ein religiöses System, das alles ablehnt, welches Fortschritt oder Unternehmensgeist heißen könnte.

DIE WERTE DES BUDDHISMUS

Nicht nur dass der Buddhismus die Entwicklung des kapitalistischen Unternehmertums nicht fördert, sondern seine Werte orientieren sich in die diametral entgegengesetzte Richtung. Für Buddha entstammen das Leid und die Unzufriedenheit, die Teil des menschlichen Schicksals sind, aus den Wünschen, die den Menschen in viele Richtungen treiben und ihn schließlich zur Frustration führen. Offensichtlich kann der Mensch nicht nach wirtschaftlichen Zielen streben, die er mit einem Aktionsplan erreichen würde, der eine ständige Anstrengung verlangt, denn das passt nicht zur Philosophie des Buddhismus. Wenn das Glück des Menschen in der Unterdrückung der Wünsche wurzelt und das Nirwana aus dem Glück besteht, das aus dem wunschlos Sein kommt, so ist es unmöglich, dass diese Erde irgendeinen Keim beherbergen könnte, der dem Geist des Marktes und dem Unternehmertum ähnlich wäre und zur Wirtschaftsentwicklung der Völker führen könnte.

Dieser Buddhismus – und insbesondere der ursprünglichere, der vom „Kleinen Fahrzeug" des Theravada – kann ohne jeden Zweifel die Völker, die ihn zu ihrer Lebensphilosophie machen, zu einer perfekten und ruhigen Gelassenheit führen, die sein gesellschaftliches Leben durchdringen, wie es der Fall in Laos und in Myanmar ist, aber er verfügt über keinerlei Element, von dem sich der Unternehmensgeist ernähren könnte. Das Glück der Völker wurzelt nicht im Wirtschaftswachstum, auch wenn eine gewisse wirtschaftliche Befriedigung notwendige Zutat ist.

Das zentrale Problem der Wirtschaft, wie es Sir Lloyd Robbins analysiert, besteht genau darin, dass die Wünsche und das Bestreben des Menschen unbegrenzt sind, die Ressourcen aber, diese zu befriedigen, sind begrenzt. Die Wirtschaft muss also auf rationelle Weise bestimmen, wie diese grundlegend gegensätzlichen Elemente zusammengebracht werden können. Im Sinne welcher Prinzipien und mittels welcher Institutionen muss die Gesellschaft ihre knappen Ressourcen verwalten, um in passender Weise diese potenziell unbegrenzten Wünsche zu befriedigen. Der Buddhismus verneint die Existenz dieses so definierten wirtschaftlichen Problems. Er schlägt die Aufhebung eines Teiles dieses Rückschlusses vor. Es gibt keine unbegrenzten Wünsche. Folglich gibt es auch kein Problem. Wenn es kein Problem gibt, so hätten die Bedingungen der Marktwirtschaft, die sich genau dafür einsetzt, Institutionen und Formen zu schaffen, um sie zu lösen, keinen Sinn. Offensichtlich gibt es auch keinen Platz für den Unternehmensgeist, der Institutionen errichtet, um den Wünschen der anderen zu entsprechen und erhält damit einen egoistischen Nutzen, der die eigenen Wünsche befriedigt.

Die buddhistische Tradition unterscheidet unter zwei Arten von Wünschen: die erste ist *Tanha* und beinhaltet den Wunsch nach erfreulichen Dingen, die zweite ist *Chanda* bezieht sich auf den Wunsch nach dem allgemeinen Wohlergehen eines Menschen. *Tanha* ist künstlich: es werden die Wünsche gefördert, die weitere Wünsche erzeugen. Keine von ihnen kann einen Menschen auf Dauer befriedigen, sie tragen nicht zu seinem Wohlergehen bei. *Chanda* dagegen führt zu einer klaren und gelassenen Denkweise, die die Dinge mit Maß beurteilt (P2, S.29-38). Es handelt sich um eine moralische Positionierung gegenüber materiellen Gütern.

Die Produktionskosten einer Ware müssten die negativen Konsequenzen mit berücksichtigen, die die Produktion nicht nur im ökologischen Sinn hervorrufen, sondern auch in Bezug auf ihre Wirkung auf Gesundheit und Wohlergehen der Gesellschaft. Wenn diese „Rechnungsführung" möglich wäre, so wäre sie nahe bei den Gedanken des Buddhismus aber sehr weit entfernt vom Konzept des individuellen Wettbewerbs der modernen Märkte. Es geht um eine unterschiedliche Sicht von den Werten der menschlichen Natur. Der Buddhismus würde zwischen „gutem" und „schlechtem" Konsum unterscheiden, abhängig von den beiden höchsten Werten von *Chanda* und *Tanha*. Der Markt ist ein Ort des Wettbewerbs. Die buddhistische Philosophie führt zur Kooperation. Diese Lebensphilosophie ist wahrscheinlich reicher als die, die im kapitalistischen Modell der wettstreitenden Märkte und der unbegrenzten Wünsche enthalten ist. Sie lehnt nicht ab, dass der Mensch in einer Wirtschaftsgesellschaft handeln kann, wenn er sich an buddhistischen Werten orientiert. Diese werden in den vier edlen Wahrheiten dargestellt, die sich auf die Existenz des Leidens beziehen. [48] Vor allem die zweite „edle Wahrheit" bezieht sich auf die Wurzel des Leidens, die darin besteht, sich von den Wünschen leiten zu lassen, von denen viele nicht befriedigt werden. Hierin stößt diese Sicht gegen die Prinzipien einer Marktwirtschaft (P2, S. 54-59).

Als Lebensphilosophie besitzt der klassische Buddhismus einen Wert von höherer Dimension als die Prinzipien der Marktwirtschaft. In der Praxis widerspricht er ihr und innerhalb seines ungreifbaren Adels ist er sicherlich unfähig, einen kreativen und nach Besitz strebenden Instinkt zu erzeugen, der Basis des wirtschaftlichen Fortschritts ist.

Der Mahayana Buddhismus ist eine Abwandlung, die ihn zu einer Religion mit Organisationsstruktur macht, mit religiösen Zeremonien und Mönchen, die diese durchführen. Der rationale Wirtschaftsmensch mit einem nach Besitz strebendem Geist steht hierzu im größeren Widerspruch als zum primitiven Buddhismus des „kleinen Fahrzeugs". Tatsächlich ist im Mahayana die völlige Leere, die Sinnlosigkeit aller Dinge ein Teil seiner Metaphysik. Die vollständige Sinnlosigkeit kann keinen konstruktiven Geist erzeugen, der Voraussetzung für die Schaffung von Institutionen ist, um das wirtschaftliche Problem zu lösen. Wenn das kleine Fahrzeug in seinem metaphysischen Prinzip das Element des Rückschlusses leugnet, so leugnet das große Fahrzeug sein Ganzes, weil nichts einen Sinn hat. Sofern ein Lebenssinn für den Menschen gibt, so ist er in Mantren und magischen Riten eingeschnürt.

In *Wirtschaft und Gesellschaft* erkennt Max Weber, dass der Buddhismus der reinste soteriologische Ausdruck ist, den die Welt gesehen hat. Das heißt, er ist dermaßen auf die Verleumdung der Welt gerichtet, dass er, in seiner konservativsten Form des Theravada (das kleine Fahrzeug), weniger Verbindung zu „dieser" Welt hat, als irgendeine andere Religion. Das bedeutet, dass er auf alle „weltlichen" Elemente verzichtet, die fast alle übrigen Religionen in Bezug auf die Voraussetzungen des gesellschaftlichen Lebens, auf Kalender der Feste und Riten haben, die sogar magisch sein können.

Nach Weber richtet er sich auf keinen Sozialstatus. Die Armen im Geiste, die leiden und die Justiz erdulden, stehen grundsätzlich für das Christentum, wogegen

---

[48] Über dieses Thema siehe auch im ersten Abschnitt des Artikels über den Buddhismus im Kapitel 1 dieses Werkes.

die mächtige Klasse, die ihre soziale Kontrolle mit religiösen Behauptungen rechtfertigen, die Hauptachse des Hinduismus ausmachen (W2, S. 89-91).

Einige Varianten des Buddhismus, die durch die Ausbreitung des „großen Fahrzeugs" und durch die Aufnahme von Elementen des Konfuzianismus und des Taoismus in China und des Shintoismus aus Japan entstanden, haben Voraussetzungen geschaffen, die der Entwicklung des Marktsystems nicht entgegen stehen. Dieses kommt aber nicht vom Buddhismus selbst, sondern von den kulturellen Verhältnissen der Länder, in denen er sich eingerichtet und den Modalitäten, die er geschaffen hat.

KAPITALISMUS UND CHRISTENTUM

Marx war ein Feind des Kapitalismus insofern er ein anderes ideales System vorschlug, das die Funktion des Kapitalismus überholte und übertrumpfte. Es gab Gelegenheiten, bei denen er ein Lobeslied auf den Kapitalismus sang. Er sah ihn als notwendige historische Etappe, in der die Menschheit Kapital anhäufen sollte, um die Produktivität zu erhöhen. Das Problem für ihn war, dass die Kapitaleigner sich den erzeugten Wert aneigneten. Das war eine Enteignung des Arbeiters.

Die Beziehung der Religion zu diesem Kapitalismus, dessen Lob er verkündete und dessen Ungerechtigkeit er anzeigte, war sehr klar. Sie war Opium des Volkes. Die Religion hielt eine starke Droge bereit, die erreichte, dass sich die Menschen wohlfühlten und nicht einmal merkten, dass sie ausgebeutet wurden. Sie machte sie schläfrig und verhinderte somit, dass sie sich ihrer Situation bewusst wurden. Somit wurden ihre gerechten Forderungen unmöglich gemacht. Das Volk war durch die Religion entfremdet, das heißt, es war nicht Herr seiner selbst. Als Jude seiner Zeit bezog er sich auf das Christentum seiner Zeit. Er wurde in einer katholischen Gegend Deutschlands, in Trier, geboren, machte aber bei seinen Anschuldigungen keinen Unterschied zwischen dem Katholizismus und den verschiedenen Gruppen, in die sich der Protestantismus aufgeteilt hatte.

Max Weber, einer der größten Soziologen der Welt, der sonnenklar die Funktion der politischen Parteien und der Führung definierte, bezog sich auch von einem fast entgegengesetzten Blickwinkel aus auf die Religion und ihre Beziehung zur Produktionsstruktur des Kapitalismus, der schon den Namen trug, mit dem Marx ihn getauft hatte. Die Religion war nicht nur kein Opium für das Volk, sondern sie hatte die dynamische und kreative Haltung geliefert, die wie der kapitalistische Geist an der Basis stand (W2, S. 17-206).

Weber analysierte zunächst statistisch die Tatsache, dass der Kapitalismus sich zuerst genau in den Regionen entwickelt hatte, in denen der Calvinismus vorherrschte, nicht etwa der Katholizismus oder das Luthertum. Deswegen musste dieses seltsame Phänomen geklärt werden.

Wie es schon in diesem Werk im Kapitel über das Christentum und in den Abschnitten in Bezug auf die Reformation dargestellt wurde, war der Calvinismus eine sehr strikte und moralisch fordernde Version. Eine seiner Säulen war der Glaube an die Vorbestimmung des menschlichen Wesens. Dies alles gründet sich auf die Theologie des hl. Augustinus von Hippo.[49] Gott hat vorbestimmt, ob die Menschen erlöst oder verdammt werden. Die Erlösung des Menschen kommt nicht von der Anhäufung von Verdiensten, die er vor Gott an guten Taten angesammelt hat. Die guten Taten sind nur durch Gottes Gnade möglich. Alles ist vorherbestimmt. Gott ist unendlich weise und allmächtig. Deshalb weiß er, welche Menschen gerettet und welche verdammt werden. Er könnte es verhindern, tut es aber nicht. Dieses erzeugt beim Menschen eine furchtbare Angst. Stehe ich auf der Liste der Verdammten oder der Erlösten? Ich kann nichts tun, um mich von der einen zu löschen und mich auf der anderen einzuschreiben. Es muss irgendein Signal geben, das mir zeigt, auf welcher Liste ich stehe. Wenn ich eine ehrliche und fleißige Person bin, wenn ich die christlichen Tugenden beherzige, ist es unmöglich, dass ich zu den Verdammten gehöre. Meine Taten retten mich nicht, aber sie zeugen von meiner Situation. Gott würde mir die Gnade nicht gewähren, ein tugendhafter Mensch zu sein, wenn mein Name nicht im Buch der Erlösten stünde.

Dasselbe kann man von meinem gesellschaftlichen und wirtschaftlichen Erfolg sagen. Sie sind ein klares Signal, dass Gott mich zwischen den Erfolgreichen auserwählt hat. Wenn ich tugendhaft bin und außerdem erfolgreich, so sind alle Hinweise für meine Erlösung gegeben. Gott kann nicht bestimmt haben, dass eine Person verdammt werden soll, der ein tadelloses Leben führt und in seiner Gemeinschaft geachtet ist und der zu Reichtum gekommen ist. Daher käme der machtvolle Stimulus, gleichzeitig tugendhaft und wirtschaftlich erfolgreich zu sein.

Der Calvinismus florierte anfangs in Gesellschaften, in denen es so etwas wie, so würden wir es heute nennen, eine reiche Mittelschicht gab. Die Mitglieder dieser Gemeinden waren Fachleute und Handwerker. Es gab weder Aristokraten noch Bauern. Die Adligen lebten schon in einer Welt der Zufriedenheit. Die Bauern lebten in einer Welt des Überlebens. Genau bei dem Typ Mensch, der die ersten calvinistischen Gemeinden ausmachte, konnte die Figur der ersten Kapitalisten entstehen.

---

[49] Siehe auch in diesem Werk den Abschnitt bezüglich des hl. Augustinus und der katholischen Kirche im Kapitel über das Christentum.

In den Überlegungen Webers waren sie nicht die Ausbeuter von Marx, sondern fleißige und karge Individuen. Sie waren verantwortungsbewusst bei den Geschäften, die sie tätigten, sie vergeudeten ihre Gewinne, Frucht ihrer Arbeit nicht, sondern häuften sie an. Dies eröffnete ihnen weitere Geschäftsgelegenheiten, die wiederum eine noch größere unternehmerische Kreativität generierte. In ihrem Beruf waren sie ehrlich, man konnte ihrem Wort vertrauen und auch darauf, dass sie allen Verpflichtungen nachkamen, die sie übernahmen. Der Calvinist war so gesehen der erste Kapitalist: unternehmerisch, ehrlich, vertrauenswürdig, streng. In ihrem Leben zeigte sich Gottes Segen.

Der Katholizismus brachte diesen Typ Mensch nicht hervor. Er hatte ein sichereres und weniger qualvolles Leben. Es genügte, dass er die Sünden bereute, die er aus menschlicher Schwäche begangen hatte. Er hatte den Trost der Kirche. Er arbeitete, um das Nötige zu haben und wenn der Ehrgeiz ihn dazu führte, Geschäfte zu machen, entstand der Verdacht der Habsucht, eine Todsünde. Die Lutheraner hatten keinen eindeutigen Trost durch die Kirche über den Weg des Sakramentes der Buße. Sie lebten in Ortskirchen unter dem Befehl der Fürsten und zu ihren Mitgliedern zählten Adlige und Bauern, von denen keiner die calvinistische Dringlichkeit verspürte, ein erfolgreicher Unternehmer zu werden.

Daher stammt das Konzept der „Berufung". Berufung ist der Ruf, den Gott an das Individuum richtet, damit es seinen moralischen Verpflichtungen nachkommt. Gott wird sein Wohlwollen zeigen, indem er ihn zu einem erfolgreichen Menschen macht. Das ist der religiöse Ursprung unternehmerischer Tätigkeit des calvinistischen Menschen. Seit der Zeit spricht man von einer „protestantischen Ethik", der diesen Geist bezeichnet, der nach Weber die Wurzel des Kapitalismus und seines wirtschaftlichen Erfolges ist.

Von einem strikt historischen Standpunkt aus gesehen sind die Theorien Webers eine Übertreibung. Der Handel im Mittelalter verlangte die Errichtung von Finanzinstitutionen und – auch wenn die Juden, weil sie nichts anderes tun konnten, die großen Finanziers jener Zeit waren – und auch bei den Christen entstand ein Finanzkapitalismus, speziell die „Bankiers des Herrn Papst" am Anfang des 13. Jh. Die Banca Monte dei Paschi di Siena, die es noch immer gibt, wurde 1472 gegründet. In der Zeit förderten die Franziskanermönche die ersten „Pfandhäuser" oder auch engagierte Institutionen, um den Bedürftigen Kredite zu geben. In katholischen Orten wie Lüttich, Turin, Antwerpen oder Siena tauchten Unternehmer, Finanziers und Händler auf, die den Personen Webers würdig wären. Bandini war ein erleuchteter Geistlicher in Siena, der noch vor Adam Smith die Tugenden des freien Marktes als wirksamer Lieferant von Reichtum beschrieb. Fra Lucca Paccioli, ein Mönch, der beauftragt war, die Buchführung seiner Organisation zu machen, entwickelte die doppelte Buchführung. Dies ist ein Instrument der Ordnung und Analyse, das für die Entwicklung der Geschäfte unentbehrlich war, die dem Kapitalismus Dynamismus verlieh und sein Überleben sicherte.

Das anglikanische England – praktisch „katholisch" in seiner Haltung und Lehre mit der einzigen Ausnahme, die Autorität des Papstes nicht anzuerkennen – prosperierte besser als das calvinistische Schottland.

Vielleicht kann man ohne Weiteres anerkennen, dass historisch gesehen das Entstehen und die Blüte des Kapitalismus sehr mit dem Vorherrschen des Calvinismus in Verbindung stehen. Der Kapitalismus, wie wir ihn kennen, entstand nicht ausgereift und komplett in einem historischen Zusammenhang, wie Athene, bewaffnet mit Helm und Schild in der Vorstellung von Zeus, oder wie Aphrodite, die Göttin der Liebe in all ihrer Schönheit dem Schaum des Meeres an der Küste von Zypern entspross.

Die historischen Voraussetzungen waren vielfältig, vom Rationalismus der Griechen und der objektiven Struktur des römischen Rechts bis zum Entdeckungsgeist der Forscher und Eroberer des 15. und 17. Jh. Aber das bedeutete sicherlich eine Änderung nicht nur der Institutionen, sondern auch der Haltung zum Leben und zum wirtschaftlichen Handeln.

Die Sichtweise von Weber wurde von vielen geteilt. Dennoch ist sie nicht die einzig akzeptierte. Werner Sombart hingegen meint, dass der Geist des Kapitalismus aus dem Rationalismus der mittelalterlichen Scholastik entstanden ist. Die Scholastik, deren bedeutendster Vertreter Thomas von Aquin ist, wandte den Gebrauch der unabhängigen Vernunft dafür an, um die menschlichen und gesellschaftlichen Probleme zu lösen und sogar um die Mysterien des Glaubens zu erahnen. [50] Damit wurden die Grundlagen geschaffen, um die wirtschaftlichen Aspekte anders zu sehen und um die Wirtschaft als Erzeugerin von Reichtum zu verstehen. Das Zeitalter der Entdeckungen brachte einen verbreiteten Optimismus mit sich, die Idee, dass der Mensch neue Welten entdecken und erschaffen konnte. Dies führte zur Überzeugung, dass er kein passiver Agent war, sondern weckte das Vertrauen, dass der Mensch das gesellschaftliche und wirtschaftliche Leben ordnen und kontrollieren könnte. Mit diesem rationalen und optimistischen Geist verband sich die Aufmerksamkeit auf das Individuelle und Konkrete. Das bewirkten vor allem die Ideen der großen spanischen Philosophen Suárez, Vázquez und Molina, die sich mit dem Konkreten befassten und nicht nur mit den großen universellen Prinzipien, die Thema der Philosophie waren.

---

[50] Von diesem Thema handelt auch das Kapitel „Philosophen glauben nicht" in diesem Werk.

Diese Denker – die größten, die Spanien hervorgebracht hat – konzentrierten ihre Gedanken auf das Konkrete. Sie betonen die Freiheit des Individuums und bei der Moral benutzen sie die Prinzipien des „Probabilismus", der von ihnen eingeführt wurde. Man musste vorsichtig sein, wenn man universelle Prinzipien auf die konkrete Situation des Individuums anwenden wollte. Hiervon ausgehend ist die Tatsache zu verstehen, dass die Kaufleute von Sevilla Tomas de Mercado darum bitten, ein Buch über die Moral bei den Geschäften zu schreiben. Der Jesuit Molina postuliert, dass die Suche nach dem Nutzen in erster Linie vom persönlichen Standpunkt aus akzeptabel ist, um die Position der Familie des Händlers zu verbessern. Zum Wucher sagte er, dass das einer Unsitte der Händler sei, nicht ein Fehler, der dem Handel selbst innewohnt, wie viele behaupteten.[51] Er stellt weiter fest, dass ein gerechter Preis den Nutzen für den Händler mit einschließen muss und spricht über den Wettbewerb zwischen den Märkten und die Intensität der Nachfrage, die auf die Preise drückt. Er bekräftigt, dass es einen freien Wettbewerb und kein Monopol geben soll. Seinerseits behauptet de Lugo, dass die Preisbildung nichts mit dem Wert zu tun hat, der den Dingen eigen ist, sondern mit seiner Nützlichkeit und der Einschätzung durch die Gemeinschaft. Der Preis eines Marktes ohne Monopol und ohne Korruption ist der gerechte Preis. Es handelt sich nicht schlicht und einfach um eine Wirtschaft des *laissez faire* ohne das Eingreifen des Staates. Es handelt sich um einen moderaten Wirtschaftsliberalismus, der die institutionellen Rahmenbedingungen für den Kapitalismus schafft (B9).

Als anthropologisch seltsam anmutende Begebenheit, die zeigt, wie man in der spanischen Scholastik die Funktion des Marktes verstanden hat, fragt sich Molina, ob es legitim sei, den indianischen Einwohnern kleine Spiegel aus Glas gegen Gold zu tauschen. Er bejaht das, weil die Glitzerstückchen aus Glas von den Indianern sehr geschätzt wurden, und sie bereit waren, dafür zu zahlen. Es geht nicht um den eigentlichen Wert des Gegenstandes, sondern um seinen Marktwert. Die Nachfrage bestimmt den Preis. Bezüglich der Märkte von Sevilla sagte er, es sei normal, dass die Preise hinuntergingen, wenn die Schiffe aus Amerika anlegten, die mit Gütern angefüllt waren. Er bekräftigte auch, dass es moralisch war, dass die Geldverleiher den Händlern Kredit gäben, um die überhöhten Mengen zu niedrigen Preisen zu kaufen, um sie später zu höheren Preisen zu verkaufen und damit die verlangten Zinsen zu zahlen (B9).

In jeder der beiden Hypothesen, in der des calvinistischen Protestantismus von Weber und der des scholastischen Rationalismus von Sombart ist es klar, dass der Kapitalismus in irgendeiner Weise im Schatten der Religion geboren wurde, und

---

[51] Vitia negotiantium non vitia negotiationis.

auch, dass er von ihren Prinzipien befruchtet wurde. Beide Theorien schließen sich nicht gegenseitig aus. Auf gewisser Weise können auch beide Entstehung und Entwicklung des Kapitalismus teilweise erklären.

Die Ideen Webers sind interessant und haben ihre Gültigkeit nicht verloren. Man muss jedoch anmerken, dass der Kapitalismus auf der einen Seite eine viel weiter gehende Geschichte hat, als Weber behauptet, und auf der anderen, dass in anderen christlichen Gruppen sich Phänomene unternehmerischer Kreativität ergaben, die ebenfalls Grundlage des Kapitalismus sind. Sicherlich gab es bei dieser Entwicklung viele Elemente, die sich gegen die grundlegende christliche Haltung richteten. Die mittelalterliche Wirtschaftstätigkeit war nicht von der Ethik getrennt. Die ersten Abhandlungen über die Wirtschaft beziehen sich genau auf den „gerechten Preis". So wurde der erwerbsorientierte Geist, der im Kapitalismus weit verbreitet ist, in der mittelalterlichen christlichen Konzeption nicht als Tugend anerkannt.

Es gab allerdings auch keinen Widerspruch bezüglich der Grundelemente der wirtschaftlichen Tätigkeit in der Gesellschaft. Die vier Prinzipien, auf die der Kapitalismus sich gründet, passen zur christlichen Konzeption des Menschen und seiner Verantwortung. Mit Goetz Briefs ausgedrückt sind das die Selbstbestimmung, die persönliche Verantwortung, das Handeln im eigenen Interesse und das Wettbewerbsprinzip. Die Selbstbestimmung beinhaltet, dass eine Person die eigene wirtschaftliche Tätigkeit auswählen kann und damit für ihren Erfolg oder Misserfolg verantwortlich ist. Diese Entscheidungen und deren Ergebnis werden vom Interesse der Person selbst geleitet. Das Interesse muss nicht die Habgier sein, Reichtum anzuhäufen. Es kann durch die Werte bestimmt sein, die jeder hat, oder kann auch einfach nur ein kreativer Wille sein. Schließlich schützt der wirtschaftliche Wettbewerb am Markt das Individuum und die Gesellschaft vor dem Machtmonopol, das eine Gruppe genau dafür verwenden kann, um die drei anderen Prinzipien zu erschweren. Dies sind nichts weiter als Projektionen, Bilder des Geistes demokratischer Freiheit über die wirtschaftliche Tätigkeit. (B9).

Das katholische Christentum erzeugte aus sich heraus keine solch brillanten Haltungen wie es in Ländern calvinistischer Tradition geschah, aber es gab auch keinen frontalen Widerspruch. Die Funktion der Religion ist, dem Leben des Individuums Sinn zu geben, nicht aber den Weg der Gesellschaftsentwicklung zu bestimmen.

Dennoch hat es tief im Kapitalismus integrierte Konzepte gegeben, die zu den christlichen Positionen eindeutig gegensätzlich sind. Die Habgier ist zu einer Tugend geworden, zu einer Art Kraftstoff, der die Energie für das System liefert. Dies ist im Christentum – und in allen anderen Religionen – eindeutig als Laster definiert. In diesem Sinne hat sich das Christentum dem Raubtierkapitalismus widersetzt, aber vielleicht hatte es einen positiven Einfluss, diesen durch den Geist unternehmerischer Kreativität ersetzt zu haben, wie es Schumpeter beschreibt.

DIE VERSCHIEDENEN STILE

Heutzutage gibt es und in der Vergangenheit gab es verschiedene „Stile" des Kapitalismus. Sein allgemeines Konzept ist, dass die Produktionsmittel mehrheitlich in Privatbesitz sind, dass es freie Märkte von Waren sowie auch menschlicher und finanzieller Ressourcen gibt, dass es das hauptsächliche, wenn auch nicht einzige Ziel der Kapitaleigner ist, den größtmöglichen Gewinn zu erzielen. Die Märkte müssen frei und so weit wie möglich vom Machtmonopol einiger Weniger und vom Eingreifen des Staates entfernt sein. Diese Bedingungen lassen eine große Bandbreite für die Entwicklung eines eigenen „Stils". Die einen tendieren mehr zu größerer Kreativität und Dynamismus und opfern dem teilweise die Gleichheit der Bürger, wie es der Fall der Vereinigten Staaten ist. Andere betonen die oberste Führung des Staates, um die möglichen „Bestreiter" dabei zu unterstützen, eine annehmbare Wettbewerbsfähigkeit auf internationaler Ebene zu entwickeln und damit es keine, nach ihrer Einschätzung ungeschützte Sektoren gibt, die im Wettbewerb untergehen, wie es in Frankreich der Fall ist.

Der Kapitalismus hat sich in verschiedenen Ländern entwickelt, die nichts mit dem Christentum zu tun haben und noch weniger mit dem Calvinismus. Japan kann man als kapitalistisches Land ansehen, insofern sein Reichtum von der unternehmerischen Privatinitiative geschaffen wurde, von der privaten Kontrolle, den finanziellen Ressourcen und einer verantwortungsbewussten und fleißigen Arbeitshaltung, auf mehr oder weniger freien Märkten. Es war allerdings ein sehr spezieller Kapitalismus, der sehr stark mit dem alten japanischen Feudalismus vermischt ist, der sich noch immer in den großen Konzernen und der Wirtschaftskraft eines Staates zeigt und der unter seinen Bürgern mehr Gerechtigkeit erreicht hat, als in andern Ländern üblich.

Ohne auf Betrachtungen eingehen zu wollen, die über das Thema dieses Werkes hinausgehen, kann man doch behaupten, dass, bei aller Zurückhaltung und aller Kritik gegenüber dem „Raubtierkapitalismus" als eine wirtschaftliche Fortführung der darwinistischen Überlebenstheorie der härtesten Art: Es hat es kein anderes System gegeben, das die Fähigkeit entwickelt hätte, ein größeres und beständigeres Wirtschaftswachstum zu erzeugen. In seinen verschiedenen Ausprägungen hat der Sozialismus, vom radikalsten Marxismus bis zum Autoritarismus des Staates als

Richtschnur für die Wirtschaft, nicht den gleichen Erfolg erreichen können. In manchen Fällen war er ein glatter und tosender Misserfolg.

Vom religiösen Standpunkt aus scheint der Sozialismus eine Regime zu sein, das besser zu den Werten passt, die fast alle Religionen vorschlagen. Wenn wir allein mit dem Herzen wählen würden, wählten wir den Sozialismus. Er steht den Herzen der Menschen und den Religionen näher. Aber vor den kalten Erwägungen des Denkens konnte er nicht einmal im Entferntesten an den Sieg des Kapitalismus herankommen.

Wahrscheinlich kann man sagen, dass keine Religion in ihrem ideologischen Inhalt eine „Plattform" wirtschaftlicher Natur hat. Die Voraussetzungen für die Wirtschaftsentwicklung der Völker sind ihrer Konzeption nicht gegeben. In einigen Fällen scheinen sie wirklich zu jeder wirtschaftlichen Entwicklung gegensätzlich zu sein. Der Buddhismus mit seiner Betonung, das Glück mittels der Beseitigung der Wünsche zu finden, steht dem kapitalistischen Geist diametral entgegen. Der Hinduismus mit seinem inneren Drama unaufhörlicher Reinkarnationen und seiner Fantasiewelt mit Göttern, die so etwas wie ein kollektives Unterbewusstsein darstellen, könnte nicht weiter entfernt von der kapitalistischen Zielrichtung liegen. Die Religionen der alten Bevölkerung Amerikas, insbesondere die der Mayas und Azteken sind in ihrem Fatalismus unvereinbar mit dem antreibenden und optimistischen Geist des Kapitalismus. Deren Pessimismus ist im Glauben begründet, dass, historisch gesehen, nach jeder kurzen Epoche von 52 Jahren die Welt von einem Tag zum anderen – im wörtlichen Sinne, von einem Tag zum anderen – mit der Zerstörung des Universums untergehen kann. Ihre dramatische Unterordnung beruht auch darauf, dass man den Fortbestand der Erde – und dies nur zeitweilig – sichern kann, wenn menschliches Blut vergossen wird, das zur wesentlichen Nahrung für die Götter wird (H4).

In anderen Fällen gibt es keinen grundsätzlichen Widerspruch. Der Islam mit seiner Betonung auf die Gemeinschaft der Gläubigen könnte sich zu einem Sammelbecken von Ideen für die wirtschaftliche und soziale Entwicklung wandeln, ist allerdings sehr weit davon entfernt, eine demokratische Haltung im westlichen Stil erzeugen zu können. Nicht nur dass diese Konzeptionen gut in das Judentum passen, sondern genau deswegen, weil es sich für das auserwählte Volk hält, kann es den Willen zum Wirtschaftswachstum in der Art des Kapitalismus als Teil seiner Überlegenheit über die anderen Völker übernehmen. Tatsächlich ist es so geschehen, auch wenn man sagen kann, dass es eher eine Überlebensstrategie als ein kreativer Wille war. Konfuzianismus und Taoismus scheinen in ihrer Konzeption, die mehr dazu tendiert, die Ordnung und das Glück in den gesellschaftlichen Beziehungen zu erhalten, kein gegenteiliges Element zu dem zu haben, welches die Wirtschaftsentwicklung verlangt.

KREATIVER GEIST

Das Christentum mit seiner ursprünglich klaren Unterscheidung, die Gesetze des Kaisers und ebenso die Gesetze Gottes zu beachten, lässt eindeutig Raum für die Autonomie des Politischen. Seine Betonung der individuellen Verantwortung und der Einbeziehung des Menschen sowie der wesentlichen Bedeutung der Vernunft fördert vielleicht nicht, jedoch erlaubt es, dass in seiner Mitte der Unternehmensgeist floriert, der Motor für die Wirtschaftsentwicklung ist. Mehr noch, nach Weber war eine Version des Christentums der fruchtbare Boden, auf dem der Kapitalismus florierte.

Die katholische Kirche hat Anstrengungen unternommen, um dem wirtschaftlichen Entwicklungsprozess und speziell dem, der unter dem Namen Kapitalismus verwirklicht wurde, mit seinen eigenen Werten Richtung zu geben und zu befruchten.

Ausgehend von der Ablehnung der Ideen der Aufklärung des 18. Jh. mit dem Konzept des freien Marktes, dessen Funktionieren sich auf die egoistischen Entscheidungen der Teilnehmer gründete, milderte er seine Gegnerschaft ab und wandelte sich zu einem glühenden Verehrer der Bereicherung und der Vermenschlichung des rohen Kapitalismus (W6).

Man kann von „zwei" verschiedenen Geistern des Kapitalismus sprechen. Der erste, den Max Weber bezüglich seines religiösen Ursprungs untersuchte, kann man als egoistische Haltung eines Mannes verstehen, der klein, gierig, in sich selbst verschlossen, ohne Nächstenliebe, von makellosem Legalismus, der nicht aus Erkenntnis oder Idealismus wirtschaftlich kreativ ist, sondern einfach nur, um seine eigene Erlösung zu sichern. In dem Sinne war es fast eine Perversion des christlichen Geistes: mich selber davon überzeugen, dass „ich" erlöst sein werde. Der zweite Geist war der, der ihm Kraft und Kreativität gab, und den man im Konzept des Österreichers Joseph Schumpeter zusammenfassen kann. Es handelt sich um das Individuum, das die Gelegenheiten zum Handel sieht, die ihm geboten werden, und mit Mut und Kraft bringt er ihn in Gang. Das bildet den kreativen Teil des Unternehmergeistes des Kapitalismus und als solcher steht er den Konzeptionen einer Religion näher, in deren Anfang stand, dass Gott dem Menschen die Welt übergab, damit er sich ihrer bediene und sie veredele. Darüber hinaus ist dieses Konzept vom kapitalistischen Geist unendlich weit vom extremen Individualismus entfernt. Der Kapitalismus war siegreich, weil Unternehmer sich mit anderen zusammengetan haben, um ihrer kreativen Intuition nachzugehen. So gesehen ist der Kapitalismus grundlegd gemeinschaftlich. Das Unternehmen ist es, das in all seinen Rechtsformen von der Aktiengesellschaft bis zur GmbH dem Kapitalismus zum Sieg verholfen hat. Dies ist die größte Gemeinsamkeit mit den Werten verschiedener Religionen, insbesondere der christlichen. Der kreative Geist, der sich im wirtschaftlichen Bereich zeigt, ist in den ersten Paragrafen der Bibel durchaus vorhanden. Gott schuf den Menschen nach seinem Bild (Gen. 1, 26-27). Wenn der Mensch sein Bild ist, so muss er wie Gott sein, Schöpfer, ein Geist, der nicht in sich selbst verweilt, sondern aus sich hinausgeht und deshalb das Universum, das Licht des Himmels und die Fische im Wasser erschafft. Gott übergibt dem Menschen alle Wesen der Erde: „Seid fruchtbar und mehret euch, füllet die Erde und macht sie euch untertan" (Gen. 1 28). Dieses Unterwerfen des Universums außerhalb des Menschen muss genau im „Geist" Gottes geschehen, dessen Bild der Mensch ist. Dieser Geist ist die Teilhabe an der Existenz, seine Äußerung die der kreativen Fähigkeit.

Daher haben alle Religionen des „Buches" –, wie die Moslems ihre eigene Religion und die des Judentums und des Christentums nennen, deren heiliges Buch die Bibel ist – in ihrem Hauptkonzept die kreative und positive Haltung, eine Haltung die wir im modernen Sinne als angemessen für die wirtschaftliche Entwicklung ansehen können.

Die Entwicklung des Kapitalismus besonders in den ersten Jahren zeigte riesige Fehler auf, die unvereinbar mit den Werten der Achtung vor dem Menschen in den Religionen und speziell im Christentum waren. Der Missbrauch des Arbeiters, der zwölf Stunden am Tag und sieben Tage in der Woche zu arbeiten hatte. Er musste seine tägliche Arbeit mit frommen, gemeinsamen Gebeten beginnen, die reine, von den Arbeitgebern verlangte Heuchelei waren, wie es in England und Deutschland geschah; der Missbrauch der Arbeitskraft der Kinder, die den Anforderungen der Arbeit weit über ihre Kräfte hinaus unterworfen waren; die Situation der mittellosen Armen und die christliche, aber manchmal pharisäerhafte Ausnahme der *deserving poor*, derjenigen, die aus gesundheitlichen Gründen arm waren, Situationen, denen sie ausgesetzt waren, und zwar nicht aus fehlender Verantwortung oder mangelndem Willen, die nötige Anstrengung aufzubringen.

Viele Jahre lang wehrte sich das Christentum gegen diese negativen Aspekte der Entwicklung des Kapitalismus, bekräftigte aber gleichzeitig gewisse in ihm wurzelnde Konzepte, wie die „Heiligkeit" des Privatbesitzes. Es gab keine Zustimmung aber auch keine Zurückweisung, sondern man glättete nur seine raue Oberfläche.

Erst als Papst Leo XIII. 1891 seine Enzyklika „Rerum Novarum" vorschlug, begann eine bedingte und zugleich bereichernde Akzeptanz des Kapitalismus seiner Zeit. In diesem Dokument schlägt der Papst ein Konzept vor, das seit dem Zeitpunkt nicht nur die Praxis des Kapitalismus bereichert, sondern die Demokratie selbst auch. Das „Subsidiaritätsprinzip", das bedeutet, dass keine höhere Institution die Verantwortung über Beschlüsse und Funktionen übernehmen kann, die eine untergeordnete Autorität wirkungsvoll ausführen kann. Nach einem schwedischen Premierminister „bedeutet das Subsidiaritätsprinzip, dass die Gesellschaft von unten nach oben konstruiert ist mit dem Ausgangspunkt beim Individuum und der Familie" (N7, S. 261). Mit anderen Worten: was die Familie gut machen kann, soll die Kommune nicht tun, was die Kommune gut erledigen kann, soll die Provinz nicht übernehmen und so weiter.

Andere Päpste und speziell Pius XI. führten in der Enzyklika *Quadrigesimo Anno* die Themen weiter fort, die vom Vorgänger ausgeführt worden waren. Besonders dieser Papst stellte eindringlich das Konzept der „sozialen Gerechtigkeit" dar, dem sehr widersprochen wurde und dessen Interpretation wenig klar ist, worin aber die Milderung des Kapitalismus wurzelt. Daraus entstand der Versuch, eine Wirtschaft mit „menschlichem Gesicht" zu generieren, aus dem in Deutschland wiederum die Soziale Marktwirtschaft entstand. Die soziale Gerechtigkeit kann man einerseits als Tugend des Individuums ansehen, der die Folgen seines Handelns in der Gesellschaft berücksichtigt. Andererseits bezieht sie sich darauf, wie Gesetze in einer Gesellschaft eingeführt werden. Sie bestimmt die Struktur und definiert Regeln für die Gesellschaft, die die staatliche Macht rechtlich und moralisch verpflichtet, eine gesellschaftliche Ordnung zu schaffen, die stabil und fortdauernd ist, und von der alle einen Nutzen haben. (N7, S. 75).

Unabhängig von der genauen Definition des Begriffes ist es offensichtlich, dass die katholische Religion durch die Stimme des Papstes eine wirtschaftliche Ordnung akzeptiert, die sich auf den Kapitalismus gründet, gleichzeitig gibt sie vor, ihm ein menschliches Gesicht zu geben, das manchmal aufgrund der wirtschaftlichen Interessen der Akteure erodiert sein kann.

Seinerseits und der päpstlichen Tradition folgend hat der erst kürzlich verstorbene Pontifex Johannes Paul II. die Ideen des Rechts der Menschen dargestellt, im Gegensatz zum Kommunismus und einigen Arten des Sozialismus, die diese Initiativen praktisch dem Staat überlassen, eigene wirtschaftliche Initiativen zu entwickeln. Gleichzeitig betonte er nachdrücklich die kreative Funktion des Menschen bei der Aufgabe, Reichtum zu schaffen und die Armut auszumerzen (N7, S. 92). An dieser Stelle, im Konzept der Kreativität, vereinen sich reibungslos die Konzepte des Kapitalismus, wie sie sich durch die Zeit hindurch entwickelt haben und die der Religion im Allgemeinen, speziell aber der christlichen Religion.

Viele der großen Denker, die die Wirtschaft als Sozialwissenschaft und als eine verändernde Wissenschaft behandelt haben, die sie ja auch ist, – nicht so die theoretischen Wirtschaftler, die mit ökonometrischen und „Hessian" Modellen arbeiten – haben die erfinderischen, entdeckerischen, unternehmerischen und kreativen Eigenschaften besonders herausgestellt, die der Kapitalismus so eindeutig bevorzugt. Die Kirche ist dazu gekommen, diesen grundlegenden Aspekt zu schätzen und betont mit der Stimme des Papstes Johannes Paul II. in der vorher genannten Enzyklika und in der „Sollicitudo Rei Socialis" die Bestimmung des Menschen als „Mitschöpfer" des Universums, in dem er lebt. Diese Co-Kreation wird durch die Wissenschaft verwirklicht aber insbesondere durch das Unternehmen, das die Träume des Menschen verwirklicht. Das lehren auch Schumpeter, Heilbronner und Hayeck (N7, S. 106-109).

THEOLOGIE DER BEFREIUNG

Die gesamte Überlieferung, auf die sich das Christentum stützt, angefangen bei der Geschichte des Judentums, bezieht sich auf Gott als Befreier des Volkes von Israel. Das grundlegende Ereignis war die Befreiung durch Moses von der Unterdrückung durch die Ägypter.

Die ganze Botschaft des Christentums ist letztendlich ein „Befreiung". Eine Befreiung von der Sünde, und das ist genau die Bedeutung des Wortes „sich ergeben": die Freiheit von jemandem erkaufen, der versklavt war, und dafür ein Lösegeld bezahlen.

Die Botschaft ist in jeder Theologie außerordentlich weit gefasst. Die Grundfreiheit ist die der Kinder Gottes, wenn der Mensch sich durch den Glauben mit einem persönlichen und gütigen Gott verbindet und so seine innere Freiheit findet. Das Konzept der Freiheit ist allgegenwärtig. Sie ist verbreitet als Ausdruck bekannt: „Die Wahrheit wird euch freimachen".

Die Botschaft Jesu richtete sich ganz besonders an alle leidenden menschlichen Wesen, die Armen, die „die Verfolgung durch die Justiz erleiden". Das Erhabene des Christentums findet man in den Seligpreisungen, in denen es heißt, dass das Erbe des Himmelreiches für die Armen im Geiste sei.

Diese beiden Freiheitswerte und der Aufruf, den Armen beizustehen und ihre Würde zu schätzen, haben sich unter den besonderen Voraussetzungen der jeweiligen Zeit durchzusetzen versucht.

Das 2. Vatikanische Konzil, das von Papst Johannes XXIII. 1962 durchgeführt wurde, öffnete die Fenster der Kirche, um, wie der Papst selbst sagte, „frischen Wind" in das alte kirchlich bürokratische Gebäude hineinzulassen. Als Folge dieser Öffnung wurde aus vielen Ecken des Christentums das Abenteuer des *aggiornamiento* in Gang gesetzt, eine Aktualisierung der Religion.

Man musste sie einer Gesellschaft zur Verfügung stellen, die auf der Suche nach Relevanz war. Somit ist es nicht verwunderlich, dass die Theologen in Lateinamerika sich angetrieben fühlten, die Relevanz des christlichen Glaubens für ihre Völker zu suchen.

Was bei der Einschätzung der Theologen von der Beziehung und Erfahrung in Lateinamerika hervortrat, waren enorme Einkommensunterschiede bei den Einwohnern, und dass die katholische Kirche einen erheblichen Anteil an der Struktur hatte. Aus diesem Grund war sie zumindest Komplizin der etablierten und ausbeutenden Macht. Die „Freiheit" des Christentums konnte nicht nur spirituelle Freiheit sein. Sie mussten auch von der Sklaverei durch Elend und Unterdrückung befreit werden. Angesichts dieser niederschmetternden Sicht von ihren Ländern fanden viele christliche Denker Antworten in drei Positionen, die wie Säulen das Gebäude aufrechterhielten, das man „Theologie der Befreiung" nannte.

Die erste bestand darin, auf die prophetische Überlieferung Christi selbst zurückzugreifen sowie auf viele große Rebellen des Alten Testamentes, die die von den etablierten Mächten aufgezwungene Justiz anprangern, eingeschlossen die kirchliche Bürokratie als Stütze des Systems.

Die zweite war das marxistische Werkzeug der Analyse für die Ausbeutung der Arbeiter durch den Kapitalisten, der den Arbeiter der Frucht seiner Arbeit beraubt. In einigen Fällen handelte es sich nicht nur um den Marxismus, sondern auch um den Strukturalismus von Althusser und die Positionen der Wirtschaftskommission für Lateinamerika (CEPAL), ein Organ der UNO, die die Rückständigkeit der Völker den Bedingungen der internationalen Strukturen der Wirtschaftsmacht zuschrieb. Der Kolumbianer Camillo Torres sprach von einer "Theorie der Abhängigkeit", die eine Version ist, die der strukturalistischen Sicht der CEPAL sehr ähnlich war, die nicht von fortschrittlichen und rückständigen Ländern spricht, sondern von herrschenden und abhängigen.

Die dritte ist nicht theoretisch, sondern ein persönlicher Einsatz individuellen und aktiven Engagements, um die sozialen Missstände zu beseitigen. In ihrer extremen Form förderte sie den sozialen Aufruhr. Es ging um eine christliche Revolution, die viele erwarteten. „Che" Guevara – Ikone und Inspirator der Revolution – drückte es so aus: „Wenn die Christen es wagen, ein vollständiges, revolutionäres Zeugnis abzulegen, so wird die Revolution unbesiegbar sein".

Diese drei Elemente haben die „Theologie der Befreiung" generiert. Sie war Anklage, Aktion und Rebellion. Mehr noch, sie wurde zur Inspiration für viele und ein schwerwiegendes Problem für die kirchliche Autorität.

Die Färbung der verschiedenen Protagonisten der Bewegung war unterschiedlich: der Prediger, der an das Gewissen der Christen appellierte und sie dazu drängte, sich von der „institutionellen Sünde" zu befreien, die sich in der Welt der Armut kristallisiert; diejenigen, die zur Heranbildung eines kritischen Bewusstseins durch Bildung aufriefen, wie Freire in Brasilien; der soziale Aktivist, der politische Reformen antreibt; die Revolutionäre, die bereit sind, zu den Waffen zu greifen, wie Camillo Torres in Kolumbien. Ihre Inspiration war die Botschaft Christi, war aber von der katholischen Kirche nicht immer gut angesehen. Darüber hinaus wurden die wertvollen Konzepte ihrer Inspiration durch die starre und einseitige Interpretation verarmt.

Die Bewegung hat eine lange Geschichte. Sie inspiriert sich bei den Arbeiterpriestern zu Zeiten des Kardinals Suhard in Frankreich. Die eigentliche lateinamerikanische Bewegung begann in den 1960er Jahren in Brasilien.

„Basisgemeinden" begannen zu entstehen, die vorgaben, so in Gemeinschaft zu leben, wie es vermutlich die ersten Christen getan hatten. Einige griffen zu den Waffen. Es waren nicht wenige Christen, Laien, die, dem Beispiel von Priestern wie Camillo Torres in Kolumbien und Gaspar Lavinia folgend, bei bewaffneten Zusammenstößen starben.

Einige andere förderten das geistige Erbe, das wie Reisig das Feuer der Befreiung anfachen sollte. Das war der Fall des Jesuiten Porfirio Miranda in Mexiko, der mit seinem bissigen Buch *Marx und die Bibel, Kritik der Philosophie der Unterdrückung* 1970 das *Imprimatur* der kirchlichen Autorität erhielt. (M14)

Sehr bekannt, insbesondere wegen ihrer Konfrontation mit dem Vatikan, waren der Brasilianer Leonardo Boff (B5), der Peruaner Gustavo Gutiérrez und der Salvadorianer baskischer Herkunft Ignacio Ellacurría, der vom Militär der Rechten im Wohnsitz selbst der Jesuiten der Universität San Salvador ermordet wurde. Ebenso bemerkenswert war das Werk von Jon Sobrino, auch ein Salvadorianer baskischer Herkunft, mit seinen theologischen Schriften über Jesus Christus, die vom Heiligen Stuhl verurteilt wurden.

Unter den Sympathisanten der Bewegung befanden sich Bischöfe aus fast allen Ländern: Helder Cámara aus Brasilien; Sergio Méndez Arceo und Samuel Ruiz aus Mexiko und Romero aus San Salvador. Letzterer wurde ermordet.

Die „sozialen Enzykliken" der Päpste hatten theologische Überlegungen zu den sozialen Problemen ausgelöst. Die Relevanteste war „Populorum Progressio" 1967 von Papst Paul VI., die in journalistischer Übertreibung vom *Wall Street Journal* als „aufgewärmter Marxismus" gerügt wurde. Dennoch erhielt diese Bewegung 1968 ihre christliche Legitimation von der Versammlung von 150 lateinamerikanischen Bischöfen in Medellín, Kolumbien.

Von einem Dokument ausgehend, das die wirtschaftlichen Voraussetzungen ihrer Länder vorstellte, baten die Bischöfe die Christen darum, sich für die Veränderung der Gesellschaft einzusetzen. Sie prangerten die „institutionalisierte Gewalt" an, die Ausbeutung und Armut erzeugte und einen „Zustand der Sünde" bedeutete. Die Bischöfe selbst stellten drei mentale Kategorien auf, um das Problem der Armut zu mildern: Die „Traditionellen", die auf die christliche Nächstenliebe und Erziehung zurückgriffen; die „Entwickler", die die Betonung auf die Förderung des wirtschaftlichen Entwicklungsprozesses legten und die „Revolutionäre" die eine radikale Veränderung wollten, allerdings ohne Waffengewalt. Die Sympathie galt eindeutig den Letzteren. Man kann sagen, das Medellín die „Magna Carta" der Theologie der Befreiung war.

Die Theologie der Befreiung war ein edelmütiger Versuch, weil sie der Kirche die Problematik der „Entwicklungsländer" vor Augen zu führte. Ihre Aktion sah sich jedoch durch eine unzutreffende vorausgegangene Analyse der Ursache für die Armut eingeschränkt. Sowohl die Diagnose der Ursache der Armut als auch der Art, aus ihr wieder herauszukommen, sind in ihrer Konzeption schwach, wenn auch stark in ihrer Inspiration.

Ihrer Meinung nach handelt es sich nicht um rückständige Länder, sondern um Länder, die von ausländischer Macht abhängig sind, die ihnen ihre Interessen aufzwingen. Innerhalb eines jeden Landes werden die Armen durch ein System ausgebeutet, welches eine institutionalisierte Sünde ist.

Es handelt sich um eine einseitige und reduktionistische Analyse, auch wenn sie sicherlich zutreffende Elemente enthält. Die ganze „Entwicklungstheorie" mit ihren vielfachen Untersuchungen über die Ursachen der Armut der Länder und der Menschen zeugen von der Komplexität eines Problems, das starke kulturelle Elemente enthält, Elemente der Erziehung und der Verhaltensweisen sowie solche technologischer und wirtschaftlicher Art. Alle diese enthalten meistens eine „Falle", einen Teufelskreis: weil man arm ist, kann man nicht aus der Armut herauskommen. Es müssen Voraussetzungen geschaffen werden, die es erlauben, die Produktivität zu erhöhen, die Anhäufung von Kapital zu ermöglichen, wie von Marx begünstigt, Institutionen zu schaffen, die die ganze Entwicklungsarbeit und die Gerechtigkeit einfädeln. Für die „Theologie der Befreiung" war es nicht machbar, in die Analyse solcher Betrachtungen einzusteigen, weil sie sie schlicht nicht akzeptierte. Sie klangen abstrakt akademisch. Ihre Wortführer waren vom Handeln geleitet; sie waren Propheten.

Sie prangerten die Grundelemente des Kapitalismus an. Die Existenz des „Privateigentums" setzt das Hinnehmen der Ausbeutung voraus. Lohnzahlungen an den Arbeiter bedeuten Ausbeutung. Die westliche Zivilisation ist eine Zivilisation der Ungerechtigkeit. Das Christentum und die westliche Kultur sind Antipoden, schließen sich gegenseitig aus, wie es Porfirio Miranda ausdrückt.

Sie verurteilen wie der Prophet „den, der sein Haus in Ungerechtigkeit baut und seinen Nächsten ohne Lohn arbeiten lässt" (Jer. 22, 13-14). Der Prophet Hoseas verkündet, dass es „ohne Mitleid oder Kenntnis von Gott keine Güte auf der Erde gibt, sondern nur Meineid und Täuschung und Diebstahl und Ehebruch". (Os. 4, 1-2). Er erklärt auch, dass die „Nächstenliebe", die den Armen entgegen gebracht wird, „Mitleid wie eine morgendliche Wolke ist, wie der Tau beim Sonnenaufgang, der verdunstet ..." (Os. 6.4).

Mit dieser Analyse und Inspiration entwickelten die neuen Propheten der Theologie der Befreiung eine Kraft, mit der sie die christliche Botschaft verjüngen und eine Relevanz für die unterentwickelte Welt herstellen konnten. Dennoch, wie es häufig mit den Propheten geschieht, die Wucht der Emotion raubt der Botschaft und dem konsequenten Handeln die dauerhafte Stärke, die sich von der Botschaft ableiten müsste.

Das war der Fall bei Marx und bei vielen Theologen der Befreiung. Ihre Schwäche bestand am Ende in ihrer Übertreibung, sowohl in ihrer soziologischen und wirtschaftlichen Analyse der Wirklichkeit, die sie kritisierten als auch in der einseitigen Verwendung der christlichen Botschaft.

Das marxistische Modell, das viele verteidigt haben, indem sie es christianisierten, ist zerbröckelt und hat sich als unpassend erwiesen, um Reichtum der Nationen zu entwickeln und die Befreiung aus der Armut zu erreichen. Einer der Träger, an denen seine Theorie den Hebel ansetzte, wurde im Laufe der Jahre schwach.

Seitens der kirchlichen Autorität liegt das Problem der Bewegung nicht daran, dass sie die Lehre der Offenbarung auf die soziale Problematik anwendet, sondern umgekehrt: nämlich dass sie in erster Linie auf die Überlegung über die historische Praxis gerichtet ist, und daraus folgend erst auf die Suche nach dem Licht der Offenbarung. Es ist schon nicht mehr die Theologie, die über die Offenbarung nachdenkt. Es ist vielmehr eine „Religionssoziologie", die in Theologie gekleidet ist.

Darüber hinaus müsste das kirchliche Geschehen wie die Sakramente, ihrer Meinung nach für das unterdrückte Volk eine Gelegenheit sein, sich seiner Unterdrückung und der befreienden Kraft in Christus bewusst zu werden. Die sozial theologischen Überlegungen rücken immer nahe an den Gebrauch von Gewalt, um die Befreiung der Unterdrückten zu erreichen.

Die Hierarchie antwortete anfangs milde und wies auf die Neigung zum Reduktionismus hin, der die ganze christliche Botschaft auf die Befreiung aus der Armut reduzierte. Es gab schärfere, verurteilende Erklärungen mit dem Hinweis, dass die dogmatische Lehre von der Person Christi als Gottessohn aus den Augen verloren ging, und dass die Kirche die Sakramente erteilt, die den Menschen von den Sünden befreit.

Zu diesem Thema fokussiert der folgende Satz von Hans Urs von Balthazar auf die Problematik, den religiösen Inhalt durch soziales und politisches Handeln zu entleeren: „Wenn Christus nichts weiter wäre als die beste Darstellung eines natürlichen Menschen und das Christentums nichts weiter wäre als der beste Ausdruck des Religiösen der Menschheit, so wäre es nicht wert, ein Christ zu sein" (B1, S. 131-209). Es wäre eine erhabene Philosophie oder ein tapferer Aktivismus, denen aber ein religiöser Inhalt fehlt.

Die stärkste Reaktion und gleichzeitig auch die intelligenteste der kirchlichen Autorität, ist in dem Brief enthalten, den der damalige Kardinal und jetziger Papst Benedikt XVI. dazu geschrieben hat und der 1984 veröffentlicht wurde.

In ihm weist der Papst darauf hin, dass das Problem dieser Theologie ist, dass sie von der Situation der Armen ausgeht, und bekräftigt dann, dass sie voller Versprechungen steckt, aber dass es Abweichungen gibt, weil sich viele aus dem Marxismus herleiten. Die Taten der Menschen führen zu unterdrückenden Strukturen. Die Wurzel des Bösen ist daher die Sünde. Die Sünde ist den menschlichen Handlungen inhärent. Die Befreiung – das heißt die Erlösung – wird kommen, wenn die Sünde der Menschen ein Ende hat, die die Quelle allen Übels ist. Es geht nicht nur darum, von der Unterdrückung zu befreien, sondern die Quelle der Unterdrückung zum Versiegen zu bringen, und die ist die Sünde und der Egoismus der Menschen.

Der jetzige Papst betont auch ausgiebig den überhöhten Gebrauch der marxistische Theorie, um die Problematiken der Gesellschaft zu analysieren. Er bekräftigt, dass die Wirklichkeit sehr komplex ist und dass man eine Vielfalt an Methoden und Gesichtspunkten verwenden muss, um die soziale Problematik zu verstehen und nicht in eine absolutistische Ideologie zu verfallen.

Darüber hinaus führt die marxistische Ideologie zu einer politischen Praxis, die notwendigerweise die Gewalt mit einbezieht, was kein Christ akzeptieren kann.

So also trat die Theologie der Befreiung hervor als eine religiöse Antwort und eine persönliche Empörung auf die soziale Problematik. Ihre Inspiration ist Christus und ihre Botschaft auch. Die Erhabenheit ihres Vorhabens und die Kraft ihres Handelns haben die Religion präsent und handlungsfähig gemacht.

Allerdings hat die Einseitigkeit bei der Erklärung der Armut zu einer Manipulation des religiösen Gedankens geführt, die sie am Ende von der christlichen Strömung entfernte und, als das wirtschaftliche und politische Scheitern ihres marxistischen Modells kam, verlor sie ihre Orientierung und ihr fehlte ein inspirierendes Modell. Sie verlor den Unterhalt durch den Glauben; sie verlor den Unterhalt durch die Praxis.

NACHWORT

Der erste Teil dieses Werkes betrachtet die Problematik, die der außerordentlichen Fortdauer des Religiösen zueigen ist, in einer Welt, die – zumindest in seiner Version abendländischer Kultur – die Religion weder für das Verständnis der Natur noch für die Gesellschaftsordnung nicht braucht. In traditionellen Gesellschaften erbrachte die Religion Sinn und Erklärung der Naturphänomene und den Referenzrahmen für eine rudimentäre Gesetzgebung. Die menschliche Vernunft hat eine unabhängige Wissenschaft entwickelt, die die geheimen Prinzipien erhellt, die die Natur bewegen. Die Machtausübung und der Individualismus im gesellschaftlichen Leben haben die Bedeutung des Religiösen für die Gesellschaftsordnung der Menschen relativiert. Trotzalledem, die so häufig auftretende Dunkelheit unserer Erkenntnis und das Mysterium der Existenz des Universums und eines jeden Menschen verlangen nach einer transzendenten Erklärung. Darüber hinaus bestehen die Religionen fort und werden fortbestehen, weil sie auf das Mysterium vom Sinn des menschlichen Lebens eine Antwort geben, dem Menschen als einzigem Tier, das in der Lage ist, sich selbst zu betrachten, über sich nachzudenken.

Im zweiten Teil argumentieren wir, dass, wenn die großen Religionen über alle Zeiten fortbestanden haben, dieses der inspirierenden Größe ihrer verschiedenen Botschaften geschuldet ist und der Bereicherung, die sie den Gesellschaften mit ihren kulturellen Beiträgen gebracht haben und der Weise, in der sie deren Entwicklung gefördert haben.

Der dritte Teil analysiert die verschiedenen Elemente, mit denen sie die Entwicklung der Gesellschaften bereicherten oder sie behindert haben, wie es die Annahme oder Ablehnung der unabhängigen Vernunft ist, der politische Gebrauch der Religion, Antrieb oder Bremse für die materielle Entwicklung der Gesellschaft und den zerstörerischen Fanatismus, der in fast allen Religionen eine Konstante zu sein scheint. Schließlich betrachtet er, in welchem Sinne die verschiedenen Religionen fähig sein können, weiterhin die notwendigen Anpassungen an die Bedingungen einer sich verändernden Gesellschaft zu leisten und eine Beitrag zur notwendige Entwicklung der Gesellschaften zu sein.

Alle Religionen haben wunderbare Botschaften, die inspirierend wirkten, aber in ihrem Inneren haben sich Widersprüchlichkeiten entwickelt, die sowohl den Inhalt ihrer Botschaft selbst betreffen als auch ihren Beitrag zum Leben der Individuen und der Gesellschaft.

Historisch gesehen ist die ursprünglichste und brillanteste Religion der Hinduismus. Er liefert nicht nur eine funkelnde Vielfalt von Göttern, die mit ihren vielfältigen Geschichten in ständigem Kontakt zu den Menschen stehen, sie verwandeln sich in Menschen, wenn auch nur zeitweilig, sie haben dieselben Leidenschaften und dieselben Illusionen. Das Göttliche nimmt am Menschsein teil. Deshalb ist es eine Religion, die dem Menschen nahe steht und darüber hinaus ist er vielleicht die, welche die meiste Ehrfurcht vor dem Leben hat bis hin zum Tabu bezüglich der heiligen Tiere. Die fortwährende Reinkarnation selbst ist eine Hymne an das Leben. Es gibt keinen Tod, es gibt Leben. Die Ehrfurcht vor dem Leben gilt allen lebenden Wesen und in einigen seiner Abwandlungen – wie die der Jainisten – auch dem nicht Lebenden. Dieser höchste Wert des Lebens jedoch verliert sich schließlich auf widersprüchliche Weise in der unbewussten universellen Seele des Nirwanas.

Der größte Widerspruch des Hinduismus besteht darin, dass, wobei sie eine wunderbare Religion ist, sie wahrscheinlich eine außerordentliche politische Kontrolle über die Gesellschaft ermöglicht. Die Brahmanen sind die höchste Kaste, aus der – bis zum heutigen Tag – die Priester kommen. Jeder Mensch wird innerhalb einer Kaste geboren und ist den Lebensbedingungen ausgesetzt, die diese regelt. Der Mensch ist nicht zu universellen moralischen Verhaltensnormen verpflichtet, wie die Zehn Gebote von Moses es verlangen, sondern die Moral der Handlung jeden Individuums hängt vom Erfüllen der spezifischen Aufgaben seiner Kaste ab. So entsteht ein Widerspruch zwischen der Ehrfurcht vor dem Leben und den Geschichten der Götter, die eine sublime Darstellung des menschlichen Lebens darstellen und dem wesentlichen Verhalten der Menschen, das auf den speziellen Anforderungen durch die Kaste bestimmt ist.

Der Buddhismus, der gewisse Grundelemente des Hinduismus enthält, aus dessen Mitte er entstanden ist und – zu Beginn – eher eine wunderbare Lebensphilosophie als eine Religion ist, oder, wenn man so will, eine atheistische Religion mit dem Widerspruch, der das mit sich bringt. Als Lebensphilosophie lehrt er, dass das Leiden, das dem menschlichen Leben inhärent ist, hauptsächlich von den unerfüllten Wünschen kommt, wie alle Menschen es erleben. Das Glück entsteht deshalb aus dem fehlenden Leiden und dieses wiederum von der Wunschlosigkeit. Der Buddhismus ist somit eine vollkommen individualistische Religion – vor allem in seiner ursprünglichen Version des „kleinen Fahrzeuges – und er leugnet gleichzeitig den Wert des Individuums, das schließlich zu seinem größten Glück, dem Nirwana kommt, und zu seiner Vereinigung mit der unpersönlichen Seele des Universums, in dem er seine Persönlichkeit verliert. Der höchste Individualismus verliert sich in der höchsten Unpersönlichkeit.

Andere Abweichungen des Buddhismus vom chinesischen bis zum tibetanischen haben diese individualistische Fixierung nicht, denn sie bestehen aus einem

System von Riten und sogar von Magie, die sicherlich weit von der individualistischen Konzeption entfernt sind, frei von Göttern, wie Herr Buddha gepredigt hat.

Das Judentum ist eine herrliche Religion, die erste, die mit aller Macht die wunderbare Behauptung aufstellte, dass Gott der alleinige und einzige Schöpfer des Universums ist und dass die lokalen Gottheiten, die die umgebenden Völker anbeteten, Dämonen waren oder zumindest Karikaturen des höchsten Herrn aller Dinge. Es ist die erste universelle Religion, aber im Widerspruch dazu schließt dieser alleinige Gott einen Bund mit einem bestimmten Volk – mit dem jüdischen – und verspricht als Erbe ein bestimmtes Land. Man hätte erwarten können, dass der Herr des gesamten Universums – und somit aller Menschen – dem jüdischen Volk den universellen Auftrag gegeben hätte, in seinem Namen allen Völkern zu predigen und kein Versprechen gibt, immer an der Seite eines bestimmten Volkes zu sein und ihm ein bestimmtes Land zu geben. Wir haben hier den tiefen Widerspruch von der Koexistenz von der universellen und großartigsten Botschaft und dem besonderen Auftrag und Bündnis mit einem Volk in einem bestimmten Land.

Das Christentum seinerseits ist die Religion des Vertrauens, der Liebe und der Brüderlichkeit zwischen allen Menschen. Gott ist der Vater und alle Menschen sind Brüder. Jesus von Nazareth ist die göttliche Darstellung auf Erden. Er adelt mit seiner Botschaft das menschliche Leben, endet aber wie ein Verbrecher an ein Kreuz genagelt.

Es ist die erste universelle Religion, die sich nicht als einem bestimmten Volk zugehörig definiert. Es ist die erste, die die Liebe zum grundlegenden Element zwischen den Menschen definiert. Mit der Zeit allerdings wird sie so groß, dass sie zu einer Art religiösem „römischen Imperiums" wird und übernimmt die Funktionen des erloschenen Imperiums. Die Organisationsstruktur jedoch, die sich daraus ergibt, wurde über lange Zeit schließlich zu einer Machtstruktur und deutete ihre Universalität um zu einer Mission, Normen und Gesetzte aufzuerlegen.

Offen für die Ausprägungen menschlicher Kultur zögert sie nicht, die griechische Philosophie heranzuziehen, um ihrer Botschaft Ausdruck zu verleihen. Im Laufe der Zeit allerdings wird sie zur Geisel ihrer eigenen Einfälle, wie Dogmen die in einer Sprache ausgedrückt werden, die zur gleichen Zeit sklerotisch und unverständlich ist.

Der Islam ist – auf der Grundlage des Judentums und des Christentums – eine saubere, starke und einfache Religion. Er hat nicht die intellektuelle Komplexität des Christentums und ist leicht verständlich für den Großteil des Volkes. Seine Ausübung ist einfach und tief gehend: die „Säulen" des Islam, die sich auf fromme Praktiken beziehen, wie das Gebet mehrmals am Tag oder auf gesellschaftliche wie der „Sakrat", das Almosengeben, das die Verpflichtung beinhaltet, den Bedürftigsten einer Gesellschaft beizustehen. Als solches ist er eine sehr solide und kompakte Religion mit der Verehrung des Alleinigen Gottes – Allah –, dessen Lob als den Großen und Barmherzigen in schönen Worten rezitiert wird.

So gesehen könnte der Islam eine Religion von universeller Berufung sein. Allerdings handelt es sich in seiner Ausführung um eine fast vollständig säkularisierte Stammesreligion. Mohammed war ein Prophet und Gesetzesgeber für sein Volk und übte die exekutive und kriegerische Gewalt aus und verteidigte die junge Gesellschaft, die er gebildet hatte. Diese Elemente sind weiterhin vorhanden, und es gibt zurzeit keine Religion, die noch mehr mit einem bestimmten Gesellschaftstyp verbunden wäre, weil die Scharia, das religiöse Recht, über gesellschaftliche und politische Aspekte entscheidet. Religion und Gesellschaft sind vermischt, wenn nicht sogar eins.

Alle bedeutenden Religionen haben somit Botschaften, die die Menschen erhöhen und adeln, aber sie haben in ihrem Inneren oder in ihren Praktiken eine Reihe von Elementen, die widersprüchlich sind, sei es mit ihren grundlegenden Lehren, sei es mit den kulturellen Bekundungen ihrer Praktiken. Diese Widersprüche sind nicht unbedingt ihrer eigenen Struktur inhärent. Auch wenn behauptet wird, dass in all diesen Fällen der Inhalt der Botschaft von göttlicher Inspiration sei, so kann man die Widersprüche entweder als Verkleidungen verstehen, die für das Verstehen und die Akzeptanz durch Menschen von geringem Verstand notwendig sind oder als Zuwachs, den sie im Laufe der Zeit durch die Wirkung der Unvollkommenheiten oder Leidenschaften der Menschen erworben haben, die nicht auf dem Niveau der göttlichen Botschaft leben konnten. Auf jeden Fall handelt es sich um Elemente, die sich auf die Reinheit der Botschaft auswirken, sie verarmt und ihre Mission noch schwieriger macht.

Damit die Religionen weiterhin die Menschheit mit ihren Botschaften bereichern und gleichzeitig die Entwicklungskräfte der Gesellschaften unterstützen können, müssen sie versuchen, die ihnen innewohnenden Widersprüche zu beseitigen, zumindest diejenigen, die sie im Laufe der Zeit erworben haben und auf mit ihrer Größe zusammenprallen. Im ersten Fall haben wir als Beispiel die Einrichtung von Kasten im Hinduismus, die historisch gesehen ein Hauptelement bei seiner Einführung und Gründung war. Im zweiten Fall beggenen wir der „imperialen" Bürokratie, die zum Merkmal des Christentums wurde, insbesondere seiner katholischen Version oder mit seiner gesellschaftlichen Überlegenheit – sogar „rassischen" – der Erwählten von Gottes Gnaden, wie im Fall der calvinistischen Version.

Sie werden sich nicht nur von allen jenen Elementen befreien müssen, die den Reichtum ihrer originellen Botschaft einschränken oder ihm sogar widersprechen, sondern sie müssen auch alle jene Elemente ausmerzen, die im historischen Zusammenhang möglicherweise passend waren, als sie sich den Paradigmen der unterschiedlichen Zeitabschnitte anpassten. Ein Beispiel dafür sind die „Heiligen Kriege", die zu bestimmten Zeiten ihrer Geschichte Teil ihres kulturellen Identität waren wie im Islam. Oder die Ablehnung und sogar Verurteilung der Fleischeslust des Menschseins, die ein bemerkenswertes Merkmal des Christentums in fast allen seinen Ausformungen sind. Sie sind nichts weiter als eine Reliquie – man könnte fast Verunreinigung sagen – von seiner Nähe zu manichäischen Philosophien, denen es eng verbunden war und die in ihm eine prägende Spur hinterlassen haben, sodass die modernen abendländischen Kulturen ihm fremd sind, so auch die alten Kulturen wie der Hinduismus oder der Shintoismus.

Die Menschheit mit den Veränderungen, die die verschiedenen Kulturen ihr beisteuern und sie heute bereichern, wird sich im Allgemeinen weiterhin entwickeln. Sie wird weiter den Paradigmen folgen, die in Europa zur Zeit der Aufklärung entstanden und deren wesentliche Merkmale der Gebrauch der Vernunft, der Freiheit und der Eigenverantwortung der Menschen sind auch der Rechenschaftslegung, zu der die politischen Autoritäten der Gesellschaft verpflichtet sind. Dies sind die wesentlichen Elemente, die vielen Schemata der verschiedenen Gesellschaften zugrunde liegen, die wir „modern" nennen können. Die zukünftige Entwicklung wird sich wesentlich auf diese Aspekte als grundlegende Paradigmen stützen, innerhalb derer die Religionen handeln müssen, um die künftigen Gesellschaften mit ihrer Botschaft zu befruchten.

Weitere zwei Elemente, die wie unser heutiger Gesichtsausdruck die Prägung unserer modernen Gesellschaften bestimmen und die weiterhin integraler Bestandteil des kulturellen Erbes der Menschheit bleiben werden, sind an erster Stelle die umfassende und allgegenwärtige Bedeutung der Informatik, die die Möglichkeiten der Kommunikation in all ihren Aspekten vervielfältigt hat – wenn dadurch auch nicht die Möglichkeit zum Verständnis und der Akzeptanz der eigenen Einstellungen – und an zweiter Stelle die Globalisierung der unterschiedlichsten Tätigkeiten, angefangen bei der wissenschaftlichen Forschung bis hin zur Fertigung von Gütern aller Art.

Jede Religion – im Prinzip alle jene, die wir in diesem Buch untersucht haben und deren Fortbestehen über alle Zeiten hinweg ihre Stärke und Größe bezeugt – sollten nicht nur gemeinschaftlich mit den zukünftigen Gesellschaften existieren können, deren Merkmale oben aufgezählt wurden, sondern sollten sie bereichern können und sich dabei an die neuen gesellschaftlichen, wirtschaftlichen und kulturellen Bedingungen anpassen. Gesellschaften wachsen und entwickeln sich. Religionen, die überleben wollen, müssen mit ihnen wachsen und deren Entwicklung stärken. Dafür müssen sie sehr genau die Relevanz in Betacht ziehen, die ihnen nicht verloren gehen darf, auch die Notwendigkeit, ihre wesentliche Botschaft oder zumindest die kulturelle Sprache zu modifizieren, mit der sie sich dargestellt haben. Sie müssen ihre Relevanz beibehalten, um weiterhin existieren zu können.

Jede einzelne der hier analysierten Religionen hat unterschiedliche Möglichkeiten, um sich auf die Weise den neuen Paradigmen anzupassen, damit sie ihre Relevanz aufrecht erhalten. Nach der ganz besonderen Einschätzung dessen, der dieses schreibt, ist der Hinduismus eine Religion mit den größten Schwierigkeiten, ihre Botschaft zu modernisieren, ohne dabei an Relevanz zu verlieren. Es handelt sich um eine uralte, äußerst strukturierte Religion mit einem politischen Herrschaftssystem der Geistlichen und einer sehr detaillierten Bestimmung der Funktionen der unterschiedlichen Gesellschaftsklassen, die sehr wenig zu einer modernen Gesellschaft passen. Seine wunderbare Botschaft von der Erhabenheit des Lebens in all seinen Ausformungen wird immer weniger verständlich sein, insbesondere wegen seiner Beziehung zum Prozess der Reinkarnationen. Er wird vielleicht über die Zeiten nur als reiche und farbenprächtige Folklore von Volksfesten fortbestehen, wie die der Göttin Durga.

Der Buddhismus wird in den Zeiten in seiner ursprünglichen Version des „Kleinen Fahrzeugs" fortbestehen, nicht jedoch als Religion im vollen Sinne des Wortes, sondern als menschliche Philosophie, die weiterhin Relevanz für den Einzelnen hat, nicht aber für die Gesellschaft, in der er sich bewegt. Mehr noch, in gewissen Sinne richtet er sich gegen die Dynamik der künftigen Gesellschaft, auch wenn er dabei hilft, Werte wie den Naturschutz zu verankern, von dem noch die Rede sein wird.

Das Judentum ist schon heute eine relevante Religion aber nur für eine bestimmte Gesellschaft, die von Abraham abstammt, der Gott die grandiose Botschaft von seiner Allmächtigkeit überbracht hat, gleichzeitig aber die Einschränkungen eines Stammes hat, wie man sie in dem Sinne nennen könnte, dass sie nur an ein Volk gerichtet ist, dem ein bestimmtes Land versprochen wurde, das von der Humangeografie begrenzt ist. In gewissem Sinne gibt die Aufnahme von Mitgliedern aus anderen Völkern wie Äthiopien ihm eine größere Spannweite.

Der Islam besitzt in seiner Einfachheit und der Stärke seiner Prinzipien alle Elemente, um in der Zukunft der menschlichen Gesellschaft vorherrschen zu können. Der allmächtige Gott und die Brüderlichkeit der Gläubigen, die sie zur Nächstenliebe zu ihnen allen zwingt, sind Elemente, die fortbestehen können, wie auch die grandiose Poesie seiner Schriften. Soweit er sich jedoch nicht von einem der Elemente seit seiner Gründung befreit, d. h. vom Einssein von politischer und religiöser Gesellschaft, von der fehlenden Trennung von ziviler und religiöser Gesetzgebung, wird er niemals eine für die künftigen Gesellschaften relevante Religion bleiben können. Einige Aspekte wie die Stellung der Frau in seinen Gesellschaften ist der Religion selbst nicht inhärent und könnte verändert werden, wenn auch nur durch eine tief greifende Sinneswandlung.

Das Christentum ist wahrscheinlich die Religion mit der größten Wahrscheinlichkeit, zukünftig fortzubestehen. In erster Linie, weil sein Kernstück die wundervolle Bekräftigung der Brüderlichkeit aller Menschen ist, die ohne Rücksicht auf Herkunft, Stammeszugehörigkeit, Kulturen oder Rasse den allmächtigen Gott Vater nennen können, der als Jesus von Nazareth gegenwärtig war. Wahrscheinlich müssten einige der Dogmen, die in Konzepten ausgedrückt werden, die der modernen Sprache fremd sind, „übersetzt" werden. Gewisse andere Elemente machen aus dem Christentum eine Religion, die in besonderer Weise der neuen Zeit angepasst ist: die Relevanz, die sich durch die Zeiten hindurch durch den Gebrauch der Vernunft ergeben hat; die Ausrichtung seiner moralischen Prinzipien auf das individuelle Bewusstsein im bloßen Unterschied zu den Taten der Menschen, welches in Übereinstimmung zu den Grundwerten der Demokratie steht; sein prinzipielles „Katholischsein", das ohne Weiteres ermöglicht, die moderne Gesellschaft als im Globalisierungsprozess befindlich zu verstehen. Allerdings wird es in seiner katholischen Version die zentralistische und bürokratische Haltung ändern müssen und viel offener für spontane Äußerungen des menschlichen Wesens sein, insbesondere was seine sexuellen Beziehungen betrifft. Das calvinistische Christentum muss viel weniger fundamentalistisch sein, sowohl in seinen religiösen als auch politischen Äußerungen; gepaart mit einer größeren Betonung nicht der Gnade der Erwählten, sondern der Brüderlichkeit unter den Menschen.

Sicherlich gibt es in der Entwicklung der modernen Zivilisation verschiedene wesentliche Elemente, die in gewisser Weise Teil ihres Schemas sein sollen. Hervorzuheben sind in drei: der Erhalt des Wertes des Individuums, ohne zu einem abgeschlossenen, egoistischen und schließlich gefangen nehmenden Individualismus zu kommen, welches eine Gefahr ist, die schon in vielen Gesellschaften vorhanden ist; der Erhalt des Reichtums der Natur, ohne sie auf die Weise zu zerstören oder zu verschmutzen, dass das Menschenleben – oder mindestens das von einigen wenig bevorzugten Gesellschaften – in Gefahr gerät; der Erhalt der großen Erlösungsbotschaften, die der Existenz eines jeden Individuums Sinn gibt und ohne die das Leben eines jeden schließlich keinen Sinn hätte. Dieser letzte Aspekt ist strikt religiös.

Die großen künstlerischen Relikte widerspiegeln die Großartigkeit und die Botschaft der verschiedenen Religionen. Die einfache Großartigkeit der Moscheen und ihrer Gärten der Reinigung im Islam; die Tausenden von fein gearbeiteten Marmorsäulen in hinduistischen Tempeln; der goldene Glanz in den christlich-orthodoxen

Kirchen. Alle diese werden zumindest als Relikte einer wenig verständlichen Vergangenheit erhalten bleiben, wie die Tempel der griechischen Götter oder die Pyramiden der Mayas. Um nicht nur schöne Monumente zu sein, geht es darum, neben ihrer Schönheit auch ihre Bedeutung zu erhalten.

Alle Religionen sollten ihre Riten beibehalten, gelegentlich herrlich, häufig bewegend. Es ist ihre tiefe und berührende Sprache, und sie gibt den Teilnehmern ein Zuhause und Zugehörigkeitsgefühl.

Die modernen Gesellschaften verlangen nach der handelnden Präsenz der Religion, weil ihre Entwicklung – insbesondere in denen abendländischer Prägung – eine Entwertung der moralischen Prinzipien mit sich gebracht hat, die ihnen Zusammenhalt schenkt und das Amalgam sind, das ihnen die Stärke für die Weiterentwicklung gibt. Wenn wir Menschen unserem eigenen Ermessen überlassen sind, so sind wir dafür anfällig, uns dem hinzugeben, welches wir als „Todsünde" kennzeichnen könnten. Das sind die wichtigsten Leidenschaften, die unsere Erkenntnis vernebeln, Unfrieden und Elend in den Gesellschaften erzeugen, wie es die Habsucht, die Rache, der Groll, der fehlende Respekt vor den Nächsten sind, um nur einige zu nennen. Eine Gesellschaft, in der die wesentlichen Tugenden als Gegengewicht zu den stärksten, niederträchtigsten Instinkten keine Struktur haben, an der man sich festhalten kann, um wie in einem Garten wachsen zu können, ist für das Elend und ihre Auflösung vorbestimmt.

Die modernen Gesellschaften haben sich bereichert, indem sie ihren Bürgern nie da gewesene Möglichkeiten und das gesamte Spektrum der Kommunikationsmittel zur Verfügung gestellt haben, die sich wie eine Sintflut ergießen. Sie haben jedoch die Werte vergessen – wenn auch nicht geleugnet –, die mit der Entwicklung des Menschen und dem Zusammenhalt der Gesellschaft einher gehen. Die Religionen waren in der Vergangenheit die Garanten dieser Werte und die Förderer ihres Erhaltes. Sicherlich haben einige von ihnen – im Widerspruch zu ihren Botschaften – einen fanatischen Hass und die Borniertheit gegenüber anderen Erscheinungsformen des menschlichen Daseins geschürt. Die Religionskriege, die mit ihrem ganzen Starrsinn in der Gegenwart noch immer andauern, sind nichts weiter als ein beklagenswertes Beispiel hierfür. Dennoch überbrachten die Religionen die Grundwerte für das menschliche Verhalten und werden weiterhin den Mörtel zur Verfügung stellen, der zur Festigung des sozialen Frieden und der Entwicklung der Menschen nötig ist. Das Fehlen der Religion kann dazu führen, dass die Werte verloren gehen. Eine Gesellschaft ohne Werte ist zur inneren Zerstörung verurteilt. Der Fortbestand der Werte ohne eine Religion, die ihnen Nahrung gibt, ist überaus schwierig.

Durch den Verlust des Religiösen verlieren seine jeweiligen grundsätzlichen Botschaften an Kraft und Farbe. Lediglich noch so etwas wie eine Reihe von Konzepten bleibt übrig, die an Bedeutung verlieren und in Vergessenheit geraten. Durch die Fortführung von Praktiken, die sich schließlich zu einem einfachen folkloristischen Beitrag wandeln, werden die Religionen, auch wenn sie weiterhin vom Namen her in den Statistiken der Gesellschaften existieren, zu Flügeln – um einen konzentrierten Ausdruck von T. S. Elliot zu paraphrasieren –, die schon nicht mehr zum Fliegen geeignet sind, sondern nur noch, um Wind zu erzeugen.

Der Mensch verlangt die Religion, weil ohne sie seine Existenz keine Bedeutung hätte, und das wäre die größte Absurdität, die man sich vorstellen kann. Woran glaubt man, wenn man behauptet, an nichts zu glauben. An etwas muss man glauben, weil unsere Fähigkeit zur Erkenntnis eingeschränkt ist. Wir können an die vollständige Abwesenheit von Bedeutung glauben – was ja auch ein Glauben ist, bescheiden vielleicht, und wenig bereichernd. Ohne eine Religion, die uns dem Göttlichen öffnet und unsere Existenz erleuchtet, wäre unser Leben dunkel wie ein ewiger arktischer Winter ohne Sterne noch Hoffnung.

ANMERKUNGEN

1. Neben dem „The Code of Da Vinci" von Dan Brown sind noch viele andere Bücher in vielen Sprachen geschrieben worden, die wahrscheinlich eher den Ruhm des Herausgebers suchen, der durch das Ansprechen krankhafter Gefühle entsteht, in ähnlicher Weise, wie es bei den Fällen von Päderastie von Geistlichen, die viel mehr Gehör finden, als die von irgendwelchen anderen Personen.
Salman Rushdie, ein britischer Schriftsteller indischer Herkunft und muslimischen Glaubens schrieb einen skandalträchtigen Roman, „Satanische Verse", der bei vielen Bestürzung auslöste, besonders bei den Gläubigen des Islam. Er wurde wegen Blasphemie angeklagt und von der Regierung im Iran zum Tode verurteilt. Sein Buch ist tatsächlich (Lb, S. 558-567) gotteslästerlich, wenn man es denn so nennen will, das mit Glacéhandschuhen den Koran und den Propheten Mohammed lächerlich macht. Er lässt die Geschichte Mohammeds wiedererstehen und verändert dabei die Orte, die er in seinem Leben durchlaufen ist. Mekka aber und andere Städte sind leicht erkennbar, wie auch der Name selbst des Propheten, aus dem Mahound wird. Auf überschwängliche und esoterische Weise, blendend und verwirrend beschreibt er die Niederschrift des Koran als ein rein menschliches Werk mit einem irrationalen wenn nicht destruktiven oder beleidigenden Anstrich. Es ist ein antireligiöses Buch, das eben durch seine Schreibart die Kraft der Religion ausdrückt.
Folgende Bücher waren erfolgreich, die Liste ist sehr lang: *The Jesus Dynasty* von James D. Tabor in Simon Schuster, N.Y. 2006; *The Lost Gospel* von Herbert Krosney, National Geographic, 2006; *The Jesus Papers* von Michel Baigent, Harper San Fransisco, 2006; *Misquoting Jesus* von Bart D. Ehrman, Harper, San Francisco, 2005; *Der heilige Gral* von Franyo Terhar T, Parragón Books, Bath 2006; *Engelspapst Engelsfluch, Im Schatten des Todes* sind drei Bücher, die im Knaur Taschenbuch Verlag erschienen sind, München, 2007.
Einige Ausgaben auf Spanisch kommen hinzu: *El complot de Maria Magdalena* von Gerald Messadie, herausgegeben von Grijalbo; *Maria Magdalena y el Santo Grial* von Margaret Starbird, herausgegeben von Planeta; das Buch *Imprimatur* von Minaldi und Sotri, herausgegeben von Salamandra; das Werk *Assassini* von Thomas Guifford, herausgegeben von Planeta; *El último secreto de Da Vinci* von David Zurdo und Angel Guiérrez, herausgegeben von Robinbook.
2. Es gibt außerdem noch die Kanonischen Evangelien, das heißt die, die von der Kirche anerkannt sind und andere Schriften, die insgesamt „Pseudoevangelien"

genannt werden, das heißt falsche Evangelien, von denen die Wichtigsten die Evangelien der Hebräer, die der Nazaräer, das der Ebioniten sind (K5, S. 133 ff).

Man kennt viele Bücher, die vom Leben Christi und des frühen Christsein handeln, darunter auch die Evangelien sind, das heißt die Erzählungen oder Aussagen, die vorgeben, sich auf das Leben Christi zu beziehen; die Apostelbriefe wie „der dritte Brief des hl. Paulus an die Korinther"; Apostelgeschichten, die die Predigten von einigen von ihnen beschreiben, z. B. vom hl. Petrus, hl. Johannes und hl. Thomas; die Apokalypse als einen Aufruf des hl. Petrus, der von den Genüssen des Paradieses für die, die erlöst werden, spricht.

Alle diese Schriften wurden nicht in die kanonische Buchliste aufgenommen (nämlich derer, von denen angenommen wird, dass sie das Leben Christi authentisch darstellen sowie Schriften und Geschichten seiner wichtigsten Schüler), haben aber Gemeinsamkeiten.

Soweit sie versuchen, Einzelheiten aus dem Leben Jesu zu beschreiben, enthalten sie wunderschöne Geschichten insbesondere von der Kindheit Jesu. Darin erscheint er als eine mysteriöse Person mit fast magischen Kräften. Z. B. wird in einem Fall die Geschichte erzählt, in der Jesus als Kind zuhause an einem Samstag arbeitete (obligatorischer Ruhetag für die Juden) und einige Vögelchen aus Ton machte. Seine kleinen Freunde klagten ihn an, den Samstag zu verletzen. Als die Rabbis kamen, um den Fall zu überprüfen, blies Jesus auf die Vögelchen, und sie flogen fort.

Auf ähnliche Weise enthalten die „Acta Apocrypha" wunderschöne Szenen, wie z. B. die, in der Petrus einen Hund zum Sprechen bringt oder einem Fisch das Leben wiedergibt. In den Geschichten des hl. Paulus wird erzählt, wie der Heilige im Amphitheater von Ephesus einem Löwen begegnet, den er vorher getauft hatte (M12, S. 39-41).

Ein wichtiger Fund in dem Sinne war eine Reihe von Schriften mit uralten Codices, die von einem Hirten im Dorf Nag Hammadi in Oberägypten 1945 gefunden wurden. Es Schließt die genannten Evangelien von Thomas, Philippus und Maria mit ein. Diese sind Teil einer Serie von gnostischen Schriften, die vielleicht das erste Problem des Christentums widerspiegeln, als es auf den griechischen Gnostizismus mit persischem Einfluss traf. Einige Autoren haben über diese Schriften fantasiert. Insbesondere Michael Baigent (97, *passim*). Unter anderem weist er darauf hin, dass es zwischen Jesus und Maria Magdalena eine sexuelle Beziehung gab, die er nach dem „Evangelium" von Philippus auf den Mund geküsst hat. Einige nicht institutionell christliche Schriftsteller haben all dies Durcheinander als Fantasie bezeichnet (R8, S. 96-97; 105).

Von einigen Sätzen dieser Schriftsteller ausgehend baute Dan Brown seinen weitaus bekannten Roman auf, „The Code of Da Vinci". Er gibt vor, begründen zu können, dass die katholische Kirche schreckliche Dokumente verborgen hätte, die die Falschheit und Anmaßung ihres Anspruchs durch die Geschichte beweisen. Dabei stützt er sich auf die Geschichte, die Michael Baigent im „Evangelium" von Philippus darstellt und auf den Streit, dass Jesus sexuelle Beziehungen zu Maria Magdalena gehabt und sie eine Tochter bekommen habe (B11, S. 87-114). Maria Magdalena flüchtete mit ihrer Tochter nach Marseille in Frankreich, unter deren Nachkommen die merowingischen Könige Frankreichs waren. Der Grund, Marseille ausgewählt zu haben, ist angeblich der, dass es in Narbonne einige jüdische „Könige" gab, die die gesamte heutige Provence und Katalonien beherrschten. Auch das stammt aus demselben Werk von Baigent. Er mischt die alten Legenden des Heiligen Gral, der angeblich der Kelch war, der wirkliches Blut Jesu enthielt. Die katholische Kirche hat versucht, diese Geschichte im Laufe der Zeit zu unterdrücken, da sie bezeugt, dass sie als Institution die Annahme aufzwingt, dass die Nachkommen Christi in einer der Heldinnen des Buches des genannten Buches personifiziert seien.

Der größte Teil des Buches ist reine Fantasie, es ist sehr gut strukturiert und gut geschrieben. Es ist von aktuellem Interesse, sehr umstrittene aber interessante Ideen darzustellen, die die morbide Neugier wecken, die Bücher verkauft.

3. Das Erste Deutsche Reich, das dem Deutschen Römischen Reich gleichbedeutend ist, das von Karl dem Großen im Jahr 800 mit der Krönung durch den Papst errichtet wurde und schließlich in der Zeit Napoleons verschwand, als der französische Kaiser Franz II. aus der Habsburger Familie aus der eigenen Autorität heraus aber unter dem Druck von Bonaparte die Auflösung des Reiches bestimmte, und er selbst konvertierte. So wurde er auch zum Österreichisch-Ungarischen Kaiser der Territorien der Habsburger.

Das Zweite Reich entstand 1870 durch die Vorherrschaft von Preußen über die übrigen deutschen Staaten. Es entstand nach dem überwältigenden Sieg Preußens über Frankreich in den Zeiten Napoleons III. und bekräftigte somit seine Überlegenheit über seinen Rivalen Österreich, das ebenfalls beanspruchte, das Zentrum der Deutschen Einheit zu sein.

Das „Dritte Reich" wurde von Adolf Hitler 1933 selbst ausgerufen. Es vereinte für kurze Zeit alle Territorien deutscher Kultur, einschließlich Österreich, aber ausschließlich der deutsch sprechenden Kantone der Schweiz, die schon seit vielen Jahren unabhängig waren. Es zerfiel 1945 mit der Niederlage Deutschlands vor den Alliierten.

4. Was die Konzeptionen der Zeit der Aufklärung angeht und speziell die Meinungsfreiheit und die Demokratie, war die Opposition der katholischen Kirche definitiver, die letztendliche Zustimmung verspätet und von den Umständen aufgezwungen. Diese Konzepte beziehen sich auf eine moderne Gesellschaftsordnung und waren eins der großen Hemmnisse für die Eingliederung der Religion in die moderne Gesellschaft.
5. Einige Forscher haben die Zusammenhänge und den historischen Ursprung des Lebens Mohammeds und der Religion, die er begründet hat, untersucht. Es existieren verschiedene Theorien, die aber für den Islam nicht „politisch korrekt" sind in dem Sinne, dass die nur historischen Dokumente allein nicht die offizielle Geschichte des Islam erklären. Wonach sie gesucht haben, sind die kulturellen Ursprünge der islamischen Religion, die in der Predigt von Mohammed unwahrscheinlich perfekt erscheinen. Die Kommentare der heterodoxen Forscher beziehen sich auf den Inhalt der islamischen Lehre und auf die Biografie des Propheten Mohammed.

Besonders von einem historischen Gesichtspunkt aus scheint einigen eine plötzliche Geburt, um es so zu nennen, innerhalb eines Volkes ohne großen kulturellen Hintergrund sehr unwahrscheinlich. So schlagen Hanna Zakarias und Gabriel Théry vor, dass die Grundelemente des Islam durch Rabbiner gelegt wurden, aus der florierenden jüdischen Gemeinde Mekka in einer Art Anpassung des Jüdischen an die Gebräuche der arabischen Beduinen. Daher enthalte der „Ursprüngliche Koran" viele Elemente aus der jüdischen Thora, der später manipuliert wurde, um zu dem Koran zu kommen, den wir kennen. Er hätte einen politischen Sinn, um so seine Kultur gegen den persischen Einfluss zu festigen, der zu der Zeit deutlich zu spüren war. Andere Forscher wie Etienne Couver betonen vor allem die gnostischen Wurzeln des islamischen Denkens (L1a, S. 17-23).

Eine andere Gruppe von Historikern des Nahen Ostens bringt das Entstehen des Islam mit einer jüdisch-christlichen Strömung von politischer Natur in Verbindung, die die Erlösung auf aggressive Weise fordert. Der Gläubige ist nicht ein Prediger der Frohen Botschaft, sondern ein Mitstreiter. Man findet in den Dokumenten aus dem Qumran und den Suren des Koran sehr ähnliche Formulierungen.

Édouard-Marie Gallez, einer der renommiertesten Forscher nach den historischen Wurzeln des Islam, entdeckt eine Verbindung zwischen dem primitiven Islam und den „jüdischen Nazarenern". Diese waren ein Zweig der christianisierten Juden, die sich mit der Zeit radikalisierten, auf den Erhalt der Traditionen aus dem Alten Testament bestanden und eine kämpferische Haltung einnahmen. Sie hatten Beziehungen zu jenen „eifersüchtigen" Juden, den Zeloten, die den radikalen gegnerischen Kern gegen die Römer bildeten, und waren danach der Ursprung der Gemeinden von Qumran. Nach dem Aufstand im Jahre 66 gegen die Römer wurde ihre Einigung gestärkt, besonders nach der Zerstörung des Tempels im Jahre 70.

Es gibt eine Reihe von Parallelen in den Formulierungen, die man im Qumran und denen im Koran gefunden hat. Zum Beispiel: „Kämpft gegen die Bösewichter, damit Gott sie durch eure Hand bestrafe"; „Gott hat die einen mehr bevorzugt als die anderen"; „die Sklaven und die Freien sind nicht gleich, entgegen dem, was die Christen denken" (Glb I, S. 295- 305).

Ihrerseits behauptet Patricia Crone, dass Mohammed nicht aus Arabien kommt, sondern aus Syrien, aus dem Stamm der Quraich, bei denen er ein Mischung aus dem Denken des Gnostizismus, Judentum und Christentum mitbekommen hatte, die die Wurzel der islamischen Bewegung sind. In der islamischen Tradition selbst erscheinen die Quraich als tapfere Soldaten von Mohammed (Glb II. S. 273-283). Man kommt sogar zu der Aussage, dass Mekka aus der arabischen Halbinsel, wo angenommen wird, dass Mohammed geboren wurde, in der angeblichen Zeit seiner Geburt gar nicht existierte (Glb II, S. 283-325).

6. Ohne dass es sich um Kasten im hinduistischen Sinne handelt, die für das karmische Schicksal des Einzelnen entscheidend sind, der in einen bestimmten Clan hineingeboren wird, mit seinen Verpflichtungen und Vorschriften, gibt es in fast allen primitiven Völkern eine ähnliche Konstruktion, die die Eigenschaft hat, den Einzelnen in die Gruppe so einzubinden, dass er praktisch seine Individualität verliert und auf dieser Weise der Fortbestand der Gruppe gesichert wird. Dieses lebt auch heute noch in indigenen Gemeinschaften Mexikos, insbesondere in Chiapas und Oaxaca. Dort lehnt man die Individualität des Einzelnen ab und bindet das Individuum in die Gruppe ein. Sie negieren deshalb die Grundvoraussetzungen der Modernität, die die Freiheit und Verantwortung des einzelnen Individuums ist.

BIBLIOGRAPHIE

A

1. Akin, James; THE SALVATION CONTROVERSY; Catholic Answers, San Diego, 2001.

2. Allen Jr. John L.;THE RISE OF BENEDICT XVI; Doubleday, New York-London, 2005.

3. Aquino, Santo Tomás de; SUMA TEOLÓGICA; Texto Latino y Traducción por una comisión presidida por Fray Francisco Barbado Viejo O.P., Obispo de Salamanca; 16 tomos, Biblioteca de Autores Cristianos, Madrid, 1964.

4. Arens, Peter; WEGE AUS DER FINSTERNIS – Europa im Mittelalter; Ullstein Buchverlage, München, 2004.

5. Armstrong, Karen; MUHAMMAD; A Biography of the Prophet; The Easton Press; Norwalk, Connecticut, 2001.

6. Augustin Saint; THE CONFESSIONS – THE CITY OF GOD – ON CHRISTIAN DOCTRINE; Encyclopaedia Britannica Inc, 26 Printing, 1984.

B

1. Balthasar, Hans Urs von; ENSAYOS TEOLÓGICOS– traducción del alemán; Los Libros del Monograma, Madrid, 1964.

2. Barlow, Frank; THOMAS BECKET; The Folio Society, London, 2002.

3. Berryman Phillip; TEOLOGÍA DE LA LIBERACIÓN: LOS HECHOS ESENCIALES EN TORNO AL MOVIMIENTO REVOLUCIONARIO EN AMÉRICA LATIN Y OTROS LUGARES; Siglo Veintiuno editores, 1989.

4. Bin Laden, Carmen; INSIDE THE KINGDOM – My Life in Saudi Arabia; Warner Books, New York, 2005.

5. Boff, Leonardo; DESDE EL LUGAR DEL POBRE; Ediciontes Paulinas, Bogotá, 1989.

6. Bogdanov, Igor et Grichka; AVANT LE BIG BANG – La Création du Monde; Bernard Grasset, Paris, 2004.

7. Bradlley, John R.; SAUDI ARABIA EXPOSED – Inside a Kingdom in Crisis; Palgrave-Macmillan, New York, 2005.

8. Breton, Pierre; THE ARCTIC GRAIL – The Quest for the North West Passage and the North Pole; Anchor Canada, 1988.

9. Briefs, Goetz; A HISTORY OF CAPITALISM; Georgetown University, 1960.

10. BUDDHIST TEXTS THROUGH THE AGES; Translated and Edited by Edward Conze and others; Oneworld Publications, Oxford, England, 1995.

11. Burstein Dan, edit; SECRETS OF THE CODE – The Unauthorized Guide to the Mysteries Behind The Da Vinci Code; CDS Books, New York, 2004.

12. Burton, Richard F.; SECRET PILGRIMAGE TO MECCA AND MEDINA; William Mullan and Son, 1879; The Folio Society, London, 2004.

C

Cahill, Thomas; HOW THE IRISH PEOPLE SAVED CIVILIZATION – The Untold Story of Ireland's Heroic Role from the Fall of Rome to the Rise of Medieval Europe; Doubleday, New York, 1995.

2. Chapelle Philippe et Jean Greisch edit.; RAISON PHILOSOPHIQUE ET CHRISTIANISME À L'AUBE DU III MILLÉNAIRE; Les Éditions du Cerf, Paris, 2004.

3. Confucius; LA MORALE DE CONFUCIUS, PHILOSOPHE DE LA CHINE; à Londres, MDCCLXXXIII (1783).

4. CONFUCIUS, THE ANALECTS; Translation from Chinese and Notes by D.C. Lau; Penguin Classics, London, 1979.

5. Cort, John E.; JAINS IN THE WORLD – religious values and ideology in India; Oxford University Press, 2001.

6. Creel, H.G.; CONFUCIUS – The Man and the Myth-; H; The Easton Press, Norwalk, Connecticut, 1994.

7. Curtis, Vesta Sarkosh; PERSIAN MYTHS; The British Museum Press, London, 1993.

D

1. Dallapiccola, A.L.; HINDU-VISIONS OF THE SACRED; The British Museum Press, London, 2004.

2. Dawkins, Richard; THE GOD DELUSION; Bantam Press, London, 2006.

3. Day, Malcolm edit. ;THE BOOK OF THE VEDAS; Barrons, Houppauge, N.Y., 2003.

4. Derné Steve; CULTURE IN ACTION – Family Life, Emotions and Male Dominance in Banaras, India; State University of New York Press, Albany, NY, 1995.

5. Diwald, Hellmut; LUTHER – Eine Biografie; Gustav Lübbe Verlag, Bergisch Gladbach, 1982.

6. Durant, Walt; THE STORY OF CIVILIZATION, 10 Volumes; The Easton Press, London, 1978.

E

1. Eerdmans, William B.; HANDBOOK TO THE WORLD'S RELIGIONS; William B. Eerdmans Publishing Company, Grand Rapids Michigan, 1994.

2. Eliade Mircea; THE MYTH OF THE ETERNAL RETURN; English Translation by Bollingen Foundation, New York, 1954.

3. ENCHIRIDION PATRISTICUM, collegit M.J. Rouet de Journel S.J.; Herder, Barcinone (Barcelona), 1951.

4. ENCHIRIDION SYMBOLORUM – Definitionum et Declarationum de Rebus Fidei et Morum; Henrici Benzinger – Carolus Rahner; Herder, edition 31, Barcinone, 1957.

5. ENCYCLOPAEDIA OF SOCIAL SCIENCES; "Capitalism" article by Werner Sombart, London, 1952.

6. ESPRIT n. 296 Juillet 2003, Paris; "Les Féministes à la Recherche de la Femme Musulmane"; Ziba Jalali, Naïni.

7. ESPRIT n.296 Juillet 2003, Paris, 2003;" Lettre d'un Musulman Européen – L'Europe et la Renaissance de l'Islam" ; Abdennour.

8. Esposito, John L. (edit); THE OXFORD DICTIONARY OF ISLAM; Oxford University Press, Oxford, 2003.

F

1. Fellows Otis and Norman L Torrey, edits.; THE AGE OF ENLIGHTMENT – An Anthology of Eighteenth Century French Literature; F.S. Crofts, New York, 1942.

2. Fernandes Edna; HOLY WARRIORS: A JOURNEY INTO THE HEART OF INDIAN FUNDAMENTALISM; Penguin Viking, India, 2006.

3. Figes, Orlando; NATASHA'S DANCE; A Cultural History of Russia; The Penguin Press, London, 2003.

G

1. Gach, Gary; UNDERSTANDING BUDDHISM – The Complete Idiot's Guide; Alpha- Penguin Book, 2004.

1 b. Galley, Édouard-Marie; LE MESSIE ET SON PROPHETE – Aux Origines del İslam, Tomes I-II; Studia Arabica, Editions de Paris, 2005.

2. Gelmi, Josef; DIE PÄPSTE IN LEBENSBILDERN; Styria Verlag, Graz, 1983.

3. Gibbon, Edward; THE HISTORY OF THE DECLINE AND FALL OF THE ROMAN EMPIRE (First edition London 1776); The Easton Press, Norwalk, Conn., 6 volumes, 1946, 1974.

4. Gidal, Nachum T., DIE JUDEN IN DEUTSCHLAND VON DER RÖMERZEIT BIS ZUR WEIMARER REPUBLIK; Könemann, Köln 1997.

5. González Torres SJ, Enrique; DESAFÍOS Y HORIZONTES – Por un humanismo en acción para una mejor sociedad; Océano, México, 2007.

H

1.a Habermas, Jürgen – translated from the German by Ciaran Cronin; BETWEEN NATURALISM AND RELIGION; Polity, Cambridge UK, 2008.

1. Habito Ruben L.F.;.BUDDHIST ? CHRISTIAN ? BOTH ? NEITHER ?; Buddhist-Christian Studies 23 (2003), The University of Hawaii Press.

2. Hawkin, Stephen W.; HISTORIA DEL TIEMPO – del Big Bag a los Agujeros Negros (traducción castellana de Miguel Ortuño); Editorial Crítica (Grupo Editorial Grijalbo), México DF, 1988.

3. Hawkin, Stephen W.; THE GRAND DESIGN; Darren Hardy, 2010.

4. Heeren, Fred; SHOW ME GOD – What the Message from Space is Telling Us about God; Day Star Publications, 1997.

5. Herzberg, Arthur edit.; JUDAISM; The Easton Press, Norwalk Connecticut, 1994.

6 Herzl Theodor (translation from the German by Harry Zohn); THE JEWISH STATE; Eaton Press, Norwalk Conn. 1996.

6a. Hitchens, Christopher; GOD IS NOT GREAT; Kindle, Amazon.

7. Hopkins, Gerard Manley; POEMS AND PROSE; Penguin Books, Middlesex, England, 1970.

8. Hurani, Albert; A HISTORY OF THE ARAB PEOPLES; Faber and Faber, London, 1991.

J

1. Judd, Dennis; THE BRITISH IMPERIAL EXPERIENCE FROM 1765 TO THE PRESENT; Dennis Judd; Basic Books, London, 1996.

K

1. Kehl, Medard; UND GOTT SAH DASS ES GUT WAR – EINE THEOLOLGIE DER SCHÖPFUNG; Herder, Freiburg, 2008.

2. Keomanivong Khochone y otros autores; HO PHRA KEO MUSEUM; Wienchang, 2006.

3. Komrod, Esteban; LA FÉ DONDE DEBE ESTAR; Castellanos Editores, México, 1994.

4. KORAN THE ; Selected Suras translated from the Arabic by Arthur Jeffery; The Easton Press; Norwalk Connecticut, 1993.

5. Krakauer, Jon; UNDER THE BANNER OF HEAVEN – A Story a Violent Faith; Anchor Books, 2004.

6. Küng, Hans; DAS CHRISTENTUM – Die Religiöse Situation der Zeit; Piper Verlag, München, 1994.

7. Küng, Hans ; DER ISLAM – Geschichte, Gegenwart, Zukunft ; Piper Verlag, München, 2004.

8 Küng Hans; DAS JUDENTUM – Die Religiöse Situation der Zeit; Piper Verlag, München, 1991.

9. Kuran, Timur; THE LONG DIVERGENCE: HOW ISLAMIC LAW HELD BACK THE MIDDLE EAST; Princeton University Press NJ 2011. (Quotations are related to Amazon locations).

L

1. a Lenotre, Maxime; MAHOMET FONDATEUR DE L'ISLAM; Publications MC.

1. Levy, Leonard W.; BLASPHEMY – VERBAL OFFENSE AGAINST THE SACRED FROM MOSES TO SALMAN RUSHDIE; Alfred A. Knopf, New York, 1993.

2. Lewis, Bernard; FROM BABEL TO DRAGOMANS – Interpreting the Middle East-; Weidenfeld and Nicolson, London, 2004.

3. Lubac, Henri de; SUR LES CHEMINS DE DIEU; Aubier, Paris, 1956.

4. Luce, Edward; IN SPITE OF THE GODS. THE RISE OF MODERN INDIA; Doubleday, 2006.

M

1. Mac Cullock, Diarmaid; CHRISTIANITY; Kindle Amazon, 2010.

2. Malamoud, Charles et Jean Pierre Vernant edits.; CORPS DES DIEUX; Gallimard, Paris, 1986.

3. Manpreet Singh; Anti Conversion Conspiracy en CHRISTIANITY TODAY, May 1, 2004, vol 48 Issue 5.

4. Marshall, George N.; THE QUEST FOR SERENITY; The Easton Press, Norwalk, Connecticut, 1978.

5. Marschall, Katherine and Marisa Van Saanen; DEVELOPMENT AND FAITH – Where Mind, Heart and Soul work together-; International Bannk for Reconstruction and Development (The World Bank), Washington DC, 2007.

6. Martini Carlo Maria y Umberto Eco; ÜBER DAS RISIKO DES GLAUBES; Georg Sporschill in "Jerusalemer Nachgespräche":;Herder, Freiburg, 2008.

7. Martíni Carlo Maria; WORAN GLAUBT WER NICHT GLAUBT; Paul Szolnay Verlag, Wien, 1998.

8. Matutue, Álvaro y otros; ESTADO, IGLESIA Y SOCIEDAD EN MÉXICO; Miguel Ángel Porrúa, México 1995.

9. McClain, Gary R. and Eve Adamson; THE COMPLETE IDIOT'S GUIDE TO ZEN LIVING; Alpha (Penguin Group), New York, 2004.

10. McManners, John, edit.; THE OXFORD ILLUSTRATED HISTORY OF CHRISTIANITY; Oxford University Press, Oxford, 1990).

11. Meeks, Wayne A.; THE ORIGINS OF CHRISTIAN MORALITY; Yale University Press, New Haven, 1993.

12. Metzger, Bruce and Michael D.Coogan, edits-;THE OXFORD COMPANION TO THE BIBLE; Oxford University Press, New York, 1993.

13. Mill, John Stuart; ON LIBERTY ; Great Books of the Western World , vol 43; Encyclopaedia Britannica: Chicago Ill 1984.

14. Miranda SJ, Porfirio; MARX Y LA BIBLIA – Crítica a la filosofía de la opresión; Río Hondo 1, México DF, 1970.

15. Muck SJ , Otto .; JOSEPH M. BOCHENSKI ON THE RATIONAL ASPECT OF "WELTANSCHAUNG; World Meeting "Jesuits and Philosophy" ; Philosophisch-Theologische Hochschule Sankt Georgen Frankfurt am Main, 2007.

N

1. NATIONAL GEOGRAPHIC, Vol 140, n.4, October 1971" The Ganges, River of Faith" by John J. Putnam.

2. NATIONAL GEOGRAPHIC vol 172, n. 1 July 1987"At the Crossroads of Kathmandu – New Forces Challenge the Gods" by Douglas H. Chadwick.

3. NATIONAL GEOGRAPHIC; vol. 177, n. 5, May 1990; "Sacred Space, Sacred Time" by Tony Heiderer.

4. NATIONAL GEOGRAPHIC, vol. 177, n. 5 May 1990 "Along the Grand Trunk Road – Searching for India" by Harvey Arden.

5. NATIONAL GEOGRAPHIC: vol. 207, n. 5, May 2005; "The Poison Paradox" by Cathy Newman.

6. Nivedita, Sister and Ananda K. Coomaraswamy; HINDUS AND BUDDISTS, MYTHS AND LEGENDS; The Easton Press, Norwalk, Connecticut, 1997.

7. Novak, Michael; THE CATHOLIC ETHIC AND THE SPIRIT OF CAPITALISM; The Free Press, New York, 1993.

O

1. Oakes SJ, Edward T. and David Moss, edit; THE CAMBRIDGE COMPANION TO HANS URS VON BALTHASAR; Cambridge University Press, 2004.

2. Onfray, Michel; TRAITÉ D'ATHÉOLOGIE; Bernard Grasset, Paris, 2005.

3. Ortolani Calvi SJ, Valerio; LA PERSONALIDAD ECOLÓGICA – Un Modelo Ordenador del Desarrollo Humano según los escritos de Thomas Berry; Universidad Iberoamericana, México, 1980.

4. Ozmet Steven; PROTESTANTS – THE BIRTH OF A REVOLUTION; Doubleday, New York, 1992.

P

1. Partridge Christopher, edit.; THE WORLD'S RELIGIONS – The New Lion Handbook; Lion Hudson, Oxford, 5 edition, 2005.

2. Payutto, P.A.; BUDDHIST ECONOMICS – A Middle Way to the Marketplace; Buddhadahma Foundation, Bangok, Thailand, 1992.

3. Paz, Oscar; VISLUMBRES DE LA INDIA; Seix Barral, Barcelona 1995.

4. Pemberton, Delia; BUDDHA; The British Museum Press, London 2002.

5. Puech, Henri-Charles, direction; HISTOIRE DES RELIGIONS I*; Gallimard, Paris, 1970.

6. Puech, Henri-Charles, direction; HISTOIRE DES RELIGIONS I**; Gallimard, Paris, 1970.

7. Puech, Henri-Charles, direction; HISTOIRE DES RELIGIONS II*; Gallimard, Paris, 1972.

8. Puech, Henri-Charles, direction; HISTOIRE DES RELIGIONS II**; Gallimard, Paris, 1972.

9. Puech, Henri-Charles, direction; HISTOIRE DES RELIGIONS III*; Gallimard, Paris,1976.

10. Puech, Henri-Charles, direction; HISTOIRE DES RELIGIONS III**; Gallimard, Paris, 1976.

R

1. Rahner, Karl; SCHRIFTEN ZUR THEOLOGIE (9 Bände); Benziger Verlag, Einsiedeln, 1958 etc.

2.Rahula, The Venerable Dr. W.; WHAT THE BUDDHA TAUGHT; Haw Trai Foundation, Bangkok Rawkins, Richard; THE GOD DELUSION; Bantam Press, London, 2006.

3.Ratzinger, Joseph (später Papst Benediktus XVI) ; EINFÜHRUNG IN DAS CHRISTENTUM – Vorlesungen über das Apostolische Glaubensbekenntnis; Koesel-Verlag, München, 1968.

4. REGENSBURGER NEUES TESTAMENT; edit. Alfred Wikenhause y Otto Kuss; Zehn Bände; Verlag Friedrich Pustet, Regensburg, 1959.

5. Reischauer, Edwin O; JAPAN, THE STORY OF A NATION; Charles E. Tuttle Co. Publishers, Tokyo, 1981.

6. Renou, Louis O. edit.; HINDUISM; The Easton Press, Norwalk Conn., 1994.

7. Robinson, James; THE GOSPEL OF JESUS – The Search of the Original Good News; Harper, San Francisco, 2005.

8. Russel, Peter; FROM SCIENCE TO GOD; New World Library, Novato, Calif. 2003.

S

1. Sagan, Carl ; COSMOS; Norwalk, Connecticut, 1980.

2. Scholl-Latour, Peter; ALLAH IST MIT DEN STANDHAFTEN – Begegnungen mit der islamischen Revolution; Deutsche Verlags-Anstalt, Stuttgart, 1983.

3. Schumpeter, Joseph; CAPITALISM, SOCIALISM AND DEMOCRACY; Harper and Brothers Publishers, New York, 1947, third edition 1949.

4. Schwaiger,Georg/Manfred IEM; ORDEN UND KLOESTER; Verlag C.H. Beck, München 2004.

5. Schweizer, Albert; GESCHICHTE DER LEBEN-JESU-FORSCHUNG; Sechste, fotomechanisch gedruckte Auflage JCB Mohr, Tübingen, 1951, erste Auflage 1906.

6. Scott, Carter; LOS CÁTAROS; Ediciones y Distribuciones Mateos, Madrid, España, 1998.

7. Sombart, Werner; DER MODERNE KAPITALISMUS. Historisch-systematische Darstellung des gesamteuropäischen Wirtschaftslebens von seinen Anfängen bis zur Gegenwart. Final edn. 1928, München, 1987.

8. Strobel, Lee; THE CASE FOR CHRIST – A Journalist's Personal Investigation of the Evidence for Jesus; Zondervan-Willow, Grand Rapids Michigan, 1998.

9. Suzuki, D.T.; ZEN BUDDHISM – Selected Writings edition of William Barret; Three Leaves Press, Doubleday, New York, 1956 XC.

10. Suzuki D. T.; ZEN AND THE JAPANESE CULTURE; Eastern Buddhist Society; Kyoto-N.York, 1958.

T

1. Tarnas, Richard; THE PASSION OF THE WESTERN MIND; Ballentine Books, New York, 1991.

2. Taylor, Chris et alii; JAPAN; Lonely Planet; Haethorn, Victoria, Australia, 1997.

3. Tessler, Mark; HISTORY OF THE ISRAELI-PALESTINIAN CONFLICT; Indiana University Press, Bloomington and Indianapolis, 1994.

4. TORAH, THE ; The Jewish Publication Society of America; Eaton Press, Norwalk Conn, 1992.

5. Trejo, Silvia; DIOSES, MITOS Y RITOS DEL MÉXICO ANTIGUO; Miguel Ángel Porrúa, México, 2004.

U

1. Urban, Hugh B.; TANTRA, SEX,SECRECY, POLITICS AND POWER; The Study of Religion; University of California Press, Berkeley, 2003.

2. Urban Linwood; A SHORT HISTORY OF CHRISTIAN THOUGHT; Expanded Edition, Oxford University Press, New York, 1995.

V

1. Various; NOVIEMBRE DE 1989 – EL ASESINATO DE LOS JESUITAS EN EL SALVADOR – Testimonios y Reflexiones; Universidad Iberoamericana, México, 1990.

2. Various; RAISON PHILOSOPHIQUE ET CHRISTIANISME À L'AUBE DU IIIe MILLÉNAIRE; Les Éditions du Cerf, Paris, 2004.

3.Various; RAJ, THE MAKING AND UNNMAKING OF BRITISH INDIA; Abacus, London, 1997.

4.VARIOUS; SACRAE THEOLOGIAE SUMMA, PATRES SOCIETATIS IESU FACULTATUM THEOLOGICARUM IN HISPANIA PROFESSORES, I-IV VOLS. Biblioteca de Autores Cristianos, Madrid, 1955.

W

1. Weatherford Jack; GENGHIS KHAN AND THE MAKING OF THE MODERN WORLD; Three Rivers Press, N. York, 2004.

2. Weber, Max ; DIE PROTESTANTISCHE ETHIK UND DER GEIST DES KAPITALISMUS; en "Gesammelte Aufsätze zur Religionssoziologie", Tübingen, 1920.

3. Weeks, Wayne A.; THE ORIGINS OF CHRISTIAN MORALITY; Yale University Press, New Haven, London, 1933.

4. Weigel, George; AGAINST THE GRAIN – CHRISTIANITY AND DEMOCRACY, WAR AND PEACE; The Crossroad Publishing Co., New York, 2008.

5. Wilde, Oscar; DE PROFUNDIS; G.P. Putnam's Sons, New York-London, 1902.

6. Williams, John Alden edit.; ISLAM; The Easton Press, Norwalk Conn., 1994.

7. Woods Jr., Thomas E. ; HOW THE CATHOLIC CHURCH BUILT WESTERN CIVILIZATION; Regnery Publishing, Washington DC, 2005.

8. World Congress of Sociology; THE ANTHROPOLY OF BUDDHISM AND HINDUISM; Delhi, 1986.

Centaurus Buchtipp

Joaquim Braga

Die symbolische Prägnanz des Bildes

Zu einer Kritik des Bildbegriffs nach der Philosophie Ernst Cassirers

Reihe Philosophie, Band 39
2012, 220 S., br.,
ISBN 978-3-86226-136-9, € **25,80**

Die zwei paradigmatischen Hauptkriterien der Bildtheorie – das phänomenologische Kriterium des Ähnlichkeitsverhältnisses von Bild und Abgebildetem und das semiotische Kriterium des Denotationsverhältnisses von Symbol und Symbolisiertem – haben etwas gemein. Es ist die angebliche Idee eines bloßen Transparenzprozesses zwischen Bild und Abgebildetem, Symbol und Symbolisiertem.

Diese Idee stellt der Autor in Frage um eine neue Alternative mit Ernst Cassirer vorzuschlagen. Mit dem *Kriterium der symbolischen Artikulation* versucht er zu zeigen, dass das Verhältnis von Bild-Erscheinung und Bild-Bedeutung keinem bloßen Transparenzprozess entspricht. Aufgrund des unerlässlichen Zusammenhangs von Wahrnehmung, Repräsentation, Gefühlsausdruck und symbolischen Formen impliziert es vielmehr eine grundlegende Spannung untereinander, eine Spannung zwischen Präsenz und Repräsentation, Sinnlichkeit und Bedeutung.

Reihe Philosophie

Hellmuth Kiowsky
Anthropofugales Denken in Kontrast mit der Hybris Übermensch
Band 40, 2012, ca. 200 S.,
ISBN 978-3-86226-164-2, **ca. € 23,-**

Hellmuth Kiowsky
Irrweg ins Nichts
Eine kritisch-philosophische Auseinandersetzung mit der Frauenbewegung
Band 37, 2011, 275 S.,
ISBN 978-3-86226-062-1, **€ 22,80**

VHS Lörrach / VHS Weil am Rhein
TAMphilo
Sternstunden aus 10 Jahren philosophischer Erwachsenenbildung
Band 36, 2011, 183 S., geb.
ISBN978-3-86226-015-7, **€ 19,80**

Georg Friedrich Kempter
Die Erde – ein lebendiges Wesen?
Ein Essay
Band 35, 2010, 80 S.,
ISBN 978-3-86226-019-5, **€ 13,90**

Magdalena Anna Wojcieszuk
»Der Mensch wird am Du zum Ich«
Eine Auseinandersetzung mit der Dialogphilosophie des XX. Jahrhunderts
Band 34, 2010, 400 S.,
ISBN 978-3-86226-012-6, **€ 24,80**

Roger Andreas Fischer
Vom offenen Geschehen und seiner Bewältigung
Ein Essay
Band 33, 2010, 85 S.,
ISBN 978-3-8255-0771-8, **€ 16,90**

Robert Langer
Rückentwicklung des Geistes
Reduktion von Komplexität um jeden Preis?
Eine Polemik
Band 32, 2010, 114 S.,
ISBN978-3-8255-0769-5, **€ 23,80**

Hellmuth Kiowsky
Umweg zum Atheismus und das Ende der Religion
2010, 250 S.,
ISBN 978-3-8255-0759-6, **€ 19,80**

Informationen und weitere Titel unter **www.centaurus-verlag.de**

MIX
Papier aus verantwortungsvollen Quellen
Paper from responsible sources
FSC® C105338

If you have any concerns about our products,
you can contact us on
ProductSafety@springernature.com

In case Publisher is established outside the EU,
the EU authorized representative is:
Springer Nature Customer Service Center GmbH
Europaplatz 3, 69115 Heidelberg, Germany

Printed by Libri Plureos GmbH
in Hamburg, Germany